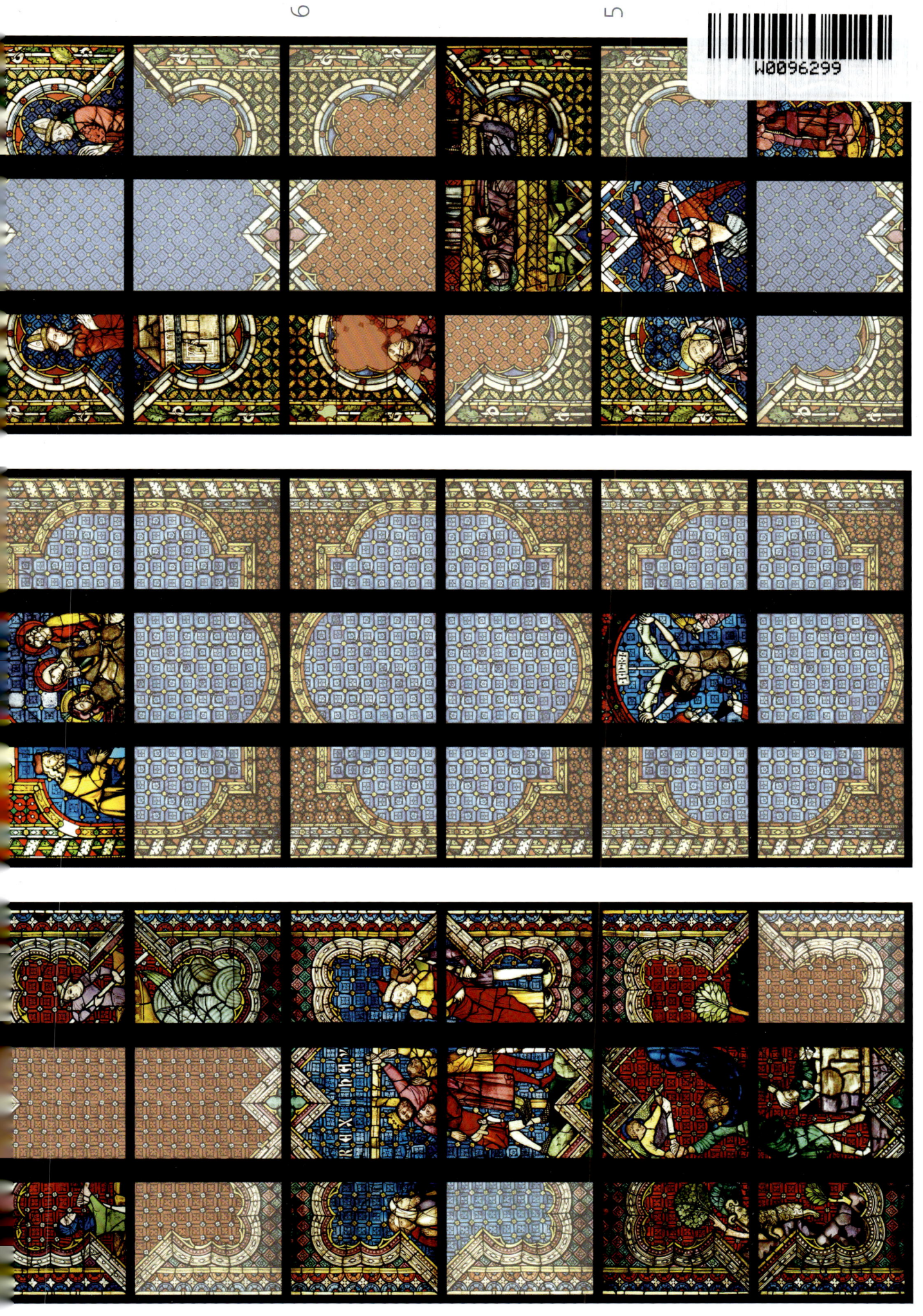

LUDWIG DER BAYER
WIR SIND KAISER!

Veröffentlichungen zur
Bayerischen Geschichte und Kultur 63
Herausgegeben vom
Haus der Bayerischen Geschichte

LUDWIG DER BAYER
WIR SIND KAISER!

Herausgegeben von
Peter Wolf, Evamaria Brockhoff, Elisabeth Handle-Schubert,
Andreas Th. Jell und Barbara Six

Katalog zur
Bayerischen Landesausstellung 2014

Regensburg
Minoritenkirche – St. Ulrich am Dom – Domkreuzgang
16. Mai bis 2. November 2014

Die Deutsche Nationalbibliothek verzeichnet diese Publikation in der deutschen Nationalbibliografie; detaillierte bibliografische Angaben sind im Internet über http://dnb.dnb.de abrufbar.

Das Werk ist in allen seinen Teilen urheberrechtlich geschützt. Jede Verwertung ist ohne Zustimmung des Hauses der Bayerischen Geschichte unzulässig. Das gilt insbesondere für Vervielfältigungen, Übersetzungen, Mikroverfilmungen und die Einspeicherung und Verarbeitung durch elektronische Systeme.

© 2014 Bayerisches Staatsministerium für Bildung und Kultus, Wissenschaft und Kunst
Haus der Bayerischen Geschichte, Augsburg
www.hdbg.de

Buchhandelsausgabe © 2014 Verlag Schnell & Steiner GmbH, Leibnizstr. 13, D-93055 Regensburg

Gestaltung und Satz: Christoph Reichert und Petra Hammerschmidt / Friends Media Group, Augsburg
Umschlaggestaltung: Anna Braungart, Tübingen,
unter Verwendung des Plakatmotivs von Büro Wilhlem, Amberg
Lithografie: media men GmbH, Augsburg
Gesamtherstellung: Evamaria Brockhoff und Christoph Reichert
Druck und Bindung: Himmer AG, Augsburg
Printed in Germany
Alle Rechte vorbehalten
ISBN 978-3-7954-2836-5

Weitere Informationen zum Verlagsprogramm erhalten Sie unter: www.schnell-und-steiner.de

Inhalt

Richard Loibl
Wir sind Kaiser! — 8

Die Ausstellung — 14

AUFSÄTZE

Alois Schmid
Ludwig der Bayer – Der Kaiser aus dem Haus Wittelsbach — 19

Bernd Schneidmüller
Wir sind Kaiser – Ludwig IV. zwischen Gott und den Fürsten — 27

Ludwig Holzfurtner
Politik auf drei Ebenen — 33

Achim Hubel
Eine Stadt im Bauboom – Regensburg zur Zeit Kaiser Ludwigs des Bayern — 38

Tobias Appl
Verwandtschaft – Nachbarschaft – Wirtschaft
Die Handlungsspielräume Ludwigs IV. auf seinem Weg zur Königswahl — 51

Martin Kaufhold
Religion und Politik bei Ludwig dem Bayern –
Der Kampf um das päpstliche Interdikt am Beispiel des Bistums Regensburg — 58

Johann Schmuck
Ludwig der Bayer und die innerstädtischen Konflikte Regensburgs –
Zur Politik der Auer und Gumprecht und zur Rolle des Kaisers — 63

Klaus Wolf
Literarisches Leben um Ludwig den Bayern – Literarische Gattungen
zwischen Tradition und Innovation im Dienst von Netzwerken und Gegnern — 69

Christine Grieb
Die Franziskaner in Regensburg: beliebt – beschenkt – umstritten — 73

Wolfgang Neiser
Die Minoritenkirche St. Salvator und die Bildtheologie ihrer Chorhauptfenster — 78

Lenka Bobková
Das Ende einer Herrschaft – Karl IV. als Gegenkönig und Nachfolger
Ludwigs des Bayern — 89

KATALOG

Ehemalige Minoritenkirche St. Salvator

Ludwig der Bayer – Der Herzog auf dem Kaiserthron 95

Level 1
Fürst ohne Land – Held von Gammelsdorf 98

Level 2
Der größte Hader aller Zeiten 124

Level 3
Papst gegen Kaiser – Avignon gegen Rom 154

Level 4
Wir sind Kaiser! 200

Level 5
Neuer Thronstreit und plötzliches Ende 230

Ehemalige Dompfarrkirche St. Ulrich

Kaiser, Stadt und Dom 299

Regensburg zur Zeit Kaiser Ludwigs des Bayern 302

Domkreuzgang

Dem Jenseits ganz nah 337

Religiöses Leben und Totengedächtnis 340

Abgekürzt zitierte Literatur 358
Bildnachweis 367

Grußwort

Vor 700 Jahren wurde der Herzog von Oberbayern, Ludwig IV., zum römisch-deutschen König gewählt. Seine Wahl war umstritten. Sein Gegenkandidat, Herzog Friedrich von Österreich, verfügte über die größeren Machtmittel, die charismatischere Persönlichkeit war aber der Bayer. Die Karriere Ludwigs beeindruckt auch heute noch. Als nachgeborener Herzogssohn musste er sich sein kleines Teilherzogtum erst erkämpfen. Zentrum war Ingolstadt. Von dort ging der Blick wie selbstverständlich entlang der Donau nach Osten. Der Wettbewerb um das reiche Niederbayern entzündete den Konflikt mit der österreichischen Verwandtschaft. Bei Gammelsdorf, noch heute ein wichtiger bayerischer Traditionsort, trafen 1313 die Heere aufeinander. Ludwig setzte auf die Bürger der aufstrebenden Städte und schlug mit deren Hilfe das überlegene Heer der Habsburger. Die Auseinandersetzung mit den Habsburgern war damit aber noch nicht entschieden. Ludwig wartete lange, bis er sich 1322 dem zweiten Waffengang bei Mühldorf stellte – und wieder gewann. Klug nahm er den unterlegenen Herzog Friedrich als Mitregenten an. Nachdem die Herrschaft im Land gefestigt war, machte Ludwig folgerichtig den nächsten Schritt in die europäische Politik. Sein Gegner wurde der Papst, das Ziel die Kaiserkrone und Einfluss in Italien. Diesen Konflikt konnte Ludwig zwar nicht wirklich für sich entscheiden; mit den Reichsfürsten sorgte er aber dafür, dass die Ansprüche des Papstes, die Wahl des Königs zu bestimmen, zukünftig dauerhaft zurückgewiesen wurden. Auch dabei bediente sich Ludwig neuer Kräfte, in diesem Fall der kirchlichen Reformbewegung der Minoriten. Namen wie Marsilius von Padua und Wilhelm von Ockham haben nicht erst seit Umberto Ecos Roman „Der Name der Rose" einen besonderen Klang. Mit seiner Hausmachtpolitik – seine Söhne wurden Herren von Brandenburg, Holland und Tirol – mag er den Bogen überspannt haben. Ein neuer Feind entstand dem Bayern in König Karl von Böhmen, dem späteren Kaiser Karl IV. Vor der Entscheidungsschlacht ereilte Ludwig der Tod auf der Jagd bei Fürstenfeldbruck. Die letzten Worte des Gebannten sollen der hl. Gottesmutter Maria gegolten haben.

So endete die bewegte Geschichte Kaiser Ludwigs. Von päpstlicher Seite wurde ihm der Kaisertitel verweigert, die päpstlichen Sekretäre nannten ihn nur „Ludovicus Bavarus", wobei der abwertende „Barbarus" lautmalerisch mitschwang. Für die Bayern war diese Titulatur dagegen immer ein Ehrentitel: Ludwig der Bayer. „Wir sind Kaiser!" – ergänzt die Bayerische Landesausstellung 2014 und bringt damit den Stolz der Bayern auf ihren Kaiser zum Ausdruck. Im 19. Jahrhundert spielte er noch einmal eine große Rolle in der bayerischen Identitätspolitik der Könige aus dem Haus Wittelsbach. Mit Ludwig dem Bayern konnten sich nicht nur die Altbayern, sondern aufgrund ihrer dem Reich besonders verbundenen Tradition auch die Franken und Schwaben identifizieren. Die Geschichte von Gammelsdorf, vom treuen Ritter Schweppermann und den mitstreitenden Bürgern, gehörte lange zur immer wieder erzählten Volksüberlieferung. Seither ist es ruhiger um den bayerischen Kaiser geworden. Während das Haus der Bayerischen Geschichte bei seiner herausragend erfolgreichen Landesausstellung „Götterdämmerung: König Ludwig II." von einer Neuinszenierung sprach, ist die Präsentation zu Ludwig dem Bayern tatsächlich eine Erstaufführung; noch nie zuvor gab es eine große Ausstellung zum ersten Wittelsbacher Kaiser.

Für dieses wichtige Projekt hat das Haus der Bayerischen Geschichte den rechten Ort gefunden: die frühere Reichsstadt Regensburg, zur Zeit Ludwigs des Bayern eine der reichsten Städte Deutschlands. Ihr Gesicht, das wir heute als Weltkulturerbe der UNESCO kennen, entstand wesentlich während der Regentschaft Ludwigs des Bayern. Die Landesausstellung spielt an originalen Schauplätzen aus der Zeit: im Domkreuzgang, in St. Ulrich und in der Minoritenkirche. Das ist keine Selbstverständlichkeit, sondern ein wichtiges Zeichen der Verbundenheit von Diözese und Stadt Regensburg mit der bayerischen Geschichte. Den Verantwortlichen danke ich für ihr Entgegenkommen und ihre Unterstützung herzlich.

Für den Freistaat ist diese Landesausstellung noch in einer anderen Hinsicht sehr bedeutsam: Sie ist eine Art Prolog für das neue Museum der Bayerischen Geschichte, das 2018 am Regensburger Donaumarkt eröffnet wird. Regensburg wurde als Standort für dieses Projekt gewählt, weil es im Herzen Bayerns gelegen als älteste bayerische Hauptstadt, dann Reichsstadt und Ort des Immerwährenden Reichstags Altbayern mit Franken und Schwaben verknüpft und über die Donau sowie die von ihr ausgehenden Verbindungen nach Norden Bayern mit seinen europäischen Nachbarn zusammenführt. Diese Tradition hat auch mit Kaiser Ludwig dem Bayern zu tun. In diesem Sinn wünsche ich der Bayerischen Landesausstellung 2014 viel Erfolg und zahlreiche Besucher.

Horst Seehofer
Der Bayerische Ministerpräsident

Wir sind Kaiser!

Ein brennendes Benediktinerkloster in Italien – Hort der Wissenschaften, Bewahrer einer der großartigsten Bibliotheken der Christenheit mit dem letzten Exemplar des Werks eines großen Philosophen, das – wäre es bekannt geworden – vielleicht die Welt verändert hätte – jetzt verloren in Feuer und Rauch, das einzigartige Buch mutwillig zerstört. Ein gelehrter Franziskaner mit detektivischem Talent und sein junger Schüler sinnieren angesichts der Katastrophe über den rechten Glauben:
„Vielleicht gibt es am Ende nur eins zu tun, wenn man die Menschen liebt: sie über die Wahrheit zum Lachen bringen, denn die einzige Wahrheit heißt: Lernen, sich von der krankhaften Leidenschaft für die Wahrheit zu befreien."

Dann verlassen sie den unseligen Ort und wenden sich nach Rom. Ein Bayer hat sich hier, bejubelt vom Volk, zum Kaiser krönen lassen. Die beiden Reisenden ahnen jedoch den schlechten Ausgang, beschließen umzukehren und wenden sich nach München. Hier sind sie als Kritiker des Papstes sicher, auch wenn „die einzige Wahrheit" weder die des Papstes noch die des Kaisers ist. In München trennen sich ihre Wege: Der junge Adson zieht weiter nach Melk, vom älteren William versehen mit vielen guten Ratschlägen und einer Lesebrille für seine zukünftigen Studien. Von seinem Reisebegleiter wird Adson nur mehr hören, dass er der großen Pest von 1348 zum Opfer gefallen sein soll.

So weit das Ende eines großartigen Romans, „Der Name der Rose" von Umberto Eco. Die Hauptrolle spielt der Franziskaner William von Baskerville, hinter dem sich Wilhelm von Ockham verbirgt, einer der bedeutendsten Vertreter der Spätscholastik und Berater Kaiser Ludwigs des Bayern. Wahrscheinlich starb Wilhelm 1348 in München an der Pest, nicht einmal ein Jahr nach dem Kaiser. Ludwig IV. selbst lässt Eco übrigens nicht auftreten, der Kaiser schwebt gewissermaßen nur als Hoffnung der Minoriten über der Szenerie.

So steht Ludwig für seine Zeit, das 14. Jahrhundert, in dem sich für die Menschen neue Möglichkeiten eröffneten, in dem ihnen aber auch ungeheure Grenzerfahrungen zuteilwurden. Das Jahrhundert begann mit einer Jahrhundertfeier, dem ersten Heiligen Jahr, verkündet von Papst Bonifaz VIII., das allen Rompilgern den vollständigen Nachlass aller Sündenstrafen versprach. Auch Dante Alighieri, der mit seiner „Göttlichen Komödie" die Ängste und Hoffnungen abbildete, war in diesem Jahr in Rom, von wo er ein interessantes Detail berichtet: Man habe hier wegen des gewaltigen Zustroms von Pilgern das Rechtsgehen an engen Wegstellen erfunden. Trotzdem sitzt ab 1309 der Papst nicht mehr in Rom, sondern im provinziellen Avignon. Apropos Weltliteratur: 1313, ein Jahr vor der Königswahl Ludwigs, wurde Giovanni Boccaccio geboren, der Verfasser des „Dekameron". Ein wenig später entstand in England der Mythos des Robin Hood. 1317 vollendete Giotto das „Leben des hl. Franziskus und der beiden Johannes" in der Kirche S. Croce in Florenz. Von ihm sagte Boccaccio, er habe die Kunst ans Licht gebracht. Mit Franziskus stellte er den Heiligen dar, der das 14. Jahrhundert wie kaum ein anderer prägte. Alle Literaten und Künstler aber haben eines gemeinsam: Es geht um das Finden neuer Wege, um die Frage gerechter Herrschaft und das Infragestellen althergebrachter Modelle und, besonders bedeutsam dabei, die Weiterentwicklung bürgerlichen Selbstbewusstseins. Die Bürger trugen den Handel, der internationaler wurde. Venedig war die Hauptstadt des Welthandels, einer der wichtigsten Partner im Reich jenseits der Alpen war Regensburg. Der wirtschaftliche Aufschwung hing auch mit technischen Innovationen zusammen wie etwa der Erfindung von Lesesteinen aus dem Edelstein Beryll – daher der Name Brille –, ferner der Wasserkunst im Berg- und Städtebau: Venedig verpflichtete für die Wasserversorgung 1323 den Mühleningenieur Meister Johannes aus Deutschland. Für Erfindungen und Entdeckungen herrschte – und das war damals keine Selbstverständlichkeit – ein positives Klima. Vielleicht auch, weil das eigentliche Klima schlechter wurde: Die kleine europäische Eiszeit begann. Die Erde gab nicht mehr überall alles her. Der Ausbau der Eisenverhüttung hatte zu extremem Mangel bei Brennstoffen geführt. In und um Nürnberg sowie in der Oberpfalz, dem „Ruhrgebiet des Mittelalters", musste der Wald geschützt und seine Nutzung geregelt werden – das Wort „Nachhaltigkeit" war noch nicht erfunden, die Sache als solche aber war bereits eine Notwendigkeit. Die schwierigste Grenzerfahrung stand Europa aber noch bevor: der Schwarze Tod, der in Italien im Todesjahr des Kaisers 1347 seinen Ausgang nahm. Es war eine der großen Katastrophen der Menschheit. Auch wenn die absolute Zahl der Opfer unergründlich ist, dürfte mindestens ein Viertel der europäischen Bevölkerung von der Pest ausgelöscht worden sein. Sie galt vielen als sicheres Zeichen des bevorstehenden Weltuntergangs, der Apokalypse und des nahenden Jüngsten Gerichts. Aber schon zuvor hatte man die eigene Gegenwart als Krise und Endzeit wahrgenommen, als „mundus iam senescens", als vergreisende Welt, wie es Petrarca ausdrückte.

Das war die Zeit Kaiser Ludwigs des Bayern. Um die Jahreswende 1281/82 oder um 1286 wurde er als zweiter Sohn Ludwigs II., Pfalzgraf bei Rhein und Herzog von Oberbayern, und dessen dritter Frau Mechthild von Habsburg geboren. Vom Rang der Familie her war das eine gute Startposition: Der Pfalzgraf bei

Rhein galt als wichtigster Reichsfürst nach dem König und als dessen Stellvertreter. Der Vater des späteren Kaisers war noch in der staufischen Zeit groß geworden. Als Vormund Konradins hatte er die staufischen Gefolgsleute um sich geschart, Konradin das Herzogtum Schwaben gesichert und ihm den Italienzug von 1267/68 ermöglicht, der jedoch nicht, wie erhofft, mit der Krönung Konradins zum König von Sizilien endete, sondern mit seiner Hinrichtung auf dem Stadtplatz von Neapel. Das staufische Erbe, auch ein stückweit Tradition und Idee ihrer Königsherrschaft gingen auf die Wittelsbacher über. Das darf man bei Ludwig dem Bayern nicht außer Acht lassen. Über seine Mutter war Ludwig außerdem verwandt mit einer der Aufsteigerdynastien der Zeit, den Habsburgern, die sich im Kampf gegen Ottokar von Böhmen Österreich – vorerst ohne Tirol – gesichert hatten.

Von der territorialen Machtposition aus betrachtet, wären allerdings weitaus bessere Voraussetzungen für den Aufstieg Ludwigs vorstellbar gewesen. Die bayerische Landesteilung von 1255 war nur insofern gerecht ausgefallen, als man den hohen Rang des Pfalzgrafen bei Rhein berücksichtigen muss. Davon abgesehen, verschaffte das Herzogtum Niederbayern seinem Herzog eine weitaus größere Machtposition als die Pfalz und Oberbayern zusammen: „eine in sich ruhende kompakte Landmasse" (Andreas Kraus) mit den alten Agilolfingergauen und Herzogspfalzen, fruchtbarem Ackerland um Erding und Moosburg, im Gäuboden um Straubing, im Innviertel um Schärding, Braunau und Ried, mit vier Bischofssitzen im Land oder an den Grenzen – Freising, Regensburg, Passau und Salzburg –, vielen aufstrebenden Landstädten von Landshut bis Vilshofen, reichen Rohstoffvorkommen von Salz in Reichenhall bis zu den Silber-, Blei- und Kupferbergwerken im „Land im Gebirg" und nicht zuletzt mit den internationalen Handelsrouten Salzach/Inn für die Süd-Nord-Verbindung Italien-Böhmen sowie die Donau als West-Ost-Transversale, die eigentliche Schlagader Bayerns, die den Landesteilen den Namen gab: Oberbayern am Ober- und Niederbayern am Unterlauf.

Alles zusammengesehen, hätte bei der Geburt Ludwigs wohl kaum jemand darauf gewettet, dass der zweitgeborene Herzogssohn einmal Kaiser werden würde. Der Hürden waren eigentlich zu viel. Zunächst musste er sich gegenüber seinem älteren Bruder Rudolf die Mitregentschaft erkämpfen. Mithilfe seiner Mutter und der österreichischen Verwandtschaft erreichte er dies, 1310 gewann er sogar einen eigenen oberbayerischen Landesteil, allerdings nur den „kleineren" um Ingolstadt und Amberg: München mit Umland behielt Rudolf. Der Preis für diesen Erfolg war der Dauerkonflikt mit dem eigenen Bruder – der Bruderzwist eine neue Hürde als Preis für die Überwindung der ersten. Die zweite große Chance zum Aufstieg bot sich Herzog Ludwig, als die niederbayerischen Herzöge starben und nur minderjährige Söhne hinterließen. Wieder waren es die Habsburger, mit deren Hilfe Ludwig ein Coup gelang: Er übernahm die Vormundschaft über seine Vettern und trat damit in die Tradition des alten bayerischen Stammesherzogtums mit seiner Ostorientierung – und seiner Rivalität mit den Herren Österreichs. Ludwig hatte eine weitere Hürde genommen, aber um den Preis, dass sich eine viel höhere vor ihm aufbaute. Die niederbayerischen Städte Landshut und Straubing näherten sich an Ludwigs Bruder und Gegner Rudolf an und zwangen Ludwig, sein für die niederbayerischen Mündel getroffenes Bündnis mit Österreich aufzugeben. Das bedeutete die Feindschaft mit Österreich, vor allem mit Herzog Friedrich dem Schönen, mit dem Ludwig gemeinsam erzogen worden war. Es bedeutete aber nicht das Ende der Rivalität mit Rudolf und schon gar nicht die sichere Herrschaft über Niederbayern, denn der niederbayerische Adel stand im Gegensatz zu den Bürgern überwiegend zu den Habsburgern, die aussichtsreichere Aufstiegschancen boten als die Wittelsbacher.

Kurzum: Die politische Lage hatte sich für Ludwig dramatisch verschlechtert. Abhilfe konnte nur der militärische Erfolg schaffen. Die Chance dazu bot sich im November 1313. Die Österreicher waren von zwei Seiten nach Bayern gezogen, von Oberösterreich aus – verstärkt von einer ungarischen Hilfstruppe und dem Aufgebot des habsburgtreuen niederbayerischen Adels – und von den schwäbischen Besitzungen der Habsburger aus, verstärkt durch das Aufgebot der Steiermark. Ludwig baute auf seine Oberbayern und Pfälzer und auf das Aufgebot der niederbayerischen Städte, in staufischer Tradition verstärkt von Schwaben und Franken. In Gammelsdorf bei Moosburg kam es zur Schlacht. Ludwig nutzte den herrschenden Nebel aus und erzielte einen Überraschungseffekt. Nach vergleichsweise kurzer Schlacht gehörte ihm der Sieg über ein stark überlegenes österreichisches Ritterheer – die Quellen sprechen von einer vierfachen Überzahl der Österreicher. Ihre Verluste waren hoch, viele Adelige – die Zahlen schwanken zwischen 350 und 600 – gingen in bayerische Gefangenschaft. Ein Kriegsheld war geboren, dem man im ganzen Reich Respekt für seinen Mut und seine Tatkraft zollte; einer, der offensichtlich in der Gnade des Herrn stand; einer, der die Erinnerung an die legendären Stauferkaiser weckte.

Zudem war im August des gleichen Jahres Kaiser Heinrich VII. aus dem Haus der Grafen von Luxemburg gestorben, der die Herrschaft seiner Familie über

Böhmen begründet hatte. Einen eigenen Nachfolgekandidaten konnten die Luxemburger nicht ins Rennen schicken, eines aber wollten sie mit Bestimmtheit verhindern: dass die deutsche Königskrone an Habsburg ging. Sie wandten sich an den „Helden von Gammelsdorf". Herzog Ludwig von Oberbayern stand als römischer König zur Wahl – der ungeahnte Aufstieg konnte beginnen. Von der Mehrheit der Kurfürsten wurde er am rechten Ort bei Frankfurt gewählt und am rechten Ort in Aachen gekrönt, allerdings vom falschen Erzbischof, dem Mainzer anstelle des Kölner Erzbischofs, und ohne die rechten Reichskleinodien. Diese hatte Herzog Friedrich von Österreich an sich gebracht, der damit vom rechten Erzbischof, dem Kölner, an falscher Stelle, in Bonn, gekrönt wurde. Gewählt hatte ihn übrigens auch Ludwigs Bruder, Herzog Rudolf von Oberbayern. Die Wahl war also zwiespältig, zwei Könige standen sich feindlich gegenüber. Der Bayer hatte wieder eine Hürde genommen und wieder hatte sich eine neue vor ihm aufgebaut. Entgegen kam ihm jedoch, dass sein Bruder 1319 starb. Bereits zuvor hatte Ludwig seine Vorrangstellung in der Pfalz und in Oberbayern energisch durchgesetzt. Seine niederbayerischen Vettern, die 1319 mündig geworden waren, ordneten sich in das politische System des Königs ein und wurden ihm zu wertvollen Verbündeten. In gewisser Weise stellte Ludwig die Einheit Bayerns wieder her, insofern er hier eine verlässliche Basis und die nötige Rückenfreiheit für die anstehende Auseinandersetzung mit Österreich gewann. Vor allem baute Ludwig auf die Städte, auf deren Finanzkraft er angewiesen war, verbündete sich mit Augsburg, sicherte sich die Unterstützung und Steuerkraft Nürnbergs, vor allem aber vertraute er auf die aufstrebenden Donaustädte, die Bischofsstadt Passau, die sich zu einem Handelsknotenpunkt an der Verkehrskapitale Venedig–Tauern–Salzburg–Salzach–Inn–Böhmen entwickelte, und auf die Fernhandelsstadt und Finanzmetropole Regensburg, die sich von ihrem Bischof emanzipiert und freie königliche Stadt geworden war, allein dem König und damit Ludwig dem Bayern verpflichtet.

Damit sind wir am Ort der Landesausstellung angelangt. Ist Regensburg der richtige Ort für dieses Projekt? Oder hätte es nicht nach München gehört, das sich in besonderer Weise mit Ludwig identifizier(e), wo er sich häufig aufhielt und das sich seit dem 14. Jahrhundert zu einer Art „Landeshauptstadt" entwickelte – wenngleich nur auf Oberbayern bezogen, denn Landshut war zu dieser Zeit als Hauptort Niederbayerns gleichwertig. Beide Städte unterstanden den jeweiligen Herzögen als Stadtherren. Regensburg, das sich sowohl von der Herrschaft des Herzogs als auch des Bischofs emanzipiert hatte, spielte in einer anderen Liga, rechtlich wie wirtschaftlich. Sie war das, was man später als „Reichsstadt" bezeichnete, und eine internationale Handelsstadt, die den Austausch zwischen Italien, Deutschland und Böhmen vermittelte. Der König war auf die Regensburger Bürger besonders angewiesen. Das beweisen die zahlreiche Kredite, die ihre Bürger ihm gewährten, ebenso wie seine rund 40 Aufenthalte in der Donaumetropole.

Regensburg ist also der rechte Ort für die Landesausstellung. Aber eigentlich ist die Frage falsch gestellt. Denn am Anfang des Projekts stand nicht der Protagonist, sondern der Ort. In Regensburg hatten die Erforschung des Domareals und dessen Restaurierung große Fortschritte gemacht. Unmittelbar anstehend war 2007 die Sanierung des Domkreuzgangs. Aus dem Kreis der Verantwortlichen – zu nennen sind besonders Dompropst Dr. Wilhelm Gegenfurtner, der Direktor des Diözesanmuseums Dr. Hermann Reidel, der Leiter des Staatlichen Bauamts Regensburg, Hans Weber, sowie Prof. Dr. Achim Hubel – entstand die Idee, dies zum Anlass einer Bayernausstellung zu nehmen, der kleineren Schwester der Bayerischen Landesausstellungen. Bei einem Besichtigungstermin in Regensburg wurde aber schnell klar – dieser grandiose Ort taugt nicht für kleine Varianten. Das Haus der Bayerischen Geschichte wollte hier eine Landesausstellung zeigen – im Domkreuzgang und in der benachbarten Ulrichskirche. Als Thema schwebten uns die mittelalterlichen Jenseitsvorstellungen vor, die sich im Dom als Abbild des himmlischen Jerusalems und im Domkreuzgang als Begräbnisstätte besonders eindrucksvoll zeigen. Als Arbeitstitel wurde „Tod und Auferstehung" gefunden. Die Idee überzeugte, die Stadt Regensburg kam auf Initiative von Kulturreferent Klemens Unger als wichtiger Partner hinzu, sodass der damalige Staatsminister Dr. Thomas Goppel, der Bischof von Regensburg, Prof. Dr. Gerhard Ludwig Müller, und Oberbürgermeister Hans Schaidinger 2009 eine entsprechende Vereinbarung schlossen. Der endgültige Vertrag wurde dann 2013 von Staatsminister Dr. Wolfgang Heubisch unterzeichnet, eröffnet wurde die Ausstellung schließlich 2014 von Staatsminister Dr. Ludwig Spaenle. Bei einer so langen Projektzeit kann es zu unerwarteten Wendungen kommen, die Flexibilität erfordern, wie in diesem Fall, als offenbar wurde, dass die Restaurierung des Domkreuzgangs längere Zeit in Anspruch nehmen würde. Zudem hätte die Ertüchtigung für Ausstellungszwecke einen unverhältnismäßig hohen und dem Denkmalcharakter schwer anzupassenden Aufwand erfordert. Für das Haus der Bayerischen Geschichte hatte das zur Konsequenz, dass der Ausstellungsraum auf die Ulrichskirche zusammenschmolz, die allein für ein solches Projekt zu klein war. Erneut sprang die Stadt Regensburg in die Bresche und stellte die Minoritenkirche im Komplex des Städtischen Museums zur Verfügung, was für die Stadt ein zusätzliches finanzielles Engagement bedeutete. Hierfür sei Kulturreferent Klemens Unger und Museumsleiter Dr. Peter Germann-Bauer herzlich gedankt. Die Umsetzung übernahmen dankenswerterweise Dr. Wolfgang Neiser und Matthias Freitag.

Dieser Schwenk in der Konstruktion des Projekts gab Anlass, noch einmal über das Thema nachzudenken. Mit der Konzentration auf eine Person und die Präsentation ihrer Zeit hatten wir gerade den größten Erfolg des Hauses der Bayerischen Geschichte erzielt: Die „Götterdämmerung" auf Herrenchiemsee mit fast 600 000 Besuchern war zur erfolgreichsten historischen Ausstellung in der Bundesrepublik seit der Wiedervereinigung geworden. Auch hatten wir die Mahnung von Prof. Dr. Alois Schmid, dem damaligen Vorsitzenden der Kommission für Bayerische Landesgeschichte an der Akademie der Wissenschaften, im Ohr, das 700-jährige Jubiläum der Thronbesteigung Ludwigs des Bayern 2014 nicht einfach liegen zu lassen. Diese Erinnerung gewann vor dem Hintergrund des Ausstellungsorts besonderes Gewicht. Drei Spielstätten boten sich in Regensburg an: die Minoritenkirche, die Ulrichskirche und der Domkreuzgang, samt Dom, alle in wichtigen Teilen entstanden in der Regierungszeit Kaiser Ludwigs des Bayern und alle drei mit einem besonderen Bezug zum Kaiser und seiner Zeit. Die Franziskaner wurden von ihm besonders gefördert und dankten es ihm mit der theologischen Rechtfertigung seines Kampfes gegen Papst Johannes XXII. Die Ulrichskirche war ursprünglich wohl als Pfalzkapelle der bayerischen Herzöge begonnen worden, worauf ihre doppelstöckige Anlage hindeutet. Nachdem die Herzöge jedoch die Stadtherrschaft verloren hatten, wurde sie Dompfarrkirche. Schließlich der Dom, das Manifest der Reichsstadt Regensburg, ihres Reichtums und Bürgerstolzes.

Alles zusammengenommen sprach dafür, den Kaiser in den Mittelpunkt der Landesausstellung zu stellen, ihn aber auch vor dem Hintergrund seiner Zeit und ihrer theologischen Vorstellungen zu präsentieren und auf diese Weise die ursprüngliche Konstruktion nicht über Bord zu werfen, sondern weiterzuentwickeln. Diese Überlegung überzeugte – wenngleich zu bedenken gegeben wurde, dass die Popularität Ludwigs des Bayern nicht an die des Märchenkönigs heranreiche. Das ist zweifellos richtig. Doch schien uns der Kaiser im bayerischen Bewusstsein immer noch präsent – sei es in den Traditionen vieler bayerischer Städte von München bis Mühldorf, sei es in der Geschichtspolitik König Maximilians II., deren Auswirkungen bis in die Gegenwart reichen. Maximilian II. hatte die Erinnerung an den Kaiser stark gefördert, eben wegen seiner Verbindungen zu den bayerischen Städten und zu den Reichsstädten in Franken und Schwaben, die seit Anfang des 19. Jahrhunderts zu Bayern gehören. Im Kaiser fand man gewissermaßen eine Figur, mit der sich alle Bayern, die neuen wie die alten, identifizieren konnten. Viele im 19. Jahrhundert neu entdeckte oder auch erfundene Geschichten sind volkstümlich geworden. Bereits Aventin legte dem Kaiser einen Satz in den Mund, der sprichwörtlich wurde: „Jedem ein Ei, dem frommen Scheppermann zwei." Kaum eine Münchner Stadtführung kommt am Alten Hof ohne die Geschichte vom zahmen Affen aus, der den kleinen Ludwig auf das Dach des „Affentürmchens" entführt haben soll. Und ihn schließlich wieder zurück in die Kemenate und seine Wiege verfrachtete. Selbst wenn manche alte Geschichte in Vergessenheit geraten ist – es lohnt sich, die Geschichte Ludwigs des Bayern und seiner Zeit neu zu entdecken. Warum? Weil es eine gute Geschichte ist. Und weil es eine Premiere ist. Noch nie gab es eine Landesausstellung zu diesem bedeutenden bayerischen Herzog und deutschen Kaiser.

Wir erzählen seine Geschichte an den originalen Schauplätzen des 14. Jahrhunderts, die zugleich bedeutende Exponate sind. Die Geschichte beginnt in der Minoritenkirche St. Salvator, neben der Regensburger Dominikanerkirche die größte Bettelordenskirche Süddeutschlands. Hier geht es um den Aufstieg Ludwigs, für den der zeitgenössische Chronist Matthias von Neuenburg das Bild gefunden hat, wenn er schreibt:

„Jetzt, Schreiber, schärfe deinen Geist. Denn ein schweres Stück Arbeit harret Deiner, willst du schildern den langen und langsamen Flug eines gewaltigen Adlers, der töricht zugleich und klug, achtlos und sorgenvoll, träge und ungestüm, niedergeschlagen wie heiter, kleinmütig wie tapfer, bei allem Unglück doch glücklich noch aufstieg, während ihm schon die Flügel versengt waren."

Nur wenige Herrscher haben eine solche Würdigung erfahren. Als gewaltige Textfläche steht sie über der Ausstellung geschrieben; ihr Pendant: ein schwebender Thron im Chor, der erstmals seit dem 19. Jahrhundert wieder einen Eindruck von seiner mittelalterlichen Beschaffenheit vermittelt – durch die Rekonstruktion der Chorfenster, die kurz nach Ludwigs Tod entstanden. Hier spielt die Aufstiegsgeschichte des jungen Herzogs. Sie zieht sich über fünf aufsteigende Ebenen, die die Karriereschritte und die Hürden wiedergeben, die Ludwig zu nehmen hatte. Sein Weg erinnert an ein Computerspiel unserer Zeit, jede bewältigte Aufgabe führt zu einem höheren Level. Der Besucher kann diesen Aufstieg sinnlich erfahren, denn auch er steigt auf und erlebt die Minoritenkirche aus einer völlig neuen Perspektive. In den zeitgenössischen Spielstätten präsentieren wir die Geschichte des Kaisers mit originalen Exponaten aus Deutschland, Österreich, Tschechien, Italien, Frankreich, England und der Schweiz.

Es beginnt mit dem Level 1: Fürst ohne Land – Held von Gammelsdorf. Diese – einleitend bereits erzählte – Geschichte verdeutlicht, dass der Weg Ludwigs zum Thron nicht vorgezeichnet war, sondern aus einer bestimmten Machtkonstellation und vor allem aus seiner persönlichen Leistung resultierte.

Level 2 zeigt die Königswahl von 1314, die Stabilisierung seiner Herrschaft und ihr wirtschaftliches Fundament, schließlich die Schlacht bei Mühldorf 1322. In dieser letzten Ritterschlacht – geführt noch ohne Feuerwaffen – besiegte Ludwig seinen Rivalen

Friedrich den Schönen ein zweites Mal. Den Frieden brachte eine einmalige Geste – mit dem geschlagenen Gegner vereinbarte Ludwig ein gemeinsames Königtum. Besiegelt wurde der Vertrag im Zeitalter der politischen Gesten durch eine gemeinsam in einem Bett verbrachte Nacht. Das Bündnis hielt bis zum Tod Friedrichs 1330. Wer dabei den Ton angab, zeigt der Fortgang der Geschichte. Ludwig bekam den Rücken frei für den Zug nach Italien und den Aufstieg vom König zum Kaiser.

Level 3: Mit dem Italienzug trat Ludwig in die staufische Tradition. Im Konflikt mit dem in Avignon residierenden Papst Johannes XXII. beanspruchte er die Reichsrechte in Italien. Die Antwort des Papstes war der Kirchenbann. Ludwig verband sich mit den europaweit bekannten Papstgegnern aus dem Franziskanerorden: Wilhelm von Ockham und Marsilius von Padua, die im Münchner Franziskanerkloster Zuflucht fanden. Marsilius entwickelte eine für seine Zeit ungeheuerlich erscheinende Theorie: Er leitete die Herrschaft vom Gemeinwohl ab, nicht mehr von gottgegebenen Mächten. Auch Ludwig setzte in Rom neue Zeichen: die Krönung in der Peterskirche ohne Papst, die Akklamation als römischer König durch den Senat. Auf das Siegel seiner Kaiserbulle ließ er eine Ansicht der Stadt Rom prägen, die erste topografisch korrekte Darstellung der Ewigen Stadt. Letztlich aber ging es um die alte Frage des Vorrangs: Wer bestimmt den Kaiser? Ist er schon durch die Wahl der deutschen Fürsten mehr als designiert oder kann sich der Papst über die Kurfürstenwahl hinwegsetzen, weil er über dem Kaiser steht? Zu Ludwigs Zeit sollte eine Vorentscheidung fallen – gegen den päpstlichen Anspruch. Marsilius von Padua entwickelte die theologische und staatsrechtliche Grundlage hierfür – die Trennung von geistlicher und weltlicher Gewalt, eine der Grundfesten des modernen Europa.

Level 4 zeigt die Bemühungen des Kaisers, seine Herrschaft im Reich zu festigen und auszubauen, zunächst vor allem in Bayern. Hier machte Ludwig aus dem Prinzip der Landesteilungen das Beste und verpflichtete die verwandten Teilherzöge für seine Sache. Mit den Nachkommen seines Bruders schuf er im Hausvertrag von Pavia eine dauerhafte Regelung; sie erhielten die Pfalz bei Heidelberg und die alten staufischen Besitzungen im Norden um Amberg, der nun so benannten Oberpfalz. Über Bayern hinaus ging es dem Kaiser um die Erweiterung seiner Hausmacht. Brandenburg, Holland-Hennegau, Pommern und Tirol wurden in unterschiedlichen rechtlichen Formen für das Haus Wittelsbach gewonnen. Auf der Landkarte wirken diese Erwerbungen – mit Ausnahme Tirols – planlos. Man darf aber nicht vergessen, dass diese Territorien in gewisser Weise auch Spielmasse waren. So wurde zeitweise mit den Luxemburgern verhandelt, die Pfalz gegen Böhmen zu tauschen. Ein Wittelsbacher Machtblock mit Bayern, Böhmen und Tirol hätte den Lauf der europäischen Geschichte verändert, doch so weit kam es nicht. Man hat Ludwig IV. vorgeworfen, mit seiner „raffgierigen" Politik die Reichsfürsten gegen sich aufgebracht und damit die Königskrone für seine Familie bereits verloren zu haben, als er sie selbst noch trug. Doch schwingen bei solchen Überlegungen staatsrechtliche Vorstellungen einer viel späteren Epoche mit. Ludwig aber stand in seiner Zeit, der Zeit der Hausmachtpolitik. Für das Reich verteidigte er die alten Positionen insbesondere gegenüber den Ansprüchen des Papstes hartnäckig. In der Fürstenversammlung zu Rhense 1338 wurde die alleinige Zuständigkeit der Kurfürsten für die Königswahl festgelegt. Im Reichsgesetz „Licet iuris" wurde der Anspruch formuliert, dass der gewählte König zugleich zum „verus imperator", zum wahren Kaiser bestimmt sei. Der Nachfolger Ludwigs, Karl IV., hat diese Regelung dann in der berühmten Goldenen Bulle von 1356 in Gesetzesform gegossen.

Das alles hatte freilich – wie in Level 5 vorzustellen – seinen Preis. Die Gegnerschaft zum Papst und immer wieder erneuerte Bannflüche machten Ludwig angreifbar. Für die päpstliche Partei war er herablassend „Ludovicus Bavarus": Ludwig der Bayer. Entgegen der päpstlichen Absicht, die hier mit der Ähnlichkeit von bavarus – barbarus spielte, wurde daraus in Ludwigs Heimatland ein Ehrentitel. Ein mächtiger Feind hingegen entstand dem Kaiser wieder einmal aus einem Verbündeten. In Tirol kollidierte er heftig mit den Interessen der Luxemburger. Für Herzogin Margarete Maultasch, die ihren Luxemburger Gemahl nach elfjähriger kinderloser Ehe kurzerhand hinauswarf, hatte er den neuen Ehemann schon parat: seinen Sohn Ludwig den Brandenburger. Nun hatte er die Luxemburger gegen sich.

Und wieder bekam der Kaiser einen Gegenkönig: den Sohn des böhmischen Königs Johann von Luxemburg, Karl, den späteren Kaiser Karl IV. Böhmen besaß aufgrund seiner Rohstoffvorkommen fast unerschöpfliche Gold- und Silberschätze, ein Vorsprung, den Ludwig durch den offensiven Griff nach dem minenreichen Tirol auszugleichen versuchte, damit aber auch den Konflikt erst auslöste. Die Parteien rüsteten auf. Die Bayern vertrauten auf ihren kriegserfahrenen Kaiser, den Helden von Gammelsdorf und Mühldorf, der noch nie eine Schlacht verloren hatte. Als Karl schon in Richtung Regensburg marschierte, ging Ludwig in der Nähe des Klosters Fürstenfeld, der Sühnestiftung seines Vaters, erst einmal auf die Jagd. Hier und nicht mehr auf dem Schlachtfeld ereilte den Kaiser sein Schicksal – er brach zusammen und starb, vermutlich an einem Herzschlag; ohne Beichte und Absolution, für seine Gegner ein sicheres Vorzeichen für die Höllenqualen, die dem mit Kirchenbann belegten Kaiser nach wie vor bevorstünden. Die letzten Worte aber sollen der Muttergottes gegolten haben: „Süße Königin, unsere Frau, steh mir bei." Ludwig hatte für sein Seelenheil vorgesorgt und das Kloster Ettal gegründet, wo noch heute für ihn gebetet wird. Nachgewiesen ist seine Hinwendung zur Gottesmutter Maria und in gewisser Weise geht ihre Verehrung als „Patrona Bavariae" auch auf ihn zurück. Beerdigt wurde Ludwig trotz päpstlichen Verbots in geweihter Erde. In der Münchner Frauenkirche setzte ihm sein Nachfahre Kurfürst Maximilian I. ein beeindruckendes Grabmonument. Damit endet die Geschichte des bayerischen Kaisers. Die Meinungen insbesondere über die Nachhaltigkeit seiner Politik gehen auseinander. Im Grunde gilt am Anfang wie am Ende die Charakteristik des Matthias von Neuenburg. Sie zeigt aber auch eines: Ludwig der Bayer hat seine Zeitgenossen gespalten, vor allem aber auch fasziniert.

Unsere Landesausstellung ist damit noch nicht zu Ende. Sie geht weiter im Regensburger Domareal. In der Dompfarrkirche St. Ulrich zeigen wir mit modernster medialer Technik die Forschungsergebnisse zum Neubau des gotischen Doms, der wesentlich zur Zeit Kaiser Ludwigs des Bayern entstand. Für die wissenschaftliche Begleitung danken wir Prof. Dr. Achim Hubel, Prof. Dr. Manfred Schuller und Dr. Friedrich Fuchs. Die ursprünglich noch stark romanisch geprägte Grundstruktur des Dombaus wich der modernen, wesentlich kühneren französischen Kathedralgotik. Der Chor und Teile des Langhauses wurden fertig gestellt, die heute noch prägenden prächtigen Glasfenster eingesetzt. Die Regensburger Patrizier orientierten sich mit ihren Stadtburgen an Italien mit den heute noch teilweise sichtbaren Loggien, die im Zuge der kleinen Eiszeit späterhin zugemauert wurden. Eingedenk der eingangs zitierten Passage bei Umberto Eco wird diese Thematik bayerisch-hintersinnig von Christoph Süß in einem Film moderiert.

Der Domkreuzgang schließlich wird als herausragendes Zeugnis mittelalterlicher Jenseitsvorstellungen präsentiert: die Vorstellungen vom Ende der Zeiten, vom Jüngsten Gericht und der Apokalypse, die drängenden Fragen um das persönliche Seelenheil im Zeitalter des Interdikts, die sich auch dem Kaiser selbst stellten. Ganz am Ende sind wir aber immer noch nicht. Wenigstens kurz zu erwähnen bleibt das museumspädagogische Programm, das die Regensburger Dombauhütte zwischen Domkreuzgang und St. Ulrich bietet, dasjenige der Cultheca im Historischen Museum sowie das reiche Begleitprogramm der Stadt Regensburg.

Wir danken allen unseren Partnern herzlich für ihr Engagement, den Wissenschaftlerinnen und Wissenschaftlern, den zahlreichen Leihgebern und nicht zuletzt den Sponsoren: der Bayerischen Sparkassenstiftung, namentlich Dr. Ingo Krüger, dem Sparkassenverband der Oberpfalz und dem Bayernwerk, insbesondere Josef Schönhammer, der das Haus der Bayerischen Geschichte über viele Jahre tatkräftig ideell und finanziell gefördert hat, ebenso Maximilian Zängl. Wichtige Unterstützung verdanken wir der Stadt Regensburg, neben den schon erwähnten Personen Finanzreferent Dieter Daminger. Wir danken unseren Medienpartnern, der Mittelbayerischen Zeitung, Chefredakteur Manfred Sauerer, TVA, Renate Pollinger, Bayern 2, Wolfgang Aigner, sowie der Passauer Neuen Presse, insbesondere Dr. Dr. Axel Diekmann. Außerdem danken wir dem Tourismusverband Ostbayern mit Dr. Michael Braun und der Regensburg Tourismus GmbH mit Sabine Thiele.

Die Gestaltung der Landesausstellung lag in den bewährten Händen von Fritz Pürstinger, die Bauleitung bei Matthias Held. Das Plakatmotiv entwickelte Wilhelm Koch aus Amberg. Die Filmproduktion in der Ulrichskirche wurde von Dr. Stefan Aglassinger realisiert. Mein besonderer Dank gilt dem Team des Hauses der Bayerischen Geschichte. Mein Stellvertreter Dr. Peter Wolf hat das anspruchsvolle Projekt souverän und kreativ geleitet. Unterstützt wurde er dabei engagiert von Elisabeth Handle-Schubert M.A., Andreas Th. Jell und Dr. Barbara Six. Die Öffentlichkeitsarbeit wurde von Dr. Andrea Rüth und Christine Ketzer M.A. geschultert. Den Katalog, Website und App betreute Evamaria Brockhoff. Die Verwaltung übernahm Clemens Menter. Ihnen, unseren Partnern und den vielen Helfern ist es zu verdanken, dass „Ludwig der Bayer. Wir sind Kaiser!" eine ganz besondere Bayerische Landesausstellung geworden ist – mitten am Ort des Geschehens und in herausragenden Denkmälern bayerischer und europäischer Geschichte.

Dr. Richard Loibl
Direktor des Hauses der Bayerischen Geschichte

Königssiegel Ludwigs des Bayern und Friedrichs des Schönen (Bayerisches Hauptstaatsarchiv, München, Kurbayern Urk. 12068 und Hochstift Passau Urk. 391)

Die Ausstellung

Veranstalter
Haus der Bayerischen Geschichte
  Direktor Dr. Richard Loibl
Stadt Regensburg
  Oberbürgermeister Joachim Wolbergs
in Zusammenarbeit mit der Diözese Regensburg
  Diözesanbischof Dr. Rudolf Voderholzer
  Dompropst Dr. Wilhelm Gegenfurtner

Idee und Grundkonzept
Dr. Richard Loibl

Projektleitung
Dr. Peter Wolf

Wissenschaftliche Mitarbeit
Elisabeth Handle-Schubert M.A., Andreas Th. Jell M.A., Dr. Barbara Six

Wissenschaftliche Beratung
Dr. Friedrich Fuchs, Prof. Dr. David Hiley, Prof. Dr. Achim Hubel,
Prof. Dr. Alois Schmid, Prof. Dr. Bernd Schneidmüller,
Prof. Dr. Manfred Schuller, Prof. Dr. Stefan Weinfurter

Partner
Kulturamt der Stadt Regensburg: Kulturreferent Klemens Unger,
  Kulturamtsleiterin Christiana Schmidbauer mit Kolleginnen
  und Kollegen
Historisches Museum Regensburg: Dr. Peter Germann-Bauer,
  Dr. des. Wolfgang Neiser, Dr. Andreas Boos, Annette Kurella,
  Michael Preischl mit Kolleginnen und Kollegen
Kunstsammlungen im Bistum Regensburg: Dr. Hermann Reidel,
  Dr. Maria Baumann, Dr. Friedrich Fuchs, Ines Amann M.A.
  mit Kolleginnen und Kollegen
Staatliches Bauamt Regensburg: Ltd. Baudirektor Hans Weber,
  Christian Brunner, Dipl.-Ing. (FH) Ulrike Paulik, Werner Hollnberger
  mit Kolleginnen und Kollegen
Staatliche Dombauhütte Regensburg: Helmut Stuhlfelder,
  Matthias Baumüller mit Kollegen

Leihverkehr und Transporte
Elisabeth Handle-Schubert M.A., Dr. Barbara Six

Bildredaktion
Dr. Barbara Six

Ausstellungsgestaltung
Friedrich Pürstinger

Ausstellungsgrafik
graficde'sign pürstinger, Salzburg
Michael Punz, Mag. Siegrid Schöberl, Alex Stieg
Koordination: Elisabeth Handle-Schubert M.A.

Bauleitung
Dipl.-Ing. (FH) Matthias Held, Waltenhofen

Ausführende Firmen
4D Concepts GmbH, Groß-Gerau
Werner Brugger KunstundBau, Waltenhofen
Curt-Engelhorn-Zentrum Archäologie gGmbH, Mannheim
Glaserei Moser, Bad Feilnbach
Holzbau Semmler GmbH, Hemau
ICS Vertical GmbH & CoKG, München
Ingenieurbüro Ziegler + Kugler GbR, Kelheim
Malerfachbetrieb Lindner, Hemau
Muck Metallbau GmbH, Regensburg
Reger Werbearchitektur GmbH, München
rent4event GmbH, Schwetzingen
Scholz Naturstein, Zeitlarn
Schreinerei Fritz, Tiefenbach

Plakat / Corporate Design
Büro Wilhelm, Amberg, unter Verwendung des Motivs aus dem
Glasgemälde „Kaiser Ludwig der Bayer" von Carl de Bouché
(Oberammergau Museum, vgl. Kat.-Nr. 1.18)

Didaktik und Museumspädagogik
Andreas Th. Jell M.A. (Leitung)
Cultheca Regensburg
Kunstsammlungen im Bistum Regensburg – Museum für Kinder
Staatliche Dombauhütte Regensburg

Schulprojekte
Christine Eckl, Albrecht-Altdorfer-Gymnasium
Sabine Wiedemann, Glasfachschule Zwiesel

Organisation des Kolloquiums
Kulturamt der Stadt Regensburg Regensburg
Regensburg Tourismus GmbH
Koordination: Elisabeth Handle-Schubert M.A.

Katalogredaktion und Korrektorat
Evamaria Brockhoff
Helga Wiedmann
Michaela Mohr, mimo-booxx | textwerk., Augsburg

Übersetzungen
Ilka Giertz M.A., Krister G. E. Johnson M.A.

Website und App
Evamaria Brockhoff, Clemens Menter
Christoph Reichert, Friends Media Group, Augsburg
Tobias Berg, res media GmbH & Co KG, Augsburg

Ausstellungsfilm „Regensburg und seine Kathedrale"
Idee: Dr. Richard Loibl, Dr. Peter Wolf
Koordination: Elisabeth Handle-Schubert M.A., Dr. Barbara Six
Drehbuch & Schauspiel: Christoph Süß
3-D-Rekonstruktionen: Archimedix GbR, Ober-Ramstadt
Produktion: mediacreation GmbH Salzburg
Musik: Heinz Grobmeier
Regie: Stefan Aglassinger

Öffentlichkeitsarbeit
Dr. Andrea Rüth, Christine Ketzer M.A.

Verwaltung
Clemens Menter, Kurt Lange, Wolfgang Schaile

Praktikanten, studentische Hilfskräfte, freie Mitarbeit
Astrid Bösl, Katja Galinski, Bruno Goppion, Florian Knöferl,
Patricia Lippert, Theresa Rinser

Teresa Herzgsell, Bettina Kolbe, Michael Langer

Ludmila Kvapilová, Irene Lautenschlager, Sebastian Pößniker,
Florian Schurli M.A., Dr. Diana Stock-Megies, Dr. Sebastian Zanke,
Dr. Ulrike Ziegler

Konservatorische Betreuung und Objektmontage
Ernst Bielefeld (Leitung), Annette Kurella, Monika Linng, Alfred Stemp,
Magdalena Verenkotte-Engelhardt

Transporte
Hasenkamp Internationale Transporte GmbH

Versicherung
Kuhn und Bülow Versicherungsmakler GmbH, Berlin

Klimatisierung
Kümobil Kälte- und Klimatechnik, Baindt
miniClima Schönbauer GmbH

Medienproduktionen und -technik
p. Medien GmbH, München
Manntau Medien-Ingenieur-Büro, Nabburg

Audioguide
soundgarden audioguidance, München
Texte: Dr. Barbara Six

Buchungshotline und Buchungssystem
Dialog Factory GmbH, Augsburg
Novere GmbH, Hof

Führungsdienst
Genslein und Schmid GbR, Reichenberg

Begleitprogramm zur Ausstellung
Stadt Regensburg: Kulturreferent Klemens Unger, Matthias Freitag

Förderer
Bayernwerk
Bayerische Sparkassenstiftung
Die Sparkassen der Oberpfalz
Freundeskreis Haus der Bayerischen Geschichte
Friedrich Pürstinger, Salzburg
Glasfachschule Zwiesel
Lamberts-Hütte Waldsassen
Stadt Hirschau

Medienpartner
Mittelbayerische Zeitung
Passauer Neue Presse
TVA- Fernsehen für Ostbayern
BR Bayern 2

Mobilitätspartner
DB Bahn
Agilis
Wurm + Köck Donauschiffahrt

Katalogtexte
Elsbeth Andre *E. A.*, Andreas Boos *A. B.*, Günther Buchinger *G. B.*, Martin Berg *M. B.*, Peter Burkhart *P. B.*, Raphael Beuing *R. B.*, Michael Brocke *M. Br.*, Artur Dirmeier *A. D.*, Katja Dallmeier *K. D.*, Hubert Emmerig *H. E.*, Barbara Fuhrmann *B. F.*, Friedrich Fuchs *F. F.*, Peter Fleischmann *P. F.*, Susanne Fischer *S. F.*, Hans Gumberger *H. G.*, Jürgen Geiß *J. G.*, Roland Götz *R. G.*, Achim Hubel *A. H.*, David Hiley *D. H.*, Edwin Hamberger *E. H.*, Elisabeth Handle-Schubert *E. H.-Sch.*, Hans Holländer *H. H.*, Martin Hirsch *M. H.*, Sven Hauschke *S. H.*, Michael Henker *M. He.*, Alexandra Hylla *A. Hy.*, Gerhard Immler *G. I.*, Andreas Th. Jell *A. Th. J.*, Barbara Kink *B. K.*, Frank Matthias Kammel *F. M. K.*, Georg Ritter von Kern *G. R. v. K.*, Helena Koenigsmarková *H. K.*, Kathrin Kininger *K. K.*, Ludmila Kvapilová *L. K.*, Martin Kaufhold *M. K.*, Stephan Kemperdick *St. K.*, Birgit Kata *B. Ka.*, Bernhard Lübbers *B. L.*, Johannes Laschinger *J. L.*, Bernd Michael *B. M.*, Jürgen Miethke *J. M.*, Karl Borromäus Murr *K. B. M.*, Peter Morsbach *P. M.*, Paul Mitchell *P. Mi.*, Wolfgang Neiser *W. N.*, Claus Peter *C. P.*, Daniel Parello *D. P.*, Jörg Peltzer *J. P.*, Kathrin Pindl *K. P.*, Karl-Georg Pfändtner *K.-G. Pf.*, Johannes Pietsch *J. Pi.*, Anja Ried *A. R.*, Carmen Roll *C. R.*, Elmar Rettinger *E. R.*, Hans Ramisch *H. R.*, Hermann Reidel *H. Rei.*, Barbara Six *B. S.*, Hubertus Seibert *H. Sei.*, Maria Rita Sagstetter *M. R. S.*, Viola Skiba *V. S.*, Alexander Schubert *A. Sch.*, Bernd Schneidmüller *B. Sch.*, Florian Schurli *F. Sch.*, Gerald Schwedler *G. Sch.*, Jörg Schwarz *J. Sch.*, Tobias Schönauer *T. Sch.*, Ulrich Schädler *U. Sch.*, Helena Soukupová *H. S.*, Gerhard Tausche *G. T.*, Max Tewes *M. T.*, Heinrich Wanderwitz *H. W.*, Matthias Weniger *M. W.*, Peter Wolf *P. W.*, Sabine Wiedemann *S. W.*, Winfried Wilhelmy *W. W.*, Myriam Wagner *M. Wa.*, Mathias Will *M. Wi.*, Helmut Wolf *H. Wo.*, Andreas Zajic *A. Z.*, Sebastian Zanke *S. Z.*, Ulrike Ziegler *U. Z.*

Leihgaben sowie Vorlagen für Reproduktionen stellten großzügigerweise zur Verfügung:

Katholische Kirchenstiftung St. Georg, Amberg
Staatliches Bauamt Amberg-Sulzbach
Staatsarchiv Amberg
Stadtarchiv Amberg
Geheimes Staatsarchiv – Preußischer Kulturbesitz, Berlin
Staatsbibliothek zu Berlin – Preußischer Kulturbesitz, Berlin
Biblioteca comunale dell'Archiginnasio, Bologna
Südtiroler Sparkasse AG, Bozen
Autonome Provinz Bozen – Südtirol, Amt für Bodendenkmäler. Landesmuseum Schloss Tirol, Bozen
Staats- und Universitätsbibliothek Bremen
Kunstsammlungen der Veste Coburg
Südtiroler Landesmuseum für Kultur- und Landesgeschichte, Schloss Tirol, Dorf Tirol
Sächsische Landesbibliothek – Staats- und Universitätsbibliothek Dresden
Universitätsbibliothek Eichstätt-Ingolstadt
Reunion Media, Emden
Diözesanmuseum Freising
Historischer Verein für die Stadt und den Landkreis Fürstenfeldbruck e.V.
Bayerisches Armeemuseum, Ingolstadt
Tiroler Landesarchiv, Innsbruck
Kulturamt – Museen der Stadt Kempten
Katholische Pfarrkirchenstiftung St. Elisabeth, Kirchdorf
Landesarchivverwaltung Rheinland-Pfalz – Landeshauptarchiv Koblenz
Verein „Die Förderer" e.V., Veranstalter der „Landshuter Hochzeit 1475", Landshut
The British Library, London
Museen für Kunst- und Kulturgeschichte der Hansestadt Lübeck
Archivio di Stato di Lucca
Biblioteca Statale di Lucca
Bischöfliches Dom- und Diözesanmuseum Mainz
Kreismuseum Mühldorf
Archäologische Staatssammlung, München
Bayerisches Nationalmuseum, München
Bayerisches Hauptstaatsarchiv, München
Bayerisches Hauptstaatsarchiv, München – Geheimes Hausarchiv
Bayerisches Landesamt für Denkmalpflege, München
Bayerische Staatsbibliothek München
Bayerische Staatsgemäldesammlungen, München
BR Hörfunkarchive, München
Domkirchenstiftung Zu Unserer Lieben Frau in München, vertreten durch das Erzbischöfliche Ordinariat München, Hauptabteilung Kunst
Kath. Kirchenstiftung Mariä Himmelfahrt, München-Ramersdorf, vertreten durch das Erzbischöfliche Ordinariat München, Hauptabteilung Kunst
Kath. Kirchenstiftung St. Peter, München, vertreten durch das Erzbischöfliche Ordinariat München, Hauptabteilung Kunst
Landesstelle für die nichtstaatlichen Museen in Bayern, München
Staatliche Münzsammlung, München
Germanisches Nationalmuseum, Nürnberg
Staatsarchiv Nürnberg
Vereinigtes Protestantisches Kirchenvermögen Nürnberg
Musée national du Moyen Âge – Musée de Cluny, Paris
Stadtarchiv Passau
Muzeum hlavního města Prahy
Uměleckoprůmyslové museum v Praze
Diözesanmuseum Regensburg
Domkirche St. Peter, Regensburg
Domschatzmuseum Regensburg
Historisches Museum Regensburg
Katholische Kirchenstiftung St. Emmeram, Regensburg
Priesterseminar St. Wolfgang, Regensburg
Spitalarchiv Regensburg
Staatliche Dombauhütte Regensburg
Staatliches Bauamt, Regensburg
Katholische Pfarrkirchenstiftung Schernfeld
Stadtmuseum Schongau
Landesmuseum Württemberg, Stuttgart
Württembergische Landesbibliothek, Stuttgart
Bergbau- und Industriemuseum Ostbayern, Theuern
Volkskundemuseum Stadt Treuchtlingen
Stadtbibliothek Trier
Universitätsbibliothek Tübingen
Stadtbibliothek Ulm
Österreichisches Staatsarchiv, Haus-, Hof- und Staatsarchiv, Wien
Stiftung Sammlung E. G. Bührle, Zürich
Glasfachschule Zwiesel

Zudem danken wir unseren privaten Leihgebern Dr. Karl Graf zu Eltz, Heinz Haber, Sammlung Prem, Josef Schranner sen., Sammlung Thomsen sowie den Leihgebern, die ungenannt bleiben möchten.

Folgende Personen und Institutionen stellten dankenswerterweise Bildmaterial für Ausstellung und Katalog zur Verfügung:

Achim Hubel, Bamberg
Staatliche Museen zu Berlin – Preußischer Kulturbesitz, Berlin
Museo Civico Medievale, Bologna
Bibliothek und Informationszentrum der Ungarischen Akademie der Wissenschaften, Budapest
Gonville & Caius College, Cambridge
Stadtarchiv Dortmund
Landesarchiv Nordrhein-Westfalen – Abteilung Rheinland, Duisburg
Foto SCALA, Florenz
Corpus Vitrearum Deutschland, Freiburg i. Br.
Museum Fürstenfeldbruck
Landesarchiv Greifswald
Universitätsbibliothek Heidelberg
Universitätsbibliothek Kassel, Landesbibliothek und Murhardsche Bibliothek der Stadt Kassel
Rheinisches Bildarchiv Köln
Stadt Landsberg am Lech
Museen der Stadt Landshut
Stadtarchiv Landshut
Royal Armouries, Leeds
Kunstverlag Josef Fink, Lindenberg i. Allgäu
Generaldirektion Kulturelles Erbe Rheinland-Pfalz – Landesmuseum Mainz
Bildarchiv Foto Marburg
Kreismuseum Mühldorf / Pfarrhof Heldenstein
Stadtarchiv Mühldorf
Archiv des Erzbistums München und Freising, München
Bayerisches Landesamt für Denkmalpflege, München
Bayerische Staatsgemäldesammlungen, München
Bayerische Verwaltung der staatlichen Schlösser, Gärten und Seen, München
Dompfarrei Zu Unserer Lieben Frau, München
Erzbischöfliches Ordinariat München, Hauptabteilung Kunst, München
Ketterer Kunst, München
Landesamt für Digitalisierung, Breitband und Vermessung, München
Manfred Schuller, München
Stiftung Maximilianeum, München / Bildarchiv Bayerischer Landtag, München
Gustav van Treeck, Bayerische Hofglasmalerei – Werkstätten für Mosaik und Glasmalerei, München
Oberammergau Museum
Bibliothèque Nationale de France, Paris
Michael Imhof, Petersberg
www.altrofoto.de, Regensburg
Friedrich Fuchs, Forschungsprojekt Regensburger Dom, Regensburg
Michael Vogl, Regensburg
Fabbrica di San Pietro in Vaticane, Rom
Ulrich Arzberger, Stuttgart
HfG-Archiv, Ulm / Florian Aicher
Österreichische Akademie der Wissenschaften, IKM, „Bau- und Funktionsgeschichte der Wiener Hofburg", Team für die Erforschung des 13.–15. Jahrhunderts (Mario Schwarz, Günther Buchinger, Paul Mitchell, Doris Schön; TU Wien: Herbert Wittine)
Kunsthistorisches Museum, Wien
Österreichische Nationalbibliothek, Wien

Für Rat und Hilfe danken wir allen unseren Partnern, Beratern, Leihgebern und Katalogautoren sowie folgenden Personen:

Dr. Ulrich Arzberger, Stuttgart; Markus Bassenhorst, Bayerischer Volkshochschulverband e.V., München; Dr. Matthias Baumgartner, Kunstverlag Josef Fink, Lindenberg i. Allgäu; Martin Braun, Domkapitel-Administration, Regensburg; Dr. Simone Buckreus, Verlag Schnell & Steiner, Regensburg; Anja Döbritz-Berti, Kunst- und Auktionshaus W. M. Döbritz, Frankfurt a. M.; Anna Erlach, mediacreation GmbH, Salzburg; Dr. Thomas Eser, Germanisches Nationalmuseum Nürnberg; Matthias Haupt, Stadtarchiv Wasserburg; Katharina Heinemann M.A., Bayerische Verwaltung der Staatlichen Schlösser, Gärten und Seen, München; Dr. Markus Hundemer, Bayerisches Landesamt für Denkmalpflege, München; Dr. Franz Kirchweger, Kunsthistorisches Museum Wien; Dr. Gabriele Köster, Kulturhistorisches Museum Magdeburg; Prof. Dr. Bernhard Löffler, Universität Regensburg; Wolfgang Mair Abersee, Augsburg; Thomas Meier, Landesamt für Digitalisierung, Breitband und Vermessung, München; Uwe Moosburger, Regensburg; Angelika Mundorff M.A., Museum Fürstenfeldbruck; Prof. Dr. Jörg Oberste, Universität Regensburg; Prof. Dr. Eef Overgaauw, Staatsbibliothek zu Berlin – Preußischer Kulturbesitz, Berlin; Dr. Stefan Pongratz, Bayerisches Landesamt für Denkmalpflege, München; Dr. Christian Quaeitzsch, Bayerische Verwaltung der Staatlichen Schlösser, Gärten und Seen, München; Beate Riedel, Deutscher Taschenbuch Verlag, München; Thomas Ruhfaß, Stadtmaus, Regensburg; Eberhard Schinner, Bayerisches Staatsministerium für Bildung und Kultus, Wissenschaft und Kunst, München; Karin Schnell, Bayerisches Nationalmuseum, München; Dipl.-Ing. Karl Schnieringer, Bayerisches Landesamt für Denkmalpflege, Regensburg; Monsignore Dr. Werner Schrüfer, Regensburg; Hanne Schweiger, Bayerische Staatsbibliothek München; Dieter Schütz, Bayerisches Staatsministerium für Bildung und Kultus, Wissenschaft und Kunst, München; Dr. Kai-Michael Sprenger, Akademie der Diözese Rottenburg-Stuttgart, Stuttgart; Dr. Michael Stephan, Stadtarchiv München; Dr. Georg Strack, Historisches Seminar der Ludwig Maximiliansuniversität, München; Dr. Peter Styra, Fürst Thurn- und Taxis Zentralarchiv – Hofbibliothek – Museen, Regensburg; Michael Vogl, Regensburg; Harald Weinhold, Ketterer Kunst, München; Peter Weinzierl M.A., Bayerisches Landesamt für Denkmalpflege, München; Klaus Weisenbach, Hörfunkarchive, Bayerischer Rundfunk; Dr. Constanze Werner, Museum Oberammergau; Dr. Jan Werquet, Bayerische Verwaltung der Staatlichen Schlösser, Gärten und Seen, München; Prof. Dr. Joachim Wild, Obertaufkirchen

Aufsätze

„Jetzt, Schreiber, schärfe deinen Geist, denn ein schweres Stück Arbeit harrt deiner, willst du schildern den langen und langsamen Flug eines gewaltigen Adlers."[1] Mit diesem eindrucksvollen Hinweis auf das Bild des in allen Epochen der Kulturgeschichte vorbildhaften Wappentiers leitete der Geschichtsschreiber Matthias von Neuenburg seinen Bericht über die Regierungszeit des ersten Königs und Kaisers aus dem bayerischen Haus Wittelsbach, Ludwigs des Bayern, ein. Und er führt den Vergleich fort: „… eines gewaltigen Adlers, der töricht zugleich und klug, achtlos und sorgenvoll, träge und ungestüm, niedergeschlagen und heiter, kleinmütig und tapfer, bei allem Unglück doch glücklich noch aufstieg, als ihm die Flügel schon versengt waren." Matthias von Neuenburg baut in dieser

Alois Schmid

Ludwig der Bayer – Der Kaiser aus dem Haus Wittelsbach

Einleitung zu einem neuen Abschnitt seiner Ausführungen eine sehr gekonnte Antithesenkette auf. Dieser literarische Kunstgriff sollte letztlich seine Ratlosigkeit überdecken, denn die Darstellung der Regierungszeit des Wittelsbachers bereitete ihm Schwierigkeiten: Er wusste nicht, was er von diesem ungewöhnlichen Reichsoberhaupt aus dem Haus Wittelsbach halten sollte.

Mit dieser Ratlosigkeit stand Matthias von Neuenburg keineswegs allein. Der nämliche Zwiespalt entzweite schon die Zeitgenossen. Bereits zu Lebzeiten des Kaisers traten sich begeisterte Anhänger und nicht minder scharfe Gegner gegenüber. Diese konträren Urteile der Zeitgenossen bedingten eine ähnliche Unsicherheit der Nachwelt. Im Grunde trat immer eine positive Sicht der Landsleute einem recht einhelligen außerbayerischen Verdikt gegenüber.[2] Dieser Dissens dauert bis in die Gegenwart an. In unseren Tagen steht für den nach wie vor unaufgelösten Widerspruch einerseits das Urteil des „Handbuches der bayerischen Geschichte", das die Regierung Ludwigs IV. als „Höhepunkt der bayerischen Geschichte im Mittelalter" einstuft.[3] Diese Bewertung stößt andererseits auf den unverkennbaren Vorbehalt der maßgeblichen Biografie aus der Feder des Rheinländers Heinz Thomas, der derartige Hochschätzung als Überschätzung ansieht und wesentlich größere Zurückhaltung anmahnt.[4] Die von Matthias von Neuenburg angesprochene Ratlosigkeit hat also auch in der Gegenwart Gültigkeit.[5] Diesem Problem gelten die folgenden Überlegungen. Sie werden in fünf Punkten bei den entscheidenden Aktionsfeldern Ludwigs ansetzen und versuchen, von daher seiner Persönlichkeit und seiner Politik näherzukommen.

Der Herzog

Ludwig der Bayer nahm seinen Anfang als Landesherr im Teilherzogtum Bayern-München. Dieser Tätigkeitsbereich wurde in der reichen Literatur über den wittelsbachischen Kaiser nur wenig berücksichtigt und erst in jüngster Zeit vereinzelt aufgegriffen.[6] Hier stand er zunächst als Zweitgeborener hinter dem älteren Bruder Rudolf, dem „primogenitus", zurück. Von dieser nachgeordneten Position aus arbeitete sich Ludwig stufenweise in den Vordergrund, bis er schließlich die unbestrittene Spitze des Gesamtherzogtums erreichte. Die entscheidenden Schritte waren die Niederringung der habsburgischen Ansprüche auf Niederbayern, die vorübergehende gemeinsame Landesregierung mit Herzog Rudolf I. in Oberbayern, dessen Verdrängung von der politischen Bühne und die Erringung der Alleinherrschaft im Teilherzogtum Bayern-München, der Rückgewinn des Teilherzogtums Bayern-Landshut 1340/41. Damit war die Einheit des lange geteilten Herzogtums Bayern wiederhergestellt, die Ludwig auch für die Zeit nach seinem Tod sichern wollte. Diese Konzentration der Kräfte in den Stammlanden ging Hand in Hand mit der Abgrenzung gegenüber dem zweiten Herzogtum in der Zuständigkeit der Wittelsbacher: der Pfalzgrafschaft am Rhein.[7] Sie schlug seit dem Hausvertrag von Pavia 1329 unter den Söhnen Herzog Rudolfs I. ihren eigenen Weg ein, der auch die Obere Pfalz einschloss.[8] In den altbayerischen Stammlanden dagegen kämpfte der ursprüngliche Teilherzog Ludwig IV. gezielt gegen die seit 1255 praktizierte Herrschaftsteilung an und setzte die Landeseinheit durch. Diese Konzentrierung der Kräfte war ein erster in die Zukunft weisender Zug.

› Ludwig war ein ungewöhnlich erfolgreicher Territorialpolitiker, der sich um die Vergrößerung seiner Hausmacht bemühte ‹

Ludwig bemühte sich zudem um die Ausweitung seiner Stammlande. Er war ein ungewöhnlich erfolgreicher Territorialpolitiker, der viele Mittel einzusetzen wusste, um seine Hausmacht zu vergrößern.[9] Seine wichtigsten Landgewinne betrafen die Mark Brandenburg (1323), die Grafschaft Tirol (1342) und die Herrschaften an der Nordsee mit Holland, Seeland, Friesland und den Hennegau (1346). Das waren sehr bedeutende Zugewinne, deren Erwerb und über das eigene Leben hinausreichende Behauptung einen zupackenden und ungewöhnlich durchsetzungsfähigen Hausmachtpolitiker deutlich machen.

Herzog Ludwig regierte seine Stammländer nach sehr fortschrittlichen Prinzipien. Er setzte den Aufbau eines leistungsfähigen Verwaltungssystems mit Zentral-, Mittel- und Unterbehörden zielstrebig fort.[10] Der Fernbesitz wurde mit wirkungsvollen Maßnahmen gekonnt angebunden.[11] Seine besondere Fürsorge aber galt den Stammlanden. Hier legte der Herzog großen Nachdruck auf die Rechtspraxis. Zu deren Optimierung ordnete er die erste amtliche Kodifizierung nach der alten Lex Baiuvariorum an. Das „Rechtsbuch" von 1346 schuf kein neues Recht, es fasste vielmehr das überkommene Privatrecht, Strafrecht, Verfahrensrecht und Verwaltungsrecht in praktikabler Anordnung zumindest für das Teilherzogtum Oberbayern zusammen.[12] Für jeden Rechtsvorgang hatte künftig im Sinne fortschreitender Bürokratisierung das „buoch" zugrunde gelegt zu werden. Diese Sammlung blieb bis zum „Landrecht" von 1518 in Gebrauch. Stadtrechtsurkunden schufen verschriftlichte Grundlagen auch für den städtischen Bereich. Besondere Fürsorge wurde der Wahrung des Landfriedens entgegengebracht.[13] Die Landesverwaltung erhielt vielfältige wirkungsvolle neue Impulse.

Als Landesherr bemühte sich Ludwig, seine Herrschaft durch persönliche Präsenz sichtbar zu machen. Die Regierungspraxis orientierte sich noch immer stark an der überkommenen Reiseherrschaft.[14] Er war beständig unterwegs, wobei sich allmählich München als Herrschaftsmittelpunkt abzeichnete. Nach dem Ausscheren der Reichsstadt Regensburg aus dem Verband des Herzogtums und dem Abrücken vom Attentatsort Kelheim (1231) war unter Herzog Otto II. vorübergehend Landshut in die Rolle des Vororts („precipuum domicilium") aufgerückt.[15] Seit der Landesteilung von 1255 schob sich neben Landshut München in Vordergrund.[16] In diese Stadt wurde die dynastische Grablege verlegt. Hier kristallisierte sich der Alte Hof als Herrschaftszentrum heraus, in dem die Regierungsaktivitäten immer mehr konzentriert wurden. Doch etablierten sich neben Kelheim und Landshut als weitere Zentralorte Ingolstadt, Straubing oder Burghausen, sodass von einer polyzentrischen Administrationsstruktur zu sprechen ist. Ludwig nahm die Förderung des Städtewesens in Bayern nach einem halben Jahrhundert der Stagnation erneut auf, wobei er besonders auf den Salzhandel setzte.[17] Zu einer Hauptstadtbildung im aufstrebenden München kam es jedoch noch nicht, zumal die Stadt nach Ludwig wieder an Bedeutung einbüßte.[18]

Zusammenfassend ist zur Herrschaft Ludwigs in seinen Stammlanden als Herzog zu konstatieren, dass sie auf den überkommenen Strukturen aufbaute, dass sie diese in Einzelpunkten mithilfe konsequenter Machtpolitik in durchaus bemerkenswerter Weise weiterentwickelte. Als Territorialpolitiker beschritt er verschiedentlich zukunftweisende Wege. Seine höchst erfolgreiche, im Grunde freilich rigorose Hausmachtpolitik wollte seinem Territorium weitere Geltung verschaffen. Er war bestrebt, seine gerade seit einem Jahrhundert mit Herzogswürden ausgestattete und damit noch immer traditionsarme Familie zu einem höheren Rang zu führen. An der Verwirklichung dieses dynastisch grundgelegten, bereits vom Vater 1257 und 1273 und vom Bruder Rudolf 1292, 1298 und 1308 noch vergeblich angesteuerten Zieles arbeitete er mit großem Geschick. Herzog Ludwig war ein erfolgreicher Territorialpolitiker.

Der König

Im Jahr 1314 gelangte Ludwig IV. im Rahmen einer Doppelwahl endlich auf den Reichsthron.[19] Die habsburgischen Ansprüche Friedrichs des Schönen wurden – ganz in mittelalterlicher Manier – auf dem Schlachtfeld zu Mühldorf 1322 ausgeschaltet.[20] Das Gottesurteil („iudicium belli") dieser letzten Ritterschlacht der Geschichte wurde allseits anerkannt. Diese reichspolitische Entscheidung musste der König im Wesentlichen mit eigenen Kräften durchsetzen, doch konnten die Ressourcen des Reichs auch weiterhin nur sehr begrenzt genutzt werden, weil der nun aufbrechende Konflikt mit der Kurie ein neues Kampffeld eröffnete, das den Aktionsradius des Königs zusätzlich einschränkte. Gewiss war er bemüht, durch eine planvolle Heiratspolitik das gesamte Reichsgebiet weiter einzubinden; seine zwei Ehefrauen wurden gezielt aus den Randzonen des Ostens und des Nordwestens genommen. Dennoch blieb der König weithin auf seine Stammlande angewiesen. Das gilt in personeller, institutioneller und materieller Hinsicht in gleicher Weise. Die Reichsregierung musste im Wesentlichen mit den Ressourcen des Herzogtums bestritten werden. Diese setzten Grenzen.

Ein aussagekräftiger Indikator für die beschränkten Verhältnisse ist das Herrscheritinerar. Es zeigt eindeutig, dass sich Ludwig auch als Reichsoberhaupt vorzugsweise im oberdeutschen Raum bewegte.[21] Die Regierung des Reichs erfolgte stark von den Stammlanden aus. Man darf München auch nicht als Hauptstadt des Reichs unter König Ludwig bezeichnen, was immer wieder – etwa unter Verweis auf die auf König Ludwig zurückgehenden Stadtfarben Schwarz und Gold – vorgeschlagen wird. Das Reich blieb auch unter ihm ein Reich ohne Hauptstadt.[22] Dennoch versuchte Ludwig mit aller Kraft, von seinen Stammlanden aus in das Reich hineinzuwirken, um sich als würdiger Inhaber des Königsthrons zu erweisen. Diesem Bestreben verdankte Nürnberg seinen Aufstieg zum großen Zentrum der Königsherrschaft Ludwigs.[23] Das nahe der Grenze des Herzogtums gelegene Nürnberg diente ihm als Sprungbrett aus den Stammlanden in das Reich. Als weitere Station in Richtung der Kernräume fungierte Frankfurt.

Ludwig ist mit Vorliebe an diesen Orten als Reichsoberhaupt aktiv geworden. Unverkennbar baute er sein Regiment auf die Reichsstädte auf. Dabei kam ihm zugute, dass deren Konzentration im Süden des Reichs sich ohnehin mit den Schwerpunkten seiner Herrschaft deckte. Die nördlichste Reichsstadt, die er je aufsuchte, war Köln. Weiter nach Norden ist er nie gekommen. Gänzlich außerhalb seiner Reichweite blieb der Ostseeraum. Ludwig war ein großer Förderer der Reichsstädte und des dortigen Bürgertums. Durch gezielte Zusammenarbeit wollte er deren anwachsende Finanzkraft zur Stabilisierung seines Königsregiments nutzen. Als Prototyp der den König unterstützenden bürgerlichen Hochfinanz[24] schob sich Konrad Groß aus Nürnberg in den Vordergrund. Bezeichnenderweise logierte der Kaiser bei seinen vielen Aufenthalten in der Noris nicht auf der kalten und unwirtlichen Kaiserburg, sondern im gastlichen Bürgerpalais am Ufer der Pegnitz. In gleicher Absicht arbeitete das Reichsoberhaupt mit den wohlhabenden Patriziern in Frankfurt zusammen. Vor allem in seiner Frühzeit kooperierte er auch mit Regensburger Geschlechtern. Kapital aus Regensburg trug wesentlich zu seinem Aufstieg bei.[25]

Dieser Rückgriff des Reichsoberhaupts auf die Finanzkraft des erfolgreichen Bürgertums in den Reichsstädten war eine weithin neue Praxis. Ludwig der Bayer war dazu gezwungen, da ihm die Reichsressourcen nur begrenzt zur Verfügung standen. Die Missstände begannen bereits bei seiner Krönung am 25. November 1314, die zwar am rechten Ort in Aachen, aber mit Ersatzinsignien durchgeführt werden musste, weil sich die echten Insignien bei der Gegenpartei befanden. Erst 1324 kamen sie nach München, wo sie fortan mit größter Sorgsamkeit in der Hofkapelle St. Lorenz zu München verwahrt wurden.[26] Gerade der Umgang mit den Reichsinsignien zeigt das Bestreben, unbedingt an das Reichsherkommen mit seinen verpflichtenden Normen anzuknüpfen, um den Makel der Doppelwahl vergessen zu machen.

Dieser Anspruch bestimmte sodann die Praxis der Herrschaftsausübung. Hier verschaffte Ludwig der Bayer dem überkommenen Mittel der Königsurkunde mit unverkennbarer Vorliebe neue Geltung. Er hat Königsprivilegien in einer Anzahl ausgestellt wie kein Inhaber des Reichsthrons vor ihm. Auf rund 6000 wird die Anzahl seiner Urkunden geschätzt.[27] Schon durch diese ungewöhnliche Menge wollte er sein Königsregiment möglichst breit im Land zur Wirkung bringen. Nicht minder bemerkenswert ist deren Ausgestaltung. Zumindest eine kleine Gruppe wurde in Form von ausgesprochenen Prunkurkunden angefertigt, deren sich besonders der bevorzugte Schreiber Leonhard von München annahm.[28] Hier ließ der angefochtene Throninhaber alle Möglichkeiten der Diplomatik zum Einsatz bringen, um sich als Reichsoberhaupt in glanzvolles Licht zu rücken. Den höchsten Ansprüchen genügende Form entsprach die inhaltliche Gestaltung. Besondere Aufmerksamkeit wandten die Kanzlisten den Arengen zu, in denen sie die Grundlagen der Herrscherposition in sehr anspruchsvolle Worte zu kleiden suchten.[29] Mit wohlgesetzten Formulierungen wurden hier das Lehenwesen und der „fides"-Gedanke beschworen. Auch die Reichsversammlungen wurden bewusst in die Tradition der königlichen Hoftage gestellt.³⁰ Mit Nachdruck trat der König hier als Gesetzgeber in Erscheinung³¹, der dem „crimen laesae maiestatis" neue Geltung verschaffte³². Der in den realen Ressourcen eingeschränkte Throninhaber gab sich Mühe, durch die Beschwörung der Reichstradition seine Position ideell zu stärken. Vor allem in den Initialen und Siegeln seiner Prunkurkunden wurden diese Vorstellungen auch einprägsam ins Bild gesetzt.³³ Empfänger vieler der nun oft auch in deutscher Sprache abgefassten Königsprivilegien waren die in Recht und Wirtschaft gestärkten Reichsstädte.

Der Kaiser

Nach hochmittelalterlichem Vorbild hatte der König bald nach seiner Erhebung die Kaiserkrone anzustreben. Diese hatte bisher der Heilige Stuhl zu Rom verliehen. Deswegen gehörte die Italienpolitik zu den unverzichtbaren Elementen der Kaiserpolitik.³⁴ Ludwig der Bayer bekannte sich zu dieser Tradition. In eigener Verantwortung trat er den herkömmlichen Italienzug (1327–1330) an, ohne mit den Großen des Reichs Rücksprache zu nehmen.³⁵ Doch nahm dieser infolge der Abwesenheit des Pontifex aus Rom einen völlig andersartigen Verlauf. Seit 1309 residierte die Papstkurie in Avignon. Trotzdem bemühte sich Ludwig um die Kaiserkrone am herkömmlichen Ort. Die Realitäten erzwangen zum einen neue Modalitäten, zum anderen eine neue ideelle Grundlegung. Die Einschaltung des „populus Romanus" und des Gegenpapstes Nikolaus V. sowie der Rückgriff auf die laizistischen Gedanken der antiken Heerkaiser stellten das Kaisertum auf völlig neue Grundlagen.³⁶

Die Neuerungen der Antikisierung und Profanierung trafen mit einer pränationalen Bewegung zusammen. Der Wittelsbacher Kaiser war bestrebt, das auf den Krönungsvorgang folgende Jahrzehnt, den Höhepunkt seiner Macht, zu nutzen, um die Mitspracherechte der Kurie an der Kaisererhebung zurückzudrängen. Der Kurverein von Rhense und das Königsgesetz „Fidem catholicam" machten 1338 die Bestimmung des Reichsoberhaupts zu einer Angelegenheit ausschließlich der Deutschen, die künftig jede Einflussnahme von außen zurückwiesen und dessen Vorrang vor dem Papst betonten. Diese Neuerung wurde unter Karl IV. dann im ersten großen Reichsgrundgesetz der „Goldenen Bulle" von 1356 in eine rechtlich verbindliche Form überführt und ein Jahrhundert später in der Formel „Heiliges Römisches Reich Deutscher Nation" sehr treffend zusammengefasst.

Nach der Rückkehr aus Italien ging Kaiser Ludwig daran, die neu errungene Stellung mit allem Nachdruck zur Geltung zu bringen. Nun setzen seine sehr ausgeprägten Bemühungen um Selbstdarstellung und Selbstinszenierung ein. Sichtbarer Ausdruck war die vielfältige Verwendung des Adler-Motivs zur Stilisierung des Monarchen.³⁷ In allen denkbaren Bereichen wurde der Vergleich des Wittelsbachers mit dem herkömmlichen Bild des Adlers, einem imperialen Symbol, gesucht: Diplomatik, Sphragistik, Heraldik, Numismatik, Historiografie. Die eindruckvollste Realisierung erfolgte 1338 auf der außergewöhnlichen Reichsversammlung zu Koblenz, als der Besuch des englischen Königs Edward III. anstand. Beim Festakt wurden in gehöriger Abstufung der übergeordnete Kaiser, der ausländische König und die Reichsfürsten zueinander in viel sagende Beziehung gebracht. Zur Krönung der Symbolik überflog schließlich ein Adler den wohlgeplanten, sehr theatralischen Vorgang. Damit ließ der wittelsbachische Kaiser die von ihm erwünschte Herrschaftsordnung im Abendland wirkungsvoll in Szene setzen.³⁸ Mehrere seiner 16 Kinder wurden im Sinne dynastischer Heiratspolitik zur Verstärkung dieser Beziehungsnetze herangezogen.³⁹

Ludwig sah die Hauptaufgabe eines Kaisers darin, sich als Mehrer des Reichs zu betätigen. Dieser Anspruch lenkte, nachdem er in Italien nicht Fuß fassen konnte, seinen Blick schließlich in den Osten, wo die Ostkolonisation in vollem Gange war.⁴⁰ Der wirkungsvollste Hebel dazu war der Deutsche Orden, als dessen großer Förderer sich Ludwig der Bayer betätigte. Der Deutsche Orden versprach, ohne großes eigenes Engagement, zu dem Ludwig, auch angesichts überstarker Gegenaktivitäten aus Böhmen, Polen und Litauen, ohnehin nicht in der Lage war, Reich und Kirche weiter nach Osten auszudehnen. In diesem Rahmen wurde der Wittelsbacher mit zahlreichen Urkunden im außerhalb des Reichs liegenden Baltikum, in Estland, Lettland, Livland, tätig. Im Alten Hof zu München residierend, übergab er sogar russisches Gebiet an den Deutschen Orden.⁴¹ Gewiss hat er damit seine Möglichkeiten sehr überschätzt. Die Kaiserpolitik verlor sich hier allmählich in Illusionen. Denn so weit reichte der Arm des Reichsoberhaupts nicht, auch wenn es derartige globale Zuständigkeiten für sich in Anspruch nahm. Grundsätzlich sah sich der Kaiser aber im Sinne seines umfassenden Herrschaftsanspruchs und -auftrags auch für diese fernen Räume zuständig. Die Gelehrten an seinem Hof entwickelten dafür die theoretischen Grundlagen. Die Kanzlisten begründeten diese Ausgriffe über die Reichsgrenzen hinaus mit der feinsinnigen Formulierung „ex auctoritate imperiali".⁴² Sie bestärkten ihn in diesen in das Illusionäre führenden Gedanken. In Wirklichkeit war Ludwig in der Kaiserpolitik weniger Agierender als vielmehr Reagierender, denn das Geschehen bestimmten andere, neben der Kurie in zunehmendem Ausmaß das Haus Luxemburg.⁴³ Am Ende steht bekanntlich die Abwahl Ludwigs im Jahr 1346. Letztlich ist der Wittelsbacher als Kaiser gescheitert.

Ludwig agierte also auf drei Ebenen: als Herzog, als König, als Kaiser. Diese unterschiedlichen Handlungsbereiche standen in korrespondierender Beziehung zueinander: Die Territorialpolitik sollte eine tragfähige Grundlage schaffen für ein möglichst glanzvolles Auftreten auf der Bühne des Reichs als König und als Kaiser. Wenn diese Ebenen miteinander in Widerstreit gerieten, kam der Reichsebene der Vorrang zu. Dafür ist das überzeugendste Beispiel Regensburg. Der König hielt über die Reichsstadt immer seine Hand, obwohl seine Dynastie die frühere Hauptstadt unbedingt zurückgewinnen wollte.[44]

Die Kirche

Die Kaiserkrone brachte Ludwig IV. in unmittelbare Beziehung mit dem Papsttum. Kaiser und Papst waren im Verständnis des Mittelalters die zwei obersten Autoritäten auf dieser Welt.[45] Im Sinne der Zweischwerterlehre sollten sie im Idealfall zusammen das Weltgeschehen lenken. In der Praxis freilich waren sie seit Langem in einen erbitterten Wettstreit eingetreten. „Imperium" und „Sacerdotium" kämpften um den Vorrang. In diesem Ringen hatte der Untergang der Staufer eine Vorentscheidung gebracht. Seit dem Interregnum setzte die Papstkurie im Bund mit Frankreich zum Griff nach der Weltgeltung an. Sichtbare Folge war, dass nach Friedrich II. über ein halbes Jahrhundert hinweg kein König mehr die Kaiserkrone erlangt hatte. Erst dem Luxemburger Heinrich VII. gelang im Jahr 1312 die Erneuerung der früheren Tradition. Ludwig der Bayer war fest entschlossen, diesen Weg fortzusetzen, um damit sein Haus im Wettstreit der Dynastien auf den Höhepunkt zu führen. Freilich stieß dieses Bemühen auf den energischen Widerstand der Papstkurie, die sich in französischer Gefangenschaft in Avignon befand. Die Folge war die Fortsetzung der überkommenen Auseinandersetzung um den Vorrang, die nunmehr aber durch die angesprochene Abdrängung der Kurie von der großen Politik und das baldige Schisma zu einem gewissen Abschluss kam. Dieses lebenslange Ringen mit der Papstkurie ist das entscheidende Signum der Regierung Ludwigs geworden.[46]

In diesem Zusammenhang kam es zu intensiven Auseinandersetzungen um den rechten Weg der Kirche. Sie werden unter dem Oberbegriff des „Theoretischen Armutsstreites" zusammengefasst. Gegen die herkömmlichen Ansprüche der Welt- und Machtkirche, die in Avignon ihren weithin sichtbaren Ausdruck fanden, meldeten sich die Mendikanten als Verfechter des Armutsideals und der Urkirche lautstark zu Wort. Sie fanden wirkungsvolle Unterstützung bei Ludwig dem Bayern. So wurde sein Hof Mittelpunkt eines erbitterten Ringens.[47] Das positive Ergebnis dieser theoretischen Auseinandersetzung waren zukunftsweisende und klärende Gedanken einerseits über das Wesen des Staates und der weltlichen Obrigkeit, andererseits über die Aufgabe und die Organisation der Kirche, über den innersten Kern der Glaubenslehre. In diesem Rahmen wurden intensive Erörterungen über Kaiser und Reich, Religion, Kirche, Papst und Konzil angestellt. Als zentraler Kernpunkt kristallisierte sich das Verhältnis von Kirche und Staat heraus.[48] Unter diesem Aspekt ist auch die Frage der Verheiratung des Kaisersohnes mit Margarete Maultasch zu sehen. Es wurden sogar erste Gedanken in Richtung Demokratie, Volkssouveränität sowie Konziliarismus entwickelt. Die Modernisten in dieser Auseinandersetzung waren eindeutig auf der Seite Ludwigs zu finden. Gewiss ist dem Kaiser die volle Tragweite dieses Disputs nicht erkenntlich gewesen; dafür fehlte ihm jegliches Verständnis. In seinem Interesse lag allein die politische Verwertbarkeit in der Auseinandersetzung mit Avignon. Sein Part war hauptsächlich der weltliche Schutz der Kuriengegner, die ihm als Gegenleistung Argumentationshilfen zu liefern hatten. Allein die Tatsache, dass er diese im Minoritenkloster in München fast wie eine Hofakademie um sich versammelte[49], weist ihm aber eine bestimmende Rolle in diesem Schlussabschnitt des welthistorischen Ringens zu.

› Imperium und Sacerdotium
kämpften um den Vorrang ‹

Natürlich setzte die Amtskirche alle ihre Mittel gegen Ludwig ein. Mit überlegener Argumentation bestritt sie dessen Rechtgläubigkeit und verdammte ihn als Ketzer; 1324 belegte sie ihn mit dem Kirchenbann, der bis heute nicht widerrufen wurde. Sie gab sich alle Mühe, den sich überschätzenden kleinen „Bavarus" der Lächerlichkeit preiszugeben.[50] Selbstverständlich setzte sich dieser gegen die Angriffe zur Wehr und versuchte, seine Rechtgläubigkeit mit seinen Mitteln zu beweisen. Weiterhin rekrutierte er sein Verwaltungspersonal auch aus klerikalen Kreisen. Zahlreiche Klöster haben von ihm großzügige Förderungsurkunden erhalten. In der Vielzahl der Königsprivilegien kommt den kirchlichen Empfängern ein bemerkenswerter Anteil zu. Sie verbesserten in der Regel den rechtlichen und wirtschaftlichen Status der Kirchen. König Ludwig hat als einer der wirkungsvollsten Förderer der Klöster noch einmal einen entscheidenden Beitrag zur Stabilisierung der monastischen Welt in Bayern geleistet. Die bayerische Klosterwelt ist mit dem großen Hofmarksprivileg von 1330 einer der Gewinner der Auseinandersetzung geworden.[51] Sogar als Klostergründer trat Ludwig mit der Benediktinerabtei Ettal auf.

Wie den Mönchsklerus förderte er auch den Weltklerus. Er bemühte sich um den Aufbau einer schlagkräftigen wittelsbachischen Partei im bayerischen Episkopat, die der überlegenen kurialen Partei wirkungsvollen Widerstand entgegenstellen sollte. Dazu setzte er vor allem die Förderung durch königliche Privilegien ein.[52] Bischof Nikolaus von Ybbs aus Regensburg gehörte zumindest vorübergehend zu seinen wichtigen Parteigängern. Die Domkapitel erfuhren, vor allem durch Wahlkapitulationen, eine nachhaltige Aufwertung. Die Förderung durch den Gebannten brachte die bayerische Kirche in einen Loyalitätskonflikt. Doch letztlich stand ihr der wittelsbachische Landesherr näher als die ferne Papstkurie unter ungeliebtem französischen Einfluss. Als Gegenleistung stärkte der große Marienverehrer[53] ihre Stellung entscheidend.

Bewegte sich also Kaiser Ludwig im zentralen Punkt des Verhältnisses zur Kirche auf traditionellen oder modernen Bahnen? Gewiss wurden mit diesem „last struggle"[54] zum Teil alte Streitigkeiten zum Abschluss gebracht, doch wurden in diesem Rahmen auch zukunftweisende Gedanken vorgetragen und Weichenstellungen vorgenommen, die sehr ungewöhnliche, neue Grundlagen zu legen suchten.

Die Kunst

Ludwig der Bayer entwickelte ein besonderes Verhältnis auch zur Kunst.[55] Es war der wittelsbachische Kaiser, der sie als Hofkunst erstmals funktionalisierend zur Untermauerung der Stellung des Reichsoberhaupts einsetzte. Ludwig wollte durch den gezielten Rückgriff auf die vielgestaltigen Ausdrucksmittel der Kunst seine stets angegriffene Position kompensieren.

Als herausragender Beleg für diese Eigenheit wurde oft das bekannte Stifterrelief in der Münchner Hofkapelle St. Lorenz[56] herangezogen. Der wittelsbachische König ließ sich zusammen mit seiner Gemahlin bald nach der Verhängung des Kirchenbanns gerade in dieser zentralen Herrschaftskirche als demütiger Förderer der von der Gottesmutter repräsentierten Kirche zur Darstellung bringen. Dabei wurde die Personalisierung so weit getrieben, dass die Kunstwissenschaft gerade aus diesem Bild Rückschlüsse auf die Individualität des Wittelsbachers ableiten zu dürfen glaubte. Entscheidende Sachkenner sprachen sich dafür aus, dass die ungewöhnlich markanten Gesichtszüge des Stifters mit der sehr ausgeprägten Augen- und Nasenpartie, den hängenden Wangen und dem Doppelkinn von einem Hofkünstler in Anlehnung an das tatsächliche Aussehen des Königs gestaltet worden seien.[57] Diese Deutung trifft sich mit der These der Kunstgeschichtsforschung, dass gerade im Stifterbild die frühesten Spuren individueller Personenzeichnung begegnen. Für diese Feststellung scheint Ludwig der Bayer ein besonders aussagekräftiges Beispiel zu sein. Tatsächlich berichten mehrere Chronisten von der auffallend großen Nasenpartie, die auch das Münchner Stifterbild zeigt. Dieses kunstgeschichtliche Detail kann hier durch eine chronikalische Aussage bestätigt werden. Ein in manchem vergleichbares, wenig beachtetes Bilddokument findet sich in der Kirche des früheren Dominikanerinnenklosters auf dem Adlersberg.[58] Im engsten Umkreis Ludwigs IV. wurde offensichtlich die überkommene Topik in der Herrscherdarstellung durch frühe Individualisierung zurückgedrängt.

Kein Vorgänger auf dem Reichsthron hatte die Kunst in ähnlicher Weise eingesetzt. Natürlich hatte sich mancher ebenfalls mit diesem Medium beschäftigt und es gefördert. Bei Kaiser Ludwig erhält es aber eine neue, eine politische Aufgabe, indem es zu einem entscheidenden Träger staatlicher Herrschaft ausgebaut und in der Formensprache entsprechend weiterentwickelt wird. Ungewöhnlich stark ist die Kunst auf den Auftraggeber ausgerichtet. Die Nachfolger auf dem Kaiserthron haben diesen Weg, der erstmals am Hof Ludwigs des Bayern eingeschlagen wurde, fortgesetzt.

Die veränderte Funktionsbestimmung der Kunst wirft natürlich die Frage nach den Grundlagen auf. In der Person Ludwigs dürfen sie kaum gesucht werden. Dafür war er ein viel zu sehr im Traditionellen verhafteter Mensch. Die Anstöße müssen von außen gekommen sein. Man wird kaum fehlgehen, wenn man entscheidende Impulse dem Italienzug von 1327 bis 1330 zuschreibt.[59] In Italien, wo sich damals bereits die Kultur der Frührenaissance entwickelte, war der Wittelsbacher Hof mit einer ganz anderen Welt konfrontiert. Diese hat ihn offensichtlich sehr fasziniert. In kultureller Hinsicht zerfällt die lange Regierungszeit Ludwigs deutlich in die Phasen vor und nach dem Italienzug. Das gilt auch für den Umgang mit und den Einsatz der Kunst. Jacob Burckhardt hat in seinem Buch über „Die Kultur der Renaissance in Italien" die neue Vorstellung des „modernen Ruhmes" als entscheidendes Merkmal herausgestellt.[60] Dieser nunmehr allseits angestrebte „moderne Ruhm" wird am ehesten durch den gezielten Einsatz von Kunst und Kultur zur Begründung und Sicherung der erhofften „memoria" gewährleistet. Dazu sollten auch die in Mode gekommenen Stifterbilder beitragen. Sie weisen auf das Zeitalter der Renaissance voraus, das in Italien bereits begonnen hatte. In Deutschland sollte es noch ein volles Jahrhundert dauern, bis die Anregungen aus dem Süden wirklich Wurzeln schlugen. Ein sehr früher Weg des Transfers war der Italienzug Kaiser Ludwigs, der zumindest für dessen Herrschaftspraxis von kaum zu überschätzender Bedeutung war und am Kaiserhof vielfache Neuerungen auslöste.[61] Diese bewirkten in den 30er- und 40er-Jahren eine ungleich aufwändigere Selbstdarstellung des Herrschers. Freilich war diese keineswegs von nachhaltiger Wirkung. Nördlich der Alpen sollten vom Prager Kaiserhof Karls IV. in der folgenden Generation viel wirkungsvollere Impulse ausgehen.

Der letzte mittelalterliche Kaiser?

Ludwig der Bayer wird oft als der letzte Kaiser des Mittelalters bezeichnet. War er das wirklich? War Ludwig ein mehr rückwärtsgewandter Herrscher, der lediglich Traditionen zum Abschluss führte? Oder war er ein zukunftweisender Herrscher, der neue Entwicklungen auf den Weg brachte? Die Forschung gibt auf diese Hauptfrage recht eindeutige Antworten, und zwar in ersterem Sinn. Sie hat zwischenzeitlich auch das 14. Jahrhundert mit dem Etikett der Krise bedacht und setzt um 1350 eine tiefe Zäsur an.[62] Sie lässt oft mit Ludwig dem Bayern das Hochmittelalter endgültig ausklingen. Auch Andreas Kraus bezeichnet den wittelsbachischen Kaiser als „Epigonen"⁶³. Die Fachliteratur lässt mit dem Nachfolger Karl IV.⁶⁴ ein neues Zeitalter beginnen, das von neuen Kräften bestimmt wurde und neuen Leitsternen folgte.⁶⁵ Nunmehr wurde das Reich nicht mehr von den Zentrallandschaften, sondern von der Peripherie her regiert.

Die angestellten Erörterungen haben keine eindeutige Antwort auf dieses Kernproblem ergeben. Denn sie haben einerseits retrovertierte und andererseits zukunftweisende Züge erbracht. Die Überlegungen sprechen gegen eine eindeutige Zuordnung. Ohne Zweifel wirken viele Züge der Vergangenheit in der Regierung Ludwigs weiter und kommen zum Abschluss. Andererseits wurden am Hof des wittelsbachischen Königs und Kaisers vereinzelt durchaus neue Akzente gesetzt, die deutlich in die Zukunft wiesen. So ist seine Regierungszeit eine Zeit des Übergangs, in der retrovertierte und zukunftweisende Elemente zusammentreffen. Ludwigs Regierung zeigt ein Janusgesicht.

Zu dessen Ausdeutung ist nun aber eine wichtige Frage zu stellen: Inwieweit war die Politik zur Zeit Ludwigs des Bayern überhaupt die Politik des Herzogs, Königs und Kaisers? Welcher Anteil kommt den Protagonisten in seiner Umgebung zu? Wie verliefen die Macht- und Entscheidungsstrukturen an seinem Hof? Diese Fragen sind noch kaum gestellt worden. Deswegen sind sie auch nicht endgültig zu beantworten. Derzeit stellt sich der Sachverhalt folgendermaßen dar: Die Persönlichkeit Ludwigs war in erster Linie vom überkommenen Rittertum bestimmt; als beherrschende Eigenschaft treten seine ritterlichen und soldatischen Fähigkeiten in den Vordergrund. Ludwig war ein ungewöhnlich erfolgreicher Heerführer, der keinem Konflikt aus dem Weg ging und der keinen Waffengang verlor. Aus diesem Grund wäre er in die anstehende Entscheidungsschlacht gegen den luxemburgischen Gegenkönig Karl IV. wohl auch nicht chancenlos eingetreten. Ludwig war ein kämpferischer und soldatischer Mensch, der politische Möglichkeiten mit sicherem Blick erkannte und mit Konsequenz ausnützte. Von den neuen Bildungsidealen der aufziehenden Renaissance mit Studium, Buchpflege und kulturellen Ambitionen war er gänzlich unberührt. In dieser Hinsicht kann man ihn durchaus an die Traditionen des staufischen Kaisertums anschließen. Doch es geht nicht an, Kulturströmungen der Zeit Ludwigs des Bayern unbedacht mit dem Kaiser in Verbindung zu bringen. Die zukunftweisenden Impulse in seiner Kirchen- und Kulturpolitik müssen mehr seiner Umgebung als dem Kaiser selbst zugeschrieben werden. Hier waren mit Marsilius von Padua, Wilhelm Ockham und Johannes Jandun Kapazitäten von europäischem Rang am Werk, die wirklich neue Welten erschlossen haben.⁶⁶ Diese haben sie auch in die Politik ihres großen Förderers eingebracht, der davon aber gewiss nur wenig verstanden hat. Ihr Einfluss auf den Kaiser darf nicht überschätzt werden.⁶⁷ Zwischen der zukunftweisenden Theorie und dem praktischen politischen Handeln lag eine tiefe Kluft.⁶⁸ Die Welt des Kaisers war letztlich, um dem bekannten, sehr treffenden Diktum des Johannes Trithemius beizupflichten, nicht die des Wortes, sondern die des Schwertes. So bietet das bezeichnendste Bild des wittelsbachischen Kaisers der Mainzer Kurfürstenzyklus, sofern dessen Schlussrelief wirklich auf Ludwig den Bayern zu beziehen ist.⁶⁹

Anmerkungen

1 MGH SrG NS 4, S. 95, 355. Die Übersetzung nach: Reindel, Bayern im Mittelalter, S. 134
2 Bock, Bemerkungen; Kraus, Bild
3 Angermeier, Bayern
4 Thomas, Ludwig der Bayer, S. 9–12
5 Weiterhin wichtig: Benker, Ludwig der Bayer; Hundt, Ludwig der Bayer; Nehlsen/Hermann, Kaiser Ludwig der Bayer; Schütz, Adler
6 Reindel, Bayern im Mittelalter, S. 134–144; Angermeier, Ludwig der Bayer; ders., Ludwig der Bayer, hier Bd. 1, S. 369–378; Zeitschrift für bayerische Landesgeschichte, S. 1–406: Themenheft „Ludwig der Bayer als bayerischer Landesherr"; Holzfurtner, Wittelsbacher, S. 59–92
7 Schaab, Kurpfalz 1, S. 91–122
8 Ambronn/Sagstetter, Fürstentum
9 Zusammenfassend: Glaser, Wittelsbach und Bayern I/2, S. 235–242
10 Diese Untersuchung, die die Arbeiten von Siegfried Hofmann, Ludwig Schnurrer und Alfons Sprinkart für die vorausgehende Zeit fortsetzen muss, steht noch aus.
11 Krenn/Wild, „fürste in der ferne; Huber/Prammer, Herzogtum Niederbayern-Straubing-Holland
12 Volkert, Rechtsbuch
13 Angermeier, Königtum, S. 108–174
14 Boehmer, Urkunden
15 Wittmann, Monumenta Wittelsbacensia, S. 315 Nr. 130 (1279)
16 Bauer, München, S. 61–96
17 Wanderwitz, Studien
18 Koller, Residenz, hier 31f.
19 Homann, Kurkolleg
20 Erben, Schlacht bei Mühldorf
21 Glaser, Wittelsbach und Bayern I/2, S. 258
22 Schultz, Hauptstädte, S. 57–66
23 Pfeiffer, Nürnberg, S. 38–45
24 Stromer von Reichenbach, Hochfinanz, S. 13f. u.ö.
25 Zur Bedeutung für das Königtum: Fischer, Hochfinanz, S. 102–109
26 Grass, Reichskleinodien, S. 24–28
27 Acht, Regesten
28 Wrede, Leonhard von München
29 Fischer, Arengen
30 Martin, Weg, S. 45–86
31 Lieberich, Ludwig der Bayer
32 Krieger, Lehnshoheit, S. 400–405
33 Glaser, Wittelsbach und Bayern I/2, S. 225–235

34 Pauler, Könige, S. 117–172
35 Wyttenbach, Gesta Trevirorum, S. 245: „absque electorum suorum consilio"
36 Thomas, Ludwig der Bayer, S. 193–225
37 Schmid, Motiv
38 Schwedler, Herrschertreffen, S. 38–72
39 Rall, Ludwig der Bayer
40 Schmid, Ludwig der Bayer
41 Hein, Preußisches Urkundenbuch III, S. 96–100, Nr. 134
42 Holtzmann, Weltherrschaftsgedanke
43 von Zittau, Kronika zbraslavská
44 Schmuck, Ludwig der Bayer
45 Müller, Kampf
46 Schwöbel, Kampf
47 Miethke, Kaiser und Papst; Müller/Hotz, Gegenpäpste, S. 10, 23, 33f. u. ö.
48 Miethke, Theorien, bes. S. 107–121
49 Bosl, Hofakademie
50 von Pflugk-Harttung, Bezeichnung
51 Fleischer, Verhältnis
52 Schmid, Bistumspolitik
53 Freilich übergangen bei: Baudenbacher, Marienverehrung
54 Offler, Empire and Papacy
55 Suckale, Hofkunst
56 Glaser, Wittelsbach und Bayern, S. 248, Nr. 377
57 Lieberich, Darstellung
58 Schmid, Stifterbild
59 Berg, Italienzug
60 Burckhardt, Renaissance, S. 106–114
61 Glaser, Wittelsbach und Bayern I/2, S. 213–224
62 Graus, Pest
63 Kraus, Geschichte Bayerns, S. 161
64 Seibt, Karl IV.
65 Hartmann/Schnith, Kaiser, S. 427
66 So zutreffend: Rupprich, Hof
67 In diesem Sinne urteilt auch: Menzel, Entwürfe, S. 170f.
68 Godthardt, Marsilius von Padua
69 Als Titelbild gewählt bei: Benker, Ludwig der Bayer; vgl. Glaser, Wittelsbach und Bayern I/2, S. 201f., Nr. 297

Am Anfang von Ludwigs Königsherrschaft standen die Fürsten. Stolz formulierten sie 1314 ihre Gestaltungsmacht in einem Dekret an den Papst, dem sie die Wahl des vormaligen bayerischen Herzogs Ludwig zum römischen König anzeigten: „Wir haben uns einmütig auf diesen Herrn Ludwig geeinigt und ihn, jeder von uns für sich, keiner hatte etwa eine abweichende Meinung, benannt zur Wahl als Römischen König, der späterhin zum Kaiser erhoben werden soll."[2] Diese Kernaussage zum Wir in der Fürstenwahl steht wegen des Titels der Bayerischen Landesausstellung 2014 am Beginn dieses Beitrags. Ein Kaiser des 14. Jahrhunderts sprach ohnehin immer in der 1. Person Plural von sich selbst: „Wir Ludowig, von gots genaden romischer cheyser, ze allen ziten merer dez richs".[3] Die Wahl-

Bernd Schneidmüller

Wir sind Kaiser –
Ludwig IV. zwischen Gott und den Fürsten[1]

fürsten hätten das so nicht sagen können, aber dass der von ihnen gewählte König zum Kaiser aufsteigen würde, gehörte zu den Grundpfeilern ihres Selbstverständnisses. „Wir sind Kaiser" – die Pointe dieses Beitrags liegt in der doppelten Bedeutung von „Wir": Es kennzeichnete die imperiale Herrschaft eines Einzelnen, eines Monarchen. Und es band den Konsens der Wahlfürsten wie der Getreuen in die gemeinsame Verantwortung für Reich und Kaisertum.

Die kaiserliche Kanzlei unter Leonhard von München illuminierte in ihren Prunkurkunden diese Kommunikation zwischen dem Herrscher und dem Beherrschten in einzigartiger Weise. Die Initialen präsentieren Kaiser und Empfänger bei der Privilegienübergabe, den Kaiser herausragend, den Empfänger – abgestuft nach seinem Rang – mehr oder minder klein.[4] In diesem Spannungsgefüge des durch die Gnade Gottes herrschenden Kaisers als Haupt, der Wahlfürsten als Säulen und der Reichsfürsten als merkliche Glieder vollzog sich die Geschichte des Heiligen Römischen Reichs.

Dieser Beitrag skizziert in drei Abschnitten das Ordnungsgefüge zwischen Gott und den Fürsten, in dem sich Ludwig IV. bewegte.[5] Die Ausführungen behandeln die Konsensherstellung mit den Fürsten als elementares Herrschaftsmuster.[6] Dann geraten die Spannungen der doppelten Kaiserkrönung von 1328 in den Blick, entworfen als konträre Erinnerungskonstruktionen. Schließlich folgen Gedanken zur Verschränkung von Fürstenwahl und Kaiserhöhe im letzten Lebensjahrzehnt Ludwigs IV.

Königswahl aus fürstlichem Konsens

Im Hochmittelalter differenzierte sich die Herrschaftsnachfolge in den europäischen Monarchien. Die gängige Praxis der Königswahl aus dem früheren Mittelalter wurde um 1200 vor allem in west- und südeuropäischen Königreichen durch die Thronfolge des Erstgeborenen ersetzt, so wie das im Prinzip bis heute Praxis in den verbliebenen Monarchien ist. Das Heilige Römische Reich erlebte dagegen eine charakteristische Zweiteilung: In den Fürstentümern folgten Söhne ihren regierenden Vätern. Dem Prinzip der Blutsverwandtschaft in den Prinzipaten stand die Königswahl im Reich gegenüber. Diese Spannung von monarchischer Bestenauslese und dem Vertrauen auf die Kraft fürstlichen Bluts prägte die Geschichte des Heiligen Römischen Reichs. Königswahlen zwangen in jeder Generation zur neuen Konsensfindung, zuerst unter den Wählern, dann zwischen König und Fürsten. Zwar benötigten auch die Erbmonarchien den adligen Konsens, doch im Imperium war die Willensbildung durch Wahl das eigentliche Fundament des Gemeinwesens.

1314 gingen der Wittelsbacher Ludwig IV., bis dahin Pfalzgraf bei Rhein und Herzog von Bayern, sowie der Habsburger Friedrich der Schöne, bis dahin Herzog von Österreich, aus strittigen Wahlen als Könige hervor.[7] Dass sich die Wähler damals für zwei Herzöge und Reichsfürsten entschieden, markierte einen wichtigen Wechsel gegenüber den Königswahlen vorhergehender Jahrzehnte. Seit dem Ende der Staufer hatten die Wähler nämlich entweder Herrscher aus England und Kastilien oder Grafen des Reichs zu Königen gemacht. Sieht man von einer eher marginalen Ausnahme ab – das Gegenkönigtum Günters von Schwarzburg 1349 –, begann 1314 die durchgehende Dominanz dreier königsfähiger Dynastien aus dem Reichsfürstenstand: Wittelsbacher, Habsburger, Luxemburger.[8]

Die Kämpfe um den römisch-deutschen Thron zwischen 1314 und 1349 erhalten ihr Profil im Vergleich zur französischen oder englischen Sukzession. Nach dem Tod König Philipps IV. des Schönen von Frankreich im Jahr 1314 wurde das Primogeniturprinzip strikt beachtet. Ihm folgten zwischen 1314 und 1328 drei Söhne und ein Enkel, der als Säugling zwar nur wenige Tage lebte, ganz konsequent aber als Johann I. (15. bis 19. November 1316) in die Reihe der französischen Monarchen einging. Auch der Hundertjährige Krieg zwischen England und Frankreich resultierte aus dynastischen Ansprüchen auf den französischen Thron.[9] An den fundamentalen Entscheidungen über die Thronfolge wirkten in Frankreich neben den geistlichen und weltlichen Fürsten vor allem die gelehrten Doktoren der Pariser Universität sowie Pariser Bürger mit. Auch in England folgte nach der Ermordung König Eduards II. im Jahr 1327 sogleich sein Sohn Eduard III. als König nach.[10] Das alles wäre im römisch-deutschen Reich ganz undenkbar gewesen, wo die spätmittelalterliche Oligarchie von sieben Wahlfürsten die direkte Thronfolge regierungsfähiger Königssöhne zumeist vermied. Seit dem Ende der Staufer wurden im Spätmittelalter nur zwei Ausnahmen zugelassen, 1378 Wenzel und 1486 Maximilian I.

Die Legitimität als König blieb für Ludwig IV. prekär. Wiederholt musste er mit den Fürsten um Konsens und mit der eigenen Familie um den Platz in der wittelsbachischen Dynastie ringen. Ludwigs älterer Bruder Rudolf I., Pfalzgraf bei Rhein und Herzog von Bayern, stand 1314 nämlich im Lager der Gegner. Die bayerische Geschichtsschreibung verkannte die Rolle dieses wittelsbachischen Primogenitus, der in der späteren Erinnerung am Rhein zum Begründer der kurpfälzischen Wittelsbacherlinie stilisiert wurde.[11] So verdienen noch manche Urteile eine Revision, auch die zum Hausvertrag von Pavia von 1329 über die Herrschaftsteilung der wittelsbachischen Linien, von dem sich fünf originale Ausfertigungen erhalten haben. Der Text zeigt Ludwigs Neffen als die eigentlichen Akteure.[12]

Wir konzentrieren uns hier nicht auf das Gefüge der wittelsbachischen Linien[13], bedenken aber die Zwietracht der wittelsbachischen Brüder als Indiz für ihre mangelnde Konsensfähigkeit. In solcher Perspektive liest man die Fürstenfelder Chronik von den Taten der Fürsten und ihre Charakterurteile als Beziehungs- und Entwicklungsgeschichte enger Verwandter. Als der jüngere Ludwig 1310 vom Bruder, der zunächst als „der ältere und verständigere Herr" galt, sein Erbteil in Bayern erstritt, „nahm jene arge Zwietracht zwischen ihnen ihren Anfang, die zu ihren Lebzeiten niemals beigelegt werden konnte". Die Pfalzgrafschaft blieb ungeteilt, sodass der Bruderzwist das Bayernland erschütterte: „Die Ordnung der Natur wird so in ihr Gegenteil verkehrt; der Bruder zieht das Schwert gegen den Bruder, und die nach dem Worte ‚ein Bruder hilft dem anderen' einander hätten unterstützen sollen, suchen sich gegenseitig zu verderben. Aber wenn die Gottlosen überheblich werden, leiden die Armen."

Zuerst tadelte der Chronist Ludwig: „Man erzählt, Herzog Ludwig selbst, der die größere Jugend, damals aber nicht die größere Tugend besaß, habe einst eine Fackel ergriffen, sei an ein Dorf herangesprengt, habe es eigenhändig als erster angezündet und laut gejubelt, als die Flammen hoch emporschlugen." Dagegen: „Herzog Rudolf seinerseits, der älter und weniger kampflustig war und sich der Einsicht nicht verschloss, wie schimpflich und gar ehrlos es sei, mit dem eigenen Bruder in Fehde zu liegen, handelte nur unter dem Druck der Notwendigkeit, indem er sein Erbteil mannhaft schützte."[14] Doch nach Rudolfs Entscheidung für den Habsburger bei der Königswahl von 1314 wandelten sich die Sympathien des Chronisten: „Herzog Rudolf aber nebst seiner Gattin Mechthild gibt, vom Teufel verblendet, noch immer nicht die Zwietracht mit seinem Bruder König Ludwig auf."[15]

Ludwigs Zwiespältigkeit kam wiederholt zum Vorschein. Als er 1313 seinen Vetter Friedrich von Österreich, den späteren Gegner im Kampf um den Thron, traf, kam es zuerst zum Streit der Worte, „in dessen Verlauf sich Herzog Ludwig vom Jähzorn hinreißen ließ, plötzlich sein Schwert zu ziehen, mit dem er, wenn die Anwesenden ihn nicht gehindert hätten, dem Herzog von Österreich zu Leibe gerückt wäre."[16] Auch bei der Begegnung mit dem eigenen Bruder Rudolf 1315 hatte Ludwig sein Temperament nicht im Griff: „Es kam soweit, dass der König in der Erinnerung an all das Böse, was ihm in naher und ferner Zeit der Bruder zugefügt hatte, diesen mit bewaffneter Hand angefallen hätte, wenn die [Münchener] Bürger nicht dazwischengefahren wären."[17]

Aus solchen Geschichten lassen sich keine Psychogramme schreiben – als Reichsfürst wie als König dürfte sich Ludwig durchaus im üblichen Aggressionsrahmen seiner Zeit bewegt haben –, doch es wird auch deutlich, dass er kein Meister besonnener Konsensgestaltung war. Dafür war der harte Kampf des Jüngeren um sein väterliches Erbe allzu prägend gewesen. Gerade deshalb mögen die Parteinahme des älteren Bruders für den gegnerischen König wie der lange militärische Kampf gegen den Habsburger, mit dem Ludwig die gemeinsame Erziehung genossen hatte, zu schmerzlich gewirkt haben. Ludwigs Aufstieg erfolgte also nicht in ausgleichender Meisterschaft. Trotzdem benötigte er den fürstlichen Konsens im Kampf um die Krone, im Kampf mit der Kurie, im Kampf um die Glorie seines Hauses.

Kaisertum im Streit der Erinnerungen

Ludwigs römische Kaiserkrönung am 17. Januar 1328 und die Befestigung der Krönung durch den neuen Papst Nikolaus V. am 22. Mai 1328 waren situationsbedingte Wiedererfindungen der Tradition. Formen und Zeremonien erwuchsen aus Ideen und Praktiken des mittelalterlichen Imperiums.[18] Doch die Kaiserkrönung vom Januar durch drei Bischöfe und vier römische Syndizi wurde von der historischen Forschung auch als Überwindung der mittelalterlichen Bindung von Kaiser- und Papsttum diskutiert.[19] Für beide Perspektiven gibt es gute Gründe, ein typisches Indiz für die Uneinheitlichkeit einer vormodernen Institution, die nicht aus theoretisch begründeten Eindeutigkeiten, sondern aus einer langen Traditionsbildung existierte.

Ludwig befand sich von 1324 bis zu seinem Tod 1347 im Kirchenbann. Er und seine Helfer versuchten, entweder die Exkommunikation als Unrecht zu entlarven oder von den Päpsten die Lösung vom Bann zu erreichen.[20] Weil das Kaisertum seit dem 9. Jahrhundert in einem liturgischen Bündnis mit dem Papsttum am Grab des Apostels Petrus begründet wurde, bedeuteten die Krönung eines Gebannten und die Verweigerung der Krönung durch den zumeist als rechtmäßig akzeptierten Papst eine erhebliche Problemlage. Trotzdem belehrt uns die Liste gebannter Kaiser, dass die Exkommunikation vom 11. bis zum 14. Jahrhundert keine Ausnahme darstellte. Von 1080 bis 1347 wurde über fünf Kaiser der Kirchenbann verhängt, nur drei kamen ohne päpstliche Anfechtung davon. Auch bei der Abfolge der Kaiserkrönungen hilft ein Blick auf nüchterne Jahre.

› Es wird deutlich, dass Ludwig kein Meister besonnener Konsensgestaltung war ‹

Zwischen 1220 und 1312 fand über 92 Jahre lang in der lateinischen Christenheit gar keine Erhebung eines Kaisers statt. Der 1312 gekrönte Heinrich VII. kehrte nicht mehr nach Deutschland zurück, er war bereits 1313 in Italien gestorben und in Pisa bestattet worden. Niemand nördlich der Alpen hatte im beginnenden 14. Jahrhundert lebende Kaiser gesehen. Vielmehr existierte das Kaisertum als Erinnerung, als Anspruch und als Textspur aus alten Chroniken oder Krönungsordnungen. Deshalb musste jede Kaiserkrönung neu ausgehandelt werden, mit oder gegen den Papst und seine Kurie, die Rom verlassen hatten und in Ludwigs Regierungszeit in Avignon residierten. Zwischen 1220 und 1433 – das sind immerhin 213 Jahre – legte kein einziger rechtmäßiger Papst selbst Hand an die Kaiserkrone. So ließen sich Normalität oder Ausnahme 1328 gar nicht richtig auseinanderhalten.

Anders als die ältere Forschung wird Ludwigs Kaiserkrönung heute nicht mehr als Säkularisierung zugunsten eines römischen Volkskaisertums oder als Spontanreaktion eines verärgerten Bayern gegen Papst Johannes XXII. in Avignon begriffen. Vielmehr stellt die Kaiserkrönung vom 17. Januar 1328 einen zeitgemäßen, wenn auch umstrittenen Versuch zur Überwindung einer Konfliktsituation dar. Die neuere Forschung hat die Legende, Ludwig IV. sei ohne geistlichen Anteil allein vom römischen Volk zum Kaiser gemacht worden, als Irrtum entlarvt. Gewiss blieben Ludwig und seine Gemahlin Margarethe in höherem Maß als ihre Vorgänger von der Akzeptanz der Römer abhängig – deshalb wurden vier römische Syndizi in entscheidender Weise in das Zeremoniell eingebunden –, doch es blieb ein geistlicher Weiheakt, den die Bischöfe von Venedig (Castello), Aleria und Chiron (auf Kreta) in der römischen Peterskirche spendeten. Weil sie dem Papst in Avignon den Gehorsam aufgekündigt hatten, verhängte dieser den Kirchenbann über die drei Bischöfe. Aber in ihrem Selbstbewusstsein handelten sie als rechtmäßige Vertreter der christlichen Kirche. Ein etwaiger Makel sollte dadurch geheilt werden, dass der seit Mai 1328 amtierende kaiserliche Gegenpapst Nikolaus V. den Coronator Giacomo Alberti, Bischof von Venedig (Castello), später zum Kardinalbischof von Ostia und Velletri ernannte. Diesem Kardinalbischof stand traditionell das Recht zur Kaisersalbung zu. Und Giacomos Onkel Niccolò Alberti hatte 1312 als damaliger Kardinalbischof von Ostia Ludwigs Vorgänger Heinrich VII. die Kaisersalbung gespendet. All das macht die zentrale Bedeutung des geistlichen Erhebungsakts für die kaiserliche Partei deutlich.[21]

Doch Giovanni Villani, berühmter Geschichtsschreiber und erbitterter Feind Ludwigs IV., geißelte in seiner Chronik die Bischöfe als „Schismatiker und Gebannte" (S. 117) und fällte ein vernichtendes Urteil über das Unrecht des Bayern: „So wurde Ludwig der Bayer vom römischen Volk zum Kaiser und König der Römer gekrönt, zur Schmach und Schande des Papstes und der römischen Kirche und unter Hintansetzung jeder Ehrfurcht vor der heiligen Kirche. Und man vergegenwärtige sich, wie groß die Überheblichkeit dieses verfluchten Bayern war; denn in keiner alten oder neueren Chronik habe ich gefunden, dass irgendein anderer christlicher Kaiser sich jemals habe von anderen als vom Papst oder dessen Legaten krönen lassen."[22]

Als Kaiser trat Ludwig am 18. April 1328 auf einem erhöhten Thron vor St. Peter auf, die kaiserliche Krone auf dem Haupt, das Zepter in der rechten, die Weltkugel in der linken Hand. In formalisiertem Verfahren ließ er Papst Johannes XXII. als Jakob von Cahors absetzen. Am 12. Mai 1328, dem Fest von Christi Himmelfahrt, wurde ein Franziskaner als Nikolaus V. zum neuen Papst gewählt und von Ludwig in das Amt geleitet. Nikolaus setzte am Pfingstfest seinem Gönner Ludwig in der Peterskirche die Kaiserkrone noch einmal aufs Haupt. Es war nur eine symbolische Bekräftigung der für Ludwigs Kaisertum maßgeblichen Krönung vom Januar 1328. Nikolaus V. konnte sich ohne Ludwigs militärischen Schutz nicht lange im Amt halten und unterwarf sich 1330 Johannes XXII. als dem einzig rechtmäßigen Nachfolger Petri in Avignon.

Wie wenig von diesen großen und verwickelten Ereignissen in Ludwigs Heimat ankam, bezeugt die um 1371/72 niedergeschriebene „Chronik von den Herzögen Bayerns". In anekdotenhafter Übertreibung begründete sie den Zorn des Papstes auf Ludwig mit dessen fehlenden Lateinkenntnissen und mit Intrigen seines Kanzlers.[23]

› Als „Herr der Welt für immerdar" kehrte Ludwig ruhmbedeckt in sein Vaterland zurück ‹

Ludwigs Vita oder Chronik wurde dann im rühmenden Ton verfasst. Im Gegensatz zu papstnahen Quellen, denen die Bezeichnung „der Bayer" in philologischer Nähe von Bavarus und Barbarus zum Schimpfwort geriet, nannte die Vita ihren Helden nur „Ludwig den Vierten". Damit stand er in der Tradition großer karolingischer Herrscher aus dem 9. Jahrhundert (Ludwig I. „der Fromme", Ludwig II. „der Deutsche", Ludwig III. „der Jüngere"). An solche Wurzeln knüpfte wenig später auch Ludwigs Feind und Nachfolger Kaiser Karl IV. an, der sich auf drei Karolinger des früheren Mittelalters (Karl I. „der Große", Karl II. „der Kahle", Karl III. „der Dicke") bezog. In seinen Urkunden präsentierte sich Ludwig als „Ludwig der Vierte". Deshalb wird er in diesem Beitrag mit seinen Anhängern konsequent Ludwig IV. genannt und nicht mit seinen Feinden Ludwig „der Bayer" – Ludwig hätte seine Reduktion auf ein bloßes Herzogtum als Herabsetzung eines römischen Königs und Kaisers empört zurückgewiesen.

Der Lobgesang seiner Vita reihte Tugenden und Taten Ludwigs als eines Herrn der Welt aneinander. Das illustrierten bildhafte Worte, wie der Wittelsbacher „seine Schwingen wie ein Adler" entfaltete, wie er „die Geschicke der Welt" lenkte und wie er „sieggekrönt das Zepter der Herrschaft in seinen Händen" hielt.[24] Hatte die italienische Chronistik Ludwig als lästigen Eindringling aus dem Norden gebrandmarkt, entwarf seine bayerische Vita eine konträre Erinnerungsgeschichte. Bejubelt von den Römern, trug Ludwig einen Adler auf der Hand. Die gesamte Stadtbevölkerung „kam im festlichen Schmuck dem Herrscher entgegen, der unter lauten Gesängen der gesamten Geistlichkeit in die Kirche geführt und unter dem Rufe ‚Siehe, er ist da, der Herrscher, der Herr, und in seiner Hand liegt das Reich, die Macht und das Kaisertum' mit seiner Gattin auf den Altar erhoben wurde. Hier krönte man beide mit der Kaiserkrone, nachdem eine Messe festlich begangen war, legte das Zepter und den goldenen Reichsapfel in seine Hände und zeigte ihn allem Volke, indem man jauchzend ausrief: ‚Dies ist der König der Könige und der Beherrscher der Herrschenden in aller Welt!'" Als „Herr der Welt für immerdar" kehrte der vierte Ludwig ruhmbedeckt in sein Vaterland zurück.[25]

Kaisertum von Gott oder den Fürsten

Haben wir im vorherigen Kapitel imperiale Herrschaft aus agonalen Urteilen entwickelt,[26] so soll im dritten Abschnitt die imperiale Herrschaft mit dem reichsfürstlichen Konsens verschränkt werden.

In den Jahren ihrer Doppelherrschaft zwischen 1325 und 1330 lebten Ludwig IV. und Friedrich der Schöne königlichen Konsens politisch wie symbolisch vor. Gemeinsames Essen, Trinken oder Schlafen in einem Bett machten Vertrauen und Einmütigkeit jedermann offensichtlich. Man sollte diese Doppelherrschaft nicht als unerklärliches Unikum der mittelalterlichen Reichsgeschichte ansprechen. Sie entstand vielmehr aus bewährten Praktiken gemeinsamer Herrschaft in einem Reichsfürstentum. Seit dem 13. Jahrhundert hatten die Wittelsbacher mit der Gesamtherrschaft in der rheinischen Pfalzgrafschaft wie im Herzogtum Bayern reiche Erfahrungen gesammelt, zuletzt Kaiser Ludwig IV. mit seinem älteren Bruder Rudolf I. Im Spätmittelalter stellte die gemeinsame Verantwortung für ein Fürstentum sogar eher die Regel als die Ausnahme dar. Neu war lediglich, dass Ludwig IV. und Friedrich der Schöne diese übliche fürstliche Herrschaftspraxis auf die Monarchie übertrugen, die sie – einmalig – aus dem Konsens zweier Teilhaber gestalteten.[27]

Nach dem Tod Friedrichs des Schönen wusste Ludwig IV. im Kampf gegen die Kurie wie in wichtigen Belangen der Reichspolitik über lange Phasen die Mehrheit der Wahl- und Reichsfürsten auf seiner Seite. Trotzdem galt das kaiserliche Handeln in den 1330er-Jahren mehr und mehr dem regionalen Adel oder den königlichen Städten. So waren es vor allem Bischöfe, Domkapitel, Städte und Adelige unterhalb der reichsfürstlichen Ebene, die 1338 neue Initiativen zur Aussöhnung des Kaisers mit der päpstlichen Kurie in Avignon auf den Weg brachten. Gleichzeitig wiesen sowohl die Wahlfürsten als auch der Kaiser in programmatischen Manifesten 1338 jeglichen päpstlichen Anteil an der römischen Königswahl zurück. Das sollte aber nicht die Fiktion einer Einheit hervorrufen, vielmehr erfolgten die berühmten Konkretisierungen eigener Rechtsauffassungen unabhängig voneinander.

Die zunehmende Opposition von Kaiser und Reichsfürsten ergab sich also nicht erst aus den provozierenden Erweiterungen der wittelsbachischen Hausmacht seit 1339/41. Die strukturellen Brüche waren bereits früher erfolgt, sie waren vielleicht im Kaisertum selbst angelegt. 1338 verbanden sich viele Stränge in einem neuen Ereignisgefüge. Am 17. Mai 1338 versammelte der Kaiser Vertreter von Adel, Städten und Domkapitel als seinen bevorzugten Helfern im Reich im Deutschordenshaus von Sachsenhausen. Hier ließ er erstmals einen Text mit den Anfangsworten „Fidem catholicam" diskutieren, als dessen Urheber gelehrte Franziskaner angesprochen werden.[28] Die am 6. August 1338 publizierte Fassung weist jede päpstliche Einmischung in die Erhebung des römischen Königs zurück, die allein den Wahlfürsten Deutschlands zustehe: Der Kaiser erhalte seine Macht oder Herrschaft nicht vom Papst, sondern nur von Gott. Deshalb existiere die kaiserliche Macht und Autorität unmittelbar zu Gott und nicht zum Papst. Der zum Kaiser Gewählte sei allein aus dieser Wahl römischer König und besitze von da an Autorität, Gerichtsgewalt und kaiserliche Macht, noch vor einer späteren Weihe und Krönung durch den Papst.[29]

Die kirchenrechtliche Gelehrsamkeit dieses Textes mit geschickt verflochtenen Zitaten aus Bibel, kanonischem und weltlichem Recht beeindruckt und weist mit ihrer Vorstellung vom universalen Konzil, das über dem Papst stehe, auf den Konziliarismus des 15. Jahrhunderts voraus. Freilich wurde die Fürstenwahl als das entscheidende Fundament des römischen König- und Kaisertums einfach vorausgesetzt, ohne jede Erörterung der Gemeinschaftsidee. Diese geschliffene Gelehrsamkeit glänzte in einem nahezu selbstreferenziellen System, das die politischen Fundamente oligarchischen Konsenses nicht thematisierte.

Die fürstliche Reaktion folgte wenig später. Auf Initiative Erzbischof Balduins von Trier trafen sich alle Wahlfürsten – mit Ausnahme König Johanns von Böhmen – zur Wahrung der Ehre des Reichs wie der eigenen fürstlichen Ehre in Rhens am Mittelrhein. Der Ort war sorgsam gewählt, denn hier – im herrschaftlichen Schnittfeld der vier rheinischen Wahlfürsten – waren die letzten Königswahlen von 1308 und 1314 vorbereitet worden. Rhens symbolisierte als „königsfreier Platz" das Selbstbewusstsein der fürstlichen Träger des Reichs. Am 16. Juli 1338 vereinbarten sie eine korporative Willensäußerung, das so genannte Rhenser Weistum, und bekräftigten ihre Verantwortung für das Gemeinwesen. Das Manifest erwähnte Kaiser Ludwig IV. mit keinem Wort, sondern wurde nach dem Pontifikatsjahr Papst Benedikts XII. datiert. Die Handlungsgemeinschaft der Wahlfürsten bettete sich in eine breite Ratgeberschaft aus Klerikern, Laien sowie Notaren und formulierte mit klaren Worten: Sämtliche Herrschaftsrechte des römischen Königs ergeben sich allein aus dem Mehrheitswillen der Wahlfürsten.[30]

In Konkurrenz zu dieser Fürstenverantwortung für das Reich verkündete Ludwig IV. am 6. August 1338 in seiner Stadt Frankfurt am Main das kaiserliche Selbstbewusstsein im Gesetz mit den Anfangsworten: „Licet iuris". Es gründete das römische Königtum ebenfalls auf der Mehrheitsentscheidung der Wahlfürsten und verknüpfte das Kaisertum mit dieser Königswahl. Aus ihr entstand sogleich die Herrschaft als „wahrer König und Römischer Kaiser". Das kaiserliche Gesetz vom August 1338 wurde ohne fürstliche Zeugen verkündet, allein unter der „Bulle unserer kaiserlichen Majestät". Die Zahl der in Frankfurt anwesenden Wahl- und Reichsfürsten war übersichtlich. So könnte man Ludwigs Versammlung als Bühne der großen Worte wie des ausbleibenden Konsenserfolgs beurteilen.[31]

Die nebeneinander entwickelten Argumentationsfelder von Kaiser und Wahlfürsten kamen erst durch die Annäherung Ludwigs IV. und Erzbischof Balduins von Trier im September 1338 auf dem Hoftag in Koblenz zusammen. Hier konnten endlich das Gesetz „Licet iuris" und das Manifest „Fidem catholicam" im Kreis von Kaiser und Fürsten verkündet werden.[32] Im Koblenzer Ratsbuch wurde die symbolische Inszenierung programmatisch festgehalten: „Zur gleichen Stunde, als der Kaiser solchermaßen thronte, kam ein großer Adler von Osten herangeflogen, verweilte kurz in der Luft über dem Platz, wo der Kaiser saß, und zog dann seine Bahnen flugs nach Westen."[33] 1339 und 1340 brachte Kaiser Ludwig IV. noch einmal mehrere fürstliche Besucher auf Frankfurter Hoftagen zusammen und inszenierte sich im Konsens seiner Getreuen. Danach aber verlor der Adler seine Bodenhaftung und stieg einsam in immer höhere imperiale Weiten auf.

Anmerkungen

1 Wegen der gebotenen Umfangsbeschränkung kann hier nur eine Kurzfassung abgedruckt werden. Der umfassendere Aufsatz erscheint anderenorts: Schneidmüller, Kaiser Ludwig IV., S. 369–392
2 MGH Const. 5, Nr. 101; deutsche Übersetzung: Weinrich, Quellen, S. 263
3 Weinrich, Quellen, Nr. 86b, S. 284
4 Wrede, Leonhard von München
5 Zur Biografie: Thomas, Ludwig der Bayer; Menzel, Zeit; Holzfurtner, Wittelsbacher, S. 59–92; Seibert, Ludwig der Bayer (in Vorbereitung)
6 Schneidmüller, Herrschaft
7 Büttner, Weg, S. 294–339
8 Moraw, Verfassung
9 Ehlers, Kapetinger; Ehlers, Der Hundertjährige Krieg
10 Studd, Epoche
11 Peltzer, Rang; zum Heidelberger Geschichtsgedächtnis: Schneidmüller, Wittelsbacher, S. 22–23
12 Rall, Wittelsbacher Hausverträge, S. 41–174
13 Dazu Heimann, Hausordnung
14 Lateinischer Text der Chronik: MGH SSrG 19, S. 1–104; deutsche Übersetzung: Lohmer, Geschichte, Bd. 1, S. 82–84
15 Lohmer, Geschichte, S. 117
16 Ebd., S. 89f.
17 Ebd., S. 119
18 Schneidmüller, Kaiser; Mierau, Kaiser; zu Ludwigs Italienpolitik: Pauler, Könige
19 Grundlegend für das Folgende: Godthardt, Marsilius von Padua; vgl. Becker, Kaisertum
20 Miethke, Kampf; Kaufhold, Gladius spiritualis
21 Erkens, Sol iusticie, S. 795–818
22 Villani, Nuova Cronica, Bd. 2, S. 585f.; deutsche Übersetzung: Lohmer, Geschichte, Bd. 2, S. 117f.
23 Lohmer, Geschichte, Bd. 1, S. 190, 192
24 Ebd., S. 168
25 Ebd., S. 169f.; zur Altarsetzung bei der Krönung: Bojcov, Könige
26 Weitere Belege bei Schubert, Ludwig der Bayer
27 Heckmann, Stellvertreter; Jahn/Brockhoff, Bayern und Österreich
28 Miethke, Politiktheorie
29 Becker, Mandat, Zitate S. 497, 499, 500
30 Weistum, Nr. 88, S. 286–291
31 Zeumer, Königswahlgesetz; deutsche Übersetzung: Weinrich, Quellen, Nr. 89, S. 290–293; über die Fürsten auf Hoftagen: Schmid, Hoftage; Martin, Weg, S. 329f.
32 Weinfurter, Ludwig der Bayer; Schwedler, Herrschertreffen, S. 38–72
33 Schaus, Ratsbuch, Zitat S. 502

Der apodiktische Titel dieses Beitrags scheint zunächst einen wenig prägnanten Aspekt der Geschichte Ludwigs des Bayern in das Visier zu nehmen, denn jeder König nach dem Ende der Stauferzeit hatte sich mit einer grundsätzlichen Ambi- wenn nicht Multivalenz seiner Politik auseinanderzusetzen,[1] erforderte doch das System des Reichs für seinen höchsten Repräsentanten einen Fürsten, der sich auf eine mehr oder weniger starke Hausmacht stützte; alle Versuche der nachstaufischen Zeit, sozusagen ein neues „Reichsgutkönigtum" zu errichten, scheiterten längerfristig, ein König, der nicht von vornherein über eine entsprechende territoriale Basis verfügte, hatte nur die Chance, sich eine solche möglichst rasch zu schaffen.

Ludwig Holzfurtner

Politik auf drei Ebenen

Ludwig IV., der erste wittelsbachische König, hatte diesbezüglich zumindest eine gewisse Basismasse, auch wenn sie für höherfliegende Pläne viel zu klein war. Er nannte sich wohl Pfalzgraf bei Rhein und Herzog in Ober- und Niederbayern, real war er aber noch zum Zeitpunkt seiner Wahl zum König 1314 das eine gar nicht und das andere nur zu einem Viertel; er musste also, nicht anders wie seine letzten Vorgänger auf dem Königsthron, seine Herrschaftsbasis verbreitern, was sich – und das war immerhin schon ein kleiner Vorteil gegenüber etwa Adolf von Nassau oder auch Rudolf von Habsburg – zumindest vorläufig auf der Ebene der internen Situation in seiner Dynastie abspielen konnte und musste. Ludwig war als Herzog von Bayern nicht zuletzt deswegen stets Haus- und Familienpolitiker und als König wie als römischer Kaiser immer auch Hausmachtpolitiker über die familiäre Ebene hinaus: Die einzelnen Vorgänge beschäftigten ihn dabei meistens zeitlich parallel, nicht etwa in einer chronologischen Abfolge. Als er 1314 zum König gewählt wurde, waren seine innerfamiliären Auseinandersetzungen, vor allem die mit seinem Bruder Rudolf, mitnichten beigelegt. Als er sich 1322 gegen den Mitkönig Friedrich aus dem Haus der Habsburger durchsetzte, war er noch keineswegs Herr in ganz Bayern. Und als er 1328 auf eine vielfach – besonders natürlich an der päpstlichen Kurie in Avignon – als unerhört empfundene Art und Weise die Kaiserkrone erwarb, war das Verhältnis zu seinen niederbayerischen Vettern alles andere als geklärt und das zu seinen pfälzischen Neffen zu bereinigen stand ihm erst noch bevor.

Wenn man schlagwortartig, sozusagen in einem historischen Brainstorming, alles aufzählt, was einem spontan zur Gestalt Ludwigs des Bayern einfällt, lässt sich bereits ein Überblick über die Vielfältigkeit der Geschichte des ersten Königs aus dem Haus Wittelsbach gewinnen. Im Folgenden ist das annalistische Chaos, das sich aus einer chronologischen Aufreihung der historischen Ereignisse im Leben Ludwigs IV. ergäbe, daher bereits grob nach drei Themen geordnet und bereinigt, eine Gewichtung nach historischer Bedeutung soll dann in einem zweiten Durchgang erfolgen.

Familienpolitiker und Landesfürst, König und Kaiser

Da wäre zum einen die Familienpolitik und seine Tätigkeit als Landesfürst: Geboren um 1282 als jüngster Sohn Ludwigs des Strengen, Herzog von Oberbayern und Pfalzgraf bei Rhein, zunächst unter der Vormundschaft seines älteren Bruders Rudolf, gegen diesen unter dem Einfluss der Mutter allerdings als Exponent der habsburgischen Partei am Hof, erzwingt er eine Teilung Oberbayerns, überflügelt als Vormund der minderjährigen Herzöge von Niederbayern innerhalb Bayerns seinen Bruder ab 1309 und kann diesen schließlich – allerdings erst 1317 – endgültig ausschalten. Exakt in diese Zeit fallen der Beginn der ständischen Bewegung in Oberbayern mit der Schnaitpacher Urkunde 1302, an deren Erlass Ludwig mitgewirkt hatte, das beinahe groteske Abenteuer seines Vetters Otto II. von Niederbayern im Kampf um die ungarische Königskrone, die militärische Beendigung des Konflikts mit den Habsburgern um die Zukunft Niederbayerns, die für lange Zeit Ludwig und die Habsburger in feindliche Lager treiben sollte. Im weiteren Verlauf waren die Trennung der bayerischen und der pfälzischen Linie der Wittelsbacher im Hausvertrag von Pavia 1329 zu vollziehen, die Vereinigung der Herzogtümer Ober- und Niederbayern 1341, über Bayern hinaus die Gewinnung der Mark Brandenburg, der Grafschaften Holland und Seeland sowie die Tirols; zudem konnten praktisch alle territorialen Verluste wieder wettgemacht werden, die Oberbayern während der Auseinandersetzungen zwischen den Gegenkönigen Albrecht von Habsburg und Adolf von Nassau, nicht zuletzt durch die unglückliche Politik Herzog Rudolfs I., erlitten hatte. Daneben schlagen auf rein innenpolitischer Ebene der Erlass eines vielfach neuen Gesetzeswerks, die Bereinigung der Gerichtsbarkeit in den geistlichen Grundherrschaften Oberbayerns und die Standardisierung des Verhältnisses zu Buche, das die bayerischen Städte zum Herzogtum hatten.

Das hätte für ein ausgefülltes Fürstenleben seiner Zeit eigentlich schon ausgereicht und viele seiner Zeitgenossen hatten nicht einmal so viel zu bewältigen – man muss dabei ja auch bedenken, dass Ludwig 1347 bei seinem Tod 64 Jahre zählte, für seine Zeit also nicht ungewöhnlich jung starb, aber auch nicht hochbetagt war. Seit 1314 trug er indessen auch die Königskrone. Gewählt in einer Doppelwahl mit dem Habsburger Friedrich dem Schönen und damit mit diesem der letzte König, dem solches widerfuhr, vom Papst aus politischen Gründen nicht anerkannt und bewusst in der Schwebe gehalten, konnte Ludwig sich 1322 militärisch durchsetzen, suchte aber dennoch den Ausgleich, um sich für seine Reichspolitik den Rücken frei zu halten. Bis 1345 eigentlich kaum einmal angefochten, musste er – allerdings nicht als letzter König in der Geschichte – als Reaktion der Kurfürsten auf seine Hausmachtpolitik die Wahl eines Gegenkönigs erleben, gegen den er sich aber bis 1347 militärisch behaupten konnte. Und die Entscheidung über den Fortgang der Geschichte wurde nicht in dieser Welt getroffen, der Sieg fiel dem Gegenkönig Karl IV. durch den plötzlichen Tod Ludwigs buchstäblich in den Schoß. Während seines Königtums war eine Reihe von reichspolitischen Entscheidungen gefallen: die Stabilisierung der Wahlverfassung der Domkapitel, der Ausbau des Städtewesens, vor allem aber die Lösung des Königtums vom römischen Papsttum, als im so genannten Kurverein von Rhense die Gültigkeit der Königswahl ohne päpstliche Approbation beschlossen wurde, ohne die Mitwirkung des Königs, der allein auf seiner Ebene mit den Mandaten „Fidem catholicam" und „Licet iuris" aber dieselben Ansprüche anmeldete.[2] Nicht weniger zukunftsweisend waren auch die weiteren Bestimmungen dieser Akte, das Mehrheitswahlrecht etwa, das künftig Doppelwahlen ausschließen sollte, und die Eingrenzung der Wahlberechtigten.

Vieles von dieser Königspolitik ist auch im Zusammenhang mit Ludwigs Rolle als römischer Kaiser zu sehen. Es war in seiner Zeit ja faktisch keineswegs eine Selbstverständlichkeit, dass ein römisch-deutscher König auch die Kaiserkrone trug; sein Vorgänger Heinrich VII. war seit den Tagen Friedrichs II. der erste, dem diese Würde wieder zuteilgeworden war. In dieser langen, nahezu drei Herrschergenerationen umfassenden Zeit hatten sich die Vorstellungen von der Stellung des römischen Kaisers keineswegs der sich nach und nach ergebenden Realität anpassen können und dass Heinrich VII. diesen Konflikt nicht im vollen Umfang erleben musste, ist wohl in erster Linie seinem frühen Tod zuzurechnen. Dennoch erwartete man im Reich noch immer von einem König den Erwerb der Kaiserkrone und man erwartete dafür den Weg nach Rom, verbunden mit der Erneuerung und Bekräftigung der kaiserlichen Stellung in Italien. Man sieht daher heute auch den Romzug Ludwigs nicht mehr so sehr als einen revolutionären Akt,[3] sondern eher als Ausdruck einer konservativen Haltung, als einen Versuch, die Welt wieder in ihre Ordnung zu versetzen und die Verschiebung, die der Umzug der Kurie nach Avignon in den Augen der Zeitgenossen war, zu korrigieren; dass der Krönung des Kaisers durch einen Volkskapitän eine weitere durch einen Gegenpapst nachfolgte, unterstreicht dies letztlich ein weiteres Mal: Um einen Gegenpapst ernennen zu können, bedurfte er der Stellung, die ihm erst ein Papst verschaffen konnte.

Machtpolitik und Realpolitik

Weniger klar werden andere Aspekte seiner königlichen und kaiserlichen Politik beurteilt, die zum Teil auch erst in jüngerer Zeit in das Zentrum des wissenschaftlichen Interesses geraten sind.[4] Da wäre seine Nordostpolitik, die Idee, das Reich bis an den Finnischen Meerbusen oder noch weiter auszudehnen. 1337 erteilte er dem Deutschen Orden, den er auch innerhalb des Reichs nach Kräften förderte, die Erlaubnis, Litauen und Russland zu erobern. Wir wissen nicht, welche Maßnahmen diesen Plan flankieren sollten und welche Intentionen ihm überhaupt zugrunde lagen; Ludwig kam persönlich dem Nordosten nicht einmal annähernd nahe, allerdings beteiligte sich sein Neffe, Herzog Heinrich XIV. von Niederbayern, an einem größer angelegten militärischen Unternehmen, währenddessen es auch zur Gründung der Grenzfestung Bayerburg kam. Hier wirkte der Kaiser durchaus im Hintergrund mit, nicht weniger als bei den Plänen zur Errichtung eines Missionsbistums, bei dessen Namengebung ebenfalls das Land Bayern eine Rolle spielte. Wesentlich ist in diesem Zusammenhang freilich die Grundidee: Nach dem Scheitern der Italienpolitik musste sich die Kaiseridee eine neue Zielrichtung suchen und diese musste beinahe zwangsläufig der Osten und der Nordosten sein. Ob Ludwig freilich hier einen durchdachten Plan verfolgte, sollte besser dahingestellt bleiben, wie häufig fehlte es ihm – und meistens auch seinen Beratern – an den notwendigen genauen Kenntnissen.

Seine Zeit war darüber hinaus geprägt von Umständen, auf die er keinen Einfluss hatte, die aber auch für seine Geschichte bestimmend waren. Das waren zum einen die latenten Spannungen zwischen England und Frankreich; Ludwig erlebte den Ausbruch des so genannten Hundertjährigen Kriegs 1337 – und hatte selbst einigen Anteil daran; er war durch die Verbindungen des Hauses Luxemburg mit Frankreich außerstande, sich davon fernzuhalten. Das war zum anderen das avignonesische Papsttum, das den Heiligen Stuhl noch enger mit der französischen Politik verknüpfte, als dies schon seit 1263 der Fall gewesen war. Beides hatte sich erst zu seinen Lebzeiten entwickelt; die politischen Verhältnisse in Italien waren allerdings bei seiner Wahl zum König, die zwangsläufig auch den Blick über die Alpen öffnete, nicht mehr so ganz neu, die Anjou herrschten schon in der dritten Generation in Süditalien. Andreas Kraus vermutet, dass Ludwig die politischen Verhältnisse Italiens nicht in vollem Umfang überblickte[5] und daher mit einer gewissen Naivität dieses Unternehmen in Angriff nahm.

Die internationale Politik Ludwigs ist insgesamt von diesem doch etwas eingeschränkten Horizont belastet. Dies korrespondiert mit dem Ergebnis einer summarischen Auswertung der rund 6000 Urkunden, die er ausgestellt hat, und seinem sich daraus ergebenden Itinerar. Wie kaum ein Kaiser vor ihm war er politisch auf seine süddeutsche Basis – nicht nur Bayern und die Pfalz, sondern auch Schwaben und Franken – angewiesen. Das einzige Mal, dass er das Reich überhaupt verließ, führte ihn nach Italien, wie zuvor erwähnt aufgrund des überkommenen königlichen Selbstverständnisses notgedrungener Maßen. Manchmal zeigt sich das jedoch selbst bei der Verfolgung innenpolitischer Projekte, wie etwa bei seiner Idee einer neuen Raumordnung im Reich, die ihn an ein Tauschgeschäft mit den Luxemburgern denken ließ, denen er die Pfalz gegen Böhmen anbot, ein im Grunde fantastischer Gedanke: das Haus Luxemburg mit seinen vorwiegend am Rhein gelagerten Interessen im Westen des Reichs konzentriert, die Wittelsbacher dagegen in einem gewaltigen zusammenhängenden Block in der südlichen Mitte, mit Perspektiven auf den Norden und Osten, bedrohlich für die südlich davon ihre Basis entwickelnden Habsburger. 1319 schien der Erfolg schon zum Greifen nah, dann allerdings verlief das Projekt im Sande. Ob sich Ludwig der Tragweite voll bewusst war, ist nicht sicher – das Tauschprojekt ist noch ungenügend erforscht –, denn das Königswahlrecht der böhmischen Stände stellte ein erhebliches Konfliktpotenzial dar, aber diese Großzügigkeit im Inkaufnehmen von Schwierigkeiten gehörte zu den Charakterzügen Ludwigs.

› Einige seiner Handlungen sind nur schwer zu verstehen ‹

Das alles also ist sozusagen Politik unter, mit und um Ludwig den Bayern. Unter den verschiedenen Ebenen seiner Politik – die hier vorgenommene Eingrenzung auf drei ist willkürlich, man könnte auch fünf oder mehr unterscheiden – sind nicht immer strikt getrennt, es gibt durchgängige Stellen, Brücken und Säulen quer durch diese Schichtung; seine landesfürstliche Erwerbspolitik etwa ist zu einem Teil auch von seinem Königtum abhängig. In dieser Kürze ist dies zweifellos verwirrend und dass Ludwig selbst den Überblick immer ganz behalten hat, ist nicht sicher; einige seiner Handlungen sind nur schwer zu verstehen, und das nicht nur aus einer zeitbedingten anderen Rationalität heraus, die uns zu eigen ist. Es war ja bereits die Rede von seinem Romzug und der doppelten Kaiserkrönung, dem nicht völlig durchdachten Tauschprojekt und dem ließen sich weitere derartige Beispiele anfügen, am allermeisten seine unermüdlichen Versuche, sich mit Benedikt XII., dem Nachfolger des Papstes Johannes XXII. in Verbindung zu setzen, zuletzt sogar unter Preisgabe seiner europäischen Bündnispolitik, und schließlich auch sein nach 1340 immer weniger konzilianter Umgang mit den Kurfürsten, seine zu dem jeweiligen Zeitpunkt nicht eigentlich notwendigen und auch wenig Erfolg versprechenden Parteiwechsel, von England zu Frankreich und von Luxemburg zu Habsburg.

Dies steht jedoch in einem scharfen Kontrast zu dem kühlen Realpolitiker, der uns auf der Ebene des Landesfürsten begegnet, der sich zäh um die Einigung der Linien Ober- und Niederbayern bemüht und die ständische Bewegung des Adels in seine Landesherrschaft einzubinden versteht. Der ein für seine Zeit ungemein modernes Gesetzeswerk, das oberbayerische Landrecht, anlegen lässt, mehr als nur eine Kompilation des herrschenden gültigen Rechts, wie sie um diese Zeit vielfach vorgenommen wurde, sondern über weite Strecken eine Reform des Landrechts, vor allem eine Vereinheitlichung des Rechts auf der Ebene der niederen Gerichtsbarkeit, die wie überall vielfach zersplittert war in private, landesherrliche und geistliche Gerichtsrechte, denen jede lokal eigenständige Entwicklungsmöglichkeit genommen wird. Und schließlich ist es Ludwig, der das Wesen der Hofmarken im geistlichen Besitz regelt und beschränkt und eine Reihe neuer Gesetze erlässt – Wilhelm Volkert hat in der Einleitung der Neuausgabe des oberbayerischen Landrechts dieses Wirken von allen Seiten beleuchtet [6] –, der wirtschaftspolitische Maßnahmen von großer Tragweite vornimmt und der gezielt den Handel fördert.

Es steht auch in einem scharfen Kontrast zu dem König, der zum einen die Grundlagen der Königswahl neu ordnet, der wie auch schon auf Landesebene eine kluge Handels- und Städtepolitik betreibt, der Klöster und Domkapitel an sich zu binden weiß, so stark, dass er als erster König, der im Bann steht, sich im Reich völlig sicher bewegen kann – wie Stefan Weinfurter nachgewiesen hat, lebten avignontreue Geistliche nach 1330 zeitweise unsicher, da sie sich immer wieder dem Zorn ihrer Schäflein ausgesetzt sahen –, was freilich auch darauf zurückzuführen ist, dass anders als zu Zeiten Heinrichs IV. es im Reich über ein Jahrzehnt lang keine nennenswerte Fürstenopposition gab, auch nicht durch die Habsburger oder Luxemburger als seine natürlichen Rivalen. Und unter das Kapitel der Realpolitik Ludwigs gehört auch seine Hausmachtpolitik, die er zwar nicht selbst erfunden hat, dafür aber umso virtuoser beherrschte; es sind hier nicht nur die großen Erwerbungen für sein Haus zu sehen wie Brandenburg und Holland oder Tirol, sondern auch Gewinne in einem kleineren Rahmen, kleine Reichsherrschaften in Schwaben und am Rhein in großer Zahl, die teils an Bayern, teils aber auch an die Pfalz kamen, wobei Letztere erst dadurch eine nennenswerte territoriale Basis gewann. Noch 1329 hatte man den Pfälzern einen Teil des bayerischen Nordgaus, und zwar den wirtschaftlich interessanteren mit Amberg und Sulzbach, mitgeben müssen, um die Pfalz als Fürstentum erst lebensfähig zu machen. Ludwig erkaufte sich damit nicht zuletzt auch seinen Frieden mit den Neffen, aber auch das ist durchaus Realpolitik. Es gelang ihm auf diese Weise, die Verluste wettzumachen, die die unselige Politik seines Bruders eingebracht hatten und praktisch das gesamte konradinische Erbe, die bedeutendsten Erwerbungen seines Vaters, an das Reich hatte fallen lassen; im Zweifelsfall, wenn sich die Interessen des Reichs und des Hauses Wittelsbach überschnitten, entschied sich Ludwig fast immer für Wittelsbach. So sehr er die Reichsstädte förderte und gegenüber den Territorialfürsten zu stützen suchte, die bayerische Stadt war und blieb und wurde sogar in seiner Zeit erst die typische Herzogsstadt. Er erteilte wohl Handelsprivilegien, wie etwa für Landsberg am Lech, sorgte aber dafür, dass in allen unklaren oder strittigen Fällen die Rechte des Herzogs zur Norm wurden. Nicht einmal Regensburg konnte sich vor seinem Zugriff immer sicher fühlen. Das Nämliche ist auch über die Klöster zu sagen: Der Herzog, der den oberbayerischen Klöstern die niedere Gerichtsbarkeit übergab – in einem Zug der Ordnungspolitik, wie es sich nach außen hin darstellt –, unterwarf sie damit zugleich dem Landrecht. Nicht bei allen Abteien und Stiften des Landes war der Status als landsässiges Kloster bereits eindeutig gewesen, vor allem manche alten und reichen Abteien wie Tegernsee [7] befanden sich noch in einem rechtlichen Schwebezustand, nun aber war klar festgelegt, nach welchem Recht sie sich zu richten hatten.

Der Kulturpolitiker

Bedeutend schwieriger wird es, wenn man in den Bereich der Kulturpolitik blickt. Hier wird die Rolle Ludwigs schnell diffus. Sicher, seine so genannte Hofakademie – die aber als solche weder gedacht war noch fungierte – aus den franziskanischen Dissidenten ist in aller Munde, ebenso wie – weniger bekannt – auch seine Memorialkultur aus seiner eigenen Zeit stammt. Ob aber die Geistesgrößen, die sich da um ihn scharten – teils schon vor 1327, teils waren sie auch erst während des Italienzugs zu ihm gestoßen –, tatsächlich so viel Einfluss auf ihn hatten, muss dahingestellt bleiben. Seine Politik in Italien, in Rom zumal, könnte sogar darauf hindeuten, dass er von Marsilius von Padua und seinem „Defensor Pacis" tatsächlich beeinflusst war; Kraus geht davon aus, dass Ludwig dieses Werk persönlich kannte. Nun ist das nicht auszuschließen, zu widerlegen jedenfalls auch nicht, ob er es verstanden hat, ist dann aber schon deutlicheren Zweifeln zu unterziehen; vielleicht dass er einige der wichtigsten Thesen zu verinnerlichen wusste, mehr aber wohl nicht. Die Widersprüche des „Defensor Pacis" zur Wirklichkeit des Reichs und Deutschlands vor allem waren auch kaum ein Gegenstand des Gesprächs zwischen ihm und Marsilius. Dass sich Ludwig dieser Geister politisch zu bedienen wusste, steht dazu in keinem Widerspruch, jedenfalls sind die Mandate „Licet juris" und „Fidem catholicam" deutlich von ihnen beeinflusst. Der Spiritus Rector seiner Politik waren sie aber sicherlich nicht, sie berieten wohl nur fakultativ; selbst wenn er sich von ihrem Wirken in München eine Befruchtung des bayerischen Geisteslebens erhofft haben sollte – es wird allgemein für wenig wahrscheinlich angesehen –, so wäre er daran gescheitert; nicht einmal die bayerischen Franziskaner nahmen sonderlich Notiz von diesem Münchner Kreis und einen größeren Wirkungsgrad konnten sie – Marsilius einmal ausgenommen – auch aufgrund ihrer Themen nicht entfalten.

Die kulturelle Wirkung Ludwigs war allgemein eher indirekt. Er inspirierte wohl die Historiografie, die sich schon seit einem halben Jahrhundert mehr und mehr der Landesgeschichte zugewendet hatte, aber diese blieb inoffiziell. Er rief auch, vor allem nach seinem Tod, eine literarische Inspiration hervor, die zu durchaus beachtlicher Form auflief, namentlich geistlicher Natur. Hier stand er, vielleicht auch persönlich eher amusisch, im Schatten seines Nachfolgers, der ihn zwar in der realen Politik kaum einholte, aber sich propagandistisch besser zu verkaufen wusste, als Kulturförderer ihm aber tatsächlich zu enteilen vermochte, nicht nur durch sein eigenes literarisches Schaffen, sondern auch durch nachhaltige und in fernerer Zukunft noch wirksame Gründungen wie die der Universität Prag.

Kaiser einer Wendezeit

Wenn man die Frage noch einmal stellt, ob Ludwig IV. nun der letzte Kaiser des Mittelalters oder aber der erste neuzeitliche Kaiser war, so kann man schlechterdings keine schlüssige Antwort geben. Die Lösung, er sei der Kaiser einer Wendezeit gewesen, einer – allerdings chronologisch recht langen – Epochengrenze, ist indessen zu billig, denn deren gibt es viele; schon Otto I., Heinrich IV. und Friedrich II. können dieses Attribut beanspruchen und nach Ludwig IV. folgen zahlreiche weitere. Dennoch hatte Ludwig vieles von beiden Epochen in sich. Seine trotz allem enge Bindung an die päpstliche Kirche, die es ihm unerlässlich scheinen ließ, sich aus dem Bannfluch zu lösen, selbst um den Preis seiner politischen Erfolge, seine Fundamentierung auf der Macht des Heeres, wobei ihm seine ungewöhnliche militärische Begabung zugutekam, weisen ihn durchaus noch als einen Menschen des Mittelalters aus, ebenso wie seine eingeschränkten geografischen und geopolitischen Horizonte, die ihn zuweilen zum Fantasten werden ließen. Seine geografische Statik, die zuweilen seine politische Wirkung nur eingeschränkt spürbar werden lässt, verweist ihn sogar eher noch in das hohe Mittelalter als in das späte. Allerdings kündigt sich dabei schon das kommende Residenzkaisertum der Neuzeit an, deren Herrscher ja auch häufig Wien oder Prag kaum einmal verließen und das Reich schon gar nicht – Italien war ohnehin seit dem 16. Jahrhundert nicht mehr das obligate Ziel der neuen Kaiser. Und in die Zukunft deutet wie angeführt vor allem seine Reformpolitik, sowohl auf der Ebene des Reichs als auch auf der Ebene des Landesfürsten. Über seine Bedeutung auf der letztgenannten kann es keine Diskussionen geben, hier gebührt ihm eindeutig der Rang eines der wichtigsten Herrscher, die Bayern jemals hatte, und hier ist er ein im Sinne seiner Zeit moderner Fürst. Als König und Kaiser muss er widersprüchlicher bleiben.

Anmerkungen

1 Zur grundlegenden biografischen Literatur vgl. den Beitrag von Bernd Schneidmüller in diesem Band
2 Die Einzelheiten ebd.
3 Ebd.
4 Vgl. dazu Schmid, Ludwig der Bayer
5 Kraus, Geschichte Bayerns, S. 148
6 Volkert, Rechtsbuch
7 Holzfurtner, Klostergericht Tegernsee, S. 20–24; vgl. auch ders., Grenzen, S. 411–439

In diesem Beitrag soll es um die Frage gehen, wie man sich eine mittelalterliche Großstadt zur Zeit Kaiser Ludwigs des Bayern vorzustellen hat, welche Straßen, Platzanlagen und Bauwerke damals dominierten und dies auch heute noch tun. Aber wir wollen auch überlegen, was sich seit damals geändert hat und welche Auswirkungen dies auf das Stadtbild und die Stadtstruktur hatte. Es gibt wohl kaum eine Stadt in Bayern – wenn nicht in Deutschland –, welche die Stadtgestalt und die ästhetische Kultur der ersten Hälfte des 14. Jahrhunderts so gut verdeutlicht wie Regensburg. Denn von den in dieser Blütezeit des mittelalterlichen Regensburg entstandenen Bauten haben sich so viele erhalten, dass sie die Stadt bis heute entscheidend prägen.

Achim Hubel

Eine Stadt im Bauboom – Regensburg zur Zeit Kaiser Ludwigs des Bayern

Sakralbauten

Begonnen sei mit der Regensburger Dominikanerkirche (Albertus-Magnus-Platz). Dieser Bau – eine der größten und schönsten Bettelordenskirchen in Deutschland – war mit dem Hauptchor und den ihn begleitenden Nebenchören schon früher, nämlich vor 1246, begonnen worden. Im Jahr 1279 war diese gestaffelte Choranlage einschließlich Dachstuhl und Gewölben fertig. Deshalb hat man die Ostteile durch provisorische Trennwände abgemauert und sie der vollen liturgischen Nutzung übergeben. Während mit dem Langhaus noch gar nicht begonnen war, besaßen die Chöre bereits ihre volle Ausstattung, auch mit farbigen Glasmalereien, und die Wände waren verputzt und getüncht. Interessant ist ihre Farbigkeit, weil damals die Wandflächen und Architekturglieder der drei Chöre in dunklen Grautönen mit weißen Fugenstrichen bemalt waren. Der Bau wirkte innen also relativ dunkel, sieht man von den leuchtenden Glasfenstern ab. Dann ging es an den Bau des Langhauses, der – allerdings aus verständlichen Gründen – in sehr unterschiedlichen Bauphasen vor sich ging. Zunächst hat man die gesamte Fläche des Langhauses vermessen, die Fundamente aller Wände und Pfeiler gelegt und sie bis zu einer Höhe von etwa fünf Metern hochgeführt. Damit war schon im späten 13. Jahrhundert der ganze Kirchenraum abgesteckt – und das war für die Regensburger Bürger besonders wichtig, denn die Bettelorden hatten das Privileg, nicht nur Kleriker, sondern auch Laien innerhalb ihrer Kirchen bestatten zu dürfen. Weil man hierfür bezahlen musste, war dies eine willkommene Einnahmequelle für die Klöster – und die Bürger rissen sich um die Grabplätze, weil man sich von einem

1 Regensburg, Dom. Außen, Blick von Südosten

Grab in der Kirche nicht nur Reputation, sondern auch positive Auswirkungen auf das eigene Seelenheil versprach. In der nächsten Bauphase bis zum ersten Drittel des 14. Jahrhunderts wurden die Seitenschiffe eingewölbt und das Mittelschiff in der Höhe der Seitenschiffe mit einem Notdach abgeschlossen, sodass die Kirche vollständig genutzt werden konnte – nur das Mittelschiff war noch dunkel und niedrig. Danach hatten es die Dominikaner nicht mehr so eilig mit dem Weiterbau, sodass das Mittelschiff erst 1384 einschließlich der Gewölbe ganz fertig war und die provisorische Trennwand zum Hauptchor hin abgebrochen werden konnte.

Seitdem präsentiert sich die Architektur dieser Kirche in ihrer oft beschriebenen Raumqualität, welche die gotische Konstruktion mit einer funktionalen und rationalisierten, scharf geschnittenen Formgebung verbindet, wie sie dem Geist der Dominikaner entsprach. In diesem Zusammenhang ist besonders spannend, dass nach der Fertigstellung des Langhauses alle drei Chöre noch einmal eingerüstet wurden und man die Farbigkeit des Chors im Anschluss an das Langhaus vollkommen geändert hat. Gegenüber der Farbigkeit des 13. Jahrhunderts, die in dunklen und grauen Tönen gehalten war, erstrahlte der ganze Kirchenraum nun in Weiß, während die Architekturglieder in Ocker abgesetzt wurden. Man nahm also die aufwändige Einrüstung der drei Chöre in Kauf, nur um eine einheitlich leuchtende Helligkeit des Innenraums zu erhalten – in starkem Kontrast zu der dunklen Stimmung des 13. Jahrhunderts. Dieses Phänomen müssen wir im Auge behalten, denn diese Differenzierung ist typisch für den Wandel der Ästhetik vom 13. zum 14. Jahrhundert.[1]

Damit kommen wir zum Dom, der größten Baustelle, die es während des Mittelalters in Regensburg gegeben hat. Nach dem Brand des alten Doms im Jahr 1273 und dem Entschluss für einen kompletten Neubau arbeitete die Dombauhütte intensiv und schnell an dem Bau, damit zumindest die Ostteile so bald wie möglich fertig wurden. Als Erstes konnte der südliche Nebenchor hochgeführt und eingewölbt werden; er war schon um 1300 benutzbar. Dann kamen der nördliche Nebenchor, der Hauptchor, das Querhaus und das erste Joch des Langhauses an die Reihe; bis um 1320 waren diese Teile alle ausgeführt. Das Domkapitel zog von dem alten – nur noch provisorisch reparierten – Dom in den Neubau um. Der alte Dom wurde endgültig abgebrochen, und der neue Dom stand für die liturgische Nutzung zur Verfügung. Zur Regierungszeit Kaiser Ludwigs des Bayern war der Regensburger Dom also schon im gotischen Neubau präsent. Und das ging in diesem Tempo weiter: Bis um 1335 waren schon zwei Joche des Langhauses komplett fertig, sodass der Innenraum des Doms zu etwa zwei Dritteln vollendet war und uneingeschränkt genutzt werden konnte.

Der Dom sah in seiner Erscheinung außen wie innen entsprechend prachtvoll aus. Abbildung 1 zeigt den Außenbau in einem Ausschnitt, der ziemlich genau dem entspricht, was 1335 errichtet war. Man muss sich die Anlage komplett im Weiß des hier verwendeten Kalksteins vorstellen, der dem Marmor ähnlich ist, wenn er auch nicht ganz dessen kristalline Feinkörnigkeit und dessen Glanz erreichen kann. Da der an der Donau gelegene Steinbruch neben dem Kalkstein auch

Grünsandsteinblöcke lieferte, hat man diese mit eingebaut, aber nicht im Bereich der Bauplastik, sondern nur als glatte Quader, die aber dann mit weißer Kalkfarbe angestrichen wurden, sodass die Mauerflächen makellos weiß erschienen. Erst durch die Verwitterung der Farbe und der Steinoberfläche ist die grünliche Farbigkeit des Sandsteins wieder zum Vorschein gekommen. Ursprünglich müssen wir uns also den ganzen Dom außen komplett weiß vorstellen, mit nur wenigen farbigen Akzenten, etwa bemalten Wappen oder Heiligenfiguren. Auf seinem hohen Sockel erhob er sich über die Häuser der Stadt und überstrahlte sie im wahrsten Sinn des Wortes – nicht nur durch seine Position, sondern auch in seiner blendend weißen Monumentalität.[2]

Dazu kommt nun die durch die Befunduntersuchungen gewonnene Erkenntnis, dass sich der Dom in seiner inneren Farbigkeit ähnlich gewandelt hat wie die Dominikanerkirche. Zunächst hatte man den südlichen Nebenchor, der die älteste, auch in den Bauformen teilweise rückwärts orientierte Planungsphase des Doms repräsentiert, in einem altertümlichen Farbkonzept bemalt: Die Rippen, Gurt- und Schildbogen der Gewölbe waren ziegelrot bemalt, mit weißen Fugenstrichen, und gegen die weißen Gewölbesegel mit dunkelgrauen Begleitstrichen abgesetzt (Abb. 2). Der Südchor war zu dieser Zeit schon in liturgischer Nutzung, mit einem Altar zu Ehren des hl. Apostels Andreas. Bischof Konrad von Lupburg hatte ihn bereits um 1300 für seine Grablege gewählt; er und seine Familie stifteten farbige Glasfenster und nach seinem Tod 1313 wurde der Bischof dort auch bestattet.

Als man dann aber bis um 1320 den nördlichen Nebenchor, den Hauptchor und das Querhaus errichtete, änderte man das Farbkonzept des Doms grundsätzlich. Man wollte plötzlich keine farbig bemalten Architekturglieder mehr, fand eine solche Dekoration unpassend und hat sich deshalb entschlossen, den Innenraum ganz in Weiß zu halten. Wie beim Außenbau verzichtete man auf jede Farbigkeit. Die weiße Farbe des Kalksteins wurde ergänzt durch weißen Kalkmörtel, einzelne Grünsandsteinquader wurden wie beim Außenbau weiß bemalt und die Gewölberippen wie alle Architekturglieder im Weiß des Kalksteins gelassen. Dazu gaben die farbigen Glasmalereien in ihrem edelsteinhaften Leuchten und die bunt bemalten Altäre und Figuren einen lebendigen Kontrast. Nun störte aber der südliche Nebenchor mit seinen rot bemalten Rippen. Deshalb nahm man es – wie in der Dominikanerkirche – auf sich, den längst fertigen Südchor noch einmal einzurüsten und die roten Rippen, deren Farbigkeit man nur 20 Jahre zuvor gewählt hatte, mit weißer Kalkfarbe zu überstreichen. Das neue Farbkonzept erlaubte keine kräftigen, dunklen Farben der Bauglieder mehr – dem musste der Südchor angeglichen werden (Abb. 3). So müssen wir uns ab etwa 1320 alle Wände, Gewölbe und Bauglieder des Doms insgesamt in Weiß vorstellen. Er war also nicht nur außen, sondern auch innen eine strahlend weiße Erscheinung. Und das ist ganz wichtig für die ästhetische Vorstel-

2 Regensburg, Dom. Südchor, Computersimulation der Erstfassung, um 1300

3 Regensburg, Dom. Südchor, Computersimulation der zweiten Fassung, um 1320

lung in der ersten Hälfte des 14. Jahrhunderts: In dieser Zeit kann man am allermeisten vom Glanz der Gotik sprechen. Vorher, bis zum Ende des 13. Jahrhunderts, liebte man viele kräftige Farbakzente – und das 15. Jahrhundert sollte wieder eine Vorliebe für eine geradezu übersprudelnde Buntheit entwickeln. Dazwischen aber, im 14. Jahrhundert, vor allem in der ersten Hälfte, reduzierte man die Buntheit oft bis hin zum reinen Weiß, zugunsten des kristallinen Glanzes, den die Architektur dann zeigte.³

Dazu gehören auch die farbigen Glasmalereien, die im Regensburger Dom fast alle noch aus dem Mittelalter erhalten sind. Wir müssen uns die die Farbigkeit der Glasmalerei zusammen mit der Weißhaltigkeit der Architektur vorstellen. Das Tageslicht wurde durch die farbigen Scheiben so gefärbt, dass sich ein „farbiger Raumlichtnebel" ergab, der auf den weißen Architekturflächen reflektierte und sie vollends entmaterialisierte, sodass die Bauglieder je nach Sonnenstand in ständig wechselnden, zartesten Farbnuancen auf weißem Grund schimmerten. Interessanterweise erlebt man bei der Farbigkeit der Glasmalerei auch eine Entwicklung, die ihren Höhepunkt um 1320/30 hatte und die offensichtlich diese Tendenz der Entmaterialisierung bewusst unterstützte. Verdeutlicht sei dies bei einem Fenster aus dem nördlichen Seitenschiff des Doms (Abb. 4).⁴ In dieser Zeit verzichteten die Glasmaler fast ganz auf die Präzisierung und Verdunklung mit Schwarzlot und setzten die Glasscherben mosaikartig aus reinen Farben zusammen. Auch die Farbauswahl wandelte sich, weil man statt kräftiger Grundfarben vor allem auf Zwischentöne und auf neue Farbnuancen setzte. Es findet sich nun eine erstaunliche Palette, die auch Lila und Hellblau, zarte Rottöne und alle möglichen gebrochenen wie pastellfarbenen Elemente mischt und durch nichts verdunkelt, sodass die sehr hellen, in höchster Raffinesse gewählten Farben den Charakter der Glasmalerei prägen und bestens mit der Weißhaltigkeit der Architektur harmonieren.

Wenn wir uns nun weiteren Kirchenbauten zuwenden, sei die Kirche St. Oswald erwähnt (Weißgerbergraben). Der heutige Bau entstand gleichzeitig mit einer Frauenspitalstiftung der Regensburger Bürger Friedrich Auer, Karl Prager und – wahrscheinlich – Gumprecht an der Haid. Der hohe, polygonal schließende und gewölbte Chor ist mit einem breiten, saalartigen und flach gedeckten Langhaus verbunden, das ursprünglich nur zwei Fensterachsen umfasste; dahinter befanden sich westlich die Spitalräume mit den Schlafkammern der Pfründnerinnen. Da Karl Prager schon 1307 starb, muss der Baubeginn spätestens um oder kurz nach 1307 erfolgt sein. Das passt auch genau zur Architektur des Baus: Auch diese Kirche, die innen völlig barockisiert ist, zeigt außen noch die Vorliebe des 14. Jahrhunderts für weiße Architektur, sowohl was die Strebepfeiler und Bauglieder als auch was die Wandflächen betrifft.⁵

4 Regensburg, Dom. Nördliches Seitenschiff, Jüngeres Nothelferfenster n VIII

In diese Betrachtung fügt sich auch die Minoritenkirche in Regensburg (Dachauplatz, heute Historisches Museum) bestens ein. Die Franziskaner sahen sich – wie überall – auch in Regensburg in direkter Konkurrenz zu den Dominikanern, hatten aber zunächst eine andere Taktik: Ihre Kirche wurde viel schneller fertig als die Dominikanerkirche, weil sie deutlich schlichter gebaut wurde, ohne Gewölbe und mit einfachen Flachdecken, vielleicht sogar mit einem offenen Dachstuhl. Sie dürfte schon gegen Ende des 13. Jahrhunderts komplett benutzbar gewesen sein. Das eindrucksvolle, weite Langhaus mit den in großen Abständen aufgestellten Rundpfeilern, den hoch emporschwingenden Scheidarkaden und der kastenförmigen Raumstruktur hat sich bis heute gut erhalten. Im Inneren zeigten die Wände übrigens die gleiche Farbigkeit wie die drei Chöre der Dominikanerkirche um 1279: eine dunkelgraue Quadermalerei mit weißen Fugen. Zu Beginn des 14. Jahrhunderts fanden die Franziskaner ihre Kirche aber dann doch zu dunkel und zu einfach und entschlossen sich, den alten Chor abzubrechen und einen viel größeren, höheren und prächtigeren Chor zu errichten. Nach den dendrochronologisch erschlossenen Daten des Dachstuhls war dieser Chorbau 1347 vollendet, genau im Todesjahr von Kaiser Ludwig dem Bayern. Der mit Kreuzrippen gewölbte Chor schließt nach vier Jochen mit fünf Seiten eines Achtecks. Die Umfassungswände sind weitgehend aufgelöst durch großflächige, dreibahnige Maßwerkfenster, die weit heruntergezogen sind, da – im Gegensatz zur Dominikanerkirche – keine Nebenchöre die Lichtführung behindern. So kann sich der Eindruck eines filigranen gläsernen Gehäuses voll entfalten. Allerdings täuscht der heutige Eindruck des Chorinnenraums: Die freigelegte buntfarbige Fassung stammt nämlich von einer zweiten Bemalung der Spätgotik im 15. Jahrhundert. Die Befunduntersuchungen haben jedoch ergeben, dass die erste Fassung des Chors nach der Fertigstellung ganz in Weiß gehalten war. Der Chor der Minoritenkirche sah also – einschließlich der früher hier vorhandenen farbigen Glasmalereien – dem Regensburger Dom im Farbkonzept zum Verwechseln ähnlich. Auch außen präsentierte sich der Chor der Minoritenkirche, der ganz aus Kalksteinquadern errichtet ist, im strahlenden Weiß der Kalksteinoberflächen.[6]

Profanbauten

Für die Farbigkeit des Profanbaus in Regensburg im 14. Jahrhundert gibt es nur wenige Befunde, schon gar nicht für den Außenbau. Aber wenigstens ein berühmtes und hochinteressantes Beispiel lässt sich anführen, nämlich das Haus Keplerstraße 2, in dem von 1626 bis 1628 der berühmte Mathematiker und Astronom Johannes Kepler gewohnt hat. Aber nicht deshalb ist dieses Haus in unserem Zusammenhang bemerkenswert, sondern wegen seiner viel älteren Baugeschichte, die bis in die Zeit um 1250 zurückreicht. Damals wurde ein steinerner Wohnturm errichtet, an den nach Süden ein dreigeschossiger hölzerner Anbau in Ständerbohlenbauweise angefügt worden ist. Über einer isolierenden und vor Brand schützenden Schicht aus 2,5 Zentimeter dicken Ziegelplatten wurde der Holzanbau verputzt und farbig bemalt, sodass er äußerlich wie ein Steinbau aussah. Unter späteren Tünchschichten konnten die Restauratoren 1976/77 mehrere Farbfassungen der Fassade freilegen. Die älteste Bemalung aus der Mitte des 13. Jahrhunderts (Abb. 5) zeigte kräftige schwarze, rote und weiße Schräg- bzw. Zickzackstreifen in horizontalen Ornamentfeldern sowie in der Umrahmung der Fenster des zweiten Obergeschosses.

Die Fenster des ersten Obergeschosses waren mit stilisierten Lilien auf sonst weißem Grund geschmückt. Diese nachgewiesene Erstfassung des Hauses wurde rekonstruiert und prägt heute die Außenerscheinung, die sich somit als Beispiel für eine mittelalterliche Fassadenbemalung eingeprägt hat. Kaum jemand weiß jedoch, dass die Fassaden schon zwei Generationen später – im frühen 14. Jahrhundert – eine neue Bemalung erhielten (Abb. 6). Der Vergleich zeigt, dass das gleiche Haus ganz anders aussah. Man hat auf die kräftigen Töne verzichtet, die gesamte Fassade war nun ausschließlich in Weißtönen gehalten: Eine elfenbeinfarbene Grundfläche bestimmte den Ton, weiße Lilien schmückten alle Fenster, dünne horizontale Schmuckbänder in schwarz-weißem Zickzack differenzierten die Geschosse. Auch hier wollte man plötzlich nicht mehr so kräftig und bunt sein wie im 13. Jahrhundert, hat sich auf Weißtöne und schwarze Konturierungen reduziert und gab der Lilie den absoluten Vorrang – kein Wunder, denn die Lilie war schließlich die Lieblingsblume des 14. Jahrhunderts.[7]

Auch wenn es sonst keine anderen, durch Befunde nachgewiesenen Beispiele für den Wandel der Farbkonzepte im schlichten Profanbau gibt, dürfte im Vergleich mit den Sakralbauten deutlich geworden sein, wie sich die ästhetischen Vorstellungen vom 13. zum 14. Jahrhundert gewandelt haben. In der Zeit, als Kaiser Ludwig der Bayer sich in Regensburg aufhielt, erlebte er die Stadt vor allem in hellen, leuchtenden Weißtönen, beginnend mit dem weißen Dom und endend mit ein-

5 Regensburg, Haus Keplerstraße 2. Rekonstruierte Fassadenbemalung, um 1250

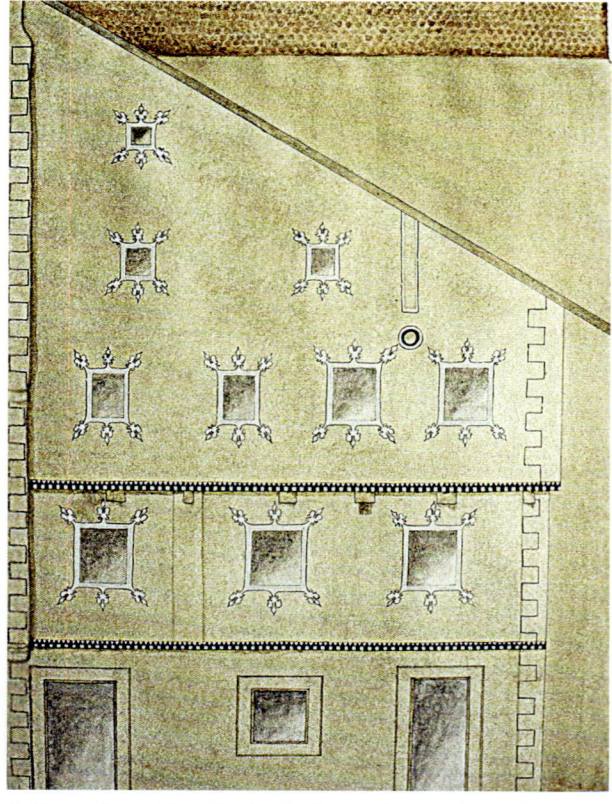

6 Regensburg, Haus Keplerstraße 2. Rekonstruktion der zweiten Fassadenbemalung, Anfang 14. Jahrhundert

fachen Häusern wie dem Wohnhaus in der Keplerstraße – und auch die modernsten Kirchen dieser Zeit waren innen alle vorrangig weiß.

Zur Zeit Ludwigs des Bayern entstand auch der Festsaalbau des Alten Rathauses, heute als Reichssaalbau bekannt, weil hier ab 1663 der „Immerwährende Reichstag" zusammentrat. Er wurde um 1320/25 gebaut, und zwar von den Bauleuten der Regensburger Dombauhütte unter Leitung des Dombaumeisters Albrecht. Der Bau mit seinem prächtigen Festsaal im Obergeschoß und der auffälligen Hauptfassade dürfte speziell für die kaiserlichen Empfänge geschaffen worden sein (Abb. 7). Von dem großen Fenster des Standerkers aus konnte der Kaiser die Huldigungen entgegennehmen, und hinter dem Maßwerkfensterband des Festsaals konnten die Bürger die geladenen Gäste beobachten – da die Öffnungen damals ohne Glas waren, boten sie freie Einsicht ins Innere. Etwas später, von 1332 bis 1340, errichtete dann die Stadt Nürnberg ebenfalls einen Festsaalbau des Rathauses. Da Nürnberg sich immer sehr um die Gunst der Kaiser bemüht hat, wollte die Stadt nach dem repräsentativen Regensburger Bau natürlich nicht hinten anstehen und gab ihrerseits den – nach den schweren Kriegszerstörungen wieder aufgebauten – Festsaalbau des Nürnberger Rathauses in Auftrag. In Regensburg blieb der Reichssaalbau dagegen bis heute unversehrt erhalten. Man muss sich nur vorstellen, dass der große Saal im Obergeschoss innen durch Stützen unterteilt werden musste, weil man im 14. Jahrhundert noch keine Dachstuhlkonstruktionen beherrschte, die den ganzen riesigen Saal hätten überspannen können. Dies gelang erst nach der Erfindung komplizierter Hängewerke im 15. Jahrhundert; und so versteht man, warum 1446 der Bau einen neuen Dachstuhl bekam, der den Regensburgern einen stützenfreien Festsaal mit einer fein profilierten hölzernen Flachdecke bescherte.[8]

Stadtbildprägend war für Regensburg zur Zeit Kaiser Ludwigs des Bayern auch die neue Stadtbefestigung. Vorher bestand sie aus den Mauern des römischen Kastells Castra Regina und der Stadterweiterung nach Westen unter Herzog Arnulf (um 920), welche die Abtei St. Emmeram mit einbezog und bis zur Achse Bismarckplatz/Weißgerbergraben reichte. Längst war die Stadt aber über diese Abgrenzung hinausgewachsen, vor allem Richtung Westen und Osten. Im Westen waren an den lebhaften Verkehrswegen Richtung Nürnberg – heute Ledererstraße und Wollwirkergasse – repräsentative Kaufmannshäuser entstanden. Damals ging der ganze Verkehr nach Nürnberg noch über diese Straßen und musste dann in der Gegend von Prüfening auf dem Fährweg die Donau überqueren[9], da der Weg über die Steinerne Brücke Richtung Nürnberg wegen des unzugänglichen nördlichen Steilufers der Donau bei Niederwinzer blockiert war. Die östliche Ausfallstraße Richtung Straubing und Passau, die heutige Ostengasse, war ebenfalls schon im 12. Jahrhundert bebaut, zunächst mit vereinzelten Steinhäusern, die aber im Verlauf des 13. Jahrhunderts zu geschlossenen Straßenfronten zusammengewachsen

7 Regensburg, Altes Rathaus. Fassade des Reichssaalbaus, um 1320/25

sein dürften. Hier waren außer Kaufleuten viele Gasthäuser und Brauereien zu finden, wie es sich für eine Fernverkehrsstraße geziemte. Außerdem gab es mittlerweile eine beachtliche Anzahl geistlicher Stifte, die in der Stadt keinen Platz mehr gefunden hatten und deshalb – ohne militärischen Schutz – außerhalb der Stadtmauern gegründet werden mussten. Im Osten waren dies die Klöster der Minoriten und der Klarissen, im Westen das schon um 1090 hierher verlegte Benediktinerkloster der irischen Mönche von St. Jakob, die um 1130 entstandene Johanniterordenskirche St. Leonhard, zu der wohl von Anfang an auch Ordensgebäude gehört haben dürften, sowie das Dominikanerinnenkloster Hl. Kreuz.

Grundsätzlich dürften auch – außer den römischen Quadermauern – die übrigen Befestigungen den militärischen Anforderungen nicht mehr genügt haben. So errichtete man eine weitgehend neue Befestigungsanlage, bestehend aus der inneren Stadtmauer mit den Wehrtürmen, einem Zwinger außen mit Zwingertürmchen und einem vorgelagerten Stadtgraben mit Futtermauern. Die Arbeiten begannen 1293 mit der Errichtung des Prebrunntors im Westen und führten südlich um die ganze Stadt bis zur östlichen Erweiterung. Als Letztes entstand ab 1320 die Mauer an der Nordseite der Altstadt entlang der Donau, die im berühmten Holzschnitt der Schedel'schen Weltchronik von 1492 deutlich dargestellt ist und einen Eindruck von der aufwändigen Anlage vermitteln kann (Abb. 8). Ein besonderer Glücksfall lässt die Ausdehnung des mittelalterlichen Regensburg bis heute hervorragend ablesen und grenzt alle jüngeren Bebauungsgebiete von der Altstadt ab: In den Jahren 1779 bis 1784 ließ Fürst Carl Anselm von Thurn und Taxis auf eigene Kosten den – im 16. und 17. Jahrhundert durch Basteien und Vorwerke noch verbreiterten – Festungsgürtel planieren und darauf Alleen sowie gepflegten Grünflächen anlegen, die den Regensburger Bürgern zur Erholung dienen sollten. So kann man das Ausmaß der früheren befestigten Altstadt bis heute gut erkennen, vor allem im Luftbild.[10]

Einige Teilbereiche der Befestigungsanlage sind bis heute erhalten, so am Ägidiengang mit dem Ägidienturm, am Wiesmeierweg und am Stahlzwingerweg. Besonders hinzuweisen ist auf die Südostecke des Römerkastells (D.-Martin-Luther-Straße 10–12/Am Königshof); dort stehen neben und über den Quadern der römischen Stadtmauer die Mauern der Stadterweiterung von 1300 und zeigen, wie geschickt man das alte mit dem neuen Befestigungssystem zu kombinieren verstand. Außerdem gibt es noch einige der früheren Toranlagen wie das Prebrunntor, das Jakobstor, das alte Emmeramer Stadttor und den südlichen Torturm der Steinernen Brücke. Am besten ist das Osttor erhalten, das noch den fünfgeschossigen Hauptturm mit zwei dreigeschossigen Flankentürmen besitzt. Um 1330 war die Stadtbefestigung vollendet. Das war auch höchste Zeit, denn die Beziehungen der Stadt zu Kaiser Ludwig dem Bayern hatten sich bekanntlich seit dem Auer-Aufstand 1330/34 extrem verschlechtert. Schon 1337 wollte der Kaiser die Stadt mit militärischen Mitteln erobern, um sie zu unterwerfen und seinem wittelsbachischen Herzogtum einzugliedern. Sein Kriegszug scheiterte, und damit blieb der Status Regensburgs als Freie Reichsstadt ungefährdet.[11]

Aber nicht nur der Dom, die Kirchen, das Rathaus und die Befestigungsanlagen prägen die Stadtstruktur des 14. Jahrhunderts, sondern auch die Straßen- und Platzwände mit den Häusern der Bürger und Handwerker. Sie wuchsen im wahrsten Sinn des Wortes zusammen und bildeten eine glanzvolle Kulisse, welche die ganze Stadt als ein großartiges mittelalterliches Ensemble erscheinen ließ, wie man es in Deutschland anderswo nicht mehr vergleichbar erleben kann. Am bekanntesten sind die so genannten Geschlechtertürme, die optisch besonders auffallen wollten und auffielen, zumal sie sich von der Gestalt der romanischen Wohntürme und turmförmigen Speicherbauten wesentlich unterscheiden. Man darf sie auch nicht isoliert sehen, sondern als eigenständigen Teil der zugehörigen Anwesen, die immer aufwändiger ausgebaut

8 Regensburg, Stadtansicht aus der Schedel'schen Weltchronik, 1492

wurden, sodass man mit Recht von „turmbewehrten Stadtburgen" sprechen kann.¹² Die Türme, die zu den Anwesen der einflussreichsten Regensburger Familien gehörten, wurden in der zweiten Hälfte des 13. und im frühen 14. Jahrhundert immer höher, oft bis zu sechs, sieben, ja acht Stockwerke, wobei die oberen Turmgeschosse gar nicht genutzt werden konnten, sodass der rein repräsentative, aber auch wehrhafte Charakter offenkundig ist. Der bekrönende Zinnenkranz und die demonstrativ eingebauten Schießscharten waren wohl weniger für tatsächliche militärische Auseinandersetzungen gedacht, sie dienten vielmehr dem Anspruch des Bauherrn, der damit seine Hausmacht demonstrieren wollte, sodass man mit gutem Grund von den „Geschlechtertürmen" spricht. Der höchste, der Goldene Turm (Wahlenstraße 16) erreicht eine Höhe von fast 50 Meter, andere Türme stehen ihm nur wenig nach, etwa der Baumburger Turm (Watmarkt 4), das Goliathhaus (Goliathstraße 4), das Goldene Kreuz (Haidplatz 7), der Löblturm (Hinter der Grieb 2), der Blaue Hecht (Keplerstraße 7). Bis heute wachsen die Geschlechtertürme mit den Kirchtürmen und den Tortürmen in Regensburg zu einer Stadtsilhouette zusammen, die nördlich der Alpen ihresgleichen sucht und als eindrucksvollstes Kennzeichen die Stadtgestalt prägt.

Wie bei jeder Burg gehörten zu den gotischen Geschlechtertürmen seitliche Anbauten, die manchmal gleichzeitig, oft aber auch erst nachträglich angefügt wurden. Da die Parzellen der städtischen Grundstücke im Allgemeinen schmal waren, gab es nicht viel Platz für zusätzliche Gebäude, sodass in der Straßenfront meist nur ein Anbau möglich war. Ganz typisch zeigt dies etwa das Anwesen Gesandtenstraße 2 (Abb. 9): Ursprünglich standen hier nur der aus dem 13. Jahrhundert stammende Geschlechterturm sowie die links anschließende Grundstücksmauer mit der Tordurchfahrt in den hinten liegenden, mit weiteren Gebäuden bebauten Innenhof. Erst viel später – im 15. Jahrhundert – wurde über der Tordurchfahrt ein

9 Regensburg, Haus Gesandtenstraße 2

weiteres Gebäude in Fachwerkkonstruktion errichtet, das Wohnzwecken diente und mit dem die Straßenfront geschlossen wurde.¹³

Den vermögenden Bürgern – durchweg Kaufleute – genügte es aber bald nicht mehr, nur ein Grundstück zu besitzen. Sie versuchten, durch Ankäufe von Nachbargrundstücken ihr Areal zu erweitern und Großbauten zu errichten, für die man den Begriff des Stadtpalastes verwenden muss. Vorbilder hierfür hatten die Regensburger Kaufleute zur Genüge bei ihren Handelspartnern gesehen, vor allem in Venedig und anderen oberitalienischen Städten, und diesen wollten sie nacheifern. Ein Musterbeispiel hierfür ist das Haus Heuport (Domplatz 7, Kramgasse 10 und 12), das gegenüber der Westfassade des Doms ab etwa 1300 als Anwesen der Kaufmannsfamilie Kratzer entstand (Abb. 10), wobei

10 Regensburg, Haus Heuport. Ostfassade gegenüber dem Dom

ältere Teile einbezogen wurden, beispielsweise ein romanischer Turm an der Nordostecke. Nach dem Ende der Erweiterung umfasste das ganze Anwesen an der zum Dom hin gelegenen Schauseite eine Breite von 45 Meter. Die repräsentativen neuen Bauten liegen südlich der älteren Teile: Hier befindet sich der Hauptbau mit der großen Eingangshalle und dem darüberliegenden Festsaal, der in seiner die ganze Tiefe des Geschosses einnehmenden Ausdehnung (etwa 140 Quadratmeter) deutlich an die Festsäle venezianischer Paläste erinnert. Schon von außen erkennt man den Festsaal an dem durchlaufenden Fensterband aus Maßwerkfenstern, die ähnlich wie beim Reichssaalbau des Alten Rathauses eine wahrhaft prächtige Front bilden. Daneben befand sich eine zweigeschossige Kapelle, deren dreiteiliges Fenster zu sehen ist und deren Empore im ersten Obergeschoss direkt vom Festsaal aus betreten werden konnte.[14]

Fast genauso wichtig wie Geschlechtertürme und Festsäle waren für die Kaufleute die Eingangshallen ihrer Häuser. Dort wurden die Kunden empfangen, dort fand das Be- und Entladen der Handelsgüter statt – so konnte man alle Besucher schon beim Betreten des Hauses beeindrucken. Herausgegriffen sei das Zanthaus (Gesandtenstraße 3), das der reichen Kaufmannsfamilie Zant gehörte. Es besteht aus zwei Patrizieranwesen des 12. bzw. 13. Jahrhunderts, die jeweils einen eigenen Geschlechterturm besaßen. Beide waren von den Zant erworben worden – und die Fläche zwischen den beiden Anwesen füllte man um 1300 mit einer monumentalen zweischiffigen, mit Kreuzrippengewölben überhöhten Einfahrtshalle, die allein mehr als 250 Quadratmeter groß war. Nur der Grundriss (Abb. 11) kann heute noch die Dimensionen verdeutlichen; später wurde die Halle durch eine Zwischenwand in zwei getrennte Hälften aufgeteilt. Die beiden Obergeschosse darüber sahen ganz ähnlich aus: Hier gab es jeweils eine Halle der gleichen Größe, in zwei Schiffe unterteilt und wahrscheinlich auch gewölbt. Sie konnten wohl je nach Bedarf als Kaufhallen oder Festräume genutzt werden.[15]

Das größte Anwesen dieser Art war das Haus der Auer (Am Römling 12), die zu den einflussreichsten Patriziern Regensburgs gehörten. Auch wenn der Turm, die Wohnbauten und der Festsaalbau 1888/89 abgebrochen wurden, gibt die erhaltene Hauskapelle St. Thomas noch einen Eindruck von der Pracht dieses Stadtpalastes. Der gewölbte, ursprünglich über zwei Geschosse reichende Kapellenraum wird von einem schlanken Bündelpfeiler getragen, der ohne Kapitell acht Rippen entsendet, die als Dreistrahlrippen gestaltet sind und sich zu einem Sterngewölbe verbinden; weitere Dreistrahlrippen überbrücken die Zwickel in den Ecken des quadratischen Hauptraums. Durch Vergleiche mit der aufwändigen Bauskulptur lässt sich der Bau um 1310/20 datieren. Die ausgesprochen englisch anmutenden Gewölbeformen waren damals in Mitteleuropa noch äußerst selten; der kühn konstruierte Innenraum vermittelt einen Anspruch, wie man ihn eher für fürstliche Residenzen vermuten würde. Bedenkt man, dass diese Kapelle nach der Profanierung im 16. Jahrhundert durch eine Zwischendecke halbiert wurde – mit einem niedrigeren unteren Raum, der heute als Gaststätte genutzt wird, und darüber dem immer noch hoch wirkenden, eindrucksvollen Obergeschoss –, so wird klar, wie unglaublich schlank und großartig man sich diese Kapelle vorstellen muss.[16]

Als monumentale Stadtpaläste mit ähnlichem Anspruch und erstaunlichen Grundflächen sind auch zu nennen das Ingolstetterhaus (Gesandtenstraße 5), das Goliathhaus (Goliathstraße 4), das Kastenmayerhaus (Untere Bachgasse 15 und Wahlenstraße 24), der Goldene Turm (Wahlenstraße 16), das Runtingerhaus (Keplerstraße 1), das Gravenreutherhaus (Hinter

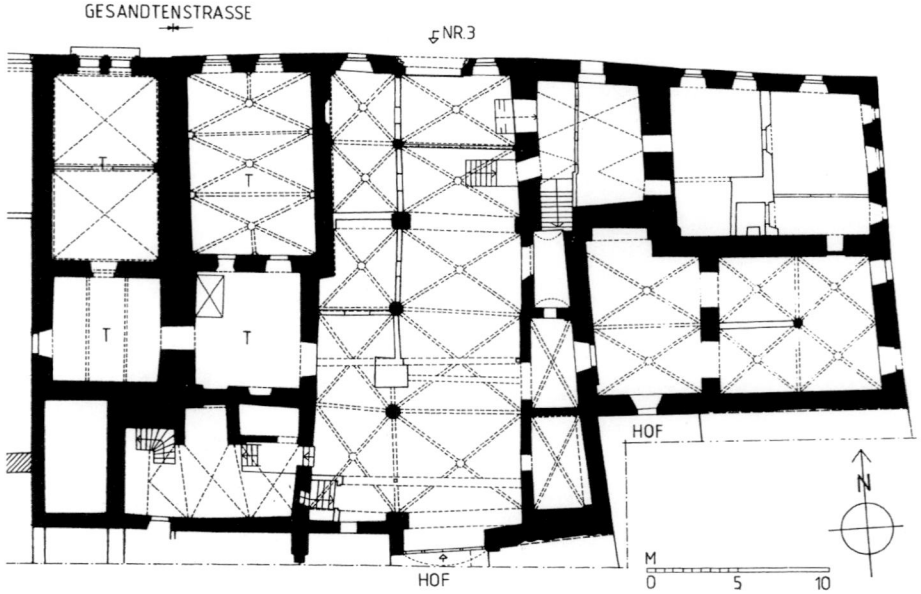

11 Regensburg, Zanthaus, Gesandtenstraße 3. Grundriss Erdgeschoss mit der großen Eingangshalle in der Mitte

der Grieb 8 und Vor der Grieb 1/3), das Haus zur Arch (Haidplatz 3 und 4) und die Neue Waag (Haidplatz 1) – ein Kaufmannshaus der Familie Altmann aus der Zeit um 1300, das die Stadt 1441 für die Nutzung als städtische Waage erwarb.

Der gewaltige Bestand erhaltener gotischer Bürgerhäuser in Regensburg beschränkt sich aber nicht nur auf Geschlechtertürme und Stadtpaläste. Den Reiz der Altstadt macht vielmehr die erstaunliche Bandbreite unterschiedlichster Haustypen und Bauformen aus. Es finden sich Häuser mit Treppengiebeln, aber auch traufständige Häuser, turmförmige Steinkerne mit seitlichen Anbauten in Holzkonstruktion, Fachwerkhäuser mit vorkragenden Überschüssen in den oberen Stockwerken, alle Größen bis hin zu winzigen Handwerkerhäuschen. Im 14. Jahrhundert wurde nicht nur unglaublich viel gebaut; es blieb auch wegen der chronischen Finanzknappheit der folgenden Jahrhunderte erstaunlich viel erhalten.

Man muss sich vor Augen halten, dass fast alle Hausfassaden im 14. Jahrhundert ganz anders aussahen als heute. Verdeutlichen kann dies beispielsweise der Baumburger Turm (Watmarkt 4, Abb. 12), bei dem die reiche Dekoration nach allen Seiten hin in Form prächtiger Schmuckfenster auffällt. Dazu findet man im ersten Obergeschoss einen außergewöhnlichen Loggiabogen, der 1914 wiederentdeckt und freigelegt wurde und den ursprünglichen Zustand vermittelt. Hier befand sich ein großer, nach vorn offener Raum, der zur Straße hin mit einer Brüstung abgegrenzt war.[17] Derartige Loggiabogen mit dahinterliegenden, offenen Räumen gab es in großer Zahl, wie die Befunduntersuchungen an vielen Häusern gezeigt haben. Die Funktion dieser Räume ist bis heute nicht geklärt, zumal es keine Quellen dazu gibt. Am ehesten könnte man sich hier Repräsentationszwecke vorstellen: Vielleicht waren hier in einer Art offenem Schaufenster wertvolle Waren ausgestellt, die im Obergeschoß sicherer verwahrt waren als zu ebener Erde. Möglicherweise traf sich hier auch der Kaufmann mit seinen Kunden und Besuchern, präsentierte ihnen Handelsgüter oder führte Verhandlungen. Das Ganze fand in einer Art halböffentlicher Form statt, sodass die Fußgänger auf der Straße sehen konnten, was sich da oben ereignete, wenn sie auch nicht genau erfuhren, worum es ging. Mit solchen Empfangszeremonien oder Gesprächsrunden konnte der Kaufmann dann wohl eine Art Werbung betreiben und seine Bedeutung nach außen hin sinnfällig machen.[18]

Im Verlauf der Spätgotik wurden die Loggiabogen vermauert, wie es das Haus zum Roten Herzfleck hinter dem Alten Rathaus augenfällig zeigt (Abb. 13): Dies ist ein im Kern aus dem frühen 13. Jahrhundert stammender romanischer Wohnturm, der im 14. Jahrhundert einen solchen offenen Raum mit Loggiabogen im ersten Obergeschoss bekam. Die zugehörige aufwändige Maßwerkbrüstung ist bis heute erhalten. Schon im 15. Jahrhundert wurde der Loggiabogen aber wieder zugemauert – auch dies kann man von außen gut sehen – und dann kam eine beheizbare Bohlenstube an deren Stelle. Solche Umbauten waren typisch für die ehemals offenen Räume. Zum einen hatte man für sie offensichtlich keine rechte Verwendung mehr; zum anderen wurde es bekanntlich im späten Mittelalter hierzulande deutlich kälter, sodass man sich in solchen offenen und zugigen Räumen nicht mehr gern aufhielt.[19]

12 Regensburg, Baumburger Turm, Watmarkt 4. Loggia im ersten Obergeschoss

13 Regensburg, Haus zum Roten Herzfleck. Ehemaliger Loggiabogen, im 15. Jahrhundert vermauert

Unabhängig von den Loggiabogen und den Fenstern in den Geschlechtertürmen zeigten die Häuser der Regensburger Bürger im 14. Jahrhundert eine völlig andere Fassadengestalt als heute. Am besten kann dies eine Fassade wie die Westfassade des Hauses zur Arch verdeutlichen (Haidplatz 3 und 4), die noch den – wenn auch stark rekonstruierten – ursprünglichen Zustand zeigt (Abb. 14). Man sieht hier die typischen Fenster des 14. Jahrhunderts: im ersten Obergeschoss ein Dreierarkadenfenster in der Mitte, flankiert von zwei Lanzettfenstern, und im zweiten Obergeschoss ein Zweierarkadenfenster. Über den mittleren Fenstern liegt jeweils ein steinernes horizontales Gesims, der so genannte Wasserschlag. Dieser hatte die Aufgabe, das von oben herabrinnende Regenwasser abzuleiten, damit es nicht ins Innere lief. Dazu muss man wissen, dass die Bürgerhäuser bis zum Ende des 14. Jahrhunderts keine Glasfenster kannten. Das teure Glas wurde nur in Kirchen oder in fürstlichen Palästen eingesetzt; privat konnte sich niemand Glasfenster leisten, sodass alle Fenster offen blieben, ohne jeden Verschluss. Zum Schutz vor Kälte, aber auch vor ungebetenen Gästen gab es Läden aus Holz oder Eisen, welche die Fenster von innen abdichteten, aber kein Licht durchließen. So schön es in der warmen Jahreszeit gewesen sein mag, lichterfüllte Räume zu besitzen und durch die offenen Fenster von innen nach außen zu kommunizieren, so unwirtlich muss man sich die Winter vorstellen. Dann waren die Fenster verriegelt, die Fassaden wirkten abweisend, die großen Räume wie die Festsäle blieben ungenutzt. Man beschränkte sich auf die wenigen beheizbaren Räume wie Küche und Bohlenstube, wo es warm, aber auch dunkel war.

Umgekehrt erlaubte das Fehlen der Verschlüsse eine völlige Freiheit der Fenstergestaltung – und das wurde damals intensiv ausgenutzt. So bildeten die Fenster bei den Fassaden der Bürgerhäuser den wichtigsten Akzent für die Gestaltung der Wandflächen. Es gab Doppelarkaden- und Dreierarkadenfenster, deren Spitzbogen von schlanken Säulchen mit Basen und skulptierten Kapitellen getragen wurden. Oft waren die Bogen gestaffelt, konnten auch reiche gestufte Profile zeigen und zusätzlich mit Maßwerkformen gefüllt sein. Besonders vermögende Bürger ließen die Arkaden zu prächtigen Fensterbändern aneinanderreihen, wie dies die nach erhaltenen Resten rekonstruierte Fassade des Hauses Heuport (Domplatz 7) zeigt. Dort zeichnet sich der Festsaal des ersten Obergeschosses nach außen durch ein prächtiges Fensterband aus, das aus sechs eng aneinandergereihten Rechteckfenstern und einem Spitzbogenfenster besteht (Abb. 10). Alle Öffnungen sind mit reichem Maßwerk geschmückt, und innen tragen schlanke Säulen mit Laubkapitellen die profilierten Entlastungsbogen über den Fenstern. Dieses Fensterband ist noch aufwändiger gestaltet als das des etwa gleichzeitig errichteten Reichssaalbaus des Alten Rathauses (Abb. 7), was einigen Aufschluss gibt über den Reichtum und das Repräsentationsbedürfnis der Regensburger Patrizierfamilien.

Von daher versteht man, welche Erleichterung es für die Bürger gewesen sein muss, als ab dem Ende des 14. Jahrhunderts durch verbesserte Produktionsmethoden das Glas billiger und als Fensterverschluss für Privathäuser allmählich erschwinglich wurde. In Regensburg findet sich die erste schriftliche Nachricht hierfür im Rechnungsbuch des Kaufmanns Matthäus Runtinger, der 1398 in Venedig Fensterglas bestellte, und zwar sowohl Butzenscheiben als auch größere Gläser, wobei er letztlich aber nur „kleine Scheiben" erhielt.[20] Die Verwendung des Fensterglases lässt sich auch an den Fassaden der Häuser ablesen, denn im 15. Jahrhundert änderten sich die Fensterformen radikal. Typisch werden nun die Kreuzstockfenster mit hochrechteckigem Umriss, die durch kreuzförmig eingestellte Fensterstäbe unterteilt sind, wie es am Gravenreutherhaus (Hinter der Grieb 8) gut zu sehen ist (Abb. 15): Während die größeren Öffnungen unten nach wie vor hölzerne Klappläden besaßen, wurden die „Oberlichte" – wie der Name schon sagt – fest mit verbleiten Butzenscheiben oder Glasscherben verglast und spendeten auch im Winter etwas Helligkeit für die Innenräume. Die vom Gebrauch her diktierte schlichte Fensterform setzte sich allenthalben durch und führte dazu, dass auch bei den älteren Häusern sukzessive die Fenster erneuert wurden. Dies erklärt, warum während der Sanierungsmaßnahmen der letzten Jahre bei vielen Fassaden vermauerte Fenster des älteren Typs gefunden wurden, die jetzt teilweise freigelegt sind.

14 Regensburg, Haus zur Arch, Haidplatz 3 und 4. Westfassade mit alter Fensterordnung

15 Bild links: Regensburg, Gravenreutherhaus, Hinter der Grieb 8. Erker mit Kreuzstockfenstern

16 Regensburg, Gravenreutherhaus, Hinter der Grieb 8. Rechteckfenster mit aufgeblendetem Maßwerk

17 Regensburg, Deggingerhaus, Wahlenstraße 17. Erker mit Maßwerkverblendungen

18 Regensburg, Altmann'sches Haus, Neue-Waag-Gasse 2. Maßwerkbemalung zwischen zwei Kreuzstockfenstern

Die geschilderte Entwicklung lässt sich an dem reichen Bestand der erhaltenen Regensburger Bürgerhäuser in allen Phasen und Varianten aufzeigen. Es war nämlich einerseits sehr praktisch, nun Fenster zu haben, die man ordentlich öffnen und schließen konnte und deren Rahmen zumindest teilweise mit Glas gefüllt waren. Andererseits bedeutete dies eine Verarmung der Fassadengestalt, wie man sie bisher nicht erlebt hatte: Während man über Generationen hinweg darin gewetteifert hatte, die Fassaden der Häuser mit immer noch schöneren und prächtigeren Fenstern zu schmücken, sahen nun alle Fenster in ihrer Rechteckform und mit ihren Kreuzstöcken mehr oder weniger gleich aus. So entwickelte man Zwischenformen, die außen noch das Maßwerk zeigten, wenn auch in aufgeblendeter Form, wohingegen der eigentliche Fensterumriss schon rechteckig war, wie das ein Fenster am Gravenreutherhaus (Hinter der Grieb 8) verdeutlicht (Abb. 16). Zunehmende Bedeutung gewann nun der Erker, der die Fassaden schmückte, wie dies schon der Umbau am Gravenreutherhaus mit dem neuen Erker zeigt (Abb. 15). Viele Erker erhielten den Maßwerkschmuck aufgeblendet, wie ihn zuvor die offenen Fenster aufgewiesen hatten, beispielsweise am Deggingerhaus (Wahlenstraße 17, Abb. 17). Oft ersetzte man die Fassadendekoration durch Malerei und malte die fehlenden Maßwerke einfach auf, wie dies ein aufgedeckter Rest zwischen zwei Kreuzstockfenstern am Altmann'schen Haus (Neue-Waag-Gasse 2) belegen kann (Abb. 18). Auf jeden Fall besaßen zur Zeit Kaiser Ludwigs des Bayern aber alle Fassaden noch reich dekorierte offene Fenster in unterschiedlichsten Gestaltungen bis hin zu prachtvollen Fensterbändern.

Geht man heute in Regensburg auf Spurensuche, so trifft man auf eine Fülle von Elementen, die auf die Blütezeit Regensburgs im 14. Jahrhundert verweisen. Und dazu gehören nicht nur der Dom, die anderen Kirchen, das Rathaus und die Befestigungsanlagen, sondern auch die vielen Bürgerhäuser. Wir erleben die Stadt noch teilweise weiß und strahlend, wir sehen zwischen den spätgotischen Kreuzstockfenstern immer wieder freigelegte Zweier- oder Dreierarkadenfenster, können die Vielfalt der Gebäude wahrnehmen, die von den riesigen Stadtpalästen der Patrizier bis zu den kleinen Handwerkerhäusern reicht, und spüren die Gegenwart des 14. Jahrhunderts nirgends so nahe wie in Regensburg.

Anmerkungen

1. Hubel, Regensburg, S. 24–26; Hubel, Gotik, S. 1110–1112
2. Hubel/Schuller, Dom zu Regensburg, S. 15–31, 44–52
3. Kühlenthal, Innenrestaurierung, S. 79f.; Hubel, Phänomen, S. 74f., Abb. 14
4. Es handelt sich um das so genannte Jüngere Nothelferfenster n VIII, vgl. Fritzsche, Glasmalereien, Bd. 1, S. 303–311, Abb. 528–542
5. Hubel, Regensburg, S. 628–630
6. Ebd., S. 136–138; Hubel, Gotik, S. 1115–1121
7. Petzet, Architektur, S. 65–72
8. Hubel, Studien; ders., Kunstgeschichte, S. 137–154; ders., Gotik, S. 1121–1124; Trapp, Repräsentation
9. Die Fähre über die Donau bei Prüfening ist bereits für das 12. Jahrhundert bezeugt; vgl. Schmid, Kloster Prüfening, S. 293
10. Vgl. zur Entwicklung der Siedlungen im Westen und Osten sowie zur Stadtbefestigung Borgmeyer/Wellnhofer, Stadttopographie, S. LI–LVIII; Hubel, Gotik, S. 1124–1128
11. Gemeiner, Regensburgische Chronik, Bd. 2, S. 9–11; Bauer, Regensburg, S. 492; Schmid, Höhepunkt, S. 196–201
12. Schnieringer, Bürgerhaus, S. XCVI
13. Strobel, Bürgerhaus, S. 137–147; Hubel, Regensburg, S. 262f.
14. Strobel, Bürgerhaus, S. 220–229; Schnieringer, Bürgerhaus, S. CVf.; Hubel, Regensburg, S. 184–186, 342f.
15. Strobel, Bürgerhaus, S. 210–219; Schnieringer, Bürgerhaus, S. CVI; Hubel, Regensburg, S. 264f.
16. Strobel, Bürgerhaus, S. 325f.; Schnieringer, Bürgerhaus, S. CI f.; Hubel, Regensburg, S. 76f.
17. Strobel, Bürgerhaus, S. 181–192; Hubel, Regensburg, S. 612–615
18. Vgl. zur Funktion der offenen Räume Strobel, Bürgerhaus, S. 78–80
19. Hubel, Regensburg, S. 496f.; Morsbach, Haus
20. Strobel, Bürgerhaus, S. 102f.

Der Aufstieg Ludwigs des Bayern auf den Kaiserthron war steinig und lang. Grundsätzliche Voraussetzung und eine zentrale Etappe auf diesem Weg bildete Ludwigs Wahl zum römischen König im Jahr 1314. Bis heute ist umstritten, wie, warum und wodurch es dem nachgeborenen Herzogssohn aus der Teillinie Oberbayern-Pfalz gelingen konnte, im Vorfeld der Wahl als potenzieller Kandidat wahrgenommen zu werden und als königsfähig zu gelten. Im Folgenden sollen Bedeutung und Auswirkung der drei Faktoren „Verwandtschaft" – „Nachbarschaft" – „Wirtschaft" auf dem Weg des jungen bayerischen Herzogs Ludwig IV. zur Königswürde analysiert und der Frage nachgegangen werden, welche Rahmenbedingungen seinen Aufstieg beeinflussten und welche Handlungsspielräume sie ihm eröffneten.

Tobias Appl

Verwandtschaft – Nachbarschaft – Wirtschaft
Die Handlungsspielräume Ludwigs IV. auf seinem Weg zur Königswahl

Verwandtschaft

Ludwig IV., über dessen Kindheit und Jugend aufgrund der spärlichen Quellen nur wenig bekannt ist, war der jüngste Sohn des oberbayerischen Herzogs Ludwig des Strengen und der Habsburgerin Mechthild. Er wurde hineingeboren in eine der am höchsten angesehenen Familien des Reichs. Seine Vorfahren und Verwandten stammten aus verschiedenen deutschen und anderen europäischen Dynastien.[1] Insbesondere seinen Großeltern hatte es der junge Ludwig zu verdanken, Teil eines exklusiven und hochkarätigen familiären Netzwerks zu sein, denn sie hatten es sehr geschickt verstanden, ihre Kinder gut zu verheiraten. Gerade König Rudolf hatte auf diese Weise wichtige Fürsten familiär dauerhaft an sich gebunden. Er war es auch, der die Eltern Ludwigs des Bayern am Tag seiner Krönung (24. Oktober 1273) verheiratete.[2]

So zählen zu Ludwigs Cousins und Cousinen ersten Grades etwa der letzte Staufer Konradin, Ludwigs späterer Gegenkönig Friedrich der Schöne von Habsburg, der ungarische König Karlrobert von Anjou, dessen Vorgänger Otto III. von Niederbayern, die böhmischen Könige Wenzel III., Rudolf von Habsburg und Heinrich VI. von Kärnten, Königin Elisabeth, die Gemahlin Albrechts I., sowie die Königinnen Agnes von Ungarn und Klementine von Frankreich. Man kann Heinz Thomas nur zustimmen, wenn dieser feststellt, dass „die politische Geschichte Ludwigs des Bayern sich in einem für die Beteiligten stets überschaubaren familiären Rahmen abspielte".[3]

Nachbarschaft

Dass Ludwig der Bayer einmal in dieser „großen Politik" ein entscheidendes Wort mitzusprechen hätte, war für ihn als drittgeborener Sohn eines bayerischen Teilherzogtums wohl nicht vorhersehbar. Für Ludwigs Vater, Herzog Ludwig II. von Oberbayern-Pfalz, war es aufgrund der Landesteilung schwierig geworden, sich im Südosten des Reichs zu positionieren. Er versuchte deshalb, eher in das Reich hinein zu wirken. Die Fortsetzung der traditionellen bayerischen Außenpolitik gegenüber Österreich, der Steiermark, Tirol, Kärnten, Böhmen und Ungarn sowie gegenüber den bayerischen Bischöfen verblieb überwiegend bei den Herzögen des niederbayerischen Teilherzogtums,[4] die hier jedoch trotz einiger Erfolge mittel- und langfristig nur wenig erreichen konnten.

Auch wenn das bayerische Herzogtum seit 1255 geteilt war, so hatte es einiges vorzuweisen: In puncto Herrschaftsorganisation und Verwaltung gehörte es zu den modernsten Territorien des Reichs. Hinzu kam, dass bei Ludwigs Geburt seine Familie bereits über ein Jahrhundert lang das Land regierte, zeitweise über zwei Kurstimmen – eine pfälzische und eine bayerische – verfügte und im Reich hoch angesehen war. Dies ist deshalb hervorhebenswert, da sich – abgesehen von Bayern – der gesamte Südosten des Reichs sowie die angrenzenden Gebiete in den Jahren unmittelbar vor und nach Ludwigs Geburt in einer massiven Umwälzung befanden: So war es den Grafen von Görz in der zweiten Hälfte des 13. Jahrhunderts gelungen, sich in Tirol zu behaupten, den Besitz deutlich zu erweitern und damit die schon lange eingeleitete Ablösung Tirols von Bayern abzuschließen. Als die Meinhardiner 1286 auch noch die Herrschaft über Kärnten errungen hatten, waren sie endgültig zu einer Größe im Südosten des Reichs geworden.[5]

Nur wenige Jahre vor Ludwigs Geburt fand 1278 die erfolgreiche böhmische Expansionspolitik Ottokars II., der fast den gesamten südöstlichen Raum in seiner Hand vereinigen konnte, auf dem Schlachtfeld von Dürnkrut ein abruptes Ende. König Rudolf von Habsburg ergriff die Chance, die nun frei gewordenen Reichslehen Österreich und Steiermark an seine Söhne auszugeben.[6] Gestützt auf diese territoriale Basis und auf königliches Selbstverständnis, entstand hier im Osten Bayerns eine neue, sehr ambitionierte Großmacht, welche für die bayerische Geschichte außerordentliche Bedeutung erlangen sollte.

Unmittelbar nach der Wende zum 14. Jahrhundert wurde der gesamte Raum erneut erschüttert, als innerhalb kürzester Zeit in Ungarn und Böhmen die beiden jahrhundertealten Königsdynastien der Árpáden und der Přemysliden 1301 bzw. 1306 im Mannesstamm erloschen. In Böhmen beanspruchte der Meinhardiner Heinrich VI. von Kärnten, der mit Anna, der älteren Schwester des letzten Königs Wenzel III., verheiratet war, die Nachfolge für sich. Unterstützung erfuhr er dabei von den niederbayerischen Herzögen; Stephan I. begleitete ihn sogar nach Böhmen.[7] König Albrecht I. von Habsburg wollte das nicht hinnehmen und konnte seinen ältesten Sohn Rudolf als neuen König von Böhmen etablieren. Da dieser aber bereits im Juli 1307 starb, setzte sich Heinrich von Kärnten schließlich doch durch. Albrecht ging nun, unterstützt von den oberbayerischen Herzögen Rudolf und Ludwig dem Bayern, gegen Heinrich von Kärnten vor – wenngleich vergeblich. Doch konnte sich auch Heinrich von Kärnten nur für kurze Zeit in Böhmen behaupten, da Kaiser Heinrich VII. 1310 seinen Sohn Johann mit Böhmen belehnte und so das Land an die Familie der Luxemburger brachte.[8]

Auch in Ungarn engagierten sich die niederbayerischen Herzöge. Lehnten sie 1301 noch ab, hier mögliche Erbansprüche, die ihnen über ihre Mutter Elisabeth von Ungarn in der Tat zustanden, geltend zu machen, so ging Otto III. – von ungarischen Magnaten darum gebeten – im Jahr 1305 dann doch nach Ungarn, um dort die Stephanskrone zu erringen, mit welcher er im Dezember 1305 gekrönt wurde. Doch seine Machtbasis war zu schmal und sein Gegenkönig Karlrobert von Anjou hatte die Rückendeckung des Papstes. Um den regionalen Adel auf seine Seite zu bringen, wollte Otto die Tochter eines mächtigen Woiwoden heiraten. Dieser jedoch setzte ihn gefangen und erst Monate später gelang Otto in einer abenteuerlichen Flucht die Rückkehr nach Niederbayern.[9]

Ludwig der Bayer war mit all diesen Herrschern der umliegenden Territorien eng verwandt. Die Ereignisse nach dem Aussterben der Königsgeschlechter in Böhmen und Ungarn, aber auch die dauerhafte Herausforderung, die die Parteinahme für eine der beiden Seiten bedeutete, führten ihm schon in jungen Jahren deutlich vor Augen, wie stark seine Familie in die Politik gerade im Südosten des Reichs involviert war bzw. wie ambitioniert die Wittelsbacher immer wieder auch ihre Chancen auf territoriale Vergrößerung oder den Aufstieg zu königlichen Würden suchten und nutzen wollten.

Familie

Da Ludwig der Bayer beim Tod seines Vaters Ludwig des Strengen 1294 noch unmündig war, kommt seiner Mutter Mechthild sowie seinem Bruder Rudolf, der die Vormundschaft über ihn innehatte,[10] in diesem Lebensabschnitt eine besondere Bedeutung zu. Nur kurze Zeit nach dem Tod des Vaters verlobte sich Rudolf mit Mechthild, der Tochter König Adolfs von Nassau. Dabei überging Rudolf erstmals die Rechte und Ansprüche seines Bruders Ludwig und vereinbarte mit seinem zukünftigen Schwiegervater unter anderem, dass ihm allein die Pfalz und damit auch die Pfälzer Kurwürde zustünden.[11] Das Verhältnis der Brüder war somit von Anfang an belastet.

Wohl auf die Initiative seiner habsburgischen Mutter Mechthild, aber sicherlich mit Zustimmung seines älteren Bruders, verbrachte der junge Ludwig eine ganze Zeit am Hof zu Wien. Zusammen mit seinen österreichischen Cousins wurde er dort standesgemäß erzogen.[12] Hierbei wurde offenbar nicht nur der politische Gegensatz zu seinem Bruder gefestigt, sondern auch die lebenslang außergewöhnliche Beziehung zu seinem Vetter Friedrich dem Schönen und zum Haus Habsburg grundgelegt.[13]

Erstmals auf reichspolitischer Ebene greifbar wird Ludwig der Bayer – immer noch unter Vormundschaft stehend – im Jahr 1298. Im Gegensatz zu seinem Bruder Rudolf, der weiterhin der wichtigste Bundesgenosse seines Schwiegervaters König Adolf war, stand Ludwig auf der Seite seines habsburgischen Onkels Albrecht. Zwar war er nicht persönlich anwesend, als am 28. Juni in Mainz König Adolf für abgesetzt erklärt und Albrecht von Österreich zum König gewählt wurde. Er hatte aber im Vorfeld der Wahl Albrecht von Sachsen-Wittenberg bevollmächtigt, stellvertretend für ihn seine Stimme zu führen.[14] Diese sicherlich von seiner habsburgischen Verwandtschaft initiierte Stimmübertragung hat durchaus einen weiteren familiären Aspekt. Denn der in der Quelle als „affinis" bezeichnete sächsische Kurfürst war über seine Frau Agnes von Habsburg Ludwigs Onkel. Da dieser Albrecht II. nur wenige Wochen nach der Wahl von 1298 starb, hatte sich eine weitere politische Verbindung oder Zusammenarbeit, die Ludwig in Anknüpfung an diese Stimmrechtsübertragung möglicherweise angestrebt hatte, erledigt.

Bei den sich an diese Absetzung und Gegenwahl anschließenden kriegerischen Auseinandersetzungen zwischen der nassauischen und der habsburgischen Partei, die mit dem Tod Adolfs in der Schlacht bei Göllheim im Juli 1298 ihr Ende fanden, stand Rudolf – wie übrigens auch der niederbayerische Herzog Otto III. – im Heer seines Schwiegervaters Adolf.[15] Zwar versöhnte sich Rudolf mit dem Sieger, seinem habsburgischen Onkel, und beteiligte sich auch an dessen erneuter Königswahl am 27. Juli 1298 in Frankfurt, doch blieb er dem neuen König gegenüber distanziert. Diese Zurückhaltung steigerte sich erheblich, als König Albrecht I. gerade im Westen des Reichs seine königlichen Rechte durchzusetzen versuchte und damit die Interessen der rheinischen Kurfürsten beschnitt. Albrecht eröffnete im Jahr 1301 den Krieg und ging zuerst gegen die Pfalz vor. Bei diesen militärischen Auseinandersetzungen standen sich die Brüder erstmals direkt gegenüber, da Ludwig der Bayer an der Seite seines siegreichen österreichischen Onkels gegen den eigenen Bruder mitkämpfte. Ludwig der Bayer nutzte diese Schwächephase des Bruders, um mithilfe des Königs das Ende der Vormundschaft und seine Beteiligung an der Regierung zu erwirken.[16]

Erstmals greifbar wird die gemeinsame Regierung Anfang Januar 1302 beim Rittertag zu „Snaitpach". Ludwig besaß zu diesem Zeitpunkt offenbar noch kein eigenes Siegel, sodass er sich mit dem seiner Mutter und seiner Schwägerin behelfen musste.[17] Diese Nachricht muss erstaunen. So nachvollziehbar Schlögels Argumentation auch ist, wonach Ludwig im Frühjahr 1282 zur Welt gekommen sein muss,[18] so erscheint das Geburtsjahr 1286, das etwa in den „Notae Fuerstenfeldense" oder bei Aventin zu finden bzw. zu errechnen ist, doch als wahrscheinlicher.[19] Denn dass Ludwig mit fast 20 Jahren noch über kein eigenes Siegel verfügt haben soll, ist wenig plausibel. Hinzu kommt, dass bei einer Geburt im Jahr 1282 der Altersunterschied zu seinem 1289 geborenen Vetter Friedrich dem Schönen, mit welchem er ja zusammen erzogen worden und aufgewachsen sein soll, sieben Jahre betragen würde, was eine gemeinsame Erziehung ausschließt.

Ludwig und Rudolf standen in diesen Jahren der gemeinsamen Regierung, an der sich Ludwig nachweislich aktiv beteiligte, beide an der Seite ihres königlichen Onkels. Zu einem tiefen Zerwürfnis der Brüder kam es im Jahr 1308. Bei der Wahl des neuen Königs Heinrich VII. von Luxemburg wurde Ludwig der Bayer übergangen, die Stimme des Pfalzgrafen bei Rhein führte Rudolf, der gern selbst zum Zug gekommen wäre, allein. Nach der Wahl wollte Rudolf – in alter wittelsbachischer Tradition – die Nähe zum neuen König suchen und diese mit einem Heiratsprojekt verfestigen. So wurde die Verehelichung von Rudolfs ältestem Sohn Ludwig und der luxemburgischen Tochter Maria verabredet. Als Rudolf den Luxemburgern als Wittum einige pfälzische Besitzungen in Aussicht stellte, ohne dies mit Ludwig dem Bayern abzusprechen, kam es zum offenen Bruch.[20]

› Zu einem tiefen Zerwürfnis der Brüder kam es im Jahr 1308 ‹

Dieser Konflikt führte im Oktober 1310 zu der von Ludwig forcierten Herrschaftsteilung Oberbayerns; zu einer Teilung der Pfalz und einer Klärung in der Frage der Kurstimme kam es aber nicht.[21] Das brüderliche Verhältnis verbesserte sich durch die Landesteilung aber nicht, vielmehr rechnete man im Frühjahr 1311 sogar mit dem Ausbruch eines Bruderkriegs. Friedrich dem Schönen gelang es jedoch, einen Frieden zwischen den Brüdern zu vermitteln. Rudolf und Ludwig unterwarfen sich schließlich dem Friedensvertrag vom August 1311, in welchen neben den beiden Oberbayern auch Otto von Niederbayern, Heinrich von Kärnten, Friedrich der Schöne sowie Bischöfe und Grafen eingeschlossen waren.[22]

Unterstellt man Ludwig politisches Kalkül, muss seine Heirat mit der schlesischen Herzogstochter Beatrix, Ludwigs erste selbst getroffene große familienpolitische Entscheidung, etwas verwundern. Beatrix war die Tochter Bolkos I. von Schlesien-Schweidnitz und der Beatrix von Brandenburg, und nicht – wie meist zu lesen ist – des Heinrichs von Schlesien-Glogau und der Mechthild von Braunschweig-Lüneburg.[23] Ludwig war bei seiner wohl 1308 oder 1309 geschlossenen Ehe nicht der Erste aus seiner Familie, der eine Verbindung mit Schlesien einging. Bereits sein Vater, Herzog Ludwig II., war in zweiter Ehe seit 1260 mit Anna, einer Tochter Herzog Konrads von Schlesien, verbunden.[24] In Ludwigs Generation war es dann zuerst Herzog Stephan von Niederbayern, der die Beziehungen zwischen Wittelsbachern und Piasten weiter intensivierte, als er sich im Juni 1297 mit Judith von Schlesien-Schweidnitz, Beatrix' älterer Schwester verlobte, die er zwei Jahre später heiratete.[25] Fast zeitgleich mit Ludwig knüpfte der andere niederbayerische Cousin, Herzog Otto III., ein eheliches Band nach Schlesien. Er lernte auf seiner Flucht aus Ungarn am Glogauer Hof Agnes kennen, verlobte sich mit ihr und heiratete sie zu Pfingsten 1309 in Straubing.[26]

Es ist schwer zu sagen, warum es in dieser Zeit zu einer so engen Verzahnung zwischen Bayern und Schlesien kam und warum sich auch Ludwig in den Dienst dieser Verbindung stellte. Intensive regelmäßige politische Kontakte lassen sich nicht feststellen. Jedoch sei darauf hingewiesen, dass ein Bruder von Beatrix, Bernhard von Schlesien-Fürstenberg, 1322 in Mühldorf auf der Seite seines Schwagers Ludwig des Bayern mitkämpfte und ein weiterer Bruder, Bolko II., der im Hausvertrag von Pavia unter den Zeugen als „swager" bezeichnet wird, den König auf dessen Romzug begleitete.[27]

› Es zeichnete sich das Ende der guten Beziehungen Ludwigs zu seinen Habsburger Verwandten ab ‹

Nach nur etwa 13 Ehejahren starb Beatrix im August 1322, wenige Wochen vor der für ihren Mann entscheidenden Schlacht bei Mühldorf. Drei ihrer sechs Kinder erreichten das Erwachsenenalter[28]: Mechthild, die den Vornamen ihrer Großmutter Mechthild von Habsburg trug, Ludwig V. mit dem Namen des Vaters und Stephan II., der seinen Taufnamen wohl nach seinem bereits verstorbenen niederbayerischen Onkel Stephan I. erhalten habe dürfte. Dass Ludwig nach dessen Tod im Jahr 1310 zusammen mit Herzog Otto III. von Niederbayern zum Vormund von Stephans unmündigen Söhnen Heinrich XIV. und Otto IV. bestimmt wurde,[29] kann als weiteres Indiz für eine Schwesternschaft zwischen Beatrix und Judith bzw. ihre gemeinsame Abstammung von Bolko von Schweidnitz und Beatrix von Brandenburg gesehen werden, da Ludwig dadurch ein leiblicher Onkel der niederbayerischen Herzöge war und somit als Vormund infrage kam.

Die Eheschließung mit der schlesischen Herzogstochter Beatrix diente wohl der Annäherung bzw. einem Anschluss Ludwigs an seine Verwandten in Niederbayern, von denen er sich sowohl im Kampf gegen seinen Bruder als auch zur stärkeren Positionierung im Südosten des Reichs offenbar tatkräftige Unterstützung erhoffte; Reichsinteressen, wie sie immer wieder in diese frühe Heirat hineininterpretiert wurden und werden, spielten wohl (noch) keine oder nur eine untergeordnete Rolle. Und tatsächlich erwies sich das enge Zusammenwirken mit den Herzögen Otto III. und Stephan, die im Gegensatz zu Herzog Ludwig ihren habsburgischen Verwandten und Nachbarn sehr distanziert, oftmals auch feindselig gegenüberstanden, als ein wichtiger Mosaikstein für den politischen Aufstieg des Bayern.

Was aufgrund des oben angesprochenen nahen Verwandtschaftsverhältnisses der drei Herzoginnen Beatrix, Judith und Agnes und des offenbar guten Kontakts ihrer Ehemänner jedoch überrascht, ist die strikte Verweigerung der beiden niederbayerischen Herzogswitwen, die von Otto III. kurz vor seinem Tod am 9. September 1312 angeordnete Übernahme der niederbayerischen Vormundschaftsregierung durch Herzog Ludwig anzuerkennen, der ja schon an der Vormundschaft über Stephans Söhne beteiligt war. Die beiden Witwen Agnes und Judith suchten Ludwigs neue Rolle in Niederbayern zu verhindern und wandten sich Friedrich dem Schönen von Österreich zu.[30]

Auch Rudolf konnte sich nicht mit der durch die Vormundschaftsrechte erweiterten Machtbasis seines Bruders anfreunden und so verschlechterte sich das Klima zwischen den Brüdern erneut. Dennoch kam es im Juni 1313 zu einem neuen Hausvertrag zwischen Ludwig und Rudolf, in welchem nicht nur die Teilung von 1310 aufgehoben, sondern Rudolf auch die Kurstimme auf Lebenszeit zugebilligt wurde.[31] Hintergrund für dieses Entgegenkommen Ludwigs war offenbar seine Einsicht, dass er bei der Erringung der niederbayerischen Vormundschaft auf Rudolfs Unterstützung gegen die Habsburger angewiesen war. Andererseits stand die nun wieder gemeinsam ausgeübte Regierung nun eindeutig unter der Führung Ludwigs.[32]

Wohl im August 1313 brachten Ludwig und Rudolf zur Durchsetzung ihres Anspruchs die jungen Herzöge Heinrich XIV. und Otto IV. in ihre Gewalt.[33] Es zeichnete sich das Ende der bisher stets guten Beziehungen Ludwigs zu seinen Habsburger Verwandten ab. Bei einer Unterredung zur Lösung der Vormundschaftsfrage mit seinem Vetter Friedrich soll Ludwig sogar mit dem Schwert auf diesen losgegangen sein.[34] Nun mussten die Waffen entscheiden. Am 9. November 1313 kam es zu der legendären Schlacht bei Gammelsdorf, bei der sich die Historiker nicht einig sind, ob es tatsächlich ein richtiger Kampf oder doch nur ein Scharmützel war.[35] Wie auch immer, der Sieg Ludwigs entschied die Frage der Vormundschaft und machte diesen darüber hinaus – zumindest nach Aussage des Fürstenfelder Chronisten – im ganzen Reich als Sieger über die Habsburger bekannt.[36] Bei der Königswahl von 1314 schließlich spielte das verwandtschaftliche Argument bei der Stimmabgabe ganz offensichtlich kaum eine Rolle, zumindest bei den Wählern Ludwigs, denn seine engsten Verwandten, also sein Bruder Rudolf sowie seine Cousins Heinrich von Kärnten und Rudolf von Sachsen-Wittenberg, wählten Friedrich den Schönen.[37]

Wirtschaft

Eine weitaus größere Bedeutung kam im Umfeld der Wahl offenbar den wirtschaftlichen Verhältnissen der Kandidaten zu. Bei der Werbung um die einzelnen Kurstimmen wurde über teils astronomische Summen verhandelt. So versprach etwa Ludwig am Tag seiner Wahl König Johann von Böhmen zu den bereits verschriebenen 10 000 Mark Silber weitere 10 000 Mark und verpfändete dafür Eger, Floss und Parkstein.[38] Auch die Erzbischöfe von Mainz und Trier verlangten für sich je 10 000 Mark Silber und dazu je 1000 Mark für ihre bischöflichen Räte. Bei Balduin von Trier kamen weitere 22 000 Mark Silber hinzu. Die Habsburger hingegen sicherten dem Kölner Erzbischof für dessen Stimme die immense Summe von 44 000 Mark Silber sowie 2000 Mark für seine Räte zu. Alle Wähler wurden darüber hinaus mit Privilegien, territorialen Zugeständnissen und sonstigen Zuwendungen bedacht.[39]

Um welch hohe Summen es sich hierbei handelte, wird anschaulich, wenn man sie in eine Relation setzt: So betrugen die jährlichen Einkünfte des Böhmenkönigs im 13. Jahrhundert etwa 100 000 Mark Silber, wodurch er das finanzstärkste Territorium im Reich besaß. An zweiter Stelle folgten die Herzöge von Österreich mit etwa 60 000 Mark Silber. Hier setzten sich die Einnahmen hauptsächlich aus dem Ertrag der Wiener Münzprägung, Regalien, Steuern, Mauten und Zöllen zusammen, während die Erträgnisse der landesfürstlichen Grundherrschaften interessanterweise nur eine untergeordnete Rolle spielten.[40] Vergleichbare bayerische Zahlen fehlen bisher.[41]

Österreich wie Böhmen kam darüber hinaus die Intensivierung des Bergbaus an der Wende zum 14. Jahrhundert zugute.[42] Im Habsburger Territorium war es besonders der steirische Silberbergbau in Oberzeiring und Schladming, der zu Ludwigs Zeit eine große Blüte erlebte;[43] auf böhmischer Seite waren es die Silberminen in Kuttenberg, welche diese Stadt zur reichsten und zweitgrößten im gesamten Königreich machten.[44]

Im Herzogtum der Wittelsbacher nahm zu dieser Zeit das Montangewerbe in der Oberpfalz eine wirtschaftliche Aufwärtsentwicklung; das Eisen wurde – neben dem stetigen Exportschlager Salz – zu einem weiteren wichtigen bayerischen Wirtschaftsgut.[45] Man muss sich aber dann wundern, dass Ludwig genau diese Oberpfälzer Gebiete im Hausvertrag von Pavia von 1329 an die rudolfinische Linie abgetreten hatte. Eine wichtige Zollstation war das pfälzische Bacharach am Rhein. Zusammen mit den Einnahmen von Fürstenberg, Kaub und anderen Zollstätten beeinflusste dieser Rheinzoll in wirtschaftlich guten Zeiten die herzoglichen Einnahmen sehr positiv und war laut Meinrad Schaab die „entscheidende Geld- und damit auch Machtquelle des pfälzischen Territoriums"[46].

Auch wenn Bayern seit dem 13. Jahrhundert über ein flächendeckendes System von Städten und Märkten verfügte, die sich wirtschaftlich durchaus gut entwickelten und dabei regelmäßig von den wittelsbachischen Landesherren, insbesondere auch von Ludwig, durch Privilegien unterstützt wurden,[47] so wuchs mit dem organisierten Landesausbau auch die Zahl von herzoglichen Pflegern sowie Stadt- und Landrichtern spürbar an, deren Finanzierung aus den jeweiligen Amtserträgnissen vorgenommen werden musste. Dies machte sich für die Herzöge des beginnenden 14. Jahrhunderts bei ihren Einkünften aus den Kammergütern bemerkbar.[48]

Dass die wirtschaftliche Basis schon lange vor der Wahl von 1314 ein großes Thema und im Bewusstsein der Kandidaten präsent war, verdeutlicht eine von Johann von Viktring überlieferte Szene bei einem Zusammentreffen von Ludwig und Friedrich dem Schönen im April 1314, das die Auseinandersetzungen um die niederbayerische Vormundschaft endgültig beenden sollte. Dabei sollen sich die beiden – offenbar gänzlich versöhnt, da sie gemeinsam im Bett lagen – über die anstehende Wahl unterhalten haben. Friedrich habe Ludwig animiert, die Krone anzustreben, worauf dieser geantwortet haben soll, dass er dazu viel zu arm sei, Friedrich hingegen reich und mächtig.[49]

Um seine Finanz- und Wirtschaftskraft war es bei Ludwig, wie auch bei seinen wittelsbachischen Verwandten in Ober- und Niederbayern, schlecht bestellt. Verpfändungen und sogar Verkäufe, aber auch Truppenvermietungen an andere Fürsten waren an der Tagesordnung. Und so sind nicht nur der Rittertag zu „Snaitpach" von 1302 in Oberbayern oder die Ottonische Handfeste von 1311 in Niederbayern, wo es jedes Mal um die Erhebung von Sondersteuern ging, als deutlicher Fingerzeig zu werten.[50] 1303 bestellte König Albrecht I. seine beiden Neffen Rudolf und Ludwig wegen ihrer großen Geldschulden zu sich und betraute Viztum Weichnand mit der Verwaltung des Landes und der Ergreifung von Maßnahmen zur Schuldentilgung.[51] Die Auseinandersetzungen zwischen den Brüdern verschlechterten die Situation erneut und im Vorfeld der Schlacht von 1313 wandte Ludwig – wie Sigmund v. Riezler schreibt – „unbekümmert um den misslichen Stand seiner Finanzen" Geld und Gut „mit vollen Händen zur Verstärkung seines Heeres auf".[52]

Doch die bayerischen Fürsten befanden sich in guter bzw. schlechter Gesellschaft. Obwohl Österreich und Böhmen zu den wirklich reichen Territorien mit einer erheblichen Wirtschafts- und Steuerkraft gehörten, überstiegen auch bei Friedrich dem Schönen die Aufwendungen für die Auseinandersetzungen in der Zeit des Doppelkönigtums seine laufenden Einnahmen so sehr, dass er sogar seine Ehefrau zwang, ihren

Schmuck zu verpfänden.⁵³ Chronischer Geldmangel war auch ein Begleiter beim Romzug Heinrichs VII. im Jahr 1312, was unter anderem dazu führte, dass Herzog Rudolf – gegen den Willen des Kaisers – vorzeitig nach Hause zurückkehrte.⁵⁴

Die Fürstenfelder „Chronica de gestis principum" berichtet, dass sich Friedrich der Schöne nach der Doppelwahl von 1314 aber dennoch vor dem Hintergrund „seiner Reichtümer" und seiner Macht absolut sicher war, dass Ludwig „ihm höchstens ein halbes oder ein ganzes Jahr widerstehen könne … da er mit barem Geld und allem, was sonst zur Behauptung der Herrschaft gehört, schlecht ausgestattet sei".⁵⁵ Ludwig musste nach seiner Wahl insbesondere auf die Reichsstädte hoffen, da diese durch regelmäßige Steuern zu einer Abmilderung seiner wirtschaftlichen Notsituation beitragen konnten, so etwa die Stadt Nürnberg, welche die höchstbesteuerte unter den Reichsstädten war und von ihm auch immer wieder gefördert wurde. Jedoch musste er den Städten, die auf seiner Seite standen, zu Beginn seines Königtums vielfach als Gegenleistung für ihre Treue mit großzügigen Steuererleichterungen auf mehrere Jahre entgegenkommen.⁵⁶

Mittels Steuereinnahmen, aber auch durch zahlreiche Verpfändungen gelang es Ludwig offenbar, die drohende wirtschaftliche und finanzielle Katastrophe zu umgehen. Jedoch war es bereits vor der Schlacht bei Mühldorf 1322 um die Kriegskasse des Königs wieder „jämmerlich bestellt",⁵⁷ wobei das Lösegeld zum Freikauf der Gefangenen sowohl nach Gammelsdorf wie nach Mühldorf eine ansehnliche Summe in Ludwigs Säckel gespült haben muss.⁵⁸ Der Fürstenfelder Chronist jedenfalls schließt die oben geschilderte Passage mit den Worten: „Aber Gott, der die Stolzen zu Fall bringt und die Demütigen erhöht, stand seinem Erwählten, dem Herzog Ludwig, allezeit gnädig zur Seite und verschaffte ihm finanzielle Hilfsmittel in Fülle."⁵⁹ Also hat es wirtschaftlich und finanziell doch immer irgendwie funktioniert, wenn wir auch (noch) nicht genau wissen, wie.

Fazit

Eine eindeutige Antwort auf die Frage, wie es einem nachgeborenen bayerischen Fürsten aus einem geteilten Herzogtum gelingen konnte, im Jahr 1314 zu königlichen Würden aufzusteigen, ist auch bei einer genaueren Analyse der Größen Verwandtschaft, Nachbarschaft und Wirtschaft nicht möglich. Es scheint aber, dass man mit einigem Recht im Jahr 1308 ein Schlüsseljahr zur Erklärung des weiteren Aufstiegs Ludwigs des Bayern erkennen kann, denn nun sah sich Ludwig gezwungen – vielleicht erstmals in seinem Leben –, sich über seine eigene Positionierung im verwandtschaftlichen und politischen System klar zu werden. Nach der Ermordung Albrechts I. und der Wahl eines Luxemburgers musste er für sich entscheiden, ob er weiterhin zu 100 Prozent im habsburgischen Lager stehen wollte und konnte, wie er es bis zu dahin getan hatte. Nach dem Bruch mit seinem Bruder, der von Anfang an die Nähe des neuen Königs suchte und auch fand, war für Ludwig eine enge Anlehnung an seinen Bruder oder an Heinrich VII. wohl ausgeschlossen. So musste er eine Alternative finden, mit der er einerseits seine habsburgischen Verwandten und Vertrauten nicht direkt vor den Kopf stieß, sich andererseits aber auch politische Handlungsspielräume als bayerischer Landesherr – noch nicht als Reichspolitiker (trotz der Nennung als einer der Königskandidaten von 1308) – eröffnete. Mit der schlesischen Heirat gelang es ihm, seine Kontakte zu den niederbayerischen Vettern spürbar zu intensivieren, ohne sich dabei endgültig für Niederbayern oder für Habsburg und gegen den jeweils anderen entscheiden zu müssen.

In den darauffolgenden Jahren bis 1314 glückte es Ludwig offensichtlich, sich so zu positionieren, dass sich verschiedene Mächte des Reichs vorstellen konnten, ihn zum König zu wählen. Dies mag an seiner ab 1310 eigenständigen Politik als bayerischer Herzog gelegen haben, zu der wir allerdings wenig sagen können, oder aber an seiner energischen und dann auch gegenüber den mächtigen Habsburger Nachbarn erfolgreichen militärischen Durchsetzung der Vormundschaftsrechte in Niederbayern.

Es heißt in der Literatur immer wieder, dass Ludwig für die luxemburgische Partei nicht zuletzt deshalb interessant war, weil er kraftvoll, aber ohne Land war.⁶⁰ Mit Blick auf seine wirtschaftlichen Verhältnisse könnte man dies auf „ohne Land und ohne Geld" erweitern.

Ein ausschlaggebender Grund für seine Königswahl dürften schließlich Ludwigs verwandtschaftliches Netzwerk und das hohe Renommee der wittelsbachischen Familie gewesen sein. In einer Zeit, in der in der bayerischen Nachbarschaft, also im Südosten des Reichs, das personelle und dynastische Tableau kräftig durcheinandergewürfelt wurde, konnte Ludwig auf die Familientradition und das Verwurzeltsein der Wittelsbacher in Bayern verweisen. Und im Gegensatz zu seinem Bruder galt er – spätestens seit der Schlacht von Gammelsdorf – auch als zupackend.

Anmerkungen

1. Rall, Ludwig der Bayer, S. 83
2. MGH Dt. Chron., S. 286; MGH SS 17, S. 408
3. Thomas, Ludwig der Bayer, S. 13
4. Vgl. Spindler/Kraus, Grundzüge, S. 72–75
5. Vgl. Niederstätter, Herrschaft Österreich, S. 222–238
6. Ders., Herrschaft Österreich, S. 71–85
7. MGH SSrG 1, S. 375
8. MGH SS 9, S. 818; vgl. Riezler, Geschichte Baierns, S. 281–283; Thomas, Ludwig der Bayer, S. 28f.
9. Vgl. Widemann, Otto von Ungarn (1905); ders., Otto von Ungarn (1907); Ettelt, Otto von Ungarn
10. Monumenta Neocellensia, S. 601; vgl. Sprinkart, Kanzlei, S. 6
11. Wittmann, Monumenta Wittelsbacensia, Nr. 195, S. 36–38
12. Monumenta Diessensia, S. 650; vgl. Schlütter-Schindler, Regis filia, S. 202
13. Vgl. Rall, Ludwig der Bayer, S. 83f.
14. MGH LL IV/4/1, Nr. 5, S. 4f.
15. MGH SS 17, S. 418
16. MGH SS 17, S. 268; vgl. Thomas, Ludwig der Bayer, S. 25
17. Wittmann, Monumenta Wittelsbacensia, Nr. 220, S. 131f.
18. Vgl. Schlögl, Jugendgeschichte, S. 182–199
19. MGH SS 24, S. 75; Riezler, Johannes Turmair's genannt Aventinus Annales ducum Boiariae, Bd. II/2, S. 333; vgl. Riezler, Geschichte Baierns, S. 278, Anm. 1
20. MGH SSrG 19, S. 60
21. Heinrich, Hausvertrag, S. 127–155 (Edition des Teilungsvertrages von 1310)
22. Wittmann, Monumenta Wittelsbacensia, Nr. 237, S. 180–182
23. MGH SSrG 19, S. 120; MGH Dt. Chron. II, S. 344; vgl. Jasiński, Piastowie świdniccy a Wittelsbachowie, S. 439f.; ders., Beatrycza, S. 103–114; ders., Rodowód Piastów śląskich, S. 301f.; Gottschalk, Piastinnen, S. 284–288; Schlütter-Schindler, Frauen, S. 64
24. MGH SS 17, S. 400
25. MGH LL 24, S. 56; MGH SS 17, S. 420
26. MGH SS 9, S. 819; MGH SS 17, S. 555
27. Heinrich, Hausvertrag, S. 81–101 (Edition des Hausvertrages von Pavia), bes. S. 100 mit der Nennung Bolkos II., vom Editor aber mit dem gleichnamigem Neffen identifiziert wird (S. 111f.); zu Bernhards Teilnahme in Mühldorf vgl. Wattenbach, Ritter, S. 199–202; Wießner, Beziehungen, S. 116f.
28. Vgl. Sprinkart, Kanzlei, S. 3f.
29. Vgl. Thomas, Ludwig der Bayer, S. 37; Volkert, Ludwig der Bayer, S. 97
30. Vgl. Riezler, Geschichte Baierns, S. 293–299
31. MGH LL 4/4, Nr. 1232, S. 1292f.
32. Vgl. Volkert, Ludwig der Bayer, S. 92
33. Wittmann, Monumenta Wittelsbacensia, Nr. 249, S. 221
34. MGH SSrG 19, S. 65
35. Vgl. dazu jetzt Lübbers, Schlacht bei Gammelsdorf
36. MGH SSrG 19, S. 78
37. Vgl. Menzel, Entwürfe, S. 153–159
38. MGH Leges IV/5, Nr. 90, S. 84f.
39. Vgl. Niederstätter, Herrschaft Österreich, S. 118–123
40. Vgl. Sandgruber, Ökonomie, S. 46 mit Anm. 127 (S. 540)
41. Zwar haben sich aus der Zeit Ludwigs des Bayern Urbare mit den Abgaben der Bauern erhalten, aus welchen der Fürst den größten Teil seiner verfügbaren Finanzmittel schöpfte, doch wurden diese bisher nicht grundlegend ausgewertet. Vgl. Volkert, Ludwig der Bayer, S. 102
42. Vgl. Niederstätter, Herrschaft Österreich, S. 11
43. Vgl. Sandgruber, Ökonomie, S. 30–31
44. Vgl. Majer, Konjunkturen, S. 75–78
45. Vgl. Schremmer, Wirtschaft Bayerns, S. 39–78; ders., Montangebiet; Wanderwitz, Salzhandel
46. Schaab, Festigung, S. 196; vgl. Runde, Rhein, S. 64–66
47. Vgl. Fried, Städtepolitik, S. 109–111
48. Vgl. Volkert, Ludwig der Bayer, S. 101
49. MGH SSrG 36/2, S. 59
50. Vgl. Sagstetter, Hoch- und Niedergerichtsbarkeit, S. 38–43; Volkert, Ludwig der Bayer, S. 101
51. Vgl. Riezler, Johannes Turmair's genannt Aventinus Annales ducum Boiariae, Bd. II/2, S. 379
52. Riezler, Geschichte Baierns, Bd. 2, S. 298
53. Vgl. Niederstätter, Herrschaft Österreich, S. 118–123
54. MGH SSrG 19, S. 74f.
55. Ebd., S. 79; die Übersetzung folgt: Fürstenfelder Chronik, S. 29–152, S. 114
56. Vgl. Riezler, Geschichte Baierns, Bd. 2, S. 316 mit Anm. 1; Wießner, Beziehungen, S. 21f., 49–56, 74–77; Fried, Städtepolitik, S. 114
57. Riezler, Geschichte Baierns, Bd. 2, S. 334
58. Vgl. Niederstätter, Herrschaft Österreich, S. 126
59. MGH SSrG 19, S. 80; die Übersetzung folgt: Fürstenfelder Chronik, S. 114
60. Vgl. etwa Kraus, Geschichte Bayerns, S. 148

Martin Kaufhold

Religion und Politik bei Ludwig dem Bayern – Der Kampf um das päpstliche Interdikt am Beispiel des Bistums Regensburg

In der Geschichte Ludwigs des Bayern gehört sein langer Streit mit der Kurie in Avignon (1324–1347) zu den besonders dramatischen Facetten. Der Konflikt bewegte die Zeitgenossen und weil es nicht nur um pragmatische Interessen ging, sondern auch um das Seelenheil, mobilisierte das päpstliche Vorgehen gegen den Wittelsbacher die Leidenschaften in Deutschland in hohem Maße. Die Goldene Bulle, das vielleicht erste Verfassungsdokument unserer Geschichte, war eine Folge dieses Kampfes.[1]

Es geht in diesem Beitrag nicht um diesen Kampf im Ganzen, sondern um einen Ausschnitt, der aber das Potenzial der Kräfte erahnen lässt, die seit dem Frühjahr 1324 aufeinanderstießen, als Papst Johannes XXII. Ludwig den Bayern exkommunizierte und über alle Gebiete, die dessen Herrschaft akzeptierten, das Interdikt verhängte. Der Grund für die Exkommunikation des römisch-deutschen Königs lag in Ludwigs Weigerung, seine Wahl von der Kurie prüfen und bestätigen – approbieren – zu lassen. Es war der Höhepunkt einer langen Auseinandersetzung, die daraus entstanden war, dass der gewählte und gekrönte römisch-deutsche König einen Anspruch auf die Kaiserkrönung hatte – ein in „imperatorem promovendus" war, wie ihn die zeitgenössischen Dokumente nennen – und dass der Papst daher eine Kontrollmöglichkeit der entscheidenden Wahl verlangte. Der Nachfolger Petri wollte keinen möglichen Feind zum Verteidiger der Kirche erheben. Die deutschen Fürsten hatten diesen Anspruch immer als Eingriff in ihre höchste Würde zurückgewiesen mit der Begründung, sie seien sich ihrer Verantwortung für Reich und Kirche ausreichend bewusst. Papst Johannes XXII., der als alter Mann mit 72 Jahren auf den Stuhl Petri gelangt war, über einen gewissen Starrsinn verfügte und Konflikte nicht scheute, hatte die päpstlichen Ansprüche noch einmal zugespitzt und nach mehreren Ermahnungen und so genannten Prozessen gegen Ludwig zu seinem letzten Mittel gegen den widerspenstigen Wittelsbacher und seine Anhänger gegriffen: Am 23. März 1324 wurden Ludwig und seine Unterstützer exkommuniziert. Der Papst verbot den Deutschen, Ludwig als König anzuerkennen, ihm zu gehorchen oder ihn irgendwie zu unterstützen und er belegte alle Städte und Gebiete, deren Verantwortliche Ludwig anerkannten, mit dem

Interdikt.² Dies war ein differenziertes Verfahren, das die Kurie gegen mächtige Gegner anwendete, seit die Juristen im 13. Jahrhundert Herrschaftsverhältnisse und Verantwortlichkeiten subtiler getrennt hatten.

Das Interdikt, also das Verbot, untersagte den Großteil der sakramentalen Handlungen der Priester gegenüber den Gläubigen, die unter der Herrschaft des mit dem Interdikt Belegten standen. Die Zeitgenossen sprachen davon, dass die Kleriker nicht „sangen", das heißt, sie hielten keine feierlichen öffentlichen Gottesdienste mehr ab. Hinter geschlossenen Türen war es ihnen weiterhin erlaubt, Messen mit gedämpfter Stimme zu halten. Nur mehr an den vier Hochfesten Weihnachten, Ostern, Pfingsten und Mariä Himmelfahrt durften die Glocken zum feierlichen Gottesdienst einladen.³ Für die Betroffenen blieben die Einschränkungen deutlich spürbar. Es war weniger die Kommunion, die ihnen fehlte, denn an den vier Hochfesten war sie erlaubt, als vielmehr die sonntägliche Verehrung der gewandelten Hostie. Der Eucharistie galt im späteren Mittelalter eine besondere Wertschätzung.⁴ Zwar waren Taufen und die Erteilung des Bußsakraments unter Einschränkung möglich, aber die kirchliche Hochzeit, die letzte Ölung und das kirchliche Begräbnis blieben untersagt. Nach der Erwartung der kirchlichen Juristen sollte die daraus resultierende seelische Not seiner Untertanen den sündigen Herrscher zur Umkehr bewegen. Schließlich war er für das Wohlergehen und auch für das Seelenheil seiner Untertanen verantwortlich.

Das Interdikt gegen Ludwig den Bayern schuf eine heikle Verbindung aus dem politischen Anspruch des Papsttums auf eine Prüfung der deutschen Königswahl mit einer kollektiven Bestrafung der Untertanen Ludwigs des Bayern, die die Loyalitäten in vielen deutschen Städten auf eine besondere Probe stellte. Die Untertanen und die Geistlichen mussten erhebliche Einschränkungen in ihrer religiösen Praxis hinnehmen, wenn sie das päpstliche Urteil akzeptierten. Das allerdings war nicht sicher. Für das Interdikt galt: „Roma locuta, causa hactenus non finita". Rom, genauer Avignon, hatte gesprochen, aber die Frage war damit noch nicht geklärt. Sogar etliche Kardinäle hatten Papst Johannes vor dem Schritt gewarnt und es gab auch in Deutschland viele Kirchenleute, die die Rechtmäßigkeit des päpstlichen Anspruchs und damit des Interdikts infrage stellten. Tatsächlich ist der Kampf um das Interdikt eine aussagekräftige Fallstudie über die Loyalitäten der betroffenen Städte und Gebiete und über die Bedingungen, von denen das religiöse Verhalten der Menschen geprägt wurde. Ludwigs Anhänger hielten Johannes schon bald nicht mehr für den richtigen Papst. Konnte so ein Mann etwa das kirchliche Begräbnis des verdienstvollen Familienoberhaupts verbieten, das für die Familie, ihr Selbstverständnis und ihre Rolle in der Stadt eine so wichtige Rolle spielte?

Natürlich ging es dabei auch um Machtverhältnisse. Ludwig war nicht bereit, das Interdikt in den Gebieten zu dulden, auf die er Zugriff hatte – und gerade das waren die Gebiete, die vom Interdikt betroffen waren, weil sie seiner Herrschaft unterstanden. Ludwig war zwar Herzog von Oberbayern, aber er hatte burggräfliche Rechte in der Stadt Regensburg und solange die niederbayerischen Herzöge noch zu jung für eine eigene Herrschaft waren, hatte Ludwig die Pflegschaft in Niederbayern übernommen. Regensburg lag in seiner Reichweite, auch wenn sich das Verhältnis Ludwigs zur Stadt im Lauf der Zeit durch verschiedene Faktoren verschlechterte.⁵ Regensburg hatte ein reiches geistliches Leben. Es war der Sitz eines eigenen Bistums, wobei der Bischof von Regensburg dem Erzbischof von Salzburg unterstand, der ein leidenschaftlicher Gegner Ludwigs war und die päpstlichen Sanktionen gegen diesen um jeden Preis in seiner Erzdiözese bekannt machen wollte. Es gab das traditionsreiche Kloster St. Emmeram, das im Jahr des päpstlichen Vorgehens gegen Ludwig einen neuen Abt bekam, dessen Amtszeit als eine der „glänzendsten Perioden" in der Geschichte des Klosters gilt.⁶ Und es gab die Bettelorden der Dominikaner und der Franziskaner.⁷

Wenn man berücksichtigt, dass der Erzbischof von Salzburg als Metropolit der Stadt ein erklärter Gegner Ludwigs war, und wenn man hört, dass der Bischof von Regensburg, Nikolaus von Ybbs, im Januar 1325 einen Eid darauf ablegte, Ludwig nicht als König unterstützen zu wollen, solange dessen Zerwürfnis mit dem Papst andauere,⁸ dann lässt sich angesichts der Besuche Ludwigs in Regensburg erahnen, dass sich die Frage nach dem Interdikt dringlich stellen musste. Tatsächlich war Ludwig zwischen 1324 und 1326 vor seinem Italienzug jedes Jahr in der Stadt gewesen und auch nach seiner Rückkehr aus Italien suchte er Regensburg auf.⁹ Es lässt sich in Hinblick auf die notariell bekundete Distanzierung des Regensburger Bischofs von König Ludwig die Frage stellen, ob sich diese Nichtanerkennung Ludwigs als König auf das Interdikt auswirkte. Immerhin galt die Aussetzung der Gottesdienste ja nur für die Städte, die Ludwig anerkannten. Aber der Bischof von Regensburg war nicht mehr Herr der Stadt und die Herrschaftsverhältnisse waren etwas unklar.

Die Urteile von Interdikt und Exkommunikation von Papst Johannes XXII. über und gegen den Kaiser, die damals und vor vielen Jahren zuerst in Regensburg und in Landshut ergangen waren, wurden dort entgegengenommen und die Gottesdienste feierte man nur mehr hinter geschlossenen Türen, da Fürst Heinrich mit dem Kaiser im Streit lag. Nachdem aber Fürst Heinrich gestorben war und sein Sohn Johannes mit dem Fürstentum in die Hand Ludwigs gelangte, kamen sie mit jenem besagten Satrapen von Teck heimlich überein, dass die Androhung von Gewalt ihnen die Gelegenheit und die Entschuldigung dafür geben sollte, öffentliche Gottesdienste zu zelebrieren – was auch getan wurde.¹⁰ So berichtet der Chronist der bayerischen Herzöge rückblickend und gewährt uns einen Blick auf die enge Verbindung von dynastischer Politik und Interdiktdisziplin. Die Rolle der gewaltbereiten Macht ist unübersehbar.

Tatsächlich ist diese Macht in Regensburg gleich zu Beginn der Interdiktgeschichte greifbar, weil der Versuch des Salzburger Erzbischofs, den Papst möglichst umfassend über seine Bemühungen gegen Ludwig den Bayern zu informieren, auch einschlägige Regensburger Schwierigkeiten überliefert. Die anschauliche Szene findet sich in mehreren Urkundenabschriften in München und Salzburg. Sie erinnert daran, dass die Übermittlung von brisanten Nachrichten in der Vormoderne nicht nur eine Frage der abstrakten Kommunikation war, sondern auch persönliches Risiko bedeutete.[11] Als nämlich der Bote des Salzburger Erzbischofs, der die päpstlichen Prozesse mit dem Auftrag der Verkündung von Exkommunikation und Interdikt gegen Ludwig den Bayern nach Regensburg gelangte, fand er den Bischof nicht vor, der sich auf seine Burg Donaustauf zurückgezogen hatte. Als der Bote dorthin gelangte, traf er am Tor auf vier bewaffnete Männer, die ihm nur unklare Auskünfte über die Anwesenheit des Bischofs auf der Burg gaben. Als sie aber erfuhren, was der Bote überbringen wollte, hielten sie ihn fest und sperrten ihn über Nacht ein. Am nächsten Morgen gaben sie ihm zu verstehen, dass er verschwinden solle, und sie bedeuten ihm, dass er sein Leben riskiere, wenn er die Briefe öffentlich bekannt mache. Erschreckt warf der Bote die Verkündigung des Interdikts in die Donau. So lässt sich nicht sicher sagen, wann das Verbot der Gottesdienste in Regensburg bekannt wurde.

› Die Rolle der gewaltbereiten Macht ist unübersehbar ‹

Aus der Anfangsphase des Interdikts ist auch überliefert, dass die Leitung des Dominikanerordens bei ihrem Zusammentreffen 1325 in Venedig Nachrichten darüber erhalten hatte, dass der Prior des Regensburger Konvents nachlässig („negligens") sei in der Veröffentlichung der päpstlichen Prozesse gegen Ludwig.[12] Der Prior wurde daher in die Provinz Sachsen strafversetzt. Er war allerdings nicht der einzige, der der Ordensleitung Sorgen machte. Sie musste feststellen, dass die Brüder der deutschen Ordensprovinz die klaren Vorgaben des Ordensleiters zur Bekanntmachung des Interdikts unzureichend befolgten und dass sie in der volksprachlichen Predigt Ansichten verbreiteten, die die Zuhörer in die Irre führen könnten.[13] Es war nicht leicht für die Dominikaner in Regensburg und den anderen Städten zu entscheiden, wie sie sich verhalten sollten. Ihr eindrucksvoller Konvent war mit der Unterstützung der Bürger nach 1306 fertig gestellt worden und das Verzeichnis ihrer Bibliothek wies 1347 mit 222 Bänden annähernd so viele Bücher auf wie die Bibliothek von St. Emmeram, deren Bestand 236 Bände umfasste.[14] Die Brüder waren den Regensburgern für diese Unterstützung auch verpflichtet. Dennoch scheinen die Dominikaner nach dem Wechsel ihres Priors 1325 für längere Zeit das Interdikt befolgt zu haben, denn die Chronik der bayerischen Herzöge hält fest, dass die Regensburger Dominikaner fast 20 Jahre lang das Interdikt befolgt hätten und den Gottesdienst nur hinter verschlossenen Türen feierten. Erst als ihnen der Papst auch nach dieser langen Zeit der Treue keine Erleichterungen gewährte, hätten sie von einem willigen Bischof einen Dispens erwirkt und die öffentlichen Gottesdienste wieder aufgenommen.[15]

Tatsächlich konnte die Entscheidung für die Einhaltung des Interdikts die Existenz des Konvents infrage stellen. Die Straßburger Augustiner-Eremiten, ebenfalls ein Bettelorden, wenn auch nicht so prominent wie die Dominikaner, befolgten das Interdikt 17 Jahre lang. „Do ging das volk von in und anderswo hin, das in nütschet wart geben noch geopfert. Und würdent si arm, daz sü bi verdurbent", wie der Chronist Jakob Twinger von Königshofen vermerkte.[16] Erst die Rückkehr zum öffentlichen Gottesdienst brachte die Gläubigen zurück.[17] Es waren keine einfachen Entscheidungen und der Franziskaner Johann von Winterthur berichtet, dass die unterschiedliche Haltung zum Interdikt unter den Konventen und den Brüdern Misstrauen und Ablehnung hervorgebracht habe. „Und sie beurteilten sich gegenseitig übel."[18] Nicht einmal die gleiche Haltung zum Interdikt hätte für Solidarität gesorgt, sowohl die „Singenden" als auch die „Schweigenden" hätten sich gegen die jeweils anderen abgeschottet.[19]

Wenn die Haltung zum päpstlichen Interdikt der persönlichen Entscheidung überlassen wurde, dann waren die Handelnden umso stärker dem herrschaftlichen Druck zum Einlenken ausgesetzt. Nach Ludwigs Rückkehr aus Italien, wo er scharf gegen Papst Johannes XXII. vorgegangen war, statuierte er in der mittelschwäbischen Stadt Esslingen ein Exempel. Er ließ alle geistlichen Einrichtungen, die sich weigerten, nach seiner Ankunft den Gottesdienst zu feiern, enteignen und die Geistlichen in den Kerker sperren, wo sie für den Rest ihres Lebens gefangen bleiben sollten.[20]

Die Esslinger Erlasse sollten im ganzen Reich verbreitet werden. In Regensburg scheinen sie gehört worden zu sein. Das Regensburger Domkapitel, das sich in vielen Fällen aus weniger religiösen Naturen zusammensetzte als der Dominikanerkonvent, sah die Grenzen seiner Möglichkeiten sehr klar – „vor Augen habend, dass der Status der Kleriker in Deutschland allgemein der Verfolgung durch die Laien anheimgegeben ist", so befand das Domkapitel in einer Erklärung 1331, „und weil die Stadt Regensburg als Reichsstadt und von Kaisern gegründet und ausgestattet ist, den Herrn Ludwig bei seiner erfreuten und ersten Ankunft aus Italien ehrenhaft und feierlich empfangen hat ... waren Priester und Mönche gezwungen, diesem Empfang beizuwohnen, bei Androhung des Verlustes aller Güter, beweglicher und unbeweglicher, und der Gefahr für den persönlichen Stand".[21] Das zielte offenbar auf die Esslinger Erlasse. Die Domherren waren sich bewusst, dass diese geistliche Präsenz bei der Ankunft des exkommunizierten Kaisers für die Kirche ein Problem darstellte. Aber sie sahen sich entschuldigt. Die Vorschriften gegen diesen Empfang des Kaisers seien ihnen noch nicht bekannt gemacht worden, und wenn sie diese (nicht bekannten) Verbote befolgt hätten, wäre es zum Verderben der Kirche von Regensburg gewesen, „eius tamen observatio irrecuperabilis fuisset destructio ecclesie Ratisponensi".[22] Um sich auch intern für die Zukunft abzusichern, legten sie fest, dass künftig niemand in das Domkapitel aufgenommen werden dürfe, der diese ausgleichende Haltung gegenüber der Stadt und dem Kaiser ablehne. Und es ist gerade diese Sicherungsklausel, die zwei interessante Blicke auf die Realität des Interdikts in Regensburg erlaubt. Denn tatsächlich war im Herbst 1330 eine Domherrenpfründe frei geworden und um diese Stelle wurde nun gestritten.[23] Papst Johannes hatte die Pfründe Konrad von Streitdorf übertragen, das Domkapitel aber lehnte ihn ab und setzte einen eigenen Kandidaten ein. Die Folge war ein Prozess an der Kurie, in dem Konrad versuchte, die Stelle doch noch zu erlangen. Die Akten des Prozesses sind in einer Sammelhandschrift des Trierer Offizials Rudolf Losse teilweise überliefert.[24]

Der unterlegene Kandidat Konrad von Streitdorf führte Klage über die Interdiktdisziplin des Regensburger Domkapitels: „So führt er an und beabsichtigt zu beweisen, dass … in der Gegenwart und beim Auszug des vorgenannten Ludwig in der Stadt Regensburg und in der Regensburger Kirche selbst feierlich und öffentlich mit erhobener Stimme bei geöffneten Türen und beim Läuten der Glocken Messen und andere Gottesdienste gefeiert wurden".[25] Dies sei wissentlich in Missachtung der päpstlichen Prozesse geschehen und geschehe weiterhin in der Gegenwart Ludwigs.

Die Feier des Gottesdienstes an einem Ort unter dem Interdikt in der Gegenwart desjenigen, der die Ursache des Verbots war, galt als besonders schwerer Verstoß, der den Verantwortlichen seines Amtes entheben konnte. Das wusste auch der Abt von St. Emmeram, Albert von Schneidmühlen, dessen Interesse für kirchliches Recht sich im Kauf einschlägiger Handschriften niederschlug.[26] Daher ist die Randbemerkung in der Sammelhandschrift so interessant. Sie wurde von dem Vertreter des Domkapitels in Avignon, dem Chronisten Heinrich Taube von Selbach, angefertigt und sollte das Verhalten des Domkapitels in das richtige Licht rücken.[27] „Beachte auch, dass Bruder Albertus, Abt des Klosters St. Emmeram … vor dem besagten Bayern und der Ehefrau des Genannten mit dem Konvent und den Mönchen feierlichen Gottesdienst feierte (und ihn zuließ)".

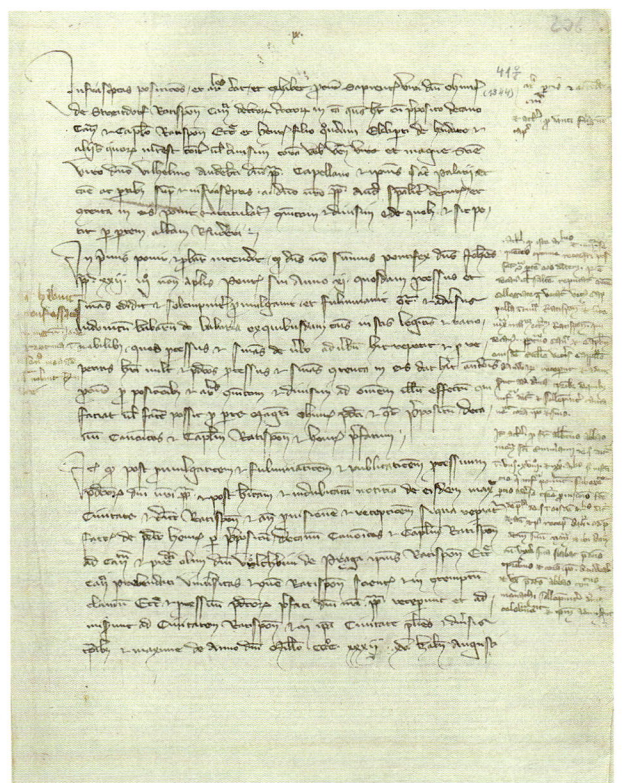
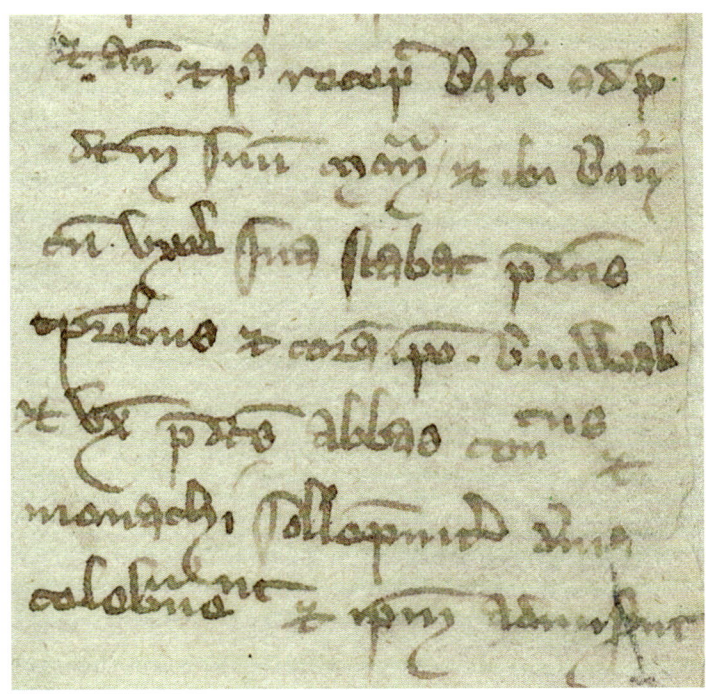

Abb. 1 und 2: Sammelhandschrift mit den Prozessakten über die Pfründe Konrad von Streitdorfs; auf fol. 236ʳ die Randnotiz des Heinrich Taube von Selbach (Universitätsbibliothek Kassel, 2°Ms. iurid. 72)

Diese Mitteilung zeigte der Kurie die Grenzen ihrer Reichweite deutlich auf. Abt Albert verdankte Papst Johannes sein Amt. Der Abt war nicht unerfahren im kirchlichen Recht und er wusste, was er tat, wenn er in Gegenwart Ludwigs gegen das Interdikt verstieß. Er handelte nicht leichtfertig, aber er war verantwortlich für ein Kloster, das Ludwig bedeutende Privilegien verdankte – so wie viele andere bayerische Klöster auch, die das Andenken an den exkommunizierten Kaiser nach seinem Tod verlässlich pflegten.[28] Diese Klöster lagen wie St. Emmeram in der Reichweite Ludwigs des Bayern, denn sie waren bayerische Klöster. Im Fall der Regensburger Haltung zeigen sich die Kräfte, in denen sich das Interdikt bewähren musste. Als religiöse Strafe musste die Sanktion die Menschen vor Ort überzeugen. Die Begründung musste etwas mit ihrem Leben zu tun haben, denn das Interdikt betraf ihr Leben. Die Dominikaner, die das päpstliche Interdikt längere Zeit beachteten, waren wandernde Bettelmönche, sie dachten und wirkten auch in überregionalen Strukturen. Für die Regensburger, für ihre Domherren, die Priester und für die Regensburger Mönche waren die päpstlichen Forderungen eine eher abstrakte Größe, die außerdem zu politisch waren. Die Prüfung durch den religiösen Alltag in Regensburg bestanden sie nicht. Die Religion aber war eine Kraft für den Alltag. Das war ihre Stärke.

Anmerkungen

1 Vgl. zu einem Überblick: Moraw, Verfassung; Menzel, Zeit; Nehlsen/Hermann, Kaiser Ludwig der Bayer; Thomas, Ludwig der Bayer; Kaufhold, Gladius Spiritualis
2 MGH Const. 5.1, Nr. 881
3 Vgl. Kaufhold, Gladius spiritualis, S. 17
4 Vgl. Browe, Verehrung
5 Schmuck, Ludwig der Bayer
6 Vgl. Bischoff, Studien, S. 152; Fuchs, Reichsstift in St. Emmeram, S. 736
7 Vgl. den Beitrag von Christine Grieb in diesem Band
8 MGH Const. 6.1, Nr. 2
9 Vgl. die Zusammenstellung der Aufenthalte bei Schmuck, Ludwig der Bayer, S. 198–218
10 MGH SSrG 19, S. 165f.
11 MGH Const. 5/1, Nr. 973, S. 811
12 Reichert, Acta Capitulotum, Bd. 2, S. 160
13 Ebd., S. 160f.
14 Popp, Dominikaner, S. 239; zur Bibliothek von St. Emmeram vgl. Bischoff, Studien, S. 153
15 MGH SSrG 19, S. 166
16 Chronik des Jakob Twinger, S. 737
17 Vgl. Kaufhold, Gladius Spiritualis, S. 262, Anm. 109
18 MGH SSrG N. S. 3, S. 91
19 Ebd.
20 Vgl. dazu Kaufhold, Gladius Spiritualis, S. 112–120
21 MGH Const. 6.2, Nr. 46, S. 30
22 Ebd.
23 Vgl. Stengel/Schäfer, Nova Alamanniae, Nr. 1329, 1334, 1342–1345; vgl. dazu Kaufhold, Gladius Spiritualis, S. 168–170
24 Universitätsbibliothek Kassel, 2 Ms. iurid. 72, bes. fol. 236ʳ, Sammelhandschrift. Für den Hinweis und die Hilfe bin ich Herrn Dr. Konrad Wiedemann in der Handschriftenabteilung Kassel zu Dank verpflichtet.
25 Stengel/Schäfer, Nova Alamanniae, Nr. 1345, S. 778
26 Vgl. Bischoff, Studien, S. 151–155
27 Vgl. Stengel/Schäfer, Nova Alamanniae, S. 779
28 Vgl. dazu vor allem Menzel, Memoria

Regensburger Bürger hatten im mittelalterlichen Fernhandel immense Vermögen erworben und ein Netz weitreichender Verbindungen geknüpft. Regensburg lag zu den übrigen Städten des Reichs, also den Reichsstädten und Freien Städten, in isolierter Randlage und gleichzeitig am nächsten zu den Hauptterritorien aller drei konkurrierenden Königsdynastien. Die Stadt war von wittelsbachischen Territorien umgeben, „swaerichlich umbsezzen". Bei der Landesteilung 1255 wurden die Teilherzogtümer so zugeschnitten, dass Regensburg unmittelbar an beide Länder grenzte. Seit dem Jahr 1245 wählten die Regensburger Rat und Bürgermeister frei. Sie hatten Ansprüche des Reichs abgewiesen und den Status einer Freien Stadt behaupten können.

Johann Schmuck

Ludwig der Bayer und die innerstädtischen Konflikte Regensburgs – Zur Politik der Auer und Gumprecht und zur Rolle des Kaisers

Ludwig IV. trat der Stadt als König und Herzog gegenüber. Mit dem Bischof und seinen niederbayerischen Vettern besaß er Rechte in der Stadt, die, die Münze ausgenommen, im Wesentlichen aus der ehemaligen Burggrafschaft erwachsen waren. Verhältnis und Umfang dieser Rechte waren festgelegt durch Teilungen im Jahr 1205 zwischen dem Bischof und dem Herzog und 1255 zwischen dem Münchner und dem Landshuter Herzog. Ein Teil der Rechte stand einem Inhaber allein zu wie Zollgericht und Judengericht bei Niederbayern, ein anderer Teil war parallel strukturiert wie Schultheißgericht bei Oberbayern und Propstgericht beim Bischof. Die Münzerhausgenossen, die die Münzstätten in Regensburg betrieben, wurden gemeinsam vom Bischof und vom niederbayerischen Herzog belehnt. Als König hatte Ludwig nur Anspruch auf die Judensteuer. Diese Rechte boten immer wieder Anlass zu Konflikten, insofern die Herzöge und der Bischof deren Verletzung behaupten konnten.

Der so genannte Auer-Aufstand

Die innerstädtischen Auseinandersetzungen der ersten Hälfte des 14. Jahrhunderts, oft, wenngleich ungenau als „Auer-Aufstand" bezeichnet, wurden in hohem Maß von den Familien der Auer und Gumprecht bestimmt. Die Protagonisten waren Friedrich Auer, Propstrichter, Friedrich Auer, Bürgermeister, Dietrich Auer, Propst von Niedermünster, sowie Ortlieb Gumprecht und Gumprecht an der Haid. Die Auer stammten aus der bischöflichen Ministerialität, die sich zu dieser Zeit stark vom Hochstift entfremdet hatte. Sie besetzten viele Amtspositionen in den Klöstern und Stiften der Stadt, im Hochstift und in der städtischen Selbstverwaltung (Bürgermeister: 1260, 1268–1270, 1289/90, 1315–1317, 1331–1334; von 1284–1324 im Rat der Stadt vertreten). Die Gumprecht waren die dominierende Familie unter den Münzerhausgenossen.

Die Ursachen der Auer-Händel werden erstmals 1281 greifbar. Aufgrund der zeitlichen Nähe darf man annehmen, dass die Stiftung bei St. Oswald durch die Auer und Prager im Jahr 1288 durchaus auch politische Implikationen hatte und beiden Familien als überpersönliche und dauerhafte Organisationsbasis dienen sollte. Nach dem Aussterben der Prager 1307 rückten die Gumprecht weitgehend in deren Position ein, 1316 etwa sind sie als Pfleger benannt. Diese Stiftung samt der Kirche lag bis zur Stadterweiterung nach 1319 an der Nordwestecke von Donauwacht und Stadtbefestigung. Aber auch danach hatte St. Oswald, eingebunden in die Donauwacht, Zugang zur alten Nord-Süd-Achse (Weißgerbergraben) und Anschluss an die Donau und die dortigen Länden. Die weitgehend geschlossene Donauwacht mit engen Zugängen wurde von keiner der großen Straßen durchschnitten und lag relativ nahe zu allen Märkten der Stadt. Ein Einwohnerverzeichnis von 1370 für drei Wachten zeigte, dass schon damals viele Bewohner der Donauwacht in Dienstleistungsberufen arbeiteten, spätere Verzeichnisse von 1471 belegen, dass hier die Häuser mit den größten Abmessungen und meisten Stellplätzen lagen, zudem überdurchschnittlich viele kommunale Funktionsgebäude, einschließlich des Rathauses. Klerikaler Besitz war hier hingegen kaum zu finden. Neben ihrer Stiftung waren die Auer durch ihre repräsentative Anlage am Römling mit der Thomaskapelle und weiterem Besitz vertreten, die Gumprecht vor allem auch durch die Münzprägestätte, die zu dieser Zeit wohl in der Donauwacht betrieben wurde.

› Die Macht des Rats wurde gestärkt, indem die Bürger einen Eid auf ihn zu leisten hatten ‹

Der Rat der Stadt und der Rat der Hanse mit dem Hansgraf waren, abgesehen vom Bürgermeister, diejenigen Organe, die keine Bindung an die alten Stadtherren hatten und deren Einflüssen am wenigsten zugänglich waren. In der ersten Hälfte des 14. Jahrhunderts wurde deutlich, dass die Hanse zunehmend an Einfluss gewann und der Rat eine politische Langzeitkonzeption hatte, die auf Stärkung seiner eigenen Stellung, Vereinheitlichung der Steuerlasten und Sicherung der bürgerlichen Eigentumsrechte zielte. Diese Politik betraf immer öfter die noch bestehenden Rechtspositionen von Herzog und Bischof oder die Inhaber dieser Rechte, die meist zu Pfand ausgegeben waren wie Zollrichter, Zoll, Eisenzoll, Salzzoll, Judenrichter, Judengeld, Propstgericht mit Friedgericht und Kammeramt, Schultheißgericht mit zugehörigen Rechten, Münzerhausgenossen und Schlagschatz. Der Kreis der nachweisbaren Pfandbesitzer beschränkte sich bis um 1340 auf rund 20 Familien, die im Wesentlichen alle, sofern sie bis dahin nicht ausgestorben waren, aufseiten der Auer in die Auseinandersetzungen verwickelt waren. Lediglich die Familien Löbel, Straubinger und Zant wichen davon ab. Die Zant waren im Auer-Aufstand meist neutral geblieben, das Verhalten der Familien Löbel und Straubinger war in den Generationen unterschiedlich, bestimmt von wirtschaftlichen oder persönlichen Motiven.

Die Auer und Gumprecht sahen ihre Rechte und Positionen bedroht, ihre Händel waren eher defensiver Natur. Die Münzer hatten dagegen möglicherweise fundamentale Probleme, ihre Münze mit Silber zu versorgen. Indizien deuten an, dass beide Familien auch im Bewusstsein einer persönlichen Krise lebten.

1281 kam in Regensburg ein Streit zu seinem Ende, der so tief greifend war, dass König Rudolf einschreiten musste. Der Ministerialenadel, die Münzer (Münzerhausgenossen) und die Brauer standen in Konflikt vor allem mit den Kaufleuten der Stadt und ihrem Vertretungsorgan, der Hanse. Es ging darum, dass die Brauer, die ursprünglich vom Burggrafen – „purchgrafhalben" heißt es an anderer Stelle – abhängig waren und nun zum Kammeramt gehörten und in den Vorstädten saßen, Bier in die Stadt einführen durften. Die Befugnisse der Hanse waren innerstädtisch auf die Kaufleute und außerstädtisch auf den Fernhandel beschränkt. Diese Konfliktlage zwischen der Hanse und Inhabern der bischöflichen und herzoglichen Rechte bestimmte auch später den so genannten Auer-Aufstand.

Als Ludwig 1319 vor dem Kampf mit Friedrich von Österreich das Schlachtfeld verließ, zog sein Gegner verwüstend bis vor die Tore Regensburgs, die Bürger verweigerten ihm aber den Einzug in die Stadt. Möglicherweise kam es in diesem Zusammenhang auch zu Übergriffen auf Regensburger Handelsgut in Wien. Diese Ereignisse trugen dazu bei, dass sich die Stadt Regensburg entschloss, Westner- und Ostnerwacht zu ummauern. Die Kosten dafür und die Folgen des Verwüstungszuges – vielleicht auch damit umschrieben, „daz alle Lant uebel stent" – führten dazu, „daz alle Læut" zur Schatzsteuer veranlagt wurden. Gedacht war dabei vor allem an den städtischen Ministerialenadel und den Klerus, sofern er bürgerlich hantierte, etwa durch das Ausschenken von Wein. Ob ein Entschluss, der kaufmännische Verluste auf die Allgemeinheit umlegen sollte, Wirklichkeit wurde, ist wegen der sich widersprechenden Quellen nicht zu entscheiden. Die Macht des Rats wurde gestärkt, indem die Bürger nun einen Eid auch auf ihn und nicht wie bisher nur auf den Bürgermeister zu leisten hatten. Dagegen regte sich Widerstand. Es gibt Indizien, dass Ortlieb Gumprecht schon 1321 – möglicherweise regelwidrig – nach dem Bürgermeisteramt griff. 1322 konstituierte sich ein Wahlbündnis, dem es gelang, Ortlieb Gumprecht als Bürgermeister durchzusetzen.

Unter der neuen Stadtführung wurde die Steuerfreiheit des Adels wieder hergestellt und dieser Beschluss dem König zur Bestätigung vorgelegt. Zur kurzfristigen Kreditbeschaffung führte man das Instrument der Leibgedinge ein. Dies waren für die städtischen Finanzen sehr nachteilige Geldeinlagen der Bürger. Von den ersten vier dieser Verträge wurden zwei mit nahen Verwandten des Bürgermeisters abgeschlossen. Zugunsten der Münzerhausgenossen wurden Ankaufs- und Wechselmonopole für Silber und Geld beschlossen. Diese Periode endete 1326 mit einer Art Putsch, bei dem die Beteiligten eine Woche vor der Bürgermeisterwahl zwar auf dem Rathaus tagten, aber keinen Zugang zur städtischen Registratur bekamen. Der einzige Beschluss, der bei dieser Zusammenkunft gefällt wurde, hob die Regelungen zugunsten der Münzerhausgenossen auf. Sobald sie wieder Zugang zur Registratur hatten, zerschnitten sie wohl die königliche Bestätigung der Steuerfreiheit des Adels. Ortlieb Gumprecht und Dietrich Auer wurden im Dezember 1326 für zehn Jahre der Stadt verwiesen, vielleicht weil sie auf einen erneuten Umsturz hingearbeitet hatten. Ortlieb Gumprecht hatte sich schon vor der Verweisung in Nürnberg aufgehalten, Dietrich Auer wurde vom Bischof mit der Pflegschaft von Donaustauf betraut.

1328 befand sich Regensburg in einer kriegerischen Auseinandersetzung, in der die niederbayerischen Herzöge, das Hochstift und Pfalzgraf Rudolf als Platzhalter des Kaisers gegen die Stadt standen. Die indirekte Teilnahme des Kaisers ist vielleicht auf eine verweigerte Hilfe der Stadt zum Romzug zurückzuführen. Dietrich Auer war im Frieden, der diesen Krieg beendete, nicht eingeschlossen, seine Burg Pentling, Lehen von St. Emmeram, ging an die Stadt Regensburg über und wurde abgebrochen. Das neue Stadtregiment vertrieb seine Gegner also nicht nur aus der Stadt, sondern griff auch auf deren außerhalb gelegene Besitzungen zu. Im komplizierten Übergang dieser Burg meldete sich Hilpolt von Stein mit einer kurzen, aber sehr blutigen Fehde zu Wort, um seine Ansprüche zu sichern.

Konrad Prunnhofer, Konrad Tundorfer und Ludwig Straubinger führten die Verhandlungen über diese Ansprüche. Alle drei zählten ab 1330 zu den Gegnern der Auer und Gumprecht. Die Familie Prunnhofer bildete mit der Familie Löbel eine Firma, die in großem Stil Geschäfte mit Heinrich von Kärnten tätigte. Möglicherweise kann in diesen Vorgängen ein Grund für die Feindschaft zwischen dem Hansgrafen Leutwein Löbel und den Auern vermutet werden. Am 30. April 1330 musste Konrad Prunnhofer mit seinen Söhnen gegenüber der Stadt Urfehde schwören. Über die Hintergründe ist nichts bekannt, aber bereits eine Woche später rief der Propstrichter Friedrich Auer eine Schwureinung ins Leben, die auch die Handwerker einschloss und deren einziges erklärtes Ziel es war zu prüfen, wo der „Stat Guot hin chomen wær". Im Zuge der Entwicklung wurde aber klar, dass dies nicht die vorrangige Absicht gewesen sein kann, da diese Prüfung erst 1333 in Angriff genommen wurde. Die Handwerker, die die Lasten mitzutragen, aber keine Teilhabe am Stadtregiment hatten, motivierte diese Rechnungsprüfung sicher dazu, sich den Auer anzuschließen. Durch das Kammeramt waren etliche Handwerke eng an den Propstrichter gebunden, sodass auch auf diesem Weg ein Anschluss anderer Handwerke an die Auer nahelag.

Die Schwureinung wurde für die nächsten vier Jahre der entscheidende Faktor in der Stadt, der auch die Bürgermeisterwahl bestimmte. Gewählt wurde Friedrich Auer, Propst von Obermünster, der im Januar 1331 erstmals als Bürgermeister genannt ist. Die ehedem verworfenen Beschlüsse wurden wieder in Kraft gesetzt, die zerschnittene königliche Bestätigung zur Steuerfreiheit zusammengenäht, die Münzwechselrechte der Hausgenossen durch die niederbayerischen Herzöge bestätigt und die Hanse wieder auf ihre Kompetenzen von 1281 beschränkt.

Die Hanse war der entschiedenste Widerpart zum Regiment der Auer, es gibt aber auch Indizien, dass die Auer und die Gumprecht versuchten, den Hansrat zu majorisieren. Auch die Gumprecht betrieben Handel und noch 1317 stand Ortlieb Gumprecht an der Spitze des Hansrates. Die Hanse hatte in den letzten 100 Jahren ihren Einfluss erheblich ausgedehnt. Noch 1230 war ihr Wirken als Interessenwahrer der Fernhandelskaufleute strikt auf Vorgänge außerhalb der Stadt beschränkt gewesen. 1281 wurden ihre Kompetenzen durch den Lichtenberger Schied erweitert. Als Ortlieb Gumprecht und Dietrich Auer 1326 der Stadt verwiesen wurden, sicherten sich die Hanse und Hansgraf Leutwein Löbel sowie der Rat der Stadt ein Vetorecht gegen eine etwaige Rückkehr der Verbannten. Der Hansgraf stand damals auch an der Spitze des Rates. Dieser Machtzuwachs führte dazu, dass 1328 der Begriff „Rat auf dem Haus" auftaucht, wohl zur Unterscheidung vom mächtig gewordenen Rat der Hanse. Bis zum Jahr 1332 war es der Hanse gelungen, ihre Kompetenz auf die Pfefferwaage, die Unterkäufer, Goldstreicher und andere Berufe auszuweiten.

1334 versuchte Friedrich Auer satzungswidrig, seine Amtszeit als Bürgermeister um ein weiteres Jahr zu verlängern; da er jedoch den Rückhalt der Handwerker und auch den des Schwurverbands verloren hatte, gelang dies nicht. Er verließ mit seinen Anhängern die Stadt oder wurde vertrieben. Mit ihm gingen alle Auer, bis auf Herwig, und wurden landsässig, Propstrichter Friedrich Auer kehrte Regensburg zusammen mit 20 zum Teil eng verwandten anderen Bürgern, unter ihnen allein fünf Mitglieder der Familie Gumprecht, den Rücken. Diese Gruppe verstand oder konstituierte sich als Verband der „äußeren Bürger". Bei ihrem Auszug hatten sie Teile der städtischen Registratur mitgenommen. Die Schwureinung des Propstrichters war seit 1330 immer wieder erweitert worden, meist nicht, um neue Anhänger zu gewinnen, sondern um Gegner zu neutralisieren.

Nach diesem Wechsel wurden die 1330 vertriebenen Bürger Ludwig Straubinger sowie Karl und Ulrich Kratzer zurückgeholt. Die neue Stadtverwaltung beschloss, zukünftig keine Einheimischen mehr zu Bürgermeistern zu wählen, da sie ihren Freunden „ze vast zu legent wider uns alle gemainleich". Sie hatten Satzungen erlassen, die den „Chaufleuten und andern unsern Purgern", arm und reich, zuwider waren. Gemeint war damit sicherlich die Beschneidung der Kompetenz der Hanse. Die einzigen einheimischen Bürgermeister des 14. Jahrhunderts hatten die Auer und die Gumprecht gestellt.

Ludwig IV. und Regensburg

Das Verhältnis Ludwigs IV. zu Regensburg war über weite Strecken hinweg konfliktbeladen. Nach dessen Wahl zum König reisten die Regensburger nicht wie andere Städte an den Rhein, um die Privilegien zu erbitten, sondern warteten, bis Ludwig wieder in Bayern war, da noch Friedensverhandlungen zu führen waren. Ähnlich verhielt es sich nach seiner Erhebung zum Kaiser. Dass Regensburg 1319 vor dem Habsburger Friedrich seine Tore verschloss – nach Gemeiner auf Betreiben Gumprechts an der Haid – und ihm somit auch den schnellen Übergang über die Donau versperrte, war für Ludwigs Anspruch auf die Krone von großer Bedeutung. Grundsätzlich kann von offener Parteinahme Ludwigs für die Auer und ihren Anhang nicht die Rede sein. Zur Familie der Auer hatte er spätestens seit 1310 Kontakt, seine guten Beziehungen zu den Gumprechts, etwa seine Beherbergung nach der Schlacht von Mühldorf 1322, sind bekannt. Deutlich ist aber, dass sich in den Zeiten, in denen die Auer und die Gumprecht in der Stadt das Heft in der Hand hielten, die Beziehungen Ludwigs zu Regensburg merklich entspannten und 1315 und 1331 mit Friedrich Auer als Bürgermeister befriedet werden konnten. In Zeiten, in denen das Verhältnis zwischen der Stadt und Ludwig IV. konfliktfrei war, konnte er sich ihrer guten Kontakte bedienen, sodass Regensburger Delegationen auch in seinem Auftrag reisten.

Die Familie Gumprecht und besonders Gumprecht an der Haid gelten als gewichtige Finanziers des Wittelsbachers. Die nachweisbaren Geschäfte bis 1322 sind von beachtlichem Umfang, von größerer Bedeutung als Gläubiger für Ludwig IV. war nach 1344 aber Rüdiger Reich. Regensburg verlor ab 1322, nach seinem Sieg über die Habsburger, für den Wittelsbacher merklich an Gewicht, während die Auer, nachdem sie ihre Positionen in der Stadt verloren hatten, an Bedeutung für den Kaiser gewannen. Die „äußeren Bürger" verbündeten sich mit ihm am 24. November 1334. Sie wollten sich ohne dessen Zustimmung nicht mit der Stadt aussöhnen und der Kaiser akzeptierte eine eventuelle Aussöhnung nur, wenn seine Rechte gewahrt würden. Bei deren Eruierung sollten ihm die „äußeren Bürger" behilflich sein, von einer Gegenleistung des Kaisers ist nichts bekannt.

Die Stadt hatte es somit mit zwei gegnerischen Gruppen zu tun, den Auern und den „äußeren Bürgern", verklammert und wohl auch koordiniert durch den Propstrichter. Die folgenden zehn Jahre waren von fortdauernden unterschwelligen Konflikten bestimmt, unterbrochen von Vereinbarungen, die eigentlich immer brüchig waren und kaum die vorgesehene Laufzeit über Bestand hatten. Diese Konflikte hatten zwar das Potenzial, zur offenen kriegerischen Auseinandersetzung zu führen, aber nur 1343 kam es vielleicht zu einem bewaffneten Konflikt, der in den Quellen allerdings nur schlecht belegt ist.

Die Auer besaßen schon vor dem Jahr 1334 viele Adelssitze im Umkreis der Stadt, bevorzugt an oder nahe den Handelsrouten, nach 1334 wurden diese mithilfe des Kaisers noch vermehrt. Es kam einerseits zu Warenniederlegungen und Pfändungen, etwa mit der Begründung, dem Kaiser seien Leistungen aus seinen Rechten in der Stadt verweigert worden, andererseits scheint die Stadt die Auszahlung aus den Leibgedingen verzögert zu haben. Nachzuweisen sind mindestens vier ernsthafte, von außen gesteuerte Verschwörungen gegen das Stadtregiment, deren bekannteste diejenige ist, die 1337 bis zur Durchgrabung der Stadtmauer gedieh. Noch 1347, als Konrad Sitauer Pfalzgraf Rudolf wegen dessen Schulden nachritt, vermutete man in Regensburg dahinter eine Verschwörung.

Seit dem Anschlag von 1337 fürchtete die Stadt um ihre Privilegien und Rechte und sie brachte diese Angst so oft und nachhaltig zum Ausdruck, dass man eine reale Gefährdung annehmen muss. Erst 1321 hatte Bischof Nikolaus Maßnahmen der Stadt als Verletzung seiner Rechte beklagt und Regensburg mit weit reichenden Forderungen konfrontiert, deren Erfüllung das Ende der städtischen Satzungs- und Verwaltungsautonomie bedeutet hätte. Obwohl Ludwig IV. sich durch das Bündnis mit den „äußeren Bürgern" so deutlich exponiert hatte, konnte er 1335 einen vorläufigen Frieden zwischen der Stadt und seinen Partnern vermitteln. Er erhielt dafür 300 Pfund Pfennig von der Stadt. 1336 wurde dieser Friede um ein weiteres Jahr verlängert. Von besonderer Bedeutung war ein Dienstvertrag, den Ludwig IV. 1336 mit Dietrich Auer und Friedrich Auer sowie Sieghart von Eglofsheim und Egkolf von der Wart schloss. Sie versprachen, ihm mit 80 Mann zu dienen; an Stelle von 3730 Pfund Pfennig erhielten sie auf Wiederlösung Velburg und den Markt Veldorf (heute Markt Velburg) sowie die Awrburg (wohl Auburg im Landkreis Regensburg).

Offensichtlich war die Position der Stadt weder durch Verschwörungen noch durch Handelshemmnisse ernsthaft und dauerhaft zu erschüttern. Seit 1337 ist eine Reihe von Verhandlungen anzunehmen, in die nach seiner Versöhnung mit dem Kaiser auch Heinrich von Niederbayern eingeschaltet wurde. Statt den Kleinkrieg der Auer und der „äußeren Bürger" in einem wenig aussichtsreichen Konflikt zu unterstützen, war es für Ludwig IV. wohl günstiger, auf die Stadt zuzugehen und ihre Ressourcen zu nutzen, auch um den Preis der Lösung von den verbündeten Auern. Spätestens seit Februar 1342, als er wegen der Vorgänge in Tirol mit der dauerhaften Feindschaft der Luxemburger zu rechnen hatte, war ein feindselig gestimmtes Regensburg für den Kaiser strategisch ungünstig.

Die Aussöhnung

Am 21. Dezember 1339 wurde der erste Vertrag zwischen Ludwig IV. und der Stadt Regensburg geschlossen. Die Position der Auer wurde damit schon deutlich geschwächt. Die Stadt erhielt die Zusicherung ungestörten Handels, die Auer mussten Stadtamhof als Standort und ihre bischöflichen Ämter aufgeben. Das Propstgericht ging an Leutwein Löbel, Kammeramt und Friedgericht an Matthias und Hermann Reich. Die städtische Forderung nach Rückgabe ihrer Registratur war wohl Teil des Vertrags, wurde aber nicht vollzogen. Für diese Zugeständnisse erhielt der Kaiser 5000 Pfund Pfennig. Die Auer setzten indes ihre Umtriebe gegen die Stadt fort. Dies wird aus einem städtischen Frieden vom Februar 1342 deutlich, in dem unter anderem Vertragsabschlüsse der Beteiligten mit den Auern verboten wurden, und gleichzeitig die kaiserlichen und königlichen Privilegien für die Stadt anzuerkennen waren. Zwei Tage später unterwarfen sich Ulrich und Friedrich Hildbrand, enge Verwandte der Gumprecht, der Stadt; ihre Verträge zum Nachteil der Stadt sollten abgetan sein.

Obwohl dieser Vertrag bis 1343 gelten sollte, kam es schon 1342 zu einem neuen, sehr umfangreichen Abkommen, das die Verbindung zwischen Ludwig IV. und den Auern vollständig löste. Auf diese Weise sollten deren fortgesetzte Umtriebe endgültig unterbunden werden. Friedrich Auer von Adelburg, der ehemalige Propstrichter, wurde für immer der Stadt verwiesen, Emmeram Langmann, der sich wohl der Strafverfolgung durch die Stadt entzogen und den Auern angeschlossen hatte, musste Regensburg für zehn Jahre verlassen. Die übrigen Auer und ihr Anhang sollten bis 23. April 1344 die Stadt nicht mehr betreten dürfen, sich aber bis Januar 1343 mit der Stadt aussöhnen, anderenfalls sie als Feinde des Kaisers gelten sollten. Ludwig IV. sollte auch die Rückgabe der Registratur befördern – und diesmal erhielt die Stadt offensichtlich ihre Unterlagen zurück.

Zu diesem Friedenswerk gehörte, dass der Kaiser in alle Himmelsrichtungen 15 Briefe versandte, in denen die Empfänger über diesen Frieden benachrichtigt und gebeten wurden, die Regensburger zu unterstützen. Der Kaiser versprach zudem über die Stadt keine Blockade mehr zu verhängen. Er erhielt erneut 5000 Pfund Pfennig. Es waren wohl diese Leistungen, die den Schreiber des „Roten Stadtbuchs" zu seiner Klage bewegt haben: „Diser Stat hat er wohlgenoszen und umb groz Guet pracht mit manngerlay."

Die Partner Ludwigs IV. aus dem Dienstvertrag von 1336 hatten sich mittlerweile zu einem Konsortium entwickelt, das in der Folgezeit das Hochstift fast vollständig unter seine Kontrolle bringen konnte. Nachdem Heinrich von Stein sich gegen Friedrich von Zollern nach der gespaltenen Bischofswahl von 1340 durchgesetzt hatte, geriet er alsbald in eine finanziell aussichtslose Lage, die die Voraussetzung für seine Entmachtung war. 1344 etwa war der Chorherr Dietrich Auer Pfleger des Hochstifts, das Konsortium sein Stellvertreter. Wernt und Herwig Auer traten an die Stelle ihrer Verwandten Dietrich und Friedrich, nachdem Ludwig IV. seine Bindung zu den übrigen Auern 1342 so weitgehend gelöst hatte.

› Zieht man die Bilanz, so ist
Ludwig der Bayer der eindeutige Gewinner ‹

Nachdem sie den Rückhalt des Kaisers völlig verloren hatten, gaben die Auer von Adelburg, Stefling und Brennberg, also auch der ehemalige Propstrichter und der Bürgermeister, ihren Kampf gegen Regensburg auf. Sie änderten ihre Haltung radikal und verbündeten sich mit der Stadt. Bis April 1343 schlossen vier Mitglieder der Familie Gumprecht, sieben Auer und sechs ihrer Anhänger mit der Stadt Frieden. Noch im selben Monat gingen die genannten Auer einen Vertrag mit der Stadt Regensburg ein, nach dem sie für sechs Jahre Bürger der Stadt werden und mit ihren Burgen und Leuten der Stadt dienen sowie für die Aufrechterhaltung der städtischen Privilegien und Rechte eintreten sollten. Adelburg, Brennberg und Stefling sollten bei Vertragsbruch die Bürgen Burggraf Johann von Nürnberg, Heinrich der Alte von Ehrenfels, Friedrich Mautner von Burghausen und Heinrich Schenk von Reicheneck, damals auch Bürgermeister in Regensburg, übernehmen. Diese Verbindung mit den Auern hätte für die Stadt völlig neue Perspektiven der Umland- und Burgenpolitik geboten. Der Kaiser jedoch war alarmiert und hintertrieb den Vertrag. Der Burggraf und der Ehrenfelser siegelten das Abkommen nicht, sodass es hinfällig wurde. Zumindest vom Burggrafen ist bekannt, dass dies auf Druck des Kaisers hin geschah.

Für die folgenden Vorgänge gibt es eigentlich nur chronikalische Nachrichten, wonach es 1343 zwischen dem Kaiser und der Stadt zum Krieg um eine Burg gekommen sei. Gemeiner berichtet aus verlorenen Rechnungen, die Stadt hätte Vorräte gehamstert. Dies könnte aber auch aus Furcht vor einer Blockade geschehen sein. Als Angriffsziel käme am ehesten Donaustauf infrage, von wo aus der Handel der Stadt am ehesten gestört werden konnte und auch gestört worden war. So unsicher diese Auseinandersetzung überliefert ist, für die folgende wieder völlig überraschende und neuartige Wendung böte sie doch bei einer angenommenen Niederlage der Regensburger eine hinreichende Erklärung, zumal im Februar 1344 in weiteren fünf Abmachungen des Kaisers mit der Stadt ein Kriegsende thematisiert wurde. Eine der Abmachungen beinhaltete ein Militärbündnis: Der Kaiser und die Stadt versprachen, sich 200 Bewaffnete auf Gegenseitigkeit bei 14-tägiger Ansage bayernweit zu stellen. Als Vertragspfand erhielten vier Bürgen die Burgen Falkenstein, Peylstein (Sattelpeilnstein), Kallmünz und Abbach. Der Vertrag sollte bis drei Jahre über den Tod des Kaisers hinaus gültig sein.

In dieser Situation nützte Ludwig IV., wie schon früher, die ausgezeichneten Verbindungen der Stadt. 1344 führte er Verhandlungen mit Karl von Mähren, die dieser abrupt abbrach, als er einen Brief des Papstes erhielt. Ludwig schaltete nun die Regensburger ein, um mit Karl wieder Kontakt aufzunehmen, „wo si den vindent". 1347 kam es, vertraut man Gemeiner, zu weitgehend ereignislosen Geplänkeln mit den Luxemburgern in der oberen Pfalz. Die Regensburger rückten vertragsgemäß aus.

Zieht man die Bilanz der Ereignisse seit 1334, so ist Ludwig IV. der eindeutige Gewinner. Nach dem Ausgleich mit der rudolfinischen Linie, nach dem Anfall der niederbayerischen Lande an Bayern-München und nach der vollständigen Verfügung über das Hochstift, war die Stadt Regensburg der einzige gewichtige Faktor im großen Umkreis zur böhmischen Grenze, der nicht unter dem Einfluss oder der Verfügung des Kaisers gestanden hatte. Dies änderte sich mit dem Bündnisvertrag von 1344. Die Stadt konnte zwar in ihrer Umlandpolitik keine Fortschritte erzielen, nach dem Exodus der Auer aber auf eine ruhigere Entwicklung im Inneren bauen, bei der der Rat als Kollegialorgan gestärkt, das Amt des Bürgermeisters aber fortwährend entmachtet wurde. Die Auer waren landsässig geworden und aus dem Spiel um Regensburg ausgeschaltet. Aber auch der Erfolg Ludwigs IV. war begrenzt. Sein Vertrag mit Regensburg zielte auf die Sicherung eines wittelsbachischen Königtums, dem andere Aspekte untergeordnet wurden. Regensburg war die erste Stadt des Reichs, die Karl IV. als König anerkannte.

Literatur
Fuchs/Krieger, Ludwig der Bayer
Gemeiner, Regensburgische Chronik
Lehner, Patriziat
Schmid, Regensburg
Schmuck, Ludwig der Bayer
Schmuck, Aueraufstand
Widemann, Regensburger Urkundenbuch

In vielen Literaturgeschichten findet man Formulierungen wie „Literatur der Stauferzeit" oder gar „Staufische Klassik", wenn von der deutschen Literatur um 1200 die Rede ist.[1] Diese Identifizierung der mittelhochdeutschen Literatur mit der staufischen Dynastie ist teilweise berechtigt; immerhin verfasste Kaiser Heinrich VI. selbst Minnelieder.[2] Niemand ist aber bis heute auf die Idee gekommen, auch die lange Regierungszeit Ludwigs des Bayern mit einer literaturgeschichtlichen Epoche zu verbinden, während sein Nachfolger als Reichsoberhaupt, Karl IV., zumindest mit der Erwähnung in sprachgeschichtlichen Handbüchern zu der Ehre gekommen ist, neben Martin Luther eine wichtige Rolle für die Ausbildung der neuhochdeutschen Schriftsprache gespielt zu haben: Die

Klaus Wolf

Literarisches Leben um Ludwig den Bayern – Literarische Gattungen zwischen Tradition und Innovation im Dienst von Netzwerken und Gegnern

Prager Kanzlei Karls IV. soll ein Meilenstein auf dem Weg zu unserer heutigen Schriftsprache gewesen sein. Allerdings hat mittlerweile die diachron arbeitende Linguistik erkannt, dass monokausale Erklärungen die Genese unserer heutigen Schriftsprache nicht aufzeigen können. Somit war die rühmende Hervorhebung der Prager Kanzlei eine Sackgasse der Sprachgeschichtsschreibung.[3] Demgegenüber ist aber festzuhalten, dass die Prager Residenz des polyglotten Luxemburger Herrschers unbestritten ein großes kulturelles Zentrum darstellte, an dem Geistesgrößen wie Petrarca Gastrecht genossen. Hinzu kommt die zukunftsträchtige Gründung der Prager Universität 1348 durch Karl IV.[4]

Alte und neue literarische Gattungen

Auf den ersten Blick kann also die Regentschaft Ludwigs IV. kulturell weder mit seinem Nachfolger Karl in Prag geschweige denn mit der so genannten Staufischen Klassik mithalten. Erst bei genauerem Hinsehen zeigt sich, dass während der Regentschaft Ludwigs IV. sehr wohl wichtige sprach- und literaturgeschichtliche Impulse und Innovationen auszumachen sind. Daneben pflegte man in der Umgebung Ludwigs weiterhin die etablierte höfische Literatur wie etwa den Minnesang. Dieses Nebeneinander von Tradition und Innovation bei den literarischen Gattungen soll im Folgenden anhand einiger Beispiele, beginnend mit dem Minnesang, demonstriert werden.

Minnesang und Minneallegorie

Die Limburger Chronik berichtet, dass der Ritter Reinhard von Westerburg dem Kaiser ein Minnelied, das in der Chronik auch wörtlich zitiert ist, vortrug. In diesem Lied beschwert sich Reinhard über seine gleichgültige Minnedame, die ihn nicht erhören will, so dass er beschließt, ihr den Minnedienst aufzukündigen. Bei Kaiser Ludwig fand dieses Thema jedoch keinen Beifall: „Da der vurgenant keiser Ludwig daz lit gehorte, darumb so strafte he den herrn von Westerburg unde saide, he wolde ez der frauwen gebeßert haben." Die Kritik fruchtete, denn Reinhard von Westerburg brachte daraufhin ein braves Loblied auf seine Dame zum Vortrag, also einen geradezu klassischen Frauenpreis, der so auch in den längst vergangenen Tagen der Staufer hätte gesungen werden können. Das Lob Ludwigs folgte auf dem Fuße: „Da sprach keiser Ludwig: ‚Westerburg, du hast uns nu wol gebeßert.'"[5]

Diese Episode zeigt, dass Ludwig den traditionellen Hohen Minnesang durchaus schätzte. Wesentlich moderner ist dagegen die Gattung der Minneallegorie. Ein herausragendes Beispiel dafür, das sogar noch weit in das 15. Jahrhundert hinein als Vorbild fungierte, dichtete Hadamar von Laber. Seine Minneallegorie ‚Die Jagd' bot eine schon von Zeitgenossen bewunderte Parallelisierung von Minne und Jagd, wobei allegorisch etwa die Jagdhunde mit Werten wie Treue und Beständigkeit identifiziert werden. Das Geschlecht des Autors, derer von Laber, stand nicht nur in enger Beziehung zum Hof Ludwigs des Bayern, sondern auch zum Ausstellungsort Regensburg. Freilich ist anzufügen, dass Hadamars innovative und später vielfach nachgeahmte Minneallegorie vielleicht erst im Umfeld der Söhne Ludwigs des Bayern entstanden sein könnte.[6]

Um eine Minneallegorie handelt es sich auch beim ‚Kloster der Minne'[7], bei dem eine in ihrer Zeit einzigartige und Aufsehen erregende Gründung Ludwigs des Bayern Pate gestanden hat: In Ettal etablierte Ludwig eine klösterliche Gemeinschaft aus Mönchen und verheirateten Rittern. Man hat sogar erwogen, Ettal als Vorbild für die Gralsgemeinschaft in Wolframs ‚Parzival' zu sehen. Daneben wurde das römische Pantheon genannt, genauer als Santa Maria della Rotonda. Immerhin hatte der Kaiser das Gnadenbild der Gottesmutter aus Italien mitgebracht, zumal Ludwig als glühender Marienverehrer nicht zuletzt seine vom Papst infrage gestellte Frömmigkeit mit dem Ettaler Marienheiligtum bekräftigen konnte. Auch lag Ettal strategisch günstig an der alten Militärstraße wie der Handelsroute von Augsburg nach Verona.[8] So ergibt sich für Ludwigs Gründung Ettal eine letztlich unentwirrbare Mischung aus literarischen, religiösen und politischen Motiven.

Sangsprüche der „Liedermacher"

Aber genau diese wechselseitige Durchdringung von Politik, Literatur und Religion scheint charakteristisch für die ganze Epoche Ludwigs des Bayern. Dies beginnt schon bei der Königswahl 1314. Zwei Parteien mit jeweils eigenem Kandidaten reklamierten bekanntlich den Sieg für sich: auf der einen Seite der Habsburger Friedrich, auf der anderen Seite der Wittelsbacher Ludwig. Der dynastische Konflikt wurde schließlich auf dem Schlachtfeld ausgetragen.[9] Diese jahrelangen bürgerkriegsähnlichen Zustände im Reich ließen die Berufsliteraten zur Feder greifen. Die zeitgenössischen Sangspruchdichter, heute würde man sie als politische Liedermacher bezeichnen, thematisierten diesen dynastischen Konflikt im Reich.

Die Parteinahme hing nach dem Motto „Wes Brot ich ess, des Lied ich sing" vom jeweiligen Standort und Publikum ab. Als prowittelsbachisches Beispiel sei Heinrich von Meißen, genannt Frauenlob, zitiert, der den Wittelsbacher als „du stolzer Ludewig" anspricht und seine Wahl zum König unterstützt.[10] Man könnte solche politischen Sangsprüche als Bänkelsang abtun. Dies verkennt aber den politischen, um nicht zu sagen propagandistischen Einfluss der Liedermacher an den Adelshöfen. Erinnert sei an die Sangsprüche Walthers von der Vogelweide, über den Thomasin von Zerklaere klagte: „Er hât tûsent man betoeret!" Dabei kritisierte Thomasin nicht zuletzt auch Walthers antipäpstliche Propaganda.[11] Solche gegen Papst und Kurie gerichteten Sangsprüche Walthers von der Vogelweide zeigen eine durchaus mit der Epoche Ludwigs des Bayern verwandte politische Gemengelage, die noch dazu in der gleichen Gattung, dem Sangspruch, ausgetragen wurde.

Passionsspiele

Wäre es bei den Sangsprüchen im Stile Walthers und Frauenlobs geblieben, so wäre die Literatur unter Ludwig dem Bayern nur traditionell, ja epigonal zu nennen. Doch die politischen Kämpfe, insbesondere mit dem Papsttum, evozierten das Aufblühen einer modernen literarischen Gattung, die bedrückenden Verhältnisse unter dem päpstlichen Interdikt[12] lösten auch eine literarische Innovation aus. Während nämlich die Kurie in Avignon das öffentliche Zelebrieren der Eucharistie verbot, feierte man auf der Theaterbühne die Einsetzung der Eucharistie durch Jesus Christus selbst. Konkret geht es hier um öffentliche Passionsspielaufführungen, wie wir sie heute etwa aus Oberammergau kennen. Freilich fanden unter Ludwig IV. diese Passionsspielaufführungen nicht in kleinen Märkten statt, sondern beispielsweise in einer seiner bevorzugten Residenzen: in Frankfurt am Main. Das Itinerar Ludwigs zeigt, dass er sich außerhalb der Grenzen des heutigen Bayerns in keiner Stadt häufiger (und man darf sagen auch lieber) aufgehalten hat als in Frankfurt. Die Mainmetropole war nicht nur Wahlort der deutschen Könige, sondern auch ein Messestandort von europäischem Rang. Ludwig IV. vermehrte die Messeprivilegien für Frankfurt erheblich und privilegierte die gewaltige Erweiterung samt Ummauerung der Stadt, eine Erweiterung, die sich bis zum Beginn des 19. Jahrhunderts als vollkommen ausreichend erweisen sollte. Daher ist es nicht verwunderlich, dass sich das in der Gunst Ludwigs sonnende Frankfurt in politischen Krisenzeiten als absolut zuverlässig erweisen sollte: Auf die Frankfurter Bürgermeister, Schultheißen und Patrizier, die als Stadträte und Kleriker in Form eines prowittelsbachischen Netzwerks in der Mainmetropole amtierten, konnte sich Ludwig auch in Zeiten des Interdikts felsenfest verlassen. Deshalb inszenierten Angehörige des Bartholomäusstifts vor dem Frankfurter Dom, in dem traditionell die Königswahl stattfand, ein großes Passionsspiel, das auch die Einsetzung des Abendmahls durch Jesus Christus in liturgischem Gesang samt deutscher Übersetzung auf die Simultanbühne brachte. Werfen wir also einen Blick auf die Abendmahlsszene der nur die Initien überliefernden Frankfurter Dirigierrolle, wobei die lateinischen Einsetzungsworte weniger der Bibel als vielmehr der kirchlichen Liturgie selbst entnommen sind:

„Statimque accipiat Ihesus panem, benedicat et porrigat discipulis suis dicens: *Hoc est corpus / Diz nemet gar bequame / Item Ihesus accipiat calicem, porrigat eis dicens: / Hic est calix noui testamenti etc. / Nu nemit, daz ist auch min blut*"[13]

Wenn der Sohn Gottes also die Eucharistie einsetzte, wie konnte es da ein Papst in Avignon wagen, die Frankfurter mit dem Interdikt zu belegen? Dass eine derartige politische Lesart eines Passionsspiels nicht von der Hand zu weisen ist, soll ein Zitat aus dem Wormser Passionsspiel untermauern:

„Tunc dicat unus iudeus ad iudeos circumstantes: / *Wenent ir, ob dirre si daz kint, / daz do wart geborn blint, / ader ist er einem ander man? / Do zů sprechent vwern wan. / Respondet phariseus Salman: / Ich gehen dir die warheit, / ez ist der selbe, vf minen eyt.*"[14]

Während in der Bibel, in diesem Fall im neunten Kapitel des Johannesevangeliums, nicht von einem Pharisäer Salman die Rede ist, steht der Name im Wormser Passionsspiel für den von Avignon eingesetzten Bischof Salman Cleman. Dieser hatte das Wormser Domkapitel, die Wormser Bürgerschaft und Ludwig IV. gegen sich. Als Pharisäer Salman kommt er im Wormser Passionsspiel zu mehreren Auftritten. Dort erscheint auf der Bühne auch ein Jude Rufus, hinter dem neben anderen Identifikationsmöglichkeiten der Bischofsverwalter Sigelo Rode zu vermuten ist. Jedenfalls dokumentiert das Wormser Passionsspiel die Auseinandersetzungen der Epoche Ludwigs des Bayern in einer dem König treu ergebenen Stadt.[15] Passionsspiele in der Stadt, dieses Phänomen begann unter Ludwig IV. und es hatte Zukunft. Passions- und Osterspiele stellten im 15. Jahrhundert eine Massengattung dar, die in nahezu jeder deutschen Stadt zur Aufführung kam, so auch in Regensburg.[16]

Die Sachprosa Konrad von Megenbergs

In Regensburg wirkte viele Jahre lang auch ein wichtiger Schriftsteller der Epoche Ludwigs IV.: Konrad von Megenberg. Er verfasste neben einer volkssprachigen Naturkunde auch ein Lehrbuch zur Astronomie in frühneuhochdeutscher Sprache, in dessen Prolog es heißt:

„Wie gotes sidel sei gestalt: / Wer das wais, den hais ich alt, / Ob er der jar ain kind wär. / Manger höret gern mär / Von türssen und von reken. / Wolt ich mit gensen leken, / Ich wolt auch liegen also vil, / Das nieman west der lugen zil // … Nu waiz der grozz Chünrat nicht, / Was kaiser Ludweig inn sicht; / Als klain waiz auch der Ziplinger / Ettleiche haimleiche mer. / Der kayser lat die läwt klaffen, / Paide layen und pfaffen, / Und wais er doch das sein darinn // … Johannes von Sacrobusto / Hat getichet das püch also; / In latein es ist gesessen, / So will ich es ze täutsch messen …"[17]

Konrad von Megenberg preist denjenigen, der den Wohnsitz Gottes, den gestirnten Himmel, kennt. Weiser als der Hörer von Heldenliedern und der Bewunderer von Recken ist seiner Meinung nach derjenige, der in der Astronomie beschlagen ist. Machwerke, wie die Heldenlieder es sind, stammten hingegen aus der Feder von dummen Gänsen. Weiter erwähnt Konrad von Megenberg seinen Namensvetter Konrad Groß, einen Finanzier und Vertrauten Ludwigs IV., sowie dessen treuen Parteigänger Heinrich von Ziplingen, der 1346 starb, wodurch sich ein Terminus ante quem für den Prolog ergibt. Ludwig IV. wird hier als noch lebender und kluger Politiker apostrophiert. Schließlich nennt Konrad den Autor des lateinischen Ausgangstextes, Johannes von Sacrobosco, Verfasser des universitären Standardlehrbuchs zur Astronomie. Dieses Lehrbuch übersetzte Konrad von Megenberg nicht einfach nur in deutsche Prosa, sondern ergänzte es um Beispiele aus eigener Anschauung, die für den deutschen Fernhandelskaufmann nützlich schienen. Damit ist das wahrscheinliche Publikum für Konrads Prosa genannt: die Schicht der Großkaufleute, die auch zu den Anhängern Ludwigs IV. zählten. Diesen Leuten empfiehlt Konrad seine innovative Sachprosa im Gegensatz zur traditionellen Unterhaltungsliteratur, die nur Lügenmärchen enthalte. Besser sei es, sich an die Fakten zu halten, gerade für die Kaufleute in den Städten. Der wirtschaftlich tätige „pater familias"[18] ist auch Adressat von deutschsprachigen Texten der 1365 gegründeten habsburgischen Wiener Universität[19] und der 1386 gegründeten wittelsbachischen Heidelberger Universität. Jedenfalls beginnt die Verdeutschung von lateinischer universitärer Wissensliteratur schon bei Ludwig IV.

Konrad von Megenberg publizierte nicht nur deutschsprachige Wissensliteratur für Kaufleute; für gelehrte Kreise waren seine lateinischen Traktate gedacht, so etwa der „Planctus Ecclesiae in Germaniam"[20], in dem Konrad zur Staats- und Kirchenkrise unter Ludwig IV. Stellung nahm. Freilich dürfte Konrads Wirken weit weniger einflussreich gewesen sein als die Traktate und kirchenpolitischen Bestrebungen eines Micheal von Cesena oder gar eines Marsilius von Padua. Diese Italiener partizipierten auch an der kontroverstheologischen Frage der spätmittelalterlichen Armutsbewegungen, die seitens der Kurie unter Häresieverdacht standen.[21] Ein solcher Verdacht betraf grundsätzlich auch die im 14. Jahrhundert bedeutsam werdende Mystik, wie der Ketzerprozess gegen Meister Eckhart erweist. Dass die Mystik durchaus nicht weltfremd war, zeigt die Mystikerin Margarethe Ebner, die lebhaft zugunsten Ludwigs und zulasten des neuen Gegenkönigs Karl IV. Stellung nahm, wie beispielsweise an folgender Stelle: „Item mir wart mit grozzer begirde geben aines tages, daz ich Ihesum min kint frageti von kaiser Ludwige von Baiern umb die arbait, diu im uf fiel von dem künige. Do wart mir geantwurt: ‚ich wil in nimer verlazzen weder hie noch dort, wan er hat die minne zuo mir, die nieman waiz denne ich und er, und daz enbuit ime von mir.'"[22]

› Freilich ist Ludwig der Bayer vor allem als Initiator zu sehen ‹

Abschließend bleibt zu fragen, was Ludwig der Bayer selbst literarisch beigetragen hat: Dieser Beitrag ist nicht klein, freilich ist Ludwig hier vor allem als Initiator zu sehen. In seiner Zeit begann die königliche Kanzlei Urkunden in frühneuhochdeutscher Sprache auszufertigen – die Prager Kanzlei Karls IV. hat also kein Monopol auf die Volkssprache. Nicht weniger bedeutend ist Ludwig als Anreger von Gesetzestexten, wofür ein Zitat aus seinem Rechtsbuch von 1346 stehen soll: „Daz ist daz recht půch also gantz: alt, pezzert und auch new artickel gesaemmt auz allen gerichten, steten und märgten nach dez keysers geheizzen."[23] Deutlich wird hier die neuhochdeutsche Diphthongierung, weshalb Ludwigs Rechts- und Urkundentexte nahe am heutigen Deutsch sind. Vergleicht man die Texte aus dem Umfeld Ludwigs mit Texten der Wiener Schule oder der habsburgischen Kanzlei, so findet man kaum Unterschiede. Das heißt aber, dass schon unter Ludwig IV. eine ostoberdeutsche Kanzleisprache anzusetzen ist, die bis weit in das 16. Jahrhundert normgebend war. Neueste Forschungen zur deutschen Sprachgeschichte gestehen dem Ostoberdeutschen eine größere Bedeutung für die Ausbildung der neuhochdeutschen Schriftsprache zu.[24] Somit also hätte die Kanzlei Ludwigs IV.[25] keinen geringeren Beitrag zur Ausbildung der neuhochdeutschen Schriftsprache geleistet als die Prager Kanzlei Karls IV.

Es bleibt noch die Frage nach dem literaturgeschichtlichen Beitrag der Epoche Ludwigs IV. Legt man die so genannte poetische Literatur im engeren Sinn als Maßstab an, so fällt die Bilanz mager aus: Unter Ludwig gab es keinen Dichter, der etwa einem Wolfram von Eschenbach vergleichbar wäre. Geht man dagegen vom weiter gefassten germanistischen Begriff des literarischen Lebens aus, dann wurde unter Ludwigs Regentschaft durchaus Literaturgeschichte gemacht, in der sich neue Gattungen wie das geistliche Drama und die Fachprosa etablieren konnten. Somit wäre die Epoche Ludwigs IV. in der Summe im Blick auf literaturgeschichtliche Entwicklungen des 15. Jahrhunderts als grundlegend anzusehen.

Anmerkungen

1 Noch in neuesten Darstellungen wird die literaturgeschichtliche Rolle der Stauferdynastie diskutiert: Johnson, Literatur; Gallé, Dichtung und Musik
2 Schweikle, Kaiser Heinrich
3 König, dtv-Atlas Deutsche Sprache, S. 90–101
4 Heinzle, Literatur
5 Nachweise bei Brunner, Literatur, S. 496–511
6 Emmerling, Hadamar von Laber; Knapp, Literatur, S. 43
7 Glier, Kloster der Minne
8 Suckale, Hofkunst, S. 39–41, 229–232
9 Volkert, Ludwig der Bayer; Moraw, Verfassung, S. 229–239
10 Stackmann/Bertau, Frauenlob, S. 519 (IX, 17)
11 Cormeau, Thomasin von Zerklaere
12 Kaufhold, Gladius Spiritualis
13 Wolf, Kommentar, passim mit weiteren Nachweisen
14 Nachweise bei: Wolf, Wormser Passionsspiel
15 Ebd.
16 Neumann, Schauspiel, S. 610–611, Nr. 2367–2368
17 Brévart, Konrad von Megenberg, S. 1–5
18 Wolf, Astronomie
19 Wolf, Hof – Universität – Laien
20 Steer, Konrad von Megenberg
21 Miethke, Kampf
22 Pörnbacher, Mittelalter und Humanismus, S. 474
23 Volkert, Rechtsbuch, S. 268
24 Braun, Kanzleisprachen
25 Wrede, Leonhard von München

Die Bayerische Landesausstellung zeichnet den Lebensweg Ludwigs IV. in der Regensburger Minoritenkirche nach – und damit in den Gemäuern eines Ordens, der nicht nur für das religiöse Leben zur Zeit Ludwigs von großer Bedeutung war, sondern dem überdies so bekannte Weggefährten des Kaisers wie Wilhelm von Ockham und Michael von Cesena angehörten: Grund genug, der Bedeutung des Regensburger Konvents für Stadt und Kaiser nachzugehen. Als Franz von Assisi 1209 mit zwölf Gefährten vom Papst die Bestätigung der Ordensregel seiner kleinen Gruppe erbat und diese wenige Monate später auch erhielt, war wohl kaum abzusehen, welcher Erfolg seiner Gründung beschieden sein würde. Die Lebensweise des Franziskus, also die Nachahmung der „vita evangelica", das

Christine Grieb

Die Franziskaner in Regensburg: beliebt – beschenkt – umstritten

Leben in völliger Armut und steter Wanderschaft, traf den Nerv der Zeit. Binnen Kurzem wurde aus der charismatischen Bewegung ein mitgliederstarker Orden, der sich rasch ausbreitete. Zu den ersten Niederlassungen in Deutschland gehörte der Regensburger Konvent. Schon 1221 lassen sich hier Franziskaner nachweisen, offizielle Anerkennung erhielten sie 1226, als Bischof Konrad ihnen die Kapelle St. Salvator und ein Haus überließ.

Berthold von Regensburg und die franziskanische Volkspredigt

Die Blütezeit des Regensburger Konvents fällt mit seiner Gründungszeit zusammen: Von der Mitte bis zum Ende des 13. Jahrhunderts lebten und wirkten in St. Salvator Berthold von Regensburg, David von Augsburg und Lamprecht von Regensburg, die den Konvent zu einem Zentrum des geistigen Lebens machten: David von Augsburg gilt als einer der bedeutendsten Mystiker des Ordens. Lamprecht von Regensburg verfasste noch als Laie eine volkssprachliche Version der Franziskus-Vita von Thomas von Celano und damit das erste Beispiel franziskanischer deutschsprachiger Literatur überhaupt. Das wohl bekannteste Mitglied des Regensburger Konvents aber war der Prediger Berthold von Regensburg, der weit über die Grenzen der Stadt hinaus Bedeutung erlangte. Zwar starb Berthold 1272 und ist damit kein Zeitgenosse Ludwigs IV., doch seine Predigten zeigen exemplarisch das franziskanische Verständnis der Volkspredigt auf und vermitteln zugleich einen Eindruck davon, warum die Geschichte der Franziskaner in Regensburg die eines Erfolgs war. Berthold von Regensburg war einer der berühmtesten Prediger des 13. Jahrhunderts, bis zu 100000 Zuhörer sollen seine Predigten gehört haben. Auch wenn diese Zahl sicherlich deutlich zu hoch gegriffen ist, verrät sie doch einiges über die Beliebtheit des Franziskanermönchs, der seine Predigten ganz auf die Bedürfnisse des Laienpublikums zuschnitt. So legte er großen Wert auf Verständlichkeit der Predigten und klare Gliederung, etwa wenn er „von den fünf pfunden" oder „von den siben planeten" sprach. Zwischenfragen aus der Zuhörerschaft verliehen den Predigten einen dialogartigen Charakter, anschauliche Beispiele aus dem Alltag der Menschen dienten dazu, theologisch komplexe Botschaften zu erklären. Eine besondere Rolle spielte die Unterrichtung der Laien in zentralen Konzepten des Glaubens und in der Liturgie. So beschrieb und erklärte Berthold in einer Predigt „von der messe" die Elemente des Gottesdienstes, beginnend mit dem Eingangsgesang bis hin zum Schlussgebet. Zusätzlich versah er jeden Schritt mit einer Handlungsanweisung für die Gläubigen. So heißt es etwa über den Gruß des Priesters: „Unde dar nâch kêret er sich umbe der priester unde sprichet: Dominus vobiscum. Daz ist ein gruoz, alse unser herre ûf ertrîche alle zît die liute gruozte, und ez sprichet: ‚unser herre sî mit iu.' Unde so suln wir sprechen: ‚unde mit dîme heiligen geiste!'"[1] Die Predigt Bertholds fungiert hier als Unterricht, der einem Grundproblem begegnet, dass nämlich die Gläubigen die Inhalte der lateinischen Messe nicht verstehen konnten. Sie verdeutlicht auch das Verständnis der Franziskaner, die mit ihren anschaulichen, lebhaften Predigten letztlich auf die religiöse Erziehung der Laien zielten.

› Das Leben in völliger Armut und steter Wanderschaft traf den Nerv der Zeit ‹

Aufschlussreich ist, wie Berthold das Thema von Armut und Reichtum in der Laienwelt behandelt. Schließlich stellte dies für die Franziskaner eine nicht ganz einfache Aufgabe dar: Zwar verstand man Armut als heilsnotwendig und unabdingbaren Bestandteil der eigenen Lebensweise, gleichzeitig war man auf die Spenden und damit den Überfluss anderer angewiesen. Das heißt: Die franziskanische Lebensweise funktionierte nur, weil andere „dem sündhaften irdischen Gut verhaftet" blieben.[2] Berthold kommt in seinen Predigten den Bedürfnissen der Menschen sehr weit entgegen und rechtfertigt zahlreiche Aspekte des Wirtschaftslebens. So bewertet er den Gewinn des Kaufmanns, sogar den Zins, als gerechten Lohn für die verrichtete Arbeit. Während er also das städtische Wirtschaftsleben grundsätzlich legitimiert, kennt er keine Gnade gegenüber Wucherern: Ihr Los sei die Hölle, und zwar selbst dann, so Berthold, wenn sie viel Geld an ein Kloster spendeten.[3] Es war wohl entscheidend für den großen Erfolg der Franziskaner, dass sie zwar für sich selbst ein Leben in Armut forderten, diesen Maßstab aber nicht an ihre Mitmenschen anlegten. So konnten die Bürger durch Stiftungen an der frommen Lebensweise der Minoriten teilhaben, ohne deshalb ihren eigenen Lebenswandel radikal ändern zu müssen. Wie gemäßigt der franziskanische Armutsgedanke ist, zeigt folgendes Beispiel: In einer Predigt über die Nächstenliebe schildert Berthold die Klage eines Mannes, der ihm vorwirft, dass auch er seinen Nächsten nicht wie sich selbst liebe, denn obwohl der Mönch zwei Mäntel besitze, würde er ihm keinen geben. Berthold gesteht dies ein und betont, dass Gott auch gar nicht verlange, dass man alles teile. Vielmehr bestehe wahre Nächstenliebe darin zu wollen, dass es dem anderen gut geht.[4] Diese Erzählung verweist auf zwei Vorbilder, zunächst auf die Vita des hl. Martin, der seinen Mantel mit einem Armen teilte und so seine Barmherzigkeit zeigte. Auf diese Legende spielt sodann eine Szene aus der Franziskus-Vita des Thomas von Celano an. Doch hier teilt Franziskus nicht nur, sondern schenkt einem armen Soldaten alle seine Kleidungsstücke – und verdeutlicht damit die völlige Armut der Franziskaner.[5] Die Predigt Bertholds hingegen ist weitaus gemäßigter – und passt sich gerade deshalb in die städtische Wirklichkeit ein. Berthold geht es hier – anders als den Viten Martins oder Franziskus – nicht um die Verklärung eines Heiligen, sondern um das alltägliche Zusammenleben der Menschen. Genau diese pragmatische Sichtweise, die sich im Wesentlichen darauf beschränkt, die Auswüchse, insbesondere den Wucher, zu verurteilen und das Vermögen der Bürger in gewünschte Bahnen – fromme Stiftungen – zu lenken, trug wohl zum Erfolg der Bettelmönche bei.

Die Stellung der Franziskaner in der Stadt

Offenbar zeigte das Auftreten Bertholds und seiner Gefährten Wirkung in Regensburg, denn die Franziskaner erhielten rasch großzügige Zuwendungen. In den Jahrzehnten nach der Gründung lag der Schwerpunkt auf Grundstücksschenkungen; allein die Herzöge von Bayern überließen den Franziskanern im Zeitraum von 1237 bis 1290 fünf Grundstücke. Schon bald gehörten auch Regensburger Bürger zu den Förderern der Franziskaner. Von deren hohem Ansehen in der Bürgerschaft zeugen insbesondere die zahlreichen Testamente aus dem 14. Jahrhundert, die Legate zugunsten der Minoriten enthalten. Nur sieben der überlieferten Testamente sehen davon ab, einen der Mendikantenkonvente zu bedenken. Auch die Summen, die an die Bettelorden verstiftet wurden, waren höher als die Zuwendungen, die viele andere kirchliche Einrichtungen in Regensburg erhielten.[6]

Die Testamente sind auch aufschlussreich für das angesprochene Grundproblem der Franziskaner, nämlich das schwierige Verhältnis von Armutsgebot einerseits und der Abhängigkeit von Spenden andererseits. Die Ordensregel enthält ein striktes Verbot, Geldgeschäfte zu tätigen, weshalb deren Abwicklung nicht von den Brüdern selbst vorgenommen werden durfte, sondern mithilfe eines Prokurators erfolgen musste. Auch hatten die Brüder nur das Gebrauchs-, nicht aber das Eigentumsrecht an den ihnen überlassenen Gütern. Die Testamente der Stifter lassen allerdings kein Bewusstsein für diese Aspekte der Ordensregel erkennen und unterscheiden nicht zwischen Mendikanten und den anderen Orden. Insbesondere kleine Geld- und Sachgeschenke, die in den Testamenten bestimmten Brüdern persönlich, etwa Verwandten im Kloster oder dem Beichtvater, vermacht wurden, standen im Widerspruch zur Ordensregel. Wie der Konvent mit diesen Legaten umging, lässt sich nicht erschließen. Doch schon früher hatte David von Augsburg in seiner Regelerklärung beklagt, dass die Stifter das Armutsgebot der Minoriten nicht verstünden. Selbst wenn man sie darüber aufklärte, dass die Brüder kein Eigentum haben dürften, würden die Stifter das nicht nachvollziehen können. Vielmehr glaubten sie, dass das den Mönchen geschenkte Geld Eigentum der Minoriten sei.[7] Davids Klage hat im 14. Jahrhundert nichts an Aktualität verloren. Nicht zuletzt dieses Verhalten der Bürger, die die Bestimmungen der franziskanischen Regel nicht berücksichtigten, trug wohl zur allgemein zu beobachtenden Annäherung der Franziskaner an die älteren Orden bei.

In den Testamenten begegnen immer wieder Bürgersöhne, die den Regensburger Franziskanern als Mönche beigetreten waren. Dies trug zur engen Verflechtung zwischen Konvent und Bürgertum bei und gerade die Franziskaner wurden bevorzugt mit dem Totengedenken beauftragt. Mitgliedern der eigenen Familie traute man die Fürsprache für das eigene Seelenheil wohl besonders zu und in den Testamenten finden sich öfter Bestimmungen über den Klostereintritt der Kinder. Auch hier zeigt sich die Zuwendung des Bürgertums zu den Franziskanern: So bestimmte Leutwin Mäller 1363 in seinem Testament zwei seiner Söhne zum Leben im Kloster. Einer müsste bei den Franziskanern Mönch werden, die Wahl des Klosters für den zweiten Sohn überließ er den Testamentsvollstreckern.[8] Wie eng die Verflechtungen zwischen Konvent und Bürgertum sein konnten, sei an einem Beispiel demonstriert, das mehrere Aspekte beleuchtet: Im Jahr 1357 überschrieb die Regensburger Bürgerin Christein die Loynne ihrem Bruder Chunrat Davit vom Barfüßerorden ihr halbes eigenes Haus zu veräußerlichem Eigentum. Vier Wochen später verkaufte Chunrat das Haus an Otto Graner.[9] Dieses Rechtsgeschäft belegt die engen familiären Bindungen, die zwischen Bürgern und einigen Mönchen bestanden und die wohl ein Grund für die finanziellen Zuwendungen an den Konvent waren. Auch der Verkauf des Hauses ist aufschlussreich: Bruder Chunrat tätigte offenbar selbst Finanzgeschäfte und verletzte damit die Ordensregel. Schließlich zeigt der baldige Wiederverkauf, dass den Minoriten an einem gedeihlichen Verhältnis zum Rat gelegen war: Anfang des 14. Jahrhunderts wurde ein Gesetz erlassen, nach dem ein in geistliche Hand gelangtes Grundstück binnen Jahresfrist weiterveräußert werden musste, um es nicht der städtischen Besteuerung zu entziehen. Die Franziskaner hielten sich offenbar an diese Regelung. Nicht zuletzt war auch Otto Graner, der das Haus kaufte, ein Förderer der Franziskaner und einige von Ottos Familienmitgliedern waren bei den Regensburger Franziskanern verstiftet. In der Mitte des 14. Jahrhunderts waren die Regensburger Franziskaner also ein Konvent, der bei den Bürgern offenbar in so hohem Ansehen stand, dass Bürgersöhne als Mönche in St. Salvator eintraten und ein nicht unbeträchtlicher Anteil der Legate an die Minoriten ging.

Auch zum Rat, dem viele Förderer der Minoriten angehörten, pflegten die Franziskaner ein gutes Verhältnis. Enge Bindungen zum Rat sind typisch für die Mendikanten, denn zum einen waren die Bettelorden auf Zuwendungen aus dem Bürgertum angewiesen, zum anderen waren sie aufgrund ihres Status als exemter Orden prädestiniert als Partner des Rats im Fall von Streitigkeiten mit dem Bischof oder dem Weltklerus. Dies lässt sich auch in Regensburg beobachten: Vom Ende des 13. bis zum ausgehenden 15. Jahrhundert versuchte die Stadt mehrmals, den Klerus zu besteuern. Um dem zu entgehen, schloss die Regensburger Geistlichkeit wiederholt Bündnisse gegen den Rat, etwa im Jahr 1340. Bezeichnenderweise fehlten bei diesen Bündnissen die Bettelorden, die in dieser Frage offenbar aufseiten des Rats standen; Ende des 15. Jahrhunderts reiste sogar ein Franziskaner an die Kurie, um für die Stadt in diesen Streitigkeiten zu sprechen.[10] Das Verhältnis zum Rat lässt sich als eng bezeichnen: Mitglieder des Rats finden sich als Förderer der Franziskaner; umgekehrt bildeten die Franziskaner eine zuverlässige Stütze des Rats.

Kritik am Weltklerus

Die Franziskaner waren jedoch nicht bei allen beliebt. So bestand ein geradezu traditioneller Gegensatz zwischen Mendikanten und Weltklerus, der die Bettelorden als Konkurrenz wahrnahm. Die Bettelorden hatten rasch Privilegien auf dem Gebiet der Seelsorge erworben, etwa das Recht, die Beichte zu hören, oder das Begräbnisrecht. Mit der Übernahme dieser Aufgaben drangen die Mendikanten in den Zuständigkeitsbereich des Weltklerus ein, der sich mit teils heftiger Polemik gegen diese Konkurrenz wehrte. Insbesondere das Begräbnisrecht der Mendikanten spielte in diesen Auseinandersetzungen eine Rolle. Zwar gab es Regelungen, dass für jede Bestattung bei den Mendikanten ein Teil der Einnahmen an den zuständigen Pfarrer weiterzuleiten sei, doch kam es um diese Abgabe, die die Bettelorden nicht immer abführten, wiederholt zu Streitigkeiten. Auch in Regensburg bedeutete die Beliebtheit der Bettelorden bei den Bürgern für die Weltkleriker einen greifbaren Ausfall an Einnahmen. Ende des 13. Jahrhunderts war es bereits zu Streitigkeiten zwischen Weltklerus und Dominikanern gekommen, da diese beanspruchten, Laien begraben zu dürfen. Die Konflikte eskalierten erneut, als Konrad von Megenberg 1348 nach Regensburg kam und dort von 1357 bis 1361 als Dompfarrer wirkte. Konrad war ein entschiedener Kämpfer gegen die Bettelorden und ein Verfechter der Rechte des Pfarrklerus, die er durch die Bettelorden bedroht sah. 1359 reichte Konrad an der Kurie in Avignon eine – heute verschollene – Schrift gegen die Regensburger Bettelorden ein. Nur drei Tage später schlossen die Regensburger Mendikantenkonvente, die beklagten, dass Konrad sie beständig wegen des Begräbnisvierteils, des Beichthörens und der Predigt bekämpfe, ein Bündnis. Gegen die Anschuldigungen Konrads sicherten sie sich gegenseitig Hilfe zu und beschlossen, die anfallenden Kosten aufzuteilen.[11]

Konrad erzielte mit seiner Polemik offenbar keinen Erfolg, denn schon 1364 verfasste er mit der Schrift „Lacrima ecclesie" erneut einen antimendikantischen Traktat, in dem er auch auf die Regensburger Verhältnisse einging. Konrad stellte die Franziskaner als denkbar ungeeignete, ungebildete Seelsorger dar. So schreibt er, dass er die Predigt eines Regensburger Franziskaners über die Himmelfahrt Christi gehört habe, die vor Fehlern in der Bibelauslegung nur so strotzte. Er habe es sich nicht nehmen lassen, diese Fehler in aller Öffentlichkeit sofort zu berichten. Im Weiteren legt er die angeblichen Irrtümer des Franziskaners ausführlich dar.[12] Konrad ging es darum, die Autorität der Franziskaner als volksnahe und zugleich gelehrte Prediger zu untergraben – und sie damit in ihrem Selbstverständnis zu treffen. Zudem rückte er die Mendikanten in die Nähe der häresieverdächtigen Beginen. Er warf den Bettelorden vor, mithilfe der Beginen – die laut Konrad wie Geier den nahenden Tod riechen könnten – Todkranke dazu zu bewegen, am Sterbebett ihre Grablege bei den Bettelorden zu wählen.[13] Der Streit zog offenbar weite Kreise, denn 1366 klagte Bischof Johann von Olmütz als Vertreter der Augustiner-Eremiten, aber auch im Namen der anderen Regensburger Mendikanten, dass die Pfarrer fälschlicherweise öffentlich behaupten würden, die Bettelorden hätten kein Recht zum Beichthören. Noch 1376 beschlossen die Regensburger Bettelorden die Aufteilung der Kosten hinsichtlich des Streits mit dem Dompfarrer.[14]

Neben diesen Streitigkeiten gibt es jedoch auch versöhnlichere Belege, die zeigen, dass die Fronten nicht so verhärtet waren, wie Konrad von Megenberg dies gesehen hat: Im Nekrolog der Minoriten finden sich auch Weltkleriker, die einen Jahrestag bei den Regensburger Franziskanern stifteten, und eine der höchsten Summen für den Chorbau stammte von einem Pfarrkleriker.

Die Regensburger Franziskaner und Ludwig IV.

Die Regensburger Franziskaner spielten also eine wichtige Rolle im religiösen Leben Regensburgs – doch hatten sie auch für Ludwig IV. eine Bedeutung? Lange war es geradezu ein Topos der Forschung, auf die besondere Nähe zwischen Franziskanern und Ludwig zu verweisen. Im Mittelpunkt standen dabei Michael von Cesena, Bonagratia de Bergamo und Wilhelm von Ockham, die im theoretischen Armutsstreit in Gegensatz zum Papst geraten waren und bei Ludwig Schutz vor den Fängen der Kurie fanden. Diese Minoriten sollen als intellektuelle Vorstreiter und maßgebliche Ratgeber Ludwigs in dessen Kampf gegen den Papst agiert haben. Diese These verdichtet sich in der gern zitierten, wenngleich sicherlich nicht der Realität entsprechenden Anekdote, wonach Wilhelm von Ockham Ludwig angeboten haben soll: „Verteidige mich mit dem Schwert und ich werde dich mit dem Wort verteidigen."[15] Inzwischen wurde dieses Bild von der intellektuellen Vorreiterrolle der Franziskaner relativiert: Wie Michael Menzel jüngst zeigte, hatte die Gruppe um Michael von Cesena längst nicht den politischen Einfluss auf Ludwig, den man ihr zugeschrieben hat. Eine besondere Nähe zwischen Minoritenkloster und Ludwig IV. bezeichnet er gar als „wissenschaftliche Legende".[16] Festhalten lässt sich in jedem Fall, dass die kleine Gruppe Emigranten innerhalb des Ordens zunehmend isoliert wurde: Michael von Cesena und seinen Gefährten gelang es nicht, die Ordensmehrheit auf ihre Positionen einzuschwören. Das Verhältnis der Münchner Franziskaner zu Ludwig IV. kann also nicht stellvertretend für den Orden insgesamt gesehen werden.

Wie muss man sich nun das Verhältnis zwischen Ludwig IV. und den Regensburger Franziskanern vorstellen? Es lässt sich keine Gewissheit über die Frage erlangen, wie es die Regensburger Minoriten mit dem Interdikt hielten, da zeitnahe Quellen hierzu fehlen. Der größte Berührungspunkt zwischen Ludwig IV. und den Regensburger Franziskanern findet sich im Jahr 1339. Nachdem es 1337 zu erneuten Konflikten zwischen dem Kaiser und der Stadt Regensburg gekommen war, gab es wiederholte Versuche der Aussöhnung zwischen den beiden Parteien. In diesem Zusammenhang wurde der Minoritenguardian Ulrich 1339 im Auftrag der Stadt zu Ludwigs Viztum in Oberbayern, Hartwig von Degenberg, gesandt.[17] Über den Verlauf dieser Vermittlungsreise Ulrichs ist nichts bekannt. Zwar kam es Ende 1339 zum Ausgleich zwischen Regensburg und Ludwig IV., doch ob und in welchem Maß dies auf die Vermittlung des Minoritenguardians zurückzuführen ist, lässt sich nicht bestimmen. Schließlich waren noch andere, und namhaftere, Personen wie Graf Berthold von Henneberg um Vermittlung zwischen Kaiser und Stadt bemüht.[18] Doch unabhängig von seinem Erfolg ist der Vermittlungsversuch Ulrichs aufschlussreich, denn seine Beauftragung verdeutlicht das gute Verhältnis zwischen Stadt und Kloster: Die Bindungen waren offenbar eng genug, um einem Franziskaner eine diplomatische Mission in einer durchaus heiklen Angelegenheit zu übertragen. Vielleicht bediente sich der Regensburger Rat auch deshalb eines Franziskaners, weil man von einer engen Verbindung zwischen dem Kaiser und den Minoriten ausging und daher in dem Franziskanermönch einen geeigneten Fürsprecher sah. Möglicherweise ist der Hintergrund aber auch ein anderer: Im Nekrolog der Franziskaner wird eines Hartwigs von Degenberg gedacht. Die Verstiftung wurde wohl um 1317 getätigt, sodass eine familiäre Verbindung des Viztums zu den Regensburger Franziskanern denkbar ist.[19] Womöglich machte sich der Rat mit der Mission des Franziskanerguardians also bestehende Netzwerke der Franziskaner für seine politischen Ziele zunutze.

Abgesehen von dieser Episode lassen sich kaum Verbindungen zwischen Ludwig IV. und den Regensburger Franziskanern nachweisen. Insbesondere scheint der Kaiser den Regensburger Konvent nicht gefördert zu haben, obwohl er andere Regensburger Klöster durchaus reich privilegierte, vor allem St. Emmeram, aber auch Bettelordenskonvente – nicht jedoch die Franziskaner. Ludwigs Förderung richtete sich offenbar nach dem politischen Einfluss, den er damit erzielen konnte. Die Regensburger Franziskaner hatten hier wohl schlicht zu wenig Gewicht. Von einer besonderen Nähe Ludwigs zu den Regensburger Franziskanern ist jedenfalls wenig zu bemerken. So bleibt festzuhalten, dass der Regensburger Franziskanerkonvent einen wichtigen Platz im geistlichen Leben Regensburgs einnahm: Das Regensburger Kloster war Wirkungsort einiger der bedeutendsten süddeutschen Franziskaner, beliebt und beschenkt von den Bürgern, nicht unumstritten beim Weltklerus – doch politisch einflussreich war der Konvent wohl nicht.

Anmerkungen

1 Berthold von Regensburg, Bd. 1, S. 500
2 Stahleder, Weltbild, S. 791
3 Pfeiffer/Strobl, Berthold von Regensburg, Bd. 1, S. 25
4 Ebd., Bd. 1, S. 544
5 Grau, Celano, 1 Cel 5, S. 233f.; vgl. dazu Le Goff, Franz von Assisi, S. 149f.
6 Vgl. eine Auflistung der verstifteten Summen bei Hilz, Minderbrüder, S. 107f.
7 Flood, Regelerklärung, S. 218
8 Widemann, Regensburger Urkundenbuch II, Nr. 550
9 Bastian, Regensburger Urkundenbuch I, Nr. 260, 266
10 Wiesehoff, Stellung, S. 80f.
11 Fuchs, Quellen, S. 69f.
12 MGH QQ zur Geistesgesch. 26, S. 51–55
13 Ebd., S. 27–30
14 Vgl. Lang, Regesta Boica IX, S. 139; Widemann, Regensburger Urkundenbuch II, S. 495
15 Leppin, Wilhelm von Ockham, S. 190
16 Vgl. Menzel, Weltstadt, S. 98
17 Vgl. Bastian, Regensburger Urkundenbuch I, Nr. 867
18 Vgl. Schmuck, Ludwig der Bayer, S. 193f.
19 Vgl. MGH Necr. 3, S. 259 (zum 21. November); vgl. zur Datierung Primbs, Jahr- und Todtenbuch, S. 311, Anm. 16

Wolfgang Neiser

Die Minoritenkirche St. Salvator und die Bildtheologie ihrer Chorhauptfenster

Baugeschichte und historische Einordnung der Glasfenster

Im Zuge der zweiten Missionswelle[1] der von Franz von Assisi gegründeten Brüdergemeinschaft und des von Papst Honorius III. 1223 mit Anerkennung der Ordensregel legitimierten Bettelordens waren bereits 1221 die ersten Minderbrüder nach Regensburg gekommen. Nach fünfjährigem Wirken an der Margarethenkapelle an der Steinernen Brücke wies man ihnen im Osten der Stadt eine Behausung bei der Salvatorkapelle zu.[2] Dieses Patrozinium übernahm die Ordensgemeinschaft auch für ihre in der zweiten Hälfte des 13. Jahrhunderts neu errichtete Ordenskirche.[3] Beim Bau der dreischiffigen Basilika (1250/60 – um 1285) verzichteten die Minderbrüder, dem Armutsideal des Ordens entsprechend, im Wandaufbau auf ein Triforium (Abb. 1) und in der Außenwirkung der Fassade auf eine üppige Bauplastik und auf die Kirchtürme[4] (Abb. 2). In der ersten Hälfte des 14. Jahrhunderts entschied sich der Regensburger Konvent[5] für einen Neubau des Hochchors der St.-Salvatorkirche. Der aus Hau- und Werksteinen gefertigte, hoch aufstrebende Bau setzt sich deutlich vom überwiegend aus Bruchsteinen bestehenden Mauerwerk des Langhauses ab[6] (Abb. 3). Sowohl in seiner Außen- als auch in seiner Innenwirkung wird die gotische Architektur durch die großen Glasfenster bestimmt (Abb. 4). Insgesamt sind die vier Joche und die Apsis mit ⅝-Schluss von elf dreibahnigen Lanzettfenstern geschmückt. Die um die Mitte des 14. Jahrhunderts angefertigten Scheiben zeigten im Chorhaupt Szenen aus dem Alten und Neuen Testament sowie Episoden aus der Biografie des hl. Franziskus. Flankiert wurde dieses Trio von einem Fenster mit Szenen aus dem Marienleben (Abb. 5) und in symmetrischer Entsprechung mit einem weiteren Heiligen- oder Apostelfenster.[7] Die Fenster des Langchors waren mit Ornamentscheiben versehen (Abb. 6).

Das Bildprogramm und die künstlerische Ausformulierung der Einzelszenen können in die kunsthistorischen Querverbindungen einer internationalen Kunstepoche, der so genannten Parlerzeit, eingeordnet werden. Dabei lässt sich für das Bildprogramm eine enge Verbindung zu den Bilderzyklen in Assisi, Königsfelden und Erfurt annehmen.[8] Die stilistische Ausgestaltung der heilsgeschichtlichen Themen findet ihre Parallele in der oberrheinischen Kunst und in direkter Nachbarschaft in der Glashütte für den Regensburger Dom. Die Zusammenstellung des Bildprogramms ist eingebettet in die franziskanische Spiritualität und das

1 Regensburg, Minoritenkirche, um 1347.
Langhaus

3 Regensburg, Minoritenkirche, um 1347.
Chor, Südseite

2 Regensburg, Minoritenkirche, um 1347.
Westfassade

4 Regensburg, Minoritenkirche, um 1347.
Chorhaupt mit ⅝-Schluss

5 Geburt Christi, Mitte 14. Jahrhundert, fragmentiert. Äußeres Chorhauptfenster, Bayerisches Nationalmuseum, München

6 Ornamentscheibe (Weinranke mit Christuskopf), fragmentiert, Mitte 14. Jahrhundert. Chorlanghaus, Bayerisches Nationalmuseum, München

monastische Selbstverständnis der Minderbrüder, wie es auf dem Generalkapitel von Narbonne 1260 formuliert wurde.[9] Gleichzeitig ist in Regensburg in der Auswahl und Zusammenstellung der heilsgeschichtlich relevanten biblischen Erzählungen eine Erweiterung und Konkretisierung, besonders in der Passion Christi, spürbar. Für die Entstehung des Bildprogramms dürften wohl auch die Erfahrungen und Nachwirkungen der Auseinandersetzung zwischen Kaiser Ludwig IV. und seinem von 1323 bis 1328 in München versammelten Kreis franziskanischer Reformtheologen der Spiritualen mit Papst Johannes XXII. entscheidend gewesen sein.[10] Mit der Konstitution „Cum inter nonnullos" erklärte der Papst 1323 die theologische Position der Spiritualen für irrtümlich und ketzerisch. Damit traf er auch die theologischen Berater Kaiser Ludwigs IV., namentlich Johann von Jandun, Marsilius von Padua[11] (beide ab 1326 in München), ab 1328 in München Wilhelm von Ockham, Bonagratia von Bergamo und den 1328 abgesetzten Ordensgeneral Michael von Cesena.[12]

Die Minderbrüder in Regensburg, die zu den politischen und innerkirchlichen Auseinandersetzungen Distanz hielten, scheinen dem „orthodoxen" Flügel, den Konventualen (OFMConv), des Ordens angehört zu haben.[13] Denn nur in dieser Zugehörigkeit konnten sie in dem Protestschreiben, das der Regensburger Bischof Nikolaus von Ybbs (1313–1340) und dessen Sekretär Ulrich Wilde im Auftrag Ludwigs nach Eröffnung des kanonischen Prozesses durch den Papst verfassten, als vom Papst unterstützte Ketzer, die durch Verletzung des Beichtgeheimnisses zum Schaden der Gläubigen und der ganzen Kirche unter den Augen des Papstes beitrügen, Erwähnung finden. Als Zeugen für dieses Handeln der Regensburger Franziskaner werden die Pfarrer Konrad von Stauf – zugleich Kanonikus an der Alten Kapelle – und Gottfried von Amberg im Schriftstück genannt.[14] Dass für die Anklage die 1244 zugebilligten päpstlichen Privilegien des Bestattungsrechts für die Minoritenkirche, die bereits 1245 das Interdikt in Regensburg unterlaufen haben, hier in der Einschätzung durch die Pfarrer in Erinnerung an die Ereignisse des vom Bischof über die Stadt verhängten Interdikts des Jahres 1321[15] eine Rolle gespielt haben, kann an dieser Stelle nur vermutet werden.[16] Die Ausübung des privilegierten Bestattungsrechts[17] und die damit verbundenen Einkünfte dürften auch der Haltung der Spiritualen entgegengestanden haben.

Die kirchenkonforme und rechtgläubige Haltung der Ordensgemeinschaft im Osten der Stadt schlägt sich auch im Programm der Glasfenster nieder, in dem die bildliche Darstellung zwangsläufig mit einer theologisch richtigen Aussage verknüpft sein muss, ansonsten wäre der Bildinhalt leer und die Anschauung würde sich dem Vorwurf der bloßen Dekoration aussetzen. „Das spezifisch franziskanische Bildprogramm der Chorfenster der Regensburger Minoritenkirche hat exemplarischen Charakter und legt ein eindrucksvolles Zeugnis von dem hohen Selbstbewusstsein und Ansehen des Ordens in seiner Zeit ab."[18] Dieses Zeugnis ist nicht nur aufgrund seiner Entstehungszeit, sondern auch in seiner künstlerisch-theologischen Aussage zwischen der franziskanischen Elite am Hof Kaiser Ludwigs IV. und einer sich unter Kaiser Karl IV. entwickelnden Hofkunst in Prag anzusiedeln. Die bis heute angenommene komplexe theologische Aussage des Bildprogramms als typologisches Grundmuster franziskanischer Verkündigungstätigkeit, die dem Bild Vorrang vor dem Wort zuzugestehen scheint, sich aus der Schriftbetrachtung der Vita Christi nähert und zu einer augenzeugenschaftlichen Vergegenwärtigung führt[19], gilt es in ihrem Verhältnis von bildlicher Darstellung und theologischer Aussage neu zu bestimmen[20].

Ikonografie und Bildtheologie der Chorhauptfenster

Die drei Chorhauptfenster, die nur noch fragmentarisch erhalten sind, bilden mit einem christologischen Zentrum, das die Passionserzählung in der Mitte betont, eine Einheit. Der Haupterzählstrang der Passion vollzieht sich aufsteigend, beginnend mit der Gefangennahme Jesu (Mk 14, 43–52 par.), seiner Geißelung (Joh 19,1)[21] und dem Richterspruch des Pilatus. Im Zentrum steht seine Kreuzigung, der die Kreuzabnahme, die Grablegung und die Auferstehung als abschließende Szenen folgen. Alle Fenster der Passion sind auf einen blauen Hintergrund gesetzt, der die Zusammengehörigkeit der Szenenfolge betont. Die Darstellungen der Gefangennahme und der Kreuzabnahme können nur aus den erhaltenen Nebenszenen und der angenommenen Chronologie des Geschehens vermutet werden.[22] Den neutestamentlichen Szenen sind im linken Fenster thematisch alttestamentliche Szenen unterschiedlicher biblischer Bücher zugeordnet. In der aufsteigenden Folge, beginnend mit Kain und Abel (Gen 4,8), setzt sich die Reihe mit den Darstellungen von Achior (Jdt 6, 13–14) – alternativ die Misshandlung Hiobs (Hiob 2, 1–10) – und der Anklage gegen den Propheten Daniel (Dan 6,4–10)[23] – alternativ Isebel sucht den Propheten Elia zu töten (1 Kön 19,1–2) – fort. In der Mitte der Abfolge befindet sich das Fenster mit der Bindung Isaaks (Gen 22,9–18), der sich die Szenen der Kreuzabnahme des Königs von Ai (Jos 8, 23.29), der Meerwurf des Jona (Jona 1,15) und der Richter Simson mit den Toren von Gaza (Ri 16,1–3) anschließen. Die Fenster sind, beginnend mit Blau, folgend mit Rot, abwechselnd betont. Dieser Farbwechsel, hier aber beginnend mit Rot, bestimmt auch die Szenenfolge des rechten Franziskusfensters.[24] Die Darstellungen setzen nach der Berufung des Franz mit der Lossagung vom Vater ein und setzen sich mit der seltenen Darstellung[25] des Überfalls auf Franziskus und der Bestätigung der Ordensregel fort. Im Zentrum steht der Empfang der Stigmata, denen sich der Tod des Franz von Assisi, seine Heiligsprechung und die Vision Papst Gregors IX. anschließen.

Jedes Fenster zeigt sieben Szenen, die auf unterschiedliche Weise theologisch miteinander verbunden sind. Für die christologisch orientierte Verbindung der einzelnen Szenen in ihrer Zeilenfolge liegen mit der Biblia Pauperum und dem Speculum humanae salvationis bebilderte theologische Handreichungen vor, die auch für die Rekonstruktion der verlorenen Bildfelder herangezogen werden können. Die Kombination aus Typologie und Heilsgeschichte, wie sie im Kontext der kerygmatischen Praxis der süddeutschen Benediktiner und Augustiner-Chorherren als eigenständiges theologisches Konzept für beide Bücher entstanden ist, steht als Lehrbuch für Kleriker und gebildete Laien im Dienst einer biblisch orientierten Verkündigung.[26] In der Zeilenanordnung der Bilder im Chorhaupt der Minoritenkirche greifen die Franziskaner sowohl auf das typologische Konzept als auch auf die eschatologisch orientierte Heilsgeschichte der Bildkombinationen der Handreichungen zurück. Dass dabei das Alte Testament in einer asynchronen Abfolge aufscheint, ist der jeweiligen christologischen Aussage der Heilsgeschichte im Mittelfenster geschuldet. Eine Chronologie der Erzählung findet sich, nach der Rekonstruktion von Jolanda Drexler, im Christus- und im Franziskusfenster.[27] Die Zuordnung der alttestamentlichen Szenen folgt somit dem System einer diachronen Hermeneutik der Bibel, die sich nur auf die Christusszenen bezieht und scheinbar nicht auf das Franziskusfenster erstreckt. Die Beziehung der alttestamentlichen Stellen zum Christusereignis unterstützt die Verklammerung der beiden Teile der christlichen Bibel als Einheit. Sie bilden jedoch keine typologische Vorwegnahme und Vorausbildung des Heilsereignisses in Christus[28], sondern sind erklärende Vorauserzählungsmotive, die das Passionsgeschehen stützend verdeutlichen. Damit entziehen sie sich in ihrer Deutung auch einem Verheißungs-Erfüllungs-Schema, das eine eigene Chronologie zwischen den Ereignissen herstellen würde und im Hinblick auf eine Eschatologie, die zu diesem Schema gehört, auch auf das Franziskusfenster übergreift. Da aber über Christus nicht hinausgegangen werden kann, ohne den geschlossenen Rahmen der Offenbarung zu sprengen, können die alttestamentlichen Szenen in ihrem biblischen Bezugssystem nur den Passionsszenen zugeordnet sein.

Daraus ergibt sich die Frage nach der Klammer, die die biblischen Szenen, in deren Zentrum die wichtigsten Aussagen der Offenbarung in Christus durch sein Leiden, seinen Tod und seine Auferstehung als Bestandteile des Credos stehen, mit den Szenen aus dem Leben des hl. Franziskus verbindet. Löst man sich von der Vorstellung einer typologischen Verbindung für alle dargestellten Ereignisse und lenkt den Blick auf die biblisch begründete theologische Ebene der Motive, so findet man einen offenbarungstheologisch begründeten Zusammenhang zwischen den Szenen, die sich als historischer Ausweis der sich in der Geschichte ereignenden göttlichen Offenbarung auffassen lassen.[29] Dieser Zusammenhang wird am Beispiel des Todes Jesu am Kreuz und den beigeordneten Szenen des Opfers Abrahams (Gen 22,1–19) und dem Empfang der Stigmata des hl. Franz deutlich. Die nur noch in einem Bildfeld fragmentarisch erhaltene Scheibe des Kreuzestodes Jesu (Abb. 7) zeigt Jesus mit einem Lendentuch bekleidet an einem Gabelkreuz. Die Darstellung des Kreuzes als ein aus dürrem Holz bestehender Baum bindet eine Reihe von neutestamentlichen Stellen der innerbiblischen Auslegung der Kreuzigung Jesu an sich (Lk 23,31; Apg 5,30; 10,39; Gal 3,19; 1 Petr 2,24), die sich zu einer metaphorischen Sichtweise auf das Alte Testament (Gen 22,6; Dtn 21,23) ausweiten lassen. Das nimbierte und mit einem Dornenkranz bekrönte Haupt ist, der Krümmung des Oberkörpers folgend, nach links geneigt. Die Augen sind geschlossen und der Mund leicht geöffnet. Der Gekreuzigte wird von drei Engeln flankiert, von denen der untere auf der linken Seite das Blut der Seitenwunde Jesu in einem Kelch auffängt. Die Darstellung des kelchtragenden Engels und die Körperhaltung des Gekreuzigten dokumentieren dessen Tod. Das Öffnen der Seite Jesu ist nur im Johannesevangelium belegt. Im Motiv der Seitenwunde werden durch das Sachariazitat (Sach 12,10) das Sehen als Erkenntnismetapher und der symbolische Geburtsakt der sakramentalen Taufe und der Eucharistiefeier[30] betont. Die liturgische Sprache des Hochgebets, die die Opfergabe durch die Transsubstantiation in die sichtbare Gegenwart des wahren Opfers, den Leib und das Blut Christi, wandelt, verbindet das Opfer, das sich auf dem himmlischen Altar vollendet, mit der Zusage der Gnade und dem Segen des Himmels, die sich aus der Feier der Eucharistie ergeben. Das biblische Heilsgeschehen eröffnet aus der Übersetzung in die liturgische Sprache die Kombination der Kreuzigung mit der Bindung Isaaks und der Stigmatisation des hl. Franziskus.

Das Tertium comparationis der Szenen bildet eine Metaphorik des Sehens. Die Abrahamerzählung, die in der Namengebung des Ortes als JHWH-Jire (Der Herr sieht) ihren Bedeutungsgehalt offenlegt, rückt das Handeln Abrahams in den Vordergrund. Gott sieht auf

7 Tod Jesu am Kreuz, Mitte 14. Jahrhundert.
Mittleres Chorhauptfenster, fünftes Register,
Bayerisches Nationalmuseum, München

Abraham, nicht auf Isaak. Indem Gott auf den Verlauf der Handlungen des Stammvaters Israels blickt, kann der Engel im Auftrag Gottes in das Geschehen eingreifen. Isaak ist in der Darstellung durch den weit aufbauschenden Mantel seines Vaters dem Blick entzogen und das Eingreifen des Engels wiederum entzieht sich seinem Sehen (Abb. 8). Der Engel greift am Höhepunkt der Ausholbewegung Abrahams in das Geschehen ein. Das Erfassen der Hand und des Schwertes übersetzen dabei die Stimme Gottes in eine Handlung, die die Wende des Geschehens markiert und den Widder als Opfergabe ins Spiel bringt. Nach dem Opfer des Widders und der Namengebung des Ortes offenbart sich Gott durch die Stimme des Engels in der Verheißung des Segens und der Nachkommenschaft ein weiteres Mal. Am 14. September 1224 – dem Fest Kreuzerhöhung – empfing Franz von Assisi auf dem Berg Alverna die Wundmale Christi. In der Vita des Heiligen beschreibt Bonaventura dieses Ereignis als Vision. Franziskus schaut Christus in Gestalt eines Seraphs. In Anlehnung an die alttestamentlichen Visionsberichte des Propheten Ezechiel (Ez 1,11) und Jesaja (Jes 6,2) ist die göttliche Gestalt in einem Wechsel von Enthüllen und Verbergen in der Identifikation des Gekreuzigten in Kombination mit dem Kreuz sichtbar. In das Sehen des Gekreuzigten wird der Blick Christi auf Franziskus als zentraler Handlungsvorgang integriert. Aus dieser Wechselbeziehung des Anblickens ergeben sich als Konsequenz die Stigmata, die in einer Parallele zu Abraham als Eingreifen Gottes in das Leben des Heiligen aufgefasst werden können. Dabei wird in der Regensburger Darstellung die Ebenbildlichkeit des Vorgangs in der Überkreuzung der Strahlen, wie sie in der italienischen Bildtradition der Stigmatisation vorliegt[31], nicht eingehalten (Abb. 9). Nur die Seitenwunde erfährt in einem diagonalen Strahl eine solche Umsetzung. Die Stigmata stehen hier spiegelbildlich als Zeichen der Christusähnlichkeit nicht in einer Urbild-Abbild-Relation. Sie werden vielmehr als sichtbares Zeichen der Nachfolge, die sich in einer Kennzeichnung der Zugehörigkeit manifestiert und in der eschatologischen Dimension des Christusereignisses ihren Bezugspunkt hat (Offb 7,1–17), aufgefasst. Franziskus wird in seiner Nachfolge Christi, ganz im Sinne seines Biografen Bonaventura, zu dessen Nachbild und nicht zu dessen Abbild. Ein Urbild-Abbild-Verhältnis würde auf der

8 Opfer Abrahams, Mitte 14. Jahrhundert, fünf Teile, fragmentiert. Linkes Chorhauptfenster, fünftes Register, Bayerisches Nationalmuseum, München

9 Stigmatisation des hl. Franziskus, Mitte 14. Jahrhundert, fragmentiert, drei Teile. Rechtes Chorhauptfenster, fünftes Register, Bayerisches Nationalmuseum, München

repräsentativen Ebene die in Christus abgeschlossene Offenbarung Gottes durch jede Handlung des Heiligen unzulässig erweitern. Das Sehen Gottes auf Abraham, das Sehen Gottes auf das Opfer seines Sohnes und das Sehen Christi auf Franziskus wird durch die biblisch begründete, literarische Umschreibungs- und Aussageform eines Parallelismus membrorum [32] zu einem historisch bezeugten Erkennen, das sich in der Feier der Eucharistie und im Sprechen des Glaubensbekenntnisses vollzieht und dabei die offenbarungstheologische Struktur des Vorgangs berücksichtigt. Erst dieser übergeordnete offenbarungstheologische Bezugspunkt macht eine Zuordnung der Franziskusszenen in ihrer historischen Abfolge zur Passion Christi möglich und kann dadurch in den alttestamentlichen Erzählungen ihre Entsprechung finden.

Ideen- und theologiegeschichtlicher Kontext der Chorhauptfenster

Rückt in der Kontroverse des Franziskanerordens mit der Papstkirche der theoretische Armutsstreit [33] und in der Auseinandersetzung Kaiser Ludwigs IV. mit dem in Avignon residierenden Papst Johannes XXII.[34] der theologische Aspekt in den Vordergrund, so wird dieser von einer apologetischen Entwicklung begleitet, die das Verständnis der Offenbarung Gottes in der Heiligen Schrift entscheidend verändert und sich in der theologischen Aussage im ikonografischen Programm der Chorhauptfenster der Minoritenkirche, wie an der Kreuzigung aufgezeigt wurde, niedergeschlagen hat. Im Zentrum der Auseinandersetzung, die sich sowohl innerhalb des Ordens in der Ausrichtung am Testament des Ordensgründers im praktischen Armutsstreit (1294–1319)[35] als auch in ihrer kirchenpolitischen Instrumentalisierung als Frage nach der Rechtgläubigkeit manifestierte [36], steht auch ein hermeneutisches Problem: die Gleichsetzung, der von Franz von Assisi seinem Orden hinterlassenen Regel mit dem Evangelium und die Richtigkeit ihrer Auslegung.[37] Die angenommene Identität der Regel mit dem Evangelium (vgl. Mt 10,1–11,1) erweitert die göttliche Offenbarung um das Wort des Heiligen. Für die Auslegung der Schrift und der Ordensregel ergeben sich zwei widerstreitende Positionen: zum einen das kirchliche Lehramt, das über beide Texte die Deutungshoheit anmahnt, und zum anderen ein Teil der Ordensgemeinschaft, der die alleinige konforme Auslegung in der Intention des Ordensgründers für sich einfordert.[38] Im Auslegungsstreit um die Armut Christi und das Armutsideal der Franziskaner, wie die Texte zu verstehen und zu deuten sind, geht es neben all den praktischen Fragen der Lebensführung im Sinne der evangelischen Räte – Armut, Keuschheit und Gehorsam – um eine grundsätzliche theologische Fragestellung nach der Auslegungshoheit der Heiligen Schrift. Maßgeblich an dieser Entwicklung beteiligt waren drei Theologen aus den Franziskanerorden: Bonaventura (1221–1274), Roger Bacon (1215–1292) und Wilhelm von Ockham (1280–1348).

Bonaventura entwickelte bereits in der zweiten Hälfte des 13. Jahrhunderts im Vorwort seines „Breviloquiums" eine Hermeneutik, die die Heilige Schrift aus der Schrift selbst erklärt. Die Exegese der Heiligen Schrift, die als Offenbarungstext in der Bibel vorliegt, ist im Verständnis Bonaventuras das Nachspüren oder Nachschreiben der Heilsgeschichte durch den Leser bzw. Exegeten.[39] Diese Form der Exegese des Christusereignisses als dessen Nachspüren im Lebensvollzug des Gläubigen findet in der Abfassung der offiziellen Biografie seines Ordensgründers Franz von Assisi bei ihm einen weiteren Höhepunkt.[40] Der Ordensgeneral (ab 1257) verzahnt die Lebensgeschichte des Heiligen über die sprachliche Ausgestaltung mit einer Vielzahl literarischer Motive der Heiligen Schrift und bindet die Erzählung in ihrer Struktur eng an das Matthäusevangelium und an die synoptische Passionserzählung.[41] Er betont dadurch die Zugehörigkeit der Franziskusvita zur Heilsgeschichte, da sie in sich selbst auf die Bibel Bezug nimmt.

Nachdem Bacon die Frage nach der Fehlerlosigkeit des Urtextes als Grundlage jeder Bibelexegese aufgeworfen hatte, baute Wilhelm von Ockham diesen Ansatz, den Dingen auf den Grund zu gehen, weiter aus. Dabei bildet die Schöpfung Gottes, so wie sich die Dinge den Menschen als Erfahrungsraum zeigen und so die Grundlage für seine Gegenstandserkenntnis bilden, nur einen möglichen, jedoch nicht notwendigen Grund. Ein zwingender Zusammenhang zwischen der Existenz der Dinge und ihrem Hervortreten aus einem allmächtigen Grund als Ursache-Wirkungs-Prinzip ist aus den Dingen nicht ersichtlich. Der Zusammenhang von Ursache und Wirkung ist vielmehr eine aus der Kontingenz gewonnene Erfahrung des Menschen. Ein Gegenstand, der mit Begriffen in einem Sachverhalt beschrieben wird, muss nicht zwangsläufig auch existieren. Ockham löst die Sprache und ihre Begrifflichkeit in Analogie zur Erkenntnisfähigkeit der Dinge konsequent aus ihrem ontologisch bestimmten metaphysischen Zusammenhang auf. Damit verweist er die bis dahin unhinterfragte Notwendigkeit von Offenbarung in den Bereich des Möglichen. Die Sprache der Bibel, als menschliche Ausdrucksfähigkeit in Unterscheidung zum Göttlichen Wort, wird zum beschreibenden Träger der sich ereignenden Heilsgeschichte.[42] Die von Bonaventura geforderte Beachtung der biblischen Historia als Narratio, als Erzählung, liefert im Literalsinn der Heiligen Schrift den neuen Ausweis der notwendigen göttlichen Offenbarung.[43] Führt man alle drei Positionen zusammen, so ergeben sich im Neuen Testament unterschiedliche Bezüge zu den Schriften des Alten Testaments (vgl. Mt 27,31b–56 und Ps 22), die das historische Ereignis in Form eines Schriftbeweises in die Geschichte Gottes mit seinem Volk Israel einbinden. Gleichzeitig ist die Passionserzählung in jedem Evangelium mit dessen eigener Erzählstruktur verbunden (vgl. Mt 27,54 und Mt 16,16). Für diese literarische Komplexität kann jedoch keine Metaerzählung der Passion Christi, die sich als das Göttliche Wort erweisen würde, angenommen werden, da es sich in allen vier Evangelien um dasselbe historische Ereignis handelt. Es kann in der Beziehung der Texte zueinander nur eine relative Chronologie der Handlungsabläufe erstellt werden, die alle Handlungselemente und Personen der Passion aufnimmt. Die Erzählungen über ein historisches Ereignis bilden hier die Grundlage für den Ausweis eines sich ereignenden Geschehens aus einer multiperspektivischen Sichtweise, die in einen Erzählverlauf, wie ihn das zentrale Passionsfenster im Chorscheitel zeigt, überführt werden kann. Die Szenenfolge der Passion Christi und ihre Kombination mit alttestamentlichen Bezügen sowie der Franziskuslegende folgen in ihrer Struktur der übergeordneten Kennzeichnung göttlicher Offenbarung, die sich als Übersetzung der worthaften Gegenwart der Heiligen Schrift in die Sichtbarkeit des Bildes versteht und dabei den Prinzipien der Offenbarung selbst folgt. Erst dadurch kann das Bild zum Offenbarungsträger und zum Medium für eine Glaubensaussage werden. Das Bild darf in seiner Mitteilungsfunktion und seiner medialen Präsenz nicht der Offenbarung Gottes widersprechen. Dazu greift das Bildprogramm die Identifikationsmerkmale der Heiligen Schrift als Offenbarungsschrift auf.[44] In Anlehnung an die literarische Vorgabe der Bibel, heilsgeschichtliche Ereignisse in einem Anderssprechen zu reformulieren, ordnen sich die Motive der Darstellungen in den biblischen Offenbarungskontext ein.

Den Höhepunkt dieses Anderssagens als Erzählvariante der Heilsgeschichte, die die Biografie des Ordensgründers berücksichtigt, bildet die letzte Bildreihe, in deren Zentrum das Bild der Auferstehung Christi (Abb. 10) steht, das von Simson (Ri 16,1–3) mit den Torflügeln von Gaza und von der Vision Papst Gregors IX. über die Stigmata des hl. Franziskus (Abb. 11) flankiert wird. Das Auferstehungsbild zeigt ein Ereignis, das in keinem Evangelium beschrieben wird, sondern aus den biblischen Berichten durch den Rückschluss auf ein Ereignis gewonnen werden kann. Den Ausgangspunkt bildet die Perikope vom Besuch der Frauen am Grab im Matthäusevangelium (Mt 28,2–4). Die Auferstehung Jesu als sein leibliches Heraussteigen aus dem Grab erfolgt unbemerkt. Durch das Bewegungsmotiv und die Betonung des Inkarnats werden im Bild die Lebendigkeit und die leibliche Auferstehung hervorgehoben. Das nur dem Gläubigen sichtbare Ereignis wird durch die beiden zugeordneten Szenen in seiner Aussagestruktur mit zwei literarischen

Motiven, die sich auf den Auferstehungsglauben beziehen, in eine zeitliche Verlaufsstruktur eingebettet. Das Motiv aus der Simsonerzählung ist eine vergleichende Textstelle, die das Motiv des Zerbrechens der Tore der Unterwelt bzw. des Totenreichs aus der Anastasisdarstellung und den Satz „Hinabgestiegen in das Reich des Todes" als vorgängiges Ereignis zur Auferstehung hinzufügt. So wie Simson die Tore von Gaza zerbrochen hat, so zerbricht Jesus in seinem Tod und seiner Auferstehung die Tore der Unterwelt. Dieses Ereignis umfasst das Paradoxon des toten und des lebendigen Christus, das eine doketistische Deutung der Auferstehung ausschließt. Das Visions- und Erscheinungsmotiv, das in der haptischen Wahrnehmung des Leibes Franz von Assisi durch den Papst seinen Höhepunkt findet, greift das Thomasmotiv aus Joh 20,24–29 auf, was als Beweis für die Wirklichkeit der Auferstehung herangezogen werden kann. Eine Gleichsetzung mit der Auferstehung, wie Drexler annimmt[45], wäre eine offenbarungstheologisch unzulässige Identifizierung von Franziskus mit Christus.[46] Das Visionsmotiv ermöglicht den Vergleich zwischen der Vision und dem Sehen der Auferstehung Christi im Mittelfenster.[47] So wie der Papst in der Wahrnehmungsbrechung der Vision und der darin integrierten Berührung Franziskus begegnet, so begegnet der Gläubige im Anschauen der Auferstehung Christi diesem grundsätzlich nicht sichtbaren Ereignis. Gleichzeitig betont es durch

10 Auferstehung Christi, Mitte 14. Jahrhundert.
Mittleres Chorhauptfenster, achtes Register, Bayerisches Nationalmuseum, München

die Bezugnahme auf Gregor IX. die Anerkennung seiner in der päpstlichen Bulle „Quo elongati" von 1230 über die Auslegungsmöglichkeit der Ordensregel getroffenen Entscheidung, die eine wortwörtliche Befolgung und Auslegung des Testaments von Franziskus als Rechtsverbindlichkeit zurücknimmt.

Die Chorhauptfenster der Minoritenkirche St. Salvator betonen in ihrer Orientierung an der Offenbarungsstruktur des Göttlichen Wortes in der Übersetzung in eine Sichtbarkeitsmetapher das Glaubensfundament der Ordensgemeinschaft. Die Klostergemeinschaft führt sich mit dem Bildprogramm die Orthodoxie der katholischen Kirche und damit ihrer Ordensgemeinschaft täglich vor Augen. Die Basis hierfür bilden die biblisch bezeugte Heilsgeschichte, die in Jesus Christus ihren unüberbietbaren Höhepunkt erfahren hat, und das Leben des Ordensgründers Franz von Assisi, der das Evangelium durch sein Wort und seine Tat leibhaftig vergegenwärtigte und es dadurch auch dem Auftrag Christi gemäß verkündigte. Eine Gleichsetzung zwischen dem Sohn Gottes und dem Sohn eines Tuchhändlers aus Assisi, wie sie die Identitätsformel zwischen Evangelien und Ordensregel im praktischen Armutsstreit lieferte und die Theologie der Spiritualen-Reformfranziskaner aus dem Beraterkreis Ludwigs IV. theoretisch ausformulierte, ist den Darstellungen der Glasfenstern der Regensburger Minoritenkirche St. Salvator fremd.

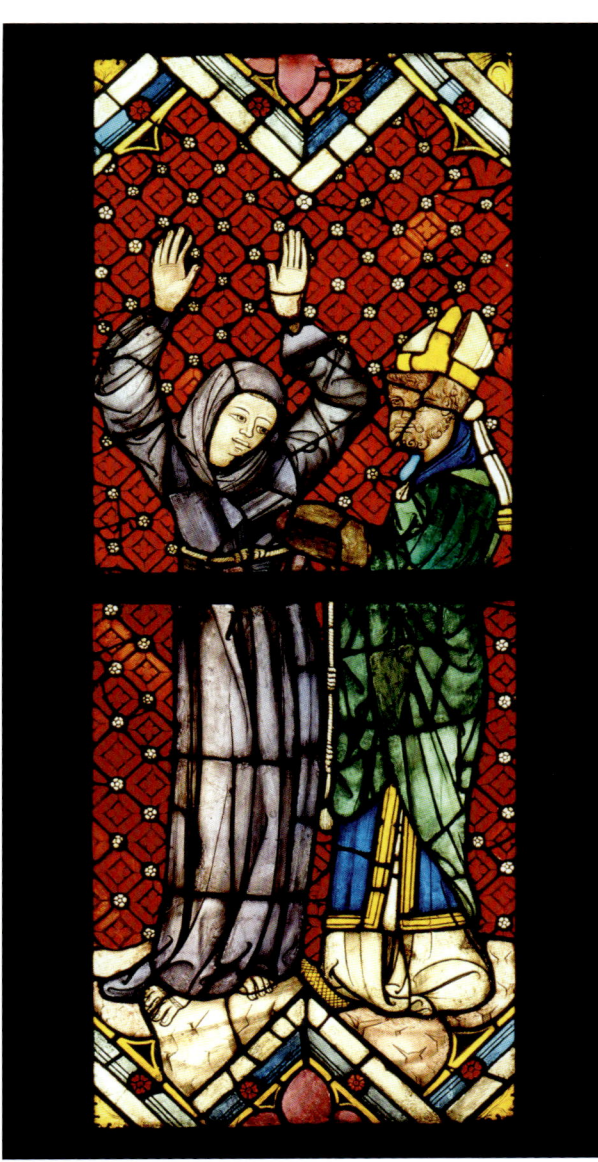

11 Vision Papst Gregors IX., Mitte 14. Jahrhundert, fragmentiert, zwei Teile. Rechtes Chorhauptfenster, achtes Register, Bayerisches Nationalmuseum, München

Anmerkungen

1 Ein erstes Fußfassen der Franziskaner nördlich der Alpen in den Jahren 1217 bis 1219 war gescheitert. Vgl. Drexler, Chorfenster, S. 10
2 Vgl. Hausberger, Bistum Regensburg, S. 62
3 Für die Ausführung des Neubaus dürfte eine Reihe von großzügigen Stiftungen nicht unerheblich gewesen sein. Vgl. Drexler, Chorfenster, S. 10
4 Die Kirche besaß wahrscheinlich ursprünglich einen offenen Dachstuhl. Die schlichten Rundpfeiler, die in ihrer Erscheinungsform mit Tellerbasen und Kämpfer bereits den Eindruck von Säulen erwecken, tragen in ihrer geweiteten Arkadenstellung die leicht wirkenden Langhauswände und geben, wie bei italienischen Basiliken, den Blick in die Seitenschiffe frei. Vgl. Schindler, Kunstgeschichte, Bd. 1, S. 235
5 Vgl. Hausberger, Geschichte, S. 136–140
6 Vgl. Weber, Minoritenkirche, S. 6
7 Vgl. Drexler, Chorfenster, S. 104–105
8 Ebd., S. 104
9 Ebd., S. 103
10 Vgl. Wuermeling, Geschichte Bayerns, S. 87
11 Zur Bedeutung der von beiden verfassten und 1326 in Regensburg überreichten Schrift „Defensor pacis" für den sich entwickelnden Konziliarismus vgl. Franzen, Kirchengeschichte, S. 222; zu den Aufenthalten Ludwigs IV. im Jahr 1326 in Regensburg vgl. Schmuck, Ludwig der Bayer, S. 336
12 Vgl. Hubensteiner, Bayerische Geschichte, S. 99
13 Vgl. Staber, Kirchengeschichte, S. 66. Die heute landläufige Bezeichnung „Franziskaner" bezieht sich auf die Mitglieder der Observantenbewegung (OFMObs), die 1517 von Papst Leo X. von den Konventualen getrennt und als eigenständiger Orden anerkannt wurde.
14 Ebd., S. 65f.
15 Ebd., S. 66f.
16 Ebd., S. 45
17 Vgl. Weber, Minoritenkirche, S. 5
18 Drexler, Chorfenster, S. 105
19 Ebd., S. 107
20 Vgl. Stoellger, Bild
21 In der johanneischen Tradition erfolgt die Dornenkrönung erst nach der Geißelung. Hier trägt Jesus bereits die Dornenkrone auf dem Haupt. In der Textfolge der Synoptiker findet die Geißelung nach dem Richterspruch unmittelbar vor der Kreuzigung statt.
22 Vgl. Drexler, Chorfenster, S. 54

23 In der biblischen Erzählung handelt es sich nicht, wie Drexler annimmt, um den König Nebukadnezar, sondern um den Perserkönig Darius. Vgl. Drexler, Chorfenster, S. 88
24 Die Auswahl der Szenen aus der Vita des Heiligen orientiert sich in ihren Motiven an ihrem christologischen Gehalt. Vgl. Drexler, Chorfenster, S. 100f. Der Farbwechsel durchbricht in der versetzten Anordnung sowohl die horizontale als auch die vertikale Leserichtung der Szenenfolge in den drei Chorhauptfenstern.
25 Ebd., S. 93
26 Dohmen/Neiser, Kunst
27 Vgl. Drexler, Chorfenster, S. 54
28 Zur typologischen Verbindung von Altem und Neuem Testament vgl. Iking, Sakrament
29 An dieser Stelle danke ich herzlich Prof. François Bœspflug (Paris) für die anregende Diskussion und die zustimmende Wertschätzung über die Möglichkeit einer offenbarungstheologischen Erweiterung typologischer Bildprogramme während seiner Papst-Benedikt XVI.-Gastprofessur im Mai 2013 an der Theologischen Fakultät der Universität Regensburg.
30 Vgl. im Römischen Hochgebet die Epiklese vor dem Einsetzungsbericht: „Mache sie uns zum wahren Opfer im Geiste, das dir wohlgefällt: zum Leib und Blut deines geliebten Sohnes, unseres Herrn Jesus Christus." – und das große Gebet über den Gaben von Brot und Wein: „Wir bitten dich allmächtiger Gott: Dein heiliger Engel trage diese Opfergabe auf deinen himmlischen Altar vor deine göttliche Herrlichkeit." Zur Entwicklung des römischen Kanons und der Rolle der Franziskaner vgl. Huges, Medieval Manuscripts; Jungmann, Missarum sollemnia
31 Vgl. Krüger, Bildkult, S. 116–119
32 Vgl. Wagner, Parallelismus
33 Vgl. Bosl, Armut Christi; Conrad, Armut; Ehrle, Spiritualen
34 Vgl. Staber, Kirchengeschichte, S. 65–67
35 Der Beginn der Streitigkeiten zwischen Konventualen und Spiritualen des Franziskanerordens kann mit der Wahl Papst Cölestins V. 1294, das Ende mit dem Pfingstkapitel des Ordens 1319 angegeben werden.
36 Vgl. Staber, Kirchengeschichte, S. 66
37 Vgl. De Santis, Offenbarung
38 Die höchste symbolische Ausformung des dreistufigen von Christus an die Apostel übertragenen Amts ist außerhalb der Liturgie die Tiara, die in ihrer Dreiteilung das Hirtenamt, das Weiheamt und das Lehramt seit Bonifaz VIII. in drei Kronreifen darstellt. Vgl. Bœspflug, Gott, S. 48, und Träger, Tiara, in: Lexikon der christlichen Ikonographie. Diese Ämter sind in der Person des Papstes als höchste Repräsentanz des Bischofskollegiums in der Nachfolge der Apostel personifiziert. Vgl. Lehramt, in: Rahner/Vorgrimler, Wörterbuch, S. 253–255
39 Vgl. Bonaventura, Breviloquium, S. 19–21
40 Vgl. Bonaventura, Franz von Assisi
41 Für das Motiv der Stigmatisierung ergeben sich als Umgestaltung des „Freundes Christi" Bezüge zur Theophanie an Sinai (Das leuchtende Antlitz Moses, Ex 33,18–23), zur Ölbergszene (Jesus schwitzt Blut, Lk 22,44) und zum Messiasgeheimnis sowie in der Bezeichnung „Gottesmann". Ziel dieser motivischen Verbindung ist der Erweis, dass Franz von Assisi zu den Lehrern und Propheten als auch zu den Aposteln in der Überlieferungstradition der Kirche steht.
42 Vgl. Leinsle, Einführung, S. 210–212
43 Vgl. Dohmen/Neiser, Kunst, S. 131
44 Vgl. De Santis, Offenbarung, S. 231
45 Vgl. Drexler, Chorfenster, S. 99
46 Vgl. De Santis, Offenbarung, S. 233
47 Ebd., S. 231

Lenka Bobková

Das Ende einer Herrschaft – Karl IV. als Gegenkönig und Nachfolger Ludwigs des Bayern

Ludwig IV. musste während seiner langen Herrschaft viele Konflikte, Schwierigkeiten und Probleme lösen – und das gilt auch für die Schlussphase seines Lebens. Die Erteilung der höchsten weltlichen Würde, das König- bzw. Kaisertum, war seit Beginn des Heiligen Römischen Reichs mit dem Haupt der Kirche, dem Papst, eng verbunden. Dieser verteidigte sein Recht auf die so genannte Approbation, also die Bestätigung der Wahl des römischen Königs als Bedingung für die Realisierung der Krönung zum Kaiser.[1] Diese päpstliche Bestätigung blieb Ludwig IV. versagt. Dieses Manko beeinflusste maßgebend seine Regierung und sollte auch zu einer neuen Auffassung der Königswahl und indirekt der Kaiserwürde führen. Mit den Folgen von Ludwigs Politik musste sich auch sein Gegenkönig – Karl von Luxemburg – abfinden. Diese zwei großen Herrscher des Spätmittelalters waren durch den Unterschied einer Generation getrennt und auch ihr Familienhintergrund, ihre Charaktere und ihre politischen Konzeptionen waren verschieden. Eines aber war ihnen gemeinsam: Sie wollten das Heilige Römische Reich erneuern. Um dieses Ziel zu erreichen, wählten sie unterschiedliche Konzepte und Mittel.

Die Wahl des römischen Königs

In der ersten Hälfte des 14. Jahrhunderts fanden die Wahlen dreier bedeutender römischer Könige statt, die nach einer Erneuerung des Heiligen Römischen Reichs strebten. Interessant ist, dass alle drei Wahlen direkt oder indirekt die Grafen von Luxemburg betrafen. Aus diesem Geschlecht stammte auch Heinrich VII., der 1308 zum römischen König erwählt wurde.[2] Heinrichs Kandidatur wurde von seinem jüngeren Bruder Balduin nachhaltig unterstützt, der kurz zuvor auf den Erzbischofsstuhl von Trier installiert worden war. Am Aufstieg beider Luxemburger, Heinrichs VII. und Karls IV., hatte nicht nur der Papst, der zu dieser Zeit in Avignon residierte, sondern auch der König von Frankreich Anteil. Balduin von Trier gehörte bis zu seinem Tod zu den bedeutendsten Reichspolitikern, insbesondere als Hauptakteur bei den Wahlen der römischen Könige 1314 und 1346.[3]

Als Heinrich VII. im August 1313 auf dem Rückweg aus Rom unerwartet starb, entfesselte sich der Kampf um den römischen Thron, der mehr als ein Jahr dauerte. Bald scheiterten die Hoffnungen von Heinrichs Sohn, dem damals noch zu jungen böhmischen König Johann von Luxemburg (geb. 10. August 1296). Auch ohne ihn konnten sich die Wähler nicht auf einen Kandidaten einigen.[4] Die gegenhabsburgisch orientierten Kurfürsten entschieden sich schließlich im Oktober 1314 für den bayerischen Herzog Ludwig (geb. 1281/82), ihre Opponenten wählten gleichzeitig den österreichischen Herzog Friedrich den Schönen (geb. 1289). Diese Doppelkönigswahl erwies nicht nur die Spaltung des Reichs, sie spiegelt auch die Unklarheit bezüglich der Inhaber der Kurfürstenstimmen wider, weil beide Kandidaten – dank der Verdoppelung der böhmischen und sächsischen Stimme – mit Mehrheit des Kurfürstenkollegiums gewählt worden waren.[5]

Zur Zeit dieser Wahl war der Apostolische Stuhl nicht besetzt, die Sedisvakanz dauerte vom 20. April 1314 bis zum 7. August 1316. So war es auch nicht nötig, auf den Standpunkt des Papstes Rücksicht zu nehmen und ihn um Approbation zu ersuchen. Die brennende Frage war jedoch, wer von den gewählten Königen tatsächlich regieren würde. Die Entscheidung brachte erst eine militärische Auseinandersetzung: Ludwig besiegte seinen Konkurrenten Friedrich im Jahr 1322 auf dem Schlachtfeld bei Mühldorf. Die Tür zum neu gewählten Papst Johannes XII. blieb ihm allerdings verschlossen, weil dieser es ablehnte, Ludwig als römischen König anzuerkennen. Der Streit sollte die gesamte, über 30-jährige Regierungszeit Ludwigs überschatten, an deren Ende am 11. Juli 1346 sein Gegenkönig Karl von Luxemburg als Nachfolger gewählt wurde.

Es war ausgerechnet Balduin von Trier, der sich im Einklang mit dem Wunsch des Papstes Clemens VI. als erster der Kurfürsten von Ludwig abwandte und die Wahl seines Großneffen Karl von Luxemburg (geb. 14. Mai 1316) unterstützte. Dem folgten auch die von der Kurie kurz zuvor eingesetzten Erzbischöfe Walram von Köln und Gerlach von Mainz sowie die weltlichen Kurfürsten Rudolph von Sachsen und der König von Böhmen, Johann von Luxemburg. Karl war zur Zeit der Wahl 30 Jahre alt und verfügte sowohl über diplomatische wie auch militärische Erfahrung. Als Vertreter seines Vaters hatte er schon einige Jahre das Königreich Böhmen verwaltet und bereits seit 1331 bewegte er sich in der europäischen politischen Szene.

Die Wahl zum König sicherte Karl allerdings keine reale Macht über das Reich, diese musste er sich erst erkämpfen. Er befand sich in einer ohnehin komplizierten Lage, die sich zudem mit dem Ausbruch des Kriegs zwischen Frankreich und England verschlimmerte. Im Unterschied zu Ludwig dem Bayern waren die Luxemburger treue Verbündete des französischen Königs, dem sie auch augenblicklich Hilfe anboten. Aus dem Kampfplatz bei Crécy-en-Ponthieu kehrte Karl zwar als König von Böhmen zurück, weil Johann von Luxemburg in der Schlacht gefallen war, in seiner Rolle als römischer Gegenkönig wurde Karl dadurch jedoch nicht stärker. Noch dazu erwartete Clemens VI. von seinem Favoriten, dass er – im Gegensatz zu Ludwig – das päpstliche Recht auf Approbation achten würde. Dies war schwierig geworden, weil sich die Haltung zur päpstlichen Approbation mit Blick auf die Rechtmäßigkeit der Wahl des römischen Königs im Lauf von Ludwigs Regierungszeit im Reich wesentlich geändert hatte. Karl war nun gezwungen zu lavieren. Nach der Wahl beeilte er sich nicht allzu sehr mit dem Absenden des Approbationsgesuchs. Das musste Papst Clemens VI. begreiflicherweise verstimmen. Später vermittelte der Prager Erzbischof Ernst von Pardubice in Avignon in dieser Angelegenheit. Nach der Schilderung des Chronikschreibers Beneš Krabice von Weitmile gelang es selbst diesem beredten Mann nur mit Mühe, den Konflikt zu bereinigen.[6] Auch mit Karls Krönung gab es Schwierigkeiten, weil sie aufgrund des Widerstands der Stadt Aachen nicht am traditionellen Ort vollzogen werden konnte. Sie fand schließlich am 26. November 1346 am Sitz des Erzbischofs von Köln in Bonn statt, also an demselben Ort, an dem der Doppelkönig Friedrich der Schöne 30 Jahre zuvor gekrönt worden war.

Ludwigs Position im Reich blieb vorerst unerschüttert. Nicht einmal sein Tod am 11. Oktober 1347 bedeutete einen schnellen Triumph seines Gegenspielers. Erst allmählich gelang es Karl, alle Hoffnungen, die sich die Söhne Ludwigs auf die Einsetzung ihres eigenen Kandidaten gemacht hatten, zunichtezumachen und sich im ganzen Reich durchzusetzen. Im Februar 1350 erkannten auch die Wittelsbacher seine Oberhoheit an und verpflichteten sich, ihm die Reichskleinodien zu übergeben. Ihr Versprechen hielten sie ein. Im Februar 1350 verließen diese Symbole der Reichsmacht den Alten Hof in München, um am Palmsonntag, dem 21. März 1350, in Prag festlich in Empfang genommen zu werden.

Wittelsbacher und Luxemburger

Um die Umstände der Wahl Karls IV. zum römischen König besser verstehen zu können, muss man in die Anfänge der politischen Beziehungen zwischen den Luxemburgern und dem bayerischen Herzog Ludwig zurückgehen. Im Jahr 1314 unterstützten sowohl der erwähnte Balduin von Trier als auch der junge böhmische König Johann Ludwig. Und wie üblich sparte der neu gewählte König nicht an Belohnungen für die beiden Luxemburger. Gemeinsam sollten sie einige Güter und Zölle am Rhein und in der Umgebung von Bacharach erhalten, dazu versprach Ludwig, Johann das Reichspfand Egerland und die Burgen Floss und Parkstein zu überlassen. Zur rechtmäßigen Übergabe dieser Besitzungen an Johann kam es jedoch erst nach der Niederlage Friedrichs des Schönen im Jahr 1322. Inzwischen war es Johann gelungen, das Land Bautzen, „marchia et terra budissinensis", also einen Teil der Oberlausitz zu beherrschen, der nach dem Aussterben der Brandenburger Askanier frei geworden war. Ludwig legte seinem Verbündeten keine Hindernisse in den

Weg, er selbst gewann aus der frei gewordenen Erbschaft für die Wittelsbacher die Markgrafschaft Brandenburg und die Niederlausitz.[7] Der König von Böhmen nahm persönlich an der Schlacht bei Mühldorf am 28. September 1322 teil und seine Truppen trugen maßgeblich zu Ludwigs Sieg bei.[8] Danach traf er mit Ludwig in Regensburg zusammen, der bei dieser Gelegenheit am 4. Oktober 1322 unter anderem auch Johanns Besitz des Reichspfands Egerland bestätigte.[9]

In den folgenden Jahren gingen die Interessen beider Herrscher in vielerlei Hinsicht auseinander. Der böhmische König Johann lehnte zwar nicht ab, zugunsten Ludwigs in Avignon zu verhandeln, war jedoch nicht bereit, Ludwigs Abkommen mit England zu unterstützen. Was den Konflikt zwischen Frankreich und England betrifft, stand Johann eindeutig auf der französischen Seite. Auch ihre dynastisch-politischen Pläne stießen wiederholt aufeinander. Diese Auseinandersetzungen kulminierten im Jahr 1338, als Ludwig in seinen Dekreten die Rechtsgültigkeit der Wahl des römischen Königs und seinen Anspruch auf die kaiserliche Krone ohne Einholen der päpstlichen Approbation proklamierte. Ludwig nahm zugleich Kontakt mit dem englischen König Edward III. auf, dem er finanzielle Unterstützung im Kampf gegen den französischen König versprach und das Vikariat über das Reichsgebiet westlich des Rheins erteilte. Als einziger Kurfürst versagte der böhmische König Ludwig seine Unterstützung und nahm auch an der Versammlung in Rhens, dem so genannten Rhenser Weistum, am 16. Juli 1338 nicht teil.[10] Bald musste Johann jedoch seinen Standpunkt aufgeben und sich unterwerfen. Im März 1339 leistete er Ludwig die bisher verweigerte Lehenshuldigung zu den Besitzungen des Königs von Böhmen und versprach, mit ihm ein Bündnis zu schließen, allerdings nicht gegen den König von Frankreich.[11] Johanns Sohn Karl verwahrte sich scharf gegen die Abmachungen seines Vaters mit Ludwig und lehnte es ab, sie anzuerkennen – zumindest stellt er dies in seiner Autobiografie so dar, die er allerdings erst in der Zeit seiner Herrschaft verfasste, sodass es fraglich bleibt, inwieweit es um den tatsächlichen Sachverhalt geht oder ob ihm vor allem daran gelegen war zu betonen, dass er mit dem exkommunizierten Kaiser keine Vereinbarung geschlossen habe und so auch zu seinem Gegenkönig gewählt werden könnte.[12]

Mittlerweile war zwischen den Wittelsbachern und den Luxemburgern ein Streit entbrannt um die Herrschaft in Kärnten und Tirol. Johann von Luxemburg versuchte diese Länder, die den Weg nach Italien eröffneten, für seinen jüngeren Sohn Johann Heinrich zu gewinnen, der seit 1335 mit der kärntner-tirolischen Erbin Margarete Maultasch verheiratet war. Ludwig IV. machte jedoch die Luxemburger Ambitionen zunichte. Er war bereit, sich mit den Habsburgern zu einigen, denen er Kärnten überließ, während er selbst versuchte die Grafschaft Tirol zu beherrschen.[13] Die Art und Weise, wie er dieses Land für seinen Sohn gewann, nahm ihm jedoch jede Möglichkeit, Absolution seitens der Kurie zu erlangen und führte zu einer weiteren Annäherung des Papstes zu den Luxemburgern. Vier Jahre nach den Tiroler Ereignissen sollte es dann zur Wahl Karls von Luxemburg zum römisch-deutschen König kommen.

> › Die Auseinandersetzungen kulminierten im Jahr 1338 ‹

Karl IV. widmete der Präsentation seiner Königsfunktion große Aufmerksamkeit. Monumentale bildkünstlerische Werke, aber auch eine positive Sicht seiner Herrschaft in den historiografischen Werken sollten zum Ruhm der Luxemburger beitragen. Er selbst konnte begreiflicherweise nur die einheimische chronistische Produktion beeinflussen, die verhältnismäßig umfangreich ist. Mit Karls Wahl befassen sich jedoch nur zwei Chroniken. Die ältere, geschrieben von Franciscus aus Prag, schildert auch die Ereignisse des Jahres 1350. Franciscus bezeichnet die Wahl als Ergebnis von Gottes Willen, dank dessen die Kurfürsten diesen König gewählt hätten, der dem Reich Frieden bringen würde.[14] Der schon erwähnte Beneš Krabice von Weitmile (gest. 1375) begann seine Chronik Anfang der 70er-Jahre des 14. Jahrhunderts, sie umfasst die Geschichte des Königreichs Böhmen bis 1374. Beneš, Prager Domherr und seit 1355 auch Bauleiter des St. Veit-Doms, gehörte zum Kreis des Prager Hofs und seine Chronik ist mehr oder weniger offizielle Geschichtsschreibung. Karls Wahl begründete Beneš Krabice mit dem berechtigen Thronsturz des Usurpators des Reichs, Ludwig des Bayern, der die Entscheidung des Papstes nicht beachtet und durch seinen Widerstand gegen die Kirche anderen ein schlechtes Beispiel gegeben hätte. Der Chronist betont, dass Karl sich erst auf Bitten der Kurfürsten hin zur Kandidatur entschlossen hätte, und zwar erstens weil er sich Gottes Willen nicht widersetzen wollte und zweitens um dem Wohl des schlecht verwalteten Reichs, „propter rem publicam", zu dienen. Auch würde Karl seine Wahl nur im Fall der päpstlichen Approbation, der sich Ludwig verweigert hatte, annehmen.[15] Der Chronist fasste die Wahl so auf, wie sie Karl selbst sah oder sehen wollte – als weiteren Beweis der Vorsehung und Gnade Gottes zu seiner Person. In derselben Weise schilderte Karl die Dinge auch in seiner Autobiografie. Soweit er Ludwig erwähnte, titulierte er ihn gewöhnlich als jemanden, der kein Kaiser sei, sondern sich nur für einen solchen halte.[16]

Renovatio imperii

Die Gestalt des ruhmvollen staufischen Kaisertums war fast vergessen, als Heinrich VII. nach fast einem Jahrhundert den Gedanken des Romzugs als Hauptpunkt seines Herrscherprogramms hervorhob. Mit der Wiederbelebung der Kaiserkrönung eröffnete sich allerdings auch die Frage der Restitution der kaiserlichen Macht im ganzen Reich, das heißt auch in der nördlichen Hälfte von Italien sowie in den Königreichen Burgund und Arelat. Dies bedeutete jedoch eine im Wesentlichen unlösbare Aufgabe, denn die Verbindung zum Reich war in diesen Gebieten weitgehend verloren gegangen und bestand nur mehr formal. Viele kleine Stadtstaaten in Italien lebten nach eigenem Gutdünken und fochten untereinander zahlreiche Streitigkeiten aus. Das Königreich Arelat geriet unter den Einfluss Frankreichs. Zudem stellte die Reise nach Italien selbst für den römischen König eine große diplomatische, finanzielle und manchmal auch militärische Anstrengung dar.

Heinrich VII. erreichte zwar am 26. Juni 1312 die kaiserliche Krönung, jedoch ohne Anwesenheit des Papstes und nicht in der St.-Peter-Basilika, sondern nur im Lateran. Zu seinem erstrangigen Gegner wurde der König von Neapel, dessen Partei später auch Papst Clemens V. ergriff. Der 38-jährige Kaiser starb inmitten der ausgebrochenen Kämpfe.[17]

Ludwig IV. brach zu seinem Romzug erst 13 Jahre nach seiner Wahl zum römischen König auf. Er realisierte sie, obwohl er mit den höchsten Kirchenstrafen belegt worden war. In erster Linie ging es ihm um eine weitere Phase seines juristischen Zweikampfs mit Papst Johannes XXII., dessen Autorität er durch die Wahl des Gegenpapstes gänzlich ablehnte. Ludwigs römische Krönung (1328) wurde zu einer Demonstration seines Anspruchs als gewählter römischer König ohne Rücksicht auf die Zustimmung der Kurie. Ludwigs Vorgehen empörte Avignon und der Streit spitzte sich weiter zu.[18]

Karls Stellung gegenüber der Kurie war eine andere, ohne dass er jedoch zu einem willenslosen Werkzeug der päpstlichen Politik geworden wäre. Karl erkannte den Papst als höchste kirchliche Autorität an, in politischen Angelegenheiten verfolgte er aber seine eigenen Interessen, wenn auch nicht um den Preis eines offenen Konflikts mit der Kurie. Auch Karls Romzug war das Ergebnis diplomatischen Manövrierens. Er unternahm die Fahrt nach Rom erst acht Jahre nach seiner Wahl, unter dem Pontifikat Innozenz' VI. Im Unterschied zu seinem Großvater musste er seinen Romzug nicht dem Papst mit der Waffe in der Hand abringen. Er musste sich nicht einmal – wie Ludwig – dem Willen der Kurie widersetzen. Aber auch Karls Krönung, die am Ostersonntag, dem 5. April 1355, stattfand, blieb nicht ohne Schatten. Der Papst war nicht selbst nach Rom gekommen, sondern hatte mit der Durchführung der Krönung einen seiner Kardinalbischöfe, den Bischof von Ostia, Pierre de Colombier, beauftragt. Karl hatte Clemens VI. seinerzeit zugesagt, dass er sich offiziell nur einen Tag in Rom aufhalten würde. Die Erfüllung dieses Versprechens fasste er zwar ein wenig als Kompromiss auf, Karls Vorgehen kontrastierte jedoch scharf mit der Weise, die Ludwig IV. für seine Krönung und seinen Aufenthalt in Rom im Jahr 1328 gewählt hatte. Karl verbrachte offiziell tatsächlich nur seinen Krönungstag in Rom, mit der geheimen Zustimmung des Papstes war er jedoch schon am Gründonnerstag abends als Gast der Kanoniker der St.-Peter-Basilika in der Ewigen Stadt eingetroffen. An den folgenden Tagen der Osterwoche besuchte er die berühmten römischen Basiliken und erwies den kostbaren Reliquien, die sich dort befanden, seine Reverenz.[19]

Karl wollte offensichtlich jede Kollision vermeiden, die seine Krönung hätte beeinträchtigen können. Er präsentierte sich in Rom in der Haltung eines christlichen Herrschers, der sich – trotz seiner weltlichen Größe – vor Gott beugt und die Autorität der Kirche, derer Beschützer er ist, anerkennt. Anders gesagt: Sein Ziel war es, das Prestige des Kaisers als des höchsten Hauptes der weltlichen Macht zu erhöhen, um ein Gleichgewicht mit dem höchsten Haupt der Kirche zu erreichen – seine Absicht bestand hingegen keinesfalls darin, sich die Kirche zu unterwerfen. In diese Konzeption gehörten auch die Rückkehr des Papstes nach Rom und die Schwächung der Verbindung der Kurie mit dem französischen Hof. Auch Karls zweiter Romzug (1368) sollte helfen, dieses Ziel zu erreichen. Der Papst kam damals zwar nach Rom, kehrte aber bald nach Avignon zurück. Erst gegen Ende von Karls Regierungszeit übersiedelte Papst Gregor XI. dauerhaft nach Rom. Als nach dessen Tod zwei Päpste gewählt wurden, kam es zum päpstlichen Schisma, das erst nach vielen Jahren unter der Regierung von Karls Sohn und Nachfolger, Sigismund von Luxemburg, beseitigt werden konnte.

Karls erfolgreiche römische Krönung im Jahr 1355 war kein Garant für die tatsächliche Herrschaft über das in Stadtstaaten zersplitterte Italien. Der gewonnene Kaisertitel war – genauso wie in den Zeiten seines Vorgängers – von großer Bedeutung im transalpinen, überwiegend deutschsprachigen Teil des Reichs, auf dessen Raum sich die kaiserliche Macht zunehmend beschränkte. Dieses Potenzial nutzte Karl nach seiner Rückkehr aus Rom mit der Herausgabe eines Reichsgesetzbuchs, das später als „Goldene Bulle" bezeichnet wurde. Die Hauptkapitel befassen sich mit den Bestimmungen über die Wahl des römischen Königs und über die Vorbereitung der Wahl. Diese Kapitel – ebenso wie die folgenden den Kurfürsten gewidmeten Bestimmungen – zeigen, inwieweit Karl IV. die vorige Entwicklung akzeptierte und mit ihrer Normierung zum Abschluss brachte.[20] Die Wahl wurde ganz in den Händen der Kurfürsten belassen. Ihre Zahl blieb unverändert, nur die Inhaber dieser Würde und daher auch der Wahlstimmen wurden nun festgelegt. Auch der Wahlort – Frankfurt am Main – und das Mehrheitsprinzip der Wahl wurden festgeschrieben. Die päpstliche Approbation ist jedoch nirgends erwähnt, nicht einmal im XVIII. Kapitel, das als Einladung der Kurfürsten zur Wahl des „zukünftigen Römischen Königs, der dann später mit Gottes Hilfe zum Kaiser erhoben wird" konzipiert ist.[21]

Schon aus der Einleitung geht die Betonung der Rolle der Kurfürsten hervor, „durch welche, wie durch sieben strahlende Leuchter in der Einigkeit des siebenfältigen Geistes, das heilige Reich erhellt werden soll".[22] Die Kanzlerwürden der geistlichen Kurfürsten deuten zwar ihre Kommunikationskompetenzen auch über romanische Reichsgebiete an, die tatsächliche Macht der Kurfürsten blieb jedoch auf den deutschen Teil des Reichs beschränkt. Die Kurfürsten sollten im Wesentlichen nur diesen Raum repräsentieren und zu dessen Stabilisierung beitragen. Karl IV. verzichtete zwar nicht auf die Regierung über das gesamte Heilige Römische Reich, die Wahl des römischen Königs beließ er jedoch nur in den Händen der Repräsentanten des transalpinen Teils des Reichs. Über die Durchführung der kaiserlichen Krönung entschieden die Kurfürsten allerdings nicht mehr. So wurde indirekt auch ein Raum für die Zustimmung des Papstes belassen beziehungsweise für die Erzielung eines Konsenses zwischen dem gewählten König und dem Haupt der Kirche.

Karl IV. nutzte seine Stellung im Reich sehr gewandt zur Stärkung seiner Stammbesitzungen. In dieser Hinsicht war er systematischer und erfolgreicher als sein Vorgänger. Karl knüpfte an die expansive Politik seines Vaters an, er entwickelte sie weiter und sicherte die neu gewonnenen Territorien staatsrechtlich ab. An die Besitzungen der böhmischen Königs schloss er den nördlichen Teil der Oberpfalz an, er gewann die Niederlausitz und 1373 sogar die ganze Markgrafschaft Brandenburg. Seine Stellung im Reich setzte er für eine festere staatsrechtliche Verbindung der genannten Länder mit den historischen Ländern des Königreichs Böhmen ein, dem die Mehrheit der angeschlossenen Ländern inkorporiert wurde. So entstand das neue territorial-politische Ganze – die Krone des Königreichs Böhmen, „Corona regni Bohemiae" –, das auf dem Prinzip der zentralen Macht des böhmischen Königs gründete, dem die Kronländer als unmittelbare Besitzungen (Ober- und Niederlausitz) oder als königliche Lehen (die meisten schlesischen Fürstentümer, die Markgrafschaft Mähren) untergeordnet wurden. Karl sah die böhmische Krone nicht nur als Grundlage der Luxemburger Besitzungen, sondern auch als Stütze seiner Macht im Reich. In seinen dynastischen Plänen überschritt er jedoch die Grenze des Reichs, als er sich bemühte, seinen Sohn Sigismund auf dem polnischen oder dem ungarischen Thron durchzusetzen.

Fazit

Karl IV. bediente sich in seiner politischen Konzeption der Erneuerung des Heiligen Römischen Reichs und der Festigung seiner Luxemburger Stammmacht einer anderen Strategie als Ludwig IV. In vielerlei Hinsicht reflektierte er jedoch Erfolge und Misserfolge seines Vorgängers, und zwar nicht nur, weil er gezwungen war, ihnen zu trotzen, sondern auch weil er sie nach seinen Vorstellungen und entsprechend den bestehenden Verhältnissen zu modifizieren fähig war. Dazu gehörte auch die verbale Annulierung der Kaiserwürde seines mit dem Kirchenbann belegten Vorgängers. Hinsichtlich der Kaiserkrönung erreichte Karl zwar einen Konsens mit dem Papst, es war ihm aber nicht mehr möglich, die Machtsphäre des Kaisers im ganzen Heiligen Römischen Reich auf Dauer zu erneuern. Die Goldene Bulle zielte auf die Stabilisierung des deutschen Teils des Reichs, auf dessen Raum sich das Römische Reich – jetzt mit dem Zusatz „Deutscher Nation" – seit Ende des 15. Jahrhunderts nicht nur faktisch, sondern auch rechtlich verengte.

Anmerkungen

1. Miethke, Approbation
2. Binder, Heinrich VII.
3. Pauly, Balduin von Luxemburg
4. Pauly, Traum
5. Friedrich von Habsburg wurde vom abgesetzten böhmischen König Heinrich von Kärnten und von Rudolf von Sachsen-Wittenberg gewählt, während Ludwig von Johann von Luxemburg und Herzog Johann von Sachsen-Lauenburg unterstützt wurde.
6. Emler, Chronicon Benessii de Weitmil, S. 513. Beneš verzeichnete auch die Rede von Papst Clemens VI., der das päpstliche Recht auf die Approbation betonte, denn: „imperium de Grecia per sedem apostolicam translatum fuit in Germanos"; Analyse der Rede: Patze, Konsistorialrede
7. Ludwig bestätigte Johann den Besitz des Landes Bautzen am 13. September 1320; Emler, Regesta regni Bohemiae III, S. 258, Nr. 613
8. Thomas, Ludwig der Bayer, S. 101–107; Erben, Berichte; ders., Schlacht bei Mühldorf
9. Sturm, Reichspfandschaft Eger; Bobková, Územní politika prvních Lucemburků
10. Thomas, Ludwig der Bayer, S. 308; Schütz, Kampf
11. Emler, Regesta regni Bohemiae IV, S. 258–261, Nr. 662; vgl. Spěváček, Jan Lucemburský a jeho doba, S. 539
12. Palacký, Fontes rerum Bohemicarum III, Vita Caroli, S. 360f.
13. Menzel, Hausmachterweiterungen
14. Zachová, Fontes rerum Bohemicarum I, Chronicon Francisci Pragensis, S. 191
15. Palacký, Fontes rerum Bohemicarum IV, S. 513
16. Palacký, Fontes rerum Bohemicarum III, S. 361 (Ludovicus, qui se gerebat pro imperatore), S. 366 (Ludovicus Bavarius, qui se imperatorem nominavit)
17. Margue u.a., Weg
18. Becker, Kaisertum; Gothardt, Marsilius von Padua, S. 313–410
19. Seibt, Karl IV., S. 227–238; Bobková, Velké dějiny Koruny české, Bd. IVa, S. 290–307; Kubínová, Imitatio Romae
20. Menzel, Übernahme
21. Fritz, Goldene Bulle, 1988, S. 606; Fritz, Goldene Bulle, 1978, S. 72
22. Fritz, Goldene Bulle, 1978, S. 41f.

Ludwig der Bayer –
Der Herzog auf dem Kaiserthron

Ausstellung in der ehemaligen Minoritenkirche St. Salvator

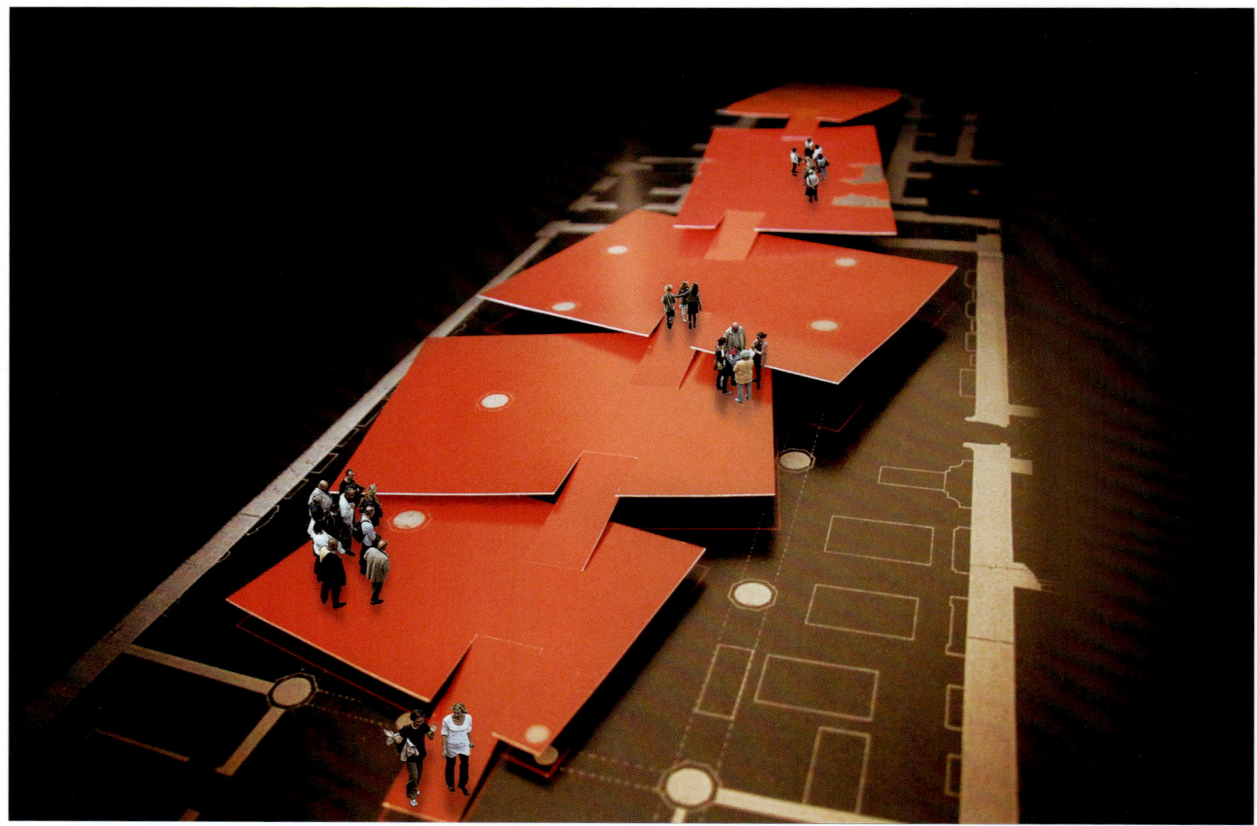

Visualisierung der Ausstellungsebenen Level 1 bis 5 (graficde'sign pürstinger, Salzburg)

Die wirtschaftlich prosperierende, verkehrsgünstig gelegene Stadt Regensburg war ein prädestinierter Platz für die Niederlassung der modernen Bettelorden. Im Gegensatz zu den bestehenden Orden hatten diese sich zur Aufgabe gesetzt, in freiwilliger Armut zu den Menschen in den wachsenden Städten zu gehen, um dort Seelsorge zu betreiben. Seit 1229 erfahren wir von Dominikanern in Regensburg. Noch zuvor, wenige Jahre nach der Gründung durch den hl. Franziskus von Assisi, kam der Orden der Minderen Brüder (Minoriten) hierher, wo ihm 1226 östlich der alten römischen Stadtmauer im Bereich des späteren Klosters eine Salvatorkapelle überlassen wurde. Offenbar flossen reiche Stiftungen, die die Errichtung einer groß dimensionierten Klosterkirche ermöglichten (vgl. die Beiträge von Christine Grieb und Wolfgang Neiser in diesem Band).

Um 1250/60 begann man mit dem Bau und schloss ihn in den 1280er-Jahren ab. Im zweiten Drittel des 14. Jahrhunderts, mithin in der Regierungszeit Kaiser Ludwigs, erbaute man einen neuen, aufwändig gewölbten Chor. Die bald darauf eingebrachten farbigen Glasfenster wurden nach der Säkularisation (1810) unsachgemäß entfernt, sodass sich nur ein Fünftel der Originalscheiben erhalten hat. Die bewegliche Innenausstattung der Kirche ging komplett verloren. Nach vielfachen Zweckentfremdungen als Militärmagazin oder Hotelgarage und nach einem Bombentreffer 1944, der die barocke Decke des Langhauses zerstörte, wird die profanierte Kirche heute als Museumskirche genutzt. Restaurierungen in den 1980er-Jahren legten Wandmalereien des 14. und späten 15. Jahrhunderts frei (Kat.-Nr. 7.14). Die mehrheitlich barocken Grabmonumente, die an den Wänden der Kirche aufgestellt sind, stammen aus musealem Bestand und gehören nicht zur ursprünglichen Ausstattung der Minoritenkirche.

Die bekannt enge, fast symbiotische Beziehung Ludwigs „des Bayern" zum papstkritischen Teil des Franziskanerordens lässt es als durchaus passend erscheinen, die Geschichte jenes umstrittenen Kaisers gerade in einer Minoritenkirche des 13. und 14. Jahrhunderts zu erzählen – sozusagen an einem Originalschauplatz. Damit ergab sich freilich für die Gestaltung der Ausstellung eine gewaltige Herausforderung. Wer die Minoritenkirche betritt, ist zunächst durch die schiere Dimension des basilikalen Raums überwältigt, eine Überwältigung, die im hochgotischen Chor mit seinen großflächigen Maßwerkfenstern nochmals gesteigert wird. Durch das Fehlen der ursprünglichen farbigen Glasscheiben dringt an hellen Tagen das Sonnenlicht ungehindert in fast jeden Winkel des Gebäudes. Wie lässt sich hier eine in sich stimmige, zugleich den klimatischen und sicherheitstechnischen Anforderungen genügende Ausstellung realisieren, ohne den großzügigen Raumeindruck durch kleinteilige Einbauten zu zerstören?

Mit inszenatorischem Gespür hat der Gestalter Friedrich Pürstinger aus Salzburg hierfür eine überzeugende Lösung entwickelt, die mit der Erzählung der Ausstellung korrespondiert. Statt einzelne „Vitrineninseln" oder vertikale Raumteiler einzubauen, hebt er die komplette Ausstellung auf eine neue Ebene. Schon die Zeitgenossen sahen die Herrschervita Ludwigs als verblüffenden, teilweise gefährdeten Aufstieg, metaphorisch ausgedrückt als Flug eines Adlers, der immer höher steigt, auch wenn die Flügel bereits versengt sind – so das berühmte Zitat des Chronisten Matthias von Neuenburg, der hier gelehrte Anleihen beim antiken Ikarusmythos nimmt (vgl. die Beiträge von Richard Loibl und Alois Schmid in diesem Band).

Und eine andere Parallele drängte sich auf: Ludwigs Aktionen erinnern an die Struktur moderner Computerspiele. Bestimmte Aufgaben sind zu erfüllen, Gegner zu bekämpfen, Verbündete zu gewinnen, um schließlich auf eine neue Ebene, ein neues „Level" zu gelangen, das weitere Horizonte, neue Gegner und Aufgaben bereithält. Diese Vorstellung floss direkt in die Gestaltung ein. Friedrich Pürstinger konzipierte fünf solcher Erzählebenen, die, über Rampen verbunden, in den Raum der Minoritenkirche gelegt wurden. Die Besucher schreiten diese Ebenen hinan, erleben geradezu körperlich eine allmähliche, festlich wirkende Elevation. Die Levels haben verschiedene Größen und Zuschnitte; es gibt Sackgassen, optische Blockaden und bisweilen Umwege – ganz im Sinn einer mehrsträngigen Erzählung, die keine vorbestimmten historischen Notwendigkeiten postuliert. Dank der verbindenden Rampen kann die komplette Ausstellung barrierefrei besucht werden; unter den Böden der Levels ist die Ausstellungstechnik integriert.

Ein Problem war damit aber noch nicht gelöst, das des Lichteinfalls in die Kirche, der für die konservatorische Sicherung der Ausstellungsexponate reduziert werden musste. In Abstimmung mit dem Landesamt für Denkmalpflege konnte aber auch hier eine Lösung gefunden werden, die pragmatische Überlegungen mit gestalterischem Mehrwert verbindet. Die Kirchenfenster im Langhaus, in den Seitenschiffen und im Chor wurden im Inneren mit Verschattungen verhängt, wobei darauf geachtet wurde, die denkmalgeschützten Wände nicht zu berühren. Hierfür mussten im Chorbereich sogar Industriekletterer eingesetzt werden, die die „Dampflöcher" der mittelalterlichen Gewölbekonstruktion für Abhängungen nutzen konnten. Um die weiß verhängten Fenster entsteht so eine ständig wechselnde Lichtaura, die dem Raum zusätzliche Lebendigkeit verleiht. Die museal aufgestellten Grabsteine werden mit einem vorgehängten Nesselstoff optisch ausgeblendet. So wird für die Dauer der Ausstellung wieder der bauzeitliche Aspekt einer ganz in Weiß gehaltenen Raumschale gewonnen, wie dies auch im Regensburger Dom der Fall war (vgl. den Beitrag von Achim Hubel in diesem Band). Dieser dem Raumerlebnis des 14. Jahrhunderts angenäherte Eindruck wird vervollständigt durch ein weiteres ehrgeiziges Projekt. Dank der engagierten Mithilfe von Wolfgang Neiser (Historisches Museum Regensburg) und Daniel Parello (Corpus Vitrearum Deutschland, Freiburg i. Br.) konnten drei der Glasfenster im Chorhaupt rekonstruiert werden. Die fehlenden Scheiben wurden zumindest in ihrer Farbigkeit dem historischen Zustand angenähert. Damit wird erstmals seit dem 19. Jahrhundert wieder erlebbar, wie die Minoritenkirche kurz nach ihrer Fertigstellung ausgesehen haben mag.

In dieser Form war die einstige „Predigtscheune" der Minoriten bereit, die Erzählung über den Bayernherzog Ludwig aufzunehmen, der aus kleinen Anfängen heraus zum deutschen König und römischen Kaiser wurde.

Peter Wolf

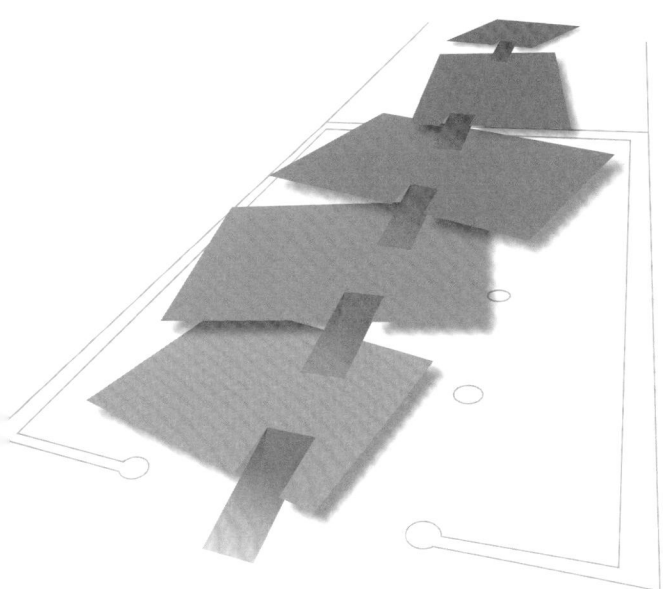

Minoritenkirche
Level 1

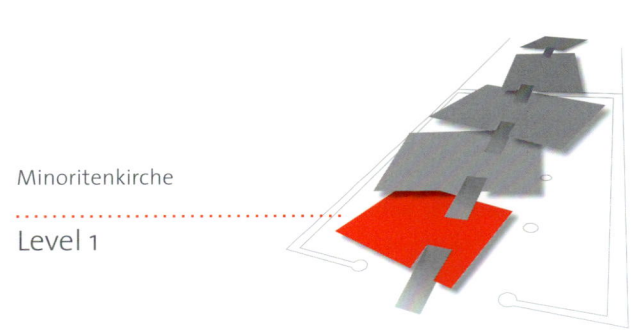

Fürst ohne Land – Held von Gammelsdorf

Es ist eine ferne Zeit, in die wir zurückblenden. Ludwig „der Bayer" – schon der eigentlich herabwürdigend gemeinte Beiname zeigt es – war eine höchst umstrittene Figur. Das 19. Jahrhundert hat ihn, wie viele andere Herrscher des Mittelalters, idealisiert. Man versuchte, die unerhörte Aufstiegsgeschichte jenes bayerischen Herzogs, der Kaiser wurde, auch im Porträt wiederzugeben. Symptomatisch der Einsatz König Ludwigs I. von Bayern, der für die Galerie der deutschen Könige und Kaiser im Frankfurter Römer nicht etwa einen grimmigen Ritter, sondern einen mit allen Insignien der Macht versehen, kernig dreinblickenden Herrscher wünschte (Kat.-Nr. 1.2). Um sich von solchen rasch erstellten Identifikationsangeboten zu befreien, steht am Beginn unserer Ausstellungserzählung die Frage: Wie sah Kaiser Ludwig IV. eigentlich aus? Wie kaum anders zu erwarten, können wir darauf keine abschließende Antwort geben. Wirklichkeitsgetreue Porträts waren zu seiner Zeit nicht gefragt. Die Chronisten beschrieben Könige und Kaiser nicht nach eigener Anschauung sondern nach den Mustern des antiken Herrscherlobs. Freilich müssen solche rhetorischen Vorgaben trotz aller Formalisierung nicht falsch sein. Übereinstimmend wird über Ludwig berichtet: ein kräftiger, hochgewachsener Mann mit durchdringenden Augen, einer starken, gebogenen Nase und heiter lächelndem Mund. Solche Merkmale finden sich auch auf den Darstellungen, die Ludwig teilweise selbst in Auftrag gab.

Die weltumspannenden Herrschaftsansprüche eines römischen Kaisers lagen bei seinem ersten greifbaren öffentlichen Auftreten, am Rittertag von „Snaitpach" 1302, noch weit entfernt. Aber undenkbar waren sie nicht, denn die bayerische Herzogsfamilie der Wittelsbacher gehörte zu den angesehensten Dynastien des Reichs. Eine enge Verbindung bestand zur langjährigen „Kaiserdynastie" der Staufer. Nach der Ermordung des letzten legitimen Staufers Konradin im Jahr 1268 fiel den Wittelsbachern auch ein reiches territoriales Erbe zu. Familienbande unterhielt man ebenfalls zu den erst kürzlich ins königliche Machtspiel eingetretenen Habsburgern. So wurde Ludwig als jüngster Sohn des oberbayerischen Herzogs Ludwig II. des Strengen und der habsburgischen Prinzessin Mechthild geboren, konnte also auf einen königlichen Großvater verweisen: Rudolf I. von Habsburg. Ludwigs Geburtsjahr ist nicht sicher überliefert; neben der üblichen Angabe des Jahres 1282 könnte auch das Jahr 1286 zutreffen (vgl. den Beitrag von Tobias Appl in diesem Band). Bayern war damals entlang der Linie Kelheim–Moosburg–Rosenheim in die Herzogtümer Ober- und Niederbayern aufgeteilt. Östlich lag das wohlhabende Niederbayern. Dessen Herzöge beteiligten sich intensiv an den Machtkämpfen in Böhmen und Ungarn. Herzog Otto von Niederbayern erlangte als Gegner des Hauses Anjou im Jahr 1305 sogar die ungarische Königskrone, konnte die Herrschaft über Ungarn aber nicht auf Dauer durchsetzen. Eine ganz andere geopolitische Ausrichtung prägte das westlich gelegene Oberbayern, das mit der Pfalzgrafschaft bei Rhein verbunden war. Hier herrschte Ludwigs Vater, Herzog Ludwig II. der Strenge. Er regierte das ärmere Teilherzogtum, verfügte aber über das Recht zur Königswahl.

Ludwig kam nach den Kinderjahren, die er in den wittelsbachischen Ländern, vermutlich auch am Alten Hof zu München verbracht hatte, an den Hof König Albrechts aus dem Haus Habsburg. Eine Erziehung an befreundeten Höfen war in Hochadelskreisen durchaus üblich; in diesem Fall hatte sicher Ludwigs Mutter Mechthild ein entscheidendes Wort mitgesprochen. Gemeinsam mit seinem Cousin Prinz Friedrich lernte Ludwig in Wien die ritterlichen Tugenden und Künste: das Reiten, die Jagd, den Kampf, aber auch das Schachspiel und höfische Umgangsformen. Und man darf vermuten, dass er in der Handelsdrehscheibe Wien bemerkte, wie neben den adeligen Tugendkanon nun eine neue Welt des Handels und der Bürger trat, auf deren Finanzhilfen die Fürsten oft genug zurückgreifen mussten.

Im Jahr 1294 starb der Vater. Nun stand der junge Ludwig unter der Vormundschaft seines älteren Bruders Rudolf. Das Verhältnis der beiden war von Anfang an und bis zum frühen Tod Rudolfs in Jahr 1319 von gegenseitigen Zurücksetzungen geprägt. 1308 oder 1309 heiratete Ludwig Beatrix von Schlesien-Schweidnitz. Dies weist vielleicht schon darauf hin, dass sein Blick nach Niederbayern ging, denn die ältere Schwester seiner Frau, Judith, war Herzogin in Niederbayern. Das reiche Land bildete die Brücke Bayerns in den Osten und weckte viele Begehrlichkeiten, auch bei Friedrich von Österreich.

Ludwigs Stunde kam mit dem Tod der gemeinsam regierenden niederbayerischen Herzöge. Er erhielt die Vormundschaft über deren minderjährige Söhne zuerkannt. Ein Feld politischer Bewährung und reicher Einkünfte tat sich auf. Doch damit zeigten sich weder die Herzoginwitwen noch der Großteil des Adels einverstanden; sie wandten sich um Unterstützung an das Haus Habsburg. In dieser Situation änderte Ludwig die Ausrichtung seiner Politik und kündigte seinem einstigen Spielkameraden Friedrich die Freundschaft. Am 9. November 1313 stellten Ludwig, seine Ritter und Fußtruppen aus den Städten Landshut und Straubing das überlegene habsburgische Ritterheer bei Gammelsdorf, an der Grenze zwischen Ober- und Niederbayern. Der junge Herzog errang einen unerwarteten Sieg. Die zeitgenössische Chronistik erklärte ihn – aus der Rückschau – zum Helden von Gammelsdorf, geschaffen für höhere Aufgaben.

Peter Wolf

Der Kaiser allerorten.

1.1 Erinnerungsorte an Ludwig den Bayern für das Smartphone

Vorarbeiten: Johannes Bichler, Astrid Bösl, Patricia Lippert; Text: Florian Schurli; Redaktion: Evamaria Brockhoff, Andreas Th. Jell, Barbara Six; Programmierung und Design: Friends Media Group, Augsburg

Ludwig der Bayer ist im kollektiven Gedächtnis Bayerns seit 700 Jahren präsent; in Gemälden, Statuen, Inschriften, Straßennamen, literarischen Zeugnissen wurde und wird des wittelsbachischen Herrschers gedacht, der Bayern in das Zentrum der europäischen Politik seiner Zeit gerückt hat. An zahlreichen öffentlichen Plätzen wurde und wird die Erinnerung an die Person Ludwigs oder an sein Kaisertum gepflegt. Gleichzeitig existieren in ganz Bayern viele Orte, an denen die unmittelbaren Auswirkungen seines Regierungshandelns sichtbar geblieben sind, wie etwa in den Stiftungen von Klöstern oder Spitälern, die Ludwig zu verdanken sind. Diese identitätsstiftenden Erinnerungstraditionen sind der ortsansässigen Bevölkerung in der Regel vertraut, während der Ortsunkundige vielfach daran vorbeigeht, ohne den historischen Hintergrund zu kennen. Für die Landesausstellung wurde eine App-Anwendung erarbeitet, die einen repräsentativen Querschnitt durch die bayerischen Erinnerungsorte an Kaiser Ludwig zusammenstellt und informativ aufbereitet. Eine auf dem Smartphone abrufbare Karte verzeichnet knapp 100 Erinnerungsorte. Knappe Texte informieren über die wesentlichen Fakten. Eine bildliche Dokumentation soll im Lauf der Zeit durch Foto-Uploads der Nutzer erreicht werden. *F. Sch.*

Der QR-Code führt direkt zur App-Anwendung.

Ein Bild von einem Kaiser – so wollte der bayerische König Ludwig I. seinen berühmten Vorfahren sehen.

1.2

A Ludwig IV.

Karl Ballenberger (1801–1860), Frankfurt, vor 1840;
Öl/Leinwand, 293 x 97,5 cm
Privatbesitz, Frankfurt a. M.

B Ludwig IV.

Karl Ballenberger (1801–1860), Frankfurt, 1840;
Öl/Leinwand, 255 x 73 cm (R)
Römer, Kaisersaal, Frankfurt a. M.

Der Kaisersaal im Frankfurter Rathaus, dem Römer, war seit Jahrhunderten mit Kaiserbildnissen geschmückt. 1838 rief ein Komitee, das aus der Administration des Städel'schen Kunstinstituts, dem Vorstand des Kunstvereins und der Gesellschaft für Frankfurts Geschichte und Kunst bestand, zur Neugestaltung des Saals mit Porträts der Kaiser von Karl dem Großen bis zum Ende des Alten Reichs auf. Ein Ausschuss von Frankfurter Bürgern gewann für die Finanzierung einzelner Gemälde namhafte Persönlichkeiten im ganzen Reichsgebiet, unter ihnen König Wilhelm IV. von Preußen und Kaiser Ferdinand I. von Österreich. Der bayerische König Ludwig I. beteiligte sich ebenfalls und finanzierte das Porträt Kaiser Ludwigs des Bayern.

Der aus Ansbach stammende Maler Karl Ballenberger, von Ludwig schon in der Kronprinzenzeit mit einem Stipendium unterstützt, hatte an der Münchner Akademie studiert und lebte in Frankfurt. Für den Kaisersaal malte Ballenberger nicht nur das Porträt Ludwigs des Bayern, sondern auch die Gemälde Konrads I. (finanziert vom Städel'schen Kunstinstitut), Ruprechts von der Pfalz (finanziert von einem bayerischen Verein unter Führung des bayerischen Gesandten Arnold v. Mieg) und Günter von Schwarzburgs (im Auftrag des Freiherrn Moritz von Bethmann).

Von einigen Gemälden des Kaisersaals gibt es zwei Versionen, da die erste jeweils abgelehnt wurde. Auch zum Gemälde Ludwigs des Bayern existieren zwei Versionen: Die zweite hängt noch heute im Frankfurter Römer, die erste tauchte vor einigen Jahren im Kunsthandel auf. In der ersten, etwas größeren Variante orientierte sich Ballenberger an den Reliefs des Mainzer Kaufhauses am Brand (Kat.-Nr. 4.12) und stellte Ludwig den Bayern als mittelalterlichen Ritter in Rüstung

1.2 A   1.2 B

dar. Die zweite im August 1840 fertig gestellte Version zeigt Ludwig als Kaiser in der prunkvollen Adlerdalmatika (heute in der Weltlichen Schatzkammer, Wien) mit Krone, Zepter und Reichsapfel. Aus dem jungen Ritter hatte Ballenberger einen würdevollen Kaiser gemacht, ähnlich wie er auf der Grabplatte in der Münchner Frauenkirche dargestellt ist (Kat.-Nr. 5.27 A). Vielleicht war König Ludwig I. die Version des „Ritters" Ludwig für seinen kaiserlichen Vorfahren als unangemessen erschienen.

König Ludwig I. hatte ein ambivalentes Verhältnis zu Kaiser Ludwig dem Bayern. Er verbannte 1810 die von ihm ursprünglich vorgesehene Büste seines Vorfahren aus der Walhalla und verkaufte sie seinem Vater Max I. Joseph. Ludwig warf dem Kaiser Treubruch gegenüber dem Habsburger Friedrich dem Schönen vor, der seinerseits mit einer Inschrift in der Walhalla verewigt wurde. Gleichzeitig war Ludwig der Bayer aber einer der beiden Wittelsbacher, die den Königs- und Kaiserthron errungen hatten und daher eine wichtige Figur für das Selbstverständnis der bayerischen Könige (Kat.-Nr. 1.18).

Ursprünglich waren den meisten der Gemälde Devisen zugeordnet – zum Teil Wahlsprüche der Dargestellten, zum Teil frei erfundene Sprüche –, die wohl nach 1871 abgeändert wurden. Unter dem Gemälde Ludwigs des Bayern stand zunächst auf Latein „Man muss solche Schätze sammeln, welche mit dem Schiffbrüchigen nach oben schwimmen", heute ist dort auf Latein zu lesen: „Allein gute Taten sind ehrenvoll". *B. S.*

Lit.: Allgemeine Zeitung, 6. September 1840, S. 1997; Kaisergalerie; Kriegk, Geschichte, S. 202–207; Murr, Mittelalter, S. 219–226

„Ein schöner Mann mit edlem Wuchs" – wie Ludwig der Bayer wirklich aussah, wissen wir nicht.

1.3
Viele Bilder – kein Abbild

Installation
Haus der Bayerischen Geschichte, Augsburg

5.27 (Detail)

Darstellungen des Kaisers erscheinen in verschiedenen Techniken und Materialien – auf Siegeln und Münzen, in der Buchmalerei, auf Urkunden und in Steinreliefs, künstlerische Darstellungen, die unterschiedliche Funktionen hatten, aber vor allem der Repräsentation dienten (Kat.-Nr. 2.1, 4.1, 4.10, 4.12, 5.27). Häufig ist er mit den Zeichen seiner Herrschaft – Krone und Zepter in stilisierter Form – zu sehen.

In den schriftlichen Quellen hingegen scheint er auf den ersten Blick konkreter fassbar: „Er war von schlanker, hoher Gestalt, hatte spärliches rotblondes Haar, eine lebhafte Gesichtsfarbe, schien immer zu lächeln, seine Augen waren groß und klar, seine spitze Nase bog sich zum Munde nieder, seine Wangen voll, sein Kinn schlank, sein Hals, der Nacken und die Schultern wohlgebaut, die Arme, Schenkel und Füße proportioniert." So beschrieb ihn Albertino Mussato in seinem Bericht über die Kaiserkrönung 1328 (Kap. 31, S. 62). Auch andere Zeitgenossen erwähnen sein gutes Aussehen, in der Chronik Kaiser Ludwigs IV. sind ebenfalls die gebogene Nase und der lächelnde Mund erwähnt (Kap. 9, S. 162). Solche Beschreibungen sind jedoch ebenso wenig wie bildliche Darstellungen als realitätsnah aufzufassen. Sie stehen vielmehr in der in die Antike zurückreichenden Tradition der Herrscherbeschreibung. Schönheit, ein ernstes und zugleich heiteres Aussehen, die Adlernase sind immer wiederkehrende Muster. So wurden auch Cäsar, Karl der Große oder andere mittelalterliche Herrscher beschrieben und im Bildnis gezeigt, da es Chronisten wie Künstlern um das richtige Bild eines guten Herrschers ging, weniger um das konkrete Erscheinungsbild der Person. Erst ab der Zeit Kaiser Karls IV. begann man nördlich der Alpen in der bildenden Kunst nach größerer Porträtähnlichkeit zu streben.

B. S.

Lit.: Lohmer, Geschichte, Bd. 1, S. 153–179 (Chronik), Bd. 2, S. 25–62 (Mussato); Suckale, Hofkunst, S. 25–27

Das umfangreiche Lehrgedicht „Der welsche Gast", das junge Adelige in höfischer Sitte, Bildung, Minne und Tugend unterrichtet, sollte ihnen die Ideale des Rittertums – Tapferkeit, Edelmut, Mildtätigkeit – nahebringen.

1.4
Thomasin von Zerklaere: Der welsche Gast

Regensburg (?), 1328 bzw. 1359; Handschrift/Pergament, 97 Blätter, 94 Federzeichnungen, laviert, 26 x 20 cm
Württembergische Landesbibliothek, Stuttgart (Cod. poet. 2° 1)

Das Meiste über den Autor und die Entstehung seines einzigen erhaltenen Werks ist dem Text selbst zu entnehmen. Im Prolog nennt er seinen Namen: Thomasin von Zerklaere stammte aus niederem Adel in Friaul, war Kleriker in Aquileja und sprach romanisch. Da er sich mit seinem Buch an den deutschen Adel wandte, bediente er sich aber als „welscher Gast" des Deutschen. Trotz einiger Unvollkommenheiten zeigt der Autor eine bemerkenswerte Beherrschung der für ihn fremden Sprache. Das Werk in zehn Büchern mit 14 800 Reimpaaren schrieb er im Winter 1215/16. Inhalt ist eine Tugend- und Verhaltenslehre für die adelige, laikale Oberschicht. Der Text bedient sich allegorischer Figuren, die richtige und falsche Verhaltensweisen darstellen. Allerdings nennt Thomasin oft auch konkrete Beispiele aus seiner Zeit, aus denen seine politische Einstellung, insbesondere seine papsttreue Gesinnung, abzulesen ist.

Erste Tugend ist die „Staete" (Beständigkeit), ohne die alle gegebene Ordnung verloren geht; ihr steht als Gegenpart die „Unstaete" gegenüber. Die „Maze" (das rechte Maß) ist ein weiterer Pfeiler dieser praktischen Ethik; Handlungen, die sie nicht beachten, geraten zum Übel. Im zehnten Buch benennt Thomasin die „Milte" als oberstes Prinzip in Rechtshandlungen. Insgesamt gestaltet er seine Lehre als Kampf zwischen den Tugenden und Lastern, angereichert mit einer Unterweisung in den grundlegenden Begriffen der zeitgenössischen und überlieferten Wissenschaft, zum Beispiel der Artes liberales, der sieben freien Künste.

Die hier gezeigte Handschrift wurde wahrscheinlich 1328 für den Regensburger Bürger Andre Tainger – also nicht für einen Adeligen – geschrieben. Der Text ist hauptsächlich in Handschriften aus dem bayerischen Raum überliefert. Von Anfang an war ein Zyklus von bis zu 120 (im vorliegenden Codex 94) Illustrationen vorgesehen. Die Federzeichnungen stammen offensichtlich von nicht professionellen Händen. *P. B.*

Lit.: Burkhart, Handschriften 3/2, Nr. 46, S. 57–63; Regensburger Buchmalerei, S. 92, Kat.-Nr. 78 (Robert Suckale); Verfasserlexikon, 2. Aufl., Bd. 9, Sp. 896–902 (Christoph Cormeau)

Einige wenige Adelsfamilien stellten die römisch-deutschen Könige. Neben den Habsburgern und den Luxemburgern gehörten die mit den Stauferkaisern verwandten Wittelsbacher zu diesem exklusiven Kreis.

1.5
Wittelsbacher Genealogie

Stammtafel; Entwurf: Andreas Th. Jell
Haus der Bayerischen Geschichte, Augsburg

Die Wittelsbacher galten als eines der vornehmsten Adelsgeschlechter im Reich, und dies nicht erst seit sie im 15. Jahrhundert verbreiten ließen, von Karl dem Großen und in weiterer Folge von den Trojanern abzustammen. Die Belehnung des Grafen Otto von Wittelsbach mit dem Herzogtum Bayern durch Kaiser Friedrich Barbarossa erhob die Wittelsbacher 1180 in den Rang von Reichsfürsten. Als Parteigänger der Stauferkönige pflegten sie auch verwandtschaftliche Beziehungen zu dem schwäbischen Herrschergeschlecht. Über ihre Schwester Elisabeth waren die Bayernherzöge Ludwig II. der Strenge und Heinrich XIII. mit König Konrad IV. verschwägert. Konradin, der auf Burg Wolfstein bei Landshut geborene letzte Staufer, war damit ein Vetter Ludwigs des Bayern. Nach Konradins Hinrichtung erbte sein Onkel, Herzog Ludwig II. der Strenge, die staufischen Besitzungen bis zum Lech. Damit war Ludwigs Vater einer der mächtigsten Reichsfürsten des späten 13. Jahrhunderts. Auch wenn er selbst nicht nach der Königskrone strebte, war ihm daran gelegen, mit reichspolitisch relevanten Dynastien Verbindungen einzugehen: Am Krönungstag Rudolfs von Habsburg heiratete Ludwig der Strenge in dritter Ehe Mechthild, die Tochter des neuen Königs.

Dieser Ehe entstammen zwei Söhne, der 1274 geborene Rudolf und der 1281/82 oder 1286 geborene Ludwig. Über ihre Mutter Mechthild (1251–1304), deren Schwestern nach Sachsen-Wittenberg, Brandenburg, Böhmen sowie Ungarn verheiratet worden waren, hatten die beiden verwandtschaftliche Beziehungen zu allen Kurfürstengeschlechtern. Alle drei Rivalen um das Königtum – Ludwig der Bayer, Friedrich der Schöne und später Karl IV. von Böhmen – waren als Enkel beziehungsweise Urenkel Nachfahren König Rudolfs von Habsburg. Heinrich von Kärnten gehörte ebenfalls zur Verwandtschaft als Enkel der oben genannten Elisabeth, die nach dem Tod König Konrads IV. einen Grafen aus dem Geschlecht der Meinhardinger geheiratet hatte.

Auch Rudolf und Ludwig setzten Eheverbindungen als Mittel der Politik ein. Wie sein Vater heiratete Rudolf die Tochter eines neu gewählten Königs: Mechthild aus der Familie der Grafen von Nassau. Allerdings brachte ihm diese Verbindung nur wenig politischen Nutzen, weil sein Schwiegervater, König Adolf von Nassau, bereits 1288 in der Schlacht von Göllheim fiel. Rudolf musste sich dem siegreichen Habsburger Albrecht I., seinem Onkel, unterwerfen.

Ludwigs Ehe mit Beatrix von Schlesien-Schweidnitz hingegen hatte auf den ersten Blick machtpolitisch wenig Potenzial, eröffnete jedoch ebenfalls Perspektiven. Kurzfristig brachte sie eine Annäherung an die niederbayerischen Herzöge Otto III. und Stephan I., die ebenfalls Eheverbindungen mit schlesischen Herzogtöchtern eingingen. Mittelfristig aber war es diese Ehe, die den Grundstein für Ludwigs Aufstieg legte, als ihm nach dem Tod der niederbayerischen Vettern die Vormundschaft über deren unmündige Söhne Heinrich XV., Heinrich XIV. und Otto IV. übertragen wurde.

Ludwigs zweite Ehe mit Margarete, der Erbtochter des Grafen Wilhelm von Hennegau-Holland, versprach nicht nur Territorialgewinn, sondern stellte auch eine Verbindung zu den englischen und den französischen Königen her: Margarete war die Nichte Philipps von Frankreich und Schwester der Gemahlin Edwards III. von England.

Politisches Kalkül spielte auch bei den Eheverbindungen von Ludwigs zahlreicher Nachkommenschaft eine wichtige Rolle. Geschickt verheiratete er seine Kinder nicht nur mit Reichsfürsten, sondern auch mit Söhnen und Töchtern der an das Reich grenzenden europäischen Königshäuser. Er gewann damit wichtige Parteigänger und sicherte für das Haus Wittelsbach Erbansprüche im Wettstreit mit den Dynastien der Habsburger und der Luxemburger.

A. Th. J.

Lit.: Rall, Ludwig der Bayer; Thomas, Ludwig der Bayer; vgl. auch den Beitrag von Tobias Appl in diesem Band

Ludwig IV. baute die von seinem Vater ab 1255 auf älteren Vorgängerbauten errichtete Burganlage zu einem repräsentativen Herrschaftssitz aus.

1.6
Alter Hof München

Rekonstruktion des Zustands Anfang des 14. Jahrhunderts; Computeranimation, Realisierung: P.medien, München
Landesstelle für die nichtstaatlichen Museen in Bayern, München

Direkte Quellen für die Existenz eines Herzogssitzes im 12. Jahrhundert in München sind bisher nicht bekannt – so lässt sich für die gesamte Regierungszeit Heinrichs des Löwen (1155–1180) kein einziger Aufenthalt des Herzogs in München nachweisen. Archäologische Befunde jedoch bieten den Nachweis einer frühen Entstehungszeit des Alten Hofs mit einem ersten Siedlungshorizont im 12. Jahrhundert. Um eine große Hoffläche gruppierten sich mindestens zwei Pfostenbauten, eine Buntmetall verarbeitende Werkstätte, ein Brunnen und in der Nordwestecke der mit einer Zweischalenmauer massiv umwehrten Burganlage ein festes Haus aus Stein. Der Zugang zu dieser auf der Geländekante westlich des Isarufers in der Nordostecke der ältesten Stadtbefestigung befindlichen Anlage erfolgte von Westen. Zur Stadt hin befand sich ein drei Meter tiefer und elf Meter breiter Wassergraben.

Nach der Teilung des Herzogtums 1255 in das Obere Bayern und das „Niederland" wählte Herzog Ludwig II. der Strenge München zu seinem Herrschafts- und Verwaltungssitz im Landesteil Oberbayern. Der Alte Hof wurde nun ausgebaut und erhielt, vermutlich an der Stelle des heutigen Torturms, einen zweiten Zugang nach Süden zur Stadt hin sowie weitere Steinbauten. Ereignisse wie die am 7. Oktober 1259 im Alten Hof gefeierte Hochzeit des Grafen Meinhard IV. von Görz-Tirol mit Elisabeth von Bayern wären ohne einen Ausbau des Alten Hofs wohl kaum möglich gewesen.

Im Todesjahr Herzog Ludwigs II., 1294, erhielt München – nunmehr durch seinen ältesten Sohn Rudolf – das Stadtrecht verliehen, das 1340 durch dessen jüngeren Bruder Ludwig den Bayern wesentlich erweitert wurde. Auch für diesen sollte der Alte Hof bevorzugter Wohnsitz und Pfalz während seiner langen Regierungszeit werden. Die Anlage verdankt ihm ihre glanzvollste Zeit von 1324 bis 1350, unter anderem als Aufbewahrungsort der Reichsinsignien in der Lorenzkapelle. So wurde der Alte Hof 1319 erstmals als „castrum" bezeichnet, was auf seine wehrhafte Architektur als ältester befestigter Sitz der Herzöge in der Stadt verweist. Um seiner Rolle als Mittelpunkt und quasi erste Hauptstadt des Reichs und den damit verbundenen räumlichen und repräsentativen Ansprüchen gerecht werden zu können, baute Ludwig den Alten Hof großzügig weiter auf und aus. So fallen in seine Zeit der Neubau des östlichen Burgstocks und des mittleren Zwingerstocks als Saalbau sowie der Ausbau des westlichen Burgstocks. Gleichfalls für das 14. (und 15.)

Jahrhundert ist eine aufwändige Fassadenbemalung mit polychromen und schwarz-weißen Rauten nachgewiesen.

Im Jahr 1321 wird ein Hof- bzw. Burgkaplan erwähnt und 1329 eine der hl. Margarete geweihte Burgkapelle. Der damit angesprochene Sakralbau ist wohl die an die Außenseite der nördlichen Burg-/Stadtmauer angelehnte Hofkirche St. Lorenz. Zu dem bereits vorhandenen Schiff ließ Ludwig 1324 den Chor dazubauen und einen Altar zu Ehren des hl. Lorenz aufrichten (Kat.-Nr. 5.40).

Quellen des Jahres 1364 nennen für den Alten Hof: vier Steinhäuser, einen Gang an der Innenseite der Ostmauer und der Lorenzkirche, eine Küche an der Ostseite, eine Küche am Graben, neue Öfen in der Dürnitz des heutigen Burgstocks, mehrere Abwasserkanäle sowie die Instandsetzung eines „Häusels über der Stiege über dem großen Keller", ein Vorbau vor dem östlichen Burgstock, der auf Grafiken und Plänen des 19. Jahrhunderts noch zu sehen ist. Die

Gesamtanlage ist rechteckig und von einem künstlichen Wassergraben umgeben, der um 1400 aufgelassen und überbaut wurde.

Da die aus Sicherheitsgründen im späten 14. Jahrhundert in der Nordostecke der erweiterten Stadt als Wasserburg errichtete Neuveste anfangs nur als Fluchtburg gedacht war, blieb der Alte Hof bis in das 16. Jahrhundert eigentlicher Wohnsitz der Herzogsfamilie und ab 1505 Residenz des ungeteilten Herzogtums Bayern, nachdem die Herzöge Sigmund und Albrecht IV. 1460/70 den weiteren Ausbau der Anlage und die Modernisierung der Innenausstattung veranlasst hatten.

M. He.

Lit.: Behrer, München; Burmeister, Entwicklung; Habel u.a., Landeshauptstadt München

---

In seiner Jugend verbrachte Ludwig einige Jahre am Hof König Albrechts. In Wien und auf Feldzügen begleitete er seinen Onkel und nahm sich ein Vorbild an dem durchsetzungsfähigen Habsburger.

1.7
Die Wiener Hofburg und ihre Umgebung – Überblick nach Norden

Um 1300; Rekonstruktion, 2013
Österreichische Akademie der Wissenschaften, Wien, IKM, „Bau- und Funktionsgeschichte der Wiener Hofburg",
Team für die Erforschung des 13.–15. Jahrhunderts (Mario Schwarz, Günther Buchinger, Paul Mitchell, Doris Schön)

Im Vordergrund der Visualisierung ist die Wiener Hofburg aus der Zeit um 1300 dargestellt, als Friedrich der Schöne und zeitweise auch Ludwig IV. hier erzogen wurden. Als Kastellburg, das heißt als viereckige Anlage mit flankierenden Ecktürmen, wurde die Hofburg im frühen 13. Jahrhundert vermutlich von Kaiser Friedrich II. gegründet. Die Vorzüge dieses Burgentypus lagen in seinem Status als repräsentativer, städtischer Regierungssitz – Wien zählte damals zu den größten Städten im deutschen Sprachraum –, aber auch in seiner militärischen Eignung in Niederungslage. 1288 konnte Herzog Albrecht I. die Burg gegen die aufständischen Wiener erfolgreich verteidigen. Mit einem Graben umgeben und in die Wiener Stadtmauer integriert, verfügte die wehrhafte Anlage über einen mächtigen Westturm, neben dem ein Stadttor, das Widmertor, zu einer Hauptverkehrsachse der Stadt führte. Der repräsentative Saal- und Wohnbau lag an der stadtauswärts gerichteten Seite der Burg. Hier fanden Rechtshandlungen, aber auch Feste und Empfänge statt, so etwa im Februar 1298, als der Vater des damals achtjährigen Friedrich des Schönen, Albrecht I., die Könige von Ungarn und Böhmen, die Herzöge von Sachsen und Kärnten sowie zahlreiche andere weltliche und geistliche Herren nach Wien in die Burg lud.

Der Baukomplex war Teil eines Stadtviertels, das im frühen 13. Jahrhundert im Zuge einer Stadterweiterung entstanden war. Links im Hintergrund ist die hochgotische Kirche der Minoriten zu sehen, rechts hinten die spätromanisch-frühgotische Pfarrkirche St. Michael. Um 1300 erbauten nach und nach die Parteigänger der erst 20 Jahre zuvor nach Wien gekommenen Habsburger ihre Adelspaläste rund um die Burg. Historische und archäologische Untersuchungen ermöglichen die Visualisierung dieser Gebäude, ihrer Parzellen und umliegenden Straßen. Die Differenzierung in der Strichführung und Schattierung manifestiert dabei das unterschiedlich gesicherte Wissen, dem die Rekonstruktion unterliegt.

P. Mi./G. B.

Lit.: Mitchell, Hofburg; Schwarz, Hofburg

Der Ausbildung im Schwertkampf als der wichtigsten Disziplin eines Ritters kam besondere Bedeutung zu.

1.8
Tower-Fechtbuch

Um 1320 (1270); Handschrift/Pergament, 32 Blätter, Federzeichnungen, koloriert, 30 × 23 cm (R)
Royal Armouries, Leeds (MS I.33)

Erfolgreiche Fechtmeister standen in hohem Ansehen, ihre Erkenntnisse wurden in Fechtbüchern festgehalten. Unter den zwei Dutzend Verfassern des Mittelalters und der frühen Neuzeit ragt der anonyme Autor des als „Tower-Fechtbuch" bekannten Codex MS I.33 des Royal-Armouries-Museum in Leeds heraus. Datiert auf etwa 1320, neuerdings sogar auf 1270, verdankt er seinen Ruf nicht nur seinem Status als ältestem bekanntem Exemplar, sondern auch der Klarheit, in der hier die Bewegungsabläufe des Schwertkampfs demonstriert werden. Insgesamt 64 Bildfolgen, bestehend aus jeweils zwei Ansichten, bilden eine Serie von Unterrichtseinheiten. Ein Priester (Sacerdos) fungiert dabei als Ausbilder und zeigt seinem Schüler (Scolaris) Lutger und einer Frau namens Walpurgis den Einsatz von Schwert und Buckler (Faustschild). Heute stellt das Tower-Fechtbuch die bevorzugte Schrift dar für alle, die sich dem Studium und der Ausübung mittelalterlicher europäischer Kampfkunst (Martial Arts) widmen.

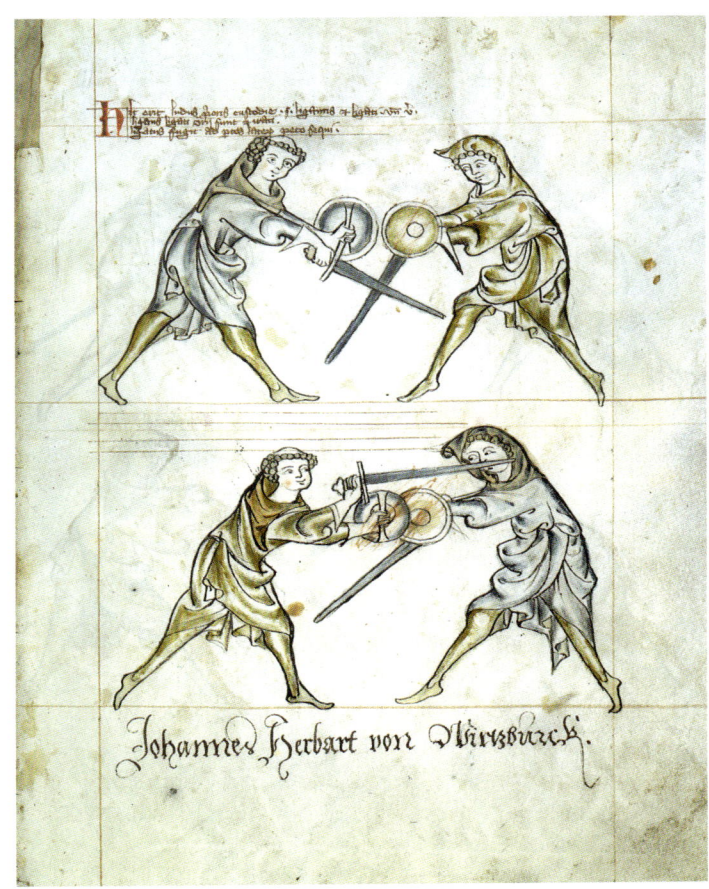

Die Handschrift hat eine turbulente Überlieferungsgeschichte, die sie von einer Klosterbibliothek über Büchersammlungen des Adels und einen Soldatentornister schließlich in ein Museum führte. Die früheste Erwähnung stammt aus einer Streitschrift von 1579. Darin wird der Würzburger Johannes Herbart für die Entnahme des Manuskripts aus einem fränkischen Kloster kritisiert. Dass der im Dienst des sächsischen Herzogs Friedrich Wilhelm von Sachsen-Weimar stehende Fechtmeister das Buch besaß, belegt der Eintrag „Johannes Herbart von Wirtzburck" auf fol. 7ʳ. Später gelangte die Handschrift in die Bibliothek der Herzöge von Sachsen-Gotha, in deren Bestand sie bis Anfang des 20. Jahrhunderts blieb. Im Zweiten Weltkrieg verschwand sie, um 1950 bei Sotheby's wieder aufzutauchen. Erworben von den Royal Armouries, kam sie in das Londoner Tower-Museum und wird heute in Leeds verwahrt.

Trotz der über 700-jährigen Tour hinterlässt die aus 32 Blättern im Folio-Format bestehende Handschrift auf den ersten Blick einen intakten Eindruck. Eine eingehendere Untersuchung kam allerdings zu dem Schluss, dass mehrere Seiten des Originals fehlen. Den Beschädigungen zufolge blieb die Handschrift über eine längere Zeitspanne ohne Einband. Die aus dem 19. oder 20. Jahrhundert stammende Bindung wurde bei der Restaurierung 2012 ersetzt.

Der Text ist in Latein abgefasst, enthält aber einige deutsche Fachbegriffe. Es können drei Schreiber unterschieden werden und ebenso wechseln die Illustrationen mehrfach in ihrem Malstil. Anders als bei mittelalterlichen Handschriften sonst üblich, waren die Illustrationen entstanden, bevor der Text hinzugefügt wurde.

A. Th. J.

Lit.: Bodemer, Fechtbuch; Forgeng, Art of Swordsmanship; Hester, Leaves; Digitalisat: http://commons.wikimedia.org/wiki/Royal_Armouries_Ms._I.33 (17.3.2014)

Zur Erziehung eines Adeligen gehörte die Unterweisung in den ritterlichen Tugenden und in höfischer Sitte.

1.9
Page, Knappe, Ritter – Die Erziehung junger Adeliger

Zeitstrahl; Entwurf: Andreas Th. Jell
Haus der Bayerischen Geschichte, Augsburg

Wie zu allen Zeiten sollte die Erziehung auch im Mittelalter auf die Aufgaben des Erwachsenenlebens vorbereiten. Bei Adeligen waren dies die ritterlichen Tugenden, der Kampf und das Auftreten in höfischer Gesellschaft. Angesichts einer weit geringeren Lebenserwartung als heute verlief die Altersgrenze zwischen Kindheit und Erwachsenenleben viel früher. Bis zum siebten Lebensjahr verlebten Adelssöhne ihre Kindheit (Infantia) bei der Mutter, die sie die wichtigsten Gebete und Psalmen lehrte. Die Ausbildung zum Ritter begann früh, die meisten Knaben konnten mit dem siebten Lebensjahr bereits reiten.

In der Jugend (Pueritia) vom siebten bis zum 15. Lebensjahr kamen die Knaben in der Regel als Pagen an den Hof eines höhergestellten Adeligen. Über den bayerischen Herzog Welf V. berichten die Quellen aus dem 12. Jahrhundert: „Sein Haus hielt er in bester Ordnung, weshalb die edelsten Männer Schwabens und Bayerns, miteinander wetteifernd, ihm ihre Söhne zur Lehre und Erziehung anvertrauten." Dass diese Praxis auch zur Zeit Ludwigs des Bayern noch üblich war, belegt eine Aufstellung des Hofpersonals der niederbayerischen Herzöge in Landshut, wo im Jahr 1294 acht Jungherren gezählt wurden. Ludwig verbrachte seine Pagenzeit gemeinsam mit seinen Vettern Rudolf (geb. 1282), Friedrich (geb. 1289) und Leopold (geb. 1290) am Habsburger Hof, wohin er vermutlich unmittelbar nach dem Tod seines Vaters 1294 gereist war.

Als Page erlernte Ludwig höfische Sitten, Singen, Tanzen, Musizieren, die Regeln der Brettspiele Schach und Mühle, aber auch das Auftragen von Speisen. Die Ideale des Rittertums wurden der Jugend anhand von Heldenepen vermittelt. Ludwig lernte wohl Lesen und die lateinische Sprache, wie eine spätere Notiz aus dem Chorherrenstift Dießen behauptet. Dies war für Rechtsgeschäfte nützlich, aber nicht allgemein üblich. Erste Grundlagen hatte ihm vermutlich bereits Schulmeister Bertolt beigebracht, der ab 1297 Propst des Stiftes Dießen war.

Die militärische Ausbildung begann im Alter von zwölf Jahren. Man trainierte das Reiten mit Bewaffnung, das Zielen mit der Lanze sowie den Schwertkampf. Wettkämpfe wurden ausgetragen im Speerwerfen, Ringen, Laufen und im Weitsprung. Zudem standen Jagen und Bogenschießen auf dem Programm. Das Kampftraining war nicht ungefährlich und es drohten ernsthafte Verletzungen, die nicht selten zum Tod führten. So starb der älteste Bruder Ludwigs, Ludwig III. „Elegans" (1267–1290), nach einer Turnierverletzung im Alter von 23 Jahren.

Das Erwachsenenalter (Adolescentia) setzte mit dem 15. Lebensjahr ein. Von da an begleiteten die jungen Adeligen als Knappen ihre Ausbilder bereits bei kriegerischen Auseinandersetzungen. Die Beförderung zum Ritter erfolgte frühestens ab dem 17., meist erst nach dem 20. Lebensjahr durch die so genannte Schwertleite, die offizielle Verleihung des Schwerts. Erst im Alter von 35 Jahren wurde Ludwigs Bruder Rudolf nach einem Gefecht vor den Toren Roms von König Heinrich VII. im Mai 1312 an der Milvischen Brücke zum Ritter geschlagen. Dargestellt ist diese Szene im Codex Balduini (Kat.-Nr. 2.3). Ob auch Ludwig förmlich zum Ritter gemacht wurde, ist nicht bekannt. Weniger vermögende Adelige verzichteten aufgrund der kostspieligen Feierlichkeiten auf die Schwertleite und behielten den Status eines Edelknechts, ohne dass dies standesmäßige Nachteile bedeutet hätte. Bei der Besoldung musste sich ein Edelknecht freilich mit einem Bruchteil des Betrags für Ritter begnügen.

Der Schwertleite folgte meist eine Ritterfahrt in ferne Länder. Dabei handelte es sich entweder um Pilgerreisen zu bedeutenden Wallfahrtsorten wie Rom, Jerusalem oder Santiago de Compostela oder um Abenteuerfahrten. Die jungen Ritter sollten sich ihre Sporen verdienen, doch standen dahinter oft auch wirtschaftliche Zwänge. Nachgeborene Söhne konnten so einen Dienstherrn finden und sich fern der Heimat eine Existenz aufbauen. Auch nach dem endgültigen Verlust des Heiligen Landes blieb der Kreuzzugsgedanke lebendig: Die fahrenden Ritter begaben sich nun in das Land der heidnischen Pruzzen, wo der Deutsche Ritterorden ein neues Betätigungsfeld gefunden hatte. Die Übernahme eines Lehens war erst im Alter von 21 Jahren möglich, bis dahin musste ein Vormund bestellt werden (Kat.-Nr. 4.8).

A. Th. J.

Lit.: Buttinger/Keupp, Ritter; Shanar, Kindheit; Thomas, Ludwig der Bayer

Die Wittelsbacher wurden 1180 mit dem Herzogtum Bayern belehnt und 1214 mit der Pfalzgrafschaft bei Rhein, aber schon 1255 kam es zur ersten Landesteilung.

1.10

A Die wittelsbachischen Besitzungen in Bayern und der Pfalz um 1310

Karte; Entwurf: Andreas Th. Jell
Haus der Bayerischen Geschichte, Augsburg

B „Wie Ludwig Herzog wird"

Zeitleiste; Entwurf: Andreas Th. Jell
Haus der Bayerischen Geschichte, Augsburg

Die Wittelsbachergeneration Ludwigs des Bayern erlebte ganz andere Voraussetzungen ihrer Politik als ihre Vorfahren, denn die Art der Herrschaftsausübung hatte im 13. Jahrhundert einen grundlegen Wandel erfahren: vom Personenverband hin zu Gebietsherrschaften. Ererbter Grundbesitz, Rodungsflächen, Ämter und Lehen, die nun erblich waren, die Herrschaft über Personen als Leibherr, Grundherr oder Lehensherr, Gerichtsrechte als Graf und Schutzrechte als Vogt – all diese verstreuten Gerechtsame sollten zu einer homogenen Landesherrschaft ausgebaut werden.

Die Wittelsbacher waren eine der erfolgreichsten Familien in diesem Prozess der Territorialisierung und Herausbildung einer Hausmacht. Nur die Habsburger und Luxemburger verfügten über größere Gebiete im Reich. Die wittelsbachischen Besitztümer reichten von Bacharach in der Pfalzgrafschaft bei Rhein bis Reichenhall im Herzogtum Bayern, doch der Prozess der herrschaftlichen Durchdringung war nirgendwo so intensiv wie in dem heute als Altbayern bezeichneten Gebiet.

Als Graf Otto von Wittelsbach im Jahr 1180 mit dem um die Steiermark verkleinerten Herzogtum Bayern belehnt wurde, musste er sich gegenüber mächtigen Grafengeschlechtern behaupten, die den Wittelsbachern zumindest ebenbürtig, wenn nicht gar überlegen waren. An vorderster Stelle sind die Grafen von Andechs und Herzöge von Meranien zu nennen, die über weit gestreute Besitzungen verfügten: von Andechs bis Innsbruck, bei Vornbach am Unterinn sowie um Kulmbach. Zu den Mächtigen zählten auch das Geschlecht der Sponheimer mit den Grafschaften Kraiburg-Marquartstein, Ortenburg und Murach im Nordgau, ebenso die Diepoldinger mit ihrer Herrschaft Vohburg sowie den Markgrafschaften Cham und Nabburg. Ebenfalls nördlich der Donau lagen die Besitzungen der Grafen von Sulzbach und ihrer Erben, der Grafen von Hirschberg. An der mittleren Donau hatten die Grafen von Bogen ihren Machtbereich, am Inn hingegen die Grafen von Wasserburg und etwas flussaufwärts die Grafen von Falkenstein.

All diese Besitzungen brachten die Wittelsbacher im Lauf eines Jahrhunderts unter ihre unmittelbare Herrschaft. Der Erwerb geschah manchmal durch Kauf, manchmal gewaltsam, meist jedoch durch Erbschaft oder als heimgefallenes Lehen. Dies war möglich, weil in dieser Zeit viele der alten bayerischen Dynastengeschlechter ausstarben. Weitere Gebiete am Lechrain und an der Donau zwischen Donauwörth und Lauingen sowie auf dem Nordgau zwischen Neumarkt und Eger stammten aus Reichsgut und staufischem Hausgut. Konradin, der letzte Staufer, hatte seinem Onkel, Herzog Ludwig II. von Bayern, seinen Besitz vermacht, bevor ihn der Kampf um sein sizilianisches Erbe das Leben kostete.

Ihre Erwerbungen gaben die Wittelsbacher nicht mehr als Lehen aus, sie teilten vielmehr das Territorium in Gerichtsbezirke ein, die mit besoldeten Amtleuten besetzt wurden. Nur wenige Adelsherrschaften konnten sich der herzoglichen Regierungsgewalt entziehen. Im Einflussbereich der wittelsbachischen Besitzungen verblieben von den alten hochfreien Geschlechtern nur die Grafen von Ortenburg, die Grafen von Hals, die Grafen von Abensberg und die Landgrafen von Leuchtenberg. Dazu kamen einige Herrschaften im Besitz von Ministerialen. Diese aus der ursprünglich unfreien Dienstmannschaft hervorgegangenen Geschlechter hielten entweder Reichslehen (Herrschaft Haag, Herrschaft Fraunhofen) oder waren Reichsministerialen (Herrschaft Pappenheim).

Anders war die Entwicklung in den Randgebieten des alten Herzogtums. Im Osten setzte die Expansion der österreichischen Herzöge dem bis zur Enns reichenden bayerischen Anspruch ein Ende. Gleichsam als Puffer hielt sich dazwischen die Grafschaft Schaunberg. Demgegenüber waren die auf der Burg Tirol ansässigen Grafen in der Lage sich zu verselbstständigen, da der Machtzuwachs infolge der Ausdehnung ihres Herrschaftsgebiets an Etsch und Inn eine Einflussnahme des Herzogs verhinderte. Die altbayerischen Bischofssitze blieben zwar außerhalb des herzoglichen Herrschaftsbereichs, nennenswerte Territorien aber konnte nur der Salzburger Erzbischof in seiner Randlage ausbilden. Einen Sonderfall stellt Regensburg dar, das sich seit der Stauferzeit als Freistadt dem Einfluss von Herzog und Bischof weitgehend entzog. Die Bayernherzöge verließen daraufhin ihre alte Hauptstadt und wählten Kelheim und Landshut, später auch München als Residenz.

Seit 1214 verfügten die Wittelsbacher über ein zweites Herrschaftsgebiet, das ganz anders geartet war. Gemessen an ihrem Territorialbestand, war die Pfalzgrafschaft bei Rhein unbedeutend. Dennoch stellte diese Belehnung durch den unmittelbar zuvor zum König gewählten Friedrich II. einen nicht zu unterschätzenden Gunstbeweis dar, denn die Rechtsansprüche der einst für die Pfalz Karls des Großen zuständigen Pfalzgrafen reichten von Aachen bis zum Neckar. Als einziges Laienfürstentum auf fränkischem Boden befand es sich in direkter Nachbarschaft zu den geistlichen Kurfürsten von Köln, Mainz und Trier. Königsgut in der Umgebung bot zudem die Möglichkeit, die Pfalz zu einem lebenskräftigen Fürstentum auszubauen.

Dynasten des Spätmittelalters betrachteten ihr Territorium als Besitz, den sie nach Gutdünken vererbten. Seit das Herzogtum spätestens ab 1180 erbliches Reichslehen war und der Herzog demnach nicht mehr vom Stammesadel gewählt wurde, standen Teilung oder gemeinsame Regentschaft zur Option. Für die ersten drei wittelsbachischen Herzöge stellte sich diese Frage nicht, da jeweils nur ein Sohn den Vater überlebte. Nach dem Tod Herzog Ottos II. aber teilten seine Söhne Ludwig II. und Heinrich XIII. das Herzogtum schon nach kurzer gemeinsamer Regierung. Die Teilungslinie von 1255 verlief von Nordwesten nach Südosten zwischen den Gerichten Vohburg und Kelheim, Pfaffenhofen und Moosburg, Dachau und Kranzberg, Schwaben und Erding, Aibling und Rosenheim – ein kompaktes Gebiet im Osten für Heinrich und ein langer Gebietsstreifen im Westen für Ludwig. Von nun an gab es Ober- und Niederbayern. Der Nordgau und die Pfalzgrafschaft bei Rhein fielen Ludwig zu, während beide Brüder Rechte in der alten Hauptstadt Regensburg behielten. 1310 spalteten Rudolf I. und Ludwig IV., die Söhne Ludwigs II. des Strengen, den oberbayerischen Landesteil ein weiteres Mal. Bayern-München-Burglengenfeld ging an Rudolf, Bayern-Ingolstadt-Amberg an Ludwig. Zwar einigte man sich 1313 wieder auf eine gemeinsame Regentschaft, dennoch sollten weitere Teilungen folgen.

A. Th. J.

Lit.: Diepolder, Geschichtsatlas; Thomas, Ludwig der Bayer
Karte: www.hdbg.eu/karten (30.4.2014)

....

Der Pfälzer Löwe und die bayerischen Wecken stehen für die Pfalzgrafschaft bei Rhein und das Herzogtum Bayern.

1.11
Zwei Wappenscheiben aus Kloster Seligenthal

Originale: um 1330, Hüttenglas, farblos und durchgefärbt, Schwarzlot, stark restauriert, 88,4 x 53,5 und 87,1 x 57 cm (R)
Bayerisches Nationalmuseum, München (G 921 und G 923)

Den Löwen verwenden die Wittelsbacher seit Herzog Otto II., dem Sohn Ludwigs des Kelheimers, und seit der Zeit um 1228 als Wappenzeichen. Die weiß-blauen Rauten, eigentlich „Wecken", waren ursprünglich das Wappen der Grafen von Bogen. Ottos Mutter Ludmilla von Böhmen, Witwe von Graf Adalbert III. von Bogen und zweite Frau des Kelheimers, brachte die Rauten sozusagen als Mitgift in die Familie der Wittelsbacher ein, die sie nach dem Aussterben der Grafen von Bogen als zweites Wappen übernahm. Nur eine Generation später treten beide Wappen schon kombiniert auf und seit dem 14. Jahrhundert kennt man das gevierte Wappen, wie es sowohl die bayerischen Herzöge als auch die Pfalzgrafen auf lange Zeit führten (Kat.-Nr. 4.6).

Die Scheiben stammen aus dem Zisterzienserinnenkloster Seligenthal bei Landshut, das ein Jahr nach der Ermordung Ludwigs des Kelheimers 1231 zu seinem Gedächtnis eben von besagter Ludmilla gegründet worden war und im Lauf der Zeit verschiedene Mitglieder der Wittelsbacherfamilie aufnahm. Die Scheiben entstanden allerdings erst rund ein Jahrhundert später, um die Zeit der Kaiserwahl Ludwigs des Bayern. Neben den Wappenscheiben umfasste der Zyklus Darstellungen verschiedener Heiliger sowie einzelner bayerischer Herzoginnen, unter ihnen offenbar Elisabeth, eine Tochter Herzog Heinrichs XIII., die von 1270 bis zu ihrem Tod 1314 in Seligenthal lebte. Der Zyklus wurde im 19. Jahrhundert ausgebaut und im Handel zerstreut. Das mit zehn Scheiben größte Konvolut erwarb das Bayerische Nationalmuseum 1860 für die seinerzeit hohe Summe von 450 Gulden vom Handelsmann L. H. Heilbronner in Hürben bei Krumbach. Heilbronner war später in Augsburg tätig und offensichtlich ein Vorfahre des seit 1918 in München tätigen Kunsthändlers Louis Henri Heilbronner, ein Werdegang, der an die ebenfalls aus dem schwäbischen Landjudentum hervorgegangenen Münchner Kunsthandelshäuser Bernheimer und Lämmle erinnert. Zwei weitere Scheiben, jeweils mit Darstellung einer Herzogin Agnes, gelangten ins Victoria & Albert Museum in London (Inv.-Nr. C.83 – 1919) und in den Palácio Nacional da Pena, einen Burgenbau des Historismus im portugiesischen Sintra.

M. W.

Lit.: Schubert, Löwe und Rauten; Weniger, Glasgemälde, S. 275, Anm. 53

Mit seinem eigenen Siegel bekräftigte Ludwig seinen Anspruch auf Mitregentschaft im Herzogtum Oberbayern.

1.12
A Lehenbrief der Herzöge Rudolf I. und Ludwig IV. für Meister Ulrich von Nabburg

München, 20. April 1303; Urkunde, Pergament, deutsch, 9 x 21 cm, zwei Reitersiegel (Ø 9,2 cm) an Pergamentpresseln anhängend, das Siegel Rudolfs in fünf Teile zerbrochen, das Siegel Ludwigs am linken oberen Rand beschädigt
Staatsarchiv Amberg
(Oberpfalz Urk. 1578)

B Urkunde Herzog Ludwigs IV. für Propst und Konvent des Klosters Dießen

München, 22. Juli 1304; Urkunde, Pergament, lateinisch, 16,5 × 25,5 cm, Reitersiegel an Seidenfäden
Bayerisches Hauptstaatsarchiv, München (Kloster Dießen Urk. 34/5)

Als Herzog Ludwig II. der Strenge 1294 in Heidelberg starb, hinterließ er seine beiden Söhne Rudolf und Ludwig aus dritter Ehe als gleichberechtigte Erben. Da Ludwig noch minderjährig war, übernahm der 19-jährige Rudolf die Herrschaft in Oberbayern und der Pfalz und übte zugleich die Vormundschaft über seinen jüngeren Bruder aus. Schon damals offenbarte sich ein Gegensatz zwischen den beiden, der durch die habsburgische Mutter geschürt wurde. Während Rudolf sich König Adolf von Nassau anschloss, beteiligte sich Ludwig, der auf Betreiben Mechthilds am Wiener Hof erzogen wurde, an Adolfs Absetzung und unterstützte seinen habsburgischen Onkel Albrecht als neuen König. Dieser soll 1301 im Frieden von Bensheim Rudolf zur Auflage gemacht haben, Ludwig als Mitregenten des Landes anzuerkennen, ohne dass dadurch freilich der Zwist Rudolfs mit seinem Bruder und seiner Mutter beendet gewesen wäre.

Von 1294 bis 1301 fertigte Rudolf über 90 Urkunden allein, 58 für sich und als Vormund zugleich für seinen Bruder Ludwig aus. Als älteste Urkunde, die Rudolf und der inzwischen volljährige Ludwig gemeinsam – als gleichberechtigte Herrscher – ausstellten, gilt die Schneitbacher Urkunde vom 2. Januar 1302. Nachdem Ludwig damals aber noch kein eigenes Siegel besaß, verpflichtete er sich unter den Siegeln seiner Mutter und seiner Schwägerin, der Gemahlin Rudolfs, zur Befolgung des Inhalts.

Nachweislich erst seit 1303 führte Ludwig als Zeichen seiner rechtlichen und politischen Selbstständigkeit ein eigenes Herzogssiegel, dessen Siegelbild nach dem Vorbild des Reitersiegels seines Bruders gestaltet war. Es zeigt einen nach rechts sprengenden Reiter mit einem Rautenschild als Zeichen des Herzogtums Bayern in der Linken und einer Fahnenlanze mit Fahne in der Rechten. Der Reiter ist mit dem Schwert gegürtet und trägt einen mit Büffelhörnern gezierten Topfhelm. Die üppige und in Falten schwingende Pferdedecke weist an Hals und Hinterhand des Pferdes je einen Dreiecksschild mit einem nach rechts steigenden Löwen als Wappenfigur der rheinischen Pfalzgrafschaft auf. Im Unterschied zu Rudolfs Siegel sind bei Ludwig die freien Siegelfeldflächen mit floralen Ornamenten gefüllt. Die Siegelumschrift lautet: LVDWICVS·DEI·GRA·COMES·PALATIN·RENI·DVX·BAVARIE.

Der älteste erhaltene Abdruck von Ludwigs Reitersiegel, das er als Hauptsiegel bis zu seiner Königswahl führte – und noch darüber hinaus, bis ihm ein Majestätssiegel zur Verfügung stand –, findet sich an einem Lehenbrief für den Arzt Ulrich von Nabburg vom 20. April 1303. Die Brüder Rudolf und Ludwig verliehen ihrem Arzt für die Dienste, die er ihnen seit Langem getan hatte und weiterhin tun würde, einen Hof „ze Nappurch", an der Naab gelegen, als rechtes Lehen und beglaubigten die Urkunde je mit eigenem Siegel.

Als weiteres frühes Exemplar hat sich in relativ gutem Zustand der Abdruck an einer Urkunde vom 22. Juli 1304 erhalten, mit der Ludwig – dieses Mal als alleiniger Aussteller – dem Propst Berthold und dem Konvent des Stifts Dießen das Patronatsrecht auf der Kirche in Frieding übereignete und deren Besitz von allen Abgaben befreite.

M. R. S.

Druck: Schlögl, Traditionen, Nr. 71, S. 206

Lit.: Kahsnitz, Siegel, S. 217f., Kat.-Nr. 324; Sprinkart, Kanzlei, S. 5–11, 268, 294f., 305, 475, Nr. 594, S. 480, Nr. 654

Eine der wenigen zeitgenössischen Quellen zur Schlacht von Gammelsdorf ist in einem Brief des Abts von Kloster Aldersbach überliefert.

1.13
Brief über den Aufmarsch des österreichischen Heeres aus einem Formelbuch des Klosters Fürstenfeld

Textausschnitte
Haus der Bayerischen Geschichte, Augsburg

Das Formelbuch des Klosters Fürstenfeld (Bayerische Staatsbibliothek München, Clm 7087), eine Art Musterbriefsammlung, enthält einen bemerkenswerten Brief des Abtes Konrad von Aldersbach an seinen Amtsbruder, Abt Volkmar von Fürstenfeld. Der Brief (fol. 152ᵛ–153ʳ) wurde unmittelbar vor der Schlacht von Gammelsdorf verfasst. Konrad berichtet darin, dass der Krieg der Fürsten aus nichtigen Gründen ausgebrochen sei und schildert seine Eindrücke vom Aufmarsch des habsburgischen Heeres, der sich in unmittelbarer Nähe seines Klosters vollzog. 1000 Krieger, unter ihnen auch Ungarn, hätten sich unter dem Befehl des österreichischen Marschalls Dietrich von Pillichsdorf mit einem Kontingent der Grafen von Hals mit insgesamt 300 Behelmten sowie zwei Kriegsmaschinen, welche sie seit Schärding mit sich führten, vereinigt. Bemerkenswert ist die Einschätzung Konrads, der Krieg zwischen dem Habsburger Friedrich und dem Wittelsbacher Ludwig sei aus nichtigen Gründen ausgebrochen, bemerkenswert vor allem deswegen, da Konrad sich diese Meinung aufgrund seiner persönlichen Involvierung in die Geschehnisse bilden konnte. Im September 1313 waren nämlich die verfeindeten Vettern in Aldersbach zu Verhandlungen zusammengetroffen. Neben dem bekannten, in der „Chronica de gestis principum" überlieferten Treffen in Landau an der Isar, bei dem Ludwig jähzornig sein Schwert gezogen und Friedrich bedroht haben soll, gab es also mindestens eine weitere Zusammenkunft im Vorfeld der militärischen Entscheidung bei Gammelsdorf. Doch warum ausgerechnet in Aldersbach? Der Abt der niederbayerischen Zisterze konnte auf einschlägige Erfahrungen als Friedensvermittler verweisen. Zudem war Aldersbach eines der bedeutendsten Prälatenklöster im Herzogtum Niederbayern, außerdem verkehrsgünstig gelegen und schon von daher ein geradezu prädestinierter Treffpunkt der Fürsten. Der Aldersbacher Abt war also besonders geeignet, über die Geschehnisse zu urteilen.

B. L.

Lit.: Lübbers, Rechnungen, S. 80–82; Lübbers, Schlacht; Simonsfeld, Beiträge, S. 294f.

Wir wissen wenig über die Schlacht von Gammelsdorf, auch archäologische Funde lassen sich nicht exakt zuordnen.

1.14
Axt und zwei Hufeisen

Fundort: Kreuzholzen/Gammelsdorf; Axt: 15. Jahrhundert, Eisen, 3,63 x 22,1 cm; Hufeisen: 13.–17. Jahrhundert, 9,1 x 9,1 cm
Josef Schranner sen., Kreuzholzen/Gammelsdorf

Am Anfang seines Aufstiegs stand der Sieg Herzog Ludwigs bei Gammelsdorf am 9. November 1313, den er über das Habsburger Heer seines Vetters Friedrich des Schönen errang. Heute erinnern in Gammelsdorf nur noch der Name Streitfeld als Flurname sowie die neugotische Gedenksäule, errichtet 1842, an dieses Ereignis. Die bayerischen Geschichtsschreiber Veit Arnpeck und Johannes Aventin berichten in ihren Chroniken, dass man zu ihren Zeiten, also Ende des 15./Anfang des 16. Jahrhunderts, auf dem Schlachtfeld, „so man neuakert, sporen, sbert und anderen harnasch" zutage fördert. Auch erwähnen sie, dass man im Wald einen Mann in voller Rüstung gefunden habe, „verbesen [verwest] bis an die bein".

Lesefunde, die der Schlacht zugeordnet werden, halten der archäologischen Untersuchung oft nicht stand, so auch eine Axt, die sich als Objekt aus der Zeit um 1500 erweisen sollte. Hufeisen, die vereinzelt auftauchen, können der Schlacht nicht eindeutig zugeordnet werden, zumal es sich um Exemplare handelt, die in dieser Machart bis in das 17. Jahrhundert produziert wurden.

Über die Anzahl der Gefallenen in der Schlacht von Gammelsdorf weiß man aus zeitnahen Quellen nur wenig. Die Fürstenfelder Chronik erwähnt, dass Ludwig „350 edle und berühmte, reiche und angesehene Männer zu Gefangenen" machte. Aventin nennt die Zahl von 440 Gefangenen, „die anderen warden ein tail erschlagen, ein tail ertrank in der Amper". Sicherlich hat es auf beiden Seiten Tote gegeben, die nach der Schlacht bestattet wurden. In einer Ausgabe der Moosburger Zeitung vom 18. August 1913 findet sich ein Hinweis auf die mögliche Ruhestätte der in der Schlacht Gefallenen. In Willersdorf, einer kleinen Ortschaft am südlichen Rand des Streitfelds, hatte man im ehemaligen Friedhof einen Hügel abgegraben und war dabei auf Totenköpfe und Gebeine von 100 bis 150 Personen gestoßen. Mehrere Schädel zeigen Verletzungen, die Knochen deuten auf große, starke Leute, sodass hier durchaus der Gedanke an Gefallene naheliegt. Die sterblichen Überreste wurden auf dem neuen Friedhof bestattet.

H. G.

Lit.: Gumberger, Gammelsdorf

Im 14. Jahrhundert wandelte sich die Ritterrüstung:
Eisenplatten ersetzten den Kettenpanzer,
auch die Waffen passten sich dieser Entwicklung an.

1.15

A Kettenhemd

Deutsch (?), 14./15. Jahrhundert; Stahl, L. 85 cm, Arme: L. 26 cm
Germanisches Nationalmuseum, Nürnberg (W 2167)

B Plattenrock

Süddeutschland (Passau?), um 1350; Eisen,
geschmiedet und getrieben, 80 x 40 x 30 cm,
Brustplatte: 28 x 24 cm
Bayerisches Armeemuseum, Ingolstadt (162 – 2007)

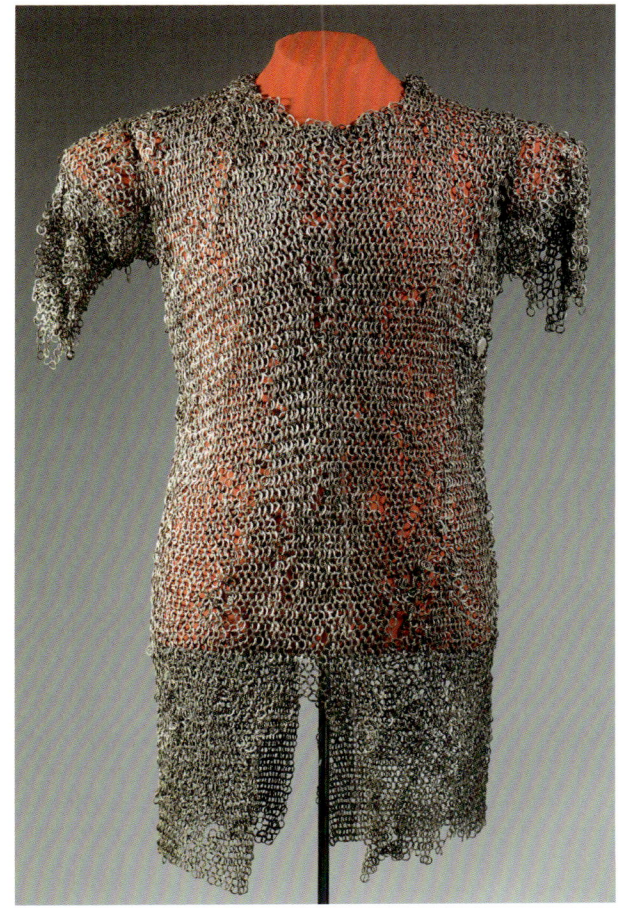

c Beckenhaube

Süddeutschland, Anfang 14. Jahrhundert;
Stahl, 27 x 15,5 x 17,5 cm
Bayerisches Armeemuseum, Ingolstadt (A 5601)

Körperschutz und Bewaffnung eines Ritters bestanden zur Zeit Ludwigs IV. üblicherweise aus einem langärmeligen Kettenhemd, das in Fäustlingen endete, Kettenpanzerstrümpfen, einer Beckenhaube mit einem Kettenpanzerkragen (Brünne), über die im Kampf ein Topfhelm gezogen werden konnte, sowie einem Schwert, einem Dolch und einem Schild. Über dem Kettenhemd trug man einen Waffenrock.

Bis zum 12. Jahrhundert stellte das Panzerhemd (A), „halsberc" oder „brünne" genannt, die Schutzkleidung des Ritters dar, auch wenn es bereits Ansätze gab, bestimmte Körperpartien mit einzelnen Metallplatten zu schützen. Die Ringe des Kettenhemds wurden aus Draht geformt, jeweils in vier andere Ringe eingehängt und dann vernietet. Ein solches Geflecht bestand aus etwa 50000 Eisenringen. Eine Kapuze aus dem gleichen Material („hersenier") konnte über den Kopf gezogen und an der Wange mit einer Verlängerung („kinnvaz" oder „fintale") verschlossen werden, sodass nur Augen und Nase ungeschützt blieben. Auch die Beine wurden häufig mit Panzergeflecht, später mit Beinschienen und (Metall?)-Scheiben für die Knie geschützt. Unter diesem Kettengeflecht trug man ein gepolstertes Untergewand, um bei einem Schwerthieb Knochenbrüche zu verhindern. Ebenso wichtig war ein ursprünglich großflächiger Schild, der immer kleiner wurde, je ausgereifter die Panzerung entwickelt war.

Im 13. Jahrhundert begann man damit, einzelne Körperteile, insbesondere Knie, Schultern und Ellenbogen, mit aus gekocht modelliertem Leder oder mit einzelnen Metallplatten zu schützen. Später kamen weitere steife Platten hinzu, die unter einem ärmellosen Stoffkittel, dem Waffenrock, getragen wurden, sodass vom Metallschutz meist nur die teilweise verzierten Nietköpfe sichtbar waren, mit denen die Platten befestigt wurden. Erst in der zweiten Hälfte des 14. Jahrhunderts entwickelte sich der vollständig aus Metallplatten zusammengesetzte Plattenharnisch. Aus dieser Frühzeit haben sich keine vollständigen Harnische im Originalzustand erhalten. Man ist deshalb auf bildliche Darstellungen angewiesen, die jedoch kaum Details der eigentlichen Konstruktion abbilden.

Der hier gezeigte Plattenrock (B) aus der Mitte des 14. Jahrhunderts stellt eine Übergangsform zum Plattenharnisch dar. Er ist in seiner Art ein wohl einzigartiges Stück, möglicherweise das früheste und vollständigste Beispiel weltweit. Vergleichsobjekte wurden bei Ausgrabungen auf dem Schlachtfeld von Visby (1361) gefunden, die allerdings einem etwas späteren Typus zuzuordnen sind. Der Plattenrock wurde 2002 in der Burgruine Hirschstein im Landkreis Passau entdeckt. Er stammt vielleicht aus dem Besitz des Burgherrn Zacharias Haderer, dem die 1374 zerstörte Burg seit 1367 gehört hatte. Die Fragmente dürften aus der Zeit um 1350 datieren. Besonders interessant sind eine gewölbte Schulterplatte, ein vermutlich auf der rechten Schulter angebrachter Verriegelungsmechanismus und die gewölbte Brustplatte mit einer Stärke von etwa zwei Millimetern. Diese Teile zeigen, dass man damals begann, größere Körperpartien mit durchgängigen Platten zu schützen. Die Platten wurden üblicherweise in eine ärmellose Jacke oder in ein rockartiges Kleidungsstück eingenietet („lendner"). Die Rüstungen hatten also damals noch ihren textilen Charakter und waren von außen nicht als solche erkennbar.

An der Brustplatte sind vier fein gearbeitete Ketten befestigt, die am Ende je einen Knebel aufweisen. Mit den Ketten konnten Schwert, Helm, Dolch und Schlagwaffe, wie Streitkolben oder Axt, am Körper fixiert werden, damit sie im Kampf nicht verloren

D Schwert

Deutsch, 14./15. Jahrhundert; Stahl, L. 127,5 cm,
Klinge: B. 6 cm
Germanisches Nationalmuseum,
Nürnberg (W 7)

E Dolch (Basilard)

Deutsch (?), 13./14. Jahrhundert;
Stahl, L. 32,8 cm,
Klinge: B. 2,4 cm
Germanisches Nationalmuseum,
Nürnberg (W 1712)

gingen. Eine Gruppe internationaler Spezialisten unternahm mit den vorhandenen Fragmenten einen Rekonstruktionsversuch, der zu einem ersten stimmigen Ergebnis führte (s. Abb.). Neun Stücke sind allerdings so fragmentarisch erhalten, dass sie nicht eindeutig zugeordnet werden konnten. Einige Platten tragen die älteste bekannte Marke eines Plattners, also des Handwerkers, der den Harnisch herstellte. Der Hirschsteiner Fund ist auch deshalb so bedeutend, weil derartige Plattenröcke bislang nur von Abbildungen bekannt waren, wie beispielsweise auf dem Epitaph des Walter von Bopfingen in der Stadtkirche St. Blasius in Bopfingen bei Nördlingen. Auch der Mainzer Kurfürstenzyklus (Kat.-Nr. 4.12) bildet den König mit einem ähnlichen Körperschutz mit Ketten ab, an denen Topfhelm, Dolch und Schwert befestigt sind.

Den Kopf schützte man bereits früh mit verschiedenen Helmformen und mit Panzerhauben aus Kettengeflecht. An der Wende vom 13. zum 14. Jahrhundert wurden diese Schutzvorrichtungen durch die so genannte Beckenhaube (C) abgelöst, einem leichten Helm, der das Gesicht frei ließ. Am unteren Rand konnte eine Helmbrünne (Panzerkragen) aus Kettengeflecht befestigt werden, die über die Schultern sowie die obere Brust- und Rückenpartie gebreitet wurde. Meist besaß die Brünne ein Nasenband, das an der Stirn des Helms eingehakt werden konnte. Über derartigen Beckenhauben trug man den Topfhelm (Kat.-Nr. 1.16 B), der in der zweiten Hälfte des 14. Jahrhunderts zwar immer mehr zum Turnierhelm wurde, aber doch ein wichtiges Symbol des Ritters blieb. Die hier präsentierte Beckenhaube wurde angeblich „im Moor beim Chiemsee" gefunden.

Das Schwert war die wichtigste und vornehmste Waffe des Ritters. Es galt als Zeichen von Herrschaft, Rechtsprechung und Macht. Zu Beginn des 14. Jahrhunderts war die zweischneidige Klinge meist sehr breit und gerade geschmiedet, da sie für den Hieb ausgelegt war. Erst mit dem Aufkommen der Plattenpanzerung im 14. Jahrhundert änderte sich die Form des Schwerts, das seit dem 10. Jahrhundert weitgehend unverändert geblieben war. Jetzt brauchte man die Waffe auch zum Stich, um die Fugen der Panzerung zu durchdringen. Die Klingen wurden mehr keilförmig und der Griff länger. Das hier gezeigte Stück (D) weist den damals üblichen breiten Hohlschliff – oft irrtümlich Blutrinne genannt – auf beiden Seiten der Klinge auf und einen so genannten Scheibenknauf. Der hölzerne Griff wurde meist mit Leder oder Draht umwickelt. Angeblich wurde dieses Schwert in der Donau bei Regensburg gefunden. Mit Schwertern dieser Art teilte man brutale, grobe Hiebe aus, fechten konnte man mit ihnen kaum.

Neben dem Schwert wurde in der ersten Hälfte des 14. Jahrhunderts der Dolch immer häufiger von den Rittern getragen. Oft findet sich auf Darstellungen der so genannte Basilard (E), ein einfacher Dolch, dessen Kennzeichen ein quer gestellter, parallel zur Parierstange verlaufender Knaufbalken ist. Die Klinge, die vor allem auf den Stoß ausgerichtet ist, bildet ein gleichschenkeliges Dreieck mit schmaler Basis. Auch auf dem Mainzer Kurfürstenzyklus tragen die Fürsten und der König einen Basilard.

T. Sch.

Lit.: Boeheim, Waffenkunde; Breiding, Harnisch; Junkelmann, Bewaffnung; Nickel, Ullstein Waffenbuch; von Reitzenstein, Rittertum; Schlunk/Giersch, Ritter; Thordeman, Armour

Ritter des 14. Jahrhunderts erkennt man am Topfhelm, Fußtruppen trugen Eisenhüte.

1.16

A Vergleich der Ritter- und Fußtruppenbewaffnung

Schaubild; Entwurf: Andreas Th. Jell
Haus der Bayerischen Geschichte, Augsburg

B Topfhelm

Fundort: Obere Burg Treuchtlingen,
Ende 13./Anfang 14. Jahrhundert; Eisen, 30 x 17 x 35 cm
Volkskundemuseum Stadt Treuchtlingen

C So genannter Eisenhut

Deutsch, 14./15. Jahrhundert; Eisen, 22 x 27,5 x 31 cm
Germanisches Nationalmuseum, Nürnberg (W 901)

In der Schlacht von Gammelsdorf wurde 1314 das Ritterheer aus österreichischen und niederbayerischen Adeligen von den Truppen Ludwigs IV. besiegt, unter dessen Kommando nicht nur der Adel aus dem Teilherzogtum Oberbayern kämpfte, sondern auch Kontingente der Bürgerschaften aus den Städten Moosburg, Landshut, Straubing, Ingolstadt und München anrückten. Damit stellt sich Gammelsdorf in eine Reihe von Schlachten, in denen zu Anfang des 14. Jahrhunderts die gepanzerte Reiterei schwere Niederlagen gegen Fußtruppen hinnehmen musste. 1302 besiegte das Fußvolk flandrischer Städte in der „Goldene-Sporen-Schlacht" von Kortrijk (Courtrai) die Panzerreiterei des französischen Königs und in der Schlacht am Morgarten vernichtete 1315 ein Schweizer Bauernaufgebot das habsburgische Adelsheer. Bittere Niederlagen von Infanteriekontingenten in den darauffolgenden Jahren verdeutlichen, dass der Einsatz von Ritterheeren durchaus noch seine Berechtigung hatte und sich der Wandel in der Kriegsführung nur allmählich entfaltete. Neuerungen in Bewaffnung und Rekrutierung der Krieger bewirkten erst auf lange Sicht die Ablösung der Reiterei als dominierende Waffengattung durch Fußtruppen.

Die einst gefürchtete Effektivität der gepanzerten Ritterheere begann infolge der waffentechnischen Entwicklung zu schwinden. Orientiert am Turnier, hatte man die Panzerung der Ritter dahingehend verstärkt, den massiven Lanzenstoß eines gleichartig bewaffneten Gegners abzufangen. Anschaulich offenbart sich diese Schutzfunktion an einem Topfhelm (B), dessen Überreste man bei einer archäologischen Grabung in der Oberen Burg Treuchtlingen fand. Zusammengenietet aus vier etwa zwei Millimeter starken Blechstücken, ließ er nur zwei Sehschlitze frei. Beim Angriff wurde der Topfhelm über die Beckenhaube (Kat.-Nr. 1.15 C) gestülpt, weshalb die Scheitelplatte eine leichte Wölbung aufweist, die der Form der Beckenhaube folgt. Löcher im Helmoberteil dienten zum Aufbinden einer Helmzier. Der Fundkontext in einer Brandschicht, Dellen im Hinterkopfbereich und ein rautenförmiges Loch legen nahe, dass der Helm in den Kampfhandlungen bei der Zerstörung der Burg im ersten Viertel des 14. Jahrhunderts verloren wurde.

Der Durchschlag verweist auf den Einsatz eines Kampfhammers oder des Sporns einer Hellebarde. Diese Weiterentwicklung aus Spieß und Streitaxt war besonders gefürchtet, wie der Chronist Johannes von Winterthur (um 1300–1348/49) über die Schlacht am Morgarten 1315 berichtet: „Die Schweizer hatten in den Händen auch gewisse Mordwaffen, schreckliche Spießbeile, in jener Volkssprache Helnbarte genannt; mit denen sie die stärkst bewaffneten Gegner wie mit einem Schermesser zerteilten und in Stücke hieben."

Neben den Stangenwaffen (Hellebarden und Spießen) gewannen im 14. Jahrhundert auch bereits bekannte Fernwaffen an Bedeutung. Die Durchschlagskraft des Bogens verstärkte man durch die Entwicklung des Langbogens, den die Engländer in Massenformation einsetzten. Eine ähnliche Effizienzsteigerung erfolgte bei der Armbrust durch einen Eisenbogen und mechanische Spannhilfen. Ebenfalls in das 14. Jahrhundert datieren die ersten Einsätze von anfangs ziemlich primitiven Feuerwaffen. Ein abruptes Ende des Rittertums brachte die Verbreitung der neuen Waffen zwar nicht, doch hatte man sich mit der Missachtung der Regeln ritterlicher Kriegsführung sowie der Verwundbarkeit der Panzerreiter auseinanderzusetzen.

Das Bestreben, einen Vorsprung in der Panzerung zu halten, führte zur Entwicklung des Plattenharnischs (Kat.-Nr. 1.15 B). Dieser fand sich aber auch bei Bürgeraufgeboten der Städte, bei Söldnern und einfachen Kriegsknechten, die Beutestücke weiterverwendeten. Nicht nur aus finanziellen Gründen, sondern auch um das Gepäck gering zu halten, beschränkte sich die Rüstung einfacher Fußknechte meist auf einen Helm und einen Schutz für den Oberkörper, sei es ein Brustharnisch, sei es ein Kettenhemd oder nur ein mit Leder oder Eisen verstärktes, gepolstertes Wams. Besonderer Beliebtheit erfreute sich der Eisenhut (C), der ein freies Sichtfeld gestattete, aber gleichzeitig einen guten Schutz gegen Schwerthiebe und Geschosse von oben gewährleistete.

Neben der Entwicklung der Waffentechnik lieferte die veränderte Rekrutierungspraxis einen weiteren Grund für den Wandel in der Kriegsführung. Mit der Verrechtlichung des Lehenswesens nahm die Bedeutung des Lehensaufgebots spürbar ab. Dem unwilligen Vasallen eröffnete sich die Möglichkeit, seine Dienstpflicht durch Ersatzzahlungen zu begleichen. Auch Hinderungsgründe wie Alter und Krankheit wurden akzeptiert und die Verpflichtung zum Kriegsdienst außerhalb der Landesgrenzen war zeitlich limitiert. Söldner hingegen verließen auch bei längeren Feldzügen nicht das Heer, da sie ja Geld verdienen wollten. Das galt auch für Adelige, insbesondere für nachgeborene Söhne. Das ritterliche Ethos verlangte einen ritterlichen Kampf und Treue zu seinem Herrn, gleichgültig ob auf Basis eines Lehensverhältnisses oder eines Soldvertrags. Für den Kriegsherrn stellte sich allerdings die Frage, ob man die teuren Panzerreiter verpflichten sollte, die das Mehrfache eines Fußsoldaten an Sold beanspruchten.

Finanzkräftigen Städten hingegen gab das Söldnerwesen ein wirksames Machtinstrument an die Hand, um sich gegen Übergriffe von Adel und Fürsten zu behaupten. So verwundert es nicht, dass sich in den Stadtstaaten Italiens ein florierender Söldnermarkt für schwere Panzerreiter etablierte. Manche der als „Condottieri" bezeichneten Söldnerführer verselbstständigten sich und mischten auf der politischen Bühne mit, wie beispielsweise Castruccio Castracani (1281–1328) in Lucca, der als wichtigster Parteigänger Ludwigs des Bayern in Italien maßgeblichen Anteil an dessen Romzug und Kaiserkrönung hatte (Kat.-Nr. 4.1 K).

Die Folgen des Söldnereinsatzes waren gravierend. Während der Fürst bis dahin seinen Finanzbedarf aus seinen Domänengütern und Zollrechten bezog, konnten die nun benötigten enormen Summen nur durch Verpfändungen von Besitz oder durch Abgaben der Untertanen aufgebracht werden. Der Zugriff auf das Eigentum der Untertanen war dem Herrscher nur mit Zustimmung der Landstände möglich, die im Notfall eine als einmalig beabsichtigte Hilfe und zweckgebundene Zahlung bewilligten. Die Bayernherzöge mussten den Ständen das Steuerbewilligungsrecht 1302 in der Schnaitbacher Urkunde für Oberbayern und 1311 in der Ottonischen Handfeste für Niederbayern zugestehen.

A. Th. J.

Lit.: Buttinger/Keupp, Ritter; Großmann, Mythos Burg, S. 254 (Martin Baumeister); Prietzel, Krieg; Steeger, Topfhelm; Vitoduranus, Chronik, Bd. 2

Der Überlieferung nach beziehen sich die drei Ritterhelme im Landshuter Stadtwappen
auf die Tapferkeit der Landshuter, die in der Schlacht von Gammelsdorf den Rittern gleich gekämpft haben.

1.17

A Siegel an Urkunde vom 22. Juli 1313

Wachs (R)
Bayerisches Hauptstaatsarchiv, München –
Geheimes Hausarchiv (Hausurkunde 1921)

B Siegel an Urkunde vom 25. Dezember 1321

Wachs (R)
Stadtarchiv Landshut (Nr. 25)

C Stadtwappen im Archivgewölbe des Landshuter Rathauses, 1560/90

Wandmalerei (R)

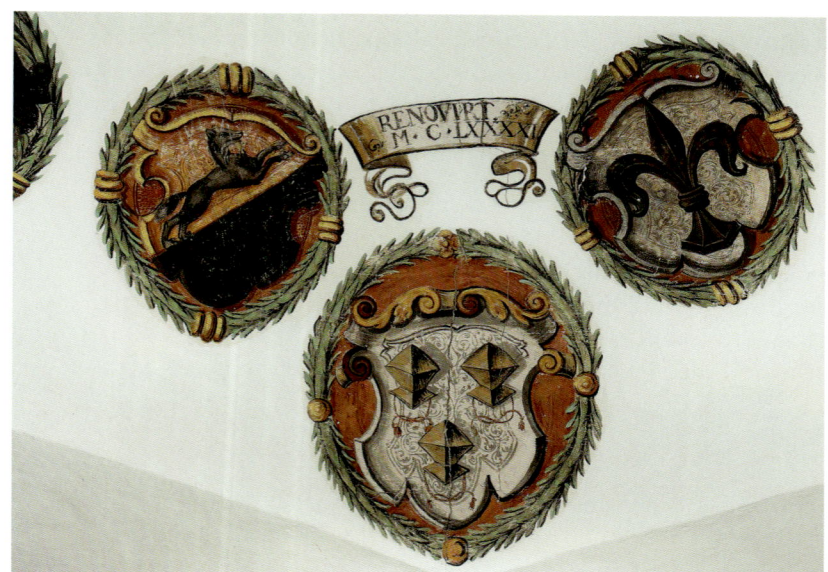

D Stadtwappen von 1819

Zeichnung, koloriert (R)
Stadtarchiv Landshut (Bestand 1 Nr. 66 1819–1861)

Der Sage nach wurden die drei „Helme" im Wappen den Landshuter Bürgern von Ludwig IV. als Dank für ihre tatkräftige Unterstützung in der Schlacht bei Gammelsdorf verliehen. Wappen des 13. und 14. Jahrhunderts haben sich in erster Linie auf den Siegeln von Urkunden erhalten und so ist auf einer Urkunde vom 10. Januar 1252 vermerkt, sie sei „mit dem Siegel der Stadt Landshut besiegelt". Das Bayerische Hauptstaatsarchiv verwahrt im Geheimen Hausarchiv eine Urkunde vom 22. Juli 1313, an der ein sehr gut erhaltenes Siegel mit dem Landshuter Wappen hängt (A). Es stellt drei so genannte Sturmhauben dar, die Helmen sehr ähnlich sind. Dies ist der Beleg, dass Landshut schon vor dem November 1313 drei Helme im Wappen geführt hat. Die Verleihung des Stadtwappens durch Ludwig IV. nennen erst die Geschichtsschreiber des 15. und 16. Jahrhunderts. Später wurde dies auch für Straubing, Ingolstadt und Moosburg behauptet, doch lassen sich für diese Städte eindeutig ältere Wappen nachweisen. Zur Legendenbildung dürfte die Intention der Chronisten beigetragen haben, das enge Verhältnis der Wittelsbacher zu ihren Bürgern hervorzuheben. Die Wappenverleihung war eine hohe Ehrbezeugung, die erst ab dem 15. Jahrhundert üblich wurde. Die Landshuter waren allerdings schon immer skeptisch bezüglich der Überlieferung und haben, als die Universität in der Stadt ansässig war (1800–1826), überprüfen lassen, ob die Wappenverleihung durch Ludwig IV. tatsächlich stattgefunden hat. Professor Siebenkees hat sie in seinem Gutachten in den Bereich der Sage verwiesen.

In Zusammenhang mit der Legendenbildung muss ein Aspekt der Schlacht von Gammelsdorf für die bayerische Geschichte beleuchtet werden, der häufig unbeachtet bleibt. Die ersten Wittelsbacher Herzöge sahen sich gezwungen, Städte zu gründen, da sie sich nicht mehr ausschließlich auf den Adel verlassen konnten. Sie hofften, in den Bürgern treue Untertanen zu gewinnen und haben ihre Städte konsequent mit Privilegien gefördert. Im Jahr 1313 ging schließlich diese Rechnung auf, als die Bürger der Gründungstädte für ihren Stadtherrn in die Schlacht zogen, wohl wissend, wem sie ihren Aufstieg und Wohlstand zu verdanken hatten. Ludwig IV. hat hier von der weit vorausschauenden Planung seiner Vorfahren profitiert. Mit ihrem Kampfeswillen boten die Bürgerheere dem Feind die Stirn und waren entscheidend für den Sieg. Dass der Herzog offensichtlich von den Bürgern abhängig war, wurde 200 Jahre später nicht mehr gern gesehen. So brachten die Geschichtsschreiber die herrschenden Wittelsbacher, die den Städten ihre Wappen verliehen, in die Rolle der Agierenden.

Unklar bleibt die Herkunft der drei Helme. Es gibt die Vermutung, dass ein herzoglicher Dienstmann, der als „Verwalter und Organisator" der Gründung Landshuts eingesetzt war, anfänglich sein Familienwappen benutzt hat. Der frühere Stadtarchivar Theo Herzog nennt in diesem Zusammenhang die Herren von Moosburg, die drei Rosen in ihrem Wappen führten – ein Wappenbild, das später vielleicht vom „sprechenden" Wappen ersetzt wurde, welches dann drei Hüte beziehungsweise Sturmhauben oder Helme zeigt und als „Hut des Landes" zu deuten wäre.

G. T.

Fürsten aus dem Haus Wittelsbach beriefen sich auf ihren kaiserlichen Vorfahren, um eigene herrscherliche Ansprüche zu untermauern.

1.18

A Kaiser Ludwig der Bayer

Carl de Bouché, 1880; Glasgemälde, 231 x 113 cm (R)
Oberammergau Museum

B Kaiser Ludwig der Bayer im Krönungsornat

Jacopo Amigoni (Nachfolge), um 1726/28;
Öl/Leinwand, 202 x 115 cm (R)
Bayerische Verwaltung der staatlichen Schlösser,
Gärten und Seen – Residenz München (Res. Mü, G.w. 83)

C Kaiser Ludwig der Bayer

Peter Candid (um 1548–1628), Anfang 17. Jahrhundert;
Öl/Leinwand, 160 x 160 cm (R)
Bayerische Verwaltung der staatlichen Schlösser,
Gärten und Seen – Residenz München (Res. Mü, G.w. 167)

D Kaiser Ludwig der Bayer

Andreas Matthäus Wolffgang (1660/62–1736)
nach Cosmas Damian Asam, 1715; aufgestochene Radierung,
40,4 x 27 cm (R)
Bayerische Staatsbibliothek München (Res. 2° Bavar. 59[h])

Die Bedeutung Ludwigs des Bayern als herausragende Erinnerungsfigur der bayerischen Geschichte liegt darin begründet, dass dieser Wittelsbacher eine der beiden Kaiserfiguren der Dynastie darstellt. Von daher war es zuallererst die regierende wittelsbachische Dynastie selbst, die über Jahrhunderte hinweg das Gedächtnis Ludwigs IV. aus je verschiedenen politischen Motiven heraus bemühte, zumeist um die historische Größe des Hauses Wittelsbach zu demonstrieren.

Insbesondere der Herzog und spätere Kurfürst Maximilian I. (reg. 1597/1623 – 1651) verfolgte eine beinahe systematische Geschichtspolitik, die auf seine kaiserlichen Ahnen ausgerichtet war. Die Vereinnahmung Ludwigs des Bayern für seinen eigenen Herrschaftsanspruch fand unter anderem an zwei exponierten Orten der von Maximilian I. in Teilen neu erbauten Münchner Residenz Ausdruck. Im Zusammenhang mit den Gemächern am Grottenhof schuf Peter Candid um 1600 das Porträt Ludwigs IV., das sich an die spätgotische Grabplatte in der Münchner Frauenkirche anlehnt (C). Der mit Mitrenkrone und kaiserlichem Ornat Dargestellte hält in der Rechten das Reichszepter, in der Linken den Reichsapfel. Das Porträt gewann zusätzlich an Bedeutung, als ihm das Bildnis Karls des Großen vorgeschaltet war, den Maximilian I. selbstbewusst für den wittelsbachischen Stammbaum beanspruchte. In dieser Konstellation sollte Ludwig der Bayer zusammen mit Karl dem Großen die rechtmäßige kaiserliche Herkunft des Hauses Wittelsbach verbürgen.

Des Weiteren ließ Maximilian zur Flankierung der 1616 vollendeten Kaisertreppe, die als repräsentativer Aufgang zu den Festsälen der Residenz führte, von Hans Krumper Statuen Karls des Großen, Ludwigs des Bayern und Ottos I. von Wittelsbach fertigen. Diese dynastische Reihung brachte neuerlich den Anspruch des Hauses Wittelsbach auf eine führende Stellung im Reich zum Ausdruck. Die Statue Ludwigs gibt eine aufgestochene Radierung von Andreas Matthäus Wolffgang nach Cosmas Damian Asam wieder (D).

Unter den wittelsbachischen Fürsten der frühen Neuzeit unternahm nach Maximilian I. der Kurfürst und spätere Kaiser Karl (VII.) Albrecht (reg. 1726/1742 – 1745) merkliche Anstrengungen, an Ludwig den Bayern zu erinnern. Im Rekurs auf den mittelalter-

1.18 A

1.18 B

lichen Wittelsbacher Kaiser versuchte Karl Albrecht, seine eigenen kaiserlichen Ansprüche vor allem gegenüber Österreich historisch zu untermauern. Deshalb räumte er Ludwig eine prominente Stellung in seiner Ahnengalerie ein, die er in der Münchner Residenz wohl zwischen 1726 und 1729/30 errichten ließ. In diesem Zusammenhang entstand in der Werkstatt von Jacopo Amigoni ein Porträt Ludwigs des Bayern, das ikonografisch dem nächstplatzierten Porträt Karls des Großen gleicht (B). Dass Karl Albrecht sein eigenes Porträt direkt im Anschluss an seine wittelsbachisch-kaiserlichen Vorfahren aufhängen ließ, markiert seinen imperialen Anspruch, der auch noch mit einem Deckengemälde untermauert wurde, das die Königswahl Ludwigs 1314 zeigte. Karl Albrecht verwendete zudem das Gemälde Candids (Kat.-Nr. 1.18 C) in beschnittener Form für die Ausstattung seines Audienzzimmers.

Aus der Reihe der bayerischen Könige und Regenten des 19. Jahrhunderts haben sich insbesondere Ludwig I. und Maximilian II. in der Erinnerung an Ludwig den Bayern hervorgetan. Doch auch Ludwig II., der sich vor allem vom französischen Sonnenkönig faszinieren ließ, griff vereinzelt auf Kaiser Ludwig zurück, so mit dem von diesem gegründeten Kloster Ettal, dessen Architektur der Kunst- und Literaturhistoriker Hyacinth Holland 1860 mit der Gralslegende in Verbindung brachte. Nachdem Ludwig II. 1873 in Oberammergau das Theaterstück „Die Stiftung Ettals" von Joseph Anton Daisenberger besucht hatte, dankte er der örtlichen Gemeinde unter anderem mit einem von Carl de Bouché (1845–1920) geschaffenen Glasfenster, das Ludwig den Bayern nach dem Vorbild der spätgotischen Grabplatte aus der Frauenkirche zeigt (A). Das 1880 der Gemeinde Oberammergau überreichte Glasgemälde fand zunächst Aufstellung in der Pfarrkirche und ab 1886 im Rathaus.

Das Jahr 1918 markierte mit dem Ende des Ersten Weltkriegs auch den Zusammenbruch der Monarchie in Bayern. Fortan entfiel die wittelsbachische Dynastie als Stifterin der Erinnerung an Kaiser Ludwig den Bayern, wie auch die Monarchie als Bezugsgröße für dynastische Erinnerungen keine Rolle mehr spielen sollte.

K. B. M.

1.18 C

1.18 D

Minoritenkirche

Level 2

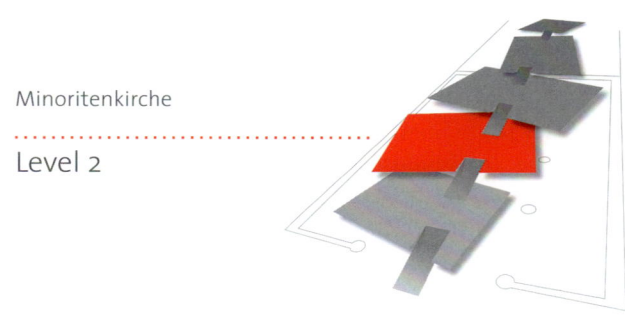

Der größte Hader aller Zeiten

Man kann über die militärische Bedeutung des Kampfes von Gammelsdorf streiten. Aber die Schlacht am Jahresende 1313 kam jedenfalls zum richtigen Zeitpunkt für die weitere Karriere Ludwigs. Man suchte einen Nachfolger für den im August 1313 in Italien verstorbenen König und Kaiser Heinrich VII. Und für die Gegner habsburgischer Ansprüche drängte sich Ludwig als Kandidat geradezu auf: Er hatte eben bewiesen, die Habsburger militärisch schlagen zu können, verfügte aber aus eigener Kraft nicht über allzu viele Machtmittel. Der eigentlich „geborene" Kandidat der Luxemburger Partei, König Johann von Böhmen, galt zu diesem Zeitpunkt noch als zu jung, um die Reichskrone zu tragen.

Am 20. Oktober 1314 wurde Ludwig zum König gewählt, unterstützt von den mächtigen Erzbischöfen Balduin von Trier, einem Luxemburger, und Peter von Mainz. Doch schon tags zuvor hatten andere wahlberechtigte Fürsten, unter ihnen sogar Ludwigs Bruder Rudolf, den Habsburger Friedrich gewählt. Solche strittigen Wahlergebnisse waren möglich, da noch kein Mehrheitsprinzip kurfürstlicher Stimmen galt – dies sollte erst Ludwigs Nachfolger Karl IV. in der „Goldenen Bulle" 1356 einführen. Beide Kandidaten wurden am 25. November 1314 gekrönt: Friedrich in Bonn, Ludwig in Aachen. Zwei gegeneinander gestellte Throne symbolisieren in der Ausstellung die konkurrierenden Ansprüche.

Die doppelte Königswahl unterhöhlte die Ordnung und Sicherheit im Reich, zumal Ludwig eine militärische Entscheidung zunächst scheute. Die Städte und Regionen, die im Grenzgebiet des habsburgischen und wittelsbachischen Einflusses lagen, zahlten die Zeche. So verheerte Friedrich von Österreich die Umgebung Regensburgs, als sich die Stadt im Jahr 1319 weigern musste, ihm die Tore zu öffnen. Den als Reaktion auf diese Gefahren erweiterten und verstärkten Mauerring kann man heute noch in Überresten besichtigen. Die unklare Situation kostete alle Beteiligten viel Geld. König Ludwig IV. versuchte, seinen chronischen Geldmangel durch Verpfändungen und durch Besteuerung der Reichsstädte zu beheben. Im Gegenzug erteilte er Privilegien und Vergünstigungen. In seinem Herzogtum förderte er besonders die Eisenerzeugung in der Region um Amberg und Sulzbach, die im 14. Jahrhundert zum europäischen Eisenzentrum aufstieg. Das brachte ihm sowohl Steuereinnahmen als auch Rüstungsgüter. Hier erreichte die „große Politik" Leben und Alltag der einfachen Leute. Die Ausstellung zeigt dies exemplarisch mit einer Inszenierung um ein eigens angefertigtes 1:1-Modell eines zeitgenössischen Rennofens, wie er für die Erzgewinnung eingesetzt wurde (Kat.-Nr. 2.9 B).

Im September 1322 suchten beide Seiten die Entscheidung. Die Schlacht von Mühldorf gehört zu den bekanntesten Ereignissen jener Jahre. Wir zeigen sie nicht nur auf der Ebene der Exponate, sondern auch in einer Inszenierung, die zugleich Schrecken und Faszination der Schlacht deutlich werden lässt. Nach den Berichten dauerte der Kampf Stunden; es war eine der letzten Schlachten, die ohne Feuerwaffen ausgetragen wurden. Friedrich von Österreich hatte vergeblich auf Verstärkung durch seinen Bruder Leopold gewartet und geriet in Gefangenschaft. Aus Furcht vor Verfolgern räumte Ludwig das Schlachtfeld rasch und kehrte dorthin zurück, von wo er aufgebrochen war: nach Regensburg. Hier entlohnte er seine Unterstützer, viele auch aus dem nordgauischen Adel, mit der Verleihung von Zöllen, Steuern und Pfandschaften. Sein prominentester Mitkämpfer, der Luxemburger König Johann von Böhmen, erhielt damals die Reichsstadt Eger als Pfand.

Friedrich von Habsburg wurde noch im Herbst 1322 auf die Burg Trausnitz im Pfreimdtal gebracht, wo er zweieinhalb Jahre in ehrenvoller Haft zubrachte. Erst nach langen Verhandlungen erhielt König Ludwig IV. die Reichsinsignien von Leopold von Habsburg ausgehändigt, die Symbole rechtmäßiger Herrschaft. Dies sollten nun alle wissen. Im Rahmen öffentlichkeitswirksamer Feierlichkeiten wurden die Reichsinsignien, die auch Heil bringende Reliquien enthielten, zunächst in Nürnberg und im Juli 1324 in Regensburg präsentiert. Vor der einstigen Königspfalz von St. Emmeram thronte König Ludwig auf einem abgedeckten Kirchturm und zeigte aller Welt, auch den vermutlich von weit her angereisten Wallfahrern, dass nun endlich sein Königtum unbestritten sei. Inszenierungen von Herrschaft im öffentlichen Raum – das begegnet bei Ludwig IV. immer wieder. In dessen weiterer Regierungszeit bewahrte man die Insignien in der Kapelle des Alten Hofs in München auf. Hier in München kam 1325 schließlich auch ein ungewöhnlicher Aussöhnungsvertrag zustande. Ludwig erkannte Friedrich als Mitregenten eines Doppelkönigtums an. Damit war der Gegensatz zwischen den Häusern Habsburg und Wittelsbach befriedet.

Peter Wolf

Der römisch-deutsche König wurde gewählt. Den wahlberechtigen Fürsten war daran gelegen, dass die Kandidaten nicht aus eigener Kraft zu mächtig werden konnten.

2.1
Abformung des Grabsteins des Mainzer Erzbischofs Peter von Aspelt (gest. 1320)

Original: roter Sandstein, um 1335, 1834 neu gefasst, 275 x 149 x 30 cm;
kolorierte Abformung durch das Römisch-Germanische Zentralmuseum, Mainz, 1861; Gips; erworben 1861
Bayerisches Nationalmuseum, München (MA 2359.1–4)

Die Mainzer Erzbischöfe hatten als Erzkanzler traditionell den Vorsitz bei der Wahl des deutschen Königs. Dagegen stand den Kölner Oberhirten gewohnheitsmäßig die Krönung im zu ihrem Bistum gehörenden Aachener Dom zu. Beide Seiten versuchten, die Rechte der anderen Partei infrage zu stellen. In Köln betonte man zugleich, dass die Krönung den eigentlichen herrschaftsbegründenden Akt bedeute. Für die Gegenposition stehen nicht zuletzt drei Grabsteine im Mainzer Dom, auf denen sich Mainzer Erzbischöfe in der Rolle des „Königsmachers" präsentieren. Ein Extrem markiert dabei das Epitaph für Peter von Aspelt, geboren um 1245 im luxemburgischen Aspelt, von 1297 bis 1306 Bischof von Basel und von 1306 bis zu seinem Tod 1320 Erzbischof von Mainz. Als einzigem der drei Prälaten werden ihm sogar drei Könige beigegeben. Ganz bewusst sind sie deutlich kleiner dargestellt als der Bischof. Zwei Jahre nach seiner Ernennung zum Mainzer Erzbischof hatte Peter die Wahl Heinrichs VII. betrieben, der 1312 der erste Luxemburger auf dem Kaiserthron werden sollte. Der Bischof diente ihm in der Folge nicht nur als Erzkanzler, sondern vertrat ihn zeitweise auch als Reichsverweser. 1311 krönte er Heinrichs Sohn Johann, den Vater Kaiser Karls IV., in Prag zum König von Böhmen. In den Auseinandersetzungen um Heinrichs Nachfolge war Peter von Aspelt einer der entscheidenden Fürsprecher des Wittelsbacher Prätendenten Ludwig. Peter salbte ihn 1314 in Aachen zum König, wozu er als Mainzer Erzbischof eigentlich nicht berechtigt war.

Das Relief entstand sicher nach Peters Tod im Jahr 1320, da es Ludwig schon mit der erst 1328 errungenen Kaiserkrone zeigt. Die Gesichter der Könige sind stark stilisiert. Der Grabstein diente ursprünglich als Deckel einer Grabtumba, doch wird er schon seit 400 Jahren stehend vor einem Pfeiler präsentiert. Die Inschrift vermeldet übersetzt, das Zepter des Reichs habe der Bischof erst Heinrich, dann Ludwig verliehen, außerdem Johann von Böhmen sein Königreich übergeben.

Das Bayerische Nationalmuseum hat den Gipsabguss 1861 zum damals sehr hohen Preis von 232 Gulden vom Römisch-Germanischen Zentralmuseum in Mainz erworben.

M. W.

Lit.: Jahn/Brockhoff, Bayern und Österreich, Bd. 1, S. 185, Kat.-Nr. 118 (Matthias Weniger, mit früherer Literatur)

Der Mainzer Erzbischof beanspruchte den Vorrang unter den Kurfürsten.
Er berief sich dabei auf die Nachfolge des hl. Bonifatius, des „Apostels der Deutschen".

2.2
Hl. Bonifatius, zwei kniende Paare krönend

Wahrscheinlich Teil eines Retabels des Bonifatiusaltars des Mainzer Doms, um 1320/30; Sandstein, 100 x 79 x 9–12 cm
Bischöfliches Dom- und Diözesanmuseum Mainz (PS 125)

Das stilistisch um 1320/30 zu datierende Relief zeigt zwei kniende Paare. Sie haben ihre Hände gefaltet und, wie Bedeutungsperspektive und Reliquiensepulchrum zeigen, zu einem thronenden Heiligen erhoben, der sie krönt. Es handelt sich hierbei um den Mainzer Erzbischof Bonifatius, der 754 in Friesland das Martyrium erlitt und fortan als einer der wichtigsten Heiligen der Erzdiözese verehrt wurde. Drei Jahre vor seinem Tod soll Bonifatius, auch wenn dies heute umstritten ist, in Soissons die Salbung des fränkischen Hausmeiers Pippin d. J. zum König und damit den Dynastiewechsel von den Merowingern zu den Karolingern vorgenommen haben. Durch diesen Akt, so wird seit dem 11. Jahrhundert in Mainz argumentiert, sei das Recht des „Königmachens" auf alle Zeiten an den Mainzer Bischofsstuhl gebunden.

Bei der Königswahl 1314 standen sich der Wittelsbacher Ludwig und der Habsburger Friedrich als Rivalen gegenüber. In jenen Jahren erreichte auch der Kurmainzer/Kurkölner Streit um die Stellung des „ersten Mannes im Staate" mit dem Recht auf Leitung der Königswahl und der Krönung seinen Höhepunkt. So kam es schließlich zur Doppelkrönung: der „falsche" Koronator, der Mainzer Erzbischof Peter von Aspelt, krönte am „richtigen" Ort – Aachen – Ludwig IV., während der Kölner Erzbischof Heinrich von Virneburg, als der rechtmäßig Krönende, am „falschen" Ort – Bonn – Friedrich krönte, und zwar unter ausdrücklicher Verlesung eines 1052 ausgestellten päpstlichen Privilegs, in dem der Kölner Kirche das Krönungsrecht für ihren Sprengel zugestanden wurde. In Mainz hingegen argumentierte man mit dem oben skizzierten „Bonifatiusprimat": Seit dem „Präzedenzfall" Pippin bestehe ein älteres, von Rom unabhängiges Recht der sedes Moguntiae auf das „Machen" des deutschen Königs, versinnbildlicht durch den Akt der Krönung. Erst nach dem Tod Ludwigs des Bayern fand dieser Streit 1356 mit der Kodifizierung des Rechts von Königswahl und -krönung in der Goldenen Bulle Kaiser Karls IV. seinen Abschluss.

W. W.

Lit.: Wilhelmy, Krönungsrelief

Während im 10. Jahrhundert alle Reichsfürsten an der Königserhebung beteiligt waren, engte sich dieser Kreis ab dem 13. Jahrhundert auf die sieben Königswähler ein: die Erzbischöfe von Mainz, Köln und Trier, den Pfalzgrafen bei Rhein, den Herzog von Sachsen, den Markgrafen von Brandenburg und den König von Böhmen.

2.3
Bilderchronik „Kaiser Heinrichs Romfahrt" mit den sieben Wahlfürsten

Um 1330–1345;
Handschrift/Pergament,
73 Blätter, Federzeichnung,
laviert, 34 x 24 cm
Landesarchivverwaltung
Rheinland-Pfalz,
Landeshauptarchiv Koblenz
(Best. 1C Nr. 1)

Die einzigartige Handschrift hält in 73 Bildern mit erläuternden Beischriften die Erfolgsgeschichte eines Bruderpaars aus dem luxemburgischen Grafenhaus fest. Der Erhebung Balduins zum Erzbischof von Trier (1307–1354) folgt die Geschichte seines Bruders Heinrich VII. (1308–1313). Er wurde am 27. November 1308 in Frankfurt am Main zum römischen König gewählt und am 29. Juni 1312 in Rom zum römischen Kaiser gekrönt. Die meisten Bilder zeigen herrscherliche Repräsentationsakte und blutige Schlachten auf Heinrichs Italienzug zur Kaiserkrönung. Am Ende der Folge steht eine Darstellung von Heinrichs Grabmal im Dom von Pisa mit der Aufforderung zur Fürbitte.

Wappendarstellungen und Benutzungsspuren lassen die Funktion der Handschrift als Erinnerungsbuch für die Luxemburger und ihre Anhänger erkennen. Es entstand im Umkreis Balduins (um 1330–1345) und wurde zusammen mit einer Urkundensammlung des Erzbistums Trier überliefert.

Die ausgestellte Seite (fol. 3) zeigt oben ein Festmahl Erzbischof Balduins inmitten seiner Familie. Das untere Bild präsentiert die sieben Wähler, die Graf Heinrich von Luxemburg in Frankfurt zum König der Römer erheben. Sie sind durch Wappen im Architekturrahmen identifiziert: (von links nach rechts) die Erzbischöfe von Köln, Mainz, Trier, der Pfalzgraf bei Rhein, der Herzog von Sachsen, der Markgraf von Brandenburg und der König von Böhmen, der allerdings in Frankfurt nicht präsent war. Das Ensemble gehört zu den ältesten bildlichen Darstellungen des späteren Kurfürstenkollegs.

Im Zentrum sitzt der Wittelsbacher Rudolf, Pfalzgraf bei Rhein und Herzog von Bayern. Er verkündete als damals ranghöchster weltlicher Fürst die Entscheidung, nachdem der Kölner Erzbischof die Stimmen abgefragt hatte. Bei den strittigen Königswahlen von 1314 führte Rudolf erneut die pfälzische Kurstimme, entschied sich aber nicht für seinen jüngeren Bruder Ludwig IV., sondern für dessen habsburgischen Rivalen Friedrich. Die Königswahlen von 1308 und 1314 belegen den im 13. Jahrhundert erfolgten Abschluss der siebenköpfigen Wählergruppe, aber auch die formale Offenheit im Verfahren, das erst in der Goldenen Bulle 1356 verbindlich fixiert wurde. Erst von da an galt das Mehrheitsprinzip.

B. Sch.

Lit.: Böhmer, Regesta Imperii, Bd. VI, 4, S. 60–68; Büttner, Weg, S. 269–339; Margue u. a., Weg

---

Wer König werden wollte, musste den Kurfürsten ein Angebot machen, das diese nicht ablehnen konnten.

2.4
Preis des Königtums

Grafik; Entwurf: Andreas Th. Jell; Haus der Bayerischen Geschichte, Augsburg

Es ist das Prinzip der Oligarchie, dass den Wählern umso mehr Macht zukommt, je weniger Stimmberechtigte es gibt. In einer Wahlmonarchie wie dem ostfränkischen beziehungsweise römisch-deutschen Reich waren Versprechungen der Kandidaten ihren Parteigängern gegenüber nicht unüblich, doch hatte sich gegen Ende des 13. Jahrhunderts mit der Beschränkung der Königswähler auf sieben Kurfürsten auch der Charakter der Wahlversprechen verändert. Der an Rudolf von Habsburg erteilte Auftrag, das seit den Zeiten der Staufer verlorene Reichsgut wiederzugewinnen, verkörpert noch den alten Reichsgedanken, wonach die Fürsten Untertanen des Kaisers und Amtsträger des Reichs sind. Seinem Nachfolger, Adolf von Nassau, traten die Fürsten als Glieder des Reichs entgegen, die einen Primus inter Pares wählen, der den Besitzstand aus Privilegien, erblich gewordenen Lehen und Reichsgut garantiert. Dementsprechend detailliert fielen die Verpflichtungen aus, die man ab 1292 vor einer Königswahl beurkunden ließ. Insbesondere die rheinischen Erzbischöfe setzten von da an systematisch Vorrechte durch, die sie den anderen Reichsfürsten gegenüber heraushoben. In ihren Territorien wurden sie quasi zu kleinen Souveränen, die sich, abgesehen von der Königswahl, ihrer Verpflichtungen dem Reich gegenüber weitgehend entledigt hatten.

Neben der Bestätigung bestehender Rechte als Erzkanzler, als Bischöfe und als weltliche Fürsten ihrer Territorien (Lehen, Gerichtsbarkeit, Judensteuer, Zölle beziehungsweise Verbot weiterer Zollstellen) ließen sich die geistlichen Kurfürsten bei der Wahl von 1314 von der Verpflichtung befreien, an Hoftagen teilnehmen zu müssen (Köln und Trier). Weit folgenreicher war aber das Zugeständnis, das die Erzbischöfe von Mainz und Trier dem Kandidaten Ludwig abnötigten: Verpfändetes Reichsgut sollten sie zum ursprünglichen Preis auslösen dürfen. Damit erhielten sie ein Vorkaufsrecht, um Reichsgut von kleinen Adeligen zu erwerben und somit das eigene Territorium zu erweitern. Durch die Konzessionen Ludwigs erhielten Peter von Mainz und Balduin von Trier schon 1314 fast alle Rechte, die den übrigen Kurfürsten erst 1356 in der Goldenen Bulle Karls IV. gewährt wurden.

Solch spitzfindige Wahlversprechen wie die drei geistlichen Kurfürsten forderten ihre weltlichen Kollegen nicht, aber in ihrem Interesse an finanziellen Zuwendungen unterschieden sie sich nicht. Folgende Beträge wurden den Kurfürsten von ihren Kandidaten zugesichert: Ludwig versprach 10 000 Mark Silber an Peter von Aspelt, Erzbischof von Mainz, und 1000 Mark Silber für dessen Räte; 22 000 Mark Silber, später reduziert auf 10 000 Mark Silber, sollten an Balduin von Luxemburg, Erzbischof von Trier gehen; 12 000 Mark Silber an Markgraf Woldemar von Brandenburg; 2000 Mark Silber an Herzog Johann von Sachsen-Lauenburg. Friedrich der Schöne versprach 44 000 Mark Silber an Heinrich von Virneburg, Erzbischof von Köln, und 2000 Mark Silber für dessen Räte; eine große, aber in ihrer genauen Höhe unbekannte Summe stellte er Ludwigs Bruder Rudolf, Pfalzgraf bei Rhein, in Aussicht.

Nachdem sich die Kurfürsten in der Verfolgung eigener Interessen nicht auf einen Kandidaten hatten einigen können, gewann man erst später die Erkenntnis, dass ein Thronkampf die ausgehandelten Zugeständnisse gefährdet, sollte sich der König der Gegenpartei durchsetzen.

A. Th. J.

Lit.: Thomas, Ludwig der Bayer; Schubert, Kurfürsten

Herzog Rudolf, der vergeblich auf die Königskandidatur hingearbeitet hatte,
verweigerte als Pfalzgraf bei Rhein seinem eigenen Bruder die Stimme und gab sie dessen Konkurrenten Friedrich.

2.5
Erzbischof Heinrich von Köln bevollmächtigt Pfalzgraf Rudolf bei Rhein in seiner Abwesenheit in seinem Namen eine geeignete Person („personam ydoneam") zum römischen König zu wählen.

15. Oktober 1314; Urkunde, Pergament, grünes Wachssiegel an Pergamentpressel,
1. Ausfertigung, 18 x 27 cm (s. Abb.), 2. Ausfertigung, 16,7 x 29,7 cm
Österreichisches Staatsarchiv, Haus-, Hof- und Staatsarchiv, Wien (Allgemeine Urkundenreihe 1314 X 15)

Wenige Tage vor dem angesetzten Termin zur römischen Königswahl trafen die beiden Parteien, die sich im Lauf des Jahres 1314 unter den Kurfürsten herausgebildet hatten, bei Frankfurt zusammen. Am nördlichen Mainufer befand sich das Lager des bayerischen Herzogs Ludwig, das vom Erzbischof von Mainz angeführt wurde und dem der Erzbischof von Trier, der noch minderjährige König Johann von Böhmen, Markgraf Waldemar von Brandenburg und Johann von Sachsen-Lauenburg angehörten. Ihnen gegenüber, bei Sachsenhausen, hatten sich die Anhänger des habsburgischen Herzogs Friedrich zusammengefunden, Herzog Rudolf von Sachsen-Wittenberg, Heinrich von Kärnten, der Anspruch auf die böhmische Königskrone erhob, und nicht zuletzt Pfalzgraf Rudolf, Ludwigs Bruder. Erzbischof Heinrich von Köln, einer der wichtigsten Unterstützer Friedrichs, fürchtete wegen Feindseligkeiten der Kurfürsten Balduin von Trier und Johann von Böhmen um Leib und Gut und war daher nicht persönlich erschienen, sondern hatte seine Kurstimme an seinen Parteigänger, Pfalzgraf Rudolf, übertragen.

Rudolf lag seit Jahren mit seinem Bruder Ludwig, der 1310 eine Teilung Oberbayerns erzwungen hatte, im Streit. Doch als Ludwig die alleinige Vormundschaft über die unmündigen niederbayerischen Herzogssöhne zufiel, verbündeten sich die beiden Brüder zum Schutz dieses Territoriums vor den Habsburgern und machten im Juni 1313 die Herrschaftsteilung rückgängig. Nach dem Tod Kaiser Heinrichs VII. im August 1313 wechselte Rudolf aber wieder das Lager und schloss sich der Partei des habsburgischen Thronkandidaten Friedrich an. Es war Rudolf selbst, der die am 19. Oktober erfolgte Wahl des Habsburgers proklamierte. Am nächsten Tag wurde sein Bruder ebenfalls zum König gewählt.

K. K.

Druck: MGH Const. 5, Nr. 91
Lit.: Büttner, Weg, S. 294–339; Mühling, Geschichte; Handbuch der Bayerischen Geschichte, S. 131–137

Nach der Doppelwahl bat Friedrich den Papst um Approbation, während Ludwig lediglich seine Wahl bekannt gab.

2.6

A Wahlanzeige der Kurfürsten zur Erhebung Ludwigs des Bayern

Mainzer Exemplar, 23. Oktober 1314; Urkunde, Pergament, mit vier Wachssiegeln an gedrehten rot-goldenen Seidenschnüren, 26 x 59 cm (ohne Siegel)
Bayerisches Hauptstaatsarchiv, München – Geheimes Hausarchiv (Hausurkunde 114)

B Wahlanzeige der Kurfürsten zur Erhebung Ludwigs des Bayern

Trierer Exemplar, 23. Oktober 1314; Urkunde, Pergament, mit vier Wachssiegeln an gedrehten rot-goldenen Seidenschnüren, 30,5 x 44,5 cm (ohne Siegel)
Bayerisches Hauptstaatsarchiv, München – Geheimes Hausarchiv (Hausurkunde 115)

Zum Zeitpunkt der Wahlen Ludwigs IV. und Friedrichs des Schönen war der Stuhl Petri vakant. Dies ist der Grund, weshalb sowohl Erzbischof Peter von Mainz wie Erzbischof Balduin von Trier ihre Wahlanzeigen, die sie jeweils zusammen mit den übrigen Wählern König Johann von Böhmen, Markgraf Waldemar von Brandenburg und Herzog Johann von Sachsen-Lauenburg ausstellten und besiegelten, an den „künftigen höchsten Pontifex der römischen und universalen Kirche" adressierten. Um den Anschein einer korrekten Wahl zu geben, wurde die Abwesenheit des Erzbischofs Heinrich von Köln und des Pfalzgrafen Rudolf zwar vermerkt, nicht jedoch, dass diese tags zuvor bereits Friedrich den Schönen gewählt hatten (Kat.-Nr. 2.5). Stattdessen werden die Bemühungen geschildert, diese beiden Kurfürsten zur Teilnahme an der Wahl zu bewegen. Nicht eingegangen wird auf die umstrittene Führung der böhmischen und sächsischen Stimme. Als Argument für die Legitimation der Wahl wird auch betont, dass sie in Frankfurt als „loco siquidem ad hoc solito et consueto" (dem dafür üblichen und gewohnten Ort) stattgefunden habe und Ludwig in der dortigen Bartholomäuskirche bereits als König gehuldigt worden sei. Für die Wähler war also vollkommen klar, dass sie selbst den König einsetzen und die Anzeige an

den künftigen Papst nur erfolgt, weil es sich um den „in imperatorem postmodum promovendum" (künftig zum Kaiser zu erhebenden) Herrscher handelt. Erst bei der Kaiserkrönung sollte also der künftige Papst mitzusprechen haben. Papst Johannes XXII. sah dies allerdings dann anders.

G. I.

Ludwig IV. förderte die Produktion von Eisen, ein im Mittelalter sehr teurer Rohstoff für Werkzeuge und Waffen. Mit der Eisenproduktion und dem Eisenhandel erzielte er zudem Steuereinnahmen.

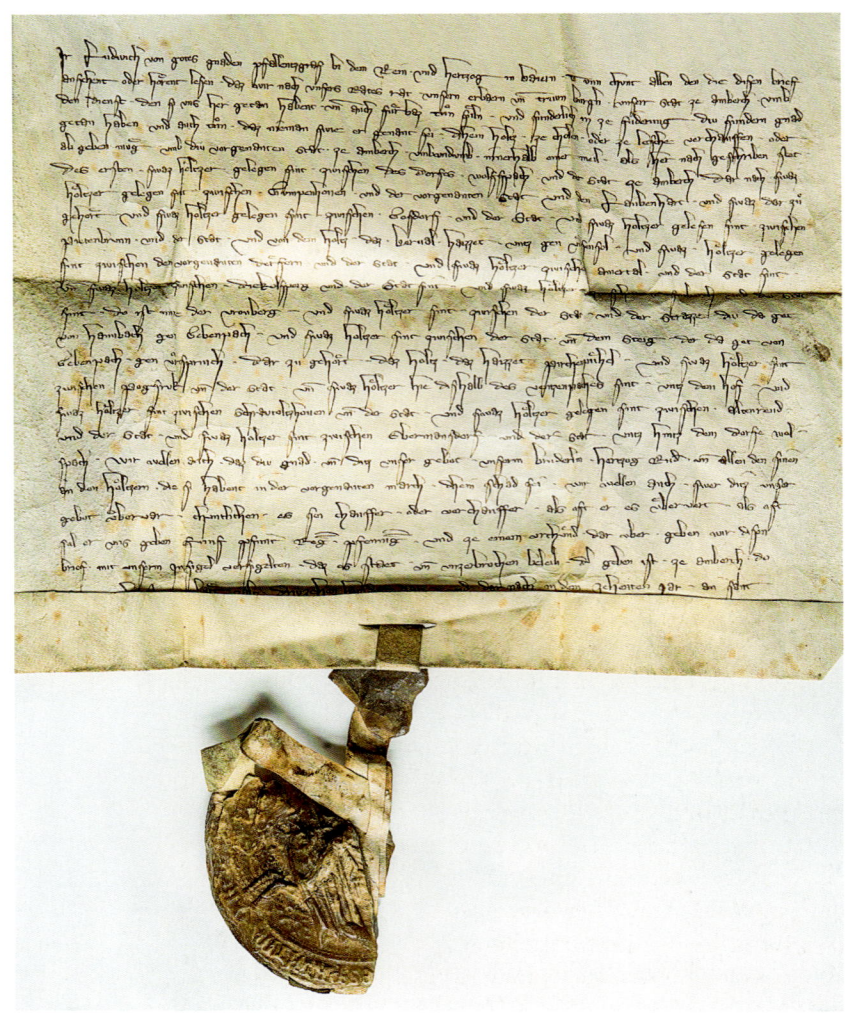

2.7
Holz- und „Lesche"-Privileg Herzog Ludwigs IV. für die Bürger der Stadt Amberg

Amberg, 13. Dezember 1310;
Pergament, zerbrochenes Siegel
an Pergamentpressel, 20,5 x 28 cm
(ohne Siegel)
Stadtarchiv Amberg (Urk. 4)

Herzog Ludwig IV. garantiert in dieser Urkunde den Bürgern der Stadt Amberg, dass im Umkreis von einer Meile um die Stadt niemand Holz zur Herstellung von Kohle oder Lesche (Kohlenstaub) verkaufen oder abgeben darf. Es handelt sich jeweils um Waldungen zwischen der Stadt Amberg und Wolfsbach, Gumpenhof, Laubenhart, Garsdorf, Bittenbrunn, Ursensollen, Ammerthal, Dietersberg, Rosenberg, wo der Frohnberg liegt, Waldungen zwischen der Stadt und der Straße von Hahnbach nach Gebenbach sowie zwischen der Stadt und dem Steig von Gebenbach nach Urspring, hier vor allem die Flur „Pirchenpuehel", ferner zwischen Pursruck und der Stadt sowie Gehölze dieshalb des „Fentzenbachs" und die Gebiete zwischen Schlauderhof (Schrautolzhofen) und der Stadt, zwischen Altenried (Altenreud) und der Stadt sowie zwischen Ebermannsdorf und der Stadt bis nach Wolfsbach.

Das durch das Privileg begründete Verbot der Ausfuhr von Holz zum Verkohlen und zur Gewinnung von Holzkohle, die zur Eisenverarbeitung unabdingbar war, erfolgte auf Drängen der Amberger Bürgerschaft, die durch die Regelung der Energiefrage in ihrem Sinn einen Wettbewerbsvorteil gewann. Somit ist diese Freiheit ein Indiz für eine deutliche Ausweitung der Eisenverarbeitung. Darüber hinaus benötigte die Stadt Holz zum Bauen, aber auch zum Auszimmern der Schächte im Bergbau. Ausdrücklich schreibt Ludwig IV. fest, dass das Privileg seinem Bruder Herzog Rudolf und den Seinen, die Waldungen in den genannten Grenzen besaßen, nicht schaden solle. Des Weiteren bewehrt er Verstöße gegen das Privileg, seien sie vom Käufer oder vom Verkäufer begangen worden, mit einer Strafe von fünf Pfund Regensburger Pfennig.

Diese Urkunde stellt das zweite Privileg dar, mit dem Ludwig IV. die Amberger Bürger begabte. Am 13. Juli 1310 hatte er ihnen das Stadtrechtsprivileg bzw. die -bestätigung seines Bruders Rudolf von 1294 konfirmiert, nachdem er dieses geringfügig erweitert hatte (Stadtarchiv Amberg, Bände 261, fol. 1). Offensichtlich war er am Jahresende nochmals nach Amberg gekommen.

J. L.

Druck: Laschinger, Denkmäler, Bd. 3,1, Nr. 6, S. 6–8
Lit.: Götschmann, Amberg, S. 222; Volkert, Amberg, S. 40

Fördern und fordern: Ludwig gab Städten Rechtssicherheit und nutzte zugleich deren Steuerkraft als Einnahmequelle.

2.8
A Steuerprivileg König Ludwigs IV. für die Stadt Amberg

Amberg, 23. März 1318; Pergament,
Thronsiegel an Pergamentpressel, 15 x 30 cm (ohne Siegel)
Stadtarchiv Amberg (Urk. 8)

Diese Privilegien König Ludwigs IV. haben die „gewöhnliche" Steuer, also die Stadtsteuer, die der Landesherr von „seiner" Stadt erhob, zum Gegenstand. Ihre Entrichtung traf die Stadt insgesamt und nicht den einzelnen Bürger. Deshalb wurde sie vom Rat an den Landesherrn entrichtet, der sie seinerseits als städtische „Obrigkeit" von den städtischen Anwesensbesitzern einnahm. Vielfach fühlten sich aber Adel und Klerus, die – wie aus der Urkunde von 1318 hervorgeht – wiederholt zu Eigentümern von Häusern in und außerhalb der Stadt geworden waren, von der Stadtsteuer befreit. König Ludwig IV. gewährt in dieser Urkunde (A) den Amberger Bürgern die Freiheit, dass alle Häuser in und vor der Stadt, die bis zum Tag der Beurkundung die Stadtsteuer entrichtet hatten, diese für alle Zukunft zu zahlen hatten; sie sollten ohne Ansehen ihrer Inhaber zu Steuer und Dienst „nach der stat satzung" verpflichtet sein. Damit wurde die gewöhnliche Steuer zu einer alle Stadtbewohner gleichermaßen betreffenden Abgabe. Dies bedeutete eine Erleichterung für die einzelnen Bürger, deren Anteil geringer ausfiel, wenn alle ausnahmslos ihren Beitrag entrichten mussten. Nicht uninteressant ist dabei der Hinweis Ludwigs „auf der stat satzung und gewonhait", die ersten Ansätze der Entwicklung innerstädtischen Rechts.

Fünf Jahre später fixierte der König die Amberger Stadtsteuer auf jeweils 90 Pfund Regensburger Pfennig im Mai und im Herbst. Mit diesem Privileg (B) erhielt die Bürgerschaft Sicherheit im Hinblick auf die Stadtsteuer, die damit vom Landesherrn nicht aus einer tatsächlichen oder vermeintlichen Notlage heraus erhöht werden konnte. Ludwig IV. suchte zwar einerseits seine Eingaben zu mehren, die Stadt und damit ihre Wirtschaftskraft aber andererseits nicht über Gebühr zu belasten. Außerdem verbot der König die Pfandsetzung der Stadt. Auch dies bedeutete einen enormen Fortschritt an Rechtssicherheit. Wie die Entwicklung gerade auf dem Nordgau zeigt, wurden Städte wiederholt zu Pfand gesetzt. Diese Erfahrung hatten die Amberger bereits einmal gemacht, als das dabei erstmals als „civitas" bezeichnete Amberg 1242 in Folge einer Pfandsetzung an den Markgrafen Berthold von Hohenburg überging. *J. L.*

Druck: Laschinger, Denkmäler, Bd. 3,1, Nr. 9, S. 10,
Nr. 14, S. 13
Lit.: Volkert, Amberg, S. 37

B Steuerprivileg König Ludwigs IV. für die Stadt Amberg

Regensburg, 25. Januar 1323; Pergament, Thronsiegel an grün-roter Seidenschnur fehlt, 18,5 x 31,5 cm (ohne Siegel)
Stadtarchiv Amberg (Urk. 10)

Der größte Hader aller Zeiten

Der Erzreichtum und die innovative Technik der Hammer- und Hüttenwerke machten die Oberpfalz zu einem der wichtigsten Eisenzentren Europas.

2.9

A **Brauneisenerz vom Amberger Erzberg**

Sammlung Prem, Amberg

D **Bündel mit Schieneisen**

Nachbau, Niederbayern 2014
Haus der Bayerischen Geschichte, Augsburg

B **Modell eines Rennofens 1:1**

Modellbau: Stadt Hirschau 2014;
Vorlage: Stadtmuseum Sopron (Ungarn)
Haus der Bayerischen Geschichte, Augsburg

Der bayerische Nordgau, später das Gebiet der Oberpfalz, war dank seines Rohstoffreichtums über Jahrhunderte die Bodenschatzkammer Bayerns. Die wichtigsten Lagerstätten des direkt verhüttbaren, hochwertigen Brauneisenerzes befanden sich im Raum Amberg-Sulzbach und Auerbach. Auf dem Gelände des Amberger Erzbergs erkennt man heute noch Pingen, Gräben, Abraumhalden und Trichtergruben vom oberflächennahen Abbau, der ab dem frühen 14. Jahrhundert nochmals einen bedeutenden Aufschwung nahm. Das Bergregal, also das Nutzungsrecht über die Bodenschätze, lag ursprünglich beim König, war aber im Bereich der Oberpfalz bereits im 13. Jahrhundert an die Territorialherren gelangt und damit an die bayerischen Herzöge. Diese überließen die eigentliche Abbautätigkeit den Stadtbürgern von Amberg oder Sulzbach. Dafür erhielten die Fürsten den Bergzehnten. Die Höhe der Abgaben muss beträchtlich gewesen sein. Man kann dies daraus erkennen, dass die Amberger Bürger den kostenintensiven Bau ihrer Befestigungsanlagen dank der vorübergehenden Erlassung des Bergzehnten (zuerst 1316) finanzieren konnten.

C **Modell eines Schienhammers**

Holz, 50 x 99 x 70 cm
Bergbau- und Industriemuseum Ostbayern,
Theuern

134 MINORITENKIRCHE

Die Technik der Eisenverhüttung hatte sich von keltischer Zeit bis ins hohe Mittelalter wenig verändert. So genannte Rennöfen wurden zumeist direkt neben den oberflächennahen Erzlagerstätten betrieben, bisweilen anscheinend auch im innerstädtischen Bereich, wie eine Ausgrabung in Amberg 2013 ergab. Die etwa einen Meter hohen Lehmöfen wurden schichtweise mit Holzkohle und Eisenerz gefüllt. Im unteren Ofenbereich waren Tondüsen eingebaut, durch die mit fußbetriebenen Blasebälgen Luft eingeblasen wurde. Der eigentliche Verhüttungsprozess lief bei relativ niedrigen Temperaturen von rund 1200 bis 1300 Grad Celsius ab. So konnte zwar die flüssige Schlacke abfließen, das Eisen mit seinem Schmelzpunkt von 1528 Grad Celsius sinterte aber nur zu einem Klumpen metallischen Eisens und Schlacke zusammen, der so genannten Luppe. Nach Beendigung der „Ofenreise" wurde der Rennofen aufgebrochen und die Luppe herausgezogen. Anschließend musste der Schlackenanteil durch Ausschmieden vom metallischen Eisen getrennt und dieses nochmals bei höherer Temperatur aufgeschmolzen und damit aufgekohlt werden. Erst jetzt entstand kohlenstoffarmes, schmiedbares Eisen.

Seit dem 13. und vermehrt seit dem 14. Jahrhundert setzte man im Gebiet der Oberpfalz eine grundlegende technische Neuerung ein, nämlich kombinierte Hütten- und Hammerwerke. Sie nutzten die Wasserkraft und wurden daher an Flussläufen angesiedelt. Diese Innovation bildete die Voraussetzung für den Aufstieg der Oberpfalz zu einem europäischen Eisenzentrum. Deren technologisches Rückgrat bildeten die Schienhämmer. Sie waren zumeist in lang gestreckten, eingeschossigen Gebäuden untergebracht, die parallel zum Betriebswassergraben standen. Wasserräder trieben große Blasebälge für die Feuer an und oft mehrstufige Hammersysteme. An einer horizontal liegenden Welle aus Holz waren Nockenringe angebracht. Drehte sich die Wasserradwelle, so drückten die Nocken immer wieder die Stilenden der Hämmer nach unten, der Hammerkopf hob sich und fiel dann mit Eigengewicht auf den Amboss. Die Geschwindigkeit konnte durch Regulierung der Wasserzufuhr angepasst werden. Im Zerrennherd entstand eine Rohluppe von vier bis fünf Zentner Gewicht aus Schlacke und metallischem Eisen. Die Luppe wurde zerteilt und im Wellherd nochmals bei höherer Temperatur aufgeheizt und damit aufgekohlt. Die darin enthaltene Schlacke wurde dann mehrfach unter den Hämmern herausgepresst. Anders als beim Rennofen mussten die Herde nicht nach jeder Ofenreise zerstört werden.

Im Wellherd fiel das hochwertige zwiegeschmolzene Eisen („Deicheleisen") an, das für die Blecherzeugung gebraucht wurde. Das restliche Eisen wurde auf genormte Eisenschienen gestreckt, wobei eine Werkschiene etwa 1,7 bis 1,8 Zentner wog. Ende des 14. Jahrhunderts stellte ein Schienhammer pro Woche etwa 120 dieser Schienen her. In dieser Form gelangte das begehrte Roheisen in den Handelskreislauf.

H. Wo./P. W.

Lit.: Götschmann, Oberpfälzer Eisen; Ress, Eisenhandel; Wolf, Eisenerzbau

---

Über die Handelsdrehscheibe Regensburg wurde ganz Süddeutschland mit Oberpfälzer Eisen beliefert.

2.10
A Zwei Äxte

Wohl Oberpfalz, 14. Jahrhundert, Eisen, 24 x 20 cm und 19,6 x 15,7 cm, Tülle: 9,7 cm und 12,5 cm
Historisches Museum Regensburg (K 1935/196,4 und 1958/52,1)

B Votivgaben

Fundort: Vorgängerbau der Kirche
St. Georg in Amberg, 14. Jahrhundert;
Eisen, menschliche Figur: H. 13,7 cm;
Pferdefiguren: 15,2 x 21 cm und 5,6 x 16,5 cm
Katholische Kirchenstiftung
St. Georg, Amberg

C Oberpfälzer Eisenproduktion und -handel

Karte; Entwurf: Andreas Th. Jell, Peter Wolf
Haus der Bayerischen Geschichte, Augsburg

Neben den Eisen erzeugenden Schienhämmern betrieb man im Gebiet der späteren Oberpfalz Eisen verarbeitende Werke wie Blechhämmer und Waffenhämmer. Hier wurden Waffen wie Spieße und Lanzen, aber auch Spaten, Schaufeln, Sensen, Ketten und Pflugscharen erzeugt. Beile und Äxte konnten für kriegerische wie friedliche Zwecke eingesetzt werden. Bisweilen formten die Schmiede auch einfache figürliche Darstellungen, wie die aus Amberg erhaltenen eisernen Figuren, die wohl als Votivgaben in kirchlichen Besitz kamen.

Die Erzeugnisse der Eisenindustrie auf dem bayerischen Nordgau wurden nur zum geringen Teil im Land selbst verbraucht. Den Flussläufen folgend, scheint man Eisen und Eisenprodukte schon sehr früh in die Donauhandelsstadt Regensburg gebracht zu haben. Ausgrabungen auf dem Regensburger Donaumarkt brachten jüngst sogar Schmiedeschlacken des 10. Jahrhunderts zum Vorschein. Erste Untersuchungen deuten auf eine Herkunft des Eisens aus dem Amberg-Sulzbacher Raum.

Zur Zeit Ludwigs IV. existierte bereits ein ausgefeiltes Handelssystem. Die in den Schienhämmern entlang der Flussläufe erzeugten Schieneisen wurden zum Sammelpunkt in Amberg gebracht. Von hier führte man sie in Schiffen mit niedrigem Tiefgang über Vils und Naab an den Regensburger Umschlagplatz, die Eisenlände am Donauufer. Da an beiden Flüssen auch Hammerwerke betrieben wurden, musste ein sorgfältiges „Streckenmanagement" eingehalten werden. Die 60 Kilometer lange Fahrt war flussabwärts an einem Sonntag zu bewältigen, während die Arbeit in den Werken ruhte und die Stauwehre geöffnet werden konnten. Ab Montag begannen die Schiffe, beladen mit Salz, ihre meist viertägige Bergfahrt in Richtung Amberg.

Das System der Oberpfälzer Eisenerzeugung wurde im 14. Jahrhundert immer mehr perfektioniert. In den Hammereinungen (ab 1341) schlossen sich Amberger und Sulzbacher Bürger zu einer Art Wirtschaftskartell zusammen, das Produktion und Handel lenkte, um

ein Überangebot und damit einen Preisverfall zu verhindern. Oberpfälzer Eisen gelangte von Regensburg aus donauaufwärts zum Handelsplatz Ulm oder über Passau in den unteren Donauraum. Die Regensburger Eisenhändler oder „Eisenmanger" gehörten zu den bedeutendsten Geschlechtern der Stadt, wie die Zant, die Auer, die Reich – Geschlechter, die auch zu den Unterstützern und Finanziers Ludwig des Bayern zählten (Kat.-Nr. 6.23ff.). Erst im Lauf des 14. Jahrhunderts wurden dann die Nürnberger Kaufleute gewichtige Abnehmer. Anders als die Transithandelsstadt Regensburg entwickelte sich Nürnberg damals zum Gewerbezentrum, dessen Metallindustrie auf das Oberpfälzer Eisen angewiesen war. *H. Wo./P. W.*

Lit.: Götschmann, Oberpfälzer Eisen; Die Oberpfalz – Ein europäisches Eisenzentrum; Ress, Eisenhandel; Wolf, Eisenerzbergbau; Karte: www.hdbg.eu/karten (21.4.2014)

Die militärischen Auseinandersetzungen infolge der Doppelwahl verheerten acht Jahre lang ganze Landstriche, ehe es in der Schlacht von Mühldorf zur Entscheidung kam.

2.11
Kriegszüge und verwüstete Landstriche 1314 bis 1322 im Vorfeld der Schlacht von Mühldorf

Karte; Entwurf: Andreas Th. Jell; Haus der Bayerischen Geschichte, Augsburg

Nach der Doppelwahl von 1314 fühlten sich sowohl Ludwig IV. als auch Friedrich von Habsburg als rechtmäßig gewählter König. Die Entscheidung über das Königsamt sollte acht Jahre später mit der Schlacht bei Mühldorf herbeigeführt werden, Jahre des Wartens, Taktierens und Paktierens, geprägt von Machtkämpfen und Rivalitäten in den eigenen Territorien. Ludwigs Bruder Rudolf, der bei der Wahl für Friedrich gestimmt hatte, stellte sich jetzt offen auf die Seite des Habsburgers, der auch in seinem Bruder Leopold einen treuen Verbündeten fand. Aufgrund einer militärischen Fehlentscheidung Leopolds erlitten die Österreicher am 15. November 1315 am Morgarten eine vernichtende Niederlage gegen die Schweizer Eidgenossenschaft, die ihrerseits gegen die Habsburger kämpfte. Anfang März 1315 gab es bei Speyer, im September 1316 bei Eßlingen und 1319 bei Mühldorf kleinere Militäraktionen, die jedoch zu keiner Entscheidungsschlacht führten. Dazu kam es dann im September 1322 bei Mühldorf.

Die Truppen Friedrichs waren von Wien aus die Donau entlang nach Westen gezogen, auf dem einen Ufer die österreichischen Ritter mit ihrem Fußvolk, auf dem anderen die Ungarn und Kumanen. Die beiden Heere vereinigten sich um den 21. September 1322 in Passau, wo sich der Bischof von Passau dem Heerzug anschloss. Der Erzbischof von Salzburg und der Bischof von Lavant zogen aus dem Salzburger Gebiet nordwärts nach Mühldorf. Leopold von Habsburg kam von Schwaben her Richtung Mühldorf. Die Vereinigung gelang jedoch nicht, da Friedrich nicht auf sein Eintreffen warten wollte.

Ludwig konnte seine Truppen in kurzer Zeit im eigenen Territorium versammeln. Er reiste im Sommer 1322 über Ingolstadt, München und Nürnberg nach Regensburg. Dort ist sein Aufenthalt für den Zeitraum vom 25. August bis zum 7. September 1322 nachzuweisen. Auf der Seite des Wittelsbachers kämpften König Johann von Böhmen und Herzog Heinrich d. Ä. von Niederbayern mit ihren Rittern, außerdem Kontingente von Reichsstädten, Ritter vom Mittel- und Niederrhein und viele Franken, unter ihnen Burggraf Friedrich IV. von Nürnberg. Wohl um den 21. September brach Ludwig in das nördlich von Mühldorf am Inn gelegene Gebiet auf. Die einzelnen Heere rückten über Ingolstadt, Landshut, Straubing, Deggendorf und Vilshofen an.

B. F.

Lit.: Fuhrmann, Entscheidung
Karte: www.hdbg.eu/karten (30.4.2014)

Die Entscheidung zwischen Ludwig und Friedrich fiel im Frühherbst 1322 an der Isen.

2.12
A Archäologische Funde auf dem Schlachtengelände bei Erharting

Luftbild und Karte: Landesamt für Digitalisierung, Breitband und Vermessung, München/Thomas Meier
Entwurf: Andreas Th. Jell, nach Herbert Matejka, in: Steinbichler, Schlacht
Haus der Bayerischen Geschichte, Augsburg

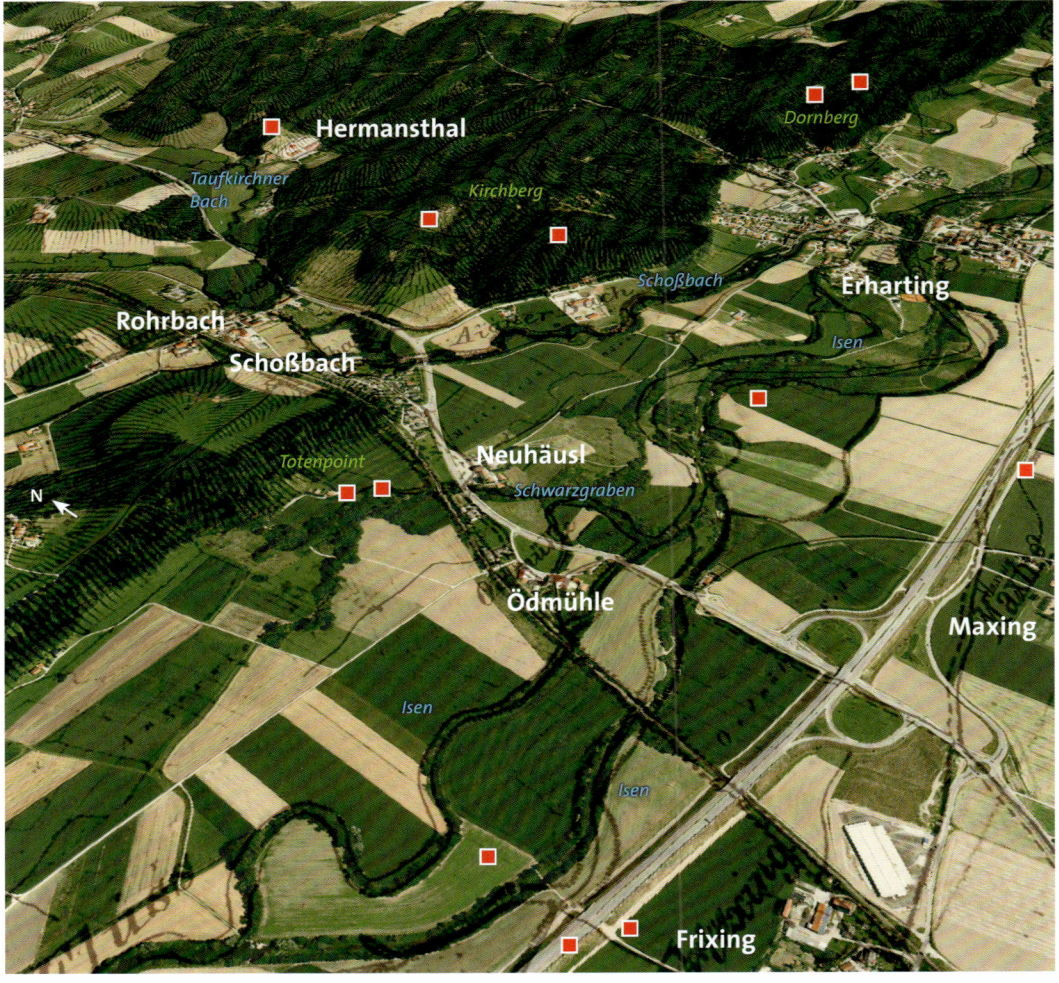

B Geschossspitzen

Eisen, L. bis 12,8 cm
Archäologische Staatssammlung, München (2013/6070a–f; 6072a–b.f–h.j; 6081a–f)

C Lanzenspitzen, Basilard, Panzerstecher

Fundort: Erharting, Lkr. Mühldorf a. Inn; 1. Hälfte 14. Jahrhundert; Eisen,
Lanzenspitzen: L. 21,2–24,5 cm; Basilard: L. 33,1 cm; Panzerstecher: L. 34,9 cm
Ärchäologische Staatssammlung, München (Lanzenspitzen: 2013, 6004–6007;
Basilard: 2013, 6010; Panzerstecher: 2013, 6011) und Kreismuseum Mühldorf
(zwei Lanzenspitzen: 2010/0299 und 0300)

D Reiterausrüstung

Sattelgurtschnallen, Hufeisen, Steigbügel, Sporen, Sporenschnalle;
Eisen, Bronze, L. bis 14,1 cm
Archäologische Staatssammlung, München (2013, 6015–6022; 6026; 6032–6033)

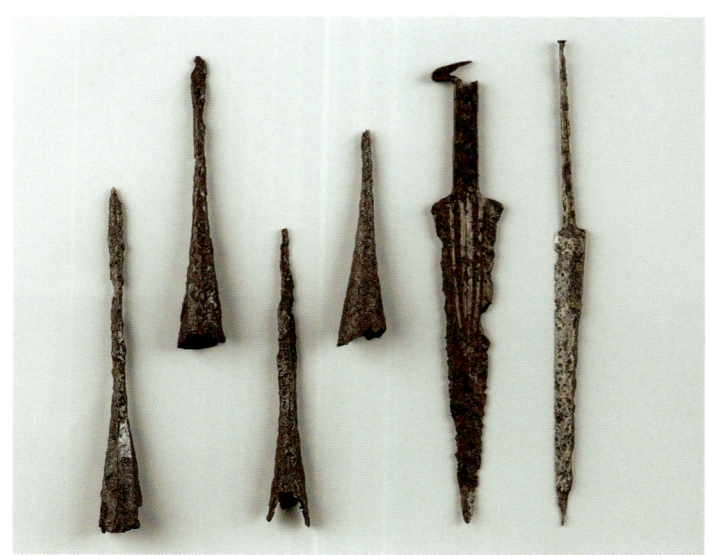

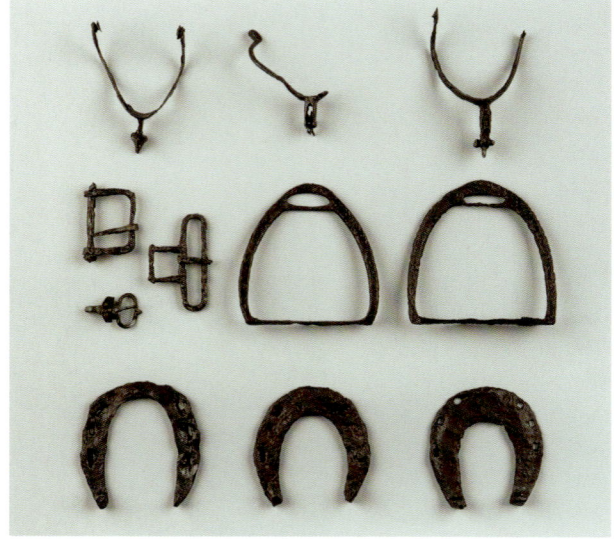

E Zwei Schwerter

Aus der Isen bei Frixing, Gem. Erharting, Lkr. Mühldorf a. Inn;
Eisen, 116 x 17,5 cm und 112 x 17 cm
Kreismuseum Mühldorf (2010/0297–0298)

F Gürtelschnalle, Münze

Bronze, Eisen, Silber, L. bis 2,3 cm
Archäologische Staatssammlung, München (2013, 6010–6011; 6037–6030; 6065)

Im September 1322 fanden die seit 1316 immer wieder aufflammenden Auseinandersetzungen zwischen den beiden Kontrahenten (vgl. Kat.-Nr. 2.11) ihren Endpunkt. Friedrich von Habsburg marschierte mit seinem Heer die Donau entlang nach Westen und vereinte sich in Passau mit dem Aufgebot des Bischofs. In Mühldorf traf man am 25. oder 26. September auf die Truppen des Erzbischofs von Salzburg und des Bischofs von Lavant, die von Süden beziehungsweise von Salzburg her anmarschiert waren. Der dritte Teil der habsburgischen Streitkräfte unter Friedrichs Bruder, Herzog Leopold von Österreich, kam nur bis Alling und konnte nicht mehr in die Schlacht eingreifen. Neben den Österreichern, die von Herzog Heinrich, dem zweiten Bruder Friedrichs, angeführt wurden, und Verbänden aus der Steiermark, kämpften auf Friedrichs Seite auch Ungarn und „heidnische Reiter", die dem Volk der Kumanen zugerechnet werden.

Ludwig brach um den 21. September von Regensburg aus Richtung Isental auf und sammelte sein aus verschiedenen Richtungen anrückendes Heer zwischen dem 24. und 27. September nördlich des späteren Schlachtfeldes. Er konnte Truppen aus Ober- und Niederbayern, Franken und Schwaben mit den von König Johann von Böhmen angeführten Böhmen, Schlesiern und Rheinländern vereinen. Seine Reserve bildeten 500 Nürnberger Ritter unter Burggraf Friedrich von Nürnberg, die erst später in die Schlacht eingriffen, jedoch die entscheidende Wende brachten. Insgesamt kämpften auf der Seite des Wittelsbachers 1800 Ritter und 4000 Fußsoldaten sowie eine nicht näher genannte Anzahl Schützen. Die Habsburger Seite konnte 1400 Ritter und 5000 Leichtbewaffnete ins Feld führen. Die überlieferte Zahl von 1160 bis 1400 Gefangenen erscheint vergleichsweise gesichert, darüber hinaus ist von etwa 1100 Toten auszugehen.

Die beiden ältesten Angaben zum genauen Ort der Schlacht wurden sehr zeitnah, wohl Ende des Jahres 1322 notiert. In beiden Fällen ist von einer „Empfing" genannten Wiese die Rede. Diese Überlieferung führte später zur Benennung der Schlacht „von Ampfing" nach dem nordwestlich von Mühldorf gelegenen Ort. Inzwischen wird der Name jedoch mit einer Zollstation nahe Schoßbach in Verbindung gebracht. Etwas spätere Schlachtbeschreibungen nennen wiederkehrend die nahe gelegene Dornburg und das Flüsschen Isen sowie die Bezeichnung „Gickelvehenwies", was sich in etwa mit „hahnenbunte Wiese" übersetzen lässt und vielleicht eine mit Blumen bewachsene Flussaue meint.

Die von der Forschung Anfang des 20. Jahrhunderts geäußerte Vermutung, dass das Schlachtfeld in einem Gebiet nördlich des Flüsschens Isen und westlich von Erharting zu suchen sei, wurde durch die seit den 1970er-Jahren vom Sammler und Heimatforscher Herbert Matejka aufgelesenen Funde bekräftigt. Die große Zahl an Objekten mit militärischem Charakter aus der ersten Hälfte des 14. Jahrhunderts lassen bei aller methodischen Vorsicht einen Zusammenhang mit der Schlacht von 1322 sicher erscheinen.

Der Fundort trägt im Urkataster vom Anfang des 19. Jahrhunderts den Namen „Todenpeinte". Hierin eine Erinnerung an das historische Ereignis zu sehen, wäre aber wohl unzutreffend: Die Endung -peint(e) oder -point (von mittelhochdeutsch „biunte" für einen gebundenen Zaun) bezeichnet ein eingezäuntes und von der Gemeindeflur abgegrenztes Stück Land; Toden- oder Todten- leitet man anderenorts von Personennamen ab. Mit etwa 200 Metern Breite ist das Feld für die ganze Schlacht bei den überlieferten Truppenstärken mit Sicherheit zu klein. Bei enger Aufstellung dürften die Schlachtreihen mindestens 1500 Meter breit gewesen sein, rechnet man etwas Dynamik hinzu, wird das Schlachtfeld eine Ausdehnung von mindestens zwei bis drei Kilometern besessen haben. Die bislang einzige gesicherte Fundstelle begrenzt im Süden der in die Isen mündende Schwarzgraben, die Objekte wurden vermehrt in seiner Nähe gefunden. Der Ort könnte somit auch im Zusammenhang mit der Nachricht gesehen werden, dass die Böhmen am Abend vor der Schlacht versuchten, einen Fluss zu überschreiten, aber von ungarischen Bogenschützen aufgehalten wurden. In diesem Sinn ist einer, aber nicht unbedingt *der* Ort der Schlacht von 1322 bekannt.

Mit über 175 Exemplaren bilden die Geschossspitzen (B) die größte Gruppe unter den Funden von der „Todenpeinte". Die Unterscheidung zwischen Pfeilspitzen für Bogen und Bolzenspitzen für Armbrüste gelingt für das frühe 14. Jahrhundert nicht sicher, weshalb man einen neutralen Begriff bevorzugt. Die Konstruktion der Armbrüste war in dieser Zeit im Vergleich zu später mit einem Bogen aus Metall noch relativ leicht. Sie wurden mit dem Fuß gespannt – über einen Bügel am vorderen Ende der Armbrust und einen Haken am Gürtel, in den die Sehne eingehängt wurde. Auch berittene Armbrustschützen sind belegt. Die leichte Handhabung und hohe Durchschlagskraft hatten die Armbrust zur beliebtesten Fernwaffe bei französischen und deutschen Heeren werden lassen, nur die Engländer bevorzugten den Langbogen. Sicher den Armbrüsten zuzuordnen sind massive Geschossspitzen mit Tülle, allein aufgrund des Durchmessers des Holzschaftes. Dem gegenüber stehen zierliche Stücke mit Dorn und einem flachen, deltoiden Blatt, eine aus dem Osten stammende Form. Mit ihnen könnten die Pfeile der aufseiten der Habsburger kämpfenden Ungarn und Kumanen bewehrt gewesen sein.

Armbrüste und das Anreiten mit der Lanze (C) führten in der Mitte des 13. Jahrhunderts zur Entwicklung der Plattenpanzerung (Kat.-Nr. 1.15 B). Zunächst wurden nur Brust und Bauch durch ein Wams mit segmentartigen Platten geschützt, das man über der weiterhin üblichen Körperpanzerung aus Kettengeflecht trug. Die vorliegenden Lanzenspitzen waren mit ihrem schmalen Blatt und rautenförmigen Querschnitt noch ganz auf das Sprengen der Kettenglieder ausgerichtet. Ob sie zu Fuß oder zu Pferd geführt wurden, lässt sich nicht entscheiden.

Beide unterschiedlichen Ausführungen der zur Befestigung des Sattelgurts (D) dienenden Schnallen sind für das Hoch- und Spätmittelalter belegt. Auch die Hufeisen gehören in diesen Zeitraum. Die Form der Steigbügel war Anfang des 14. Jahrhunderts noch geläufig, doch ist ihre Fundstelle nicht ganz gesichert, möglicherweise wurden sie in der Nähe der Dornburg gefunden. Die beiden Radsporen passen gut zum Zeitpunkt der Schlacht, während es sich bei dem Stachelsporn vermutlich um ein noch getragenes Altstück aus dem 13. Jahrhundert handelt.

Anfang des 14. Jahrhunderts wurden die Klingen der Schwerter (E) leichter, schmaler und spitzer, um die Kettenpanzer der Gegner besser durchdringen zu können. Für die beiden Schwerter aus dem Mühldorfer Museum ist als Fundort die an der Isen etwa zwei Kilometer flussaufwärts gelegene Stegmühle überliefert. Sie deuten zusammen mit weiteren vereinzelten Funden aus dem 14. Jahrhundert rings um die Dornburg und aus der Mühldorfer Gegend eine großräumigere Ausdehnung des Schlachtengeschehens von 1322 an.

Der Dolch vom Typ Basilard (Abb. C, zweiter von rechts) dürfte zur Ausstattung eines Ritters gehört haben. Der Name der Waffe leitet sich von der Stadt Basel ab. Man trug ihn mit einer Kette am Brustpanzer befestigt, in gleicher Art waren auch der Topfhelm und das Schwert gesichert. Dolche kamen im engsten Nahkampf zum Einsatz, das heißt, wenn der Kampf zu einem Handgemenge wurde beziehungsweise dem besiegten Gegner durch Stich in sein Kettenhemd oder durch den Sehschlitz der „Gnadenstoß" verpasst wurde.

Die Gürtelschnallen stammen von einem gewöhnlichen Leibgurt, wie er auch im Alltag üblich war. Auf der Vorderseite des wahrscheinlich in Regensburg geprägten Silberpfennigs ist zwischen den Buchstaben H und O das Brustbild des Herzogs zu sehen, die Rückseite zeigt in zwei Spitzbogen die Köpfe von Bischof und Herzog (F).

M. Wi.

Lit.: Erben, Schlacht bei Mühldorf; Rönsch, Beiträge, S. 3–43; Scherff, Mühldorf 1322

In einer jüdischen Handschrift wurde die Schlacht von Mühldorf als Zweikampf zwischen Ludwig und Friedrich dargestellt.

2.13
Ludwig der Bayer im Kampf mit Friedrich dem Schönen

Tripartite Mahzor; Süddeutschland, um 1322; Handschrift/Pergament, Miniatur, 33 × 23,2 cm (R)
Bibliothek und Informationszentrum der Ungarischen Akademie der Wissenschaften, Budapest (Orientalische Sammlung, Kaufmann MS A 384)

Mittelalterliche Handschriften waren häufig kostbar ausgestattet, wobei die Illustrationen oft mehr als nur schmückenden Charakter hatten. Sie bebilderten oder vertieften die Texte und spiegeln zugleich den Zeitgeist wider. In dieser Hinsicht sind hebräische Handschriften des Mittelalters besonders aufschlussreich, zumal im Judentum dem Text – und vor allem religiösen Texten – große Bedeutung zukommt. Buchillustrationen waren teilweise vom jüdischen Bilderverbot ausgenommen, wobei diese Frage mehrfach von großen Gelehrten wie Meir von Rothenburg (um 1215–1293) erörtert wurde. Zahlreiche von jüdischen Schreibern angefertigte hebräische Handschriften wurden in christlichen Werkstätten illuminiert. Waren keine genauen Angaben zur illustrativen Ausstattung vorhanden oder wurden diese missverstanden, konnten auch vom Text losgelöste Darstellungen ihren Weg in die Handschriften finden. So verhielt es sich vermutlich mit der hier interessierenden Illustration im ersten Band einer Machsor-Handschrift, die heute in Budapest aufbewahrt wird. Ein Machsor, übersetzt „Zyklus", ist eine Sammlung von Gebeten und liturgischen Texten, die zu verschiedenen jüdischen Feiertagen gelesen werden. Besonders kostbare Exemplare waren großformatig und wurden aufwändig illuminiert.

Die Budapester Handschrift weist eine Reihe grotesker, ja anstößiger Figuren auf, die vielfach als Ausdruck der antijudaistischen Gesinnung der Illustratoren interpretiert wurden. Den Schlüssel für die Datierung liefert eine Miniatur oberhalb des Initialwortes auf fol. 103^v, die in keinerlei Zusammenhang mit dem Text steht, sondern eher „Tagesgeschehen" darstellt. Zu sehen sind zwei kämpfende Ritter, deren Wappenschilde sie als Friedrich den Schönen und Ludwig den Bayern identifizieren. Die Szene dürfte als Hinweis auf die Schlacht bei Mühldorf zu verstehen sein, in der sich der Wittelsbacher gegen den Habsburger durchsetzen konnte.

Neben der Repräsentation dieses speziellen und für die politische Landschaft bedeutsamen Ereignisses ist jedoch auch eine zweite Interpretationsebene möglich: Zwei kämpfende Ritter symbolisieren in der christlichen Kunst den immerwährenden Kampf zwischen Gut und Böse, wobei in diesem Fall offenbleiben muss, wer auf der Seite des Guten und wer auf der Seite des Bösen steht. Während sich Friedrich weithin erkennbar an seinen Wappenfarben in den Kampf stürzt, soll sich Ludwig in einer Schar gleich gekleideter Ritter verborgen haben, was ihm als unritterliches Verhalten angekreidet wurde.

V. S.

Lit.: Kogman-Appel, Buchkunst; Narkiss, Mahzor; Narkiss/Sed-Rajna, Index of Jewish Art, Bd. 1, Karte Nr. 13; Wieczorek, Wittelsbacher, Bd. 1, S. 229, Kat.-Nr. 229
Digitalisat: http://kaufmann.mtak.hu/en/ms384/ms384-coll1.htm (21.3.2014)

Ein Jahrzehnt nach der letzten Ritterschlacht bei Mühldorf setzte Erzbischof Balduin von Trier in der Eltzer Fehde bereits Feuerwaffen ein.

2.14
A Büchsenpfeile

14. Jahrhundert; Eichenholz, Eisen, Kupferblech,
L. 60–65 cm, Ø 3–4 cm
Dr. Karl Graf zu Eltz

B Nachbildung der so genannten Loshult-Büchse

2. Hälfte 20. Jahrhundert; Original 1330/40;
Bronze, Holz, Eisen, 24 x 96 x 7,5 cm
Dr. Karl Graf zu Eltz

C Die Durchschlagskraft von Pfeil, Armbrust und Hakenbüchse

Film, 4:18 Minuten
Reunion Media, Emden

Das 14. Jahrhundert als eine Zeit des Umbruchs erlebte militärtechnische Neuerungen, die einen grundlegenden Wandel der Kriegsführung bewirkten: die Anfänge des wirksamen Einsatzes von Fernwaffen. Dem Ritterideal, wie es in Heldenepen, Minnesang und Ritterspiegeln beschworen wird, entsprach der Kampf Mann gegen Mann, weshalb nur Schwert, Dolch und Lanze, manchmal ergänzt durch Streitaxt, Streitkolben oder Morgenstern, als ritterliche Waffen galten. Insbesondere gegen die aufgrund ihrer Reichweite und Durchschlagskraft gefürchtete Armbrust richtete sich der Groll des Adels, sodass sich sogar die Kirche mit diesem Thema befasste. Denn, einmal gespannt, konnte die Armbrust von jedermann auch aus dem Hinterhalt abgeschossen werden. 1139 untersagte das Zweite Laterankonzil den Einsatz von Bogen und Armbrust gegen Christen. Lediglich als Jagdwaffen hatten sie ihre Berechtigung.

Die Armbrust erhielt Ende des 14. Jahrhunderts ihre entscheidende Verbesserung mit dem aus Stahl gefertigten Bogenteil und mechanischen Spannhilfen. Der Bogen hingegen hatte sich in Europa nicht als Kriegswaffe durchgesetzt, da hölzerne Bogen über zu wenig Durchschlagskraft verfügten und sich die von Steppenvölkern verwendeten Kompositbogen aus verleimten Horn- und Holzschichten als zu empfindlich für das feuchte Klima Mittel- und Westeuropas erwiesen. Dies änderte sich erst mit dem Aufkommen der mannshohen Langbogen, einer Erfindung der keltischen Waliser. In der Schlacht von Crécy 1346 brach das zahlenmäßig überlegene französische Heer im Pfeilhagel einer geschlossenen Formation englischer Bogenschützen zusammen.

Die folgenreichste Neuerung des 14. Jahrhunderts stellt jedoch der Einsatz von Feuerwaffen dar, deren Durchschlagskraft alle bis dahin bekannten Geschosse übertraf. Bereits 1044 war das Schießpulver in China bekannt, von wo es über die Mongolen in den moslemisch-arabischen Kulturraum gelangte und Mitte des 13. Jahrhunderts von den Mauren auf der Iberischen Halbinsel eingesetzt wurde, indem man Pulverladungen mit herkömmlichen mechanischen Schleudern in belagerte Städte katapultierte. Zur gleichen Zeit war die Kenntnis von Schießpulver nach Europa vorgedrungen, wie Schwarzpulverrezepte in den Schriften des englischen Mönchs Roger Bacon belegen. Hier experimentierte man nun mit dem Einsatz des Schießpulvers als Treibmittel für Geschosse. Wo und wem die Erfindung einer Büchse gelang, die dem enormen Druck der Explosion standhielt, ist unbekannt. Unzweifelhaft ist jedoch die schnelle Ausbreitung der als „Rohr" (lateinisch „canna", woher der Begriff „Kanone" stammt) oder „Büchse" bezeichneten Pulvergeschütze. Schon rund 20 Jahre nach den ersten Belegen dieser neuen Technologie sollte sie sich im ganzen westlichen Europa verbreiten. Aus dem Jahr 1326 stammt die älteste Darstellung einer europäischen Feuerwaffe: Zwei Illustrationen in einer Abhandlung des englischen Kaplans Walter de Milemete zeigen beutelförmige Geschütze, aus deren Mündungen Pfeile ragen.

Gleichartige Projektile haben sich auf Burg Eltz erhalten. Sie gelten als die ältesten datierten Feuerwaffengeschosse im europäischen Raum. Die Form dieser Büchsenpfeile erinnert an Bolzen einer schweren Belagerungsarmbrust, offenbart aber entscheidende Unterschiede: Die drei Federn bestehen aus Blech und sind in der Schaftmitte angebracht. Der hintere Teil des Schafts weist einen geringeren Durchmesser auf; er war mit einer Schnur umwickelt sowie am Ende mit einem Eisen versehen. Offensichtlich steckte der Bolzen nur mit dem zur Abdichtung umwickelten Teil in der Büchse, wobei das Holz durch das Metallstück am Ende gegen die Explosionskräfte geschützt wurde.

In die Burg Eltz gelangten die Büchsenpfeile höchstwahrscheinlich im Zuge der Eltzer Fehde (1331–1333), als während einer Belagerung durch Truppen des Erzbischofs Balduin von Trier die neuartigen Geschosse zum Einsatz kamen. Es wird vermutet, dass der Kirchenfürst die innovative Militärtechnik beim Italienzug seines Bruders, Kaiser Heinrich VII., kennen gelernt hatte.

Eine im schwedischen Loshult gefundene Büchse entspricht in ihrer Form der Abbildung bei Milemete. Sie gilt als älteste erhaltene Feuerwaffe Europas. Als Herstellungsort ist Mitteleuropa nicht auszuschließen, denn das für die Gussbronze verwendete Kupfer stammte aus Bergwerken in der heutigen Slowakei. Die Nachbildung erfolgte in etwas kleinerem Maßstab, passend zum Kaliber der Eltzer Büchsenpfeile. Während das Rohr bei Milemete auf einem Tisch befestigt ist, erhielt die Loshult-Nachbildung einen einfachen Schaft, wie er für den Einsatz als Handfeuerwaffe Verwendung fand.

A. Th. J.

Lit.: Baumeister, Geschosse; Baumeister, Nachbildung; Prietzel, Krieg, S. 120f.; Schmidtchen, Kriegswesen; Tittmann, Büchsenpfeile, S. 117–128; www.ruhr-uni-bochum.de/technikhist/tittmann/7%20Buechsenpfeile%20kurz.pdf (24.2.2014)

Nach gewonnener Schlacht belohnte Ludwig seine Unterstützer mit Geldzahlungen, Verpfändungen und Privilegien.

2.15
Was kostet der Sieg?

Grafik; Entwurf: Andreas Th. Jell
Haus der Bayerischen Geschichte, Augsburg

Laut der von Aventin überlieferten Anekdote erhielt jeder Kämpfer nach der Schlacht bei Mühldorf nur ein Ei. Lediglich dem bewährten und betagten Seifried Schweppermann sollte die doppelte Löhnung zustehen. Offensichtlich war aber nicht nur der Proviant zur Neige gegangen, auch die finanziellen Mittel waren aufgebraucht, denn dem Bericht der „Chronica de gestis principum" nach soll Ludwigs Kriegskasse am Vorabend der Entscheidung nur noch elf Pfund (240 Stück) Haller Pfennig enthalten haben. Da wundert es nicht, dass sich Ludwig nach der Schlacht schleunigst nach Regensburg begab, wo seine Geldgeber saßen, reiche Kaufleute und Finanziers, denn so preisgünstig wie in der Schweppermann-Sage konnte ein Kriegsherr seine Truppen nicht abspeisen. Gegenüber dem früher üblichen Lehensaufgebot kam dem Einsatz von Söldnertruppen zunehmende Bedeutung zu (Kat.-Nr. 1.16). Bezahlt wurde je Helm, also pro Panzerreiter, abgestuft nach Rittern, Edelknechten, Knappen und Reitknechten. 1500 Pfennig (6,25 Pfund Pfennig) pro Helm inklusive Verpflegung war 1320 der Monatssatz für einen Panzerreiter, als Friedrich der Schöne für einen Jahressold von 2000 Mark Silber (umgerechnet 6000 Pfund Pfennig) seinem Gegner Konrad von Weinsberg abwarb, der über 80 Helme verfügte. Bei geschätzt 1800 Panzerreitern sind dies für einen Monat 11 250 Pfund Pfennig Sold.

Einen wichtigen Teil der Bezahlung stellte die Kriegsbeute dar. Diese bestand nicht nur aus dem geplünderten Hab und Gut der Feinde und ihrer Untertanen, auch adelige Kriegsgefangene ließen sich als politisches Druckmittel einsetzen und versprachen Einkünfte aus Lösegeldforderungen. Ludwig behielt den Gegenkönig Friedrich in Gewahrsam und gab dessen Bruder Heinrich an seinen mächtigsten Bündnispartner Johann von Böhmen. Für den Loskauf ihrer Vasallen oder Angehörigen mussten die Verlierer hohe Beträge aufbringen. Gemäß den erhaltenen Urkunden summierten sich die Kriegsfolgekosten für den Erzbischof von Salzburg auf über 31 000 Gulden, darunter umgerechnet 5540 Gulden für einen einzigen Grafen.

Neben dem Anteil der Beute konnten die Parteigänger des siegreichen Kriegsherrn weitere Belohnungen sowie Entschädigungen für ihre Aufwendungen und Verluste erwarten. Ein erheblicher Umfang fiel dem Böhmenkönig Johann von Luxemburg zu, was seinem Rang, der Größe seines Truppenkontingents, wohl aber auch seinem fordernden Auftreten geschuldet war. Ludwig, der stets über wenig Barmittel verfügte, verpfändete die Städte Eger, Altenburg, Chemnitz, Zwickau und Kaiserslautern sowie die Burg Wolfstein. Außerdem gestand er Johann am pfälzischen Zoll zu Bacharach einen bedeutenden Anteil zu, der über ein Viertel der gesamten Rheinzölle unterhalb von Speyer ausmachte.

Burggraf Friedrich IV. von Nürnberg aus der Familie der Hohenzollern, der durch seinen Überraschungsangriff maßgeblich zum Sieg Ludwigs beigetragen hatte, erhielt für sich und seine Nachkommen Privilegien und Zahlungen im Wert von mindestens 69 820 Pfund Pfennig, darunter 12 260 Pfund Heller in Bargeld, Einkünfte aus dem Schultheißamt in Nürnberg, aus den Judensteuern von Würzburg und Nürnberg, aus den Reichssteuern von Nürnberg und Nördlingen sowie einer Sondersteuer von Windsheim. Hinzu kam die Verpfändung von Lauf und Hilsbach sowie die Belehnung mit Schloss Stauf und Regnitz-Hof. Eine lukrative Einnahmequelle eröffneten zudem die Berechtigung zum Betrieb von Bergwerken in den Gebieten des Burggrafen sowie der Reichsanteil am Erzwerk Plassenberg. Die umfangreichen Rechte ermöglichten es den Hohenzollern, einen eigenen Machtbereich in Franken aufzubauen.

Den niederbayerischen Herzögen, die sich mit einem großen Truppenkontingent bei Mühldorf beteiligt hatten, verpfändete Ludwig die Steuer der Regensburger Juden, die Stadt Lauingen sowie die Reichsstädte Weißenburg und Gingen im Gegenwert von 70 000 Pfund Pfennig.

Bei einem Großteil dieser Übereignungen handelte es sich jedoch nicht nur um Belohnungen, Sold und Entschädigungen, sondern um die Begleichung von Schulden. Bis zum Zeitpunkt der Schlacht waren allein gegenüber Erzbischof Balduin von Trier 58 300 Pfund Pfennig und gegenüber Johann von Böhmen 120 000 Pfund Pfennig an Schulden aufgelaufen.

A. Th. J.

Lit.: Fuhrmann, Entscheidung; Heinrich, Ritterschlacht; Thomas, Ludwig der Bayer; Twellenkamp, Burggrafen

Die sprichwörtlich gewordene Auszeichnung, die „jedem ein Ei, dem frommen Schweppermann zwei" verspricht, wurde erstmals von dem Geschichtsschreiber Aventin überliefert. Zu sehen ist hier das vielleicht älteste Hühnerei der Welt.

2.16
Hühnerei

Fundkomplex Mühlbergensemble, Kempten, 15./16. Jahrhundert; 3,8 x 5,1 cm
Kulturamt – Museen der Stadt Kempten (Allgäu) (Fundnr. 15642 [H8 R7 FB 4])

„Zerbrechlich wie ein rohes Ei" ist eine anschauliche Redewendung. Deshalb ist es verblüffend, dass im Kemptener Mühlberg-Ensemble ein rohes Hühnerei etwa fünf Jahrhunderte unbeschadet überdauerte. Es wurde absichtlich in eine Dämmschicht aus Dinkelspelzen und Abfällen gelegt, vermutlich um das Haus am Mühlkanal vor Wasserschaden zu schützen. Dieser Brauch war im gesamten Alpenraum verbreitet. Meistens verwendete man dafür weiße Eier, die am Gründonnerstag oder am Karfreitag gelegt worden waren und vor der Deponierung geweiht wurden.

Bei der archäologischen Untersuchung fanden sich in der Stubendecke des Vorsingerhauses neben der Pfarrkirche St. Mang tausende Fundstücke. Darunter waren außer dem Ei weitere Objekte, die mit volksreligiösen Schutzriten verbunden werden können. Ein Beispiel, mit der Jahreszahl 1493, ist ein so genannter Agathenzettel, der üblicherweise am Lichtmesstag geweiht und als Schutzzauber gegen Feuergefahr im Haus versteckt wurde. Eier spielten im Jahresbrauchtum eine wichtige Rolle; sie galten als Symbole des Lebens. Als gehaltvolle Nahrungsmittel waren sie überall in größerer Menge verfügbar und lieferten hochwertige Proteine und Fette. In Lehenbüchern und Zinslisten sind sie als Naturalienabgabe häufig genannt. An manchen Abgabetagen summierten sich die angelieferten Eier auf mehrere tausend Stück. Diese Eier waren wohl hart gekocht; sie hätten sonst in diesen Mengen weder transportiert noch frisch gehalten werden können.

In der Schweppermann-Episode nach der Schlacht von Mühldorf (Kat.-Nr. 2.15) waren Eier die einzig noch vorhandenen Nahrungsvorräte im Feldlager. Die doppelte Ration, die der Feldhauptmann Seifried Schweppermann erhielt, war eine Auszeichnung für seine Verdienste in der Schlacht. Der eingängige Spruch „Jedem (Mann) ein Ei, dem frommen (wahlweise braven) Schweppermann zwei" machte die Ministerialenfamilie aus Hulloch, heute Hillohe, in der Oberpfalz berühmt. Das Zitat fand weite Verbreitung und sogar Eingang in literarische Werke wie den Roman „Cecile" von Theodor Fontane.   *B. Ka.*

Lit.: Bächtold-Stäubli, Handwörterbuch, Bd. 2, Sp. 595–644; Kata, Funde; Kata, Neue Funde

---

Erst mit der Aussöhnung der beiden gewählten Könige, vier Jahre nach der Schlacht von Mühldorf, nahm der Konflikt endgültig ein Ende. Damit begann ein verfassungsrechtliches Novum: eine gemeinsame Königsherrschaft.

2.17
A Gumprecht'sches Haus in Regensburg

Fotografie

B Burg Trausnitz im Tale

Fotografie

Aus der Schlacht bei Mühldorf am 28. September 1322 ging Ludwig IV. als Sieger hervor. Trotzdem war die habsburgische Opposition gegen Ludwig damit keineswegs aus dem Weg geräumt, denn noch besaßen die Habsburger die Reichsinsignien und verfügten über erhebliche finanzielle Mittel und Bündnispartner, die sie gegen Ludwig aufbieten konnten. Zwischen 1322 und 1326 betrieb man allerdings zwischen Habsburg und Wittelsbach eine deutliche Annäherungspolitik. Aufgrund der Gefangenschaft Friedrichs konnte die habsburgische Seite keinen neuen Kandidaten gegen Ludwig aufstellen. Mit Friedrich als Druckmittel suchte wiederum Ludwig seine Ansprüche im Thronstreit als römisch-deutscher König durchzusetzen. Daher durfte diesem wertvollsten Gefangenen nichts zustoßen – noch durfte er entkommen. Ein Ausweis dieser komfortablen, aber auch von Vorsichtsmaßnahmen dominierten Verwahrung ist der gemeinsame Aufenthalt der beiden Könige nach der Schlacht in Regensburg. Man logierte im Haus des Bürgermeisters Leopold Gumprecht (Neue-Waag-Gasse 1). Von dort wurde Friedrich auf die Burg Trausnitz in der Oberpfalz gebracht, wo er die folgenden Jahre in Haft blieb. Dass ihm hier Ketten angelegt wurden, ist nicht zu belegen, wenngleich eine derartige Verschärfung der Haftbedingungen als Druckmittel Ludwig zuzutrauen ist. Der Sage nach soll Friedrich bei seiner Freilassung die Ketten an die Kirchenwand genagelt haben. Der geschichtsbewusste König Ludwig I. ließ sie dann in der Turmkammer der Burg Trausnitz anbringen; die Pfarrgemeinde musste sich mit einer Kopie begnügen.

Im Jahr 1325 kam es nach längeren Verhandlungen zu einer Vereinbarung, „Trausnitzer Sühne" genannt, die am 13. März von Ludwigs Rat Berthold von Henneberg und dem Marschall von Österreich, Dietrich von Pillichsdorf, unterzeichnet wurde. In der Form eines Sühnevertrags wurden die Freilassung Friedrichs und die Gegenleistungen dafür festgelegt. Der Habsburger verzichtete auf seinen Königstitel. Reichsgut, das noch in den Händen der Habsburger war, musste zurückerstattet werden. Friedrichs Tochter Elisabeth sollte mit Ludwigs Sohn Stefan verheiratet werden. Zudem sollte Friedrich seine Brüder zur Zustimmung zu dem Vertrag bewegen und Ludwig gegen Papst Johannes XXII. unterstützen. Sollte ihm dies nicht gelingen, wollte Friedrich am 24. Juni in die Burg Trausnitz zurückkehren.

Bereits wenige Monate später kam es zu einer erneuten vertraglichen Abmachung, die für Friedrich wesentlich günstigere Bedingungen bot, der „Münchner Vertrag" vom 5. September 1325. Da es keinen Grund für einen derartig raschen Stimmungsumschwung gab, ist anzunehmen, dass schon im März – nicht überlieferte – Zusatzabsprachen getroffen worden waren, die Friedrich weit reichende Zugeständnisse, wie etwa das Mitkönigtum, in Aussicht stellten. Im Münchner Vertrag wurde festgelegt, dass beide Könige sich anerkannten und in Rechtsangelegenheiten des anderen als Schiedsrichter auftraten. Zentraler Bestandteil war, dass beide Könige das Heilige Römische Reich gemeinsam regieren wollten. Hierzu wurden detaillierte Angaben gemacht, etwa dass beide gleich große Siegel führen, abwechselnd Belehnungen vornehmen und Reichsrecht sprechen sollten.

Diese einmalige und nicht wiederholte Verfassungskonstruktion hatte ihr Vorbild im Prinzip der so genannten Gesamthand. Nach dieser mittelalterlichen Rechtsfigur wurden vor allem im niederen Adel Erbangelegenheiten wie Burgen- oder Allodialbesitz geregelt. Die Beteiligten unternahmen die Verwaltung als „eine Person", traten nach außen gemeinsam auf und konnten nach innen nur so weit gestalterisch tätig werden, wie es die anderen Gesamthänder zuließen. Diese Konstruktion scheiterte in diesem Fall allerdings an den Kurfürsten, die sich dadurch in ihrer Mitsprache am Reich übergangen sahen und dies vehement ablehnten. Zudem kam es innerhalb weniger Monate zu einer neuen politischen Konstellation, als Ludwig nach einem Ausweg suchte, die verfahrene Situation mit der Kurie zu lösen und den von Papst Johannes XXII. ge-

c Fessel

Eisen, L. 70 cm
Staatliches Bauamt Amberg-Sulzbach

d Der Ausgleich zwischen Habsburg und Wittelsbach

Zeitleiste; Entwurf: Andreas Th. Jell
Haus der Bayerischen Geschichte, Augsburg

stellten Bedingungen entgegenzukommen. Ein gewagtes Manöver war die „Ulmer Erklärung" vom 7. Januar 1326. Die beiden Könige vereinbarten, dass Ludwig auf seine Herrschaft im Reich verzichten wolle, sollte der Papst Friedrichs Königskandidatur akzeptieren. Hierzu war eigens Herzog Leopold als Leiter der Verhandlungen an der päpstlichen Kurie in Avignon vorgesehen, der jedoch knapp zwei Monate später starb, ohne etwas erreicht zu haben. Damit unterblieb die päpstliche Anerkennung der Ulmer Erklärung und man erachtete sie fortan als nichtig. Ludwig brach nun nach Italien auf, um zuerst in Mailand mit der Langobardenkrone und am 17. Januar 1328 mit der Kaiserkrone in Rom gekrönt zu werden. Seine Stellung zum Haus Habsburg war damit eindeutig geregelt. Abseits vom Reichsgeschehen zog sich Friedrich in Freiheit und ohne seinen Anspruch auf das Königtum weiter zu verwirklichen auf die Burg Gutenstein bei Wien zurück, wo er am 13. Januar 1330 starb.

G. Sch.

Lit.: Schwedler, Herrschertreffen, S. 229–238, 430f.; Thomas, Ludwig der Bayer, S. 172–175

Um die Auseinandersetzung zwischen den beiden Königen ranken sich zahlreiche Anekdoten, die im 19. Jahrhundert Eingang in die Schulbücher fanden.

2.18
Erzählungen um die Schlacht bei Mühldorf

Hörstation; Texte: Andreas Th. Jell
Realisierung: Anja Scheifinger, Bayern 2

In der Geschichtspolitik König Ludwigs I. erlebte die Erinnerung an Ludwig den Bayern eine Renaissance. Städte und Kommunen hoben ihre Treue zum Haus Wittelsbach hervor und unterstrichen damit ihren Anspruch auf politische Teilhabe in der konstitutionellen Monarchie. Wo man nicht auf bestehende Überlieferungen zurückgreifen konnte, entstanden neue Sagenstoffe wie beispielsweise die Wappenverleihung für die Städte Ingolstadt, Moosburg und Straubing nach dem Landshuter Vorbild (Kat.-Nr. 1.17). Die Schlacht von Mühldorf 1322 ist aufgrund ihrer Bedeutung im Streit um die Königskrone als auch hinsichtlich der Zahl der beteiligten Truppen eines der herausragenden militärischen Ereignisse des Mittelalters auf bayerischem Boden. So ist es nicht verwunderlich, dass sich um die Geschehnisse im Umfeld der Schlacht zahlreiche Legenden ranken, die von Heldenmut und Ritterlichkeit berichten.

Tapfere Münchner Bäckerburschen sollen in der Schlacht Ludwig das Leben gerettet haben. Von Pfeilen getroffen, war sein Pferd zusammengebrochen, aber die Bäcker schützten den König vor den anstürmenden Österreichern, bis er auf ein anderes Pferd steigen und weiterkämpfen konnte. So bewahrten die heldenmütigen Gesellen ihren König vor der Gefangennahme. Sie erhielten dafür ein Haus in München und das Privileg, den Reichsadler in ihrer Bruderschaftsfahne zu führen. An der Stelle, wo sich dieses Häuschen befand, erinnert eine Inschrift an die Heldentat. Die Bäckerinnung München hält die Tradition hoch und führt noch heute einen Adler in ihrem Abzeichen.

Auch das Wasserburger Stadtkontingent kämpfte wacker in der Schlacht von Mühldorf. Der Bäckergeselle Hans Eggolff wurde für seine Kühnheit zum Ritter geschlagen. Zudem verlieh der König den Wasserburger Bäckern das Recht, mit Getreide und Wein zu handeln.

Geradezu sprichwörtlich wurde der Kampfesmut des Ritters Schweppermann. Nach der Schlacht befahl Ludwig, die Krieger auf dem Streitfeld mit Essen und Trinken zu versorgen. Als der Küchenmeister klagte, dass die Verpflegung fast aufgebraucht und lediglich Eier vorrätig seien, bestimmte der König kurzerhand: „Jedem Mann ein Ei, dem frommen Schweppermann zwei!" Auf diese Weise erwies Ludwig seinem Feldhauptmann Seifried Schweppermann, dem er den Sieg verdankte, seine Reverenz (Kat-Nr. 2.16).

Überliefert ist auch der kurze Dialog, den der besiegte Friedrich der Schöne mit seinem Vetter und Jugendfreund geführt haben soll, als er diesem als Gefangener gegenübertreten musste: „Nie sah ich euch so gern", begrüßte Ludwig den Habsburger; dieser konterte schlagfertig: „Nie sah ich euch so ungern."

Und eine letzte Geschichte: Unter den verbündeten Rittern aus Böhmen, Franken und Bayern entstand Streit, wessen Verdienst es gewesen sei, Friedrich den Schönen gefangen zu haben. Es ging um Ruhm und Lösegeld. Man einigte sich darauf, den Gefangenen selbst zu befragen. Dieser ließ sich die Rüstungen der Ritter zeigen. Dann klopfte er auf den Schild mit dem Stierkopf, dem Wappen von Albrecht Rindsmaul aus dem Gefolge des Burggrafen von Nürnberg, und erklärte: „Vor dem Kuhmaul hab' ich mich heut' nit hüten können, der hat mich gefangen, dem hab' ich mich ergeben."

A. Th. J.

Lit.: Dempf, Wasserburger Heimatbuch; Riezler, Johannes Turmair's Annales, Bd. 2; Murr, Mittelalter; Pfannenschmid, Schlacht bei Mühldorf

Gut sichtbar: Seit dem 13. Jahrhundert werden Reliquien den Blicken der Gläubigen offen dargeboten.

2.19
Dornreliquiar

Süddeutsch, 2. Viertel 14. Jahrhundert; Silber, teilweise vergoldet, getrieben, ziseliert, gegossen, Glaszylinder, Korallen, Perlen, H. 23 cm, Fuß: Ø 9 cm
Domschatzmuseum Regensburg (D 1974/71)

Über einem mehrfach profilierten Sechseckfuß wölbt sich ein hoher Schaft auf, in den zwischen zwei Perlstabringen ein Nodus mit sechs Rotuli eingefügt ist. Die Rotuli sind als Rundmedaillons ausgebildet und tragen eingravierte Köpfe von drei Jünglingen, zwei bärtigen Männern und einer Frau. Nach oben zu kragt der Schaft konsolartig aus und trägt ein zylinderförmiges Schaugefäß, dessen Deckplatte durch drei senkrechte Metallstäbe gehalten wird. Als Bekrönung des sechseckigen Helmdachs dient ein Knauf, der mit einer Koralle bekrönt wird. Diese ist wie eine Blume von Silberfiligran umgeben. Im Inneren des Glaszylinders trägt eine stilisierte Blume mit Korallenfassung mit Perle die Reliquie, einen Dorn aus der Dornenkrone Christi.

Zeitlich lässt sich nach Achim Hubel das Reliquiar nach den stilistischen Formen der gravierten Köpfe der Medaillons auf den Rotuli des Nodus in die Zeit vor 1350 einordnen, also noch in die Lebenszeit Kaiser Ludwigs. Im Domschatz ist das Reliquiar erstmals eindeutig im Inventar von 1607 überliefert. Im ältesten erhaltenen Heiltumsverzeichnis aus dem Jahr 1496 lassen sich zwei Monstranzen mit Dornen in der Stadt nachweisen sowie ein Reliquienkreuz mit einem Partikel vom Kreuz Christi, einem Stück vom Schweißtuch der Veronika und drei Dornen von der Krone Christi. Möglicherweise stammt der Dorn des hier gezeigten Reliquiars aus dem Reliquienschatz der Sainte-Chapelle in Paris, wohin im Winter 1394/95 der Regensburger Bischof Johann von Moosburg (1384–1409) mit seinem Vater Stephan dem Prächtigen, Herzog von Bayern-München, gereist war. In dem sicherlich vom königlichen Hof stammenden Emailkästchen im Regensburger Domschatz befand sich neben anderen Reliquien ein Dorn von der Krone Christi, der im Inventar von 1496 vermerkt wird: „Item ein dorn von der durnen Coron cristi des herren." In das ältere Reliquiengefäß dürfte man wohl den kostbaren Dorn aus Paris eingesetzt haben.

H. Rei.

Lit.: Fritz, Goldschmiedekunst, S. 218; Hubel, Domschatz, S. 184–186; Röhrig/Stangeler, Habsburger, S. 491, Kat.-Nr. 298

Pilgerzeichen sollten an die Teilnahme bei Wallfahrten und Heiltumsweisungen erinnern.

2.20
Pilgerzeichen

Prag, um 1355/60, Gitterguss, Blei-Zinn, 6 x 3,8 cm
Muzeum hlavního města Prahy (2.369)

In einem Maßwerkfenster mit seitlicher Nasung und kreuzförmiger Innengliederung stehen zwei Figürchen, die links als hl. Petrus mit Nimbus, Tiara und einem übergroßen Schlüssel und rechts als Kaiser Karl IV. in leichter Verbeugung mit der linken Hand die Longinus-Lanze umgreifend gedeutet werden können. Unter dem Figurenpaar sind in einer Art Sockelzone des Fensters drei Wappen angebracht: links das Schlüsselwappen des Wyschehrader Kapitels, in der Mitte der Adler für das Heilige Römische Reich und rechts der Löwe für das Königreich Böhmen. Die Öse daneben diente zum Befestigen des Pilgerzeichens am Gewand.

Der Gitterguss, der als Pilgerzeichen, Devotionalie und Andenken am Wallfahrtsort erworben werden konnte, wurde angeblich 1884 auf dem Prager Karlsplatz gefunden. Dieses Exemplar ist das einzig Erhaltene seiner Art vom Fest der Heiligen Lanze. Von 1350 bis 1437 fanden mit einer Unterbrechung durch die Hussitenkriege alljährlich Heiltumsschauen auf dem Karlsplatz statt, bei denen neben verschiedenen Reliquien auch die Reichskleinodien gezeigt wurden. Kaiser Karl IV. war ein großer Verehrer des hl. Petrus. Das Petruspatrozinium der Basilika des 11. Jahrhunderts auf dem Wyschehrad in Prag geht sicherlich auf die engen Verbindungen des Bistums Regensburg mit der Gründung des Diözese Prag durch den hl. Wolfgang zurück.

H. Rei.

Lit.: Koenigsmarková, Pilgerzeichen; Reidel/Soukupová, Pilgerzeichen

---

König Ludwig ließ die Reichsinsignien 1324 öffentlich in Nürnberg und vor dem Regensburger Emmeramskloster zeigen. Menschen aller Stände sollten bezeugen können: Ludwig ist der rechtmäßige Inhaber der Herrschaft im Reich.

2.21
A Heiltumsweisung in Regensburg 1324

Inszenierung mit Fotografien der Reichsinsignien aus der Weltlichen Schatzkammer in Wien
Haus der Bayerischen Geschichte, Augsburg, Fotografien: Kunsthistorisches Museum, Wien

B Heiltumsstuhl der Nürnberger Heiltumsweisung 1487

Kolorierter Holzschnitt in: Peter Vischer: Wie das hochwirdigist Auch kaiserlich heiligthum. Vnd die grossen Römischen gnad darzu gegeben. Alle Jaer außgerueft vnd geweist wirdt Jn der löblichen Statt Nüremberg, Nürnberg 1487 (R)
Staatsarchiv Nürnberg (Reichsstadt Nürnberg, Handschriften 399a)

Von diesem Ereignis erzählen die Regensburger Chroniken noch bis in das 19. Jahrhundert: Am 28. Juli 1324 ließ König Ludwig in Regensburg öffentlich die Reichskleinodien präsentieren. Er wählte hierfür den Platz vor dem Kloster St. Emmeram. Dieser Standort war anscheinend sehr bewusst ausgesucht, hatte sich doch an der Stelle der Vorhalle von St. Emmeram die karolingische Kaiserpfalz Arnulfs von Kärnten befun-

den. An diesem Ort sollte wohl Mitte des 13. Jahrhunderts eine Toranlage mit Königshalle („aula regia") errichtet werden, die für den zeremoniellen Empfang eines Kaisers dienen konnte; fertig gestellt wurde allerdings nur die heute noch bestehende repräsentative Portalfassade. Deren gut erkennbare Zweigeschossigkeit korrespondierte mit der 993 erstmals erwähnten doppelstöckigen Friedhofskapelle St. Michael, die 1890 abgebrochen wurde. Einen besser geeigneten, sowohl die Erfordernisse der Liturgie als auch der herrscherlichen Repräsentation einbeziehenden Ort für die Heiltumsweisung hätte man damals in Regensburg wohl nicht finden können. König Ludwig ließ den Turm der Michaelskapelle abdecken und so eine herausgehobene Bühne errichten, „in qua Ludwicus rex prefatus personaliter residens per capellanos suos sancta insignia imperialia ostendit populo", wie es in einer Emmeramer Handschrift heißt. Der König nahm hier also selbst Platz, während seine Kaplane – möglicherweise aus der Münchner Hofkapelle oder Zisterzienser aus Kloster Fürstenfeld – dem Volk die heiligen Reichsinsignien zeigten.

Die „Heiltumsweisungen", deren große Zeit im 15. Jahrhundert kommen sollte, entstanden gerade in den ersten Herrschaftsjahren des Doppelkönigtums Friedrichs und Ludwigs; die erste ist im Zusammenhang mit Friedrichs Aufenthalt in Basel zu Pfingsten 1315 überliefert. In seinem Bericht hierzu fasste der Chronist Matthias von Neuenburg die Kleinodien unter dem Begriff „regnum" zusammen, vielleicht die Übersetzung aus dem volkssprachlichen „das rîche". Die Herrschaft im Reich wurde hier durch einen öffentlichen Akt symbolisch dargestellt, in lebenden Bildern und ritualisierten Handlungen. Nachdem Ludwig wohl 1323 oder Anfang 1324 die Reichskleinodien erhalten hatte, präsentierte er sie zunächst in Nürnberg und dann in Regensburg. Zu einer solchen Veranstaltung erwartete man ein großes Publikum, aus allen Ständen gemischt und keineswegs nur Angehörige der Stadtgesellschaft, sondern auch „Wallfahrer" von weit her. Dem konnte der Platz vor St. Emmeram Raum geben.

Welche Reichskleinodien bekam man in Regensburg zu sehen? Die oben zitierte Handschrift berichtet von immerhin 120 Einzelstücken und nennt stellvertretend die Heilige Lanze, einen Span vom Holz des Heiligen Kreuzes, den Arm der hl. Anna, einen Zahn Johannes des Täufers, die goldene Krone des hl. Kaisers Karl, sein Schwert sowie Schwert und Lanze des Märtyrers St. Mauritius. Es waren die kostbarsten Reliquien der Christenheit, deren Anblick das persönliche Heil der Anwesenden befördern sollte. Dazu hatte man seit dem 13. Jahrhundert einen neuen Typus des Reliquienbehälters entwickelt, in dem das Heiltum den Blicken offen dargeboten werden konnte (Kat.-Nr. 2.19). Wie aber war das Ereignis für die Zukunft oder für die Zuhausegebliebenen zu bewahren? Bildliche Darstellungen konnte man erst ab dem Aufkommen von Flugblättern im frühen 16. Jahrhundert erwerben, doch bereits für die Prager Heiltumsweisungen Kaiser Karls IV. (so im Jahr 1350) sind Pilgerzeichen überliefert (Kat.-Nr. 2.20), wie sie auch an den Kleidern der Zuseher in Peter Vischers Darstellung des Nürnberger Heiltumsstuhls von 1487 zu erkennen sind (s. Detailabbildungen). Hier ist eine weitere Möglichkeit, das Heil zu fassen, überliefert: Mithilfe von Spiegelscherben, wie sie das Kind in der Hand hält, glaubte man, das Bild der Reliquien festhalten zu können – Jahrhunderte vor der Erfindung der Handykamera.

Bei seiner Regensburger Heiltumsweisung nutzte König Ludwig IV. mehrere Mechanismen, um möglichst große Wirkung zu erzeugen. Regensburg war verkehrstechnisch dank Donau und Steinerner Brücke sehr gut erreichbar, keine Reichsstadt lag näher an den Herrschaftsgebieten der Luxemburger und Habsburger. Umso reizvoller musste es für den Wittelsbacher sein, gerade hier sein Königtum zu demonstrieren. Zugleich machte er den Bürgern der Freistadt Regensburg überdeutlich, dass der oberbayerische Herzog in Personalunion auch ihr oberster Stadtherr war. Dass die Reichskleinodien im Verlauf des 14. Jahrhunderts immer stärker in ihrer Eigenschaft als Heil spendende Reliquien wahrgenommen wurden, hob die Zahl der Pilger zusätzlich. Die öffentliche Vorführung in Regensburg scheint die letzte unter der Herrschaft Ludwigs gewesen zu sein. Anschließend ließ er die Reichskleinodien in den sicheren Schutz der Lorenzkapelle des Alten Hofs in München bringen.

P. W.

Quelle: Bayerische Staatsbibliothek München,
Handschrift Clm 14196, fol. 174^v
Lit.: Hrdina, Spuren; Kühne, Untersuchungen; Morsbach, St. Emmeram; Schmid, Höhepunkt; Schmuck, Ludwig der Bayer; Wolf, Bilder

---

Zum Reichsschatz gehörten hochrangige Reliquien.
Besondere Verehrung erfuhr die Heilige Lanze, der eigene Lobgesänge gewidmet wurden.

2.22
Musik zur Heiltumsweisung

Responsorium „Videte gloriosa loca clavorum" aus dem Offizium zu Ehren der Heiligen Lanze, um 1355
Aufnahme vom 3. Januar 2014 in St. Cäcilia, Regensburg
Choralschola der Pfarrkirche St. Cäcilia, Regensburg
Tontechnik: Fabian Weber

Zur spätmittelalterlichen Verehrung der Heiligen Lanze gehörte in Deutschland und Böhmen das Singen eines speziellen Offiziums, ein umfangreicher Zyklus von Gesängen für Vesper, Matutin und Laudes an einem besonderen Festtag im Kirchenjahr, dem zweiten Freitag nach Ostern, also zwei Wochen nach Karfreitag. Die Einsetzung des neuen Festes 1354/55 war insbesondere Kaiser Karl IV. zu verdanken. 1350 hatte Karl die Heilige Lanze und die übrigen Reichskleinodien durch Vermittlung von Markgraf Ludwig dem Brandenburger, dem Sohn Ludwigs IV., von den Zisterziensermönchen von Stams in Tirol erworben und nach Prag bringen lassen. Einige Jahre später erwirkte Karl von Papst Innozenz VI. die Genehmigung zur Einführung eines neuen Festes zu Ehren der Lanze und der Nägel der Kreuzigung Christi. Der Festtag galt für das Reich mit Böhmen als verpflichtend. Am 18. Oktober 1355 erließ der Prager Erzbischof, Ernst von Pardubitz, ein Statut, wonach in allen Kirchen seiner Kirchenprovinz das Offizium „in cantu diurno et nocturno" zu singen war. Über die Texte der neuen liturgischen Gesänge für die Gebetsstunden wird berichtet, sie seien von Karl IV. selbst mit seinen Hoftheologen verfasst worden – Karl schrieb auch ein neues Offizium zu Ehren des hl. Wenzel. Die Melodien stammen vermutlich vom Leiter seiner Hofkapelle.

Obwohl einige Jahre nach der Regierungszeit Ludwigs IV. entstanden, sind die Gesänge stilistisch typisch für viele im 13. und 14. Jahrhundert verfasste Zyklen. Die Texte der Antifonen sind in Versform gestaltet. Die Antifonen der Lauden folgen der numerischen Reihenfolge der Kirchentonarten vom 1. bis zum 5. Modus. Ergänzend dazu stehen die Antifonen der Matutin im 8., 7. bzw. 6. Modus. Die Melodien zeigen eine klare tonale Struktur mit Betonung der Unterquart, Oberquint und Oberoktave, wie im Responsorium „Videte gloriosa loca clavorum", dessen melodische Perioden ruhig zwischen C, F und dem höheren c pendeln, zu hören ist.

Der Text des „Videte gloriosa loca clavorum" vereint verschiedene Bibelstellen zu einer synthetischen Rede Jesu: „Sehet die herrlichen Nagelmale und meine Seite, von der Lanze durchbohrt für das Heil der Welt. Fühlet mich an und sehet, dass ich's selber bin. Fürwahr, ich trug eure Krankheit und lud auf mich eure Schmerzen." (vgl. Johannes 20,27, der ungläubige Thomas, und Lukas 24,39, die Erscheinung Christi vor den Aposteln, ferner Jesaja 53,4).

D. H.

Das Gemälde zeigt Ludwig IV. mit den Insignien der römisch-deutschen Kaiserwürde.

2.23
Kaiser Ludwig IV.

Jacopo Amigoni (Werkstatt), München,
Mitte 18. Jahrhundert; Öl/Leinwand, 113 x 89 cm
Bayerische Staatsgemäldesammlungen,
München (4329)

Das Haupt des im Profil dargestellten Herrschers schmückt die ottonische Reichskrone, um seine Schultern trägt er den Kaisermantel mit der gekreuzten Stola, die zum kaiserlichen Ornat gehörte. Ärmel und Halsausschnitt sind mit breiten, reich verzierten Borten eingefasst. Die rechte Hand hält den Reichsapfel, die linke Hand fasst das exakt dargestellte Zepter aus der ersten Hälfte des 14. Jahrhunderts, über das Ludwig IV. eventuell bei seiner Königskrönung 1314 verfügte. Erst nach seinem Sieg gegen seinen Konkurrenten Friedrich den Schönen in der Schlacht von Mühldorf 1322 konnte Ludwig die Reichskleinodien, die sich in habsburgischem Besitz befanden, in Nürnberg feierlich in Empfang nehmen. Diesen Reichsschatz ließ er 1324 dann auch in Regensburg öffentlich präsentieren und legitimierte damit seine rechtmäßige Herrschaft.

Das halbfigürliche Gemälde stammt wohl aus der Werkstatt des Jacopo Amigoni (1675–1752) und hing nach einem Inventar von 1822 in der Herzog-Max-Burg. Es ist wahrscheinlich im Zusammenhang mit der malerischen Ausstattung der Ahnengalerie in der Münchner Residenz entstanden, wobei aus formalen Gründen nicht vorgesehen war, es dort auch zu zeigen.

Als die Stadt Mühldorf 1926 beschloss, den Sitzungssaal des Rathauses historisch auszuschmücken, sollten die Bilder der beiden Kontrahenten der Schlacht von Mühldorf eine zentrale Rolle einnehmen. Für das historische Selbstverständnis der Stadt war die Erinnerung an 1322 von entscheidender Bedeutung. Bereits 1902 hatte man anlässlich der 100-Jahr-Feier zur bayerischen Besitzergreifung Mühldorfs ein Fresko, das die Gefangennahme Friedrichs des Schönen zeigt, an der Frauenkirche anbringen lassen. Unter Vermittlung des Hauptkonservators Max Bernatz stellten die Bayerischen Staatsgemäldesammlungen das Gemälde als Dauerleihgabe der Stadt Mühldorf 1926 zur Verfügung, nachdem es zuvor an das Reichspostministerium ausgeliehen gewesen war. Heute hängen die beiden erbitterten Gegner von 1322 einträchtig nebeneinander im Sitzungssaal und beobachten die kommunalpolitischen Entscheidungen.

E. H.

Lit.: Seelig, Ahnengalerie; Stadtarchiv Mühldorf, Akt 3128

Die Schlacht bei Mühldorf 1322 gehört zu den großen, identitätsstiftenden Ereignissen der bayerischen Geschichte.

2.24
A „Ludwig IV. von Bayern besiegt Friedrich III. von Habsburg 1322 in der Schlacht bei Mühldorf"

Hans Werl (um 1570–1608), nach 1601; Öl/Leinwand, 225 x 1080 cm (R)
Bayerische Staatsgemäldesammlungen, München – Staatsgalerie Burghausen (3750)

B „Die grosse Schlacht zwischen Bayrn und Oesterreich umb das Reich"

Unbekannter Künstler, 17. Jahrhundert; Öl/Leinwand, 147 x 62 cm (R)
Kreismuseum Mühldorf – Leihgabe des Pfarrhofs Heldenstein (2006/0507)

C Die Schlacht bei Mühldorf und Ampfing

Joseph Widmann (1855–1941), Lithografie nach dem Fresko an der Frauenkirche, 38 x 48,5 cm (R)
Stadtarchiv Mühldorf (Graphiksammlung)

Im Verlauf der Jahrhunderte nahmen verschiedene Akteure die bildliche Erinnerung an die Schlacht bei Mühldorf in ihren Dienst, an erster Stelle die wittelsbachische Dynastie selbst, die in ihren vergangenen militärischen Erfolgen Zeichen der Größe des eigenen Fürstengeschlechts erkannte. In diesem Sinn gab der bayerische Herzog und spätere Kurfürst Maximilian I. zu Beginn des 17. Jahrhunderts bei seinem Hofmaler Hans Werl einen Historienzyklus in Auftrag, der hervorragende Taten wittelsbachischer Vorfahren zeigen sollte. Der zehn Gemälde umfassende Zyklus für den neuen Festsaal der Münchner Residenz (Alter Herkulessaal) enthielt auch das monumentale Bild der Schlacht bei Mühldorf (A). In spektakulärer Dramatik führt Werl darin das Kampfgeschehen vor Augen. Im Zentrum der Gefechts steht die Auseinandersetzung Friedrichs des Schönen, der in goldschimmernder Rüstung und mit einer Helmzier aus Pfauenfedern gezeigt wird, mit dem für Ludwig den Bayern streitenden Ritter Albrecht Rindsmaul, welcher der Überlieferung zufolge den Habsburger Fürsten überwältigt und gefangen genommen haben soll. Der bereits stürzende Schimmel des österreichischen Bannerträgers nimmt symbolisch die Niederlage der Habsburger vorweg.

Das im 17. Jahrhundert entstandene Schlachtenbild, das sich in der nahe Ampfing gelegenen Pfarrei Heldenstein überliefert hat, trägt den Titel „Die grosse Schlacht zwischen Bayrn und Oesterreich umb das Reich" (B). Dieses Gemälde mit ungeklärter Entstehungsgeschichte hält offensichtlich die Schlacht als ein auch lokal bedeutsames Ereignis der Reichsgeschichte fest. Mit der Darstellung der Vierzehn Nothelfer am oberen Bildrand stellt es den Kampf zugleich in einen religiösen Zusammenhang. Die Heiligen werden als Fürsprecher bei Gott angerufen, der in letzter Instanz als Schlachtenlenker erscheint.

Das 1802 zum Kurfürstentum Bayern gelangte Mühldorf, das bis dahin jahrhundertelang als Enklave des Erzstifts Salzburg im bayerischen Territorium überdauert hatte, begann sich erst im 19. Jahrhundert für die Schlacht von 1322 zu interessieren, die doch so eng mit seinem Namen verbunden war. Der örtliche „Verschönerungsverein" ließ 1839/40 durch den Berchtesgadener Maler Harras im Durchgangsbereich des Münchner Tors ein Fresko ausführen, das den Augenblick der Gefangennahme Friedrichs des Schönen zeigte. Politisch ist bemerkenswert, dass zu jenem Zeitpunkt die Vereinnahmung der Schlacht durch Mühldorf prekär erscheinen musste, war die Stadt doch 1322 mit ihrem damaligen Landesherrn, dem Salzburger Erzbischof, auf der Seite der Gegner Ludwigs des Bayern gestanden und gehörte somit zu den Verlierern der Schlacht. Angesichts dessen wirkt das Freskoprojekt von 1839/40 wie ein verdecktes Manöver der Mühldorfer, sich von der historischen Verliererseite in das Lager der Sieger schlagen zu wollen.

1902, anlässlich der 100-Jahr-Feier der Zugehörigkeit Mühlsdorfs zum Königreich Bayern, entstand an der Außenseite der katholischen Frauenkirche ein weiteres Fresko mit einer Darstellung der Schlacht von 1322 (C). Die Kosten des von dem Münchner Künstler Joseph Widmann ausgeführten Freskos übernahm gänzlich der bayerische Staat. Für diesen angesichts des profanen Motivs ungewöhnlichen Ort hatte man sich aufgrund der größten Publikumswirksamkeit entschieden. Um dies zu rechtfertigen, fügte man dem Bild eine Darstellung der Muttergottes, der Patrona Bavariae, hinzu. Eine zusätzliche religiöse Deutung erhielt das Schlachtenfresko durch die erläuternde Inschrift: Demnach sei den Bayern der Sieg in der Schlacht bei Mühldorf nur durch die Hilfe Gottes zugefallen, der als Stifter des Friedens Bayern weiterhin beistehen möge.

K. B. M.

Minoritenkirche
Level 3

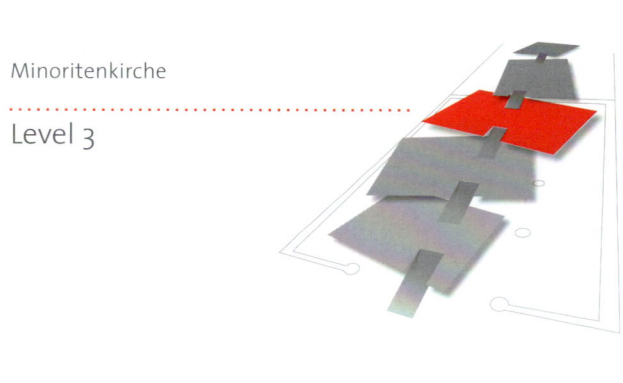

Papst gegen Kaiser – Avignon gegen Rom

Der Ausgleich zwischen Wittelsbachern und Habsburgern erlaubte es König Ludwig, sich ganz auf eine Aufgabe zu konzentrieren, die ihn mit neuen Horizonten, neuen Gegnern und Chancen konfrontierte und zugleich eine geradezu welthistorische Dimension besaß: die Auseinandersetzung zwischen den Universalgewalten Kaiser und Papst.

Auf diesem Level beherrschen die beiden Gegenpole, Rom und Avignon, als groß dimensionierte Silhouetten den Raum, in dem sich die mit den Waffen des Geistes geführte Auseinandersetzung um Ludwigs Anspruch auf das Kaisertum entfaltet.

Über Jahrhunderte stritt man darum, ob der weltlichen oder der geistlichen Gewalt der Vorrang gebühre. Habe der Kaiser die Macht direkt von Gott erhalten oder nur vermittels des Papsttums? Der Salier Heinrich IV. musste sich 1077 in Canossa dem Papst unterwerfen, der Staufer Friedrich II. wurde 1245 vom Papst abgesetzt. Zur Herrschaftszeit Ludwigs wurde dieser Machtkampf ein letztes Mal und mit unnachgiebiger Schärfe ausgefochten. Dabei ging es um das Seelenheil – aber auch um Herrschaftsrechte in Oberitalien. Seit 1309 residierte der päpstliche Hof, die Kurie, nicht mehr in Rom, sondern in Avignon und stand damit unter dem Einfluss der französischen Könige. Als Kandidat französischer Kardinäle wurde 1316 der bereits über 70-jährige Jacques Duèse aus dem südfranzösischen Cahors zum Papst Johannes XXII. gewählt, vermeintlich als Übergangskandidat. Doch in seinem 18-jährigen Pontifikat reformierte der streitbare Johannes das Gebührenwesen der Kirche und nahm die ungeheure Summe von über vier Millionen Goldgulden ein. Zugleich wuchs das Unbehagen an einer zu üppigen Kirche. Radikale Franziskaner forderten, man solle wie die Apostel „arm dem armen Christus folgen". Solche Ideen, von denen auch Umberto Ecos Roman „Der Name der Rose" erzählt, fanden gerade bei den Armen in den großen Städten regen Zulauf.

König Ludwig IV. hatte 1314 keine päpstliche Zustimmung zu seiner Wahl eingeholt; er sah sich bereits als legitimer König. Papst Johannes XXII. verzichtete auf eine Parteinahme zugunsten eines Kandidaten; für ihn war das Reich vakant. So konnte er die Herrschaftsinteressen des Heiligen Stuhls in Oberitalien ungestörter verfolgen und beanspruchte hier das Reichsvikariat für sich. Als Ludwig nach dem Sieg von Mühldorf Reichsrechte in Italien einforderte, ließ der Papst im Oktober 1323 eine Anklageschrift an der Domtür von Avignon veröffentlichen, in der er Ludwigs Königswürde für ungültig erklärte. Der Konflikt war da. Johannes XXII. eröffnete einen kirchenrechtlichen Absetzungsprozess gegen Ludwig. Dieser legte in drei Appellationen Protest ein, in denen er die Entscheidung einem künftigen Konzil zuerkennen wollte. Ohne Berücksichtigung dieser Appellationen wurde er am 23. März 1324 vom Papst exkommuniziert, abgesetzt und später nur noch als „der Bayer" tituliert. Personen, Städte und Gebiete, die Ludwig unterstützten, verfielen dem Bann, mit empfindlichen Folgen für alle Menschen, die auf die Heilsgüter der Kirche verzichten sollten (vgl. den Beitrag von Martin Kaufhold in diesem Band). Trotzdem blieben die meisten Wahlfürsten auf der Seite Ludwigs, denn der Papst hatte ihre Wahlhoheit in Zweifel gestellt. Auch in diesem Zusammenhang ist die Aussöhnung Ludwigs mit den Habsburgern von 1325 zu sehen.

Ludwig bezeichnete seinerseits den Papst als Ketzer. Dafür brauchte er freilich theologisch-juristische Argumente. Diese lieferte ihm die Haltung des Papstes im „Armutsstreit" mit den Franziskanern. Unter wohlwollender Patronage Ludwigs sammelten sich in den Folgejahren in München die führenden europäischen Denker des Franziskanerordens und Kritiker der Papstkirche: der Philosoph Wilhelm von Ockham, Ordensgeneral Michael von Cesena sowie der Staatstheoretiker und Leibarzt Ludwigs, Marsilius von Padua. Auf höchstem Gelehrtenniveau nahmen sie es mit den päpstlichen Theologen auf und entwickelten revolutionäre Ideen. Marsilius von Padua etwa beschrieb in seinem „Defensor Pacis" das Ideal eines rein weltlichen Staats, in dem sich die Geistlichkeit auf die Religion beschränkt. Quelle der Staatlichkeit sei der Wille des Volkes. Ludwig machte sich solche Thesen zu eigen und nutzte einige der Argumentationsfiguren, um die Ansprüche des Papsttums in Zweifel zu ziehen.

Eine politische Entscheidung musste freilich in Italien fallen, wo sich Ghibellinen und Guelfen seit Jahrzehnten bekämpften. Der Dichter Dante Alighieri, selbst ein „weißer", also kaisertreuer Guelfe, hatte zu Beginn des Jahrhunderts einen Kaiser herbeigesehnt, der dem Unfrieden ein Ende machen könnte. De facto aber amtierten die vom Papst eingesetzten Fürsten von Anjou und Könige von Neapel als Reichsvikare in Italien. Nun endlich entschloss sich Ludwig zum Italienzug und konnte sich dabei der ghibellinischen Unterstützung sicher sein. Über Trient und Como reiste er im Frühjahr 1327 nach Mailand. Hier empfing er zu Pfingsten mit seiner Gemahlin Margarete die Eiserne Krone. Durch Bündnisse mit Fürsten und Kriegsunternehmern brachte König Ludwig relativ rasch große Teile Oberitaliens unter seine Herrschaft. Anfang des Jahres 1328 zog er schließlich in Rom ein. Die Ewige Stadt wurde von rivalisierenden Adelsfamilien beherrscht. Wie häufig in seiner Herrschaft gelang es Ludwig, die richtigen Verbündeten zu finden. In diesem Fall war es der Präfekt des Rats, Sciarra Colonna, der die wichtigsten Stadtviertel kontrollierte. Das war die Voraussetzung für einen vom Volk umjubelten Einzug des Königspaars und seines Gefolges.

Zeitgenössische antikaiserliche Berichte, die im 19. Jahrhundert gerne aufgegriffen wurden, um Ludwig als besonders kirchenfeindlich darzustellen, setzten die Behauptung in die Welt, Ludwig sei von Laien zum Kaiser gekrönt worden. Zwar trifft dies nicht zu, doch berief man sich bei der Kaiserkrönung bewusst nicht auf die kirchliche, sondern auf die antike Bedeutung Roms als „caput mundi". Auf dem Kapitol, Sitz der Stadtregierung seit der Antike, rief Sciarra Colonna Ludwig zum „römischen König" aus. Eine Woche später, am 17. Januar 1328, zog dieser zum Petersdom. Hier erhielt Ludwig gemeinsam mit seiner Gemahlin die Kaiserkrone aus den Händen zweier vom Papst exkommunizierter Bischöfe. So wurde deutlich, dass Ludwig die Krone unabhängig vom Papst empfing. Als Johannes XXII. zum Kreuzzug gegen Ludwig aufrief, erklärte dieser den Papst für abgesetzt. Schließlich wiederholte der Gegenpapst Nikolaus V. zu Pfingsten die Krönungszeremonie. Das Reich hatte wieder einen Kaiser.

Peter Wolf

Die päpstliche Sicht: Der Kaiser erhält seine Macht durch den Papst.

3.1
Decretum Gratiani mit Glossen

Bologna, um 1320; Handschrift/Pergament, 357 Blätter, illuminierte Initialen und Rankenwerk, 44,5 × 29,5 cm
Staatsbibliothek zu Berlin – Preußischer Kulturbesitz (Ms. lat. fol. 4)

Lit.: Boeckler/Wegener, Handschriften, Kat.-Nr. 36; Brandis, Zimelien, Kat.-Nr. 72, Abb. S. 120; Rose, Handschriften, Bd. 2, Nr. 619

In die Zeit des ersten Konflikts zwischen Kaiser- und Papsttum im 11. Jahrhundert fällt die Ausdifferenzierung des mittelalterlichen Rechtssystems in eine geistliche und eine weltliche Sphäre. Damals gewann das im 6. Jahrhundert unter dem oströmischen Kaiser Justinian kodifizierte weltliche Recht auch im Westen an Einfluss. Erst um 1140 gelang dem Bologneser Juristen Gratian mit der Sammlung der disparaten Quellen des päpstlichen Rechts eine adäquate Antwort auf den Rezeptionsschub des römischen Zivilrechts. Gratians Lehrbuch wurde zum ersten Standardwerk des Kirchenrechts und erfuhr über Bologna, das Zentrum der mittelalterlichen Rechtswissenschaft, weite Verbreitung. Anwendung fand das Decretum Gratiani vor allem in der Rechtsprechung der aufstrebenden Städte, wo sich Papst- und Kaiserrecht oft untrennbar und konfliktreich ineinander verzahnen.

Die vorliegende Handschrift entstand um 1320, also kurz vor dem Italienzug Ludwigs IV., in Bologna. Sie überliefert den Grundtext zusammen mit dem damals weithin bekannten Kommentar des Juristen Bartholomäus von Brescia (gest. 1258).

Die Miniatur der Eingangsseite (fol. 3ʳ) stellt eine vom Papst vorgenommene Kaiserkrönung dar. Damit gehört der unbekannte Auftraggeber der Handschrift ohne Zweifel zu den Unterstützern der Papstpartei in Italien. Die Vorstellung von der Zwei-Gewalten-Lehre unter päpstlicher Führung repräsentiert auch die Ausdeutung der Verkündigungsszene. Hier berühren sich mit der Person des Erzengels Gabriel, der dem Papst zugeordnet ist, und der Gottesmutter Maria, welche die Figur des Kaisers flankiert, die himmlische und weltliche Sphäre idealtypisch in einem einzigartigen Moment. Die Heiligen- und Tugendmedaillons unterstreichen diese im hohen Mittelalter entwickelte Sichtweise, die freilich im 14. Jahrhundert durch die Krise der beiden Zentralgewalten längst nicht mehr der Wirklichkeit entsprach.

Die Handschrift gelangte aus unbekanntem Vorbesitz Ende des 17. Jahrhunderts in die Kurfürstliche Bibliothek zu Berlin. *J. G.*

Die kaiserliche Sicht: Kaiser und Papst erhalten ihre Macht gleichberechtigt von Gott.

3.2
Decretum Gratiani mit Glossen

„illustratore" und andere, Bologna, um 1335/40; Handschrift/Pergament, Miniaturen, 341 Blätter, 49 × 31 cm
Bayerische Staatsbibliothek München (Clm 23552)

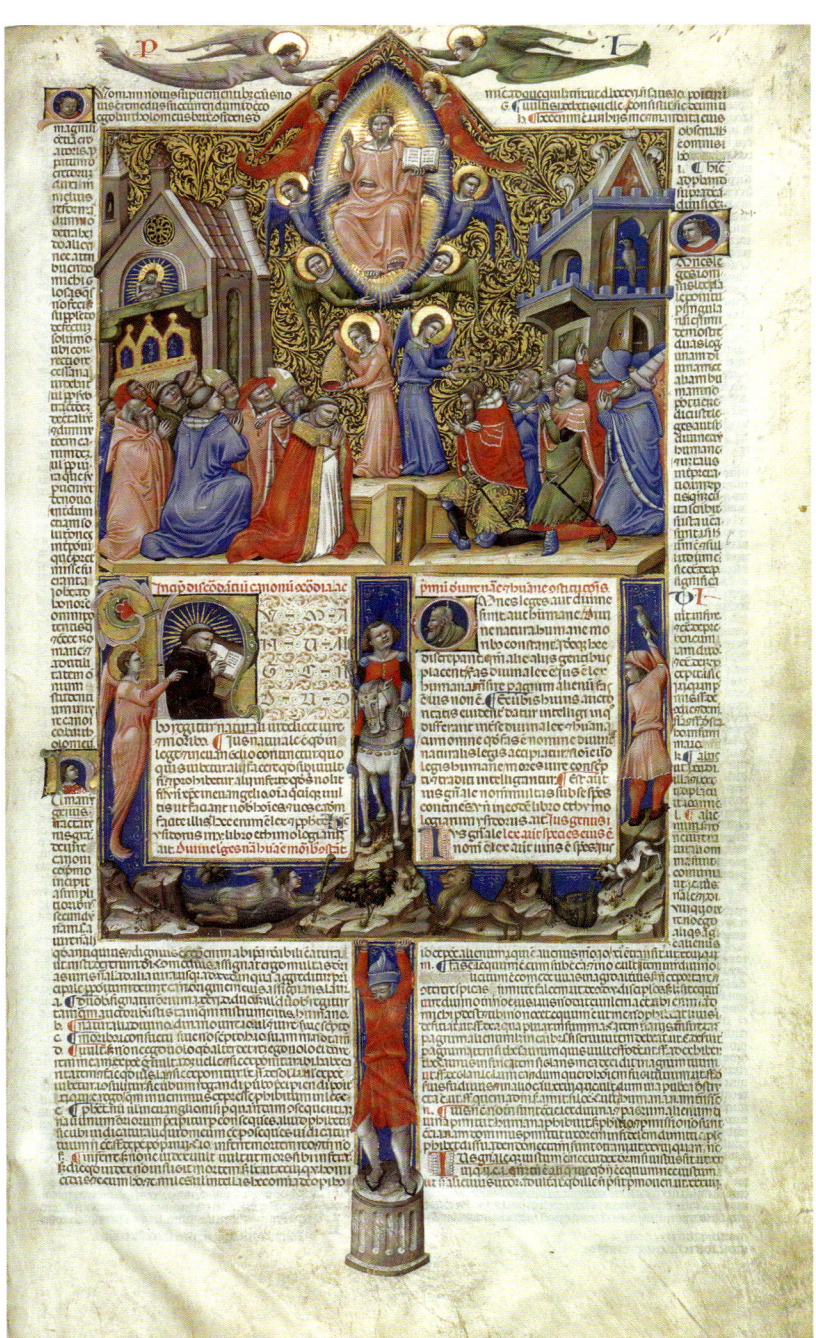

Die Eröffnungsseite des Decretum Gratiani (fol. 1) zeigt die Aufteilung der kirchlichen und der weltlichen Rechtsprechung. Unter dem Weltenrichter, in einer von Engeln getragenen Mandorla mit Segensgestus und geöffnetem Buch dargestellt, krönen zwei Engel den links knienden Papst mit der Tiara, den rechts knienden Kaiser mit einer Krone. Beide empfangen ihre Befugnisse gleichberechtigt von Gott (im Gegensatz dazu Kat.-Nr. 3.1). Sowohl der Papst als auch der Kaiser werden von ihrem Gefolge begleitet. Beim Papst sind dies unter anderem ein Kardinal und zwei Bischöfe, beim Kaiser Höflinge, Ritter und ein Gelehrter. Eine Kapelle mit geöffnetem Tor, in der ein Altar mit einem Kreuzigungsretabel sichtbar wird, hinterfängt die päpstliche Gruppe, ein Schloss, in dessen geöffnetem Fenster ein Falke zu sehen ist, die kaiserliche. Die Randillustration, Initialen und Zwischenräume zwischen Text und Kommentar ausfüllend, greift die Thematik der Hauptminiatur kommentierend auf. Links in der Initiale findet sich ein nimbierter, also heiliger, schreibender Mönch, von einem Engel inspiriert, in der Mitte und rechts eine Falkenjagd mit Reiter, Falkner und Hund. Darunter sind den beiden Parteien ein Engel mit Keule und ein Löwe zugeordnet, die wohl hauptsächlich die Jagd symbolisieren, vielleicht aber auch den Streit zwischen Papst und Kaiser persiflieren. Die ganze Miniatur wird von einer Atlasfigur gehalten, die auf einem antikisierendem Podest steht.

Die prächtig ausgestattete Handschrift, entstanden zu Zeiten des Kampfes zwischen Papst und Kaiser, befand sich wohl schon im 14. Jahrhundert in Freising. Sie wurde um 1335/40 in Bologna, der Stadt mit der wichtigsten mittelalterlichen Rechtsuniversität, geschrieben und von drei namentlich nicht bekannten, aber bedeutenden Buchmalern ausgestattet. Die hier gezeigte Miniatur ist dem „illustratore" zuzuschreiben, der in Bologna eine florierende Werkstatt unterhielt. Die Farbenpracht und der Reichtum der Ausstattung lassen an einen besonderen, vielleicht sogar einen königlichen Auftraggeber denken.

K.-G. Pf.

Lit.: D'Arcais, „L'Illustratore", Abb. 12 und Anm. 5;
Bauer-Eberhardt, Handschriften, S. 234–238, Kat.-Nr. 213;
Conti, Miniatura Bolognese, S. 91

Die Gegenspieler Ludwigs des Bayern in Avignon.

3.3
Die Päpste Johannes XXII., Benedikt XII., Clemens VI.

Ausschnitt aus Kat.-Nr. 3.26

Mit einer auf den 8. Oktober 1323 datierten päpstlichen Bulle nahm der gemeinhin so genannte „Prozess" gegen Ludwig den Bayern seinen Anfang, der den über zwei Jahrzehnte und drei Pontifikate dauernden Konflikt zwischen Papst und König beziehungsweise Kaiser begründete. Die Vorwürfe, die Papst Johannes XXII. vorbrachte, waren derart gravierend, dass dies eine grundsätzliche Diskussion über die Stellung von Papst- und Kaisertum auslöste. Der Papst bemängelte, dass der apostolische Stuhl die Wahl Ludwigs IV. zum deutschen König nicht bestätigt habe und daher alle seitdem getätigten Herrschaftshandlungen des Königs unrechtmäßig gewesen seien und innerhalb einer gesetzten Frist zurückgenommen werden müssten. Mit diesem Approbationsanspruch, der sich aus der besonderen, auf die Kaiserkrönung zurückgehenden Verbindung von Papsttum und deutschem Königtum ableitete, interpretierte der Pontifex eine päpstliche Position neu, die bislang nur in gemäßigter Form formuliert und von den deutschen Königen zudem nur selten akzeptiert worden war. Die päpstliche Auslegung war auch an der Kurie umstritten und das Vorgehen des Papstes zumindest verwunderlich, denn bis dahin hatte er kaum Interesse am deutschen Thronstreit gezeigt. Die Debatte kam auch erst auf, als Ludwig eine eigene Italienpolitik zu betreiben begann. Dass er Berthold von Neiffen als Reichsvikar einsetzte, kollidierte mit den traditionellen päpstlichen Interessen, zumal Ludwig italienische Gegner des Papstes, wie die Mailänder Visconti, unterstützte, die zu diesem Zeitpunkt bereits im Kirchenbann standen.

Ludwig nahm in verschiedenen Appellationen naturgemäß eine Gegenposition ein und wandte sich schließlich mit der Sachsenhäuser Appellation sogar an ein allgemeines Konzil und den künftigen Papst, während Johannes XXII. den deutschen König im Frühjahr 1324 bannte, um ihm dann im Sommer desselben Jahres seine Herrschaftsrechte zu entziehen und ihn damit de facto abzusetzen. Die Möglichkeiten zur Durchsetzung der Kirchenstrafen – Exkommunikation und Interdikt – waren allerdings begrenzt, zumal das päpstliche Vorgehen im Reich auf große Vorbehalte stieß.

Mit dem Italienzug des „Bayern", wie Ludwig IV. in der kurialen Nomenklatur nun bezeichnet wurde, erhielt der Konflikt eine neue Dimension. Ludwig wandte sich nach Rom, ließ sich im Januar 1328 ohne päpstliche Beteiligung zum Kaiser krönen und ermöglichte die Erhebung eines Gegenpapstes, Nikolaus V., der sich jedoch nicht lange halten konnte. Johannes XXII. reagierte entsprechend nachhaltig und strengte einen Ketzerprozess und damit die Verurteilung Ludwigs als Häretiker an. Dieser suchte nun vermehrt den diplomatischen Weg nach Avignon, was sich auch unter Johannes' XXII. Nachfolgern, Benedikt XII. und Clemens VI., fortsetzte. Letztlich blieben diese Bemühungen erfolglos; als Grund wird auch der Einfluss anderer Parteien, insbesondere Frankreichs, vermutet, doch ist dies in der Forschung umstritten. Die Positionen waren schlicht unvereinbar und so wurde der Konflikt erst mit dem Aufruf zur Neuwahl des deutschen Königs, der Wahl Karls IV. und dem überraschenden Tod Ludwigs des Bayern beendet. Von dem geforderten Approbationsanspruch des Papsttums war im Folgenden indes kaum mehr die Rede.

Von den drei Päpsten, die Ludwig IV. gegenüberstanden, war Johannes XXII. der am längsten amtierende und auch umstrittenste Pontifex. Er gilt als der eigentliche Begründer des avignonesischen Papsttums, denn obgleich seine Bestrebungen, nach Rom zurückzukehren, unzweifelhaft zu erkennen sind, festigte er Avignon als dauerhaften Sitz der Kurie. Er war ein durchaus meinungsfreudiger Papst, der als fähiger Administrator von Kirche und Papsttum in die Kirchengeschichte einging, den aber zugleich ein gewisser Starrsinn kennzeichnete. Insbesondere in politischen und theologischen Fragen agierte er unglücklich, was Konflikte – allen voran mit dem Orden der Franziskaner – zur Folge hatte. Weit zurückhaltender gab sich sein Nachfolger Benedikt XII., dessen Pontifikat in der Retrospektive mit seinem monastischen Werdegang als Zisterzienser erklärt wird. Tatsächlich lässt sich ein gewisser Reformeifer konstatieren. Er schränkte die Pfründenvergabe erheblich ein, ging grundsätzlich gegen Pfründenmissbrauch vor und begegnete Missständen wie dem ausufernden Nepotismus. Zugleich festigte er aber durch den Ausbau des Papstpalastes das „avignonesische Exil". Clemens VI. führte dies fort und bei dem fähigen Theologen und Juristen sind endgültig keine Bestrebungen mehr zur Rückkehr nach Italien zu erkennen. In politischer Hinsicht näherte sich das Papsttum Frankreich an, im Reich wurde Karl IV. offen unterstützt. *S. Z.*

Lit.: Kaufhold, Gladius spiritualis; Miethke, Kaiser und Papst; Mollat, Les papes d'Avignon; Zanke, Papsttum

Symbol der reichen Kirche: der Papstpalast in Avignon.

3.4

A Der Papstpalast in Avignon

Grundrisszeichnung; Entwurf: Sebastian Zanke, Elisabeth Handle-Schubert
Haus der Bayerischen Geschichte, Augsburg

B Visualisierung Avignon

Modell; Ansicht von Westen: Brücke Saint-Bénézet und Papstpalast; Entwurf: graficde'sign pürstinger, Salzburg
Haus der Bayerischen Geschichte, Augsburg

Gleich zu Beginn des Pontifikats Johannes' XXII. wurde offenkundig, dass Avignon die neue Residenz des Papsttums werden sollte. Unmittelbar nach Wahl und Krönung in Lyon ließ Johannes XXII. die Bischofsstadt an der Rhône auf die Ankunft der Kurie vorbereiten. Bereits für seinen Vorgänger Clemens V. waren Stadt und Region bevorzugte Aufenthaltsorte, der neue Papst sollte Avignon dann kaum mehr verlassen. Einzig die Residenzen des papsteigenen Venaissin wie Sorgues oder Châteauneuf-du-Pape waren beliebte Aufenthaltsorte im provenzalischen Sommer.

Die Ansiedlung der Kurie veränderte die beschauliche Provinzstadt Avignon erheblich, wobei dies nicht nur durch den Zuzug der Kurialen und die Einrichtung mancher Ämter in der Stadt bedingt war, sondern auch durch die Attraktivität, die der Sitz des Papstes auf Kleriker und Laien aus ganz Europa ausübte. Zeichen des avignonesischen Papsttums wurde der Papstpalast, einer der wichtigsten Bauten seiner Zeit und Spiegelbild zeitgenössischer Architektur und Hofkultur. Dabei unternahm Johannes XXII. zunächst keine größeren baulichen Anstrengungen. Kleinere Umbau-

ten ermöglichten das Residieren im alten Bischofspalast, ergänzende Bauten betrafen die Gerichte und für liturgische Feierlichkeiten und die Verwaltung fanden Kirchen und Gebäude der Stadt Verwendung. Erst unter seinen Nachfolgern erlangte der Papstpalast seine heutige Form. Unter Benedikt XII. entstand in mehreren Bauphasen eine geschlossene Vierflügelanlage, welche die älteren Bauteile sukzessive ersetzte. Errichtet wurden das Konsistorium, ein Konklaveflügel, ein Familientrakt und der „Tour du Pape" mit den päpstlichen Gemächern. Clemens VI. fügte weitere Anbauten sowie eine kunstvolle höfische Ausstattung hinzu, die von italienischen Künstlern wie Matteo Giovanetti ausgeführt wurde. Durch weitere Gebäuderiegel entstand ein zweiter vierflügeliger, geschlossener Innenhof. Damit war der Bau weitgehend abgeschlossen. In den Pontifikaten der Nachfolger gab es nur noch kleinere Veränderungen und Ergänzungen.

Das Papsttum grenzte sich durch den in sich geschlossenen Bau dezidiert von seiner Umgebung ab. Ergänzend wurden zentrale Elemente des römischen Zeremoniells auf den Palast abgebildet, wodurch zugleich der Legitimationsproblematik begegnet werden konnte, die aus der dauerhaften Absenz von Rom entstanden war. Prozessionen und liturgische Feierlichkeiten wurden auf Stationen im Palast übertragen, das Patrozinium der Kapellen orientierte sich an den römischen Vorbildern. Während sich das Papsttum zunehmend von der Öffentlichkeit entfernte, galt dies für die Gesamtheit der Kurie nur in eingeschränktem Maße, konnte man dieser doch allerorten in Avignon begegnen, wo sich Ämter und die Wohnhäuser der Kardinäle (livrées) befanden.

Die römische Kurie – „curia romana" – war auch in Südfrankreich als Leitungsgremium der Kirche präsent. Neben Papst und Kardinalskolleg umfasste sie eine Reihe von „Behörden". Das unmittelbare Umfeld des Papstes stellte die päpstliche Kammer dar, deren Hauptaufgaben unter anderem die Verwaltung der Finanzen, Teile der Korrespondenz des Papstes und die Personalfragen an der Kurie waren. Die Ausstellung der Schriftstücke und vor allem die Urkundenproduktion unterlagen der Kanzlei, die damit die wichtigste Anlaufstelle der zahllosen Petenten in Avignon war, die streng formulierte Kanzleiregeln zu beachten hatten. Für Pfründenstreitfragen und andere Streitfälle zeigten sich zwei Gerichte mit unterschiedlichen Zuständigkeiten verantwortlich. Daneben regelten die Pönitenziare die Gnadenangelegenheiten, die dem Papst vorbehalten waren. Hinzu kamen Einrichtungen wie die Kapelle oder die Hofämter, die für die Abläufe am Hof und im Palast Sorge trugen. Dies alles zahlenmäßig zu erfassen ist ein schwieriges Unterfangen, doch taxiert man allein die Bediensteten mit 300 bis 500 Personen. Die weitere Kurie umfasste wohl ein Vielfaches. Die Aufwendungen hierfür waren enorm und so war die Extravaganz der päpstlichen Hofhaltung neben Simonie und Pfründenmissbrauch ein zentraler Punkt der zeitgenössischen Kritik.

S. Z.

Lit.: Guillemain, La cour pontificale d'Avignon; Kerscher, Architektur; Schimmelpfennig, Palast; Weiß, Versorgung

---

Am Papsthof erklang moderne mehrstimmige Musik.

3.5
Musik am Papsthof in Avignon

„Gloria Clemens Deus artifex" (für Clemens VI.), anonym, um 1350
La Main Harmonique, Frédéric Bétous
BR Hörfunkarchive, München

In Avignon, das im Jahr 1309 neue päpstliche Residenz wurde und noch von 1378 bis 1430 als Sitz mehrerer Gegenpäpste fungierte, entwickelte sich eine Pflege sowohl geistlicher wie weltlicher Musik, die zur fortschrittlichsten ihrer Zeit zählte und sich ohne Weiteres mit anderen führenden Zentren, wie dem französischen und dem englischen Königshof, vergleichen konnte. Neben der „grande chapelle" mit 30 bis 40 Mitgliedern etablierte Papst Benedikt XII. im Jahr 1334 eine Privatkapelle mit zwölf Sängern. Sängerkapellen wurden auch von den in Avignon residierenden Kardinälen unterhalten. Die führenden Meister komponierten hoch entwickelte Motetten zu Ehren Avignoneser Päpste, wie Johannes de Muris für Johannes XXII. und Philippe de Vitry für Clemens VI.

Das dreistimmige „Gloria in excelsis Deo" für die Messe spielt mit zusätzlichen lateinischen Versen auf den Namen von Papst Clemens VI. an, der gleich zu Beginn indirekt erwähnt wird: „Clemens Deus artifex, tota clemencia", „Gott, gnädiger Schöpfer, gänzlich Gnade". Obwohl hier Gott und in einem späteren Vers der „Redemptor", also Christus, genannt werden, beziehen sich mehrere Verse offensichtlich eher auf den Papst: „Pastor ecclesie, conservator fidei sancte", „Hirt der Kirche, Erhalter des heiligen Glaubens". Die Zeilen „Et dimittat ius profanum, venenosum et insanum", „Dass er verstieße das gottlose, giftige und wahnsinnige Recht", könnten sogar als Polemik gegen Clemens' erbitterten Gegner Ludwig den Bayern aufgefasst werden.

Alle drei Stimmen sind neu komponiert, das heißt ohne Bezug auf eine gregorianische Gloria-Melodie. Während die oberste Stimme den herkömmlichen Gloria-Text vorträgt, singt die zweite Stimme den Clemens-Text. Die dritte Stimme ist untextiert und dient als harmonisches Fundament. Einige Melodiewendungen und rhythmische Figuren sowie auch das rapide Alternieren kurzer Noten zwischen den Stimmen erinnern an die aus dieser Zeit stammende „Messe de Nostre Dame" von Guillaume de Machaut (um 1300–1377). D. H.

Die Figur des hl. Petrus trägt hier die Papstkrone, die Anfang des 14. Jahrhunderts eingeführt wurde.

3.6
Petrus als Papst

Um 1330/40; Holzfigur, Fassung 19. Jahrhundert; H. 50 cm
Diözesanmuseum Regensburg/Leihgabe Katholische Pfarrkirchenstiftung St. Elisabeth, Kirchdorf (L 1983/1016)

Die kleine Holzfigur zeigt Petrus als Papst in seiner charakteristischen Haar- und Barttracht, mit dem Triregnum, der dreireifigen Tiara, einem gegürteten bodenlangen Gewand, bei dem es sich – entgegen der Fassung des 19. Jahrhunderts – wohl um die Albe mit dem Cingulum handelt, und einem Rauchmantel (Pluviale). In der verhüllten Linken trägt er ein Evangelienbuch, in der greifenden Rechten dürfte er einst eher einen Kreuzstab als einen Schlüssel gehalten haben.

Inwieweit die Farbfassung des 19. Jahrhunderts eine ältere Fassung wiederholt oder entstellt wiedergibt oder ob Reste einer älteren Fassung noch erhalten sind, ließe sich nur durch eine restauratorische Untersuchung feststellen. Es ist anzunehmen, dass die Statuette ursprünglich aus der Kirchdorfer Filialkirche St. Petrus in Obermantelkirchen stammt.

Der große Kopf mit den gedrehten Locken, dem kurzen Vollbart und der hohen Tiara beherrscht den zierlichen Körper, der auf einer annähernd runden Sockelplatte steht. Das Untergewand staut sich auf dem Boden und lässt die Schuhspitzen frei. Das lappig fallende Pluviale ist unter dem rechten Unterarm gerafft. In seiner Proportionierung und der Durchbildung der Stoffe entspricht die Figur – unter Berücksichtigung der künstlerischen Qualität – durchaus dem bildhauerischen Duktus ihrer Zeit. Die Darstellung folgt der geläufigen Petrusikonografie und erweist sich mit dem kegelförmigen Triregnum, das für das Priester-, Lehr- und Hirtenamt des Papstes steht, als auf der Höhe der Zeit – im Gegensatz zu der etwa gleichzeitigen Figur Papst Benedikts XII. mit dem „diadema duplex" (Kat.-Nr. 3.7). P. M.

Lit.: Baumann, Tu es Petrus, Kat.-Nr. 21 (Katharina Benak)

Auch die Darstellung Benedikts XII. zeigt die Herrschaftszeichen des Papstes.

3.7
„Ehrenbüste" Papst Benedikts XII.

Paolo da Siena, Rom, 1342; Marmor, mit Resten alter Fassung, Figur mit Architektur: 251,5 x 118 x 13 cm (R)
Cappella della Bocciata, Sacre Grotte Vaticane, Rom, Fabbrica di San Pietro in Vaticano

Die Ehrenbüste Benedikts XII. (1334–1342) stand ursprünglich „auf dem zu den Seelenmessen privilegierten Altare (Altare dei Morti)" in der konstantinischen Peterskirche. Die Sockelinschrift verkündet, dass Papst Benedikt XII. aus Toulouse die Dächer der Basilika 1341 erneuern ließ, was möglicherweise der Grund für die (postume?) Aufstellung des Bildwerks war. Die Inschrift lautet: + BENEDICTVS / P(A)P(A) / XII / THOLOSANVS / FECIT // FIERI : DENOVO : TECTA / HVIVS : BASILICE : SVB : ANNO // D(O)M(INI) : M : CCC : XLJ: Die Künstlersignatur rechts unten vermerkt: MAGISTER · PAVLVS · DE S // ENIS · ME FECI · T

Das nahezu vollplastische Relief stellt den Pontifex in frontaler Halbfigur vor einem blauen Zeremonialvorhang und unter dem nach unten offenen Dreipass eines Wimpergs dar. Der Papst trägt das unter Bonifaz VIII. eingeführte Triregnum, die Tiara mit Diadem, zwei Kronreifen und Infuln, sowie Albe, Pluviale und Handschuhe, alles mit vergoldeten Zierborten. Die Rechte ist zum Segensgestus erhoben, in der Linken hält er die beiden verbundenen Schlüssel.

Das Bildnis lehnt sich in Typ und Motivik eng an die Büste Papst Bonifaz' VIII. (1294–1303) von Arnolfo di Cambio an (Vatikan, Palazzo Vaticano, Appartamento del Pontefice). Die Handschrift des Bildhauers Paolo da Siena zeigt seine Vorliebe für eine kompakte Körperlichkeit und schematisch-flache, wenig unterschnittene Faltengebung, das rundliche Gesicht ist wie bei Arnolfo als Maske ohne individuelle Züge gestaltet, jedoch nicht wie bei diesem im idealisierten „Jesus-Alter" von etwa 30 Jahren.   *P. M.*

Lit.: Engels, Tiara; Platner u. a., Beschreibung der Stadt Rom, Bd. 2, S. 212f.; Schimmelpfennig, Benedikt XII.

Die Regensburger Lokaltradition zeigt Petrus als einfachen Fischer.

3.8
Petrus im Schifflein

Um 1320/30; Regensburg, Dom, Fenster n II 4 a; Glasgemälde, 106,5 x 91 cm (R)
Staatliches Bauamt, Regensburg

In der zweiten Hälfte des 13. Jahrhunderts entstand als Siegelbild des Regensburger Domkapitels der lokalspezifische Bildtyp Petri im Schiff mit den Attributen Ruder, Schlüssel und Fisch, dessen wichtigste Beispiele im und am Dom aus der ersten Hälfte des 14. Jahrhunderts stammen. Sowohl auf die Leitung des Schiffleins der Kirche durch Petrus als auch auf die Berufung des Fischers Simon Petrus zum Menschenfischer ist Bezug genommen. Petrus als Lenker des Kirchenschiffs ist ein spätmittelalterlicher Bildtyp, dessen Beispiele im Regensburger Dom zu den frühesten ihrer Art gehören. Das gilt in gleicher Weise für den Fisch als ausgesprochen seltenes Attribut des Apostelfürsten.

Das nicht zuletzt durch seine Farbgebung und die malerische Qualität vornehmste dieser Bilder befindet sich im so genannten Apostelfenster n II in der nördlichen Hauptchorschräge des Doms. Entstanden um 1320/30, zeigt es in einem genasten Vierpass Petrus in streng hierarchischer Frontalität und antikischer Gewandung mit Tunika und grüner, gewickelter Toga, der Kopf mit dem Haarkranz und dem kurzen Vollbart wird von einem Nimbus umstrahlt. Er hält den Himmelsschlüssel und den Fisch empor. Das Ruder ist an der Bordwand des kleinen Schiffes eingehängt und gleicht sich der scheibenförmigen Darstellung der Wellen an. Eine bildliche Ergänzung erfährt dieses Signum des Domkapitels durch die Darstellung des als Papst auf der Kathedra thronenden Petrus in der benachbarten Scheibe des gleichen Fensters.

P. M.

Lit.: Fritzsche, Glasmalereien, Bd. 1, S. 54f.; Fuchs, Steine; Morsbach, Darstellungen

Petrus als Patron von Stadt und Dom.

3.9
Abguss des Siegels der Reichsstadt Regensburg (dritter Siegeltyp)

Urkunde vom 11. Juli 1253, Regensburg (Bayerisches Hauptstaatsarchiv, München, Deutscher Orden, Kommende Regensburg, Urk. 13), anhängendes Wachssiegel, Ø 9 cm (Abguss)
Historisches Museum Regensburg (ohne Inv.-Nr.)

Im Jahr 1248 kam in der Reichsstadt Regensburg ein dritter Siegeltyp in Gebrauch, der, wie die beiden älteren städtischen Siegel, den thronenden Petrus als Patron der Stadt und des Doms zeigt. Inmitten einer reichen Architektur mit Türmen, Dächern und Zinnen thront der nimbierte Apostelfürst in seinem charakteristischen Erscheinungsbild mit Haarkranz und kurzem Bart auf einem architektonisch gestalteten Sitz, in den Händen Schlüssel und Evangelienbuch.

Die stilisierte Kulisse des Kirchenbaus mit den beiden Türmen, den Dächern und dem Vierungsturm ist eine seit der Karolingerzeit geläufige Bildformel, die die lokale Forschung als den damals noch stehenden romanischen Dom interpretiert. Die Zinnen zu Füßen Petri sind ein bekanntes Symbol für Stadtmauern. Die Umschrift lautet: + SIGILLVM · CIVIVM · RATISPONENSIVM + . P. M.

Lit.: Angerer, Regensburg im Mittelalter, S. 84, Kat.-Nr. 11/7 (Heinrich Wanderwitz); Kraus/Pfeiffer, Regensburg, S. 72, Nr. 94 (Guido Hable)

Ein spezifisch regensburgisches Motiv: Petrus mit dem Rutenbündel.

3.10
Abguss des ältesten Sekretsiegels der Stadt Regensburg

Urkunde vom 10. November 1324, Regensburg (Bayerisches Hauptstaatsarchiv, München, Reichsstadt Regensburg, Urk. 317), anhängendes Wachssiegel, Ø 5,5 cm (Abguss)
Historisches Museum Regensburg (ohne Inv.-Nr.)

Auf den seit 1323 nachweisbaren Regensburger Sekret- oder Geheimsiegeln tritt mit der Rute als Attribut Petri ein weiteres lokales Sondermotiv auf. Die Rute war in der Antike Zeichen der Gerichtsgewalt, im Mittelalter hingegen eher der Gewalt der Eltern und Lehrer. Das Siegelbild zeigt die Halbfigur Petri als Papst mit Tiara, Nimbus, Rutenbündel und Schlüssel. Die Umschrift lautet: SECRETVM · CIVIVM · RATISPONENSIVM. Die Entstehung dieses offensichtlich auf Regensburg beschränkten Motivs wird mit der Verstrickung der Stadt in die Auseinandersetzungen zwischen Kaiser Ludwig, Papst Johannes XXII. und Friedrich dem Schönen zusammenhängen. Ludwig bestätigte der Stadt einerseits das Privileg, dass keiner ihrer Bürger vor ein fremdes Gericht kommen konnte, mischte sich andererseits aber immer wieder in innerstädtische Angelegenheiten und ließ sich die Selbstständigkeit der Kommune mit

gutem Geld bezahlen. Hinzu kamen die Bestrebungen der Zünfte und Handwerker um eine stärkere Teilhabe am Stadtregiment. All das mag dazu beigetragen haben, dem Schutzpatron der Stadt die Rute als Zeichen der souveränen Gerichtsbarkeit beizugeben.

Während dieses kleine Siegel noch als Geheimsiegel zur Bestätigung der Echtheit auf der Rückseite eines Hauptsiegels platziert werden konnte, erreichte das Sekretsiegel in der Mitte des 15. Jahrhunderts mit einem Durchmesser von ca. 19,7 Zentimetern geradezu monumentale Ausmaße und wäre dafür ungeeignet gewesen.

P. M.

Lit.: Angerer, Regensburg im Mittelalter, S. 84, Kat.-Nr. 11/8 (Heinrich Wanderwitz); Morsbach, Darstellungen, S. 36 und Abb. 20 (mit älterer Literatur)

Als Lenker des Schiffs steht Petrus in der Nachfolge Christi mit dem Schlüssel als Zeichen
der Schlüsselgewalt (Binden – Lösen) und dem Fisch als Sinnbild für die Ausbreitung des Christentums (Menschenfischer).

3.11
Siegel des Lautwein Gamuret

26. Mai 1323; Urkunde, Pergament mit anhängendem Siegel (stark beschädigt), 4 x 4,5 cm (R)
Spitalarchiv Regensburg (Urk. 951)

In der Urkunde, an der das Siegel des Lautwein Gamuret überliefert ist, übergibt Friedrich von Gitting einen Hof in Mintraching (beides Lkr. Regensburg) um seines Seelenheils willen an die armen Siechen im St. Katharinenspital zu Regensburg. Das herzförmige Siegel zeigt den hl. Petrus, stehend in einem Kahn über den Wellen, in der Rechten über der Schulter liegend einen Schlüssel, in der Linken einen Fisch. Die Umschrift lautet: + S' · [LEVT]W · KAMVRETI · SVMMI · SCOLA[STICI].

Lautwein Gamuret ist zwischen 8. Juni 1320 und 29. Januar 1327 in Regensburg als Domscholaster nachzuweisen und führte in dieser Funktion sein Siegel. Als Scholaster war er im Kathedralkapitel derjenige Kleriker, der den Schulbetrieb leitete und auch selbst unterrichtete. Bereits 1298 benutzte Berthold Gamuret, Propst des Stifts St. Johann, ein Siegel mit Petrus im Boot. Albert Staufer verwendete in seiner Zeit als Kanoniker von St. Johann ein Wappensiegel und übernahm als Domscholaster (1404) ebenfalls den hl. Petrus in sein neues Siegel. Offensichtlich knüpften die Domscholaster bei der Wahl ihres Siegelbilds an das Lehramt an, das Christus Petrus und den Aposteln übertragen hat.

Das Siegelbild mit Petrus als Fischer steht in Regensburg in einer langen ikonografischen Tradition, die bis zu den Regensburger Dickpfennigen des 13. Jahrhunderts zurückreicht (Kat.-Nr. 3.12). Steinmetzarbeiten von Petrus im Schiff haben sich am nördlichen Querhaus (1305/10) und am südwestlichen Langhaus des Doms (1340/45) wie auch über dem Portal des Domkapitelhauses (1506) erhalten, ebenso in den prächtigen Glasgemälden der Kathedrale (1320/30 und 1460/70). Eine frühe Darstellung von Petrus im Schiff zeigen die unter Bischof Heinrich von Rotteneck in Silber geprägten Regensburger Dickpfennige (1277–1296). Am bekanntesten ist jedoch die Darstellung von Petrus im Schiff durch das seit dem 13. Jahrhundert auftretende Fischerringsiegel (anulus piscatorum) der Päpste geworden.

A. D.

Lit.: Dirmeier, Siegel; Morsbach, Darstellungen; Thiel, Urkunden

Das Regensburger Domkapitel führte ab etwa 1350 in einem Siegel den hl. Petrus im Schiff.

3.12
Dickpfennig des Bistums Regensburg

Regensburg, um 1280/1290; Silber, ⌀ 18 mm
Staatliche Münzsammlung München

Die Funktion Petri als Patron der Stadt Regensburg und ihres Doms führte im Lauf des 13. Jahrhunderts zu einer spezifisch regensburgischen Ikonografie, die in dieser Ausprägung in der Kunst des Mittelalters sonst nur selten oder gar nicht auftritt.

Dazu gehört das Bild der „navicula", des Schiffleins, als Bild der Kirche, in dem Petrus mit den Attributen Schlüssel, Fisch und/oder Ruder sitzt. Da sich der Fisch auf den eigentlichen Beruf des Simon Petrus als Fischer und seine spätere Berufung zum Menschenfischer bezieht, zeigen ihn die Bilder dieses Typus stets ohne Tiara, der Versinnbildlichung des Papsttums.

Erstmals im 13. Jahrhundert erscheint dieser Bildtyp der Frontaldarstellung Petri im Schifflein, mit dem Schlüssel in der rechten und dem Fisch in der linken Hand, auf einem wohl unter dem Petrusverehrer, Bischof Heinrich IV. von Rotteneck (reg. 1277–1296), geprägten Dickpfennig, wie Münzen von beträchtlicher Dicke im Gegensatz zu den aus dünnem Blech geprägten Dünnpfennigen genannt werden. In der zweiten Hälfte des 13. Jahrhunderts wurde das Bild zum Siegel des Domkapitels und tritt bis in das 16. Jahrhundert an prominenten Stellen des Doms auf, dessen Bauherr und Eigentümer das Domkapitel war (Kat.-Nr. 3.8, 3.11).

P. M.

Lit.: Baumann, Tu es Petrus, Kat.-Nr. 7, mit älterer Literatur (Johann Gruber); Morsbach, Darstellungen

---

Der hl. Franziskus pries das Gebot der Armut als Weg zur Seligkeit und erhob die Armutspraxis zur Ordensmaxime.

3.13
Darstellung der Vermählung des hl. Franziskus mit der Armut

Giotto di Bondone/Maestro delle Vele, um 1330, Deckenfresko aus der Unterkirche in S. Francesco in Assisi;
Fotografie

S. Franceso in Assisi wurde als Grabkirche des hl. Franziskus errichtet. Die führenden Künstler der italienischen Frührenaissance beteiligten sich an der Ausschmückung der Basilika. Das Fresko im Vierungsgewölbe der Unterkirche zeigt den Triumph des hl. Franziskus gemeinsam mit drei Personifikationen, die Ordenstugenden verkörpernd: Gehorsam, Armut und Keuschheit. Auf dem Ausschnitt ist die Vermählung des hl. Franziskus mit der Armut durch Christus unter Zeugenschaft anwesender Engel zu sehen. Die Braut wird dargestellt als verhärmte Frau im geflickten Gewand, das mit einem einfachen Strick gegürtet ist. Sie steht in einem Dornbusch, der hinter ihr als Rosenstrauch erblüht. Die Darstellung der personifizierten Armut ist selten und taucht erst in franziskanischen Bildprogrammen als eigenständige Figur auf. Die Geschichte der mystischen Vermählung des hl. Franziskus mit der Armut zählt zum Legendenkreis außerhalb der offiziellen Lebensbeschreibungen.

Die Umsetzung des vom hl. Franziskus begründeten Armutsideals in die Praxis war innerhalb der Ordensgemeinschaft umstritten. Der Umgang mit Spenden und Immobilienbesitz entzweite die Brüder, im „Praktischen Armutsstreit" standen sich die gemäßigten Ordensmitglieder (Konventualen) und die Spiritualen gegenüber, die an den ursprünglichen Intentionen des Ordensgründers festhalten wollten. Diese radikale Sichtweise der gelebten Armut führte letztlich auch zum Konflikt mit der Kurie, die den Orden zunächst gefördert hatte. Papst Johannes XXII. verurteilte 1322 die Lehre von der Eigentumslosigkeit Jesu und seiner Jünger. Als Reaktion darauf kritisierten einige Mitglieder des Franziskanerordens öffentlich den Reichtum der Kirche, insbesondere wie er am päpstlichen Hof zur Schau gestellt wurde. Sie betonten die Besitzlosigkeit Christi und beriefen sich auf die Armut der Urkirche. Die Diskussion dieses „Theoretischen Armutsstreits" wurde auch im Bild geführt. So beschreiben Chronisten wie Johann von Winterthur Bildprogramme des papstnahen Dominikanerordens, die Christus als reichen Herrn darstellten: „Die Predigerbrüder, die zum Papst hielten, malten … oder ließen malen … Christus mit Kästchen und Schächtelchen, wie er seine Hände in sie steckt, um Geld herauszunehmen und … Christus am Kreuz, mit der einen Hand an den Arm des Kreuzes geheftet, während er mit der anderen Geld fasst und es in die an seinem Gürtel hängenden Beutel schiebt. Das alles geschah, damit denen, die es beschauen, klar würde, Christus habe Eigentum gehalten." Das Fresko aus Assisi vertritt dabei die Position der anderen Seite: Im oberen Abschnitt sind zwei Engel zu sehen, die Statussymbole weltlichen Reichtums (Palast, Kleidung, Geldkatze) in die Hände Gottes übergeben und damit die göttliche Ableitung des Armutsgelübdes betonen.

E. H.-Sch.

Lit.: Freuler, Chronik, S. 118; Mundorff/Wedl-Bruognolo, Kaiser Ludwig der Bayer, S. 185 (Renate Wedl-Bruognolo); Reallexikon zur deutschen Kunstgeschichte, Sp. 1114–1116 (Liselotte Stauch)

Die Fenster der Regensburger Minoritenkirche erzählten die Lebensgeschichte des hl. Franziskus.

3.14
Aufbahrung des hl. Franziskus

Werkstatt Heinrich Menger, Regensburg, um 1370; zwei Felder eines ehemals sechsteiligen Medaillons aus dem Chor der Regensburger Minoritenkirche, farbige Hüttengläser, Schwarzlot, Blei; zahlreiche Flickungen und ältere Restaurierungen, je 81 x 61 bzw. 58 cm
Bayerisches Nationalmuseum, München (G971a, G971b)

Der hl. Franziskus ist aufgebahrt, auf einer geflochtenen Strohmatte liegend, dargestellt. Die Wundmale an Brust und Füßen sind gut zu erkennen. Hinter dem Verstorbenen versammeln sich die Mitbrüder zur Exequienfeier. Ein zugehöriges Feld (Bayerisches Nationalmuseum, G1330) zeigt die Figur des zum Himmel weisenden Bruders Antonius, welcher der Legende nach den Verstorbenen als hellen Stern aufsteigen sah. Verwandt ist die Darstellung im Franziskusfenster der Klosterkirche zu Königsfelden/Schweiz (um 1340), die dort den Abschluss einer fünfteiligen Folge mit zentralen Ereignissen aus dem Leben des Heiligen bildet.

Das Fenster stammt aus der Werkstatt Heinrich Mengers (Kat.-Nr. 5.29), der auch Farbverglasungen für den Regensburger Dom lieferte. Menger führte einen kräftigen und plakativen Stil in Regensburg ein und konnte mit seinen monumentalen Bildschöpfungen mühelos auch große Fensterflächen gestalten. Die Quellen lassen auf eine Regensburger Herkunft des Malers schließen, der jedoch die neuesten Entwicklungen franko-flämischer Kunst verarbeitete. Schulzusammenhänge scheinen zu niederösterreichischen Werken zu bestehen (Stadtpfarrkirche in Wels). D. P.

Lit.: Drexler, Chorfenster; Laipple-Fritzsche, Hainreich der Menger; Martin/Parello, Innovation

So ließen sich die Regensburger Bettelmönche in ihrer Kirche darstellen.

3.15
Kopf eines Minoritenmönchs

Regensburg, um 1340; (Grün-)Sandstein oder Kalkstein, 30 x 24,5 x 19,5 cm, Umfang 55 cm
Historisches Museum Regensburg (K 1933/102)

Der Kopf, der einen jungen Franziskaner darstellt, wurde 1933 bei Umbauarbeiten im Historischen Museum Regensburg gefunden. Seine Entstehungszeit zwischen 1320 und 1340 lässt sich in die Bauphase des Hochchors der Minoritenkirche einordnen. Der Kopf ist allansichtig gearbeitet und zeigt im Nacken den Kapuzenansatz des Ordensgewands. Die Minoriten lebten nach dem Armutsideal ihres Ordensgründers und hatten daher keinen eigenen Besitz. Im Vordergrund stand die Seelsorge, die der Frömmigkeit in der Christusnachfolge jedes einzelnen Ordensmitglieds entsprang. Das Leben in Armut, Keuschheit und Gehorsam wurde ergänzt mit der Hinwendung an die Armen und an die ausgegrenzten Menschen der mittelalterlichen Stadtgesellschaft.

Der junge Mönch mit Tonsur und Locken hat fein geschnittene Gesichtszüge. An Wangen, Hals, Lippen, Augen und Haaransatz sind noch Fassungsreste zu erkennen. Das Fragment einer nahezu lebensgroßen Statue zeigt einen guten Erhaltungszustand. Der Künstler modellierte die Gesichtszüge des jungen Ordensmitglieds so, dass dieser eine freundliche, fast fröhliche Ausstrahlung zeigt. Gebogene Augenbrauen, eine leicht gerunzelte Stirn, runde Oberlider im Gegensatz zu den geraden Unterlidern, ein entspannter Mund mit dem Ansatz eines Lächelns und ein nach vorn gestrecktes Kinn erwecken den Eindruck eines freudigen Beters, der sich mit offenem Blick dem Himmel zuwendet und gleichzeitig seinen Platz in der Welt als Mitglied der Ordensgemeinschaft gefunden hat. *A. R.*

Lit.: Angerer, Regensburg im Mittelalter;
Hilz, Minderbrüder

Worte der Barmherzigkeit: Das Handeln an den Armen wird zum Handeln an Christus.

3.16
Werksteinfragment mit stehendem Heiligen und Bettler

Regensburg, um 1385/90; Kalkstein, 39 x 19,5 x 15,5 cm
Historisches Museum Regensburg (K 1969/27)

Die als Bruchstück erhaltene Kalksteinskulptur wurde 1969 beim Abbruch einer Mauer am Weinmarkt, heute Metgebergasse, in Regensburg gefunden. Sie kann in die Zeit der frühen Domportalwerkstatt um 1385/90 eingeordnet werden. Der gute Erhaltungszustand der bildhauerischen Details des Fragments, das noch Reste der Fassung aufweist, lässt auf eine frühe Vermauerung schließen.

Das Werkstück besteht aus einer Nische, in die der Künstler zwei Figuren einstellte. Sie wird auf der rechten Seite durch eine in den Vordergrund gerückte Säule abgeschlossen. An der Reliefkante sitzt mit gesenktem Blick ein bärtiger Mann im Schneidersitz. Der tief gefaltete Umhang, der den Körper einhüllt, bedeckt wie ein Schleier auch den Kopf. Die rechte Körperpartie mit Schulter, Arm und Brustbereich ist stark beschädigt. Die kauernde Haltung lässt die Figur wie einen Bettler erscheinen. Der im Rücken der Sitzfigur stehende Mann ist in einer artifiziellen s-förmigen Pose ausgebildet. Das lange Gewand, Umhang und Brosche unterstreichen seinen edlen Habitus. In seiner linken Hand sind Reste eines Buchs erkennbar. Er wird auf einer Stufe stehend deutlich über die Sitzfigur erhöht.

Das Figurenensemble weist unter der Annahme, dass es sich um einen Bettler und einen Heiligen handelt, auf die Werke der Barmherzigkeit hin, in deren Zentrum die Armenfürsorge steht. Hierin erfüllt sich das messianische Wort aus dem Matthäusevangelium: „Was ihr für einen meiner geringsten Brüder getan, das habt ihr mir getan." Der Hilfsbedürftige steht dabei in der Annahme seines Zustands, ganz im Sinne des franziskanischen Armutsideals, in der Nachfolge Jesu.

Das Werkstück betont durch die Figurenkomposition und in der Präsentationsweise der Akteure sowie einzelner Details das Barmherzigkeitsthema; in seiner messianischen Aussage der Verheißung und Erfüllung enthält es aber auch die Möglichkeit, in den beiden Figuren die Darstellung eines Propheten mit Schriftrolle und eines Apostels mit Buch zu sehen. *A. R./W. N.*

Lit.: unpubliziert

Der Kampf der Universalgewalten war auch ein Kampf der gelehrten Juristen und Theologen. Bologna gehörte zu den Zentren dieser neuen intellektuellen Elite, die auch Ludwig der Bayer zu nutzen wusste.

3.17
Grabmal des Pietro Cerniti (um 1270–1338)

Roso da Parma, Bologna, 1. Hälfte 14. Jahrhundert; pietra d'Istria, 105 x 204 cm (R)
Museo Civico Medievale, Bologna (Sala 10)

Die lange Auseinandersetzung zwischen Ludwig dem Bayern und den Päpsten in Avignon gehört zu den Epochensignaturen des 14. Jahrhunderts und bildet zugleich das letzte Kapitel im Kampf zwischen Regnum und Sacerdotium. Nach Ludwig IV. sollte bis zum Ausgang des Mittelalters keine derartige Auseinandersetzung mehr stattfinden. Das Neuartige daran war der Einsatz juristischer und theologischer Argumente, um den Vorrang des jeweils anderen zu bestreiten. So steht der Gelehrtengrabstein aus Bologna stellvertretend für die neue Elite der Universitätsgelehrten und Professoren, die als Wortführer diesen „Kampf der Worte" entscheidend prägten.

Der Grabstein des 1338 verstorbenen Bologneser Juristen Pietro Cerniti wurde von dem Steinmetz Roso da Parma für dessen Grab in der Kirche S. Giacomo degli Eremitani geschaffen. Ausdrucksstark in Gestik und Mimik zeigt das Relief eine Unterrichtsszene. Um die zentrale Figur des Gelehrten in der Mitte sind sechs Schüler angeordnet, die ihrem Lehrer zuhören. Wegen einer Augenkrankheit konnte Cerniti nur eingeschränkt unterrichten, vielleicht lehrte er sogar blind aus dem Gedächtnis, wie die Inschrift „memoriosus" andeutet.

Mit seiner außergewöhnlich lebendigen Gestaltung ist das Relief ein herausragendes Beispiel für die Entwicklung in der Sepulkralskulptur, die seit der ersten Hälfte des 14. Jahrhunderts – im Unterschied zu den „gisants" der Fürstengrablegen – den Verstorbenen in seiner Tätigkeit zu Lebzeiten zeigt. Dass es sich dabei um eine Sonderform handelt, die sich auf Ober- und Mittelitalien beschränkte, erklärt sich aus dem hohen sozialen Rang, den Universitätsprofessoren und Juristen hierorts genossen. Das Gelehrtengrab ist somit repräsentativer Ausdruck des Standesbewusstseins dieser neuen Eliten. Bologna, ein Ort, an dem bis zur Mitte des 14. Jahrhunderts die Lehre des kanonistischen und weltlichen Rechts blühte, war das Zentrum, wo auch einige Gelehrte aus dem Umkreis Ludwigs wie Lupold von Bebenburg (Kat.-Nr. 3.23) studierten.

E. H.-Sch.

Lit.: Dizionario Biografico degli Italiani 23, Rom 1979, S. 776ff. (Onofrio Ruffini); Hülsen-Esch, Gelehrte, bes. S. 203–246; Museo Civico Medievale, S. 46

Wilhelm von Ockham gibt in seinem Traktat die Antworten auf acht Fragen nach dem rechten Verhältnis von geistlicher und weltlicher Herrschaft und stellt die Unabhängigkeit des Kaisertums vom Papsttum fest.

3.18
Wilhelm von Ockhams „Achtfragentraktat" und eine Streitschrift des Marsilius von Padua

Mitte 14. Jahrhundert; Handschrift / Papier, 158 Blätter, 29,5 x 19,5 cm
Universitätsbibliothek Tübingen (Mc 128)

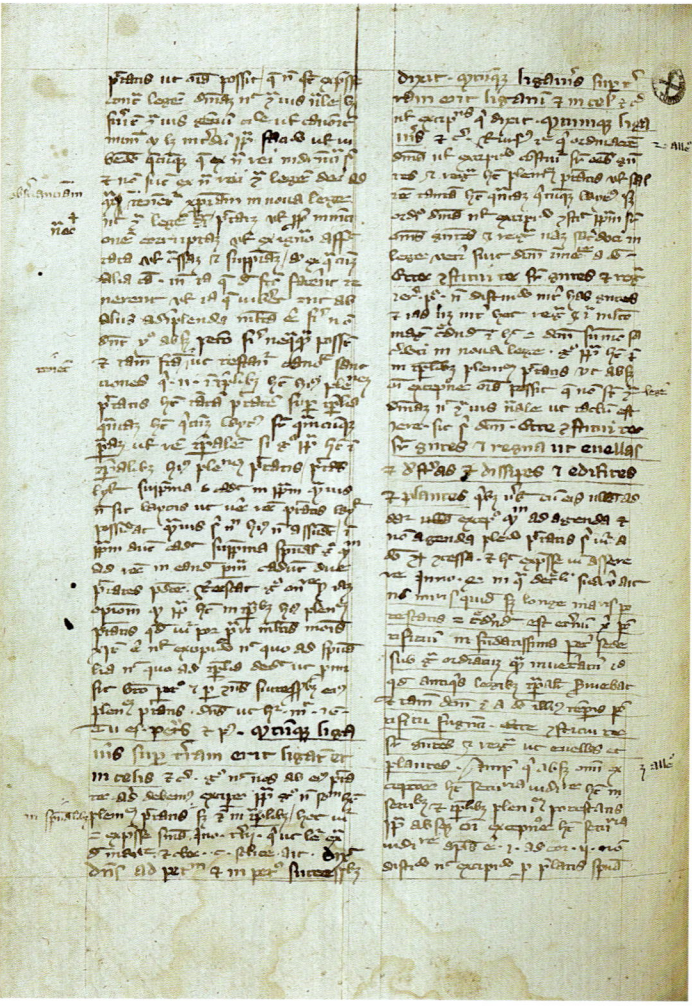

Druck: Offler, Octo quaestiones; Jeudy, Marsilius von Padua, De translatione
Lit.: Flüeler, Fragen; Jeudy, Signes; Miethke, Octo Quaestiones, S. 301–305; Miethke, Politiktheorie, S. 248–295 bzw. 204–247; Offler, Ockham, Opera politica I², S. 1–13; Offler, Origin; Röckelein, Handschriftenkataloge, S. 261–263; Wittneben, Bebenburg

Der zweite Teil der Handschrift (fol. 81–127) repräsentiert bemerkenswert früh und qualitätvoll die Wahrnehmung von Texten der kaiserlichen Partei im publizistischen deutschen Disput des 14. Jahrhunderts. Ihr wichtigster Inhalt ist Ockhams um 1341 entstandener „Achtfragentraktat" (Kat.-Nr. 3.21). Der Verfasser verkündet zu Beginn, er wolle auf „acht Fragen eines ehrwürdigen Mannes" eingehen. Die Frageliste ist unabhängig überliefert, doch ist die Identität dieses Fragestellers ungeklärt: War es der Erzbischof von Trier, Balduin von Luxemburg, der Onkel und Wegbereiter des späteren Kaisers Karl IV.? Oder war es der damalige Offizial, der Vertreter des Bischofs im geistlichen Gericht des Würzburger Bistums, Lupold von Bebenburg, der seinen Traktat „De iuribus regni et imperii" (Kat.-Nr. 3.23) um 1339 Erzbischof Balduin von Trier gewidmet hatte?

Der Text gehört zu Ockhams wichtigsten Schriften. Er fasst die aktuelle Debatte in breiter, diskursiver Darlegung zusammen, ohne seine persönliche Meinung direkt zu äußern. Ockham begibt sich dabei in einen kritischen Disput mit Lupold, dessen Traktat er wörtlich zitiert. Ockhams Text ist begleitet von einer Streitschrift des Marsilius von Padua, „De translatione" (fol. 149ra–155ra), sowie von juristischen Notizen zu „regulae iuris" (fol. 155^{r-v}). Erst nach dem Jahr 1484 (!) aus zwei ursprünglich selbstständigen Teilen im Dominikanerkloster Schwäbisch Gmünd zusammengebunden, verblieb der Codex in dieser Bibliothek, bis er bei der Aufhebung des Klosters 1802 nach Tübingen gelangte. Das Datum der Niederschrift ist unklar, doch ist die Handschrift wohl kaum schon 1342, also noch zu Lebzeiten Ockhams entstanden, wie Hedwig Röckelein vermutete, sondern erst einige Zeit später. Das Manuskript bezeugt das Interesse im Dominikanermilieu an den im 14. Jahrhundert erörterten politiktheoretischen Kontroversen, zumal es in auffälliger Kombination Texte gegen päpstlich-kuriale Ansprüche von Ockham und seinem Antipoden und Mitexulanten am Münchner Hof, Marsilius von Padua, bündelt.

J. M.

„Das ist Bruder Ockham."

3.19
Wilhelm von Ockham

Miniatur aus der Handschrift „Summa Logicae", 1341 (R)
Gonville & Caius College, Cambridge (Cod. 464/571)

Auf dem letzten Blatt (fol. 69ʳ) einer Pergamenthandschrift der „Summa logicae", die 1341 in Magdeburg offenbar am dortigen Ordensstudium der Augustiner-Eremiten von einem 21-jährigen Augustinermönch namens Conradus de Nipeth kopiert wurde – also noch zu Ockhams Lebzeiten, als dieser in München lebte (Kat.-Nr. 3.20) –, findet sich eine Strichzeichnung eines asketisch wirkenden, tonsurierten Mannes in Mönchskutte mit der Beischrift: „Frater Occham iste" („Das ist Bruder Ockham"). Diese locker hingeworfene Kritzelei wird gern als zeitgenössische realitätsnahe „Abbildung" Ockhams reproduziert, weil sie vielleicht aus persönlicher Kenntnis entstanden ist. Doch auch als reines Fantasieprodukt hätte sie als ein Relikt aus der Zeitgenossenschaft Wilhelms von Ockham ihre Berechtigung.   *J. M.*

Lit.: Boehner, Ockham, Summa logicae, S. 20, Nr. 30

Der gemeinsame Gegner in Avignon brachte sie zusammen:
Herausragende Theologen und Philosophen fanden Zuflucht im Münchner Franziskanerkloster.

3.20
Ansicht des ehemaligen Franziskanerklosters

Giovanni Maria Quaglio (1772–1813), München, 1790; Aquarell (R)
Privatbesitz

Als ältestes Kloster der Stadt lässt sich der Orden der Franziskaner seit der Mitte des 13. Jahrhunderts in München nachweisen. 1284 wurde die Gemeinschaft auf herzoglichen Wunsch vom so genannten Anger vor der Stadt in die Nähe der Residenz verlegt und erhielt eine neue Kirche, die 1294 geweiht wurde. Seit 1330 war das Franziskanerkloster Zufluchtsort der abtrünnigen Franziskanerbrüder, die sich in offener Ablehnung des Papstes Johannes XXII. Kaiser Ludwig angeschlossen hatten. Bis zu ihrem Tod lebten der Ordensgeneral Michael von Cesena (ges. 1342), der Jurist und Ordensberater Bongratio von Bergamo (gest. 1340) sowie der Theologe und Philosoph Wilhelm von Ockham (gest. 1349) in München und machten das Franziskanerkloster zum politischen und intellektuellen Zentrum. Als Ratgeber Ludwigs unterstützten sie seinen Kampf gegen die Kurie in Avignon. Dem Zug aus Italien angeschlossen hatte sich auch der Arzt, Jurist und Theologe Marsilius von Padua (gest. 1343), der für sein Ludwig dem Bayern gewidmetes Werk „Defensor Pacis" von 1324 (Kat.-Nr. 3.22) von Papst Johannes XXII. exkommuniziert wurde.

Spuren des franziskanischen Gedankenguts finden sich immer wieder in den kaiserlichen Memoranden, so bereits in der Sachsenhäuser Appellation von 1324 (Kat.-Nr. 3.3) und vor allem im Mandat „Fidem catholicam" von 1338 (Kat.-Nr. 4.17) oder in den Stellungnahmen in der so genannten Maultasch-Affäre

(Kat.-Nr. 5.5ff.). Daneben lässt sich vor allem für Wilhelm von Ockham eine reiche literarische Produktion in München nachweisen, obwohl gerade von ihm Klagen über den Büchermangel in der Stadt überliefert sind. Neben philosophischen Werken („Logica", 1330) entstanden politische Werke, wie die „Octo Quaestiones super potestate papae" (Kat.-Nr. 3.18), die wie sein Hauptwerk „Dialogus" von 1333/34 das Verhältnis von geistlicher und weltlicher Gewalt erörtern und den Vorrang des Kaisers vor dem Papst betonen. Entgegen älterer Ansichten betont jedoch Menzel, dass sich diese Zeugnisse einer Gelehrtenkultur nicht zu einer universitären Frühform oder einer Hofakademie verdichten lassen, zumal nach dem Stadtbrand von 1327 auch keine baulichen Voraussetzungen für die Gemeinschaft gegeben sein konnten.

Die Renovierung der ruinösen Klosteranlage wurde erst in der zweiten Hälfte des 14. Jahrhunderts abgeschlossen, 1385 erfolgte der Wiedereinzug der Ordensgemeinschaft. In diese Zeit fällt auch die Wiederauffindung der Reliquie des hl. Antonius, die Kaiser Ludwig dem Kloster 1330 gestiftet hatte und die in der Pestzeit vermauert worden war. Sie sorgte nicht zuletzt für die überregionale Bekanntheit des Klosters als Wallfahrtsort. Bis zum Abbruch des Klosters in der Säkularisation 1802 blieb die räumliche und institutionelle Nähe zum wittelsbachischen Hof erhalten. Historische Ansichten überliefern das Bild der ehemaligen Anlage, an deren Stelle sich seit 1825 das Nationaltheater befindet.

E. H.-Sch.

Lit.: Lankes, München, St. Antonius, in: Klöster in Bayern, www.hdbg.eu/kloster/ (21.2.2014); Menzel, München; Schütz, Kampf

Der Gelehrte Marsilius von Padua führt das politische Wirken von Kaiser und Papst radikal auf die Macht des Volkes zurück.

3.21
Sammelhandschrift

2. Hälfte 15. Jahrhundert; Handschrift/Pergament, Papier,
Holzeinband mit rotem Lederbezug, Schließen verloren, 250 Blätter, 29 x 21,5 cm
Stadtbibliothek Ulm (StB Ulm, Hs. 6706-67-08)

Neben dem „Defensor pacis" des Marsilius von Padua [Text A] (Kat.-Nr. 5.8) enthält diese Handschrift, die zusammen mit einer weiteren ähnlichen Sammlung, dem Ulmer Codex cod. 3, IX.D3 [6692-67-05], mehr als 100 Jahre nach der Entstehung der Texte für die Bibliothek der Ulmer Patrizierfamilie Neithard kopiert wurde, zwei wichtige Texte Wilhelm von Ockhams: seinen „Achtfragentraktat" (Kat.-Nr. 3.18) und – als alleiniger Überlieferungsträger – seine entschieden und persönlich argumentierende Streitschrift gegen päpstliche Herrschaftsansprüche, das „Breviloquium de principatu tyrannico" [Text B], das um 1342 entstand und nur unvollständig erhalten ist. Die Kopie des Ockham-Textes beweist ein anhaltendes Interesse von Angehörigen süddeutscher Handelseliten an dem damals bereits lange zurückliegenden papstkritischen Disput, der hier offenbar über Sammelhandschriften vom Konstanzer Konzil her vermittelt war. Das hier konziliar begründete Qualitätsbewusstsein, wie es sich in der Auswahl der Texte für die beiden Handschriften verrät, ist bemerkenswert. Das andere Ulmer Manuskript enthält neben einem weiteren Exemplar des „Defensor pacis" auch den bekannten Traktat „De regia potestate et papali" des Johannes Quidort von circa 1302. Unmissverständlich weisen beide Handschriften also kurz vor der Reformation des 16. Jahrhunderts auf die konziliaren Traditionen der spätmittelalterlichen Kirche zurück.

J. M.

Druck: Offler, Ockham OP IV. S. 79–95; Scholz, Breviloquium, S. 39–220; Scholz, Defensor pacis
Lit.: Flüeler, Fragen; Offler, Origin; Scholz, Defensor pacis, S. XXXIX–XL (Nr. 23), S. XX–XXII (Nr. 13); Wittneben, Bebenburg

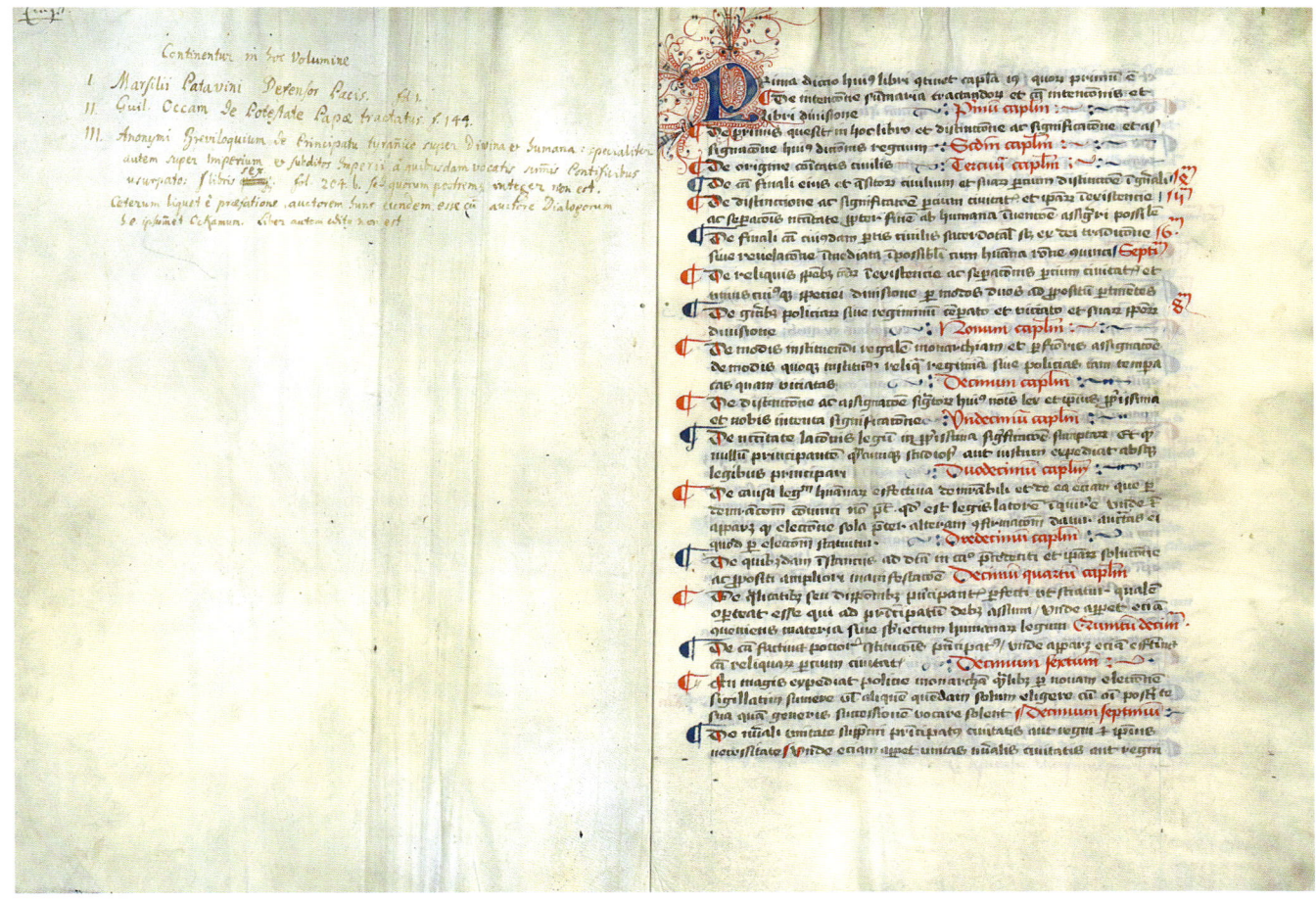

Kaiser – Papst – Gelehrte visualisieren die publizistische Debatte um den Vorrang in der Herrschaft.

3.22
Widmungsbild aus dem „Defensor pacis"

Frankreich, 1. Hälfte 15. Jahrhundert; Handschrift/Pergament, farbige Miniatur (R)
Bibliothèque Nationale de France, Paris (Ms. lat. 14620)

Unter den mehr als 30 erhaltenen mittelalterlichen Handschriften des „Defensor pacis" bietet dieses Pariser Manuskript ein spätes Beispiel: Als „eine Art Prachthandschrift, vielleicht für den französischen Hof geschrieben" (Scholz), jetzt aber aus der Bibliothek von St. Victor (Paris) stammend, enthält es eine durchgängig von einem einzigen Schreiber kopierte, anfangs zum Teil mit sorgfältigen Korrekturen versehene Version des „Defensor pacis", dem die Schrift „De potestate ecclesiastica" des Johannes Gerson, entstanden 1417, sowie ein Text des französischen Dominikaners Hervaeus Natalis, „De iurisdictione ecclesiastica", aus dem Umfeld des Konzils von Vienne (1310–1312) beigefügt sind.

Vor dem Text (fol. 3ʳ) findet sich ein großformatiges Widmungsbild, das auf die Erörterung der Themen im Codex Bezug nimmt: Links erscheint in einem Bilderrahmen der bärtige Kaiser, auf dem Thron sitzend, mit Krone, Schwert und Reichsapfel, flankiert von einem weltlichen und einem geistlichen Ratgeber, im Hintergrund eine Gruppe Ritter, die wohl die militärische Macht des Herrschers symbolisieren. Den Raum, in den sich dieses „Bild" öffnet, füllt eine lebhafte Szene: Der gleichfalls thronende Papst sitzt rechts auf gleicher Höhe mit dem Kaiser, jedoch nicht wie dieser durch einen Rahmen dem Raum enthoben. Neben ihm sind drei sitzende Kardinäle und zwei stehende Gestalten zu sehen, die durch Buch, Kelch und Hostie als Priester gekennzeichnet sind. Zu Füßen des Papstes sitzen zwei Erzbischöfe mit Kreuzstab, zwei Bischöfe mit Krümme diskutieren miteinander. Insgesamt bildet die Szene die amtskirchliche Hierarchie ab. Unten erkennt man nach links in zwei eng gestaffelten Reihen je drei Gelehrte in verschiedenfarbigen Universitätstalaren mit Birett, anscheinend ebenfalls in einen Disput mit einer Gruppe von vier Klerikern verwickelt, an deren Spitze einer ein prächtig gebundenes rotes Buch – zur Prüfung oder als Beleg für die eigene Position? – überreicht; es handelt sich bei dem Buch offenbar um den auf derselben Seite beginnenden „Defensor pacis".

Die Miniatur veranschaulicht in dieser farbenfrohen Bildformel mehrschichtige zeitgenössische Erörterungen zur Amtsvollmacht des Papstes über weltliche Angelegenheiten und Laienfürsten, „De potestate papae", auf den verschiedenen kirchlichen Ebenen sowie an der (Pariser) Universität.

J. M.

Druck: vgl. Kat.-Nr. 3.21; Hödl, De iurisdictione
Lit.: Miethke, Politiktheorie; Scholz, Defensor pacis, S. XVI–XVII

Der in Bologna promovierte Jurist Lupold von Bebenburg lieferte die theoretische Begründung für die Position von Kaiser und Kurfürsten in der Debatte um Staat und Kirche, Politik und Religion.

3.23
Lupold von Bebenburg: Tractatus de iuribus regni et imperii

Würzburg, 1340; Handschrift / Pergament, Einband: mit rotem Leder bezogener Holzdeckel, Metallbeschläge von zwei Schließen, Initialschmuck, 72 Blätter, 28 x 20 cm
Stadtbibliothek Trier (Hs. 844/1310 4°)

Die Handschrift veranschaulicht die politisch-publizistische Debatte um Ludwig den Bayern vor allem aus kanonistischer Perspektive. Sie enthält die Hauptschrift Lupolds von Bebenburg, seinen „Tractatus" (fol. 1ra–66vb, Abb. fol. 1r), sowie ein Gutachten des Franziskanerjuristen Bonagratia von Bergamo zu den päpstlichen Prozessen gegen den Kaiser, auch eine Abschrift der kaiserlichen und päpstlichen Urkunde des Wormser Konkordats von 1122 (fol. 72v).

Lupold, aus fränkischem Niederadel in der Gegend um Rothenburg ob der Tauber stammend, erreichte 1332 dank seiner Promotion in Bologna zum „doctor decretorum" die einflussreiche Position des Offizials, also des Vertreters des Bischofs im kirchlichen Gericht, in Würzburg. 1353 wurde er zum Bischof von Bamberg erhoben, er starb 1363. In Würzburg und im Umkreis des Trierer Erzbischofs Balduin von Luxemburg war er an vielfältigen politischen Aktivitäten in Diözese und Reichspolitik beteiligt, er scheint auch an den Vorverhandlungen unter den Kurfürsten vor dem Kurverein von Rhens 1338 (Kat.-Nr. 4.11) führend mitgewirkt zu haben. Kurz nach der Rhenser Erklärung verfasste er den „Tractatus de iuribus regni et imperii", den er zunächst im November 1339 abschloss. In dem Erzbischof Balduin gewidmeten Text, der als der bedeutendste Beitrag eines Deutschen zur Debatte seiner Zeit um Kaiser und Papst, Staat und Kirche, Politik und Religion bezeichnet werden darf, liefert er eine durchdachte theoretische Begründung der wörtlich zitierten Feststellungen der Kurfürsten in Rhens. Auf der Basis solider kanonistischer Tradition und in originärem Nachdenken über die Geschichte des Reichs seit der Zeit Karls des Großen, die er sich aus urkundlichen und historiografischen Quellen Würzburgs vergegenwärtigte, gelangte Lupold zu Denkansätzen, mittels derer er aus dem kanonischen Recht die Situation des „Römischen Reichs" seiner Gegenwart und die Herrschaftsansprüche Ludwigs IV. an die avancierten Gegebenheiten der westeuropäischen Königreiche angleichen konnte. Damit öffnete er die in der Erklärung der Kurfürsten ohne Begründung formulierten Rechtsstandpunkte einem theoretischen Verständnis. Unerwartet, allerdings auch weitgehend folgenlos bahnte er damit einen Weg zur Konzeption eines deutschen Staatsrechts.

Wie die vorliegende, offenbar unter den Augen des Verfassers entstandene, Handschrift belegt, arbeitete Lupold bis an sein Lebensende an dem Text: Zahlreiche Zusätze sind in weitere Abschriften eingegangen. So steht der Trierer Codex als Kronzeuge für unermüdliche wissenschaftliche Bemühungen um ein rationales Verständnis der deutschen Reichsverfassung im weiteren Umkreis Ludwigs IV. *J. M.*

Druck: Editio maior: Miethke/Flüeler, Schriften, S. 233–409; Editio minor mit dt. Übersetzung: Miethke, Lupold
Lit.: Meyer, Lupold, S. 85–90; Miethke/Flüeler, Schriften, S. 1–122, 172f., 182–190; Wittneben, Bonagratia

Die päpstlichen Prozesse gegen Ludwig den Bayern in einem Band.

3.24
Sammelhandschrift mit den Akten der Prozesse Johannes' XXII. gegen Ludwig den Bayern

14. Jahrhundert; Handschrift/Pergament, Feder, Tinte, 110 Blätter, 33,5 x 23,5 cm
Sächsische Landesbibliothek – Staats- und Universitätsbibliothek, Dresden (Mscr. Dresd. A.70)

Die Sammelhandschrift gelangte aus dem Besitz Karl Joachim Colberts de Croissy (1667–1738) in die Bestände der königlichen Bibliothek in Dresden. Die Besitzgeschichte der Handschrift wurde bisher nicht weiter zurückverfolgt. Nähere Bezüge könnte die Biografie Colberts herstellen, der als Bischof von Montpellier (1696–1714) wegen seiner Nähe zum Jansenismus, einer in Frankreich verbreiteten Form der augustinischen Gnadenlehre, vom Papst verurteilt wurde.

Der Codex überliefert eine zeitgenössische Sammlung der päpstlichen Prozesse gegen Ludwig IV., beginnend mit dem ersten Prozess vom 8. Oktober 1323, in dem Papst Johannes XXII. seine Ansprüche auf die Prüfung des Königskandidaten (Approbation) geltend machte und Ludwig zur Niederlegung der Herrschaft binnen drei Monaten aufforderte (fol. 5), ferner Ludwigs Verurteilung im dritten Prozess samt der Exkommunikation im März 1324 (fol. 9) und schließlich seine Absetzung im vierten Prozess, in dem ihm alle königlichen Herrschaftsrechte aberkannt wurden (fol. 14). Eine zweite Phase der Auseinandersetzung fand im Zuge der Italienfahrt Ludwigs statt. Die Wiederaufnahme des Prozesses zum April 1327 und Ludwigs Absetzung als Herzog von (Ober-)Bayern wird ebenso überliefert (fol. 20) wie seine Verurteilung als Häretiker im Oktober 1327 (fol. 34), die nach der Kaiserkrönung im April 1329 wiederholt wurde (fol. 72). Die Deklassierung als „Ludovicus de Bavaria" seit 1324 sollte die Aberkennung aller Herrschaftsrechte als König und als bayerischer Herzog deutlich machen. Sie wurde von der päpstlichen Kanzlei noch gesteigert, indem Ludwig fortan schlicht als „Bavarus" bezeichnet wurde, wie auch die vorliegende Handschrift in den Einträgen ab dem Jahr 1327 mehrfach belegt (fol. 34 und fol. 72).

Der Umstand, dass in dieser Handschrift die päpstlichen Prozesse der Jahre 1323 bis 1329 gesammelt vorliegen, dokumentiert das systematische, wortreiche Vorgehen der Kurie gegen den wittelsbachischen Gegner, wenngleich die jüngste Einordnung der verschiedenen Prozesse in den Kontext einer europaweiten politischen Korrespondenz des Papsthofes zeigt, dass die Causa Ludwig Bavarus nicht der einzige Punkt der politischen Agenda des Papstes war.

E. H.-Sch.

Lit.: von Pflugk-Harttung, Bezeichnung; Schnorr von Carolsfeld, Katalog, S. 30; Zanke, Johannes XXII.

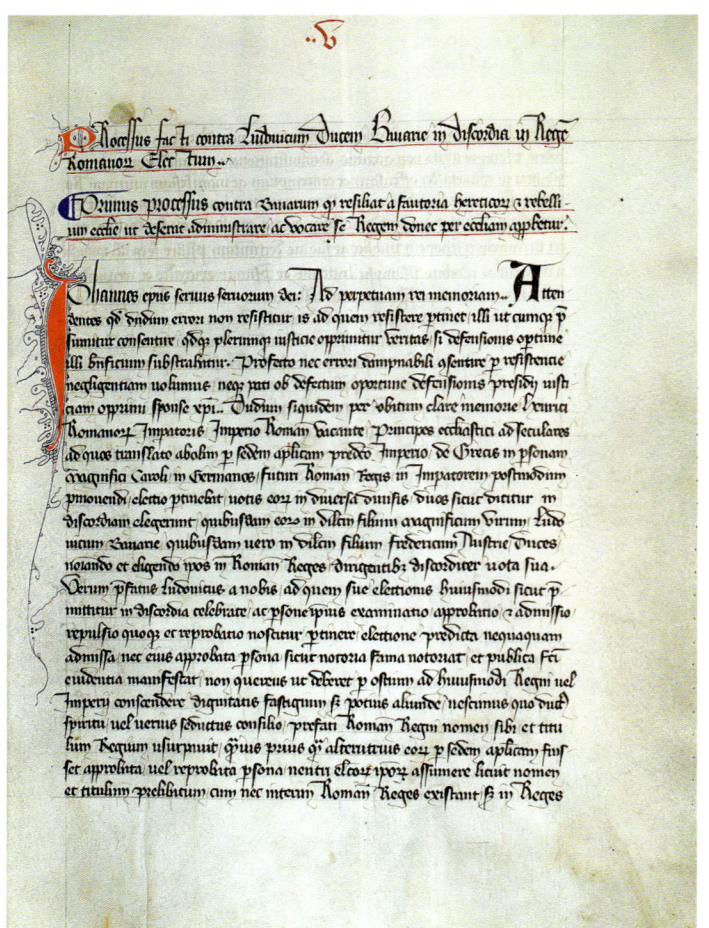

Das päpstliche Interdikt verbot Gottesdienste und Begräbnisse in den Herrschaftsgebieten Ludwigs des Bayern. Ausnahmen mussten eigens genehmigt werden.

3.25

A Vidimus der Bulle Papst Johannes' XXII.

1. August 1326, ausgestellt vom Salzburger Erzbischof Friedrich III.; Urkunde, Pergament mit angehängtem Siegel, 22 × 32 cm
Bayerisches Hauptstaatsarchiv, München
(Urk. Kloster Fürstenfeld 193)

B Vidimus der Bulle Papst Johannes' XXII.

8. August 1326, ausgestellt vom Salzburger Erzbischof Friedrich III.; Urkunde, Pergament mit angehängtem Siegel, 18 × 32 cm
Bayerisches Hauptstaatsarchiv, München
(Urk. Kloster Raitenhaslach 425)

3.25 A

Die Urkunde enthält eine päpstliche Sondergenehmigung für die Mönche des Zisterzienserordens. Papst Johannes XXII. gestattet ihnen, während eines Interdikts „den Gottesdienst mit erhobener Stimme zu feiern". Zum Zeitpunkt der Ausfertigung dieser Sondererlaubnis (Indulgenz) im August 1326 lag Deutschland seit fast zwei Jahren unter einem päpstlichen Interdikt. Johannes XXII. hatte im März 1324 nach mehrmaliger Mahnung die Exkommunikation über Ludwig den Bayern verhängt und die Gebiete seiner Herrschaft mit dem Interdikt belegt. Ludwig weigerte sich, seine Königswahl durch den Papst bestätigen zu lassen, wie es Johannes XXII. verlangte. Das päpstliche Interdikt verbot daraufhin die feierliche Abhaltung von Gottesdiensten, bis auf wenige Ausnahmen wie Weihnachten, Ostern, Pfingsten und Mariä Himmelfahrt. An normalen Sonntagen durften die Glocken nicht zum Gottesdienst einladen und die Messe musste mit gedämpfter Stimme gefeiert werden. Exkommunizierte wie König Ludwig waren von der Feier ausdrücklich ausgeschlossen und kirchliche Begräbnisse in Zeiten des Interdikts nicht erlaubt. Die Einschränkung der Sakramente sollte die Menschen in Unruhe versetzen und die Sorge um ihr Seelenheil sollte den dafür Verantwortlichen unter Druck setzen. Das Seelenheil seiner Untertanen durfte ein Herrscher nicht gefährden. So verband das Interdikt politische Ziele mit religiösen Sanktionen. Auf manchen Regionen lastete es über 20 Jahre lang.

Die Zisterzienser erhielten auch deshalb eine Sondergenehmigung, weil ihre Klöster „an entlegenen Orten und von anderen Menschen entfernt" lagen, wie es in der Urkunde heißt. Andere Klöster und Kirchen erhielten diese Privilegien nicht, um den Druck auf Ludwig aufrechtzuerhalten. Die päpstliche Strenge erregte Unmut bei vielen Gläubigen. Sie entzogen den Geistlichen, die „nicht sangen", also die Messe nicht laut lasen, ihre Unterstützung, es kam auch zu Gewalt gegen papsttreue Geistliche. Im Jahr 1338 konnte sich Ludwig IV. an die Spitze einer Bewegung setzen, die die Geistlichen in den meisten deutschen Städten zwang, den Gottesdienst wieder in gewohnter Form zu feiern.

M. K.

Ludwig IV. war der 108. römische Kaiser seit Cäsar. Eine meterlange Liste seiner Vorgänger und der Päpste seit Petrus führt die lange Tradition beider Institutionen vor Augen.

3.26
Papst-Kaiser-Rotulus

Medienstation
Vorlage: Papst-Kaiser-Rotulus, Rhein-Main-Gebiet (Frankfurt am Main?), 1431–1433;
Pergamentrolle aus 15 aneinandergeklebten Einzelblättern unterschiedlicher Länge, kolorierte Federzeichnungen, Gesamtlänge: 667 cm; Staatsbibliothek zu Berlin – Preußischer Kulturbesitz (Hdschr. 143)
Entwurf: Elisabeth Handle-Schubert unter Mitarbeit von Astrid Bösl
Realisierung: Manntau GbR, Nabburg
Haus der Bayerischen Geschichte, Augsburg

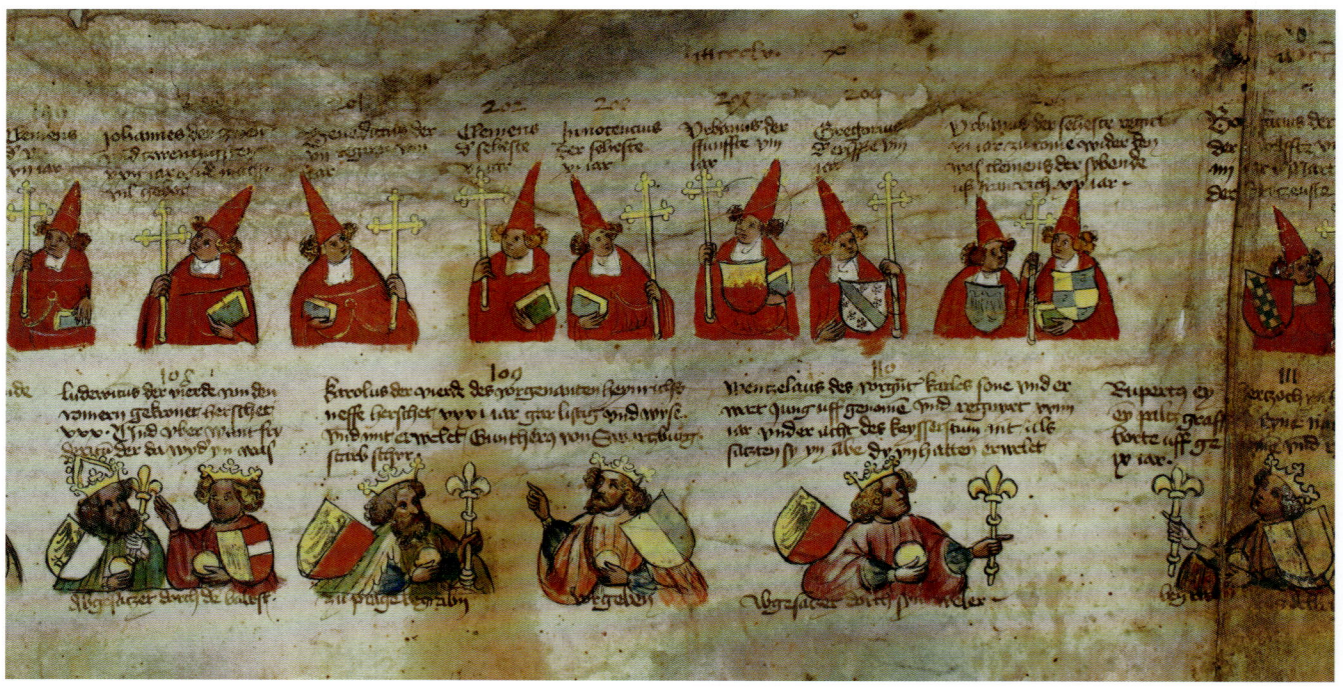

Um die Linearität des historischen Geschehens in grafischer Gestalt zu veranschaulichen, wählten die Gelehrten in den Schulen des 12. Jahrhunderts eine Sonderform des mittelalterlichen Buchs, die Rolle, als Medium der Vermittlung. Mithilfe von Linien, Kreisen, Schemata und Zeichnungen erlaubte sie, stammbaumähnliche Zusammenhänge und Parallelentwicklungen zwischen Heils- und Profangeschichte fortlaufend sinnhaft darzustellen.

Als spätes Beispiel dieser Gattung bietet die von links nach rechts zu öffnende Berliner Rolle in zwei parallel geführten Registern die Sukzession der römischen Bischöfe und Päpste von Petrus bis Eugen IV. sowie der römischen Kaiser von Cäsar bis Sigismund. Unter ihnen wird Ludwig IV. zwischen Heinrich VII. und Karl IV. als 108. Herrscher des Reichs gezählt. Der Text hebt neben der Dauer seiner Herrschaft drei Tatsachen hervor: seine Krönung durch die Römer, seinen Sieg über den Gegenkönig, den Habsburger Friedrich den Schönen, und schließlich seine „Absetzung" durch den Papst. Ludwig wird im Brustbild nicht porträthaft, sondern idealisiert und dennoch individuell charakterisiert wiedergegeben, mit der Bügelkrone des Kaisers, mit Zepter und Reichsapfel; sein zusammengesetzter Wappenschild lässt heute nur noch die Hälfte mit dem Reichsadler erkennen.

Der ihm zur Seite gestellte Gegenkönig Friedrich ist dagegen nur mit der einfacheren Königskrone, dem Reichsapfel und einer Art Anerkennungsgestus abgebildet; sein geteilter Schild zeigt hälftig den Reichsadler und das rot-weiß-rote Wappen der Herzöge von Österreich, den Bindenschild. Die Päpste in der Reihe darüber werden dagegen nur typisiert in Dreiviertelfigur mit Tiara, Kreuz, Buch und ohne Wappen gezeigt. Der Widersacher Ludwigs, Johannes XXII., wird direkt über dem Kaiser zwischen Clemens V. und Benedikt XII. als 200. Papst gezählt. Wird in der Herrscherfolge im Reich der Gegenkönig Friedrich aufgeführt, so unterschlägt der Autor des Rotulus den ohnmächtigen kaiserlichen Gegenpapst, Peter von Corvaro, also Nikolaus V., völlig.

B. M.

Lit.: Brandis, Papst-Kaiser-Rotulus; Heydeck, Handschriften, Teil 1, S. 217f.; Studt, Papst-Kaiser-Rotulus

In seiner „Göttlichen Komödie" verherrlichte Dante Alighieri die Kaiserherrschaft in Reichsitalien.

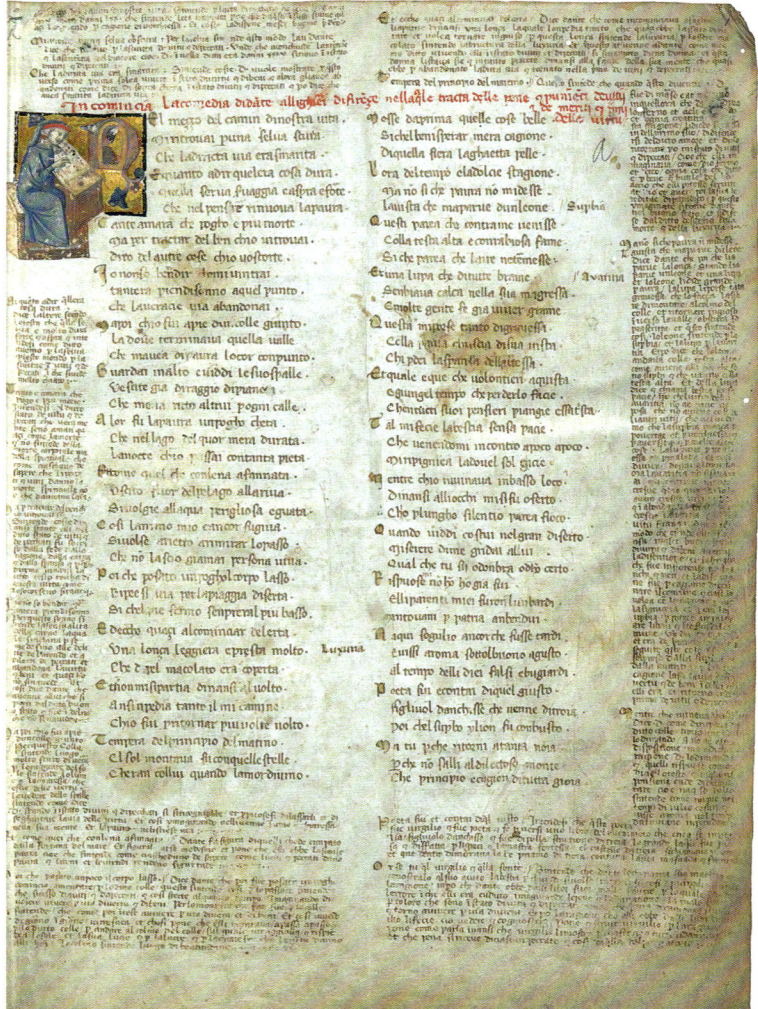

3.27

A Dante Alighieri:
Divina Commedia

Pisa, 1347; Handschrift/Pergament,
100 Blätter, illuminierte Initialen,
35,5 x 26 cm
Staatsbibliothek zu Berlin –
Preußischer Kulturbesitz (Ms. Ham. 203)

Nirgendwo sonst spiegelt sich der Verfall der traditionellen Machtverhältnisse des Mittelalters deutlicher wider als im Werk des italienischen Dichters Dante Alighieri (1265–1321). In seiner lateinischen „Monarchia", vor allem aber in seinem volkssprachlichen Hauptwerk, der „Divina Commedia", thematisiert der Dichter den Machtverlust der beiden Zentralgewalten, Papst und Kaiser. Der Papst, zu Lebzeiten Dantes schon unter französischem Einfluss, residierte seit 1309 in Avignon. Zudem war nach dem Untergang der Staufer kein römisch-deutscher König mehr nach Rom zur Kaiserkrönung gezogen. Dieses doppelte Machtvakuum zerriss die gesamte mittelalterliche Welt. Gerade in Reichsitalien entschied die Parteinahme für Kaiser oder Papst häufig über Tod oder Leben, Einfluss oder Exil. Dante selbst musste dies am eigenen Leib erleben. Obwohl verdientes Mitglied der politischen Elite in Florenz, wurde er als Vertreter der kaiserfreundlichen Weißen Guelfen 1302 aus seiner Heimatstadt verbannt, um niemals mehr zurückzukehren. Verständlich, dass er in seiner „Commedia" die Kaiserkrönung Heinrichs VII. (1312), des Vorgängers Ludwigs des Bayern, freudig begrüßte, um die Person des Papstes umso heftiger zu geißeln. Den Aufstieg Ludwigs nach dem gewonnenen Machtkampf mit Habsburg (1322) und dessen Konflikt mit der Kurie im Vorfeld der Kaiserkrönung (1330) hat Dante nicht mehr erlebt. Als glühender Befürworter der alten Weltordnung unter kaiserlicher Führung hätte er den Wittelsbacher vermutlich mit allen Kräften unterstützt.

Die beiden Berliner „Commedia"-Handschriften stehen wegen ihres brisanten und damals weithin diskutierten Inhalts – noch heute sind fast 500 mittelalterliche Abschriften erhalten – für die Unerbittlichkeit der Machtkämpfe in den toskanischen Stadtrepubliken in der Kaiserzeit Ludwigs IV. Die Handschrift Ham. 203 entstand im Todesjahr des Kaisers (1347) in Pisa (Abb. fol. 1). Ihr Schreiber war der erst 19-jährige Tommaso Benedetti, der ein Jahr später an der Pest sterben sollte. Volkssprachliche Glossen und Textergänzungen von Dantes Sohn Jacopo bezeugen die positive Aufnahme der „Commedia" in einer traditionell kaisertreuen Stadt, wo auch Ludwig IV. während sei-

B Dante Alighieri: Divina Commedia

Florenz, um 1340/50; Handschrift/Pergament,
97 Blätter, illuminierte Initialen und Rankenwerk, 31,5 x 21,5 cm
Staatsbibliothek zu Berlin – Preußischer Kulturbesitz
(Ms. Ham. 204)

nes Romzugs Quartier genommen hatte. Die Miniatur zu Beginn des „Purgatorio" (fol. 33ʳ) zeigt Dante zusammen mit Vergil und der im Text angedeuteten Schiffsmetapher, die hier für die poetische Inspiration steht. Kein Geringerer als der römische „Nationaldichter" führt das verstörte Erzähler-Ich der „Commedia" durch Hölle und Fegefeuer in den Himmel. Mit Vergil bezieht Dante – zumindest in seiner visionären Utopie – die zerfallene Macht der mittelalterlichen Zentralgewalten im Geiste des Renaissancehumanismus wieder auf Rom, die Stadt der Kaiser und Päpste. In der zweiten Handschrift Ham. 204, die in Florenz, der durch politische Grabenkämpfe zerrissenen Heimatrepublik Dantes, entstand, wird hingegen mit dem einfachen Porträt des Dichters (fol. 1ʳ) eine derartig offene Parteinahme vermieden.

Beide Textzeugen, im 18. Jahrhundert noch in Italien, kamen 1882 aus der Büchersammlung des bibliophilen Alexander Douglas, Duke of Hamilton, in die Königliche Bibliothek zu Berlin.
J. G.

Lit.: Boschi Rotiroti, Codicologia, S. 109f., Nr. 8f.;
Roddewig, Dante Alighieri, S. 9f., Nr. 15f.; von Wartburg,
Dante Alighieri, S. 7–38

Im Gegensatz zu Dante richtete Convenevole da Prato, der Lehrer Petrarcas,
seine Hoffnung auf einen Herrscher aus dem Haus Anjou.

3.28
„Carmen Regia" – Lobgedicht auf König Robert von Anjou

Text: Convenevole da Prato; Miniaturen: Pacino di Bonaguida
Florenz, 1335/40; Handschrift/Pergament, Tempera, Blattgold und Tinte, 47,7 x 34,2 cm
The British Library, London (Ms. Royal 6 E IX)

Die illustrierte Handschrift stellt die älteste Kopie eines panegyrischen Gedichts dar, das Robert von Anjou, König von Neapel und Jerusalem, gewidmet ist. Sie entstand zwischen 1335 und 1340 im Auftrag der Stadt Prato, die seit 1313 dem König unterstellt war. Die Urfassung wurde 1316 von Convenevole da Prato begonnen und 1334/35 fortgesetzt. Jüngst wurden die Miniaturen dem Florentiner Künstler Pacino di Bonaguida zugeschrieben, dessen künstlerische Prägung als Tafelmaler sich in den monumentalen, beinahe die ganze Seite einnehmenden Miniaturen ablesen lässt. Das aufwändige Bildprogramm der Handschrift unterstreicht die sakrale Überhöhung von Roberts Königtum. Es dokumentiert zudem die literarische Bildung und das fürstliche Mäzenatentum Roberts, der bereits von den Zeitgenossen den Beinamen „der Weise" erhalten hatte. Robert von Anjou wurde nach dem Tod seines Vaters Karl II. 1309 als König von Neapel eingesetzt und erhielt die päpstliche Erlaubnis, die Rechte der vakant gebliebenen Kirche in Italien zu schützen. Johannes XXII. bestätigte 1316 Roberts Statthalterschaft über Rom und dessen Vikariat über Italien.

Das Herrscherbild auf fol. 10ᵛ zeigt Robert vor blauem Grund und goldenen Lilien mit Tituli, Krone, Zepter und Reichsapfel, der die klagende „Italia" (fol. 11ʳ) empfängt. Weitere Personifikationen auf den folgenden Seiten sind Roma, Herkules und Florenz, die Robert auffordern, Rom aus seinem Elend zu befreien, das Land zu vereinen und die Ordnung wiederherzustellen. Zu den anderen Bittstellern zählen die Kardinaltugenden, die sieben freien Künste und die neun Musen.

Die Handschrift nimmt mit diesem Programm Bezug auf die aktuelle Situation des päpstlichen Exils in Avignon und den Streit um Herrschaftsrechte in Oberitalien, wo guelfische und ghibellinische Parteien, wechselweise unterstützt von Kaiser und Papst, miteinander konkurrierten. Von Johannes XXII. als Reichsvikar eingesetzt, stellte sich Robert gemeinsam mit den guelfischen Städten in Nord- und Mittelitalien gegen Ludwig IV., der sich seit seiner Königserhebung 1314 selbst um die Wiedergewinnung der Reichsrechte in Oberitalien bemühte. Ludwigs Italienzug 1327 und sein versuchter Einmarsch in das Königreich Neapel boten direkte Konfrontationspunkte mit König Robert von Anjou.

Die Handschrift, deren Text sich indirekt auf die Ereignisse um die Kaiserkrönung von 1328 bezieht und aktuelle Probleme Italiens und Roms beklagt, ist dabei zentrales Schlüsseldokument für die guelfische Position. Indem sie Robert als Retter feiert und ihn auffordert, Italien zu vereinen und zu schützen, ist sie auch als Reaktion auf das literarische Werk Dante Alighieris (Kat.-Nr. 3.27) zu verstehen, dessen Hoffnung sich auf die Erneuerung der Kaiserherrschaft und damit auf die Herrscher aus dem Norden richtete. *E. H.-Sch.*

Lit.: Bruderer Eichberg, Bedeutung; McKendrick u. a., Royal Manuscripts, Kat.-Nr. 134, Abb. 1.17 (Joshua O'Driscoll); Saenger, Lobgedicht; v. Schlosser, Fresken; v. Schlosser, Poesia; Sciacca, Florence, S. 37–42, Kat.-Nr. 5, S. 335–355 (Szafran/Turner)

Drei Jahre lang hielt sich Ludwig südlich der Alpen auf.
Sein Ziel Rom erreichte er auf Umwegen, die er durch die reichstreuen ghibellinischen Gebiete Oberitaliens nahm.

3.29
Italienzug Ludwigs IV. (1327–1330)

Karte; Vorlage: Martin Berg; Entwurf: Andreas Th. Jell
Haus der Bayerischen Geschichte, Augsburg

Das Ende des Jahres 1326 in Trient stattfindende Fürstenparlament eröffnete dem König die Möglichkeit, den lang gehegten Wunsch einer Romreise zu verwirklichen, die zum einen die Kaiserkrönung und zum anderen die Vertreibung der Anjou, der führenden Gruppierung der feindlich gesinnten guelfischen, papsttreuen Partei, aus Süditalien zum Ziel hatte. Ungefährdeten Durchzug garantierten somit nur die sicheren Territorien der ghibellinisch gesinnten, reichstreuen Stadtherren Ober- und Mittelitaliens. Die politischen Verhältnisse zwangen Ludwig, zunächst von Trient aus über die Berge nach Como zu ziehen, dem Interessengebiet der mächtigen Visconti aus Mailand, engen Verbündeten Ludwigs. Dort stieß im Frühjahr 1327 seine Frau Margarete mit verbündeten Truppen zum Heer und für den 17. Mai berichten die Chronisten vom feierlichen Einzug des Königspaars in Mailand, gefolgt von den Krönungsfeierlichkeiten am 31. Mai, bei denen die Eiserne Krone der Langobarden zum Einsatz kam (Kat.-Nr. 3.31). Bis Mitte des Jahres widmete sich der Wittelsbacher den Vorbereitungen seines Heerzugs in den Süden. In Lucca traf er einen seiner wichtigsten Verbündeten, Castruccio Castracani. In großer Eile rückten die Truppen entlang der tyrrhenischen Küste nach Rom vor. Mit der Kaiserkrönung am 17. Januar 1328 erreichte Ludwig sein erstes Ziel. Als sich die Aussicht auf die Ankunft der lang erwarteten sizilianischen Flotte seines Verbündeten, König Peter, zerschlug, die Lage in Rom immer unsicherer wurde und Castruccio überstürzt das Lager Ludwigs verließ, sah sich auch der Kaiser gezwungen, Rom aufzugeben. Die veränderte Lage in der Toskana veranlasste ihn im Herbst nach Lucca und Pisa zurückzukehren. Mit dem Verlust seiner wichtigsten Stütze – Castruccio starb zwischenzeitlich – und beginnenden Unruhen im Heer war an einen Angriff auf das Königreich Neapel nicht mehr zu denken. Im Frühjahr 1329 zwang der Verlust Mailands Ludwig zum Eingreifen in der Lombardei. Belagerungspläne und kleinere militärische Operationen 1329 führten zu keinen nennenswerten Veränderungen. Die Machtzentren der guelfischen Feinde, Bologna, Florenz und Neapel, blieben für den Kaiser unangreifbar. Ende 1329 waren alle Ressourcen erschöpft und über Trient trat Ludwig nach dreijährigem Aufenthalt im Januar 1330 die Heimreise in das Reich an.

M. B.

Lit.: Berg, Italienzug
Karte: www.hdbg.eu/karten (30.4.2014)

Ludwig IV. zeichnete seine italienischen Parteigänger mit dem Recht aus,
sein wittelsbachisch-kaiserliches Wappen führen zu dürfen.

3.30
A Wappenbrief Kaiser Ludwigs an den Grafen von S. Giovanni in Persiceto (Bonifacius und Egesius de Carbonensibus)

8. Februar 1338; Pergament,
Wappenminiatur,
Siegel an grün-roter Schnur, 29 × 41 cm
Biblioteca comunale dell' Archiginnasio, Bologna (Gozzadini Cart. 74, fasc. 2a)

B Transsumpt des Wappenbriefs Kaiser Ludwigs an die Grafen von S. Giovanni in Persiceto aus dem Jahr 1338

Bologna, 13. Oktober 1593; Pergament, Tinte, kolorierte Wappenzeichnung, Wachssiegel in Metallkapsel an einer gedrehten braunen Hanfschnur, 55 × 43 cm (ohne Siegel)
Bayerisches Hauptstaatsarchiv, München – Geheimes Hausarchiv (HU 252)

Wappen, aus dem mittelhochdeutschen „Waffen" abgeleitet, als erbliche persönliche Kennzeichen entstanden zwischen etwa 1130 und 1150 im nordwesteuropäischen Raum aus der Bemalung, Beschlagung oder Bespannung von Kampfschildern oder auch aus dem Siegelgebrauch. In so genannten Wappenbriefen werden heraldische Abzeichen einer Person, einer Körperschaft oder einer Stadt zugeordnet. Wappenbriefe, die nicht unbedingt identisch sein müssen mit Adelsbriefen, kombinieren vielfach Text und Bild. Der älteste bekannte kaiserliche Wappenbrief wurde von Ludwig IV. am 8. Februar 1338 für die Grafen Bonifacius und Egesius de Carbonensibus, Grafen von S. Johannes de Persesena, aus Bologna ausgestellt. Das Wappen, das der Kaiser an die Carbonesi verlieh, zeigt einen schräggevierten Schild von blau-weißen Rauten und einen schwarzen, einköpfigen Adler auf goldenem Grund. Ludwig ließ hier also dezidiert kein neues Wappen konzipieren, sondern zwei Wappen kombinieren, die er selbst führte. Auf diese Weise hatte der Beliehene teil zum einen am bayerisch-wittelsbachischen Wappen mit den weiß-blauen Rauten, das heißt eigentlich „Wecken", die die Wittelsbacher von den Mitte des 13. Jahrhunderts ausgestorbenen Grafen von Bogen übernommen hatten, und zum anderen am Wappen des Reichs mit dem im 12. Jahrhundert aufgekommenen Adler in Schwarz auf goldenem Grund.

Verantwortlich für den Wappenbrief an die Carbonesi zeichnet Leonhard von München, der als Schreiber in der Kanzlei auch zahlreiche Prunkurkunden Ludwigs hergestellt hat (Kat.-Nr. 4.1). Was die Novität als solche anbelangt – Wappenbriefe mit eingezeichnetem Wappen, das auf Vorbilder des Verleihenden zurückgeht –, so hat auch hier die Kirche den Anfang gemacht: Am 11. März 1316 hatte der päpstliche Vikar für Tuscien, Berbardus de Cucciaco, der Stadt Viterbo das Recht verliehen, zusätzlich zu ihrem Wappen, dem Löwen mit der Palme, die Fahne und die Zeichen der Kirche zu tragen. Auch hier wurde in das Dokument eine Zeichnung des neuen Wappens eingefügt. Der Wappenbrief Ludwigs ist indes nicht nur aus dem Blickwinkel der Wappenkunde interessant, er wirft auch ein Licht auf die Herrschaftsmethoden des Wittelsbachers: Sicherlich stellte eine solche Wappenverleihung, gerade im politisch zerklüfteten italienischen Raum, ein probates Mittel dar, Verbündete an sich zu binden.

Im Zusammenhang mit der Urkunde zu sehen ist das im Münchner Geheimen Hausarchiv überlieferte, vom 13. Oktober 1593 datierte Transsumpt, also die beglaubigte Kopie einer Urkunde, zweier Bologneser Notare, in dem die Urkunde Ludwigs von 1338 inseriert ist. Auch hier ist das Wappen eingezeichnet. Möglicherweise hat sich ein Mitglied der Familie Carbonesi die Kopie ausstellen lassen, um sich am Münchner Hof Herzog Wilhelms V. (reg. 1579–1597) durch den Nachweis alter Beziehungen zum Haus Wittelsbach vorteilhaft einzuführen.

J. Sch.

Lit.: Bock, Wappenbrief; Roland/Zajic, Urkunden, S. 346f. mit Abb. 18; Roland/Zajic, Chartes, S. 186f. mit Abb. 23; Weber, Zeichen, S. 31

Guido Tarlati, der als Bischof und Stadtherr von Arezzo Ludwig IV. mit der lombardischen Krone gekrönt hatte, demonstrierte über den Tod hinaus seine Treue zum Reich.

3.31
Sanddruck des Reliefs mit der Krönung Ludwigs IV. zum König der Lombardei

Original: Arezzo, Dom, Grabmal des Guido Tarlati (s. Abb. unten rechts)
Sanddruck, 2013, nach dem Abguss Florenz, 1855; 61 x 76 cm (Bayerisches Nationalmuseum München, MA 2316)
Haus der Bayerischen Geschichte, Augsburg

Das Relief sagt viel aus über die Bedeutung des Italienzugs für die Legitimierung Ludwigs des Bayern, noch weit mehr aber über die Rolle und das Selbstbewusstsein seiner italienischen Gefolgsleute. Zugleich ist es Zeugnis der in Italien ungleich dichteren und komplexeren künstlerischen Überlieferung und der ganz anderen Formen der Selbstrepräsentation.

Der aus einer kaisertreuen Familie der Toskana stammende Benediktiner Guido Tarlati da Pietramala war seit 1312 Bischof, parallel aber auch seit 1321 Stadtherr von Arezzo auf Lebenszeit. Nachdem er mehrere Feldzüge gegen Gefolgsleute der Guelfenpartei geführt hatte, wurde er 1326 vom Papst exkommuniziert und seines Amtes enthoben, verwehrte seinem Nachfolger aber den Einzug nach Arezzo. 1320 gab er Pietro Lorenzetti ein bedeutendes Polyptychon in Auftrag. Guidos Grabmal im Dom von Arezzo übertrifft mit seinen Dimensionen von 12,9 Meter Höhe und 4,5 Meter Breite das Kenotaph, das seine Nachfolger Albrecht IV. und Maximilian I. zur Überhöhung ihres eigenen Status in der Münchner Frauenkirche für Ludwig den Bayern errichten ließen (Kat.-Nr. 5.27). Es gilt als größtes Grabmal der italienischen Gotik.

Unter dem eigentlichen Kenotaph erzählen 16 Reliefs Ereignisse aus dem Leben Guidos von seiner Ernennung zum Bischof bis zu seinem Tod. Den Giebel ziert ein großes Relief des bekrönten Reichsadlers. Das Werk ist durch die Sieneser Bildhauer Agostino di Giovanni und Agnolo di Ventura signiert und 1330 datiert. Nachdem Arezzo 1337 an Florenz fiel, wurde das Monument 1341 von den guelfischen Gegenspielern des Bischofs massiv beschädigt, die abgeschlagenen Köpfe hat man 1783 in Stuck ergänzt. Das vorletzte Relief (untere Reihe, zweites von rechts) dokumentiert die Krönung Ludwigs mit der Eisernen Krone der Lombardei am 16. Juni 1327, vier Monate vor Guidos Tod, von dem auf dem letzten Relief berichtet wird. Hauptperson der Krönung ist bezeichnenderweise der Bischof, nicht das im Vordergrund kniende Kaiserpaar. Sieben Priester assistieren Tarlati. Das Kaiserpaar begleiten neun schwer gerüstete Soldaten und zwei die Trompete blasende Herolde, als sollte unterstrichen werden, wie sehr die kaiserliche Partei sich ständig kriegerisch zu behaupten hatte. Den Gründern des nicht zuletzt der Geschichte des Hauses Wittelsbach gewidmeten Bayerischen Nationalmuseums war die Darstellung so wichtig, dass sie sich eine Gipskopie des Reliefs bereits im Juni 1855 aus Florenz liefern ließen.

M. W.

Lit.: Cohn-Goerke, Scultori, S. 275, 260–278; Droandi, Tarlati di Pietramala; Weniger, Gipsabgüsse, S. 238, S. 248, Anm. 18

Die enge Beziehung Ludwigs IV. zu Nürnberg findet ihren Niederschlag in den insgesamt 53 Urkunden des Wittelsbachers für die Reichsstadt. Drei davon ließ sich die Stadt mit der kostspieligen Goldbulle bestätigen.

3.32
Kaiser Ludwig der Bayer bestätigt der Reichsstadt Nürnberg den Großen Freiheitsbrief König Friedrichs II. vom 8. November 1219

A Pisa, 25. Oktober 1328; Urkunde, Pergament, 52,5 x 67 cm,
Goldbulle an gelben und roten Siegelschnüren anhängend, Ø 5 cm
Staatsarchiv Nürnberg (Reichsstadt Nürnberg, Kaiserliche Privilegien 33)

B Pisa, 25. Oktober 1328; Urkunde, Pergament, 53 x 75 cm,
Wachssiegel an gelben und roten Siegelschnüren anhängend, Ø 10,5 cm
Staatsarchiv Nürnberg (Reichsstadt Nürnberg, Kaiserliche Privilegien 34)

Nur sechs Wochen nach seiner Krönung zum deutschen König in Aachen bestätigte Ludwig den Bürgern zu Nürnberg am 5. Januar 1315 deren hergebrachte Rechte und Privilegien. Dies umfasste insbesondere die erste und älteste Urkunde im Besitz der königlichen Stadt, mit der Friedrich II. am 8. November 1219 die Bürger unter den besonderen Schutz des Reichs gestellt hatte.

Es war Ausdruck königlicher Machtvollkommenheit, nach einem Thronwechsel ältere Privilegien zu bestätigen. Den Nürnbergern erwiesen diese Gunst als neue Stadtherren König Rudolf von Habsburg am 15. August 1287, König Adolf von Nassau am 29. April 1293, König Albrecht I. am 3. Oktober 1298 und König Heinrich VII. am 1. Juli 1309. Die Erhebung Heinrichs VII. zum Kaiser Ende Juni 1312 hatte zur Folge, dass die Lehensträger im Reich um erneute Bestätigung ihrer Privilegien nachsuchten. Auch die Reichsstadt Nürnberg hatte sich den Großen Freiheitsbrief von 1219 einschließlich aller bisher vom Reich verliehenen Privilegien am 13. Juni 1313 in Pisa erneuern lassen, wobei man auf die kostspielige Besiegelung dieser Urkunde mit Goldbulle Wert legte.

Ludwig der Bayer ließ anlässlich seiner Kaiserkrönung am 17. Januar 1328 in Rom entsprechend der neuen Würde sogleich Siegelstempel gravieren: ein Majestätssiegel und für besonders vornehme Ausfertigungen ein Goldsiegel. Es hing einzig und allein vom Wunsch des Empfängers ab und ging zu dessen Lasten, ob Urkunden mit einem Siegel aus Wachs oder einer kostbaren Goldkapsel beglaubigt wurden. Bis zum Ende des Alten Reichs stellten Beurkundungen eine bedeutende Einnahmequelle für das Reichsoberhaupt dar.

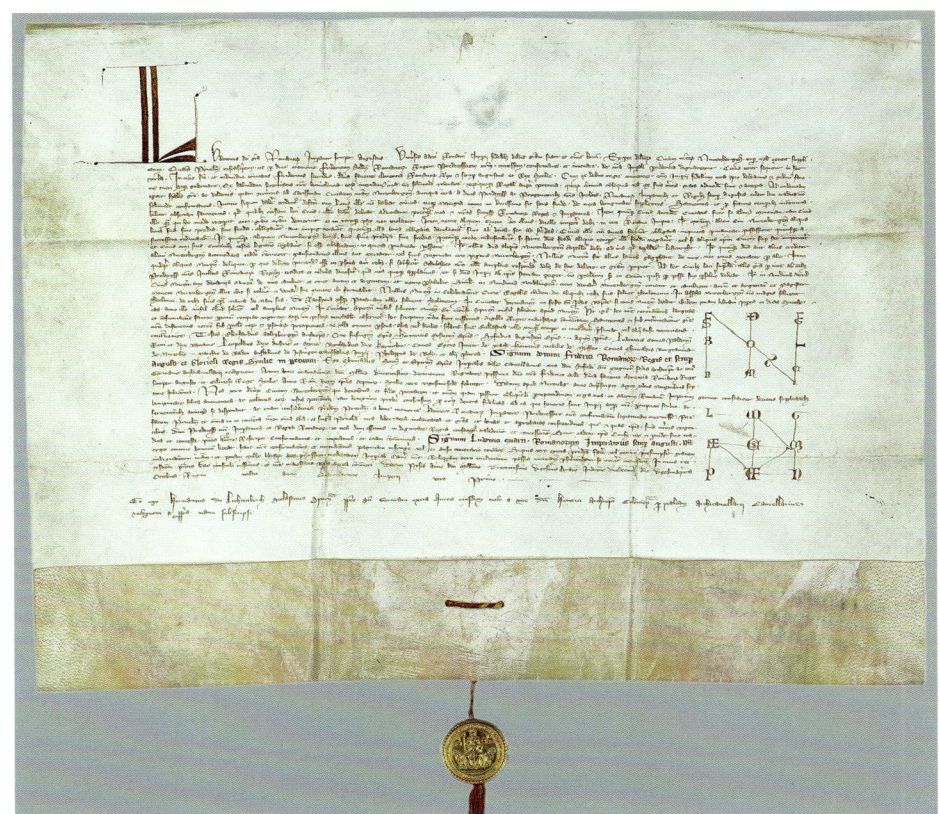

3.32 A

Papst gegen Kaiser 187

Es ist davon auszugehen, dass eine kleine Delegation von Ratsherren aus Nürnberg den Kaiser in Pisa aufsuchte. Seit 1315 verwahrte man in der königstreuen Reichsstadt an der Pegnitz schon zwölf wertvolle Privilegien des Wittelsbachers. Es war Ausdruck der wirtschaftlichen und finanziellen Kraft Nürnbergs, dass man sich in Pisa unter demselben Datum gleich drei Pergamenturkunden in doppelten Ausfertigungen geben ließ (Kat.-Nr. 3.33). In den folgenden 18 Jahren seiner Regentschaft verlieh Ludwig IV. allein dieser Reichsstadt, einer bedeutenden Stütze seiner Herrschaft, 38 weitere Privilegien. Von seinem Nachfolger, Kaiser Karl IV., ließ sich der Nürnberger Rat 1355 und 1358 neun Privilegien und von Kaiser Sigismund 1433 zehn Privilegien mit goldenen Siegeln bestätigen. P. F.

Quellen: Staatsarchiv Nürnberg, Reichsstadt Nürnberg, Kaiserliche Privilegien 1, 13, 35, 36
Lit.: Böhmer, Urkunden, Nr. 1001; Bosl, Nürnberg; Weiß, Krone

3.32 A

3.33 B

Als sichtbaren Ausdruck seiner kaiserlichen Würde ließ Ludwig nach der Krönung sein Bildnis sogleich in zwei neue Siegelstempel schneiden. Die Rückseite der Goldbulle mit der Darstellung Roms betont die antiken Traditionen des Kaisertums.

3.33
Kaiser Ludwig der Bayer bestätigt der Reichsstadt Nürnberg Privilegien, die er als König am 5. Januar 1315 erteilt hatte

A Pisa, 25. Oktober 1328; Urkunde, Pergament, 39,5 × 53,5 cm, mit angehängter Goldbulle an gelben und roten Siegelschnüren, Ø 5 cm
Staatsarchiv Nürnberg (Reichsstadt Nürnberg, Kaiserliche Privilegien 37)

B Pisa, 25. Oktober 1328; Urkunde, Pergament, 31 × 63 cm, mit angehängtem Wachssiegel an gelben und roten Siegelschnüren, Ø 10,5 cm
Staatsarchiv Nürnberg (Reichsstadt Nürnberg, Kaiserliche Privilegien 38)

Die Siegelankündigung der sechs am selben Tag für die Reichsstadt Nürnberg doppelt ausgefertigten Urkunden über die Bestätigung des Großen Freiheitsbriefs (Kat.-Nr. 3.32), den ausschließlichen Gerichtsstand der Bürger vor dem Reichsschultheißen und die Bekräftigung allgemeiner Privilegien lautet einmal „maiestatis sigillo", das andere Mal „nostri maiestatis bulla aurea communiri". In allen drei Fällen war der Wortlaut identisch, nur die Form der Besiegelung unterschiedlich.

Während Ludwigs Königssiegel von 1314 noch ganz das Motiv des thronenden Herrschers mit Krone, Zepter und Reichsapfel nachahmte, wie dies seit Otto III. (reg. 983–1002) überliefert ist, hatten die Berater im

Umfeld des Kaisers anlässlich seiner Krönung in Rom ein neues Programm entworfen. Gleichsam in symbolischer Kommunikation propagierten sie einerseits ein neues Bild des römischen Kaisertums, andererseits grenzte man sich strikt von dem in Avignon residierenden Papst Johannes XXII. ab. Ein unbekannter, wahrscheinlich aus Pisa stammender Goldschmied ließ zwei Typare (Siegelstempel) für „Ludovicus Quartus Dei Gracia Romanorum Imperator Semper Augustus" – so die gleich lautenden Umschriften auf den Vorderseiten – anfertigen.

Die kleinere, sehr fein gearbeitete Goldbulle (A) zeigt den sitzenden Herrscher auf dem Rücken zweier Löwen, ein bereits von der Goldbulle Kaiser Heinrichs VII. bekanntes Motiv. Höchst bemerkenswert ist auf der Rückseite im Gegensatz zu den bisherigen schematischen Darstellungen die naturalistische Vogelschauperspektive der Stadt Rom. Hervorgehoben sind die Hauptmonumente des Mittelpunkts der Welt – im Gegensatz zu Avignon – als Zentrum der königlichen und kaiserlichen Herrschaft (Kat.-Nr. 3.35). Das Motiv des filigran ziselierten Siegelrands, an dem der Goldschmied die beiden jeweils von rückwärts getriebenen Bleche zusammenlötete, zierte ähnlich der Goldbulle seines Vorgängers ein Adlerfries.

Die neue Staatssymbolik wird im doppelt großen, sehr viel häufiger verwendeten Wachssiegel deutlich hervorgehoben (B). Der Löwenthron ist hier durch einen Adlerthron ersetzt und sowohl Zepter wie Krone sind mit dem Adlermotiv überzogen. Die plastisch hervortretenden Wappentiere zuseiten des Kaisers schlagen ihre Krallen in die Körper wesentlich verkleinerter Löwen. Die das römische Kaisertum symbolisierenden, aus der Antike bekannten Greifvögel drücken förmlich das Böse nieder und siegen über die Löwen, das Wappentier der gegnerischen Anjou, auf die Ludwig der Bayer seine Füße setzt. Der Adler galt als das vornehmere Sinnbild imperialer Macht, hier verkörpert durch den Kaiser aus dem Haus Wittelsbach.

Spätestens zwölf Jahre nach Ausfertigung der Urkunden zeigte die Reichsstadt Nürnberg ihre tiefe Verbundenheit mit Ludwig. Im Saal des 1340 errichteten Rathauses, dem seinerzeit größten profanen Raum nördlich der Alpen, wurde an der vornehmen Ostwand ein Relief in der Größe von circa 1,6 mal 1,1 Metern eingelassen. In freier Abwandlung des kaiserlichen Wachssiegels setzen hier in genialer Überhöhung zwei Engel als Boten Gottes dem großen Förderer dieser Stadt die Krone auf (Kat.-Nr. 4.10). *P. F.*

Lit.: Böhmer, Urkunden, Nr. 1001–1003; Bott, Nürnberg 1300–1550; Glaser, Wittelsbach und Bayern, Bd. I/2, S. 214–220, Kat.-Nr. 322, 323, 325 (Rainer Kahsnitz); Suckale, Hofkunst, S. 31–33, 249f., 257–259

3.33 B

Papst gegen Kaiser

Kaiserin Margarete stellte Privilegien im Namen ihres Gemahls aus, die sie mit ihrem eigenen Siegel versah.

3.34

A Schutzprivileg der Kaiserin Margarete für Propst Konrad und den Konvent des Stiftes Dießen

21. März 1333; Urkunde, Pergament mit
angehängtem Wachssiegel (mit Rücksiegel)
an Seidenschnur, 20 x 35 cm (ohne Siegel)
Bayerisches Hauptstaatsarchiv, München
(Urk. Kloster Dießen 835)

B Urkunde der Kaiserin Margarete für den Abt und den Konvent des Klosters Fürstenfeld zur Zollbefreiung im Salzhandel

25. Mai 1348; Urkunde, Pergament mit
angehängtem Wachssiegel (mit Rücksiegel)
an Seidenschnur, 22,6 x 38 cm (ohne Siegel)
Bayerisches Hauptstaatsarchiv, München
(Urk. Kloster Fürstenfeld 362)

Die hochpolitische Heirat mit Margarete von Holland-Hennegau (1306/07 – 1356) eröffnete Ludwig IV. seit 1324 weit reichende Perspektiven im Nordwesten des Reichs und dynastisch-herrschaftliche Verbindungen mit Adel und Königen Europas. Margarete begegnet zu Lebzeiten Ludwigs und nach seinem Tod in sehr unterschiedlichen Rollen und Funktionen: als Ehefrau und Mutter von acht Kindern, als Kaiserin und Territorialherrin, die 1346 mit Holland, Seeland und Friesland belehnt wurde, als wohltätige Stifterin und Hüterin der Memoria. Wiederholt vertrat sie ihren abwesenden und überlasteten Gemahl in politischen und rechtlichen Angelegenheiten. Im Auftrag Ludwigs stellte sie herrscherliche Diplome in ihrem Namen aus – wie die Urkunde für das Stift Dießen von 1333 (A). Deren Rechtskraft und -inhalt beglaubigte sie durch ein eigenes Majestäts- und Sekretsiegel, das formal und ikonografisch nach dem Vorbild des neuen Kaisersiegels von 1328 gestaltet war. Das Majestätssiegel inszeniert die Kaiserin in herrscherlicher Pose und mit königlichen Insignien. In ein weites Gewand und einen Mantel gehüllt, sitzt sie auf einer Thronbank. In ihrer erhobenen rechten Hand hält sie den Reichsapfel; ihren Kopf schmückt eine weit ausladende Lilienkrone. Die verschiedenen Seiten der Thronbank zieren Medaillons mit Wappen. Rechts von der Kaiserin ist der Adler, das Wappen Ludwigs und des Reichs, angebracht, zu ihrer Linken ihr Familienwappen – der gevierte Schild der Grafen von Holland-Hennegau mit vier steigenden Löwen.

3.34 A

Zwischen 1333 und 1355 nahm Margarete zahlreiche Kloster- und Stiftsgemeinschaften in Bayern (Dießen, Fürstenfeld, Ingolstadt, Altenhohenau, Raitenhaslach) in ihren kaiserlichen Schutz auf und bestätigte ihnen die von Ludwig verliehenen Rechte (Befreiung von Steuern und Salzmaut). Zu Lebzeiten ihres Gemahls und verstärkt nach seinem Tod stiftete sie Güter und Renten als Seelgeräte für Messen, Jahrtagsfeiern und zum ewigen Gedächtnis für sich, ihren Gemahl, ihre Eltern, Kinder und Vorfahren. Für die Befreiung der Salztransporte des Klosters Fürstenfeld von Zollabgaben verpflichtete sie Abt und Konvent im Gegenzug zur Feier „eines Jahrestags für Kaiser Ludwig, die Kaiserin, deren Kinder und Vorfahren" (B). *H. Sei.*

Druck: MB 9, S. 185–187, Nr. XCVII; Schlögl, Traditionen, S. 303f., Nr. 143
Lit.: Dick, Margarete von Hennegau; Glaser, Wittelsbach und Bayern, S. 221f., Kat.-Nr. 328 (Rainer Kahsnitz); Schlütter-Schindler, Frauen, S. 70–84, 144–150, Regesten Nr. 131–150; Thomas, Kaiserin Margarete

3.34 B

Kolosseum, Kapitol, Engelsburg und Petersdom – die Stationen Ludwigs bei seinem Rom-Aufenthalt im Frühjahr 1328.

3.35
Visualisierung der Stadt Rom

Modell; von links nach rechts: Engelsburg, Trajansäule, Pantheon, Konstantinsbogen, Kapitol, Kolosseum, Obelisk auf dem Petersplatz; Entwurf: graficde'sign pürstinger, Salzburg
Haus der Bayerischen Geschichte, Augsburg

In der politischen Biografie Ludwigs IV. nehmen die Monate von Januar bis Mai 1328, die der Wittelsbacher in Rom verbrachte, eine besondere Stellung ein. Die Ereignisse spielten sich in einem Spannungsfeld ab, das sich zwischen S. Maria Maggiore, Petersplatz, Kapitol und Lateran – der traditionellen Kirche des Papstes als Bischof von Rom, 1328 aber eine der Wohnungen Ludwigs – befand. Seine wichtigsten Verbündeten in Rom waren die Colonna, eine römische Adelsfamilie, die weite Teile der Stadt kontrollierte und an deren Spitze Sciarra Colonna (gest. 1329) stand, der sich 1327 zum „Capitano del popolo" wählen ließ. Nach der Einberufung einer Volksversammlung auf dem Kapitol am 11. Januar 1328 wurde Ludwig hier zum Senator und zum „Capitano del popolo" auf ein Jahr ernannt. Dabei wurde auch der 17. Januar als Tag der Kaiserkrönung festgelegt.

Am frühen Morgen des 17. Januar 1328, einem Sonntag, zog das Königspaar an der Spitze des Krönungszugs von S. Maria Maggiore zum Petersdom. Neben dem Personenkreis aus dem verbündeten römischen Adel gehörten zum Zug 52 Mitglieder des Rats aus den Vierteln und Zünften der Stadt – der Florentiner Chronist Giovanni Villani bezeichnet sie dezidiert als die „Vertreter des römischen Volkes". Vor Ludwig schritt ein „gelehrter Jurist", der das „Reichsgesetz", „l'ordine dello imperio", trug. Zur Krönung selbst bemerkt Villani ausdrücklich, dass „alles nach der gewohnten Ordnung verlaufen sei" – abgesehen von der Weihe durch den Papst. Diese hätten die Bischöfe von Venedig und von Aleria vorgenommen. Auch wenn es nicht zutrifft, dass Ludwig und Margarete nach antikem Ritus durch das römische Volk mit dem kaiserlichen Diadem gekrönt worden seien, spielten die Römer – an der Spitze Sciarra Colonna – eine entscheidende Rolle. Als mutmaßlicher Pfalzgraf des Lateran bewahrte Sciarra vor und nach der Krönungsfeier die Krone auf. Die hervorgehobene Rolle der Römer zeigt sich auch darin, dass der Festzug nach der Krönung zum Kapitol führte, wo der Tag in einer Reihe von Inszenierungen wie der Erteilung von Ritterschlägen, dem Krönungsbankett, der Ernennung des Castruccio zum Senator von Rom seinen Abschluss fand. Der römische Aufenthalt Ludwigs war damit aber noch nicht zu Ende. Am 18. April ließ er im Rahmen eines eindrucksvoll inszenierten Tribunals auf dem Petersplatz den in Avignon residierenden Papst Johannes XXII. für abgesetzt erklären; Ludwig berief sich dabei auf seine Defensorenschaft für die römische Kirche und auf zahlreiche Präzedenzfälle der Vergangenheit. Zum neuen Papst wurde Peter von Corvaro als Nikolaus V. gewählt, der am Pfingsttag 1328 noch einmal eine Krönung Ludwigs im Petersdom vornahm.

Fast analog zu Ludwigs Stationen zwischen Kirchen, Mauern und Palästen (Kat.-Nr. 3.32f.) bietet die Rückseite seiner Goldbulle (Staatsarchiv Nürnberg, Reichsstadt Nürnberg, Kaiserliche Privilegien 35, s. Abb. unten), entstanden um 1327/28 in Italien, eine realistische Romdarstellung, wie es sie bis dahin auf einem kaiserlichen Siegel nicht gegeben hatte. Im Zentrum steht das Kapitol als Ort der weltlichen Stadtherrschaft mit dem Senatorenpalast. Oberhalb der Mitte ist das Kolosseum zu sehen, schräg links darunter das im Mittelalter zur Kirche umgewandelte Pantheon, daneben der Torre delle Milizie und am Rand der hier nur angedeuteten Mauer die Marc-Aurel-Säule, dahinter der Lateran, dazu ein nicht näher identifizierbarer Triumphbogen sowie die Cestius-Pyramide, das Ganze zerteilt durch den Tiber mit der Tiberinsel und ihren beiden Brücken, dem Pons Cestius und dem Pons Fabricius, auf der anderen Seite die Engelsburg und St. Peter sowie S. Maria in Trastevere,

die älteste Marienkirche Roms; ganz unten am Bild ist ein Stück der Aurelianischen Mauer zu erkennen. Die Darstellung wirkt fast wie eine ins Bildliche übersetzte Beschreibung der Stadt in der Tradition der „Mirabilia Urbis Romae", deren älteste, vor September 1143 abgeschlossene Fassung möglicherweise dem Kanoniker Benedikt von St. Peter zuzuschreiben ist.   J. Sch.

Lit.: Godthardt, Marsilius von Padua, bes. Kap. 5, S. 189ff.; Menzel, Entwürfe, S. 169–176; Pauler, Könige, S. 144–164; Schwarz, Kaisertum (im Druck); Thomas, Ludwig der Bayer, S. 193–225; vgl. auch den Beitrag von Bernd Schneidmüller in diesem Band

Faszination Mittelalter: Die Goldbulle Kaiser Ludwigs wurde Jahrhunderte später nachgebildet.

3.36
Abschlag der Goldbulle Kaiser Ludwigs des Bayern

18. oder 19. Jahrhundert; Gold, Gewicht 42,90 g, Ø 45 mm
Vorderseite: +LVDOVICVS.QVARTVS.DEI.GRACIA.ROMANORVM.IMPERATOR.SEMPER.AVGVSTVS
(Ludwig IV. von Gottes Gnaden römischer Kaiser allzeit Mehrer des Reichs)
Rückseite: +ROMA.CAPVT.-MVNDI.REGIT ORBIS.FRENA.ROTVNDI
(Rom Hauptstadt der Welt lenkt die Zügel des Erdkreises)
Staatliche Münzsammlung München

Das Gepräge erweist sich über den Vergleich mit gleichartigen an Dokumenten hängenden Goldbullen des Kaisers als eine nachmittelalterliche Kopie. Nicht nur die Wiederholung eines Siegels außerhalb seines eigentlichen Kontexts, nämlich der Beglaubigung von Urkunden, ist ungewöhnlich, auch fehlende Alterungsmerkmale wie das spiegelnde Feld der Vorderseite weisen darauf, dass der Schaumünzen ähnliche Abschlag kaum vor dem 18. Jahrhundert hergestellt wurde. Die zahlreichen Grate und Abnutzungsspuren an den Buchstaben könnten darauf deuten, dass die Vorlage entweder das originale kaiserliche Siegeltypar, wie Sammlungsvermerke der Staatlichen Münzsammlung angeben, oder eine spätere Abformung ist. Jedenfalls weisen die beiden im Münchner Stadtarchiv verwahrten Bullen, ausgefertigt 1329 und 1332, eine schärfere Ausprägung auf. Wenngleich nicht aus den Lebensjahren des Kaisers stammend, ist der aus dem Altbestand der Münzsammlung und somit vor 1880 erworbene Abschlag gleichwohl ein Dokument für das Interesse an Ludwig IV. Ein ähnlich schwerer Goldabschlag im Gewicht von 13,5 Dukaten wird schon in der Auktion der Wiener Sammlung Leopold Welzl von Wellenheim 1846 erwähnt.

Die originale 1327/28 wohl von einem italienischen Goldschmied gestaltete Goldbulle Kaiser Ludwigs folgt im Typ älteren Kaisersiegeln, die den thronenden Herrscher und die Stadt Rom zeigen (Kat.-Nr. 3.35). Am Bildnis ist bemerkenswert, dass der Kaiser Insignien geistlicher Herrschaft trägt. Unter der goldenen Krone befindet sich anscheinend eine Mitra, seitlich sind die Bänder der Inful zu sehen und über dem Körper ist eine Stola gekreuzt. Das Aufgreifen geistlicher Würdezeichen ist im Zusammenhang von Ludwigs selbstbewusster Haltung gegenüber dem Papsttum und der Kirche zu deuten. Die Existenz von Inful und Mitra als Bestandteile von Ludwigs Siegel wurden bereits von Papst Clemens VI. und im „Ceremoniale Romanum" notiert. Das Stadtbild der Rückseite ragt in seiner Schilderung deutlich über die schematischen Rombilder anderer kaiserlicher Bullen hinaus. Wie weit die Wirkung reichte, erkennt man daran, dass selbst noch ein Maler wie Taddeo di Bartolo die Stadtansicht als Vorlage für sein 1407 geschaffenes Fresko im Palazzo Pubblico von Siena wählte. Hervorzuheben ist die gestalterische Kraft, mit der die Monumentalbauten, zwar ohne Angabe der Straßen und Plätze, aber doch entsprechend ihrer Lage in der Stadt am Tiber zusammengefügt sind. Die Akzentuierung des von Türmen flankierten Kapitols im Mittelpunkt ist aus dem alten Verständnis dieses Ortes zu erklären, galt doch der Senatorenpalast in Antike und Mittelalter als der Nabel Roms und damit der Welt. Das dahinter aufragende Kolosseum erscheint darüber wie die Krone der Urbs. Auch das vorn erkennbare Pantheon, die Kaisersäule, Pyramiden und die Aurelianische Stadtmauer sind Werke antiker Zeit. Die Kirchen Roms dagegen muss man zwischen diesen Bauten suchen. Die links hinter dem Kolosseum sichtbare Lateranbasilika und das rechts des Tibers, schon jenseits des Bildrandes erscheinende St. Peter nehmen eine untergeordnete Stellung ein. Nicht ohne Hintersinn akzentuiert der Herrscher so seine stadtrömische Herrschaft und stellt den Rang der römischen Kirche in den Hintergrund.

M. H.

Lit.: Kahsnitz, Goldbulle; Köhler, Bulle; Suckale, Hofkunst, S. 31–34; Verzeichnis, Nr. 1704, S. 62

Seit dem frühen Mittelalter überlieferten Krönungsordines das Zeremoniell und bewahrten die Tradition der Kaiserkrönung.

3.37
Laudes Regiae

Aus der Krönungsmesse für Heinrich II. (Ausschnitt); Fassung der Handschrift lit. 6, Regensburg, Ende 10. Jahrhundert (Staatsbibliothek Bamberg); Schola Bamberg unter Werner Pees (Christophorus CHR 77251)
BR Hörfunkarchive, München

Der genaue Ablauf der Kaiserkrönung Ludwigs IV. 1328 in Rom ist nicht bekannt. Die Abwesenheit des Papstes macht es unwahrscheinlich, dass die Zeremonie in allen Details in der Form stattfand, wie sie im Mainzer Pontifikale vom Ende des 10. Jahrhunderts und in späteren Fassungen dargelegt ist. In der Mainzer Ordnung sind die einzelnen Handlungen wie das Abholen des zu krönenden Herrschers, die Prozession zur Kirche, die Salbung, die Verleihung der Insignien (Schwert, Mantel, Siegelring, Zepter, Stab und Reichsapfel) und das Aufsetzen der Krone auf das Herrscherhaupt festgelegt. Alle Stationen wurden durch Gebete und Gesänge begleitet. Abschließend wurde das „Te Deum laudamus" gesungen, bevor die Krönungszeremonie in eine feierliche Messe mündete.

Nach dem Gloria der Krönungsmesse bzw. vor dem Evangelium wurden die „Laudes Regiae" gesungen, eine Art Kombination von Lobpreisung und Litanei. Christus wird hier als Sieger, Regierender und Herrscher besungen: „Christus vincit, Christus regnat, Christus imperat!" Die Anrufung „Exaudi Christe!" umfasst die Bitte, dem Papst, dem Kaiser, der Königin, dem Erzbischof, dem Klerus, den Richtern und dem Heer Heil, Leben und Sieg zu verleihen: „Salus et vita" beziehungsweise „Salus et victoria". Nach jedem Bittruf wird eine Reihe von Schutzheiligen um Hilfe gebeten: „Sancte Petre: Tu illum adiuva, Sancte Paule: Tu illum adiuva, Sancte Andrea: Tu illum adiuva …" Die kontinuierliche Wiederholung der Abschnitte „Christus vincit", „Exaudi Christe", „Tu illum adiuva" verleiht dem Gesang außerordentliche Kraft und Feierlichkeit.

Die erste erhaltene Fassung der „Laudes Regiae" findet sich in einer Handschrift um 800, in der Karl der Große als König der Franken und Langobarden und „Patrizier" der Römer genannt ist. Möglicherweise wurde der Gesang in seiner mittelalterlichen Form sogar für Karl verfasst, obwohl einige Elemente darin älter sind, wie Preisrufe des römischen Militärs, altirische Heiligenlitaneien und Ähnliches. Aufführungen der „Laudes Regiae" waren nicht auf Krönungsmessen beschränkt, sondern fanden auch statt, wenn ein Herrscher seine Krone feierlich zu Weihnachten, Ostern und Pfingsten trug. Die dreigliedrige Formulierung „Christus vincit", „Exaudi Christe" und „Tu illum adiuva" ist auch auf der Parierstange des Reichsschwerts Ottos IV. (1198–1218) eingearbeitet.

D. H.

Aus der Rückschau italienischer Chronisten wurden die Ereignisse in Rom im Januar 1328 umgedeutet, um Ludwigs Kaiserwürde zu degradieren, während bayerische Geschichtsschreiber aus der Ferne den neuen kaiserlichen Helden feierten.

3.38
Kaiserkrönung durch den Populus Romanus

Chronik der Stadt Lucca, 15. Jahrhundert; Handschrift / Pergament, Federzeichnung, 29,8 × 22 cm
Biblioteca Statale di Lucca (Cod. 2629)

Ludwig der Bayer in der Mitte, in den Händen Zepter und Reichsapfel, zu seiner Linken Castruccio Castracani (gest. 1328), der Condottiere, Herzog von Lucca und einer der wichtigsten Verbündeten Ludwigs in Italien, zu seiner Rechten Sciarra Colonna (gest. 1329), das führende Mitglied der römischen Adelsfamilie, beide offensichtlich damit beschäftigt, dem Rex Romanorum die Kaiserkrone auf das Haupt zu setzen: Dies ist das Bild, das die aus dem ersten Drittel des 15. Jahrhunderts stammende „Chronache di Lucca" (Chronik von Lucca) zum 17. Januar 1328 in Form einer Federzeichnung überliefert (fol. 183ᵛ/184ᵛ). Die mehrheitlich Alessandro Streghi (gest. um 1480) zugeschriebene Chronik, die – in unverkennbarer Rivalität zu Florenz – eine mythisch überhöhte Vorgeschichte der Stadt liefert und neben vielen anderen Details ein besonderes Interesse an der Gestalt Castruccios besitzt, entstand mehr als ein Jahrhundert nach der Kaiserkrönung Ludwigs.

Die mit Abstand ausführlichste und auch inhaltlich wertvollste Schilderung der Krönung findet sich in der italienischsprachigen „Cronica" des Florentiner Chronisten Giovanni Villani (um 1280–1348). Er erlag – wie sein signifikantes Todesjahr zu erkennen gibt – dem Schwarzen Tod, der damals wie in so vielen Teilen Europas auch in der Arnostadt wütete. Sein Bruder Matteo (gest. 1363) hat das Werk fortgesetzt. Die „Cronica", zu deren Abfassung Giovanni durch eine Romreise angeregt wurde, gilt als eines der bedeutendsten Geschichtswerke des italienischen Trecento überhaupt; bestechend sind die intimen Kenntnisse der politischen Verhältnisse. Formal gesehen eine Stadtgeschichte, reicht der Blick der Verfasser weit über den florentinischen Tellerrand hinaus; dezidiert werden nicht nur Ereignisse der Florentiner Stadthistorie, sondern fast der gesamten europäischen Geschichte erfasst. Die weite Verbreitung, die das Werk bald fand, entsprach voll und ganz den Absichten der Brüder Villani: Dezidiert wird im Vorwort darauf hingewiesen, dass man der Verständlichkeit wegen nicht auf Latein, sondern in der Volkssprache geschrieben habe.

Der Partei der Guelfen zugehörig (die 1302 im innerflorentinischen Machtkampf erfolgreich gewesen war), urteilen beide Villani zwar grundsätzlich im antighibellinischen, also kaiserfeindlichen Sinn, bleiben jedoch in ihrer Berichterstattung über die römisch-deutschen Könige und Kaiser überraschend ausgewogen. Zur Krönung selbst bemerkt Villani ausdrücklich, dass dabei „alles nach der gewohnten Ordnung verlaufen sei", sieht man von der Weihe durch den Papst und der Unterstützung des Zeremoniells durch einen legitimen Pfalzgrafen ab. Anstelle des Papstes oder der Kardinäle, so Villani weiter, hätten die Bischöfe von Venedig und von Aleria Ludwig zum Kaiser geweiht; anstelle des aus der Stadt entwichenen Pfalzgrafen, der dem Kaiser in der Regel beim Empfang des Chrysam und der Krone assistiere, habe Ludwig dessen Würde an den „Herzog von Lucca", Castruccio Castracani, verliehen.

Die um 1341/47 entstandene Lebensbeschreibung Kaiser Ludwigs (nachmalig herausgegeben unter dem Titel „Vita Ludovici quarti imperatoris"), die über die Zeit von 1281 bis 1347 berichtet, stammt von einem unbekannten Autor. Zweifellos handelt es sich jedoch um einen Bayern und einen Parteigänger des Kaisers, vielleicht war er wirklich, wie einige Historiker glauben, Chorherr in Ranshofen oder Rottenbuch oder ein Mönch aus Ettal. Wer immer er gewesen sein mag, auf eindeutige Weise erreicht das Werk „die Grenze zwischen Historiographie und Erbauungsliteratur" (Michael Menzel). Unüberhörbar ist das Pathos, die Panegyrik des Ganzen: Als man, so der Verfasser der Vita, von den Ereignissen in Italien 1327/28, von Ludwig und seinen ruhmvollen Siegen vernommen habe, hätten alle übrigen Gemeinwesen und Landschaften ihn auf das Freudigste empfangen und auch die Römer selbst hätten auf diese Kunde hin keinen Widerstand geleistet, sondern seien ihm, als er sich ihrer Stadt näherte, mehr als fünf Meilen weit entgegengezogen. Des Weiteren berichtet der Verfasser über unzählige Ehrungen und Gunsterweise der Römer, die ganze Stadt sei geschmückt gewesen. Unter lauten Gesängen der gesamten Geistlichkeit seien Ludwig und seine Gemahlin in die Kirche (St. Peter) geführt und – nachdem beide auf den Altar erhoben worden waren – mit der Kaiserkrone gekrönt worden. Keine Frage, dass den Römern der entscheidende Anteil am Krönungsgeschehen zugemessen werden sollte, auch wenn der Verfasser – vielleicht im Bewusstsein des Ungewöhnlichen, ja Ungehörigen des Vorgangs – vieles in der Schwebe lässt. Nur am Rande spielt die Geistlichkeit eine Rolle. *J. Sch.*

Quellen: Porta, Villani: Nuova Cronica;
MGH SS rer. Germ., S. 119–138 (unter dem Titel „Chronica Ludovici imperatoris quarti")
Lit.: Bratchel, Chronicles; Friedensburg, Quellen; Menzel, Quellen; Pauler, Villani: Cronica

---

Aus Rom brachte Ludwig kostbare Reliquien nach Bayern, darunter einen Zahn des hl. Petrus.

3.39
Zahnreliquiar des hl. Petrus

Ende 18. Jahrhundert; Kupfer, Messing, getrieben, gegossen und vergoldet, Schmucksteine, Flussperlen;
H. 39,5 cm
Kath. Kirchenstiftung St. Peter, München, vertreten durch das Erzbischöfliche Ordinariat München, Hauptabteilung Kunst

MINORITENKIRCHE

Kaiser Ludwig brachte von einem Aufenthalt in Rom eine Reliquie des hl. Petrus mit: 1329 erhielt die Münchner Peterskirche einen Zahn des ersten Papstes. Dies ist Teil einer weiter reichenden demonstrativen Förderung der Petrusverehrung durch Ludwig, die sich auch in der Erklärung von Petrus zum Patron Bayerns oder in den fast bischöflichen Rechten niederschlägt, die der Dekan von St. Peter durch den von Ludwig aufgestellten Gegenpapst Nikolaus V. erhielt. Die umstrittene Kaiserkrönung hatte in der Petersbasilika in Rom stattgefunden, die sich schon bald nach Ludwigs Abzug wieder im Einflussbereich von Papst Johannes XXII. befand. Die Münchner Peterskirche wurde gleichsam „Ersatz" dafür und profitierte von Ludwigs Bestrebungen, seine Glaubenstreue trotz des über ihn verhängten Kirchenbanns zu betonen.

Ein Schatzverzeichnis der Münchner Peterskirche von 1374 nennt bereits einen kleinen Reliquienschrein für den Petruszahn. Es führt einen ungewöhnlich reichen Bestand an Ornaten und Goldschmiedearbeiten auf, die den hohen Rang der Kirche dokumentieren – doch hat von allen dort genannten Objekten nur die Petrusreliquie überdauert. Sie ist heute in ein klassizistisches Reliquiar eingesetzt, das auf einem ovalen Fuß mit getriebenem Blattwerk ruht. Die glatten Kreuzbalken sind mit großen blauen, geschliffenen Schmucksteinen besetzt, das in die Mitte eingefügte runde Medaillon wird von einem Strahlenkranz eingefasst. Darin ist der Zahn, in Flussperlen gefasst, zu sehen.

In der Literatur ist nachzulesen, dass es eine Authentik zu dieser Reliquie gab. Ein Zahn wäre in der Tat ein leicht zu erreichendes und glaubwürdiges Stück gewesen, da die Schädel von Petrus und Paulus vom Rest der Gebeine getrennt und zum Beispiel 1240 bei einer Prozession durch die Stadt Rom getragen worden waren. Heute befinden sie sich in einem Ziborium von 1367 in der Lateranbasilika.

M. Wa.

Lit.: Germann-Bauer/Steiner, Schatzstücke; Rader, Friedrich II.

Die Kaiserkrönung Ludwigs des Bayern wurde erst im 19. Jahrhundert zu einem geschätzten Bildmotiv.

3.40
A Die Kaiserkrönung Ludwigs des Bayern

August v. Kreling (1819–1876), 1859, Bayerischer Landtag, München; Öl/Leinwand, 378 x 516 cm (R)

Die Krönung Ludwigs IV. in Rom trat erst im 19. Jahrhundert auffallend in das Bildgedächtnis Bayerns – eine Zurückhaltung, die sich vielleicht auf den rechtlich zweifelhaften Akt vom Januar 1328 zurückführen lässt, wonach Ludwig nicht vom Papst, sondern „demokratisch" vom römischen Volk zum Kaiser gekrönt worden sein soll. Es war zunächst König Ludwig I., der die Kaiserkrönung in den Dienst seiner Geschichtspolitik nahm – dies an exponierter Stelle im Umkreis der Münchner Residenz. So findet sich in dem von Peter Cornelius entworfenen und 1829 der Öffentlichkeit übergebenen Freskenzyklus in den Hofgartenarkaden unter den 16 Motiven aus der wittelsbachischen Geschichte auch eine Darstellung der Kaiserkrönung Ludwigs. Ein solches Bildmotiv mochte insbesondere ein Legitimationsdefizit verdecken, an dem die wittelsbachische Monarchie seit ihrer Einsetzung durch Napoleon 1806 krankte: Weder Max I. Joseph noch Ludwig I. hatten selbst eine offizielle Krönung, geschweige denn Salbung durch eine Geistlichkeit erfahren – ein prekärer Makel am Fundament der wittelsbachischen Monarchie, der sich mit Verweis auf die Krönung Ludwigs des Bayern ausgleichen ließ.

Noch vorbehaltloser als sein Vater zeigte sich König Maximilian II. in seiner Bewunderung des kaiserlichen Vorfahren. Gleich an zwei Stellen ließ er die Kaiserkrönung künstlerisch umsetzen. Die erste Darstellung gehört zu einem 143 Wandbilder umfassenden Historienzyklus, den Maximilian für das von ihm 1855 gegründete Bayerische Nationalmuseum in Auftrag gab. Die von dem Maler Adolf Baumann gefertigte Darstellung gehört innerhalb dieser Historischen Galerie zu insgesamt acht Motiven, die Ludwig dem Bayern gewidmet sind (B). Die politisch-pädagogische Bedeutung des großen Bilderreigens aus der vaterländischen Geschichte stand hier im Vordergrund, sie sollte für die Legitimität der wittelsbachisch-monarchischen Herrschaft werben.

Weitaus prominenter als im Nationalmuseum ließ Maximilian II. die Kaiserkrönung Ludwigs des Bayern im Maximilianeum zur Darstellung bringen. Der 1857 begonnene und erst 1874 vollendete Bau, der als Bildungsanstalt für den bayerischen Staatsdienst gedacht war, enthielt im Inneren einen 30 Bilder umfassenden welthistorischen Gemäldezyklus, der einem elitären Bildungsprogramm folgte, das nur zwei Ereignisse aus der wittelsbachischen Geschichte thematisierte: Neben der Gründung der Katholischen Liga 1609 durch Maximilian I. war dies die Kaiserkrönung Ludwigs des Bayern (A). Den hohen Stellenwert, den man dem von dem in Nürnberg tätigen Maler August v. Kreling geschaffenen, 1859 vollendeten Bild einräumte, spiegelt

B „Ludwig des Bayern Krönung zu Rom 1328"

Original: Adolf Baumann (1829–1865), Fresko im Westtrakt des ehemaligen Bayerischen Nationalmuseum (zerstört), 1858–1865; Fotografie (R)

auch die Tatsache wider, dass es als bewusstes Gegenstück zu der von Friedrich Kaulbach gemalten Kaiserkrönung Karls des Großen eine imperiale Tradition begründen sollte, die gleichsam von den Karolingern auf die Wittelsbacher übergegangen sei.

Aus dem letzten Viertel des 20. Jahrhunderts stammt schließlich die Darstellung der Kaiserkrönung Ludwigs des Bayern durch den Gestalter, Schriftentwerfer und Grafiker Otl Aicher (C). Er behandelte das Thema in einem in Zusammenarbeit mit Reinfriede Bettrich und Sophie v. Seidlein 1986 für eine Ausstellung einer Münchner Versicherungsgesellschaft geschaffenen Bilderbogenzyklus. Der Zyklus widmet sich vordringlich Wilhelm von Ockham, der 1328 am Hof Ludwigs vor dem päpstlichen Bannstrahl Schutz gesucht hatte. Aicher interessierte sich dabei vor allem für die Modernität Ockhams, der als Wegbereiter eines säkularen, demokratischen Denkens gilt. Aichers Darstellungsform stellt sich als eindrucksvolle Mischung moderner und historischer Ausdrucksweisen dar, die die Vorstellung von der Krönung Ludwigs durch das „Volk" aufzugreifen scheint (Kat.-Nr. 3.38). Farblich und figural reduziert, löst er das Bildmotiv in übereinandergesetzte Leisten auf. So entstand eine expressive Mischung von moderner Grafik und mittelalterlicher Bildsprache.　　　　　　　　　　　　　　　K. B. M.

C Kaiserkrönung

Otl Aicher (1922–1991), 1986; Collage, Buntpapier/ Hartfaserplatte, 118,9 x 84,1 cm (R); HfG-Archiv, Ulm

Minoritenkirche

Level 4

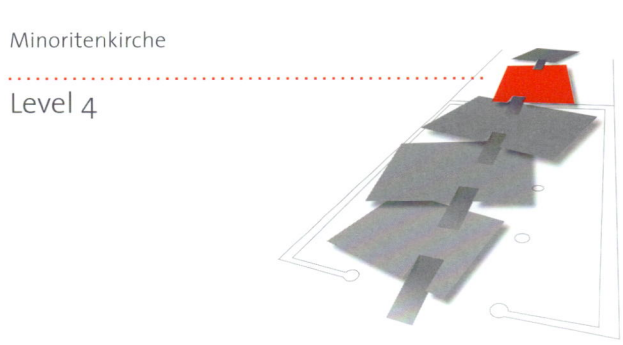

Wir sind Kaiser!

Die vorletzte Erzählebene findet Ludwig den Bayern auf dem Höhepunkt seiner Macht, die er zu festigen und zu ordnen suchte, wobei er bisweilen erstaunlich zukunftsweisende Lösungen fand. Als Ludwig Anfang 1330 von seinem Italienzug zurückkehrte, war sein offizieller Mitkönig, Friedrich von Österreich, gerade gestorben. Mit Ausnahme von Papst Johannes XXII. in Avignon schienen alle Gegner besiegt, die Macht des gewählten römischen Königs und gekrönten Kaisers unbestritten. Nun konnte Ludwig sich sowohl als Herrscher im Reich wie auch in seinen Stammlanden vermehrt den Aufgaben zuwenden, deren Erfüllung man von einem Fürsten erwartete. Dazu gehörte zuvorderst die Wahrung von Frieden und Recht. Ludwig nutzte die kaiserliche Autorität, um dies zunächst in Bayern durchzusetzen. Die Niederschrift des „Oberbayerischen Landrechts" von 1346 sollte bis in das 16. Jahrhundert Gültigkeit behalten. Es gewährte den Untertanen auf der Basis der in den Gerichten des Landes angewendeten Rechtsprechung Rechtssicherheit, eine der wichtigsten Voraussetzungen für Frieden und Wohlstand.

Bayern und die Familie Wittelsbach bildeten für Kaiser Ludwig den Ausgangspunkt seiner Machtkonzeption. Dabei wies Ludwig der wittelsbachischen Hausmacht immer größere Bedeutung zu. Schon zu Beginn seiner Herrschaft war die Mark Brandenburg mit dem Aussterben der Brandenburger Askanier vakant geworden. 1323 belehnte König Ludwig seinen gleichnamigen Sohn mit dem Kernland der Mark und der zugehörigen Kurwürde, zum Ärger des böhmischen Königs Johann von Luxemburg, der sich Brandenburg als Lohn für seine Teilnahme an der Schlacht von Mühldorf gewünscht hatte. Ebenfalls gegen böhmische Ansprüche stellte Ludwig durch seinen Zugriff beim Erbfall Niederbayerns 1340/41 die Einheit Bayerns wieder her.

Noch in Italien hatte der Kaiser im Hausvertrag von Pavia 1329 die Pfalzgrafschaft bei Rhein von Altbayern abgetrennt. Damit sicherte Ludwig den Familienfrieden im Haus Wittelsbach, wenn auch um einen hohen Preis. Denn nicht nur die Rheinpfalz, auch die altbayerischen Gebiete auf dem Nordgau und damit die Eisenerzeugung der Oberpfalz wurden nun für Jahrhunderte vom Kernland Bayern abgesondert. Zugleich erweiterte Ludwig die Hausmacht der Gesamtfamilie Wittelsbach auch räumlich erheblich. Durch seine zweite Ehe mit Margarete von Holland-Hennegau (1324) erstreckte sich das Einflussgebiet bis in die Grafschaften Holland-Hennegau, Seeland und Friesland. Durch Landesherrschaft, Herrschaft direkter Familienmitglieder, Heiratsverbindungen und Lehensvergaben schuf Ludwig ein System von Abhängigkeiten, die seine Macht und seinen Einfluss, wenn auch in unterschiedlicher Intensität, von Bayern ausgehend bis in den fernen Nordwesten und Nordosten des Reichs ausstrahlen ließen, gleichsam in konzentrischen Kreisen.

Wie kann man sich die Mechanismen der Herrschaft vorstellen? Das Reich besaß keine Hauptstadt. Zwar erlangte der Alte Hof in München, den Ludwig ausbauen ließ, zumindest für Oberbayern eine gewisse Zentralfunktion, doch ist er noch in keiner Weise mit der Residenzbildung des Nachfolgers Karl IV. in Prag zu vergleichen. In der ersten Hälfte des 14. Jahrhunderts waren Kanzlei und Kaiser mobil. So legte Ludwig im Lauf seines Lebens etwa 80 000 Kilometer im Sattel zurück. Dabei hielt er sich vorwiegend in Oberdeutschland auf, in seinem Herzogtum oder auch in Reichsstädten wie Nürnberg, Frankfurt und Regensburg. Zentrales Regierungsinstrument waren die Herzogs-, Königs- und Kaiserurkunden, mit denen Ludwig Rechte und Privilegien erteilte. Viele dieser Urkunden waren nicht mehr in lateinischer, sondern bereits in deutscher Sprache verfasst. Damit gehört die Schriftlichkeit im Umfeld Ludwigs zu den Quellen, aus denen sich das moderne Hochdeutsch entwickelte. Erstmals stellte man in der kaiserlichen Kanzlei nun auch Prunkurkunden aus, die das Reichsoberhaupt mit fantasievollen Zeichnungen und in Prachtinitialen verherrlichten oder ihn bei der Amtsausübung zeigten, etwa wenn er Fürsten oder Städte belehnte.

Unter Ludwigs Herrschaft kam es zu bemerkenswerten Weiterentwicklungen der Reichsverfassung. Das Heilige Römische Reich war auf dem Weg zu einem Staatswesen, das sich immer mehr vom Einfluss der Kirche befreite und zugleich immer stärker (modern ausgedrückt) föderalen Charakter annahm. Der König und Kaiser war kein Alleinherrscher und das Reich war kein Zentralstaat. Im „Rhenser Weistum" von 1338 erklärten die deutschen Kurfürsten aus eigener Macht: Sämtliche Herrschaftsrechte des Königs im Reich ergeben sich aus dem Willen der Wahlfürsten, ohne die Approbation des Papstes. Es gelte die Mehrheitsentscheidung. „Wir sind Kaiser" – nicht personenbezogen, sondern als Anspruch der Wahlfürsten. Kaiser Ludwig selbst ging noch weiter. Im Reichsgesetz „Licet iuris" wurde festgelegt: Der mehrheitlich Gewählte sei wahrer Kaiser, seine Gewalt komme unmittelbar von Gott. Verkündet wurde dieses Gesetz im September 1338 auf dem Hoftag von Koblenz. Wieder, wie schon bei der Heiltumsweisung in Regensburg oder bei der Kaiserkrönung in Rom, legte man großen Wert auf rituelle Inszenierungen im Raum. Dazu trug auch die Anwesenheit des englischen Königs Edward III. (reg. 1327–1377) bei, der eine Allianz mit dem Kaiser gegen Frankreich anstrebte. In Koblenz inszenierte man Kaiser und Reich als lebendes Bild – und die Inszenierung der Ausstellung versucht dies in einer Gegenüberstellung von Kaiser und Kurfürsten nachzubilden. Über allen thronte Kaiser Ludwig, ihm zu Füßen der englische König als Reichsvikar, dann folgte die Gruppe der Reichsfürsten. Darüber zog ein gezähmter Adler seine Kreise und drehte schließlich drohend nach Westen ab: das Wappentier Kaiser Ludwigs, das sich kriegerisch gen Frankreich wandte.

Peter Wolf

Die CI des Kaisers: Bildnisse, Wappen, Allegorien in den Prunkurkunden aus der kaiserlichen Kanzlei.

4.1

A Kaiser Ludwig verleiht Städten und Burgen der Trierer Diözese Frankfurter Recht und gewährt Erzbischof Balduin und der Trierer Kirche weitere Freiheiten

Frankfurt am Main, 10. März 1339; Urkunde, Pergament, Goldbulle verloren, 61 x 54 cm
Landesarchivverwaltung Rheinland-Pfalz – Landeshauptarchiv Koblenz (Best. 1 A Nr. 4983)

  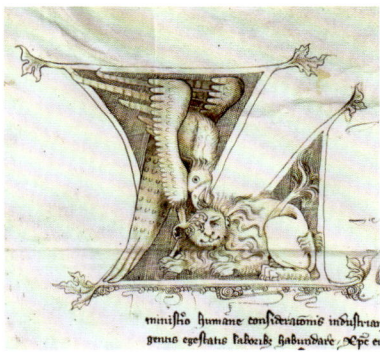

B Kaiser Ludwig schenkt dem Deutschen Orden das Land der Litauer und investiert den Hochmeister Dietrich von Altenburg mit dem neuen Fürstentum

München, 15. November 1337; Urkunde, Pergament, Goldbulle, 48 × 76 cm
Geheimes Staatsarchiv – Preußischer Kulturbesitz, Berlin (XX. HA StA Königsberg, Schieblade 20, Nr. 29)

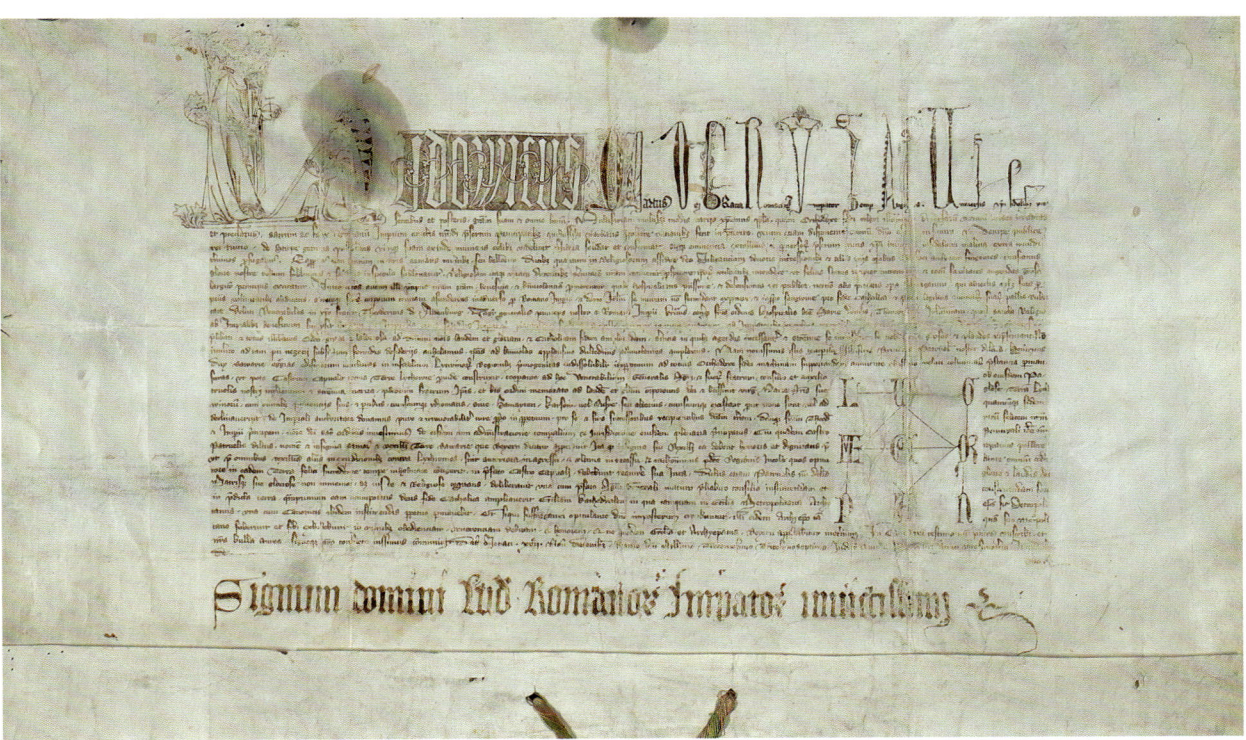

C Kaiser Ludwig bestätigt den Bürgern der Stadt Dortmund alle von seinen Vorgängern verliehenen Rechte und gewährt ihnen weitere Vergünstigungen

25. August 1332, Urkunde, Pergament, Goldbulle (R)
Stadtarchiv Dortmund (Kriegsverlust)

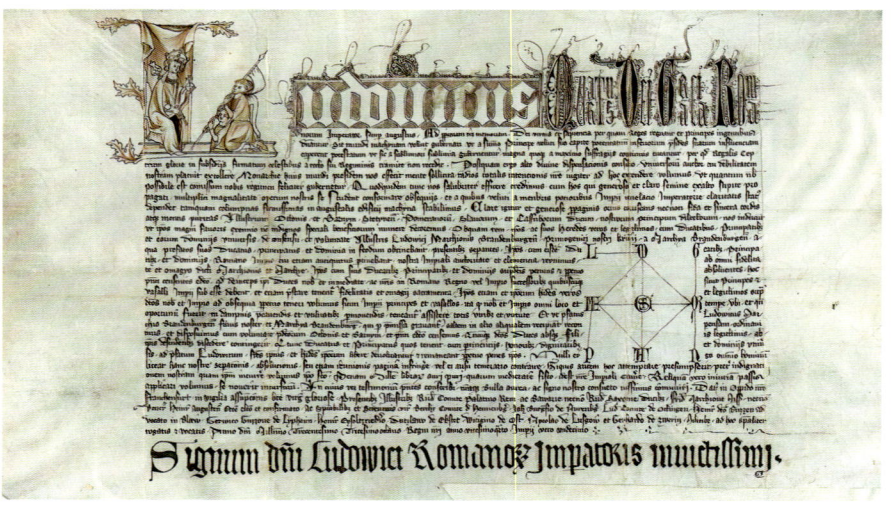

D Kaiser Ludwig belehnt die Herzöge Otto I. und Barnim III. mit dem Herzogtum Pommern-Stettin

Frankfurt am Main, 14. August 1338;
Urkunde, Pergament, Siegel verloren,
49 x 59 cm (R)
Landesarchiv Greifswald
(Rep. 2 Ducalia Nr. 73, August 14)

E Kaiser Ludwig bestätigt die Errichtung des Heiliggeistspitals in der Pfarrei St. Sebald in Nürnberg durch Konrad Groß, einen Bürger der Stadt

München, 24. Februar 1341;
Urkunde, Pergament mit
angehängtem Thronsiegel
an grün-gelber Seidenschnur,
50 x 78 cm (ohne Siegel)
Staatsarchiv Nürnberg
(Reichsstadt Nürnberg,
Kaiserliche Privilegien 51)

F Kaiser Ludwig bestätigt dem Benediktinerkloster Michelfeld die wörtlich aufgenommene Urkunde Bischof Ottos I. von Bamberg (6. Mai 1119)

Nürnberg, 25. Juni 1340; Urkunde,
Pergament, grün-rote Seidenschnur,
ohne Siegel, 34,5 x 60 cm
Staatsarchiv Amberg
(Kloster Michelfeld Urk. 59)

G **Kaiser Ludwig erneuert dem Grafen Johann von Kleve die Reichslehen**

München, 1. September 1317;
Urkunde, Pergament mit
angehängtem Thronsiegel (R)
Landesarchiv Nordrhein-Westfalen,
Abteilung Rheinland, Duisburg
(Kleve-Mark Urk. 286)

H **Kaiser Ludwig bestätigt dem Zisterzienserkloster Heilsbronn alle von seinen Vorgängern verliehenen Besitzungen und Rechte**

28. Oktober 1336; Urkunde, Pergament,
grün-lila Seidenfäden, Siegel fehlt (R)
Staatsarchiv Nürnberg
(Brandenburg-Ansbach Urk. 467)

I **Kaiser Ludwig bestätigt der Stadt Regensburg die von seinen Vorgängern verliehenen Rechte und Freiheiten**

Burglengenfeld, 13. März 1331;
Urkunde, Pergament mit Seidenschnur,
Siegel fehlt, 44 x 68 cm
Bayerisches Hauptstaatsarchiv, München
(Reichsstadt Regensburg Urk. 428)

Wir sind Kaiser! 205

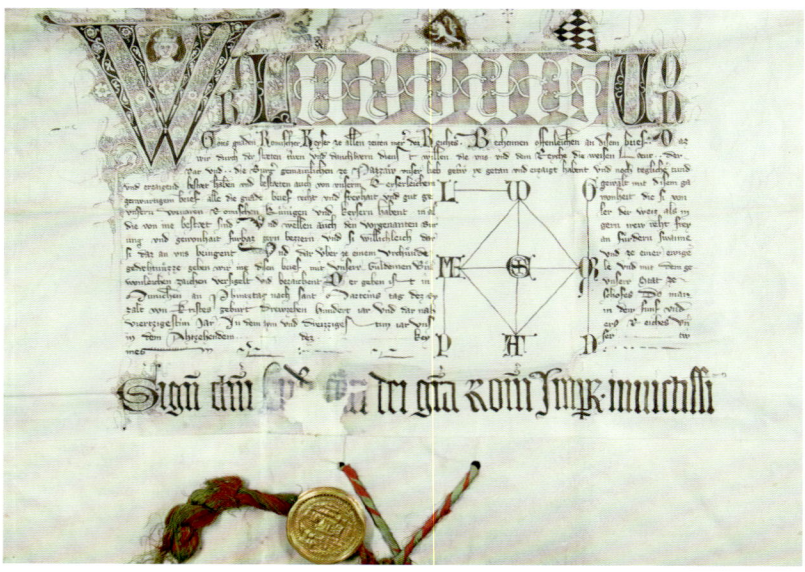

J Kaiser Ludwig bestätigt der Stadt Passau die Gnaden, Briefe, Rechte und Freiheiten und Gewohnheiten seiner Vorgänger

München, 17. November 1345;
Urkunde, Pergament mit angehängter Goldbulle,
42 × 60 cm (ohne Siegel)
Stadtarchiv Passau (SAP Sig. I 43)

K König Ludwig belehnt den Luccheser Stadtherrn Castruccio Castracani degli Antelminelli mit dem Herzogtum Lucca und verleiht weitere Rechte

Lucca, 17. November 1327;
Urkunde, Pergament, ohne Siegel,
72,5 × 54,5 cm sowie
Zweitausfertigung, 73 × 56,5 cm
Archivio di Stato di Lucca
(Tarpea 1327 XI 17)

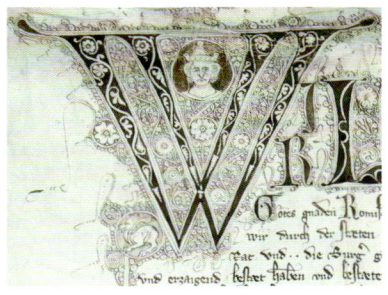

Die Urkundenproduktion der Schreiber und Notare Ludwigs IV. ist das Ergebnis der Tätigkeit einer der besterforschten Reichskanzleien des Spätmittelalters, konnte doch mit den über 1100 Urkunden des Kaiser-Ludwig-Selekts des Geheimen Hausarchivs in München schon im 19. Jahrhundert ein quantitativ relevanter Teil der heute auf insgesamt über 5000 Stück geschätzten Urkunden des Königs und Kaisers in Ausfertigungen („Originalen") überblickt werden. 1891 machten erstmals Reproduktionen im Sammelwerk der Kaiserurkunden in Abbildungen auf die Existenz von illuminierten Urkunden Ludwigs aufmerksam. Rezente Literatur versteht unter dem Begriff der illuminierten Urkunden im engeren Sinn solche Ausfertigungen, die historisierten Buchschmuck enthalten, also Ausstattung aufweisen, die auf Aussteller, Empfänger oder Inhalt Bezug nimmt. Daneben wird auch der prominente Einsatz von Farbe sowie das kanzleitypische Niveau (vor allem an Initialen) deutlich übersteigender Dekor an nicht-historisierten Stücken berücksichtigt.

Dass das Auftreten von Buchschmuck in einer Reihe prestigeträchtiger Urkunden Ludwigs ursächlich mit der Rezeption entsprechender Anregungen während des Italienzugs zusammenhängt, ist evident, obwohl die Kenntnis der illuminierten Stücke aus der Kanzlei des Wittelsbachers bis heute fast durchwegs auf die in deutschen Archiven überlieferten Stücke beschränkt ist. Im Gegensatz zu der mit Blattgold und roter sowie blauer Farbe für die auszeichnungsschriftliche gotische Majuskel (Lombarden) der ersten Zeile ausgestatteten Doppelausfertigung des Privilegs für Ludwigs Parteigänger Castruccio Castracani von 1327 (K) stammt der ausschließlich mit Feder und Pinsel hergestellte tintenfarbige Dekor en camaïeu späterer Urkunden durchwegs von dem auch als Zeichner überaus begabten Notar Leonhard von München, der sich der Kanzlei Ludwigs erst auf dessen Rückweg in das nordalpine Reich anschloss. Es ist jedoch anzunehmen, dass italienische Empfänger schon zuvor Urkunden mit bildlichem Schmuck behoben hatten.

Einen bedeutenden Stellenwert in der Entwicklung des Dekors der Urkunden Ludwigs hatten heraldische Elemente im weitesten Sinn. In Italien, wo politische Allianzen bekanntermaßen schon früh in den Bildmedien der Heraldik ausgedrückt wurden, ist zweifellos die Anregung zur bildlichen Darstellung der vergebenen Wappen zu suchen. Der älteste erhaltene illuminierte Wappenbrief, den Ludwig im Jahr 1338 für die Grafen Carbonesi ausstellte (Kat.-Nr. 3.30), nahm mittelbar Bezug auf eine auch mit einer Wappenbesserung verbundene Auszeichnung, die der päpstliche Generalvikar für Tuszien zugunsten der Stadt Viterbo 1316 beurkundet hatte. Doch schon mehrere Jahre vor dem Wappenbrief von 1338 wurden Wappen in das Bildkonzept der Privilegien Ludwigs aufgenommen. Als Vorstufe dafür ist die bislang in diesem Zusammenhang unbeachtete Urkunde über die Verleihung fürstlicher Vorrechte an die Vögte von Plauen, Weida und Gera vom 24. Juni 1329, Pavia, zu sehen. Der italienische Schreiber des Stücks bereicherte die L-Initiale mit zwei (heraldisch) rechtssehenden Adlern, die freilich noch eng mit dem ornamentalen Schmuck (Fleuronnée) verbunden sind. Zwar handelt es sich nicht um Wappenbilder im engeren Sinn, doch unterliegt keinem Zweifel, dass damit das Symboltier des Reichs gemeint ist, es handelt sich also um historisierten Dekor im obigen Sinn. Dagegen überschreitet die sehr sorgfältig ausgeführte lateinische Privilegienbestätigung für die Stadt Regensburg von 1331 (I) mit ihrem reichen Fleuronnée und ihrer frontal gestellten Frauenbüste im Medaillon der L-Initiale prinzipiell nicht den Rahmen unspezifischen Dekors, der in der Buchmalerei omnipräsent ist. Im aus gleichen Elementen gespeisten Dekor der elf Jahre jüngeren Urkunde in deutscher Sprache für die Stadt Passau (J) stellt die gekrönte männliche Büste, ob porträthaft aufgefasst oder nicht, zweifellos Ludwig selbst dar. Im Rahmen einer allgemeinen ebenso wie heraldischen Symbolik ist das auf fünf Urkunden Ludwigs verarbeitete Motiv des Kampfs zwischen Adler und Löwe zu verstehen. Zwar hatten Tierkampfmotive schon auf der berühmten Dotalurkunde der Theophanu – der ältesten original überlieferten illuminierten Urkunde überhaupt – eine Rolle gespielt, doch fällt es schwer, den Adler, der den Löwen attackiert (E bis H), nicht als Symbol des Reichs beziehungsweise Ludwigs in der Auseinandersetzung mit Papst und Kurie zu sehen: Der Löwe wurde von Zeitgenossen wohl unschwer als Symboltier der Stadt Rom beziehungsweise der guelfischen Partei verstanden.

Die Darstellung der Übertragung des Landes Litauen an den Deutschen Orden in Form einer kaum anders denn als Belehnungsszene zu verstehenden Übergabe einer mit den bayerischen Rauten bedeckten Fahnenlanze durch den Kaiser an den Hochmeister

Dietrich von Altenburg von 1337 (B) ist zugleich als Brücke zu den Stücken mit heraldischem Dekor zu sehen. Die analoge Belebung der L-Initiale durch die stehende Figur des Kaisers links im Schaft des Buchstabens und den Empfänger im mächtigen Keilsporn rechts zeigt das Diplom für Balduin von Trier von 1339 (A), doch ist der Erzbischof hier anders als die ansonsten – hierarchisch abgestuft – knienden oder auch prosternierten Petenten beziehungsweise Empfänger als mit dem Kaiser gleich große und stehende Figur dargestellt. Vergleichbare historisierte Initialen zeigen auch die gleichzeitigen, ebenso großformatigen Bischofsammelindulgenzen aus dem Umfeld der Kurie in Avignon. Es zeigt sich jedoch, dass die ornamentale und schließlich bildliche Ausgestaltung der Initialen schon ab etwa 1290 in römischen Sammelindulgenzen ebenso wie in niederrheinischen Ablassurkunden grundgelegt wurde. Für die in der Reichskanzlei singuläre Bildfindung Leonhards von München, der bei der Mehrzahl der von ihm illuminierten Urkunden auch die Reinschrift des Textes anfertigte, gab es also diverse Vorläufer. In den meisten Urkunden mit figürlicher Gestaltung der Initiale fehlen Wappenschilde, doch zeigt etwa jener für das Nürnberger Heiliggeistspital (E) nicht nur die bis dahin mehrfach abgebildete Trias der Wappen Ludwigs – nämlich Reich, Bayern, Pfalz –, sondern deutlich abgesetzt auch jenes Niederbayerns, wo der Aussteller seit 1340 wieder als alleiniger Landesfürst regierte. Den von Leonhard sichtlich angestrebten preziösen Charakter der Urkunden unterstreicht auch die Ausführung des Hintergrunds der Auszeichnungsschriften mit Kreuzschraffur, eine Technik, die vor allem bei Inschriften von Goldschmiedearbeiten zur Erhöhung des Kontrasts zwischen Buchstaben und Grund eingesetzt wurde.

Gemeinsam ist dem größeren Teil der illuminierten Urkunden Ludwigs, formal durchwegs feierliche Privilegien (Diplome) mit entsprechend ausführlichen Arengen, die Tatsache, dass sie bedeutenden Parteigängern beziehungsweise auch Finanziers des Ausstellers oder Städten als „innenpolitischen" Standbeinen seiner Landesherrschaft eingehändigt wurden, deren „honor" ebenso wie der des Ausstellers durch diese prominente visuelle Propaganda gemehrt werden sollte. *A.Z.*

Lit.: Acht, Prunkurkunden; Suckale, Hofkunst; Roland/Zajic, Urkunden; Wrede, Leonhard von München

Für ein funktionierendes Kanzleiwesen war die Registratur unerlässlich.

4.2
Jüngeres Register der Kanzlei Ludwigs des Bayern

1330–1332/35; Handschrift/Papier, Pergamenteinband, 4 + 50 Seiten, 39 x 29,5 cm
Bayerisches Hauptstaatsarchiv, München (Kurbayern Äußeres Archiv 1158 [KLS Anhang 1])

Register sind protokollarisch geführte Sammlungen von Abschriften und Auszügen von Urkunden, die die Kanzlei des Ausstellers vor deren Übergabe an den Empfänger anlegte. Zunächst vor allem als formale Vorlage und als Formularbehelf genutzt, dienten sie dem Aussteller in der Folge verstärkt zur inhaltlichen Information über seine getätigten Besitz- und Rechtsverleihungen. Die Anlage von Registern hat als Indikator für fortgeschrittene Formen herrscherlicher Regierung und schriftbasierter Verwaltung zu gelten. Den Vorsprung, den die päpstliche Kurie sowie die Königreiche England und Frankreich in der Ausbildung weiter entwickelter Verwaltungsstrukturen besaßen, vermochte das Reich erst gegen Ende des Mittelalters aufzuholen.

Während die Anfänge der Registerführung am deutschen Königshof in die Zeit Heinrichs VII. (reg. 1308–1313) zurückreichen, stammen die ältesten erhaltenen Register römisch-deutscher Könige von Ludwig dem Bayern. Von der um 1314/15 einsetzenden und bis nach 1332 geführten Registerserie sind nur zwei Teile überliefert. Das bald nach dem Sieg bei Mühldorf im November 1322 angelegte älteste Reichsregister reicht bis zum Aufbruch Ludwigs nach Italien im Januar 1327.

Das nur fragmentarisch erhaltene jüngere Reichsregister umfasst den Zeitraum von Mai 1330 bis Dezember 1332, mit einem Nachtrag von 1335. Von den insgesamt 146 im vollen Wortlaut oder in Auszügen eingetragenen Urkunden weisen 24 Überschriften auf, die gleichsam „schlagwortartig den jeweiligen Eintrag nach seinem Inhalt – mit oder ohne Nennung des Empfängers – typisieren" (Helmut Bansa). Die erhaltene Nummerierung einzelner Texte und manche Gemeinsamkeiten mit zeitgenössischen Formularbüchern deuten auf eine Zweitverwendung der Register als Formularbehelfe in der Kanzlei Ludwigs nach 1332/35 hin.

Die hier präsentierten Seiten geben eine authentische Vorstellung von der Arbeitsweise der Kanzlei Ludwigs des Bayern. Die Notare registrierten entweder nach vorhandenen Konzepten beziehungsweise vorliegenden Originalurkunden oder griffen auf kurze eigene Notizen sowie auf bei der Beratung des Vorgangs am Hof erstellte Listen (Eintrag Nr. 14 pag. 4) zurück. Eine Initiale und eine deutende Hand heben die Einträge Nr. 83 und 84 auf pag. 26 grafisch hervor, während der Notar den Eintrag Nr. 89 auf pag. 28 infolge der Unwirksamkeit des rechtlichen Vorgangs wieder gestrichen hat.

H. Sei.

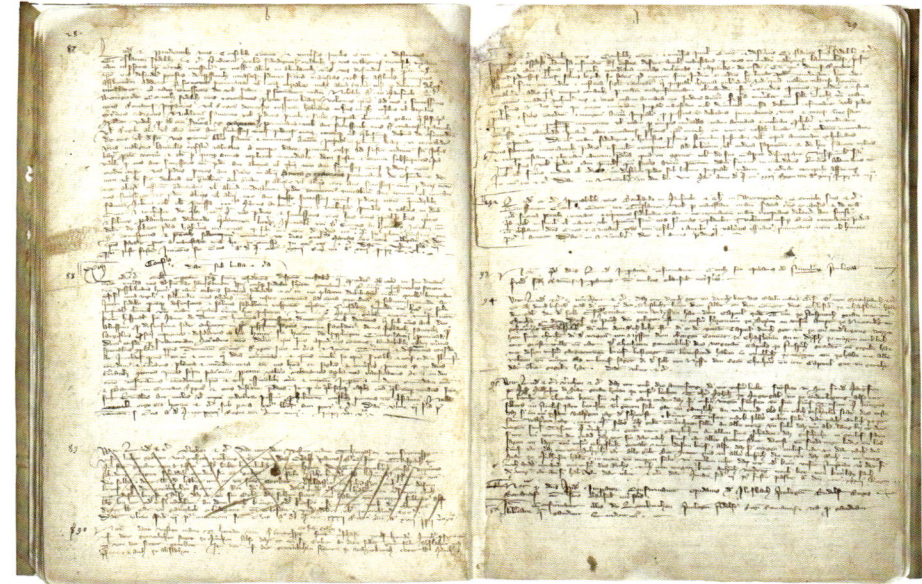

Lit.: Bansa, Register, Bd. 2, S. 275–516; Bansa, Problem, S. 529–550; Glaser, Wittelsbach und Bayern, S. 233, Nr. 354 (Alois Schütz); Liess, Aus 1200 Jahren, S. 122f., Kat.-Nr. 57

Zweimal hat Ludwig IV. in seiner 33-jährigen Regierungszeit den Erdball umrundet, rechnet man die zurückgelegten Strecken zusammen.

4.3
Aufenthalte und Reisewege Ludwigs des Bayern

Karte und Medienstation; Entwurf: Andreas Th. Jell, Vorlage: Martin Berg; Haus der Bayerischen Geschichte, Augsburg

Wie im Spätmittelalter üblich erledigte Ludwig IV. seine Regierungsgeschäfte auf dem Reiseweg. Machtpolitische und wirtschaftliche Interessen bestimmten die Besuche von Etappen- und Zielorten. Militärische Auseinandersetzungen und Kriegszüge waren fester Bestandteil des Itinerars. Auffallend häufig besuchte Ludwig IV. in der ersten Regierungszeit bis zur Entscheidungsschlacht von Mühldorf (1314–1322) den süddeutschen Raum um sein herzogliches Machtzentrum Oberbayern mit München (50 Aufenthalte) und Ingolstadt (31) sowie die Oberpfalz mit Regensburg (25) und Amberg (24), die Reichsstadt Nürnberg (30) als Wirtschafts- und Finanzzentrum, ebenso Frankfurt (27) und die mittelrheinischen Gebiete, allesamt verbündete Territorien im Kampf um das Reich. Eine besondere Rolle fiel in dieser Zeit den Städten der Oberpfalz zu, allen voran Regensburg. Verkehrsgünstig gelegen, öffnete die Stadt das Tor zur Oberpfalz, das wohl bedeutendste Rückzugsgebiet des Königs, wo er unter den Rittern und Ministerialen wichtige Mitstreiter fand.

Die häufigen Besuche in dieser entlegenen Gegend mit 24 Aufenthalten in Amberg lassen den Schluss zu, dass sich dort, in dem sich zum europäischen Eisenzentrum entwickelnden Gebiet, die Rüstkammer des Königs befand. Von Regensburg aus wurden die großen Feldzüge des Königs organisiert, koordiniert und die Kerntruppe rekrutiert. Die wirtschaftliche Kraft der Regensburger Kaufleute schuf dafür die Rahmenbedingungen.

In der zweiten Hälfte seiner Regierungszeit nach der Rückkehr aus Italien (1330–1347) änderten sich die Reisewege des Kaisers nur unwesentlich. München (95 Aufenthalte), Nürnberg (48) und Frankfurt (30) spielten wieder eine herausragende Rolle. Die Aussöhnung mit den Habsburgern ermöglichte nun auch Reisen in das Elsass, Besuche in Tirol und Wien. Landshut mit 25 Aufenthalten taucht nun häufiger im Itinerar des Kaisers auf. Im Gesamtbild liegt München (145) an der Spitze, gefolgt von Nürnberg (78) und Frankfurt (57). Insgesamt umfasste die Reisestrecke, die Ludwig IV. in seiner Regierungszeit zurücklegte, über 80 000 Kilometer.

M. B.

Lit.: Berg, Itinerar Ludwigs des Bayern
Karte: www.hdbg.eu/karten (30.4.2014)

Ludwig IV. ließ für sein Herzogtum Oberbayern Rechte und Gewohnheiten in einem Gesetzeswerk zusammenfassen, das von seinen Söhnen veröffentlicht wurde. Das Oberbayerische Landrecht behielt bis in das 16. Jahrhundert Gültigkeit.

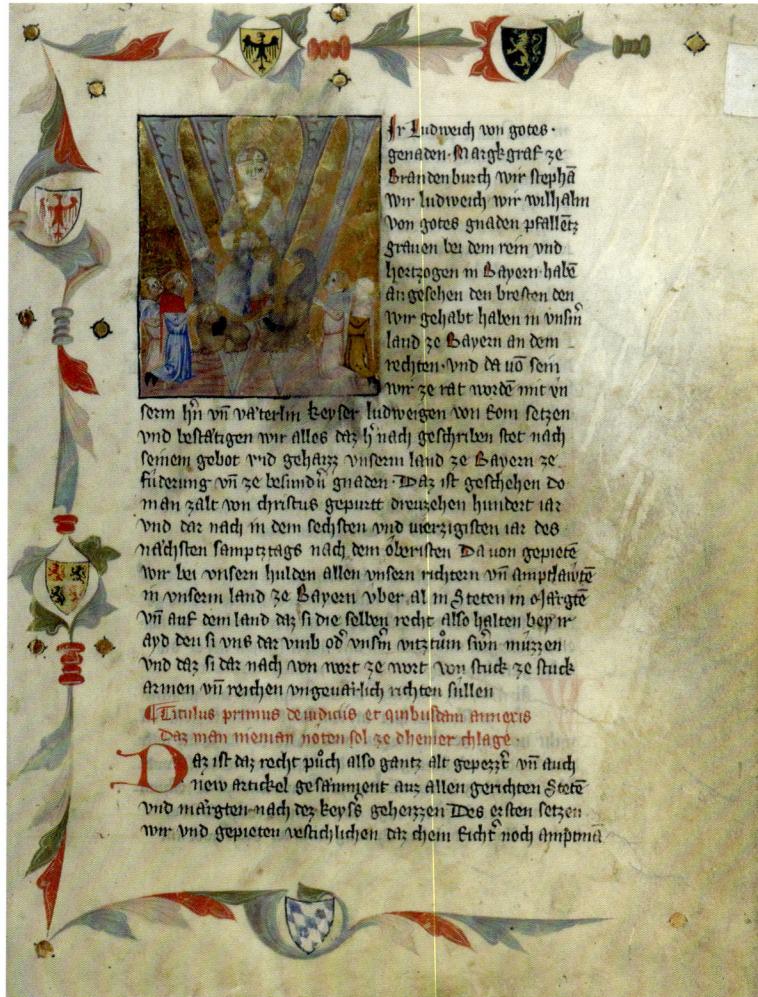

4.4
A Oberbayerisches Landrecht

Oberbayern, um 1346;
Handschrift/Pergament, Miniaturmalerei,
47 Blätter, 33,5 x 24 cm
Bayerische Staatsbibliothek München
(Cgm 1506)

Die Titelseite des Oberbayerischen Landrechts (A) zeigt in der Eröffnungsinitiale „W" Kaiser Ludwig, sitzend auf einem von Löwen und Adlern gebildeten Thron, in blauer Dalmatika mit über der Brust gekreuzter goldener Stola (fol. 6ʳ). In den Händen hält er Zepter und Reichsapfel. Auffallend ist die ungewöhnliche Form der Kaiserkrone, die zumeist als Kronreif mit Bügel und Mitra beschrieben wird, doch in der kugeligen Form dem Kamelaukion, der byzantinischen Kaiserkrone, ähnelt, wie sie zur Zeit Ludwigs etwa Andronikos III. Palaiologos (1328–1341) getragen hat, zu dem Beziehungen bestanden. Dieser Kronentyp war aber auch im Westen nicht ganz unüblich. Insgesamt folgt die Darstellung dem Majestätssiegel von 1328 (Kat.-Nr. 3.33). Rechts und links sind die auch im Text genannten vier Söhne des Kaisers zu sehen: Ludwig der Brandenburger (geb. 1315), Stephan (geb. 1319), Ludwig der Römer (geb. 1330) und Wilhelm (geb. 1333). In den Ranken finden sich die Wappen des Reichs, der Pfalz, Brandenburgs, Hollands und Bayerns.

Das Landrecht ist auf den 7. Januar 1346 datiert (Inkraftsetzung). Die Ikonografie der Titelminiatur wurde vermutlich schon für die erste Fassung (wohl um 1333/36) entwickelt, da sie nur von vier Söhnen Ludwigs ausgeht. Lieberich bringt die Darstellung erstmals mit deren wechselseitigem Erbvertrag, der 1334 geschlossen wurde, in Verbindung.

Der Codex gehört zu einer größeren Gruppe von Handschriften des Bayerischen Landrechts, die in Serie hergestellt wurden. Durch denselben Schreiber, den so genannten Landrechtsschreiber, und dieselben Korrektoren ebenso verbunden wie durch die Werkstatt, die die am oberitalienischen Malstil orientierte Titelseite vieler Exemplare zierte, sind insbesondere die Zimelie 12 des Münchner Stadtarchivs, Cod. 2786 der Österreichischen Nationalbibliothek in Wien und MS 185 des Fitzwilliam Museum in Cambridge. Ob der Buchschmuck in Oberitalien oder in Bayern – unter Federführung eines Oberitalieners – ausgeführt wurde, ist strittig, ebenso die Entstehungszeit noch zu Lebzeiten des Kaisers.

Auch das zweite hier gezeigte Exemplar (B) wurde höchstwahrscheinlich durchgehend vom Landrechtsschreiber angefertigt, der für eine Reihe von Abschrif-

B Oberbayerisches Landrecht

Oberbayern, nach 1350 (um 1360/70?);
Handschrift/Pergament, Miniaturmalerei,
48 Blätter, 31,5 × 23,5 cm
Bayerische Staatsbibliothek München
(Cgm 15)

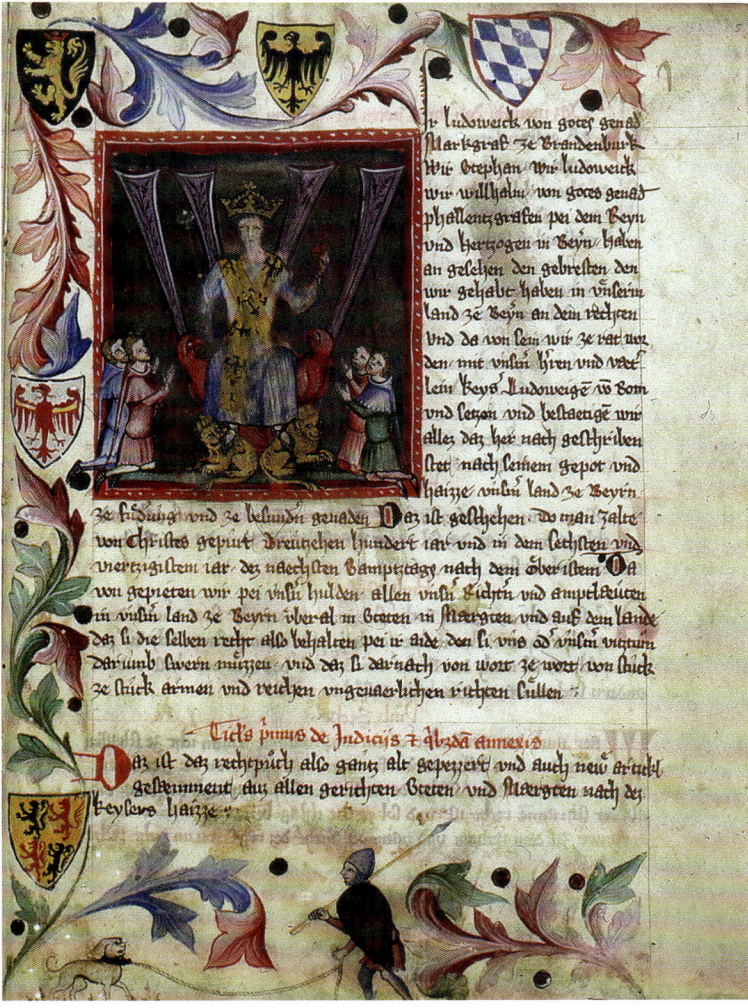

ten verantwortlich zeichnet. Es weicht jedoch von den älteren Exemplaren, zu welchen Cgm 1506 (A) gehört, leicht ab. Nach Karin Schneider kann es aufgrund verschiedener neuerer Schriftformen erst nach der Mitte des 14. Jahrhunderts, also nach dem Tod Kaiser Ludwigs, entstanden sein. Wie dort ist auch hier die Miniatur auf dem Eröffnungsblatt (fol. 5ʳ) der Hauptschmuck. Vergleichbar den etwas älteren Miniaturen zeigt sie den von seinen vier Söhnen umgebenen thronenden Kaiser. Wie dort ist er auf dem Löwen-Adler-Thron sitzend in einer blauen (purpurnen) Dalmatika mit der von schwarzen Adlern besetzten goldenen Stola vor der Eröffnungsinitiale „W" dargestellt. Im Gegensatz zu den älteren Darstellungen ist der Kaiser hier mit der Bügelkrone, also der Reichskrone, gezeigt. Die Wappen entsprechen der früheren Ausgabe, sind aber anders angeordnet. Am unteren Seitenrand wird in der Ranke ein behelmter Jäger mit Lanze und Hund sichtbar. Miniatur und Randranken sind vom Stil her wohl gegen 1360/70 zu datieren. Vermutlich wurde der Buchschmuck erst einige Jahre nach Fertigstellung der Abschrift ausgeführt; unter der Initiale lässt sich keine ältere Ausstattung in der Art einer ornamentalen Initiale nachweisen. Auf eine spätere Datierung des Buchschmucks deuten die üppigen Ranken, die sich von den oberitalienischen (Bologneser) Vorbildern entfernen und zu böhmischen Formen hin entwickeln, ebenso wie die von den Söhnen des Kaisers getragene Mode mit eng anliegenden Gewändern und den Gugeln mit den langen, schmalen Zipfeln. Wie in vielen anderen Handschriften ist auch hier das Bildnis Ludwigs verwischt. Dies wurde immer wieder mit einer „Damnatio memoriae" des exkommunizierten Kaisers verbunden, doch erscheint eine solche in einer nach dem Tod des Kaisers geschaffenen Handschrift wenig sinnvoll.

K.-G. Pf.

Lit.: Hernad, Handschriften, S. 125f., Kat.-Nr. 179; Lieberich, Darstellung; Puhle, Heiliges Römisches Reich Deutscher Nation, Kat.-Nr. V.10 (Robert Suckale); Schneider, Schriften, S. 105; Suckale, Hofkunst, S. 39, 244f. (Kat.-Nr. 48)
www.handschriftencensus.de/4672 (19.1.20149999);
www.historisches-lexikon-bayerns.de/artikel/artikel_45246 (19.1.2014)

Wie weit der wittelsbachische Herrschaftsbereich in den Norden reichte, hatte man in der Münchner Lorenzkirche vor Augen, betrachtete man die Gewölbeschlusssteine mit den Wappen des Reichs und der Grafschaften Holland und Hennegau.

4.5
Zwei Schlusssteine aus der Lorenzkapelle im Alten Hof

München, um 1324; Molassesandstein, 62 x 87 x 38 cm und 54 x 79,5 x 37 cm, Reste alter Fassung; erworben 1887
Bayerisches Nationalmuseum, München (MA 2167, MA 2168)

Der etwas größere Schlussstein zeigt einen Wappenschild mit dem nach – heraldisch – rechts gewendeten Adler vor Ranken von Akanthus oben sowie Wein und Efeu zu den Seiten, der zweite einen Schild mit vier steigenden Löwen nach rechts. Das eine Wappen vertritt das Reich, das andere die zweite Gemahlin Kaiser Ludwigs des Bayern, Margarete von Holland-Hennegau. Die ursprünglich sicher rot (2, 3) und schwarz (1, 4) bemalten Löwen stehen für die Grafschaften Holland und Hennegau. Angesichts des guten Erhaltungszustands müssen die Schlusssteine beim Abbruch der Kapelle gezielt geborgen worden sein. An den Kontaktflächen der Rippen sind sogar noch Ritzzeichnungen aus dem Werkprozess überliefert.

Dass die beiden Schlusssteine bewahrt blieben, war Aretin bei seiner Beschreibung der Lorenzkapelle im Jahr 1857 anscheinend noch unbekannt. Sie kamen erst 1887 als Geschenk von Herzog Maximilian in Bayern aus dem herzoglichen Garten in Bogenhausen in das Bayerische Nationalmuseum. Für das „Ausbrechen" entstanden Kosten, die Schlusssteine scheinen also in Bogenhausen vermauert gewesen zu sein. Dem Herzog war ihre Herkunft offenbar unbekannt; der Stein mit dem holländischen Wappen wird beim Erwerb noch als „von einer Chorschranke herrührend" beschrieben. Erst nachträglich wird in den Museumsunterlagen ein Zusammenhang mit dem Alten Hof hergestellt. Da Burmeister für das Langhaus der Kapelle nur eine Breite von circa neun und eine Länge von circa 15 Metern rekonstruiert, liegt ein Zusammenhang in Anbetracht der Größe der Schlusssteine und vor allem der Rippen nicht wirklich nahe. Die Schlusssteine weisen einen Durchmesser von 68,5 (Reichsadler) und 66,5 Zentimeter (Holland) auf, die doppelt gekehlten Rippen eine Tiefe von etwa 29 und eine Breite von bis zu 20,5 Zentimetern. Zudem setzen sie recht flach an. Angesichts dieser Maße hätte man auch an eine Bestimmung für den Vorgängerbau der Frauenkirche denken können, doch lassen die Wappen eigentlich nur eine Herkunft aus der Lorenzkirche zu.

Dabei widerspricht der überlieferte Bestand allerdings der Beschreibung der Kapelle bei Karl Maria von Aretin: „Das gothische Gewölbe war durch breite flache Gurten gehalten, wie sie im 14. Jahrhundert gewöhnlich vorkommen. An dem vorderen Kreuzungspunkte derselben war ein steinernes Medaillon mit dem einfachen kaiserlichen Adler angebracht." Die erhaltenen Werkstücke zeigen vielmehr kräftig profilierte Rippen und zumindest der Schlussstein mit dem Adler kann nach den Rippenansätzen nur im Zentrum eines einfachen Kreuzgewölbes gesessen haben. Der Stein mit dem Holland-Wappen passt mit seinen sechs Rippenansätzen auf das vordere Langhausjoch. Für dieses überliefern die vor 1816 entstandenen Außenansichten von Quaglio sowie die Innenskizze von Stimmelmayr übereinstimmend eine eigentümliche Gewölbeformation mit einer ⅝-Lösung und zum Rechteck vermittelnden Gewölbezwickeln. Das Holland-Wappen wäre dann weiter im Osten versetzt gewesen, so wie die Kaiserin auf dem Stifterrelief (Kat.-Nr. 5.40) zum Chor der Kirche hin angeordnet ist. Der Kaiser kniet rechts, zum Adlerstein hin, der vermutlich genau über dem Stifterrelief das mittlere der nur drei Langhausjoche zusammenhielt. Eine gelegentlich vertretene Bestimmung der Schlusssteine für den Chor kann angesichts von dessen noch weit geringeren Maßen und der nichtsakralen Thematik ausgeschlossen werden.

M. W.

Lit.: von Aretin, St. Lorenz-Kirche; Burmeister, Entwicklung, S. 27 u. ö.; Suckale, Hofkunst, S. 251

Der Wappenstein an der Münchner Lorenzkapelle symbolisiert die Landesherrschaft des Wittelsbachers Ludwig.

4.6
Kopie des Wappensteins von der Lorenzkapelle im Alten Hof

Original: München, um 1324; Molassesandstein, 71 x 91,5 x 15 cm,
umfangreiche Reste alter Fassung (Bayerisches Nationalmuseum, München, MA 958)
Kopie: Kunststein, farbig gefasst
Landesstelle für die nichtstaatlichen Museen in Bayern, München

Der Bauplatz der Lorenzkapelle lag zwischen Stadtmauer und Hofgraben eingezwängt. Hinter dem Chor war in die Stadtmauer der südliche Zugang zum Alten Hof eingeschnitten. Eine zweite große Bogenöffnung in der Stadtmauer vermittelte im 19. Jahrhundert zum Portal der Kirche hin, das sich im Westen der Südwand des Langhauses befand. Das Sandtner'sche Stadtmodell von 1570 zeigt die Mauer sogar ganz in einer Bogenstellung geöffnet. Über besagtem Portal war nach einer Beschreibung von Aretin von 1857 der hier in Kopie ausgestellte Wappenstein eingesetzt. Laut Aretin war das Original „vor einiger Zeit in einem Bau-Magazine dahier entdeckt" und anschließend in das neu gegründete Bayerische Nationalmuseum verbracht worden.

In der heutigen Bemalung schmückt den Schild das pfalzbayerische Wappen. Aus Vertiefungen im Stein schloss jedoch schon Aretin, dass das ursprüngliche Wappen vielleicht in Metall aufgesetzt war. Der Wappenschild wird von zwei knienden Engeln in langen Gewändern gehalten. Mit der Spitze lastet er auf dem Kopf einer kauernden, geflügelten, gekrönten Gestalt, die sich mit beiden Händen auf die Rahmung stützt und dem in die Kirche eintretenden Besucher mit schmerzerfülltem Gesicht entgegenblickte. Robert Suckale notierte, eine überzeugende Deutung dieser Figur sei noch nicht gelungen, doch müsse ihr eine negative Bedeutung zugeordnet sein. Aufgrund der Flügel kann es sich eigentlich nur um den Fürsten der Unterwelt handeln, Luzifer, in dessen Gestalt der Anführer der gefallenen Engel und der bei Jesaja (14, 12–14) genannte, in die Unterwelt gestürzte König von Babel verschmelzen. Künstlerisch schließt sich das relativ altertümliche und recht summarisch behandelte Werk an keines der anderen erhaltenen Fragmente vom Alten Hof unmittelbar an. *M. W.*

Lit.: von Aretin, St. Lorenz-Kirche; Bäumler u. a., Von Kaisers Gnaden, S. 55–57, Kat.-Nr. 2.31 (Matthias Weniger); Suckale, Hofkunst, S. 252

Die Auseinandersetzungen zwischen der bayerischen und der pfälzischen Linie der Wittelsbacher wurden mit dem Hausvertrag von Pavia beigelegt.

4.7

A Vereinbarung zwischen Kaiser Ludwig dem Bayern und seinen Neffen über die Ernennung einer Kommission zur Teilung sämtlicher Länder

Rom, 14. April 1328; Urkunde, Pergament, Wachssiegel an grüner Seidenschnur, rotes Wachssiegel in einer Wachsschale an rot-goldener Seidenschnur, 34,5 x 53 cm (ohne Siegel)
Bayerisches Hauptstaatsarchiv, München –
Geheimes Hausarchiv (Hausurkunde 2405)

B Hausvertrag von Pavia

Pavia, 4. August 1329; kaiserliche Ausfertigung für die Pfalzgrafen Rudolf II. und Ruprecht, Pergament mit anhängendem Wachssiegel an rot-goldener Seidenschnur, 60 x 57,5 cm (ohne Siegel)
Bayerisches Hauptstaatsarchiv, München –
Geheimes Hausarchiv (Hausurkunde 2402/1)

C Bayern und Pfalz nach dem Hausvertrag von Pavia

Karte; Entwurf: Andreas Th. Jell
Haus der Bayerischen Geschichte, Augsburg

Mit dem Sieg Ludwigs IV. im Thronstreit war die habsburgfreundliche Politik seiner Schwägerin, der Witwe Herzog Rudolfs I., gescheitert. Deren Söhne suchten daher nach Eintritt der Volljährigkeit, sich dem Sieger zu nähern, wobei Pfalzgraf Rudolf II. voranging, indem er am Romzug König Ludwigs teilnahm. In der Ewigen Stadt schlossen Onkel und Neffe kurz nach der Kaiserkrönung des Ersteren am 14. April 1328 ein Bündnis, womit der Weg zu einem endgültigen Ausgleich geebnet war.

Eine vom Kaiser ernannte Kommission aus sieben bayerischen Adeligen sollte einen Vorschlag ausarbeiten, wie die einst von Herzog Ludwig dem Strengen regierten Länder künftig zwischen den Söhnen und den Neffen des Kaisers geteilt werden könnten (A). Von einer Teilung zu dessen Lebzeiten war da noch nicht die Rede. Am 4. August 1329 einigte sich Ludwig in Pavia dann aber mit Rudolf II. und dessen inzwischen dort eingetroffenen Bruder Ruprecht I. auf eine sofortige Teilung (B). Die beiden Brüder, die zugleich für ihren minderjährigen Neffen Ruprecht II. handelten, erhielten die Pfalz am Rhein und den größten Teil dessen, was bisher im bayerischen Nordgau, das heißt in den Gegenden nördlich von Regensburg, zum Herzogtum Oberbayern gehört hatte. Vereinbart wurden ferner ein gegenseitiges Erbrecht beim Aussterben einer der beiden Linien, ein Schiedsgerichtsverfahren bei Streitigkeiten beiderseitiger Vasallen, Dienstmannen und Untertanen sowie ein Vorkaufsrecht. Hinsichtlich der Kurstimme wurde deren abwechselnde Führung durch die Angehörigen der pfälzischen und der bayerischen Linie festgeschrieben.

G. I.

Karte: www.hdbg.eu/Karten (30.4.2014)

Durch geschickte Lehenspolitik gelang Ludwig IV. der Ausgriff in den Nordosten des Reichs.

4.8

A **Kaiser Ludwig belehnt seinen Sohn Ludwig mit der Mark Brandenburg**

Nürnberg, 24. Juni 1324; Urkunde, Pergament mit gelb-grüner Siegelschnur, 22 x 31 cm
Geheimes Staatsarchiv – Preußischer Kulturbesitz, Berlin (PK VII. HA, Urkunden, Mark als Reichsstand Nr. 4)

B **Herrschaftsmechanismen Ludwigs des Bayern**

Karte; Entwurf: Andreas Th. Jell
Haus der Bayerischen Geschichte, Augsburg

Mit der Einsetzung seines Sohnes Ludwig V. (1315 bis 1361) als Markgraf von Brandenburg sicherte sich Ludwig IV. den Zugriff auf ein wichtiges Kurfürstentum. Gleichzeitig konnte er damit die luxemburgischen Ansprüche auf das Erbe der Askanier in Brandenburg ausschalten. Nachdem der letzte askanische Markgraf Woldemar 1319 ohne Erben gestorben war, zögerte Ludwig zunächst, über die Herrschaftsgebiete Brandenburg, Stettin, Demmin, Stargast und Wernigerode als oberster Lehensherr des Reichs zu verfügen. Erst nachdem er sich gegen den Thronkonkurrenten Friedrich den Schönen in der Schlacht bei Mühldorf 1322 durchgesetzt hatte, ergab sich die Chance, die Markgrafschaft für sein Haus einzubehalten.

Die unklaren Machtverhältnisse in Brandenburg sind wohl der Grund für die verspätete schriftliche Fixierung des Rechtsakts in der Urkunde vom 24. Juni 1324, die ohne Zeugen ausgestellt wurde. Ludwig übertrug darin seinem noch minderjährigen Sohn die Gebiete Woldemars und setzte ihn in das Erzamt des Reichskämmerers ein. In der Folge wurden die wittelsbachischen Ansprüche in Brandenburg, zunächst unter der Vormundschaft des Grafen Berthold (VII.) von Henneberg-Schleusingen (um 1271–1340) durchgesetzt (bis 1333), ab 1327 zeitweise auch von Landgraf Friedrich II. von Thüringen (gest. 1349). Nach dem Vorbild moderner bayerischer Landesverwaltung wurden Besitz und Abgaben in der Mark in einem ersten Landesurbar (1336) erfasst.

Mit der Volljährigkeit Ludwigs V. erfolgte 1328 seine erneute Bestätigung als Markgraf und Kurfürst, verbunden mit der wiederholten Ausfertigung der Belehnungsurkunde, diesmal in feierlicher Form mit Goldbulle und Zeugenliste. Unmittelbar im Vorfeld der innerfamiliären Einigung im Hausvertrag von Pavia (Kat.-Nr. 4.7) hatte Ludwig IV. damit für das wittelsbachische Haus eine zweite Kurstimme bei künftigen Königswahlen errungen.

Begleitet von politischen Spannungen, die vor allem nach dem Tod des kaiserlichen Vaters 1347 durch die Opposition des märkischen Adels und den Gegenkönig Karl IV. angetrieben wurden, dauerte die wittelsbachische Herrschaft in der Mark nur bis 1373, als Karl IV. das Kurfürstentum von Otto dem Faulen (Kat.-Nr. 4.9) erwarb.

E. H.-Sch.

Druck: MGH Const. V, Nr. 938, S. 776
Lit.: Erichsen/Brockhoff, Bayern & Preußen & Bayerns Preußen, S. 201f., Kat.-Nr. 1.4 (Rainer Braun); Schultze, Mark, S. 24–32; Winkelmann, Mark Brandenburg
Karte: www.hdbg.eu/karten (30.4.2014)

Als letzter wittelsbachischer Markgraf in Brandenburg übernahm Otto der Faule 1365 die Herrschaft. Nach dem Verkauf der Mark an Karl IV. 1373 zog sich der Kaisersohn nach Niederbayern zurück.

4.9
A Markgraf Otto von Brandenburg (?)

Um 1360/80; Kelheimer Kalkstein, farbig gefasst (Originalfassung mit früher Zweitfassung), H. 189 cm
Verein „Die Förderer" e.V., Veranstalter der „Landshuter Hochzeit 1475", Landshut

B Die Machtbereiche der Luxemburger und der Wittelsbacher um 1340

Karte; Entwurf: Andreas Th. Jell
Haus der Bayerischen Geschichte, Augsburg

Etwas von oben herab blickt der jugendliche Adelige auf den Betrachter. Die rechte Hand ruht am Schwertgriff, die linke strafft die Tasselschnur des Mantels. Er trägt ein langes, in der Taille gegürtetes Obergewand. Die halblangen Ärmel sind leicht gebauscht, an den Unterarmen wird ein mit Zierknöpfen besetztes Unterkleid sichtbar. Den Kopf bedeckt ein hoher, kugeliger Hut mit hochgeschlagener Krempe. Das lange, gewellte Haar ist an der Stirn kurz geschnitten. Die Statue ist gut erhalten, Fehlstellen zeigen sich vor allem an ihrer rechten Seite, die linke Hand ist verloren.

Das Standbild wurde 2003/04 aus 38 Bruchstücken zusammengesetzt, die 1997 bei Bauarbeiten in einem Haus am ehemaligen Martinsfriedhof in Landshut in einem vermauerten Kellerraum zum Vorschein kamen. Der Raum diente als Müllkippe, der Fundkomplex umfasste zahlreiche Keramikfragmente aus der zweiten Hälfte des 18. Jahrhunderts und den ersten Jahren des 19. Jahrhunderts, Devotionalien, Skelettreste sowie Grabplatten. Vermutlich hatte die Statue ihren letzten Standort im Bereich des Friedhofs um St. Martin und kam bei dessen Auflassung 1805 in den Keller.

Die Figur ist rückseitig tief gehöhlt und war nicht für eine freie Aufstellung vorgesehen. Unterhalb der Schultern finden sich quadratische Eintiefungen für die Anbringung von Halteklammern. Spuren stärkerer Verwitterung im Bereich von Leib und Beinen sowie der Bewuchs von Flechten oder Algen belegen eine zumindest zeitweilige Aufstellung im Freien.

Sind das lange Obergewand, die Haartracht und der Tasselmantel eher dem späten 13. und dem frühen 14. Jahrhundert zuzuordnen, so erscheint das modische Detail der verkürzten Oberärmel erst um 1370/80. Die konservative Haltung in Kleidung und Frisur ist ein wohl bewusst gewähltes Moment höfischer Repräsentation. Diese Eigenheiten der Figur sowie der Fundort legen eine Identifizierung mit dem von Aventin beschriebenen „pildnus" des Markgrafen und Kurfürsten Otto an der Frauenkapelle bei St. Martin nahe, das, nach Ausweis eines Andachtsbilds des 17. Jahrhunderts, zusammen mit drei weiteren Bildwerken an der Nordwand der Kapelle angebracht war.

M. T.

Lit.: Häck, Suche, S. 38; Kobler, Bemerkung, S. 171–181 (mit der älteren Literatur)
Karte: www.hdbg.eu/karten (30.4.2014)

Die Nürnberger Bürger ehrten ihren Kaiser mit einem monumentalen Herrscherbildnis im Großen Saal ihres Rathauses.

4.10
Sanddruck des Kaiser-Ludwig-Reliefs aus dem Nürnberger Großen Rathaussaal

Original: 1339/40, Sandstein
Sanddruck, 2013, nach dem Gipsabguss von Johann Lorenz Rotermund, Nürnberg, vor 1855;
163 × 114 × 28 cm (Bayerisches Nationalmuseum, München, MA 2341.1)
Haus der Bayerischen Geschichte, Augsburg

Zwischen 1332 und 1340 führte der Nürnberger Rat den ersten Trakt eines eigenständigen Rathausgebäudes auf. Kernstück war der für seine Zeit riesige Große Saal im Obergeschoss. An dessen Ostwand wurde ein Kapellenerker von zwei Reliefs flankiert, einer Wiedergabe des thronenden Kaisers sowie einer Szene, bei der eine thronende Figur einer etwas kleineren, die ihr die Ehrbezeugung erweist, ein Richtschwert, Schwertgürtel und Handschuhe anreicht. Die zweite Darstellung ist nicht sicher identifiziert, doch hat man sie wohl zu Recht auf die Verpfändung von Blutgerichtsbarkeit und Zoll an die Stadt Nürnberg beziehungsweise zunächst an ihren reichsten Bürger, Konrad Groß, im März 1339 bezogen. Als für den Status der Stadt besonders wichtige Darstellung nimmt sie den Ehrenplatz zur Rechten des Kaisers ein. Schon bei einer Neufassung der Reliefs und des Saals 1520/21 unter Albrecht Dürer war die alte Bedeutung aber wohl in Vergessenheit geraten. Stattdessen stellte man nun eine Verbindung zu von den Herzögen von Brabant und Burgund sowie Grafen von Flandern verliehenen Privilegien her. Farbige Ansichten der Reliefs mit entsprechenden Beischriften aus der Zeit um 1560/70 sind im Nürnberger Staatsarchiv überliefert. Als einziger Rest der ursprünglichen Ausstattung überdauerten die beiden Reliefs alle Umbauten des Saales, doch wurden sie infolge der Bombardements von 1944/45 durch Feuer schwer beschädigt. Die ursprüngliche Gestalt überliefern die vor 1855 von dem Nürnberger Bildhauer Lorenz Rotermund erstellten Abformungen. Die Darstellung des über Löwen und Adlern thronenden Kaisers orientiert sich eng an dem Siegel, das Ludwig nach seiner in Rom 1328 erfolgten Kaiserkrönung hatte schneiden lassen (Kat.-Nr. 3.33). Wie dort hält er in der Rechten das Zepter und in der Linken den Reichsapfel, wie dort trägt er mit der Stola und der unter der Krone erkennbaren Mitra eine priesterähnliche Gewandung. Noch weiter überhöht wird die Darstellung durch das hinterfangende Ehrentuch und die den Kaiser bekrönenden Engel, ein Motiv, das man sonst fast nur von Darstellungen der Gottesmutter kennt. Gerade angesichts der Gegnerschaft des Papstes sollte offensichtlich besonders nachdrücklich herausgestellt werden,

dass Ludwigs Macht unmittelbar von Gott gegeben war. Bemerkenswert ist, dass diese nicht nur größte, sondern auch höchst überspitzt formulierte Inszenierung des Kaisers nicht im kaiserlichen, sondern im Auftrag der Stadt Nürnberg entstand, ausgeführt wohl von an der benachbarten Sebaldkirche tätigen Bildhauern.

M. W.

Lit.: Bott, Nürnberg 1300–1550, S. 127–131 (Rainer Kahsnitz); Mende, Nürnberger Rathaus, Bd. 1, S. 46–48 u. ö. (das Relief angekündigt als Kat.-Nr. 586 des bis heute nicht erschienenen zweiten Bandes); Suckale, Hofkunst, S. 257–259

Im so genannten Weistum von Rhens verkündeten die Kurfürsten 1338, dass der von ihnen gewählte König ohne Anerkennung durch den Papst der rechtmäßige sei.

4.11
A Rhenser Kurverein und Rhenser Erklärung [D₁ und D₂]

Mainz, 16. Juli 1338; Urkunde, Pergament, ohne Siegel, 33 x 34 cm
Landesarchivverwaltung Rheinland-Pfalz, Landeshauptarchiv Koblenz (Best. 1 A, Nr. 4957)

Seit Ludwig IV. sich nach seiner gespaltenen Wahl zum „König der Römer" und dem langwierigen Krieg gegen Friedrich von Österreich militärisch hatte durchsetzen können, traf er auf die erbitterte Gegnerschaft des Papstes Johannes XXII., der ihm beschied, ein deutscher Herrscher müsse erst die päpstliche „Approbation", also die Bekräftigung und Bestätigung seiner Wahl, erreichen, bevor er Regierungsgeschäfte im Reich tätigen dürfe. Verschiedene Appellationen Ludwigs fruchteten nichts, der Papst erklärte ihn für abgesetzt. Sein Leben lang konnte sich Ludwig nicht aus dem über ihn verhängten Kirchenbann lösen. In amtlichen Schreiben nannten ihn Papst und Kurie fortan (Ludovicus) Bavarus, um ihm nicht etwa den Herrschaftstitel eines „Herzogs von Bayern" zuschreiben zu müssen. Der polemisch gemeinte Name, der zudem an „Barbarus" denken lässt, hat sich durchgesetzt, wobei die negative Bedeutung heute weitgehend verblasst ist. Ludwig IV. erkämpfte sich in Rom eine Kaiserkrönung ohne Papst und erhob – zum letzten Mal überhaupt – einen eigenen „Gegenpapst" (1328).

Als sich Ludwig nach seiner Rückkehr nach Deutschland trotz intensiver Verhandlungen mit den Päpsten in Avignon nicht über eine Aussöhnung zu einigen vermochte, fand er bei den deutschen Fürsten zunehmend breiten Rückhalt. Insbesondere die Kurfürsten, denen seit der Mitte des 13. Jahrhunderts die Kompetenz zugewachsen war, exklusiv den deutschen Herrscher als „römischen König" zu wählen, empfanden sich in ihren Rechten derart geschmälert, dass sie sich schließlich fast vollzählig – es fehlte nur der König von Böhmen – am 16. Juli 1338 in Rhens bei Koblenz am Rhein versammelten, wo sie sich schon mehrfach zur Königswahl getroffen hatten. Ausdrücklich beschloss man einen „Kurverein" und unterstrich damit nachhaltig den kurfürstlichen Konsens bei wesentlichen Entscheidungen herrscherlicher Reichsregierung. Es wurde erklärt, wen die Kurfürsten einmütig oder auch nur mehrheitlich zum König der Römer wählten, der habe unmittelbar aus dieser Wahl schon vor Krönung und Weihe das Recht, der Wahl zuzustimmen, Titel und Rechte eines römischen Königs wahrzunehmen und die Regierung im Reich auszuüben, ohne auf „eine Nominierung, Approbation, Bestätigung, Beistimmung oder Ermächtigung irgend jemandes" – gemeint, nicht aber genannt war der Papst – warten zu müssen. Eindeutig waren damit die Ansprüche von Papst und Kurie an Ludwig IV. abgewiesen, auch wenn dessen Name nicht fiel. Zugleich war für alle Zukunft festgelegt, dass bereits eine Mehrheit der Kurfürsten die Herrschaft des Gewählten begründe.

Weitere Texte haben diese vorsichtig-klaren Festlegungen noch zu präzisieren und zu erweitern versucht. Der Erzbischof von Mainz etwa stellte dem Kaiser eine eigene Urkunde [B] zu, in der er ausdrücklich bestätigte, dass sich die Rhenser Erklärung auf „unsern herren den keyser ludwigen von Rom … und nieman anderes" beziehe. Ludwig IV. selbst erließ in Frankfurt am Main am 6. August 1338 „zum ewigen Gedächtnis" ein „Gesetz oder Edikt" mit den Anfangsworten „Licet iuris" (Kat.-Nr. 4.17). Bezeichnenderweise heißt es hier in extremer Zuspitzung, wen die Kurfürsten einmütig oder mehrheitlich erwählten, der sei „sofort allein aufgrund der Wahl wahrer König und Kaiser der Römer", dürfe sich so nennen und bedürfe keiner „Approbation, Bestätigung oder Ermächtigung" durch den Papst. Wenn diese offenkundig interessegeleitete Erweiterung der Rechtsfolgen der Königswahl, die eine Kaiserkrönung durch den Papst rechtlich überflüssig machen wollte, auch niemals allgemeine Geltung erlangen konnte, deutet sie doch die Richtung an, in die die Wünsche des Herrschers zielten. Der Text dieses „Kaiserwahlgesetzes" ist, bezeichnend genug, nicht in offizieller Form überliefert, sondern nur kopial in Sammlungen von Parteigängern, die zwischen 1330 und 1338 am Kaiserhof Texte zusammenstellten, um auf einem künftigen Konzil die Ankläger des Papstes zu munitionieren. Ludwigs Anhänger berufen sich noch bis über dessen Tod hinaus auf dieses „Gesetz". So zitierte etwa Wilhelm von Ockham in seiner herben Kritik an der Wahl des luxemburgischen (Gegen-)Königs Karl IV. diesen Text wörtlich, wie in der Handschrift Kat.-Nr. 4.17 (Text A₂) zu sehen ist, doch verhalf dies alles dem Dokument nicht zu nachhaltiger Geltung. Die Erklärung des „Kurvereins" und der Kurfürsten jedoch wirkte unmittelbar auf die Goldene Bulle Kaiser Karls IV. von 1356, die im späteren Mittelalter zum Reichsgrundgesetz avancierte und die deutsche Herrschaftssukzession bis an das Ende des Alten Reichs (1806) rechtlich bestimmte.

J. M.

Drucke [D₁:] Stengel/Schäfer, Nova Alamanniae, Bd. 1/2, S. 361f., Nr. 545; [D₂:] Weinrich, Quellen, S. 286–290, Nr. 88; [B:] Müller, Kampf, Bd. 2, S. 356f., Nr. 4; Otto, Regesten, Bd. 1.2, Nr. 934; [Licet iuris:] Weinrich, Quellen, S. 290–293, Nr. 89

Lit.: Becker, Kurverein; Menzel, Übernahme; Miethke, Druck; Miethke, Einleitung; Müller, Kampf, Bd. 1–2; Schneidmüller, Kaiser Ludwig IV.; Stengel, Rhens; Zeumer, Königswahlgesetz

B Urkunde des Mainzer Erzbischofs [B]

16. Juli 1338; Urkunde, Pergament mit anhängendem Wachssiegel, 25 x 34 cm
Bayerisches Hauptstaatsarchiv, München
(Kurbayern Urk. 11170)

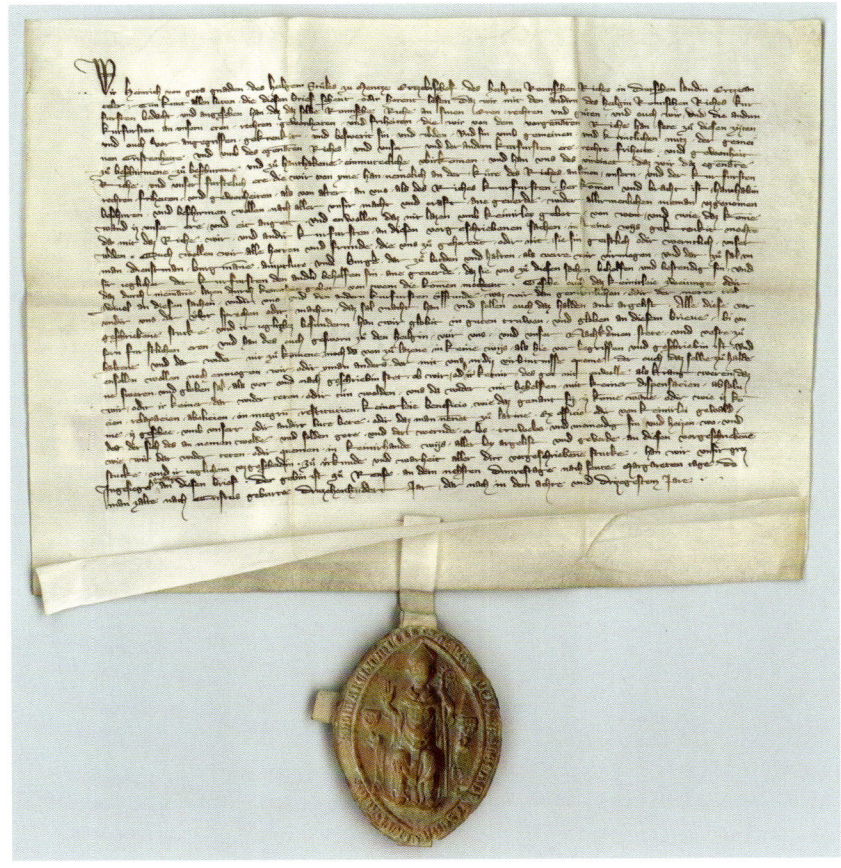

Der Mainzer Erzbischof zählte als „Königsmacher" zu den wichtigsten Unterstützern Ludwigs. Am Mainzer Kaufhaus am Brand wurden die Königswähler erstmals gemeinsam mit dem König dargestellt.

4.12
A Das ehemalige Mainzer Kaufhaus am Brand

Johann Ludwig Ernst Schulz (1759–1826); Mainz, 1812; Öl/Leinwand, 79 x 53 cm (R)
Landesmuseum Mainz (294)

B Abgüsse der Statuen der sieben Kurfürsten und des Königs am Mainzer Kaufhaus am Brand

Originale: um 1330, Sandstein (Landesmuseum Mainz, S 3099–S 3106)
Abgüsse, 1980; Kunststoff, je max. 215 x 123 x 26 cm
Haus der Bayerischen Geschichte, Augsburg

Das Bild des seit 1807 in Mainz ansässigen Malers Johann Ludwig Ernst Schulz gibt, sieht man von kleineren Anbauten ab, weitgehend den Zustand des Gebäudes des 14. Jahrhunderts wieder. Schulz hielt das Kaufhaus kurz vor oder nach dem Abriss des baufälligen Gebäudes 1812 fest. Acht Zinnenfiguren, deren Originale sich heute im Mainzer Landesmuseum befinden, schmückten die Fassade. Sie stellen den deutschen König und seine Wähler, die sieben Kurfürsten, dar. Der Mainzer Erzbischof Peter von Aspelt hatte als einer der wichtigsten Fürsten des Reichs Ludwig bei der Wahl zum deutschen König unterstützt und ihn 1314 in Aachen gekrönt (Kat.-Nr. 2.1). Auch die Mainzer Bürgerschaft, die sich seit dem 13. Jahrhundert als eigenständige Kraft neben dem Mainzer Erzbischof und dem Domkapitel entwickelt hatte, war für den Wittelsbacher ein wichtiger Partner. Daher verlieh Ludwig den Mainzer Bürgern 1317 das Recht, Gebühren für im Kaufhaus am Brand eingelagerte Waren zu erheben. In dieser Urkunde ist das Kaufhaus am Brand erstmals erwähnt. Es hatte sich eingebürgert, dass jeder auswärtige Händler seine Waren im Kaufhaus für eine bestimmte Zeit anbieten musste. Mit der Erhebung von Gebühren nutzte die Stadt den Warentransitverkehr für sich und versuchte auf diese Weise, im Wettbewerb mit Frankfurt, das Mainz an wirtschaftlicher Bedeutung überflügelt hatte, wieder Anschluss zu finden.

E. R.

Lit.: Felten, Kaufhäuser; Grathoff/Rettinger, Kaufhausordnung; Jahn/Rettinger, Shoppen; www.kaufhaus-am-brand.de (4.2.2014)

König Ludwig der Bayer

Erzbischof von Mainz

Erzbischof von Köln

Erzbischof von Trier

König von Böhmen

Pfalzgraf bei Rhein

Herzog von Sachsen

Markgraf von Brandenburg

Wir sind Kaiser!

Auf dem Hoftag in Koblenz inszenierte sich das Reichsoberhaupt
an der Spitze des Reichs über den Kurfürsten und dem englischen König.

4.13
Der Hoftag von Koblenz

Installation, Entwurf: graficde'sign pürstinger, Salzburg
Haus der Bayerischen Geschichte, Augsburg

Edward III. hielt sich in der ersten Phase des Hundertjährigen Kriegs von Juli 1338 bis Februar 1340 auf dem Kontinent auf. Sein Ziel: die Erlangung der französischen Königswürde. Dazu suchte er militärische Bündnispartner für die zu erwartenden Auseinandersetzungen mit dem französischen König Philipp VI. zu gewinnen und die Finanzierung seines Vorhabens zu sichern. Seit Mai 1338 war ein Zusammentreffen mit Kaiser Ludwig IV. geplant. Vom Quartier in Antwerpen aus begab sich Edward III. mit großem Hofstaat auf die Reise nach Koblenz. Auf dem Weg dorthin folgte er in Köln einer Einladung des Erzbischofs Walram, der ihm damit die Reverenz erwies. Was den Hoftag betraf, so verhielt sich der Kölner Erzbischof diplomatisch und blieb dem Treffen fern. Ab dem 31. August 1338 nahm Edward als Gast des Trierer Erzbischofs Balduin Quartier auf der Rheininsel Niederwerth bei Koblenz. In den folgenden Tagen fanden zwei Vorbesprechungen statt, umrahmt von zahlreichen Ehrerweisungen des Kaisers und der anwesenden Fürsten. Auch der englische Hof demonstrierte seine Stellung durch luxuriöse Prachtentfaltung und großzügige Geschenke (Kat.-Nr. 4.14).

Auf dem Koblenzer Florinsmarkt fand schließlich am 5. September 1338 die Reichsversammlung statt, an der Kaiser Ludwig IV., Erzbischof Balduin von Trier, Erzbischof Heinrich III. von Mainz, die Pfalzgrafen Rudolf II. und Ruprecht der Ältere sowie Herzog Rudolf von Sachsen und andere Reichsfürsten teilnahmen. Von weiteren sechs Bischöfen sowie 37 Grafen, Baronen und Rittern sprechen die Quellen. Seinem Rang gemäß wurde Edward III. neben dem auf einem erhöhten Thron sitzenden Kaiser, der mit Krone, Reichsapfel und Zepter auftrat, platziert.

Das aus englischer Sicht zentrale Ereignis des Hoftags war die Ernennung Edwards III. zum Reichsvikar. Darüber hinaus wurden militärische Vereinbarungen mit dem Kaiser sowie den Erzbischöfen von Tier und Mainz getroffen. Der Besuch des Koblenzer Hoftags schien zunächst also durchaus erfolgreich: Das Reichsvikariat war mit Rechten gegenüber den Reichsvasallen verbunden und stärkte die Position Edwards gegenüber dem französischen König. Bald aber sollten Edwards schlechte finanzielle Lage und die Kampfunwilligkeit der Verbündeten die Situation bestimmen. So wurden die in Koblenz eingegangenen Zahlungsverpflichtungen des Engländers und die im Gegenzug dazu übernommenen militärischen Verpflichtungen mehrfach ausgesetzt. Als Sicherheit für ausstehende Zahlungen wurde im Februar 1339 sogar die englische Erbkrone an den Trierer Erzbischof übergeben, die erst nach mehr als fünf Jahren wieder zurückgelangen sollte. Im April 1341 schließlich nahm der Kaiser das in Koblenz verliehene Reichsvikariat zurück. Die mit der Übertragung verbundenen Erwartungen hatten sich auch für ihn nicht erfüllt.
E. A.

Lit.: Andre, Königshof (mit ausführlichen Quellen- und Literaturangaben); Andre, König; www.rheinische-geschichte.lvr.de/themen (22.1.2014)

Gold- und Silberfäden, Perlen und Edelsteine schmückten den Wappenstoff,
den Edward III. von England auf seiner Reise an den Rhein mitbrachte.

4.14
Vier Fragmente von einem Wappenstoff für eine Pferdedecke

England, 1330/40; Seide, Samt, Gold- und Silberfäden, Perlen, Edelsteine, 91,5 x 52,8 cm
Musée national du Moyen Âge – Musée de Cluny, Paris (Cl.20367c)

Die Fragmente stammen von einer großen, repräsentativen Goldstickerei auf rotem Samt. Als zentrales Motiv sind Leoparden dargestellt, die aus Gold- und Silberfäden sowie Perlen und Edelsteinen gearbeitet und in einem Rankenwerk aus Blättern und menschlichen Figuren vom roten Grund abgesetzt sind. Der repräsentative Stoff wurde für ein Messgewand verwendet, doch handelte es sich offensichtlich zunächst um ein Objekt aus dem königlichen englischen Umfeld, wie etwa ein Wandbehang oder eine Pferdedecke. Die übereinanderliegenden Leoparden stellen das englische Königswappen dar, das bis 1340 Verwendung fand. Danach

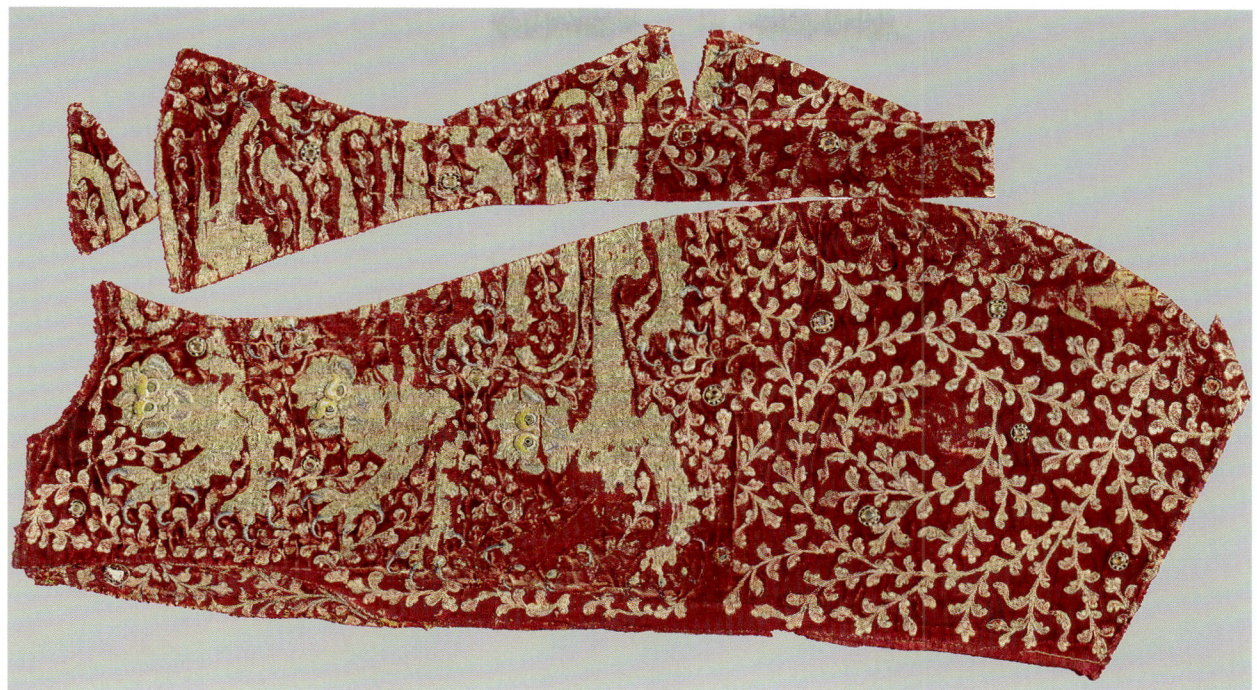

wurden die Schwertlilien als Anspruch auf Frankreich aufgenommen, was eine Datierung des Stoffs vor 1340 wahrscheinlich macht. Aufbewahrt wurde das Messgewand im Prämonstratenserinnenkloster Altenberg an der Lahn, von wo es durch Säkularisierung in den Besitz der Fürsten von Solms-Braunfels kam und über den Kunsthandel (Henri Heilbronner) an das Musée national du Moyen Âge gelangte.

Die hochwertige Arbeit dürfte mit dem Treffen von Ludwig IV. mit Edward III. in Koblenz im September 1338 in Zusammenhang stehen (Kat.-Nr. 4.13). Edward hielt sich für mehr als ein Jahr mit einem großen Hofstaat im Rheingebiet auf, um Verbündete gegen Frankreich zu gewinnen. Da direkte Kontakte mit dem Kloster nicht nachweisbar sind, könnte die Decke als Stiftung eines der vielen beteiligten Adeligen nach Altenberg gekommen sein, die Edward mit enormen Summen und Geschenken auf seine Seite zu ziehen suchte. Auch der umtriebige Bernhard I. von Solms-Braunfels (1312–1349) kommt als Empfänger infrage. Im peniblen Ausgabenverzeichnis des englischen Hofs von William de Norwell scheint eine derartige Decke allerdings nicht auf, da sie aus der Privatkammer des Königs stammen dürfte.

G. Sch.

Lit.: Alexander/Binsky, Age of Chivalry, S. 202, Kat.-Nr. 12; Andre, Königshof, S. 192f.; Schwedler, Herrschertreffen, S. 49–52, 437

Zur Prachtentfaltung am Koblenzer Hoftag gehörte nicht zuletzt die Musik.
Vielleicht kam bei dieser Gelegenheit auch die moderne englische Hofmusik zur Aufführung.

4.15
Musik am englischen Hof

„Singularis laudis digna", anonym, um 1350
Gothic Voices unter Christopher Page (The Service of Venus and Mars, Hyperion CDA66238)
BR Hörfunkarchive, München

Zur repräsentativen Ausstattung jedes mittelalterlichen Herrscherhofs gehörten Musiker. Ihre Aufgaben waren vielfältig. Sänger trugen zur Gestaltung der Liturgie bei, Trompeter und Paukenspieler kündigten Ankunft, wichtige Handlungen und Abfahrten des Herrschers an; mit Schalmeien oder anderen lautstarken Instrumenten wurde zum Tanz aufgespielt, während leise Instrumente wie Harfe oder Fiedel die Aufführung komplexer Lieder begleiteten. Die besten Sänger wurden zur Darbietung geistlicher wie weltlicher Vokalmusik herangezogen. Selbstverständlich waren die Fähigkeiten der Musikerkapellen von Hof zu Hof unterschiedlich. Verallgemeinernd lässt sich sagen, dass in der ersten Hälfte des 14. Jahrhunderts die Musik am französischen Königshof bezüglich des Raffinements ihrer Kompositionskunst führend war. Die weltlichen und geistlichen Motetten und die französischen Chansons eines Komponisten wie Guillaume de Machaut (um 1300–1377) suchten ihresgleichen.

Instrumentalmusik, seien es Trompetensignale, seien es Tanzweisen oder andere Unterhaltungsmusik, wurde äußerst selten schriftlich notiert und ist deshalb nicht mehr direkt zugänglich. Erhalten sind dagegen viele Quellen des einstimmigen gregorianischen Gesangs für den Gottesdienst und mehrstimmige künstlerisch anspruchsvolle Stücke. Belege für die hoch entwickelte Musikkunst etwa nach französischer Art am Hof Ludwigs IV. fehlen. Es ist durchaus möglich, dass beim Treffen der Hofkapellen Englands und Bayerns auf dem Koblenzer Hoftag nur die Engländer mehrstimmige Musik im Programm hatten. Bekannt ist, dass in der Kapelle Edwards III. auch Chorknaben gesungen haben; die Namen einiger seiner Instrumentalisten sind in den Rechnungsbüchern des englischen Haushalts überliefert. Von deutscher Seite wird berichtet, dass zahlreiche Musiker Ludwigs IV. sowie des Erzbischofs Balduin von Trier vor dem Treffen in Koblenz auf der Insel Niederwerth für die Unterhaltung des englischen Königs gesorgt haben.

Als Beispiel für die mehrstimmige englische Musik steht das dreistimmige Lied „Singularis laudis digna". Der lateinische Text hat drei Strophen. Die erste besingt die Hl. Jungfrau: Vorzüglichen Lobes ist sie würdig, soll unser frommes „Ave" entgegennehmen als Meerstern Muttergottes. Die zweite Strophe erwähnt die alttestamentarischen Figuren Esther und Judith und bittet, die „Königin", den „König" zum Schutz der „Herden" zu bewegen. Dies ist als Anspielung auf Ereignisse im Hundertjährigen Krieg gegen Frankreich und die Rolle der englischen Königin bei der Belagerung und Einnahme von Calais in den Jahren 1346 bis 1347 interpretiert worden: Um die Vernichtung der Stadt zu verhindern, stellten sich sechs der vornehmsten Stadtbürger von Calais als Geiseln zur Verfügung. Als Edward sie hinrichten wollte, bat seine Gemahlin Philippa von Hennegau ihn um die Begnadigung der Gefangenen – wie Esther beim babylonischen König Ahasuerus Gnade für die Juden erbat: mit Erfolg. Die dritte Strophe schließlich äußert den Wunsch nach Frieden zwischen England und Frankreich und besingt die Ehre des kampfestüchtigen englischen Königs: „honor sit Edwardo regi probo prelii."

D. H.

Für die Unterstützung Englands im Krieg gegen Frankreich versprach Edward hohe Geldsummen.

4.16
A Goldener Schild

König Edward III. von England und Johann III. von Brabant im Namen Kaiser Ludwigs IV., 1338–1351/55, Münzstätte Antwerpen; Gold, Gewicht 4,55 g, Ø 29 mm
Vorderseite: LVDOVICVS DEI GRA ROMANORVM IMP + (Ludwig von Gottes Gnaden römischer Kaiser)
Rückseite: XPC VINCIT XPC REGNAT XPC IMPERAT + (Christus siegt Christus regiert Christus herrscht)
Staatliche Münzsammlung München

Die Münze (A) zeigt Ludwig IV. thronend mit Schwert und Schild, auf dem zum ersten Mal der für das Kaisertum stehende Doppeladler erscheint. Das lässt darauf schließen, dass der Doppeladler auch auf den im Reich kursierenden Münzen als kaiserliches Wappen etabliert werden sollte. Das wertvolle Stück ist zudem das erste Goldgepräge, das im Namen eines der Kaiser des Mittelalters geschlagen wurde. Seine Entstehung führt tief in die Politik des 14. Jahrhunderts und hat nicht allein mit dem Kaiser, sondern indirekt auch mit dem englischen König zu tun. Im Sommer 1338 ging Ludwig IV. ein Bündnis mit dem englischen König Edward III. ein (Kat.-Nr. 4.13). Der mächtige aus dem Haus Anjou-Plantagenêt stammende Edward hegte Ansprüche auf den französischen Königsthron und warb am Vorabend des Hundertjährigen Kriegs um den Kaiser wie um andere Fürsten. In der Hoffnung, Verbündete zu finden, lieh er sich, unter anderem bei den florentinischen Handelsherren Bardi und Peruzzi, enorme Mengen an Goldgeld, das in den Quellen „florenum auri de Florentia" genannt wird. Dem Kaiser sicherte er 300 000 und später nochmals 100 000 Florentiner Goldmünzen zu. Zwar erhielt Ludwig nicht den vollen Betrag, doch wird in der Subsidienzahlung, die auch eine beträchtliche Goldmenge darstellte, ein Auslöser für die bald einsetzende Goldprägung gesehen.

Auf der Münze findet sich keine Angabe, in welcher Münzstätte sie geschlagen wurde. Nach einigen Urkunden zu schließen, scheint sie in Antwerpen von dem brabantischen Herzog Johann III. im Auftrag Edwards III. für den Kaiser geprägt worden zu sein. Johann war mit dem englischen König verbündet und

B Goldfloren

Republik Florenz, 1345; Münzstätte Florenz;
Gold, Gewicht 3,50 g, Ø 19 mm
Vorderseite: + FLOR ENTIA
Rückseite: S IOHA NNES
Staatliche Münzsammlung München

4.16 A

4.16 B

fungierte auch als Statthalter des Kaisers. Nachrichten über gesicherte Transporte der neu ausgeprägten Münzen und Bodenfunde der Zeit ab 1338, unter anderem in Köln, Limburg und Speyer, sind bezeugt. Wie eng vernetzt die Geschichte der mittelalterlichen Goldmünzen war, ist daran zu ersehen, dass von 1338 bis 1342 der toskanische Münzmeister Falcone Lampagi von Pistoia in der Antwerpener Münzstätte tätig war. Dies geschah mutmaßlich, weil die Goldprägung aus Italien am längsten bekannt war. Vergleicht man jedoch das Münzbild, so ist es keinesfalls eine Nachahmung italienischer als vielmehr der größten französischen Münzen, nämlich der Écus d'or, worauf zudem ihr historisch verbürgter Name „Goldschild" weist. Man orientierte sich in der niederländischen Münzprägung für den Kaiser am Standard Frankreichs, nicht weil man mit dessen König Philipp VI. sympathisierte, sondern weil man in Brabant dem französischen Wirtschaftsraum nahestand und eventuell auch, weil die neuen Goldmünzen des Kaisers als repräsentative Zeichen seiner Macht nicht hinter denen des französischen Königs zurückstehen sollten. *M. H.*

Lit.: Mäkeler, Reichsmünzwesen, Teil 1, S. 42–76

Das Reichsgesetz „Licet iuris" legte fest, dass der neue König mit der Wahl durch die Kurfürsten zugleich die Herrschaft als römischer Kaiser ausüben darf. Das Mandat „Fidem catholicam" bestärkte die Rechtsüberzeugungen des Kaisers entgegen allen päpstlichen Bannsprüchen. Beide ‚Reichsgesetze' wurden von Ludwig in Koblenz 1338 öffentlich verlesen, konnten allerdings nicht nachhaltig zur Geltung gebracht werden. Die Aufnahme in spätere Handschriften belegt die Bedeutung der Reichsgesetze für die Verfassung des spätmittelalterlichen Reichs.

4.17
Sammelhandschrift

Konrad von Megenberg: [A₁] De „translatione imperii" (S. 406ᵇ–460ᵃ) und [A₂] „Tractatus contra Wilhelmum Occam" (S. 461ᵃ–483ᵃ), [C] Kaiserliches Mandat „Fidem catholicam" (S. 484ᵃ–488ᵃ), nach 1410–1412, mit späteren Nachträgen; Handschrift/Papier, Holzdeckeleinband, lederüberzogen, 674 Seiten, 33 x 21 cm
Universitätsbibliothek Eichstätt-Ingolstadt (Cod. st 698)

fol. 461ᵃ [= A₂]

Das vielfältige Material dieser Handschrift wurde gesammelt und kopiert auf und nach dem (Reform-)Konzil von Pisa des Jahres 1409, das am Ende des Großen Schisma von den beiden Kardinalskollegien der sich bekämpfenden Kirchenparteien zum Zweck der Absetzung der beiden Päpste Benedikt XIII. und Gregor XII. einberufen worden war. Die Ereignisse um Ludwig den Bayern lagen da bereits mehr als zwei Menschenalter zurück. Der Codex beweist also das Interesse einer sehr viel späteren Zeit. Der darauf bezogene Teil der Handschrift dokumentiert noch einmal einige Stücke vom Zenit des Konflikts zwischen den avignonesischen Päpsten Johannes XXII. und Benedikt XII. und dem Wittelsbacher Kaiser. Es geht um die Rechtsfragen der deutschen Königswahl, insbesondere um Rolle und Gewicht der päpstlichen Mitwirkung an der Kaiserkrönung. Vor allem aber geht es um die Frage, ob die volle Handlungsfähigkeit des Herrschers bereits aufgrund der Wahl durch die Kurfürsten erreicht sein soll oder erst durch die päpstliche „Approbation" erlangt werden kann. Beide Seiten – die kaiserliche und die päpstliche – werden hier argumentativ noch einmal gegenübergestellt. Konrad von Megenberg darf die kurialistische Theorie vertreten (Text A₁ und A₂). Das von Franziskanern am Münchner Kaiserhof formulierte kaiserliche Mandat „Fidem catholicam" (Text C), zuerst am Hof erörtert und schließlich am 6. August 1338, also etwa drei Wochen nach der Rhenser Erklärung und am selben Tag wie das Kaiserwahlgesetz „Licet iuris" publiziert, zeigt eine eindeutig fol. 484ᵃ [= C]

kaiserfreundliche Haltung und belegt sie mit vielen gelehrten Argumenten. Weder der Kurverein von Rhens (Kat.-Nr. 4.11; Text D_1 und D_2) noch das Kaiserwahlgesetz ist jedoch in dieser Handschrift zu finden. Mit der ersichtlichen Zurückhaltung ihrer Beispielwahl freilich, die beide Seiten der Kontroverse gewissermaßen in Äquidistanz beachtete, konnte die späte Handschrift nicht ungeschehen machen, dass in der zeitgenössischen Politik die päpstliche Approbation, um die man im 14. Jahrhundert so erbittert gerungen hatte, im Spätmittelalter endgültig zu einer feierlichen, doch folgenlosen Zeremonie verblasste, während Papst und Kurie aus der Nachfolgeregelung im römisch-deutschen Reich tatsächlich und, wie sich zeigen sollte, endgültig hinausgedrängt und ausgeschieden waren. *J. M.*

Drucke: [A_1 und A_2]: Scholz, Streitschriften, Bd. 1, S. 127–140, Bd. 2, S. 391; Teiledition (Ockham, Contra Carolum IV.): Becker, Mandat, S. 496–512; Offler, Ockham, Opera politica, Bd. 4, S. 464–486

Lit.: Feine, Approbation; Keller, Handschriften, Bd. 3, S. 512f.; Miethke, Kampf; Offler, Ockham, Opera politica, Bd. 4, S. 447–462

Kaiser Ludwig hatte Städte und Kommunen mit zahlreichen Rechten und Privilegien versehen. An vielen Orten Bayerns wurde und wird daran erinnert.

4.18
A Übergabe des Stadtrechtsbuchs durch Ludwig IV. an die Stadt München

1. Hälfte 17. Jahrhundert; Glasmalerei, 44,6 × 33 cm (R)
Bayerisches Nationalmuseum, München (G 1291)

Als Akteure der Erinnerung an Ludwig den Bayern taten sich nicht nur die wittelsbachischen Fürsten hervor, sondern auch Städte und Kommunen, die dem Kaiser mit den Mitteln der Kunst ihren Dank für erhaltene Rechte oder Privilegien abstatteten. Eine enge Verbindung zu Ludwig pflegte die Stadt München, die durch ihn besondere Förderung erfahren hatte.

Eine Glasmalerei aus der ersten Hälfte des 17. Jahrhunderts, die sich im Bayerischen Nationalmuseum erhalten hat, visualisiert eine solche Dankesbekundung (A). Die Darstellung zeigt Ludwig in kaiserlicher Kleidung mit Bügelkrone und Reichszepter auf einem spätgotisch anmutenden Thron sitzend. Den Reichsapfel hält auf der linken Seite eine als Edelmann gezeichnete Figur. Der zentrale Bildgegenstand ist die Überreichung eines aufgeschlagenen Rechtsbuchs an eine kniende Figur, die als ein Münchner Ratsherr zu interpretieren ist. Ludwig erscheint in dieser Ikonografie als Stifter und Garant des Rechts gleichermaßen. Die Bildunterschrift lautet: „Kayser Ludwig. Erweiteret die Statt München / A° 1339 Macht die Land vnd Stettrecht A° 1346 / Starb: A° 1347". Streng historisch betrachtet, führt diese Formulierung teils in die Irre, denn einerseits fiel das Ende der von Ludwig tätig fortgeführten Stadterweiterung Münchens mit der Fertigstellung des Isartors auf das Jahr 1337, andererseits datiert die Bestätigung des Münchner Stadtrechts, in der die vielen Gunsterweisungen Ludwigs für die Stadt gipfelten, auf das Jahr 1340. Richtig angegeben ist mit 1346 hingegen die Datierung des Oberbayerischen Landrechts. Ob nun die kaiserliche Huld oder der städtische Dank im fraglichen Bild im Vordergrund steht, ist letztlich ungeklärt, ebenso die Frage nach dem Auftraggeber der Glasmalerei, die wohl in der Frauenkirche ihren Platz gefunden hatte.

Die ehemalige Reichsstadt Nürnberg hatte sich schon seit dem späten Mittelalter immer wieder an die Gnadenerweise Ludwigs des Bayern erinnert. Im 19. Jahrhundert diente der Kaiser der Stadt, die 1806 an Bayern gekommen war, als willkommene Integrationsfigur, die der neubayerischen Bürgergemeinde half, sich mit dem neuen Landesherrn, dem Königreich Bayern, zu arrangieren. Berief man sich von wittelsbachischer Seite aus auf die von Ludwig der Stadt erteilten Privilegien, betonte man städtischerseits den Aspekt der fürstlichen Huld. Letzteres veranschaulicht auch das von Ferdinand Rotbart für den großen Historienzyklus des Alten Bayerischen Nationalmuseums geschaffene Wandbild mit dem Titel „Kaiser Ludwig der Bayer verleiht den Nürnbergern neue Rechte" (B). Die Darstellung, die den stehenden Kaiser gegenüber einem vor ihm knienden Ratsherrn zeigt, thematisiert die herrschaftliche Differenz zwischen Kaiser und Bürgergemeinde. Zugleich sind in der prächtigen Kleidung der Ratsherren die Auswirkungen des Privilegs – Wohlstand und Gedeihen für die Stadt – bereits angedeutet.

In der Zeit des deutschen Kaiserreichs (1871–1918) taten sich in Bayern mehrere Städte und Gemeinden hervor, im Umfeld ihrer Rathäuser an Privilegienverleihungen Ludwigs des Bayern zu erinnern. So schuf Eduard Schwoiser 1879 für den Festsaal des Landsberger Rathauses ein Wandgemälde mit dem Thema „Kaiser Ludwig der Bayer verleiht der Stadt Landsberg die Münchner Stadtrechte" (C). In der getroffenen Motivwahl drückt sich das gewachsene Selbstbewusstsein eines Bürgertums aus, das von der Reichseinigung 1871 wirtschaftlich durchaus profitierte. Die Bildmotive deuteten überdies auf die fürstliche Anerkennung einer gewissen bürgerlichen Eigenständigkeit, zugleich lag in der Wahl eines kaiserlichen Motivs eine integrationspolitische Absicht verborgen, sich bayerischerseits in das deutsche Kaiserreich einzufinden. *K. B. M.*

B „Kaiser Ludwig der Bayer verleiht den Nürnbergern neue Rechte"

Ferdinand Rotbart (1823–1899), 1858–1865, Wandfresko im Osttrakt des ehemaligen Bayerischen Nationalmuseums (R)

C „Kaiser Ludwig der Bayer verleiht der Stadt Landsberg die Münchner Stadtrechte"

Eduard Schwoiser (1826–1902), 1879, Wandgemälde im Festsaal des Landsberger Rathauses, 310 x 420 cm (R)

Minoritenkirche
Level 5

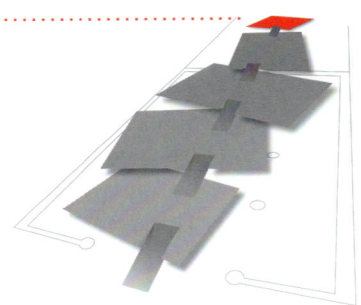

Neuer Thronstreit und plötzliches Ende

Mit den großen Reichszusammenkünften der Jahre 1338/39 erreichte die Herrschaft Kaiser Ludwigs IV. einen Höhepunkt, der sich in der Einigkeit zwischen Kaiser, Fürsten und Städten manifestierte. Doch die nächsten Jahre zeigten, dass Ludwigs Macht brüchig war. Das lag an der latenten Konkurrenz der großen Fürstendynastien, vor allem aber am fortdauernden Widerstand des Avignoneser Papsttums. Nach dem Tod von Johannes XXII. im Jahr 1334 führten Benedikt XII. und sein Nachfolger Clemens VI. (seit 1342) den Kampf gegen Ludwig „den Bayern" fort, der seinerseits – zur Besorgnis der Kurfürsten – seine wittelsbachische Hausmachtpolitik vorantrieb. Ludwig geriet immer stärker in Konkurrenz zum Haus Luxemburg und vor allem zum böhmischen König Johann. Während der Kaiser aufseiten des englischen Königs stand, sah sich Johann als Verbündeter Frankreichs, zeitweise auch des Papstes.

Betrachtet man eine Karte des Reichs, so erkennt man die potenziellen Konfliktfelder. Wittelsbacher und Luxemburger beanspruchten Herrschaftsrechte über Brandenburg, Niederbayern, Kärnten, Tirol. Dabei waren die Ausgangspositionen beider Dynastien insbesondere auf wirtschaftlichem Gebiet sehr unterschiedlich. Als Kaiser verfügte Ludwig nicht über eigene, direkte Geldquellen. Als Herzog finanzierte er sich durch Donau- und Rheinzölle, durch die Eisenerzeugung auf dem bayerischen Nordgau und durch Steuereinkünfte bayerischer Städte und Märkte. Als König setzte Ludwig auf die einträgliche Münzprägung und die Wirtschaftskraft der Reichsstädte. Aber für all dies wurden Gegenleistungen erwartet, was unter anderem zu hohen Pfandverschreibungen führte. Wohlhabende Patrizier wie Konrad Groß aus Nürnberg bestimmten letztlich über die kaiserlichen Finanzen.

Anders bei den Luxemburgern: Dank der Silberbergwerke und Goldgruben waren die Länder der Krone Böhmens das finanzstärkste Territorium im Reich. Die Einkünfte aus dem Edelmetallbergbau standen direkt dem böhmischen König zu und wurden von der königlichen Münze in der Bergstadt Kuttenberg/Kutná Hora verwaltet. Doch die politischen und militärischen Unternehmungen König Johanns in Italien und Frankreich verschlangen hohe Summen, sodass sein Interesse an Einnahmequellen, wie sie etwa die Grafschaft Tirol bot, groß war. Hieran entzündete sich der Konflikt mit dem Kaiser.

Die Grafschaft Tirol, ebenfalls reich an Edelmetallen, zog vor allem als Transitland Begehrlichkeiten auf sich. Hier herrschte Margarete, die Erbin des letzten Grafen. Seit 1330 war sie mit dem zunächst noch nicht volljährigen Johann Heinrich von Luxemburg verheiratet, war aber mit dieser Eheschließung höchst unzufrieden. Im November 1341 veranlasste sie ihre Getreuen, die Burgen des Landes ihrem Gemahl und dessen luxemburgischen Verwaltern zu verschließen. Kaiser Ludwig ergriff die Chance, erklärte die Ehe Margaretes für ungültig und stiftete im Februar 1342 eine neue Verbindung: Die Landesherrin heiratete den Sohn des Kaisers, Ludwig den Brandenburger. Dieser gewährte im „Tiroler Freiheitsbrief" viele Freiheiten und gewann rasch an Beliebtheit im Land. Doch der Kaiser hatte sich mit seiner rücksichtslosen Hausmachtpolitik neue Feinde im Reich gemacht, allen voran König Johann von Böhmen und dessen Sohn, Karl von Mähren, der nun – unterstützt von Papst Clemens VI. – als Gegenkandidat zu Ludwig aufgebaut wurde.

Nach dem Tod seines Schwagers Wilhelm sprach Ludwig Anfang 1346 die Reichslehen Holland-Hennegau, Seeland und Friesland seiner Gemahlin Margarete zu – ein weiterer Machtzuwachs für das Haus Wittelsbach. Dieses Vorgehen mehrte die Kritik bei den Reichsfürsten. Nachdem Papst Clemens VI. Ludwig endgültig verflucht hatte, wandte sich auch der Trierer Erzbischof Balduin vom Kaiser ab. Am 11. Juli 1346 wählte die Mehrheit der Kurfürsten einen Gegenkönig: Karl von Mähren, der im selben Jahr im Bonner Münster gekrönt wurde. Erneut beanspruchten zwei Könige die Herrschaft; das Spiel schien wieder offen. In der Ausstellung wird der „Zwischenstand" in Form eines Schachspiels präsentiert. Doch dieser Zwischenstand erwies sich als Endstand. Am 11. Oktober 1347 stürzte der Kaiser auf einem Jagdausflug bei Fürstenfeldbruck plötzlich vom Pferd und starb.

Kaiser Ludwig IV. blieb unbesiegt. Sein unerwarteter Tod beendete eine der längsten Regierungsperioden im Spätmittelalter. In der Reichspolitik hat Ludwig viele zukunftsweisende Spuren hinterlassen, die Königskrone jedoch hat er für sein Haus nicht sichern können. Und auch die wittelsbachische Hausmacht zerfiel in den nächsten Jahrzehnten durch Erbteilungen. Doch das Spiel des Gegners war noch nicht gewonnen. Karl IV. musste sich die Unterstützung von Städten und Fürsten erkaufen. Dafür opferte er vielerorts die unter kaiserlichem Schutz stehenden Juden. Er hob ihre Schuldrechte auf und nutzte den Besitz der nun fast überall im Reich bedrängten, vertriebenen oder ermordeten Juden als Lohn für seine Unterstützer. Zugleich gelang es Karl, die wittelsbachische Partei selbst zu schwächen, nämlich durch seine Heirat mit Anna von der Pfalz im Jahr 1349. Dank dieser Verbindung gewann Karl große Teile der Oberpfalz für sich. Er baute sie schließlich zur Herrschaft „Neuböhmen" aus, die fast bis vor die Tore Nürnbergs reichen sollte. Ein von der wittelsbachischen Partei unterstützter und 1349 gewählter Gegenkönig, der thüringische Graf Günter von Schwarzburg, blieb Episode. Am 25. Juli 1349 ließ sich Karl ein zweites Mal zum König krönen, diesmal am „richtigen" Ort in Aachen.

Mit der Erzählung vom Tod Ludwigs bricht der aufwärts führende Weg der „Levels" im Chor der Minoritenkirche ab. Von hier aus kann man vom erhobenen Podest aus die Rekonstruktionen der Glasfenster betrachten, die die Passion Christi, heilsgeschichtliche Entsprechungen aus dem Alten Testament und Stationen aus dem Wirken des hl. Franziskus zeigen. Diese Fenster entstanden um die Mitte des 14. Jahrhunderts, also vielleicht kurz nach dem Ableben Kaiser Ludwigs. Sein plötzlicher Tod, ohne Beichte und Absolution, war für seine Gegner ein Beweis für ewige Verdammnis. Die Erinnerung an „den Bayern" sollte getilgt werden. Doch zeit seines Lebens war der Kaiser von seiner Rechtgläubigkeit überzeugt gewesen. Als Zeichen dafür errichtete er viele fromme Stiftungen, darunter als bedeutendste das Benediktinerkloster Ettal, gegründet nach seinem Italienzug 1330. Die Marienfrömmigkeit des Kaisers steht in der Tradition des Hauses Wittelsbach. Dies wird im letzten Raum der Ausstellung, der „Großen Sakristei", thematisiert. In diesem kreuzrippengewölbten Saal, der um 1300 entstanden sein dürfte, werden in einer Art Schatzkammer hochrangige Kunstwerke präsentiert, die zur Zeit und teilweise im Umfeld Kaiser Ludwigs entstanden sind.

Hier endet die Erzählung der Geschichte Ludwigs des Bayern. Wie ging es weiter? Karl IV. setzte sich durch; auch die Wittelsbacher erkannten seine Oberhoheit an, angefangen bei Ludwig dem Brandenburger im Juni 1349. Die Reichsinsignien wurden von München in das neue Zentrum des Reichs gebracht: nach Prag. Karl IV. ließ sich 1355 von einem päpstlichen Beauftragten in Rom zum Kaiser krönen. Mit dem Reichsgrundgesetz der Goldenen Bulle von 1356 führte er die Politik Ludwigs IV. fort. 1363 fiel Tirol an die Habsburger, 1373 Brandenburg an die Luxemburger. All das aber verblasste angesichts der neuen Bedrohungen: Ab 1348 wütete die Pest in Europa, viele Judengemeinden wurden durch Pogrome vernichtet, Erdbeben erschütterten Mitteleuropa. Eine Epoche endete.

Peter Wolf

Der Karlstein-Schatz – ein Beispiel für den Reichtum und das hohe Niveau des Goldschmiedehandwerks in Böhmen.

5.1
So genannter Karlstein-Schatz

Prag, 14. Jahrhundert; Sammlung von Spangen und Knöpfen (Auswahl); Silber, vergoldet, gepresst, geprägt und geschnitten
Uměleckoprůmyslové museum v Praze (90.972, 90.973, 90.975 – 90.985)

Die umfangreiche Sammlung, die 387 Stück gotischer Silbergefäße und silbernen Kleiderschmucks aus dem 14. Jahrhundert umfasst, war wahrscheinlich seit Beginn der Hussitenkriege in den Mauern des Schlosses Karlstein verborgen und entging so den Bilderstürmern der Hussiten, denen viele Kunst- und Sakralgegenstände, aber auch hochwertige Dinge des täglichen Gebrauchs zum Opfer fielen. Erst Ende des 19. Jahrhunderts wurde der nachweislich mit der Hofkultur des Königshauses Luxemburg verbundene Schatz bei der Rekonstruktion der Burg entdeckt. Die Finder verheimlichten ihren Fund zunächst und verkauften ihn an einen Pfandleiher, der einen Teil an einen Prager Sammler, den anderen an eine Berliner Antiquitätenfirma veräußerte. Der Berliner Teil wurde vom späteren Leiter des Prager Kunstgewerbemuseums, F. A. Borovský, aufgekauft, von dem ihn der Eigentümer der Spangenfabrik KOH-I-NOOR, Jindřich Waldes, für sein privates Knopf- und Spangenmuseum erwarb. Nach der Verstaatlichung von Waldes Sammlungen wurde der Schatz – zunächst während der deutschen Okkupation, dann erneut nach 1948 – in das Kunstgewerbemuseum überführt. 1995 wurde der Karlstein-Schatz an die Familie Waldes restituiert, die ihn großzügigerweise dem Museum als Schenkung überließ.

Der Karlstein-Schatz kann als weiterer Beleg zu Quellenberichten über das hoch entwickelte Goldschmiedehandwerk am Hof der Luxemburger und insbesondere in Prag gelten, wie es sich auch in den vielen Beispielen kirchlicher Kunst widerspiegelt, die sich, etwa in Form von Reliquiaren, erhalten haben. Er stellt den umfangreichsten Fund von Profangegenständen auf dem Gebiet der heutigen Tschechischen Republik dar. Die Mehrzahl der mittelalterlichen Schatzfunde enthält auch Münzen, die eine ungefähre Bestimmung des Zeitpunkts ermöglichen, an dem sie verborgen wurden. Insbesondere in der Zeit der Judenpogrome um 1348 können versteckte Besitztümer oft mit jüdischen Eigentümern in Verbindung gebracht werden. So umfasst das Ende des 20. Jahrhunderts entdeckte Depot von Profangegenständen im jüdischen Viertel in Erfurt ähnliche Objekte (Trinkgefäße) und Ziergegenstände wie der Karlstein-Schatz; es wird allerdings in die Zeit vor 1348 datiert.

Belege für das hoch entwickelte Goldschmiedehandwerk aus der Zeit Johanns von Luxemburg sind auch die unlängst entdeckte Sammlung sakraler Gefäße aus dem Kloster Marienstern in der Oberlausitz und der Schatz aus Neumarkt in Schlesien/Środa Śląska (Polen), die offenbar ebenfalls aus dem Umfeld

der Luxemburger stammen. Ende des 13. Jahrhunderts hatte Böhmen mit dem Goldabbau in den Bergwerken von Eulau/Jílové und der Silbergewinnung, insbesondere in Kuttenberg/Kutná Hora, große Bedeutung erlangt. Die Goldschmiede nahmen am Hof Johanns von Luxemburg eine wichtige Stellung ein und konnten bereits 1324 eine Zunft gründen, in der auch Silberschmiede und damit verbundene Handwerke vertreten waren.

Bei den hier gezeigten Stücken handelt es sich um Beispiele aus dem Karlstein-Schatz. Die Sammlung umfasst geprägte Brakteaten für Kleidungsstücke mit unterschiedlichen Motiven: 29 mit dem Motiv eines Liebesknotens, vier mit einem Gittermotiv und zwei mit dem Motiv des Glücks: vierblättrigen Kleeblättern. Die dabei angewandte Prägetechnik war im 13. Jahrhundert auch bei der Münzherstellung üblich. Einzigartig sind die Ziermonogramme, nicht zuletzt weil hier anstelle des Prägens die Technik des Schneidens der gegossenen Formen zum Einsatz kam. Bestandteil sind auch zwei paarige Spangen mit Drachen- oder Kleeblattmotiven. Die größte Gruppe bilden die Knöpfe: 119 kleine kürbisförmige Knöpfe, 13 größere von ähnlicher Form, 91 erbsenförmige, 19 kugelförmige und gepresste kugelförmige Exemplare sowie einige weitere in Diskus-, Schüssel- und Eichelform oder mit Rosettenmotiv.

Die Menge und Formenvielfalt der Knöpfe und Brakteaten, die man für Schmuckborten an Mänteln verwendete, sind ein einzigartiges Zeugnis der Hofmode ihrer Zeit. Mit den eng anliegenden Anzügen, kurzen Mäntelchen und üppigen Verzierungen geriet sie bereits ab den 1430er-Jahren und später wieder in der Reformationszeit in die Kritik. Überliefert ist diese aufwändig gearbeitete Mode besonders eindrucksvoll an einer Darstellung Karls IV. im Skulpturenschmuck des Schönen Brunnens in Nürnberg, den der Kaiser um 1370 in Auftrag gegeben hatte: Im Mantelsaum der Kaiserfigur ist im Detail eines Brakteaten ein Liebesknoten zu entdecken, wie er sich auch im Karlstein-Schatz findet. Am Saum des Innengewands sind Verzierungen aus aneinandergereihten Buchstaben zu erkennen. Hinzuweisen ist auch auf die Figur des Pfeifers, an dessen Gewand sich die abgeflachten, diskusförmigen Knöpfe finden, wie sie im Karlstein-Schatz überliefert sind.

H. K.

Lit.: Bartlová, Jüdische Kultur; Bartlová, Královský sňatek; Fajt, Karel IV.; Krabath/Lambacher, Silberfund

---

In der ersten Hälfte des 14. Jahrhunderts kreuzten sich die wittelsbachischen und die luxemburgischen Interessen. Beide Dynastien konkurrierten um Brandenburg, um die Lausitz, um Niederbayern, Tirol, Oberitalien und schließlich um die Herrschaft im Reich.

5.2

A Stammtafel des Hauses Luxemburg

Tafel; Entwurf: Barbara Six
Haus der Bayerischen Geschichte, Augsburg

B Einflussgebiete der Häuser Luxemburg und Wittelsbach

Karte; Entwurf: Andreas Th. Jell
Haus der Bayerischen Geschichte, Augsburg

Mit dem Aussterben der Staufer und der Babenberger gegen Ende des 13. und zu Beginn des 14. Jahrhunderts wurde der Südosten des Reichs neu geordnet. Drei Dynastien herrschten nun in diesem Raum: die Wittelsbacher, die Habsburger und die Luxemburger. Die aus dem Westen des Reichs stammende Familie der Luxemburger hatte einen erstaunlichen Aufstieg erlebt.

Dies hing wesentlich mit dem Sohn des Grafen Heinrich von Luxemburg zusammen, dem diplomatischen, hoch begabten Trierer Erzbischof Balduin (1285–1354). Nach seinem Studium in Paris wurde er schon im Alter von 23 Jahren Erzbischof von Trier und damit wahlberechtigter Kurfürst. Als am 1. Mai 1308 der Habsburger Albrecht I. ermordet wurde, einigten sich die Fürsten auf einen Luxemburger als neuen König: Heinrich VII. (1278/79–1313), den Bruder Balduins.

In seiner kurzen Herrschaftsperiode versuchte Heinrich, die Reichsrechte in Italien wiederherzustellen, und erlangte 1312 die Kaiserkrone in Rom. Erstmals seit Jahrzehnten hatte die lateinische Christenheit wieder einen Kaiser. Doch schon im Sommer 1313 starb Heinrich in Italien, noch bevor er nach Deutschland hatte zurückkehren können – für das Haus Luxemburg eine Katastrophe. Bei der Königswahl von 1314 unterstützte Balduin von Trier dann den jungen Wittelsbacher Ludwig gegen die habsburgische Partei um Friedrich den Schönen.

Zum Zeitpunkt dieser Wahl galt Heinrichs Sohn Johann (1296–1346) als zu jung für den deutschen Thron. Trotzdem war er bereits König: Im Jahr 1310 hatte der Luxemburger Elisabeth, die Erbin der in männlicher Linie ausgestorbenen Přemysliden, geheiratet und im Herbst desselben Jahres die Regierung der Länder der böhmischen Krone angetreten. Der Mainzer Erzbischof Peter von Aspelt – der später auch den Bayern Ludwig zum römisch-deutschen König krönen sollte – setzte Johann am 11. Februar 1311 in Prag die Krone auf. Damit war der langjährige Machtkampf um Böhmen, in den Habsburger, Wittelsbacher und Heinrich von Kärnten eingegriffen hatten, zugunsten der Luxemburger entschieden, auch wenn Johann von Böhmen in den nächsten Jahren heftige Auseinandersetzungen mit dem böhmischen Adel, den böhmischen Städten und nicht zuletzt mit seiner Gemahlin auszufechten hatte.

Johann kontrollierte mit dem Königreich Böhmen, der Markgrafschaft Mähren und später den schlesischen Herzogtümern einen großen Teil der Landmasse des Reichs östlich der Elbe. In Böhmen selbst galt er als „König Fremdling", denn er nutzte sein Reich vor allem als wirtschaftliche Basis für eine Politik, die ganz Europa im Blick hatte. Dabei propagierte er eine enge Anlehnung an den französischen König und stellte nicht die Landesherrschaft, sondern das Ideal kriegerischen Rittertums ins Zentrum.

In der Schlacht von Mühldorf 1322 trugen König Johann und seine böhmischen Truppen entscheidend zum Sieg König Ludwigs bei, was der Krone Böhmens die Reichspfandschaft Eger samt den Burgen Floß und Parkstein einbrachte. Doch danach entfremdeten sich die Häuser Wittelsbach und Luxemburg. Aus dem Erbe des letzten, 1318 verstorbenen Brandenburger Askaniers Woldemar verlieh Ludwig seinem gleichnamigen Sohn 1323 die Mark Brandenburg mit der zugehörigen Kurwürde, während Johann von Böhmen lediglich Altmark, Lausitz und Bautzen zufielen. Auch im Fall von Niederbayern kollidierte die Hausmachtpolitik beider Dynastien. Johanns Tochter Margarete (1313–1341) war mit Heinrich XIV. von Niederbayern vermählt, was Ludwig nach dessen Tod 1339 nicht daran hinderte, Ober- und Niederbayern ungeachtet luxemburgischer Ansprüche zu vereinen.

Johanns Machtkonzeption führte von Niederbayern innaufwärts über Tirol bis nach Oberitalien. Angesichts einer bemerkenswerten militärischen Expedition 1330/31 im Machtvakuum Oberitalien unterwarfen sich die wichtigsten Städte der Lombardei dem Böhmenkönig. Johann versuchte, seine italienischen Erfolge durch eine vielstimmige und nach außen hin wankelmütig wirkende Politik zwischen Kaiser und Papst zu sichern. Johanns zweiter Sohn, Johann Heinrich (1322–1375), wurde mit Gräfin Margarete (1318–1369), der Erbin von Kärnten und Tirol, verheiratet, um das wichtige Alpentransitland ebenfalls der Hausmacht Luxemburgs zuzufügen. Hieran entzündete sich 1342 die direkte Auseinandersetzung zwischen den beiden Dynastien, als der Kaisersohn Ludwig der Brandenburger mit der Heirat Margaretes Tirol verliehen bekam (Kat.-Nr. 5.6).

König Johann von Böhmen fand einen viel gerühmten ritterlichen Tod. Getreu den Lehenspflichten war er in Begleitung seines Sohnes Karl dem französischen König Philipp VI. gegen eine englische Invasion zu Hilfe geeilt. In der Schlacht von Crécy am 26. August 1346 ließ sich Johann, wiewohl bereits erblindet, von zwei französischen Rittern in die Schlacht gegen die Engländer führen und fiel wie fast alle seine Begleiter. Karl musste verwundet fliehen.

Bei allen komplizierten luxemburgischen Schachzügen Johanns von Böhmen hatte Erzbischof Balduin von Trier 1346 zu Ludwig gehalten. Nun aber sagte er sich von ihm los und beförderte die Wahl Karls von Mähren zum Gegenkönig. Alle Kurfürsten, mit Ausnahme der wittelsbachischen Stimmen Pfalz und Brandenburg, votierten am 11. Juli 1346 für Karl. Dieser hatte bereits als Statthalter in Oberitalien (seit 1331), als Verwalter in Tirol (seit 1335) und schließlich als Regent in Böhmen (seit 1340) Politik gegen Ludwig den Bayern betrieben, dessen plötzlicher Tod eine Entscheidungsschlacht verhinderte.

Noch konsequenter als seine Vorgänger setzte König Karl von Böhmen, zugleich Kaiser Karl IV., seine gewaltige Hausmacht, den Länderkomplex der böhmischen Krone, zur Festigung seiner Herrschaft ein. Dieses territoriale Gewicht, zu dem noch die Kontrolle über drei Kurstimmen trat, ermöglichte sogar die Durchsetzung der Sohnesnachfolge sowohl in Böhmen als auch im Reich: Karls Söhne Wenzel IV. (1361–1419) und Sigismund (1368–1437) trugen nicht nur die Krone des hl. Wenzel, sondern auch die Krone Kaiser Karls des Großen.

P. W.

Lit.: Bobková, Bayern; Koller, Familie; Menzel, Entwürfe; Moraw, Verfassung; Seibt, Karl IV.
Karte: www.hdbg.eu/karten (30.4.2014)

Die wichtigsten europäischen Produktionsstätten für Rohsilber und Rohgold lagen in Ungarn und Böhmen.
Der seit 1300 geprägte Prager Groschen wurde zu einer Art Leitwährung in Mitteleuropa.

5.3
Der Edelmetallbergbau in Böhmen im 14. Jahrhundert

Übersicht; Entwurf: Peter Wolf
Haus der Bayerischen Geschichte, Augsburg

Als Johann von Luxemburg im Jahr 1310 die Herrschaft über die böhmischen Länder antrat, übernahm er ein Königreich, das gerade einen bemerkenswerten wirtschaftlichen Aufstieg erlebte. Das war auch der Reformpolitik seines Vorgängers, des Přemysliden Wenzel II. (1278–1305), zu verdanken, der den natürlichen Reichtum an Silber- und Golderzen zum Nutzen der böhmischen Krone einsetzte. Schon in den 1240er-Jahren hatte man Silbererzvorkommen im Revier von Iglau/Jihlava erschlossen. Der eigentliche Boom begann aber mit der Entdeckung besonders reicher Silberlagerstätten in Kuttenberg/Kutná Hora ab etwa 1290. Wenzel II. erließ 1300 das „Ius regale Montanorum", das dem böhmischen König die Hoheit über alle Erzvorkommen im Land sicherte und zugleich Gewinnanreize für Unternehmer bot. Mit der Hilfe oberitalienischer Spezialisten ließ Wenzel II. eine Münzreform umsetzen, bei der als neue „große" Silbermünze der Prager Groschen zu 3,975 Gramm eingeführt wurde. Alles Rohmetall musste ausgemünzt werden. So sicherte sich der König das Silbermonopol. Kuttenberg wurde zum Sitz der königlichen Münze und entwickelte sich bald zur reichsten Stadt nach Prag. In der ersten Hälfte des 14. Jahrhunderts erzielte man hier eine Jahresproduktion von mehr als 20 000 Kilogramm Silber. Zu weiteren wichtigen Silbererzrevieren im Königreich gehörten Deutschbrod/Hávlíčkův Brod, Časlau/Čáslav, Kolín, Mies/Stříbro und Příbram.

Der allgemeine wirtschaftliche Aufschwung in Europa und die damit einhergehende hohe Nachfrage nach Bargeld führten dazu, dass der „Silberstandard" durch hochwertige Goldmünzen ergänzt werden musste. Nach Florentiner Vorbild ließ König Johann von Böhmen seit 1325 Goldgulden prägen. Auch hierfür konnte man auf Rohgold aus den eigenen Herrschaftsgebieten zurückgreifen. Gold wurde im schlesischen Revier um Freiwaldau/Jeseník sowie in Böhmen in den Revieren von Písek und Eule/Jílove gewonnen. Besondere Bedeutung besaßen die Waschgoldgewinnung im Böhmerwald/Šumava und der Goldbergbau von Bergreichenstein/Kašperské Hory. Hier wird für das Jahr 1345 von etwa 300 Goldmühlen zur Aufbereitung des Erzes und von etwa 600 Bergleuten berichtet. Kaiser Karl IV. gewährte der Bergstadt weitere Privilegien und schützte den Goldbergbau und den Handelsweg des „Goldenen Steigs" nach Passau mit der Errichtung der Burg Karlsberg/Kašperk. Insgesamt rechnet man für das 14. Jahrhundert mit einer jährlichen Goldförderung im Königreich Böhmen von ca. 160 Kilogramm.

P. W.

Lit.: Horpeniak, Goldbergbau; Majer, Po kovových stezkách dějin Československa; Riepertinger, Bayern – Böhmen, S. 152f., Kat.-Nr. 2.45 (Peter Wolf); Wolf, Edelmetallhandel; Zaoral, Wirtschaftsbeziehungen

---

Die wichtigen Handelswege nach Italien führten über die Tiroler Alpenpässe.
Das Land Tirol hatte somit eine große strategische und wirtschaftliche Bedeutung.

5.4
A Münzschatz

Fundort: Padua, verborgen vor 1329;
4033 Münzen (Auswahl), Silber
Südtiroler Sparkasse AG, Bozen

B Klappbalkenwaage

Fundort: Bozen, Waltherplatz, 12./13. Jahrhundert;
Bronze, L. 24 cm
Autonome Provinz Bozen–Südtirol, Amt für Bodendenkmäler.
Landesmuseum Schloss Tirol, Bozen (BW 4)

Angeblich um 1840 wurde bei Padua der Münzhort entdeckt, den die Südtiroler Landessparkasse im Jahr 1986 geschlossen erwarb, um ihn vor der Zerstreuung zu bewahren und dauerhaft der Öffentlichkeit zugänglich zu machen. Der Fund enthält insgesamt 4033 Münzen. Davon stammen sechs Exemplare aus Bologna beziehungsweise Modena, während sich der Rest ausschließlich aus Tiroler Geprägen zusammensetzt. Es handelt sich dabei um Adlergroschen aus Meran, Treviso, Padua, Vicenza und Mantua und um Kreuzer der Prägestätten Meran, Ivrea, Acqui, Cortemilia, Verona und Mantua. Die Verbergungszeit der Münzen liegt vor dem

Jahr 1329 und wird deshalb mit der Einnahme Paduas durch Cangrande della Scala, dem Stadtherrn von Verona, im Jahr 1328 in Verbindung gebracht.

Die kleine Balkenwaage mit handlichem Klappmechanismus fand man bei einer Grabung am Waltherplatz in Bozen. Ihrer Form nach zählt sie, entsprechend der Typologie Heiko Steuers, zum Typ 8 der wikingerzeitlichen Klappwaagen. Sie wird grob in das 12. oder 13. Jahrhundert und in die früheste Besiedlungsphase datiert. Solche Feinwaagen wurden für kleine, leichte, aber wertvolle Güter wie Münzen, Gold oder Silber benutzt. Für die mittelalterlichen Händler waren diese Waagen unentbehrlich, da nicht nur die Ware, sondern auch das Zahlungsmittel nach dem Gewicht bewertet wurde.

A. Hy.

Lit.: Riedmann, Eines Fürsten Traum, S. 290, Kat.-Nr. 11.10 (Helmut Rizolli) und S. 291, Kat.-Nr. 11.13 (Stefan Demetz)

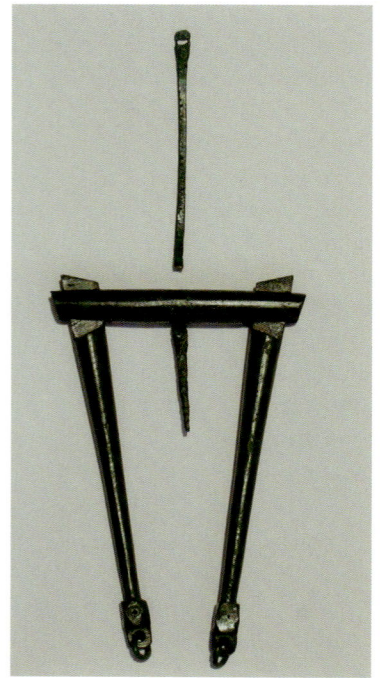

Die Erbin der Grafschaft Tirol wurde von den drei großen Herrscherhäusern – Luxemburg, Habsburg und Wittelsbach – gleichermaßen umworben.

5.5
Abguss des Porträtsiegels der Gräfin Margarete von Tirol

Urkunde vom 20. Jänner 1363 für Heinrich von Rottenburg; Wachs, Ø 6,2 cm
Tiroler Landesarchiv, Innsbruck (Urk. P 2084a)

Margarete von Tirol (1318–1369) gehört wie Jeanne d'Arc oder Eleonore von Aquitanien zu jenen Frauengestalten des Mittelalters, die bis heute faszinieren und um deren Lebensgeschichten sich viele Mythen ranken. Als Erbtochter Herzog Heinrichs von Kärnten und Tirol war Margarete eine der begehrtesten Partien des 14. Jahrhunderts. An den reichen tirolischen Besitzungen und der im Hinblick auf den Weg nach Italien geografisch günstigen Lage des Landes waren die Luxemburger, Habsburger und Wittelsbacher in gleicher Weise interessiert.

1330 gelang es zunächst den Luxemburgern, durch die Heirat Margaretes mit Johann, dem Bruder des späteren Kaisers Karl IV., das „Land in den Bergen" zu erringen. Dies blieb jedoch Episode, denn sowohl die Tiroler Stände als auch die Gräfin selbst waren mit dem selbstherrlich auftretenden Landesherrn bald unzufrieden. Nach elfjähriger, kinderloser Ehe verweigerte Margarete ihrem Gemahl kurzerhand den Zutritt in das Schloss Tirol, als er von einem Jagdausflug am Allerseelentag des Jahres 1341 zurückkehrte – so wurde es erzählt. Die Wittelsbacher hatten sich zu diesem Zeitpunkt bereits in Position gebracht, nur wenige Monate später heiratete Margarete den Sohn Ludwigs des Bayern, Ludwig den Brandenburger, der sich den Tiroler Ständen vorab mit einem Freiheitsbrief empfohlen hatte (Kat.-Nr. 5.9). Margarete provozierte mit ihrem nicht rollenkonformen, selbstbewussten Verhalten einen weithin beachteten politischen Skandal. Papst Clemens VI. erkannte die neue Ehe nicht an, Ludwig und Margarete lebten aus kirchenrechtlicher Sicht bis zur Lösung des Kirchenbanns 1359 in wilder Ehe, ihre Kinder waren nach zeitgenössischer Ansicht „Bastarde".

Nachdem 1361 Ludwig der Brandenburger und zwei Jahre später der gemeinsame Sohn und Erbe Tirols, Meinhard, gestorben waren, herrschte Margarete wieder allein über die Grafschaft Tirol. Das Regentensiegel mit der Aufschrift: S(igillum)MARG(are)TE · SENIOR(is) · DVCISSE · BABAR/IE/ETKARINTIE · CO(m)TISSE · TYROL(is)ETC. wurde vermutlich in großer Eile kurz nach dem Tod Meinhards im Januar 1363 gefertigt. Dennoch ist es von herausragender Qualität. Die Frage nach der ausführenden Werkstatt des Kleinkunstwerks ist nicht zu klären. Das ganzfigurige Siegelbild zeigt Margarete als anmutige hochadelige Dame, modisch auf der Höhe der Zeit, mit den drei Länderwappen und von einer Art Thronarchitektur eingerahmt.

Margarete entschloss sich bereits kurz nach dem Tod ihres Sohnes, ihre Besitzungen an ihren Verwandten Rudolf IV. von Österreich zu übertragen. Am 29. September 1363 siegelte sie ihren endgültigen Verzicht. Damit waren die Habsburger die lachenden Dritten, Luxemburger und Wittelsbacher hatten das Nachsehen. Bis zu ihrem Tod 1369 lebte Margarete zurückgezogen in Wien.

B. K.

Lit.: Baum, Margarete Maultasch; Bruckmüller/Urbanitsch, Ostarrîchi – Österreich, S. 149; Hörmann-Thurn und Taxis, Margarete – Gräfin von Tirol; Hörmann-Thurn und Taxis, Margarete „Maultasch"; Miethke, Eheaffäre

Der Brautbecher erinnert an die Eheschließung zwischen Margarete von Tirol und dem Kaisersohn.

5.6
Replik der Silberschale der Margarete von Tirol

Original: Tirol, um 1340 (Schloss Ambras, Innsbruck, Inv.-Nr. KK52); Silber, getrieben, teilweise vergoldet, H. 10,5 cm, Ø 10,3 cm
Replik 2013
Südtiroler Landesmuseum für Kultur- und Landesgeschichte, Schloss Tirol, Dorf Tirol

Die Gewinnung der Grafschaft Tirol gehört zu den entscheidenden politischen Entwicklungen in der Spätzeit der Herrschaft Ludwigs IV. Nach der Vertreibung Johanns von Böhmen aus Tirol im November 1341 bahnte Kaiser Ludwig die Verbindung zwischen seinem Sohn und Margarete von Tirol an. Die Hochzeit fand am 10. Februar 1342 im Beisein des Kaisers in Meran statt, der seinen Sohn am selben Tag mit der Grafschaft Tirol belehnte. Die neue Eheverbindung der kirchlich nicht geschiedenen Gräfin war ein Politikum.

Die Silberschale ist ein einzigartiges Zeugnis dieser Verbindung zwischen dem Wittelsbacher Kaisersohn und der Tiroler Gräfin. Der aus dünnem Silberblech getriebene, teilvergoldete Becher zeigt floralen Dekor vor punziertem Grund. Der Rand wird durch eine Inschrift in gotischer Majuskel gebildet: LIEBES LANGER MANGEL IST MAINES HERZEN ANGEL. Ursprünglich war der Becher wohl von einer Kokosnussschale umfangen, wie der Vergleich mit drei zeitgleichen Pokalen aus dem Salzburger Domschatz (heute Museo degli Argenti, Florenz) nahelegt. Die vergoldete Innenseite ist als Schauseite gearbeitet. Die Symbolik der dargestellten Pflanzen, Beifuß oder Chrysantheme, und die Inschrift am Becherrand, die einen Vers aus dem „Meleranz" des mittelhochdeutschen Dichters Pleier zitiert, lassen auf eine Funktion als Hochzeitsbecher oder Minnebecher schließen. Man nimmt an, dass der Bräutigam den Becher anlässlich der Vermählung seiner Braut überreicht hat.

Neuere Quellenstudien belegen die Tätigkeit von Goldschmieden unter Ludwig dem Brandenburger nicht nur in München, sondern auch in Tirol. Damit ist der Becher neben seiner Bedeutung als Hochzeitsgabe zugleich ein Zeugnis für die künstlerische Tätigkeit im Tiroler Raum. Überlieferungsgeschichtlich lässt er sich dem Besitz Margaretes zuordnen. Er befand sich bis in das 18. Jahrhundert auf Schloss Tirol, danach gelangte er in die kaiserlichen Sammlungen in Wien und Ambras, wo er zu den Zimelien zählt. 2013 wurde eine Replik für seinen ursprünglichen Bestimmungsort in Schloss Tirol angefertigt.

E. H.-Sch.

Lit.: Hörmann-Thurn und Taxis, Margarete – Gräfin von Tirol, S. 47, Kat.-Nr. 3.4 (Leo Andergassen); Hörmann-Weingartner, Alles Meister, S. 13, 33; Riedmann, Eines Fürsten Traum, S. 175f., Kat.-Nr. 5.15 (Magdalena Hörmann); Wieser, Brautbecher

Der luxemburgische Kanzler Johann von Neumarkt bezeichnete Margarete von Tirol als „Kriemhild" – und meinte dies sicherlich nicht schmeichelhaft.

5.7
A Margarete Maultasch

Unbekannter Künstler, 1510/20; Öl/Holz, 80 x 58 cm (R)
Kunsthistorisches Museum, Wien (43 95)

B Bildnis einer hässlichen Frau

1777; Druckgrafik, 45 x 31,5 cm (R)
Österreichische Nationalbibliothek, Wien (Ptf 258:I [8])

Gräfin Margarete von Tirol galt zu Lebzeiten als attraktive Frau. So berichtete der Franziskaner Johann von Winterthur (um 1300–1348/49) in seiner Chronik: „Im Jahre 1342 wurde der jüngere Sohn des Königs von Böhmen … von seiner ungemein schönen Gemahlin … verstoßen." Auch der Dominikanermönch Heinrich von Herford charakterisierte sie als schöne Frau. Das Tafelbild (A) wurde vermutlich zwischen 1510 und 1520 als Auftragsarbeit für Kaiser Maximilian I. (1459–1519) angefertigt. Der unbekannte Künstler orientierte sich mit dem umrahmenden Torbogen, den Perlschnüren am Ärmel, dem Hermelinbesatz und den drei Wappen nahezu detailgetreu an der Ikonografie des Regentensiegels von 1363 (Kat.-Nr. 5.5). In der Darstellung des Gesichts könnte man aber einen „Schönheitsfehler", nämlich eine vergrößerte Unterlippe, entdecken wollen. 1365, noch zu ihren Lebzeiten, ist in der „Sächsischen Weltchronik" erstmals der Beiname „Maultasch" erwähnt. Der Hintergrund für diesen Spottnamen, der im luxemburgisch/päpstlichen Umfeld entstanden sein dürfte, ist allerdings weniger in einer etwaigen Missbildung ihrer Mundpartie zu suchen als vielmehr in einer Anspielung auf das weibliche Geschlecht und konkret auf das als lasterhaft empfundene Verhalten Margaretes, die sich ihres ersten Ehemanns handstreichartig entledigt hatte. Der Schmach der Luxemburger, aber auch der im Hinblick auf die Grafschaft Tirol letztlich leer ausgegangenen Wittelsbacher, folgte offenbar eine Verleumdungskampagne, bis aus der „ungemein schönen" Gräfin die „hässliche Herzogin" werden sollte.

Im 18. Jahrhundert wurde Margarete zur Projektionsfläche für drastische Adelskritik. Insbesondere ein Kupferstich von Gilles Antoine Demarteau d. J. aus dem Jahr 1777 (B) setzte neue Maßstäbe. Der auf einer Rötelzeichnung aus dem Umfeld Leonardo da Vincis basierende Stich dämonisiert die Dargestellte als monströses Wesen, deren lasterhaftes Leben überdeutliche Spuren im Gesicht hinterlassen hat. Das Bildnis der hässlichen Frau, die später als Margarete Maultasch identifiziert wurde, fand im vorrevolutionären Frankreich weite Verbreitung. Magdalena Hörmann-Weingartner mutmaßt wohl zu Recht, dass dies im Umfeld der prärevolutionären Adelskritik zu sehen ist, zumal Margarete von Tirol wie Königin Marie Antoinette dem Haus Habsburg zuzurechnen ist. Mit dieser Schmähkritik setzte auch eine neue Maultasch-Rezeption ein, die in Lion Feuchtwangers Roman „Die hässliche Herzogin" im 20. Jahrhundert eine literarische Parallele fand. Bei der Charakterisierung Margaretes von Tirol dürfte er Demarteaus Stich vor Augen gehabt haben: „… unter einer kleinen, platten Nase sprang der Mund äffisch vor mit ungeheuren Kiefern, wulstiger Unterlippe …" Margarete wurde von der historischen Forschung zwar rehabilitiert, das Bild von der „hässlichen Herzogin" aber wird sich noch lange halten.

B. K.

Lit.: Feuchtwanger, Herzogin, Zitat S. 16; Freuler, Die Chronik Johann's von Winterthur, Zitat S. 236; Hörmann-Thurn und Taxis, Margarete – Gräfin von Tirol; Hörmann-Weingartner, Bild und Missbild; Riedmann, Eines Fürsten Traum, S. 176–179; Wegner, Eheangelegenheit

---

Ein gutes Jahrzehnt nach dem Tod Ludwigs des Bayern zusammengestellt, spiegelt die Sammelhandschrift Diskussionen am Münchner Kaiserhof um die neue Eheverbindung Margarete Maultaschs wider.

5.8
Sammelhandschrift

Wohl 1356–1360; Handschrift/Pergament, moderner Kalikoeinband, (186) 178 Blätter (fol. 1–8 fehlen), 23 x 16 cm
Staats- und Universitätsbibliothek Bremen (MSB 0035)

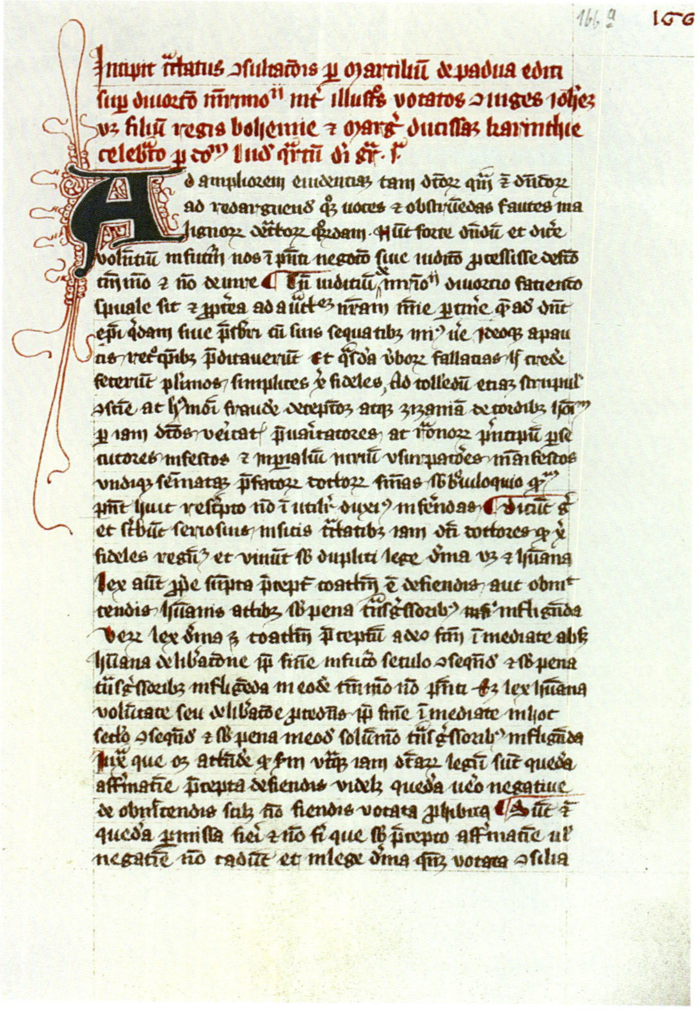

Während seiner gesamten Regierungszeit musste sich Ludwig IV. gegen die Bestreitung seiner Herrschaft durch Papst und Kurie zur Wehr setzen. Bann und Interdikt, die er bis zu seinem Tod nicht aufheben lassen konnte, hinderten ihn jedoch nicht daran, weit gespannte politische Ziele tatkräftig zu verfolgen. So verheiratete er seinen Sohn Ludwig den Brandenburger mit Margarete von Tirol, die sich handstreichartig ihres Ehemanns entledigt hatte, obwohl die Ehe nicht für ungültig erklärt worden war (Kat.-Nr. 5.5ff.). Nach dem damals üblichen Verfahren hätte allein ein kirchlicher Prozess und damit letztlich der Papst die Ehe für nichtig erklären können. Dieser Weg aber war Ludwig wegen seines Konflikts mit den Päpsten versperrt. Ungerührt von dieser „unmöglichen" Lage wurde auf Schloss Tirol am 10. Februar 1342 in Anwesenheit des Kaisers die Hochzeit Margaretes mit Ludwig dem Brandenburger feierlich begangen. Es ist unbekannt, wie und ob der Wittelsbacher diese Vorgehensweise rechtfertigte.

Das kleinformatige Pergamentmanuskript enthält eine Reihe von Texten, die Argumente bereitstellten: Neben den politischen Schriften des Lupold von Bebenburg, dem „Tractatus" (Kat.-Nr. 3.23) und seinem „Libellus" (fol. 9ʳ–60ᵛ; 60ᵛ–94ᵛ), sind dies Exzerpte aus dem „Defensor pacis" des Marsilius von Padua (fol. 94ᵛ–129ᵛ) und aus Ockhams „Dialogus" (fol. 152ᵛ–156ᵛ) sowie eine weit verbreitete Streitschrift der kurialistischen Gegenseite, die „Determinacio compendiosa" des Tholomaeus von Lucca. Das Manuskript enthält auch Gutachten von Wilhelm von Ockham und Marsilius von Padua zur Frage, ob der Kaiser ohne und gegen den Papst eine Ehe schließen lassen dürfe, dazu zwei weitere Texte von Marsilius, die eigene Urkundenformulare für die kaiserliche Kanzlei entwarfen, mit denen solch ein Rechtsakt hätte vollzogen werden können.

Die Handschrift gelangte im Nachlass des protestantischen Publizisten Melchior Goldast (gest. 1635) nach Bremen, in dessen Besitz sie über den Heidelberger Gelehrten Marquard Freher (gest. 1614) aus der Hinterlassenschaft des Handschriftenkenners und -räubers Matthias Flacius Illyricus (gest. 1575) gekommen war. So dürfte die Handschrift süddeutschen Schriftcharakters aus dem Umkreis des Münchner Kaiserhofs stammen.

J. M.

Drucke: Miethke/Flüeler, Lupold, S. 151f.; Stahl, Katalog, S. 130–133; Edition des Gutachtens Ockhams: Offler, Ockham, Opera politica, Bd. 1, S. 278–286; Edition des Gutachtens und der beiden Formularentwürfe des Marsilius: Jeudy, Œuvres mineurs, S. 282f., 286–289, 304–307
Lit.: Hartmann, Illyricus, S. 123, 221; Miethke, Eheaffäre; Nehlsen, Rolle

---

Mit weitgehenden Zugeständnissen gewann Ludwig der Brandenburger den Tiroler Adel für sich.
Später galt der Freiheitsbrief als „Magna Charta" Tirols.

5.9
Tiroler Freiheitsbrief

München, 28. Jänner 1342; Urkunde, Pergament mit angehängtem spitzovalen Siegel, 22,5 x 39,6 cm, Siegel: 9,5 x 5,5 cm
Tiroler Landesarchiv, Innsbruck (Landschaftliches Archiv, Urk. Nr. 1)

Neuer Thronstreit und plötzliches Ende

Seit November 1341 wurden die Verhandlungen zur Eheschließung zwischen Wittelsbachern und dem Tiroler Grafenhaus geführt. Gesandte des Tiroler Adels, unter ihnen Volkmar von Burgstall und Engelmar von Villanders, versuchten am Münchner Kaiserhof Rechte und Freiheiten gegenüber dem künftigen Landesherrn zu sichern. Das Ergebnis der Verhandlungen liegt mit der Urkunde vom 28. Januar 1342 vor. In dem so genannten Freiheitsbrief garantiert Markgraf Ludwig der Brandenburger allen Gotteshäusern und Adeligen in der Grafschaft Tirol, „alle Gotteshäuser und edel Leut", die althergebrachten Gewohnheiten und Rechte. Er versichert unter anderem, ohne Zustimmung der Landleute keine außerordentlichen Steuern zu erlassen, nur nach dem Rat der Besten zu regieren, Margarete nicht außer Landes zu bringen und Burgen nicht mit auswärtigen Herren zu besetzen.

Mit seinen umfangreichen Zusicherungen stellte sich der künftige Tiroler Landesherr in eine bekannte Tradition. Auch König Johann von Luxemburg hatte 1330 dem Druck des Tiroler Adels nachgeben und sich zu gleich lautenden Zugeständnissen bereit erklären müssen, bevor er seinen Sohn Johann Heinrich mit der Tiroler Gräfin verheiraten konnte.

Die Urkunde Ludwigs wurde am selben Tag vom Kaiser bestätigt. Beide Ausfertigungen wurden übergeben, sie bilden den Grundstock für das Landschaftliche Archiv, das heute im Landesarchiv Innsbruck aufbewahrt wird. Daneben existieren im Bayerischen Hauptstaatsarchiv eine weitere markgräfliche Urkunde und zwei kaiserliche Bestätigungsurkunden gleichen Inhalts, die nie ausgehändigt wurden.

Die umfangreiche Empfängernennung der Münchner Urkunde – „alle Gotteshäuser, geistliche und weltliche, alle Städte, Dörfer und Märkte und auch alle Leute, edel und unedel, reiche und arme" – wurde von der historischen Forschung seit dem 19. Jahrhundert als frühester Beleg für die landständische Verfassung Tirols und für die politische Partizipation des Bauernstands gesehen. Anfang des 20. Jahrhunderts wurde diese Urkunde als „Magna Charta" Tirols und älteste Festlanddemokratie (Otto Stolz) bezeichnet.

Diese Überbewertung im Sinne demokratischer Selbstbestimmung Tirols vor dem aktuellen Hintergrund der politischen Teilung 1919 ließ aber den Kontext der Entstehung und mögliche Vergleichsbeispiele außer Acht. Erst Hölzl gelang eine Relativierung, nicht zuletzt unter dem Hinweis auf die Entwicklung landständischer Freiheiten vor allem in Niederbayern (Vilshofer Vertrag von 1293 und Ottonische Handfeste 1311) und Brandenburg (Landtag ab 1345). Auch das Fehlen einer einheitlichen Kanzleisprache führte zu den Abweichungen im Adressformular.

Dass beide markgräflichen Ausfertigungen und die drei Garantieerklärungen Ludwigs IV. jeweils unterschiedliche Adressatenkreise ansprechen, erklärt sich als politische Taktik zum Zeitpunkt der Ausfertigung, die alle Wünsche und möglichen Empfänger im Blick behalten wollte. Nach der Vertreibung Johanns von Böhmen aus Tirol und vor dem Antritt seiner eigenen Herrschaft war Ludwig der Brandenburger auf den breiten Konsens im Land angewiesen. Eigentlicher Empfänger und Nutznießer war der Tiroler Adel, der die Verbindung zum wittelsbachischen Haus maßgeblich betrieben hatte, aber in den zugesicherten Freiheiten bald mehr „Wunschdenken" (Sebastian Hölzl) als politische Wirklichkeit erkennen musste. *E. H.-Sch.*

Druck: Hölzl, Freiheitsbriefe
Lit.: Hölzl, Freiheitsbrief; Hölzl, Freiheitsbriefe; Jäger, Genesis; Riedmann, Eines Fürsten Traum, S. 159, Kat.-Nr. 4.33 und 4.34 (Wilfried Beimrohr); Stolz, Landesverfassung; Stolz, Magna Charta; Stolz, Verfassungsurkunde

---

Die Steuereinnahmen aus den Reichsstädten bildeten das Rückgrat der Finanzpolitik Ludwigs IV.

5.10
Ludwig der Bayer und die Städte

Schaubild; Entwurf: Barbara Six
Haus der Bayerischen Geschichte, Augsburg

Die letzte große Auseinandersetzung zwischen Kaiser- und Papsttum im Mittelalter wäre ohne die Städte nicht denkbar gewesen. Sie waren entscheidende politische, finanzielle und ideelle Stützpfeiler im Kampf Ludwigs des Bayern mit seinen Gegnern. Die städtischen Steuern bildeten die Grundlagen für seine Unternehmungen, zunächst im Kampf gegen Friedrich den Schönen, später im Konflikt mit der Kurie. Neben diesen Einnahmen war das Prinzip, Reichsrechte, -ämter und -städte temporär oder auf Dauer zu verpfänden, eine beliebte Methode der spätmittelalterlichen Geldgewinnung, auf die Ludwig der Bayer wie kein Herrscher vor ihm zurückgriff. Viele oberdeutsche Städte standen bereits nach der Doppelwahl von 1314 aufseiten des Bayern und erfuhren im Gegenzug eine Erweiterung ihrer Befugnisse. Besonders die Handelsmetropolen profitierten von ihrer Nähe zum Herrscher. Die Stadt Nürnberg etwa konnte sich in der Regierungszeit Ludwigs in der Ordnung ihrer inneren Verhältnisse weitgehend unabhängig von anderen Instanzen machen, erlangte uneingeschränkte Nutzungs- und Schutzrechte des Waldes und Zollfreiheiten in zahlreichen Orten, was den Außenhandel erleichterte und für einen kräftigen wirtschaftlichen Aufschwung sorgte. Der Stadt Frankfurt räumte Ludwig als Messestandort eine besondere Monopolstellung ein, indem er im Umkreis von fünf Meilen die Neuanlage von Städten ausschloss sowie Zölle und Verkehrseinschränkungen aufhob. Ludwigs Landfriedenspolitik zielte unter anderem auch darauf ab, die Sicherheit von Handel und Verkehr auf den wichtigen Verbindungsstraßen zwischen den Städten zu gewährleisten. Als Exekutivgewalt wurden ständige Landfriedensbehörden eingerichtet, denen neben Vertretern des Kaisers und der Fürsten auch solche der Städte angehörten.

Mit einzelnen Stadtbürgern stand Ludwig in ganz besonderen Treueverhältnissen. Zu seinen privaten Kreditgebern zählten etwa die Familie Gumprecht in Regensburg, Jakob Knoblauch in Frankfurt oder Konrad Groß in Nürnberg, die er jeweils mit weit reichenden Privilegien und Pfandschaften belohnte. Statt in Nürnberg sein Quartier auf der Kaiserburg zu nehmen, bevorzugte es Ludwig, bei Vertretern des Stadtadels zu wohnen. Dieses Beziehungsnetz zwischen Ludwig und den Städtern kann gar nicht hoch genug bewertet werden. Mehrfach werden Städter als Ratgeber des Kaisers bezeichnet. Nicht am kaiserlichen Hof, sondern im Haus des Nürnberger Ratsherrn Albrecht Ebner („in domo Alberti Ebner") verfasste Ludwig am 18. Dezember 1323 seine gegen den Papst gerichtete Protestschrift, die dann drei Monate später den Anlass für den von der Kurie erteilten Kirchenbann bilden sollte.   A. Sch.

Lit.: Landwehr, Verpfändung; Morré, Ratsverfassung; Schubert, Zunftkampf

Durch Verpfändungen konnte Ludwig auch kurzfristig Geld flüssig machen.

5.11

A **Kaiser Ludwig verpfändet den Pfalzgrafen Rudolf II. und Ruprecht I. bei Rhein für 6000 Mark Silber die Städte Neckargemünd, Eberbach, Mosbach, Sinsheim sowie die Burgen Trifels Neukastel, Germersheim, Annweiler, Guttenberg, Falkenburg, Weglenburg und die Dörfer Haßloch und Böhl**

Trient, 22. Januar 1330; Urkunde, Pergament, Wachssiegel an grüner Seidenschnur, 29 x 38,5 cm (R)
Bayerisches Hauptstaatsarchiv, München (Kurpfalz Urk. 231)

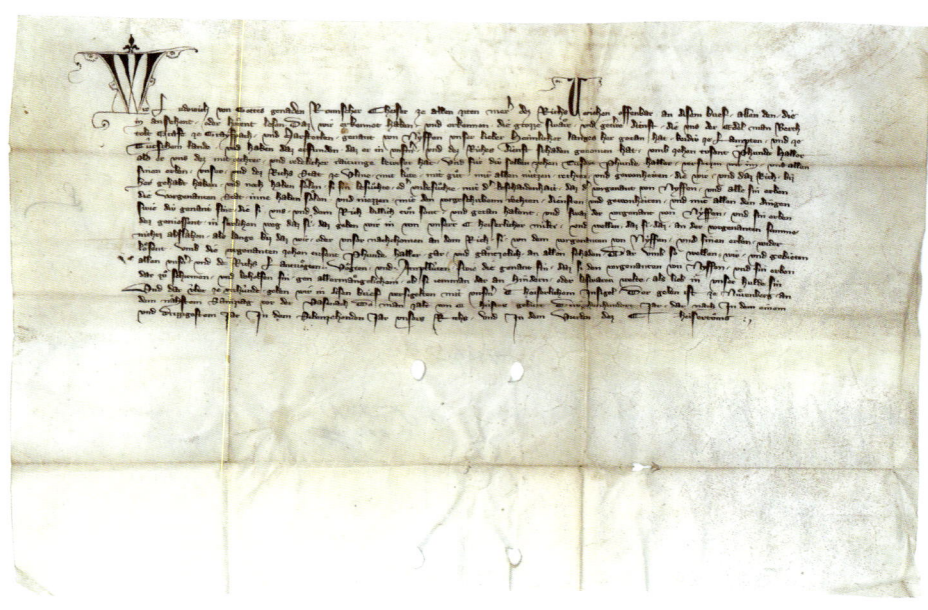

B Kaiser Ludwig verpfändet Graf Berthold VI. von Neuffen die Stadt Ulm für 10 000 Pfund Haller

Nürnberg, 9. Februar 1331;
Urkunde, Pergament, ohne
Siegel, 24 x 46 cm (R)
Bayerisches Hauptstaats-
archiv, München (Pfalz-
Neuburg, Auswärtige
Staaten U 2627)

Eine pfandweise Versetzung von Herrschaftsrechten seitens des Königs ist im Reich zum ersten Mal 1171 unter Friedrich I. Barbarossa nachweisbar. Sie entwickelte sich in der Folge zu einem gängigen Mittel spätmittelalterlicher (Fiskal-)Politik, das insbesondere Ludwig IV. häufig einsetzte. Für ihn ist mit 110 Verpfändungen in 33 Herrschaftsjahren die höchste Anzahl von Verpfändungen eines römisch-deutschen Königs im Spätmittelalter belegt. Direkt dahinter rangiert sein Nachfolger Karl IV. mit bislang 90 bekannten Verpfändungen im Lauf seiner ebenfalls fast 33-jährigen Regierungszeit.

Die Verpfändung von einzelnen Rechten bis hin zu ganzen Herrschaftskomplexen, von beispielsweise den Einkünften der Judensteuer einer Reichsstadt bis zur gesamten Stadt selbst, diente unterschiedlichen Zwecken. Sie konnte dem König kurzfristig liquide Mittel verschaffen; sie konnte aber auch ihm bereits geleistete oder noch zu leistende Dienste vergelten. Pfandschaften waren folglich ein wichtiges Mittel der Bündnispolitik und so bedeutete nicht jedes Pfandgeschäft auch einen tatsächlichen Transfer der Pfandsumme seitens des Pfandnehmers. Wurden Pfandschaften genutzt, um Dienste zu vergelten, konnten sie auch auf Zeit vergeben werden, bis der Pfandnehmer die Pfandsumme aus dem Pfand eingenommen hatte. Wurden Pfandschaften auf Dauer vergeben, kam dies meist ihrer Veräußerung gleich. Aber selbst wenn Könige ihre Pfänder nur sehr selten wieder auslösten, nutzten sie diese über die Vergabe hinaus als politisches Instrument. So konnten sie Dritten das Recht verleihen, vergebene Pfänder auszulösen, oder sie schlugen weitere Summen auf bereits bestehende Pfänder. In diesem Fall lag der Nutzen für den Pfandnehmer in der Erhöhung der Wahrscheinlichkeit, dass sein Pfand zukünftig weder vom König noch von Dritten ausgelöst werden würde.

Der Pfandnehmer hatte in der Regel die vollen Nutzungsrechte seines Pfands, das er sogar weiterverpfänden durfte. Der Erhalt ganzer Besitzkomplexe diente den Pfandnehmern oftmals zur Arrondierung der eigenen Herrschaft. So profitierten die Pfalzgrafen bei Rhein von den Reichspfandschaften, die sie nach Abschluss des Hausvertrags von Pavia (4. August 1329) von ihrem kaiserlichen Onkel Ludwig erhalten hatten (Kat.-Nr. 4.7). In diesen Kontext gehört die hier gezeigte Urkunde für die Pfalzgrafen Rudolf II. und Ruprecht I. vom 22. Januar 1330, die ihnen mit den Städten Neckargemünd (samt Burg und Zehnt), Eberbach (samt Burg und Zehnt), Mosbach und Sinsheim am mittleren und unteren Neckar und einer Reihe von Burgen, Städten und Dörfern in der heutigen Pfalz einen erheblichen territorialen Zugewinn im Osten und Westen ihrer Herrschaftsgebiete verschaffte. Ludwig IV. seinerseits sicherte sich mit dieser und anderen Maßnahmen die Unterstützung seiner mächtigen Verwandten.

In der Urkunde Ludwigs für Berthold von Neuffen standen hingegen die Belohnung eines wichtigen Gefolgsmanns sowie die Kontrolle über eine bedeutende Reichsstadt im Zentrum. Am 9. Februar 1331 verpfändete Ludwig die Stadt Ulm an Berthold für 10 000 Pfund Haller. Ludwig stellte die ihm durch Berthold bereits geleisteten Dienste heraus und wusste in diesem einen verlässlichen Sachwalter seiner Interessen.

J. P.

Drucke: A): MGH Const. VI., Nr. 675; B): Reg. Imp.
RI VII H. 5 n. 130, Edition in: Veesenmeyer, Ulmisches Urkundenbuch Nr. 89

Lit.: Landwehr, Bedeutung; Landwehr, Verpfändung;
Rödel, Reichspfandschaften; Serck, Berthold von Neuffen;
Veesenmeyer, Ulmisches Urkundenbuch, Bd. 2/1

Münzpolitik war Machtpolitik: Ludwig IV. verbreitete den Heller als gängigste Münzsorte im Reich.

5.12
Teil eines Münzhortes

Fundort: Schongau, verborgen um 1346–1356; 503 Münzen, Silber
Stadtmuseum Schongau

Bei den circa 503 Geprägen handelt es sich vermutlich um eine bisher verschollene Teilmenge des im Jahr 1923 in der Stadt Schongau gehobenen Schatzfundes „Schongau I". Mit rund 495 Exemplaren setzt sich die Münzmenge größtenteils aus dem Schwäbisch Haller Pfennig des 13. und 14. Jahrhunderts zusammen, der wegen seines Münzbilds als „Händlein-Heller" bekannt geworden ist. Die Einführung dieser nur etwa 0,5 Gramm leichten Münzen wohl zu Beginn des 13. Jahrhunderts war dem Wunsch nach einer überregionalen und verlässlichen Währung geschuldet, deren Legitimität durch ihre Bildersymbolik – Hand und Kreuz als Symbole der weltlichen und göttlichen Herrschaft –, die Nennung des Herrschernamens und des Prägeorts bekräftigt werden sollte. Mit ihrem geringen Gewicht und dem niedrigen Silbergehalt standen die Münzen in einem Wertverhältnis drei zu eins zur gängigen Rechnungswährung, dem Kölner Pfennig. Entsprechend dem im 16. Jahrhundert formulierten Gresham'schen Gesetz, wonach schlechteres Geld stets das bessere vom Markt verdrängt, begann bald der Siegeszug des Hellers, der sich dauerhaft als eigene Münzsorte etablieren sollte.

Auch Ludwig IV. wusste um die Bedeutung dieser Währung. Als Kandidat für den Königsthron versprach er potenziellen Wählern gewaltige Summen des geprägten Silbers im Tausch gegen ihre Stimmen, wie auch Nutzungsrechte über die Prägestätte selbst (Kat.-Nr. 2.4). Er war deshalb sehr darum bemüht, die Haller Münzstätte in seinen Besitz zu bringen, die ihm das Begleichen seiner Schulden ermöglichen sollte. Die Verfügungsgewalt über die Münzprägung war im Zuge der Monetarisierung der Politik ein unverzichtbares Machtmittel geworden, das Ludwig zu nutzen verstand: 1324 führte er auch in der Münzstätte von Speyer eine königliche Hellerprägung ein, bald folgten Nürnberg und Frankfurt. Zudem vergab er Münzstätten als Pfand an seine Gläubiger oder verlieh allgemeine Prägerechte.

Bis zur Mitte des 14. Jahrhunderts hatten so viele Münzstätten das Recht zur Hellerprägung erlangt, dass Ludwigs Nachfolger, Kaiser Karl IV., im Jahr 1356 eine Münzstättenkennung mittels Beizeichen auf den Geprägen verordnete. Ziel war es, die Qualitätsminderung der Münzen zu stoppen und das Vertrauen der Bevölkerung in die Reichswährung wiederzuerlangen.

Im Schongauer Fundrest finden sich aus der Zeit Ludwigs IV. neben denjenigen Händlein-Hellern, die sich durch die Umschrift „HALLA" eindeutig der Stadt Hall zuweisen lassen, auch zahlreiche Exemplare, für die sich kein gesicherter Prägeort angeben lässt. Anders liegt der Fall bei den acht Geprägen des Fundrests, die nicht zu dieser Gruppe zählen. Es handelt sich um einen Augsburger Hohlpfennig Bischof Wolfhards (1288–1302) sowie fünf Frankfurter Heller mit Krone und Wiederkreuz ab 1340 und zwei Heller aus Speyer, deren Prägung mit großem „S" auf der Vorder- und einer Domansicht auf der Rückseite Ludwig IV. der Stadt in einer Urkunde vom 30. August 1346 gewährt hatte.

Die Datierung der Speyerer Heller und das Fehlen mit Buchstaben gekennzeichneter Händlein-Heller in der Schongauer Münzmenge weisen auf eine ungefähre Verbergungszeit zwischen 1346 und 1356 hin. Der Fundrest gewährt damit einen kleinen Einblick in den Geldumlauf zur Zeit Kaiser Ludwigs des Bayern im heutigen Oberbayern und belegt die Erfolgsgeschichte des Hellers.

A. Hy.

Lit.: Alram, Münzfund; Mäkeler, Reichsmünzwesen, Teil 1, S. 40–125; Mittelstraß, Münzschatz, S. 29–47

In der ersten Hälfte des 14. Jahrhunderts gewannen der Handel und die Geldwirtschaft immer mehr an Bedeutung.

5.13
Währungen und Preise zur Zeit Ludwigs IV.

Übersicht; Entwurf: Barbara Six
Haus der Bayerischen Geschichte, Augsburg

Die Geldwirtschaft des Spätmittelalters war geprägt von grundlegenden Neuerungen. Mit der Einführung des Goldguldens (Floren) durch die Stadt Florenz im Jahr 1252 und des venezianischen Dukaten im Jahr 1284 wurde der Grundstein für eine Differenzierung des Währungssystems gelegt und so die Zeit des regionalen Silberpfennigs auf lange Sicht beendet. Die jeweils 3,54 Gramm schweren und beinahe aus reinem Gold bestehenden Münzen ermöglichten einen internationalen Handel ohne Wechselzwang. Gleichzeitig kam man damit dem erhöhten Bedarf an Zahlungsmitteln entgegen und steigerte die Zahlkraft der vorhandenen Münzmenge.

Auch Ludwig IV. zeigte sich bemüht um die Erneuerung des Münzwesens. Er förderte die Verbreitung des Hellers und verlieh zahlreiche Privilegien zur Nachprägung von Florentiner Goldgulden, französischen Turnosengroschen und englischen Sterling im römisch-deutschen Reich. In seinem politischen Handeln verließ er sich stark auf die Geldwirtschaft.

Die Frage nach der Kaufkraft von Heller, Pfennig und Floren lässt sich nicht leicht beantworten, da der Wert einer Münzsorte je nach Region und Jahr großen Schwankungen unterliegen konnte. Es ist deshalb nur eine Annäherung an verschiedene Münzwerte möglich, die am Beispiel der Stadt München versucht werden soll: Unter der Herrschaft Ludwigs IV. wog der Münchner Pfennig ca. 0,701 Gramm mit einem Feingehalt von 0,467 Gramm Silber. Im Jahr 1319 kostete der Scheffel (circa 222 Liter) Hafer 21¼ Pfennig, 50 Pfennig im Jahr 1342. Dagegen zahlte man 1319 für den Scheffel des Luxusgetreides Weizen 360 Pfennig, im Jahr 1329 nur 150. Für ein junges Huhn gab man um 1300 etwa zwei Pfennig, für zehn Eier einen Pfennig. Im Jahr 1360 musste man für einen Hahn acht, für eine Henne fünf und für ein Lamm 20 Pfennig bezahlen. Zu den Löhnen: Der Münchner Stadtschreiber Magister Sighart Tückel bezog zwischen 1326 und 1332 jährlich sechs, von 1333 bis 1363 zehn Pfund Silberpfennig (1 Zählpfund = 240 Pfennig), also 1440 beziehungsweise 2400 Pfennig im Jahr. Der maximale Tageslohn eines Maurer-, Dachdecker- oder Zimmerermeisters im Sommer wurde um das Jahr 1365 auf 13 Pfennig inklusive Trinkgeld, für einen Gesellen auf acht Pfennig festgesetzt. Der Heller galt in München zur Zeit Ludwigs IV. als halber Pfennig. Der Wert des Florentiner Gulden schwankte in den Jahren 1331 bis 1346 zwischen 90 und 120 Pfennig. Magister Tückel hätte seinen Jahresverdienst im Jahr 1331 in zwölf Gulden tauschen können. Ungefähr zur selben Zeit verpfändete Ludwig IV. König Johann von Böhmen für 120 000 Florentiner Goldgulden die Städte Mailand, Bergamo, Novara, Pavia, Bobbio, Cremona, Parma, Reggio und Modena.

A. Hy.

Lit.: Kluge, Numismatik, Bd. 1, S. 64–112; Mäkeler, Reichsmünzwesen, Teil 1, S. 40–125; Solleder, München im Mittelalter, S. 77–377

Kaiser Ludwig gewährte verschiedene Münzprägungen und erlaubte der Stadt Lübeck die Prägung von Goldgulden. Häufig ist auf den Münzen auch der kaiserliche Adler abgebildet.

5.14
A Pfennig

1. Hälfte 14. Jahrhundert,
Münzstätte München;
Silber, Gewicht 0,60 g, Ø 15,2 mm

B Pfennig

1328–1347, Münzstätte Dortmund;
Silber, Gewicht 1,26 g, Ø 16 mm
Vorderseite: [...] ANOR
(Kaiser Ludwig)
Rückseite: [...] VITAS TREM OIAC
(Stadt Dortmund)

C Turnose

Nach 1328 (1345?), Münzstätte Frankfurt?;
Silber, Gewicht 3,09 g, Ø 26,5 mm
Vorderseite außen: BNDITV SIT
NOME DNI NRI DEI IhV XPI
(Gelobt sei der Namen unseres
Herrn Jesus Christus),
innen: LVDOWICVS QVART (Ludwig IV.)
Rückseite: ROMANOR IMPATOR
(Römischer Kaiser)

D Sterling

Vor 1328, Münzstätte Aachen;
Silber, Gewicht 1,19 g, Ø 17,8 mm
Vorderseite: LVDOVICVS ROM REX
(Ludwig römischer König)
Rückseite: MON ETA AQVE NSIS
(Münze der Stadt Aachen)

E Goldgulden

Ab 1340, Münzstätte Lübeck;
Gold, Gewicht 3,47 g, Ø 21,4 mm
Vorderseite: FLORE LVBIC
(Floren der Stadt Lübeck)
Rückseite: S IOHA NNES B
(Hl. Johannes der Täufer)

A–E Staatliche Münzsammlung
München

Neuer Thronstreit und plötzliches Ende

Das Recht zur Münzprägung im römisch-deutschen Reich lag zur Zeit Ludwigs IV. zu einem guten Teil in den Händen von Bischöfen und Fürsten. Der Besitz von Münzstätten war meist eine einträgliche Angelegenheit. Deshalb konnten vermögende Kaufleute wie Konrad Groß aus Nürnberg oder Jakob Knoblauch aus Frankfurt Ludwig Kredite geben und dieser wiederum verlieh ihnen 1339 Privilegien zur Münzprägung in diesen Städten. Aus seiner Zeit als Herzog konnte Ludwig auf sein Recht zur Münzprägung im wittelsbachischen Bayern aufbauen. Als König und Kaiser strebte er danach, sich der Reichsmünzstätten zu bedienen und in den ihm zugefallenen oder verbündeten Territorien das Münzrecht auszuüben. Dass er in seiner Regierung dennoch oft in Geldnöten war, erklärt sich auch daraus, dass ihm der Zugang zu den einträglichen Prägestätten vielfach verwehrt blieb.

Zu den dunklen Aspekten der Regierung Ludwigs zählt, dass er als Münzherr in Bayern noch immer so gut wie unbekannt ist. Es gibt keine in der Residenzstadt München geprägte Münze, die seinen Namen nennt oder eindeutig auf ihn weist. Vielmehr scheint man davon ausgehen zu müssen, dass Ludwig schon bestehende ältere Münztypen anderer Städte, wie Schwäbisch Hall oder Nürnberg, weiterführte. Bei der Bestimmung solcher Münzen steht man vor der Schwierigkeit, kaum Kriterien für die Zuweisung nach Bayern angeben zu können. Ein beredtes Beispiel hierfür ist der Pfennig mit dem Bild eines gekrönten Herrschers und dem Adler. Die Münze scheint als Typ bereits zur Zeit Rudolfs von Habsburg 1250/70 in Nürnberg geprägt worden zu sein. Dass der hier vorgestellte Pfennig jedoch in der Münchner Münzstätte Ludwigs entstanden sein könnte, darauf weisen nur Indizien, etwa der von Nürnberg abweichende Stil des Münzbildes: Ein ähnlich gedrungener Adler kehrt auch auf einem für München in Anspruch zu nehmenden Pfennig mit einem Mönch auf. Auch die auswärts gedrehten Monde, die geringe Größe und das Gewicht sowie die schwarze Färbung des Gepräges unterscheiden sich von den Geprägen nördlich der Donau und weisen nach Altbayern.

Trotz der späteren Anstrengungen des Kaisers, per Erlass das Recht zur Hellerprägung auf Frankfurt und Nürnberg zu beschränken und so zu einer Reichswährung zu gelangen, zeigt sich das Münzwesen weiterhin in Abhängigkeit von regionalen Räumen. So führte Ludwig zwar an mehreren Orten Großsilbermünzen ein, doch konnten sie je nach Region einen unterschiedlichen Wert von vier bis zu 24 Pfennig erreichen. Berühmte Beispiele hierfür sind die nach 1328 vermutlich in Frankfurt geschlagenen Turnosen und die noch mit dem Königstitel geprägten Sterling. Die Turnosen waren im 13. Jahrhundert in Frankreich als „gros tournois" eingeführte große Silbermünzen. Der Sterling war eine etwas kleinere englische Münze, die im Handel bis nach Westdeutschland wanderte und in Aachen geprägt wurde. Mit dem Goldgulden durfte eine besonders wertvolle Münze in Lübeck geschlagen werden, einer Stadt, die durch den prosperierenden Seehandel auch Bedarf an größeren Nominalen hatte. Bezeichnenderweise wurde für diese ab 1340 ausgegebene Nachahmung der Fiorini d'oro ein toskanischer Münzmeister, Johannes Sallynbem aus Florenz, bestellt und die Goldlieferungen wurden über einen Kaufmann aus dem niederländischen Zutphen abgewickelt. Somit war diese frühe deutsche Goldmünze wie auch die Antwerpener Goldschilde in einem größeren europäischen Zusammenhang entstanden (Kat.-Nr. 4.16). *M. H.*

Lit.: Beierlein, Münzen, S. 26–30; Kluge, Numismatik, Bd. 1, S. 64–70; Mäkeler, Reichsmünzwesen, Teil 1, S. 40–125

In den Reichsstädten errichtete man repräsentative Saalbauten für die kaiserlichen Besuche.

5.15
Repräsentationsbauten aus der Zeit Ludwigs IV.

Schaubild; Entwurf: Barbara Six
Haus der Bayerischen Geschichte, Augsburg

Saalbau des Alten Rathauses in Regensburg
Fotografie, um 1914

1315 wurde auf Veranlassung Ludwigs IV. die Kirche St. Bartholomäus in Frankfurt am Main als Ort der Königswahl festgelegt, zuvor hatte man die Wahl meist im Freien abgehalten. Dazu wurde der Chor der Kirche neu errichtet und 1338 geweiht. Neben Kirchenbauten entstanden in der Regierungszeit Ludwigs auch zahlreiche Repräsentationsbauten. In vielen Freien und Reichsstädten wurden aufwändige Säle errichtet, häufig in den Rathäusern, die nicht nur der Versammlung des Rats, sondern wohl auch dem Besuch des Kaisers dienten. Oft handelte es sich um eine große Halle im ersten Obergeschoss. Bestehende Gebäude wurden umgebaut oder Neubauten geplant.

So stellte Ludwig 1329 in Pavia eine Urkunde aus, in der er den Bürgern Frankfurts erlaubte, ein neues Rathaus zu errichten, den „Römer", der allerdings erst Anfang des 15. Jahrhunderts erbaut werden sollte. Ludwig hielt sich in der Reichsstadt, in der er zum König gewählt worden war, seither fast jährlich auf; häufig wurden hier Reichstage abgehalten. Der Frankfurter Saalhof, eine Königsburg des 12. Jahrhunderts, wurde 1332 an den Frankfurter Bürger Jakob Knoblauch, der oft Gastgeber für den Kaiser war, mit der Auflage verpfändet, die Gebäude instand zu setzen.

Ludwig IV. hielt sich häufig in Regensburg auf. Oft war er im Gumprecht'schen Haus zu Gast, das über einen Schwibbogen mit dem Rathaus verbunden war, in dem sich der etwa 23 x 15 Meter umfassende Saal befindet, der um 1320/30 zu datieren ist (Kat.-Nr. 5.17).

In die Reichsstadt Nürnberg kehrte Ludwig nach seiner Kaiserkrönung fast jährlich zurück und auch Reichstage fanden hier statt. Von 1332 bis 1340 wurde der Saalbau des Nürnberger Rathauses errichtet (39 x 11,5 Meter), in dem sich auch das Relief, das Ludwig auf dem Adlerthron zeigt, befand (Kat. Nr. 4.10).

1309, 1314 und 1324 besuchte Ludwig die Stadt Köln. Vor 1328/30 bis kurz vor 1341 wurde an das Kölner Rathaus der so genannte Hansasaal mit einer Größe von 27 x 7,5 Metern angebaut. An der Südwand waren Skulpturen der neun Guten Helden angebracht, darüber auch eine Figur des Kaisers.

1314 war Ludwig IV. in Aachen zum König gekrönt worden. Kurz nach 1330 übernahm die Stadt die verfallene Aula Regia aus königlichem Besitz und begann einen 1334/35 belegten Um- und Neubau, der im Rohbau wohl um 1350 abgeschlossen war. Der riesige Saal mit 44 x 17 Metern war traditionell der Ort der Krönungsfeierlichkeiten. Weitere Beispiele für repräsentative Bauten, die zur Zeit Ludwigs entstanden, ließen sich anführen, so das Mainzer Kaufhaus am Brand (Kat.-Nr. 4.12) oder Ratssäle in Lübeck (Kat.-Nr. 5.16), Münster, Mühlhausen und Erfurt. Häufig wurden die Gebäude später mehrfach umgebaut, sodass heute nur noch Weniges aus der Zeit Ludwigs erhalten ist.

B. S.

Lit.: Albrecht, Rathäuser; Goer u. a., Rathäuser; Suckale, Hofkunst, S. 233, 258

Für ihr neues Rathaus leisteten sich die Lübecker Bürger diesen prunkvollen Türzieher. Er zeigte: „Wir sind Reichsstadt."

5.16
Türzieher

Lübeck, Werkstatt des Johannes Apengeter (zugeschrieben), um 1350;
Bronze, gegossen, graviert und ziseliert, 64 x 63 cm
Museen für Kunst- und Kulturgeschichte der Hansestadt Lübeck (1878/13)

Ludwig IV., der Lübeck nie besucht hat, erteilte der Reichsstadt als erster Stadt im Reich das Recht zum Prägen von Goldgulden (Kat.-Nr. 5.14). Der filigran gestaltete Türzieher vom Lübecker Rathaus entstand höchstwahrscheinlich im Zuge des Rathausumbaus 1343 bis 1351. Er ist eines der wenigen nicht ortsfesten Zeugnisse, die sich von den aufwändigen Neugestaltungen der Rathäuser in der ersten Hälfte des 14. Jahrhunderts erhalten haben.

Der mit Weinranken geschmückte Türzieher zeigt den König auf einem Thron sitzend, umringt von seinen Wählern, den sieben Kurfürsten, die ebenfalls auf kleinen Thronen sitzen – sozusagen eine Verbildlichung der Beschlüsse des Kurvereins von Rhens (Kat.-Nr. 4.11), die unter Kaiser Karl IV. in die Goldene Bulle münden sollten. Die Freie Reichsstadt ist nur dem Reich verpflichtet, das durch den König und die Kurfürsten repräsentiert wird. Die Darstellung unterstreicht die Bedeutung, die die Königswahl durch die Kurfürsten für die Reichsstädte besitzt und trifft eine explizit politische Aussage, die jedem, der das Rathaus über das Hauptportal betrat, beim Öffnen der Tür vor Augen stand.

Der Türzieher ist ein einzigartiges Zeugnis für die nach außen präsentierte Unabhängigkeit und Treue der Städte gegenüber dem Reich und seinen Repräsentanten. Zu unterscheiden sind die stilisierten, bärtigen Männer an ihrer Kleidung und ihren Wappen. An oberster Stelle sitzt der König von Böhmen mit dem Löwenwappen, ebenfalls mit Schwert die weiteren weltlichen Herrscher (im Uhrzeigersinn) wie der Pfalzgraf von Rhein, der Herzog von Sachsen und mit dem Adlerschild der Markgraf von Brandenburg. Auf der anderen Seite sind mit Mitra und Bischofsstab die Bischöfe von Mainz (mit Rad), Köln (mit Kreuz) und Trier (mit dem Lamm der Reichsabtei Prüm, die von 1347 bis 1354 zu Trier gehörte) zu finden. Auch in anderen Städten wurden der König und die sieben Kurfürsten im öffentlichen Raum gezeigt, wie in Mainz auf den Zinnen des Kaufhauses am Brand (Kat.-Nr. 4.12).

B. S.

Lit.: Holst, Überblick; Puhle/Hasse, Heiliges Römisches Reich Deutscher Nation, Kat.-Nr. V.37 (Ursula Mende); Wieczorek, Wittelsbacher, S. 159/152, Kat.-Nr. B3.02 (Joanna Olchawa)

So könnte das Regensburger Rathaus zur Zeit Ludwigs IV. ausgesehen haben.

5.17
Der Regensburger Rathaussaal zur Zeit Ludwigs IV.

3-D-Rekonstruktion, 2014; wissenschaftliche Beratung: Achim Hubel, Karl Schnieringer;
Realisierung: Archimedix GbR, Ober-Ramstadt

Nachdem Regensburg im Jahr 1245 den Status einer freien Reichsstadt erhalten hatte, errichteten die Bürger unmittelbar darauf im Kaufmannsviertel das erste Rathaus. Die bis heute erhaltene Anlage besteht aus dem viergeschossigen Hauptbau und dem östlich anschließenden hohen Rathausturm – typologisch waren diese ursprünglich zinnenbekrönten Bauteile den gleichzeitigen Kaufmannshäusern nachgebildet. Während der Regierungszeit Ludwigs des Bayern – und wohl auf seine Initiative hin – kam um 1320/30 das so genannte Tanzhaus hinzu, später Reichssaalbau genannt, das nach Westen im rechten Winkel den Rathausplatz abschließt. Für das Gebäude wurde ein schon vorhandenes romanisches Haus grundlegend umgebaut. Zwischen diesem und dem gegenüberliegenden Haus Neue Waaggasse 1 (Gumprecht'sches Haus) spannte sich ein Schwibbogen, auf dem die 1052 geweihte Kapelle St. Simon und Juda stand.

Der Stufengiebel des Reichssaalbaus überragt die Flucht der Bürgerhäuser an der engen Straße, die unter dem Schwibbogen zum Haidplatz führte. Die nach Osten gerichtete Hauptfassade zeigt die aufwändig gegliederte Schauwand. Das Obergeschoss betont ein Fensterband aus insgesamt 16 – in Vierergruppen geordneten und eng gereihten – Lanzettfenstern mit genasten Spitzbogen, die in der Mitte den großen, tabernakelartigen Standerker flankieren. Dessen Gestalt und die Zusammenhänge der Bauplastik mit Werken der Domskulptur um 1320/30 begründen die Datierung der Anlage in die gleiche Zeit.

Um 1400/10 wurde die – bis dahin wohl aus Holz bestehende – Treppe zum Reichssaal durch einen gemauerten Aufgang mit einem prächtigen Portal ersetzt. Die skulptierte, im Aufbau dem Erker angeglichene Portalrahmung wird von dem Regensburger Stadtwappen und zwei naturalistischen Wächterfiguren mit drohenden Gebärden bekrönt, die unter dem Namen „Schutz und Trutz" zu den Wahrzeichen Regensburgs gehören. Die Steinmetzzeichen und die stilistischen Zusammenhänge erweisen das Portal als Schöpfung der Regensburger Dombauhütte, gleichzeitig mit dem Hauptportal des Doms entstanden.

Der große, etwa 23 Meter lange, 15 Meter breite und 8 Meter hohe Festsaal im Obergeschoss diente für Feierlichkeiten aller Art und Empfänge, entsprach also genau den repräsentativen Wünschen des Kaisers. Die flache Holzdecke wurde ursprünglich von zwei Stützen mit quer laufenden Unterzügen getragen, bis um 1446 ein neuer Dachstuhl (dendrochronologisch datiert) in Form eines damals hochmodernen Hängewerks aufgesetzt wurde, nach dem Vorbild des kurz vorher fertig gestellten Dachstuhls über dem Mittelschiff des Regensburger Doms. Durch diese Konstruktionsform waren keine Stützen mehr nötig; die Decke spannt sich seitdem frei über den ganzen Saal, unterstützt von einem kräftig profilierten Mittelbalken über prächtigen Steinkonsolen. Fugenleisten über den Brettern und maßwerkverzierte Querstücke bilden ein feingliedriges Relief. Bauforscherische Untersuchungen von 1999 (Siegfried Mühlbauer und Karl Schnieringer) konnten nicht abschließend klären, ob zusammen mit dem neuen Dachstuhl auch der gesamte Festsaal erhöht wurde; die Konsolen von 1320/30, die an den Längswänden die Decke tragen, und die Maßwerkfenster in den oberen Wandbereichen sprechen eher dagegen.

Die mehrfach restaurierten, 1564 datierten Wandmalereien zeigen eine prächtige Architekturgliederung, die stilistisch dem Spätwerk Albrecht Altdorfers verwandt ist; möglicherweise wurde 1564 eine ältere Ausmalung von Altdorfer gründlich überarbeitet. *A. H.*

Lit.: Hubel, Studien; Trapp, Repräsentation

Schon als Kronprinz hatte Karl, der Sohn König Johanns von Böhmen, eine antiwittelsbachische Politik betrieben und sich an der Seite Frankreichs und des Papstes gesehen. Bei seinen Gegnern galt der spätere Kaiser Karl IV. daher als „Pfaffenkönig".

5.18
Karl IV. als König von Böhmen

Köln, um 1360; Fragment eines Wandgemäldes aus dem Hansasaal des Kölner Rathauses, 127 × 80 cm (R)
Wallraf-Richartz-Museum & Fondation Corboud, Köln (Dep. 0268)

Im gotischen Repräsentationssaal des Kölner Rathauses, später auch Hansasaal genannt, wurden um 1360 Wandmalereien angebracht, von denen nur noch Fragmente erhalten sind. Eines dieser Fragmente zeigt unter einer gemalten spitzbogigen Arkade die fast komplett erhaltene Figur eines bärtigen Königs mit braunen Haaren, bekleidet mit einem hermelingefütterten Mantel. Mit dem Zepter in der linken Hand weist der Dargestellte auf ein Spruchband mit dem Text: „Ir suelt des ryches noet besinnen wael up verlies ind up gewinnen." Da die Figur mit einem böhmischen Wappen gekennzeichnet ist, wird sie als Karl IV. gedeutet. Das Bildprogramm des Freskos lässt sich nicht mehr rekonstruieren; daher ist auch unklar, warum Karl hier nicht mit dem Reichsadler als Kaiser, sondern als böhmischer König dargestellt ist. Denkbar wäre, dass das verlorene Wandgemälde ein Abbild des Heiligen Römischen Reichs mit seinen Kurfürsten und Teilkönigreichen darstellen sollte und daher auch den aktuellen Kaiser als Kurfürsten und böhmischen König zeigte.

Karl IV. kam am 14. Mai 1316 als erstgeborener Sohn Johanns von Luxemburg und der letzten Přemyslidin Elisabeth zur Welt und wurde auf den Namen Wenzel getauft. Schon 1319 entzog der Vater ihn der Mutter und schickte später den Siebenjährigen an den Pariser Königshof. Hier musste der Knabe seinen „böhmischen" Namen gegen den seines französischen Gastgebers eintauschen. In Paris wurde Karls lebenslang enge Beziehung zu Frankreich grundgelegt, eine Konstante seiner Politik. Bereits den Zwölfjährigen beeindruckte eine Fastenpredigt des Abts Pierre Roger von Fécamp, der nachhaltigen Einfluss auf den Heranwachsenden bekam. Dies war auch von großer politischer Bedeutung, denn Roger machte in der Kirchenhierarchie Karriere und wurde schließlich zum Papst gewählt – zu jenem Clemens VI. (1342–1352), der Ludwig den Bayern endgültig verfluchte und Karls Wahl zum deutschen König anschob. Ab 1331 schickte Johann seinen Sohn nach Italien, wo Karls militärische Karriere begann, die er ab 1335 in Tirol fortsetzte. Während König Johann bei aller Rivalität immer wieder mit Ludwig dem Bayern zusammenarbeitete und diplomatisch zwischen allen Seiten zu vermitteln suchte, war Karls Politik stets deutlich wittelsbacherfeindlich, papst- und frankreichfreundlich. Und auch dezidiert böhmisch. Denn anders als sein Vater war Karl, als Thronfolger der „Markgraf von Mähren", auch ein Abkomme der ruhmreichen Königssippe der Přemysliden. Er sah in den Ländern der Wenzelskrone nicht nur eine Geldmaschine. Als Landesherr führte Karl sein Reich und seine Residenz Prag zu bisher ungeahntem Glanz, was ihm so gut gelang, dass er bis heute zu den populärsten Gestalten der tschechischen Nation gehört.

Auf der Basis der Landmasse und des Silberreichtums von Böhmen, Mähren und Schlesien, der umtriebigen Politik seines Vaters Johann von Böhmen, der Unterstützung des Pariser Hofs und der engen Verbindung zu Papst Clemens VI. wurde es möglich, dass Karl 1346 durch die Wahl der Kurfürsten zum römischen König aufsteigen konnte. Für seine Krönung war der 27. August 1346 vorgesehen gewesen. Doch einen Tag zuvor ereignete sich die katastrophale französische Niederlage von Crécy (Kat.-Nr. 5.2), bei der Johann von Böhmen, gerade 50-jährig, den Tod fand. Nun hatte Karl plötzlich nicht nur die römische, sondern auch die böhmische Krone direkt vor Augen. Aber er befand sich nicht im sicheren Böhmen, sondern etwa 1500 Kilometer entfernt an der Somme. Karl zog sich zunächst nach Luxemburg zurück und wartete dort auf die päpstliche Approbation. Nachdem er diese erhalten hatte und nach einer „Notkrönung" in Bonn am 26. November 1346, flüchtete er in Verkleidung nach Böhmen, wo er am 2. September 1347 nach neuem Krönungsordo zum böhmischen König gekrönt werden konnte.

P. W.

Lit.: Buchmann, Malereifragmente; Fajt, Karl IV.; Menzel, Entwürfe; Seibt, Karl IV.

Unter Karl IV. sollte Böhmen zum Zentrum des Reichs werden.

5.19
Wappenstein mit dem böhmischen Löwen

Nürnberg, um 1355; Sandstein, ursprünglich farbig gefasst, verwittert, 76 x 71 x 22 cm
Germanisches Nationalmuseum, Nürnberg (A 4035)

Das ursprünglich farbig gefasste Relief aus der Westfassade der Nürnberger Lorenzkirche trägt den Wappenschild mit dem böhmischen Löwen. Die heraldische Figur mehrerer böhmischer Herrscher zeigte das steigende Tier, das sich durch Doppelschwänzigkeit auszeichnet, einst silbern auf rotem Grund mit goldener Krone, Zunge und ebensolchen Krallen. Dass der Stein den Löwen nach heraldisch links gerichtet wiedergibt, ist ungewöhnlich, basiert jedoch offenbar auf der Gegenständigkeit zum Wappen mit dem schlesischen Adler im südlichen Zwickel des spitzen Portalbogens. Unter dem in die Maßwerkgalerie eingesetzten Reichswappen vertreten diese beiden korrespondierenden Zeichen hier Karl IV. und dessen dritte Frau Anna von Schweidnitz-Jauer, die er 1353 geheiratet hatte. Die Behauptung Suckales, die beiden Wappen stünden nicht im Mauerverband und wären später in die seiner Meinung nach bereits in den 1340er-Jahren errichtete Westfassade eingefügt worden, ist zweifelhaft, zumal sie von den Kopien der Wappensteine aus der Zeit um 1900 ausgeht. Dessen ungeachtet bleibt die Frage bestehen, ob die Wappen Ausweise der namhaften Beteiligung des 1355 zum Kaiser gekrönten Luxemburgers, der seit 1347 nach dem deutschen auch den böhmischen Königsthron eingenommen hatte, an den Kosten des Kirchenbaus darstellen oder ob sie eher als zeichenhafte Huldigung Nürnbergs an den Potentaten zu verstehen sind. Im Zusammenhang mit den Thronstreitigkeiten zwischen der wittelsbachischen Partei und Karl IV. war es hier 1348/49 zu einem Handwerkeraufstand gekommen, der von der Mehrheit des zuvor mit dem Wittelsbacher verbündeten und jetzt luxemburgisch gesinnten Patriziats niedergeschlagen wurde. Das Ereignis begründete das enge Verhältnis zwischen Karl IV. und der Stadt, die in dessen politischer Zielsetzung fortan eine wichtige Rolle spielen sollte. Mit der Aufwertung ihrer reichsweiten Bedeutung durch die Goldene Bulle, in der Nürnberg zum Ort des ersten Hoftags nach der Königswahl bestimmt wurde, sowie mit der Verleihung von Zollfreiheiten sowie anderen Wirtschaft und Handel stärkenden Privilegien stieg die Reichsstadt zum wichtigsten kaiserlichen Stützpunkt zwischen Böhmen und den linksrheinischen Hausmachtgebieten des Luxemburgers und zu einem der bedeutendsten kulturellen Zentren des Reichs auf.

F. M. K.

Lit.: Bräutigam, Frauenkirche, S. 58; Suckale, Hofkunst, S. 157

Der fränkische Adelige Konrad von Heideck stand zuerst in den Diensten Ludwigs des Bayern und war später für Karl IV. tätig.

5.20
Sporen des Konrad von Heideck

Süddeutsch, Mitte 14. Jahrhundert; Messing, vergoldet, 13,5 bzw. 16 x 9,8 bzw. 9,6 cm
Bayerisches Nationalmuseum, München (W 220–221)

Die Sporen sind eine frühe Version des Radsporns, der gegen Ende des 13. Jahrhunderts aufkam und den vorhergehenden Stachelsporn weitgehend verdrängte. An den geschwungenen Bügeln, die sich den Fußknöcheln anschmiegen, sitzt ein kurzer Hals mit achtspitzigem Rad. Über dem Halsansatz sind die Bügel mit Kernornament verziert. An den Plättchen an den Bügelenden waren die Lederriemen befestigt, die über und unter den Fuß führten. Die Form der Sporen ist noch unberührt vom allmählichen Aufkommen des Plattenharnischs im späten 14. Jahrhundert, dessen Beinschienen die Beweglichkeit einschränkten und einen verlängerten Sporenhals erforderten, damit der Reiter durch Drehen des Fußes die Flanken des Pferdes erreichen konnte.

Die ursprünglich vergoldeten, über die Jahrhunderte stark korrodierten Sporen wurden 1853 einem Grabmal im nördlichen Seitenschiff des Heilsbronner Münsters entnommen, auf dessen Deckplatte der Gisant eines Ritters ruht und der bis auf das Wappen des fränkischen Adelsgeschlechts Heideck unbezeichnet ist. Über dem Grabmal hing ehedem ein Totenschild, der an Konrad von Heideck erinnerte und als Todesdatum den 16. September 1357 angibt, was sich stilistisch sowohl mit der Liegefigur als auch mit den Sporen gut vereinbaren lässt. Daher ist allseitig akzeptiert, dass es sich hier um das Grab Konrads handelt.

Konrad von Heideck amtierte für die Nürnberger Burggrafen als Landrichter und um 1340 als Hofrichter. Nach dem Tod Kaiser Ludwigs spielte er laut späterer Berichte der Chronisten Sigmund Meisterlin und Johannes Müllner eine entscheidende Rolle im Nürnberger Aufstand von 1348/49, in dem sich wittelsbachertreue Teile der Bürgerschaft gegen den Rat der Stadt erhoben und Karl IV. die Anerkennung verweigerten. Demnach hat Karl IV. Konrad als Vermittler zu – letztlich gescheiterten – Gesprächen nach Nürnberg geschickt. Dort habe Konrad den Verrat eines seiner Knechte an die Aufständischen verhindert und die aufrührerischen Nürnberger aus der Stadt gelockt, gefangen genommen und hingerichtet, woraufhin der Aufstand zusammengebrochen sei. Einen unmittelbaren Quellenbeleg für dieses Einwirken Konrads gibt es allerdings nicht.

R. B.

Lit.: Deeg, Herrschaft, S. 35; Schubert, Zunftkampf, S. 44, 46, 48, 70f., 81; Seelig, Waffen, S. 417; von Stillfried-Alcantara, Kloster Heilsbronn, S. 196f.

Die diplomatischen Schachzüge von Kaiser und Papst, von Gegenkönig, Kurfürsten, Fürsten und Reichsstädten lassen sich kurz vor dem plötzlichen Tod Kaiser Ludwigs auf einen Nenner bringen: Das Spiel ist weiter offen.

5.21
Zwischenstand. Das politische Schachspiel im Oktober 1347

Installation
Haus der Bayerischen Geschichte, Augsburg

Die langjährige und glanzvolle Regierungszeit Kaiser Karls IV. (1346–1378), der sowohl im Königreich Böhmen wie im gesamten Reich markante politische, wirtschaftliche und künstlerische Spuren hinterließ, überdeckt in der Rückschau die Herrschaft seines Vorgängers Ludwig. Insbesondere der durch den plötzlichen Tod Ludwigs scheinbar fast kampflose Übergang der Macht auf Karl wirkt bei oberflächlichem Hinsehen nahezu folgerichtig. Doch betrachtet man die politische Lage unmittelbar vor Ludwigs Tod, so stellt man fest: Das politische Spiel war offener denn je.

In den Hoftagen von Koblenz 1338 und Frankfurt 1339 war die Geschlossenheit des Reichs demonstriert worden, hatten die Großen des Reichs eindrucksvoll hinter Kaiser Ludwig gestanden. Dieser baute seit 1340 verstärkt seine Hausmacht aus und erschien nun mehr und mehr im Licht eines unersättlichen Dynasten, der das Gleichgewicht zwischen Fürsten und Kaiser gefährdete. Parallel dazu versuchte Johann von Böhmen, seinen Sohn Karl als unbelasteten und papsttreuen Kandidaten in den Vordergrund zu stellen. Papst Clemens VI. unterstützte dies mit einem endgültigen Bannfluch gegen Ludwig und seine Anhänger. Schließlich sagte sich Kurfürst Balduin von Trier, der „Königsmacher", am 24. Mai 1346 von Ludwig los. Unter Federführung des neuen Mainzer Erzbischofs Gerlach von Nassau stimmten am 11. Juli 1346 alle Kurfürsten, mit Ausnahme der wittelsbachischen Stimmen, für den Luxemburger Karl. Wie zu Beginn der Herrschaft Ludwigs konkurrierten wieder zwei Könige um die Macht im Heiligen Römischen Reich.

Die Krönung Karls war für den 27. Juli 1346 avisiert. Aber es kam anders. König Johann von Böhmen fiel in der Schlacht von Crécy am 26. Juli, sein Sohn Karl musste fliehen. Umso leichter konnte Kaiser Ludwig seinen Gegenspieler ignorieren, auch als Karl am 26. November 1346 in Bonn – am „falschen Ort" – zum römischen König gekrönt wurde. Zwar hatte Karl die päpstliche Approbation erhalten, doch die avignoneser Kurie besaß in Deutschland wegen des langjährigen Interdikts nicht allzu viele Freunde. Die Reichsstädte – und damit seine wichtigsten Geldgeber – hielten trotz Kirchenbann treu zum Kaiser. Der Versuch Karls, in Tirol einen Aufstand gegen die wittelsbachische Herrschaft Ludwigs des Brandenburgers anzuzetteln, scheiterte. Dank seiner zielstrebigen Hausmachtpolitik konnte der Kaiser auf die wittelsbachischen Lande zählen, die nicht nur Ober- und Niederbayern sowie die Pfalz umfassten, sondern auch den Nordosten und Nordwesten des Reichs und Tirol.

Eine militärische (oder diplomatische?) Lösung der offenen Situation hätte sich möglicherweise im Umfeld Regensburgs ergeben. Die von wittelsbachischem Territorium umgebene Freistadt lag der luxemburgischen Herrschaft in Böhmen am nächsten. Karl hatte bereits seit 1343 konspirative Verhandlungen mit städtischen Gesandten geführt; Papst Clemens VI. hatte die Stadt im April 1346 aufgefordert, die Kurfürsten bei der Wahl eines Gegenkönigs zu unterstützen. Aber auch Ludwig hatte seine Feindseligkeiten der 1330er-Jahre gegen Regensburg aufgegeben. Er nutzte die hervorragenden diplomatischen Drähte der Stadt sogar zu Verhandlungen mit Karl. Von 1344 bis 1347 hielt sich Ludwig fünfmal in der Stadt auf, mit der er 1344 überdies ein Militärbündnis schloss, das drei Jahre über seinen Tod hinaus gelten sollte. Zugleich hatte der Kaiser im Nordgau ein dichtes Netz von Dienstverträgen geknüpft, um so auch das Hochstift Regensburg und seine Burgen kontrollieren zu können.

Genau hier im Nordgau setzten die militärischen Attacken aus Böhmen an. So brachte Karl im September 1347 die Burg Haidstein (bei Chamerau) an der Landesgrenze kampflos in seinen Besitz. Ludwig war alarmiert und ließ den an der Übergabe unbeteiligten Bruder des Burgpflegers umgehend enthaupten. Ab Oktober 1347 zog Karl über Neumark/Všeruby und Cham in Richtung Regensburg. Auf diesem kriegerischen Zug erfuhr er von Ludwigs Tod am 11. Oktober. Schnell schalteten die Regensburger um, brachen den Bündnisvertrag mit den Wittelsbachern und erkannten als erste Stadt des Reichs Karl IV. als König an. Sollte man sich aber an der Donau Hoffnungen auf weitere Privilegien gemacht haben, so hatte man sich geirrt. Karl protegierte in der Folge vor allem die Konkurrentin Regensburgs: die Reichsstadt Nürnberg, die länger und treuer zu Ludwig gehalten hatte.

P. W.

Lit.: Angermeier, Bayern; Menzel, Entwürfe; Moraw, Verfassung; Schmuck, Ludwig der Bayer; Seibt, Karl IV.

Das Schachspiel wurde als Spiegel der herrschenden Gesellschaftsordnung gesehen.

5.22
Das Schachspiel im 14. Jahrhundert

Übersicht
Haus der Bayerischen Geschichte, Augsburg

Seit dem 13. Jahrhundert lässt sich ein wachsendes Interesse an der theoretischen Auseinandersetzung mit Spielen beobachten. Vor allem mathematische, moraltheologische und juristische Aspekte des Spiels werden beleuchtet. Neben den materiellen Funden bezeugen diese schriftlichen Quellen, dass das Schachspiel bei Adel und Klerus beliebt war. Kirchliche Pädagogen wie der lange in Regensburg tätige Honorius Augustodunensis empfahlen es für die Schule, insbesondere für den Arithmetikunterricht. Der Adel ließ seine Kinder in Schach und anderen Spielen unterrichten, damit sie sich in Gesellschaft standesgemäß bewegen konnten.

Längst waren die exotischen Figuren des indisch-arabischen Schachs europäischen Verhältnissen angepasst worden: Der Wesir hatte seinen Platz neben dem König der Königin überlassen müssen, die Streitwagen wurden zu Festungen und der Kriegselefant zu einer im höfischen Kontext nützlicheren Gestalt wie Bischof, Bote (Läufer), Richter oder Narr. Die hierarchische Struktur des Spiels, in der jede Figur ihre besondere Funktion und Stärke hat, und die europäisierte Ikonografie regten zu Analogien mit der herrschenden Gesellschaftsordnung an. Einflussreich wurde das von dem Dominikanermönch Jacobus de Cessolis verfasste „Liber de moribus hominum et de officiis nobilium ac popularium super ludo scaccorum" („Von den Sitten der Menschen und den Pflichten der Adeligen und des einfachen Volkes durch das Schachspiel"). Um 1300 in Norditalien entstanden, fiel das Werk auch in anderen Gegenden Europas auf fruchtbaren Boden und wurde in mehrere Sprachen übersetzt – für eine zahlungskräftige, doch des Lateinischen weniger kundige adelige Klientel. Im deutschsprachigen Raum fand auch Konrad von Ammenhausens 1337 in deutsche Reime gebrachte Fassung weite Verbreitung.

Weniger vornehm war freilich die Spielpraxis. Wie die zwischen dem 13. und 15. Jahrhundert zahlreich kursierenden Sammlungen von Schach-, Backgammon- und Mühle-„Problemen" erweisen, wurde auch beim Schach gern um Geld gespielt. Wohl deshalb wurde es von Spielverboten, von denen Würfel-, Backgammon- und seit dem dritten Viertel des 14. Jahrhunderts auch Kartenspiele betroffen waren, nicht immer ausgenommen. Vor allem die „partiti", also komponierte Mattaufgaben, scheinen sich großer Beliebtheit erfreut zu haben. Sie kürzten das als langatmig empfundene Spiel ab und schufen mit der Wettaufgabe einen zusätzlichen Spielreiz. Nicht selten ging es dabei darum, einen unerfahrenen Gegner, der sich auf eine solche Wette einließ, profitabel hinters Licht zu führen.

U. Sch.

Lit.: Flint, Honorius Augustodunensis; Maßmann, Geschichte; Murray, Chess; Plessow, Schachzabelbücher; Schädler, Brett- und Würfelspiele; Schädler, Wettaufgaben; Schädler/Calvo, Buch der Spiele; Vetter, Schachzabelbuch

---

Im Schachspiel der Araber stand statt der Dame ein männlicher Berater des Königs auf dem Spielfeld. Die Dame ist eine europäische Erfindung des Mittelalters.

5.23
Schachfigur „Dame"

Vermutlich Skandinavien, 13./14. Jahrhundert; Walrosszahn, H. ca. 5,5 cm
Sammlung Thomsen

Die weibliche Figur sitzt, leicht nach vorn gebeugt, auf einem wie aus dicken Latten gezimmerten Thron. Sie blickt nahezu frontal, stützt den rechten Arm auf das Knie und legt die Hand an die rechte Wange. Die Linke hält einen kleinen Beutel. In senkrechten Strähnen fällt ihr gescheiteltes Haar, im Rücken bis auf die Oberkante des Throns. Die Bewegung setzt sich in den breiten Falten des Gewands fort, unter denen sich das rechte Bein abzeichnet.

Sehr wahrscheinlich handelt es sich bei dieser „Dame" eines Schachspiels um eine skandinavische Arbeit des 13. Jahrhunderts. Walrosselfenbein wurde dort häufig für Kleinplastiken verwendet. Sie lässt sich überdies in eine Reihe vergleichbarer Figuren im Nationalmuseum in Kopenhagen einordnen.

Die Gebärde der an die Wange gelegten, den Kopf leicht stützenden rechten Hand ist ein Merkmal aller acht (gekrönten) Schachköniginnen aus dem Lewis-

Figuren-Fund, dessen insgesamt 93 Schachfiguren aus dem 12. Jahrhundert 1831 am Strand der Insel Lewis (Äußere Hebriden) gefunden wurden und die sich heute in London und Edinburgh befinden. Auch wenn die vorliegende Figur keine Krone trägt, kann man sie mit dem im Norden geläufigen Terminus „Regina/Königin" bezeichnen. Als einer dem König in seinem gefahrvollen Handeln sehr nahen und um ihn besorgten Begleiterin ist ihr die Handgebärde, die aus der antiken Kunst bis zu Dürer hin als Ausdruck der Nachdenklichkeit und Melancholie gilt, angemessen. Diese Geste einer Gemütsbewegung ist sonst bei Schachfiguren selten.

Die weibliche Figur der Regina, die später auch „Dame" genannt wurde, ist im Schachspiel, das von den Arabern aus Persien über Spanien und Süditalien in den Westen gebracht wurde, eine bereits im späten 10. Jahrhundert in Schachtexten dokumentierte europäische Neuerung. Die Araber kannten als Begleiter des Königs die männliche Figur eines Beraters oder Ministers. Die mitregierende „Regina" indessen ist das Resultat einer Anpassung an die gesellschaftlichen Ordnungen des Westens.

H. H.

Lit.: Holländer, Schachfiguren; Liebgott, Elfenben; Robinson, The Lewis Chessmen

Schach war nicht nur in Adelskreisen, sondern allgemein weit verbreitet.

5.24
Fragment eines Schachspielbretts

Kipfendorf bei Coburg, 13. Jahrhundert;
Ton, hellbeiger Scherben, ockerfarben glasiert,
aus mehreren Teilstücken zusammengesetzt, 10,3 x 9,1 cm
Kunstsammlungen der Veste Coburg (a. S. 1537)

Das Fragment eines Schachspielbretts stammt aus einem mittelalterlichen Brennofen, der in einer Tongrube in Kipfendorf bei Coburg zusammen mit anderen Keramiken gefunden wurde. Die Platte ist am Rand bezeichnet „Kipfendorf 1921", dem Jahr ihrer Entdeckung. Die Vorderseite zeigt neun annähernd quadratische, flüchtig eingeritzte Felder eines Schachbretts, von denen die dunklen Felder mit eingetieften Punkten verziert sind. Die Rückseite, die vermutlich auch als Spielbrett verwendet wurde, präsentiert eingeritzte Rechtecke mit diagonal verlaufenden, sich kreuzenden und ebenfalls geritzten Linien.

Im Gegensatz zu Schachfiguren des Mittelalters, die in relativ großer Anzahl und gestalterischer Vielfalt erhalten sind, haben sich nur wenige Spielbretter aus

Neuer Thronstreit und plötzliches Ende

der Zeit vor 1500 erhalten. Das Coburger Fragment ist von überaus einfacher Machart, die Ritzung ist wenig sorgfältig ausgeführt. Es handelt sich demnach um ein Exemplar für einen gesellschaftlich eher niedrig stehenden Personenkreis. Das komplexe Schachspiel war folglich schon im 13. Jahrhundert nicht nur in herrschaftlichen Kreisen verbreitet, wie allgemein angenommen, sondern muss auch in einer breiteren Bevölkerungsschicht verankert gewesen sein, wie ein weiteres einfach gestaltetes Schachbrettfragment aus Ton, das aus der zweiten Hälfte des 13. Jahrhunderts stammt und in einer im frühen 14. Jahrhundert aufgegebenen Waldtöpferei im fränkischen Lußberg bei Baunach gefunden wurde, belegt.

S. H.

Lit.: Jakob, Zeugnisse, S. 170f., bes. 175f.; Kohlhaussen, Neuerwerbungen

Ludwig IV. trug einen Span vom Kreuz Christi in einem Umhängekreuz um den Hals. Die Reliquie wird heute noch in Maria Ramersdorf verehrt.

5.25
Umhängekreuz Ludwigs IV. mit Kreuzpartikel in Standkreuz

Standkreuz: München, um 1530; Aufsatz eventuell Hans Ernst Gottbewahr, München, 1611; Silber, teilweise vergoldet, Amethyste, Bergkristall, Standkreuz: 31,5 x 14,5 cm, darin enthalten: Brustkreuz mit Kreuzpartikel, wohl italienisch, um 1305–1310; Gold, Emailbilder, 6,5 x 4,5 cm
Kath. Kirchenstiftung Mariä Himmelfahrt, München-Ramersdorf, vertreten durch das Erzbischöfliche Ordinariat München, Hauptabteilung Kunst

Der von ihm aufgestellte Gegenpapst Nikolaus V. soll Ludwig dem Bayern diese Kreuzreliquie geschenkt haben, die er in einem goldenen, kreuzförmigen Anhänger stets um den Hals trug. Der Anhänger trägt einen plastisch gearbeiteten Korpus und Emails mit den Evangelistensymbolen, auf der Rückseite sind Symbole für Hunger, Pestilenz, Tod und Teufel zu sehen, die gleichsam durch die Macht des Kreuzes gebannt sind. Ein Sohn Ludwigs, wohl Herzog Otto V., stiftete 1379 das Kreuz der Marienwallfahrtskirche Ramersdorf, wo es schon bald Ziel der Verehrung wurde. Der dortige Kreuzaltar von 1482 zeigt in Gemälden, wohl von Jan Polack und seiner Werkstatt, an den Flügelaußenseiten als „gemalte Authentik" den Weg des Kreuzes: Es ist die Übergabe des Partikels durch den Papst an Ludwig zu sehen, die Übergabe an Ludwigs Sohn, eine Überfahrt auf dem Meer, auf der die Schenkung an Ramersdorf gelobt wurde, und schließlich die Übergabe an die Kirche. Der Papst wird in der Inschrift wohl fälschlich als Johannes XXII. identifiziert, Streit und Kirchenbann werden also quasi nachträglich ausgelöscht.

Schon 1379 wurde der Partikel „an denen Ablasstägen zu küssen gegeben". Um ihn besser zur Verehrung aussetzen zu können, wird er seit dem 16. Jahrhundert in einem Standkreuz hinter Bergkristall präsentiert. Der Aufsatz mit Amethysten in vergoldeter Blütenrahmung zeigt hinten die Evangelistensymbole, das Jesuskind und Ornamentgrotesken in der Art der Illustrationen Albrecht Dürers zum Gebetbuch Kaiser Maximilians.

Bereits bei den Kirchenvätern ist der Glaube an die Abwehrmacht des „wahren Kreuzes" fassbar – man denke etwa an den Talisman Karls des Großen. Dies spielte sicher auch für Ludwig den Bayern eine Rolle. Schon Kaiser Konstantin hatte die Verheißung erhalten, er werde im Zeichen des Kreuzes siegen, und so wurden Kreuze nicht nur in Byzanz in die Schlacht vorangetragen. Ludwig IV. hatte mit diesem Partikel – ebenso wie mit der Reliquie des Reichskreuzes – sozusagen auch persönlich Anteil an der Macht des wahren Kreuzes. *M. Wa.*

Lit.: Baumgartner, Maria Ramersdorf; Hösch, Maria Ramersdorf; Legner, Reliquien

---

Ludwig IV. ließ seine erste Ehefrau Beatrix im Chor der Münchner Frauenkirche bestatten. Auch der Kaiser selbst fand dort seine letzte Ruhestätte, obwohl er sich im Kirchenbann befand.

5.26
A Zeichnung des Grabmals der Beatrix von Schlesien-Schweidnitz in der Frauenkirche in München, gest. am 24. August 1322

Grabungsdokumentation, wohl 1947 (R)
Bayerisches Landesamt für Denkmalpflege, München (Planarchiv)

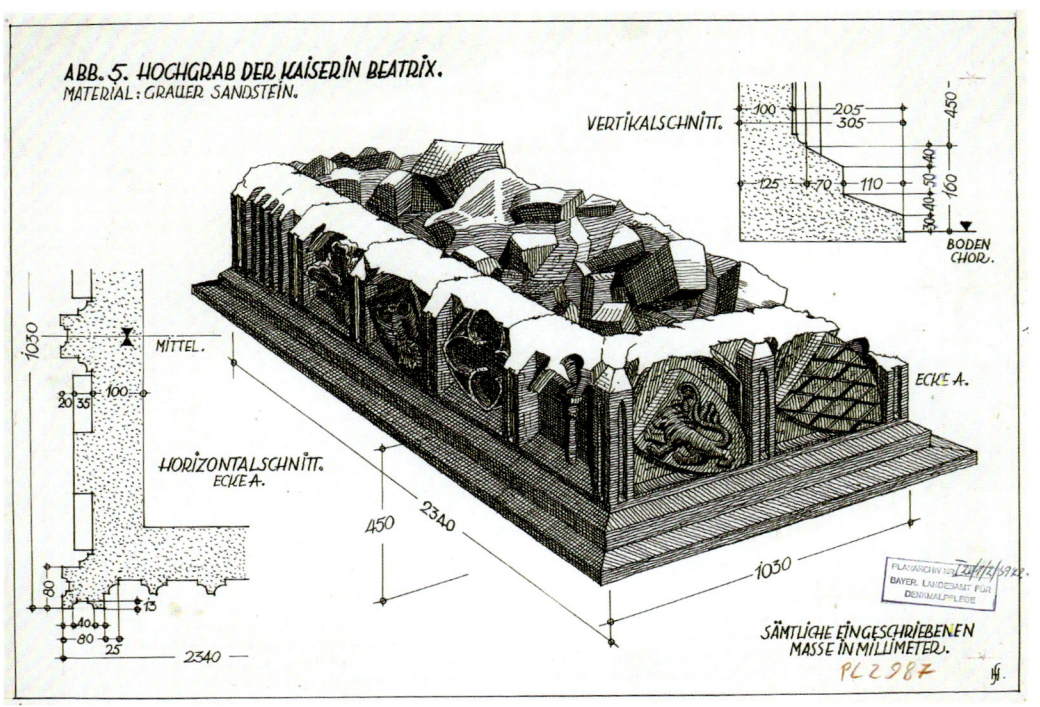

B Fundort des Grabmals

Fotografie (R)
Bayerisches Landesamt
für Denkmalpflege,
München

C Grabtumba

Sandstein, Längsseiten ursprünglich 62,5 x 193,5 cm sowie 62,5 x 194,5 cm, Schmalseite 62,5 x 105 cm (R)
Domkirchenstiftung Zu Unserer Lieben Frau in München, vertreten durch das Erzbischöfliche Ordinariat München, Hauptabteilung Kunst

D Querschnitt durch Chor und Grabmal

Plan, um 1952 (R)
Bayerisches Landesamt für Denkmalpflege,
München (Planarchiv)

E Auferstandener Erlöser

Süddeutsch, um 1320, Münchner Frauenkirche;
210 × 60 × 40 cm (R)

F Grundriss der Münchner Frauenkirche mit Standort der alten Marienkirche

Grundlage: Pläne der Dompfarrei Zu Unserer Lieben Frau in München
Haus der Bayerischen Geschichte, Augsburg

Nach den Zerstörungen des Zweiten Weltkriegs wurden in Zusammenhang mit dem Wiederaufbau der Frauenkirche ab 1946 archäologische Grabungen durchgeführt, die den Vorgängerbau der heutigen Frauenkirche untersuchten. In der Mitte seines Chorraums fanden sich Überreste eines Altars und östlich an ihn stoßend die Grabtumba von Königin Beatrix, der ersten Frau Ludwigs IV., die hier 1322 beigesetzt worden war (A und B).

Ludwig hatte nach Antritt seiner Herrschaft in München nach 1300 die Apsis der ersten Frauenkirche durch einen der Platzverhältnisse wegen nur einjochigen Chor mit ⁵⁄₈-Schluss ersetzen lassen. In der Mitte der neuen Choranlage ließ er wohl 1322 in Zusammenhang mit der Errichtung der Grabtumba für seine am 24. August 1322 verstorbene Frau vor dem Hochaltar einen Votivaltar errichten, der 1331 in einer Urkunde (MB XIX, Nr. 17, S. 468) anlässlich einer Änderung der Dotierung als bereits bestehende Stiftung Kaiser Ludwigs für das Seelenheil seiner verstorbenen Frau und seiner Vorfahren aufgeführt wird. Er gab für die Pfründe des Kaplans, der an diesem Altar täglich die Messe und freitags ein gesungenes Seelenamt zu halten hatte, vier Münchner Mühlen. 1339 stiftete der Kaiser dazu noch ein Ewiges Licht.

Da Ludwig 1347 im Kirchenbann starb, wurde sein Leichnam zunächst in der Michaelskapelle auf dem Frauenfriedhof beigesetzt und erst später unter die Tumba umgebettet, unter der auch einige seiner Nachkommen ruhten. 1389 wurde das Ewige Licht noch einmal erwähnt und in seiner Lage genauer bezeichnet als vor dem Hochaltar, „bei unser und unser vorvordern graebnuzz". Beim Abbruch der alten Frauenkirche 1468 wurde die Grabtumba zur Entnahme der Gebeine geöffnet und dann mit Bauschutt aufgefüllt. Von der Deckplatte der Tumba wurde 1946 nichts mehr gefunden. Sie dürfte, wie vorherige Deckplatten von Königstumben, ein glatter Deckel ohne Liegefigur gewesen sein.

Für die Neueinrichtung der Frauenkirche wurden 1993 die Tumbaseitenwände mit originalen Blendarchitekturen, Blatt- und Wappenreliefs (Reichsadler, Bayerischer Löwe, Rautenschild, Schlesischer Adler) in einer Anastylose (C) zusammengefügt und über der Grabstätte Kaiser Ludwigs und späterer Wittelsbacher an der Kryptatreppe aufgestellt.

Aus Analogien wie zur Verkündigungsgruppe des Erminoldmeisters im Regensburger Dom oder den Konsolen an den Chorpfeilern des Prager Veitsdoms kann darauf geschlossen werden, dass eine in der Münchner Frauenkirche erhaltene Monumentalfigur des auferstandenen Christus aus dem frühen 14. Jahrhundert mit einer bis in das 19. Jahrhundert erhaltenen Marienfigur in Sichtbezug zur Grabtumba an den Seitenwänden des Chors der ersten Frauenkirche aufgestellt war. Das Bild des Auferstandenen (E) findet Stilparallelen in einem Konsolenfragment, das ebenfalls bei der Grabung von 1946 gefunden wurde (Kat.-Nr. 5.37), ferner in einer Johannesschüssel im Bayerischen Nationalmuseum in München (Kat.-Nr. 7.12) sowie in Bildwerken der Zeit um 1320 aus Passau und Wien.

Für die um 1290 entstandene Verkündigung des Erminoldmeisters ist die um 1310 erfolgte Aufstellung beidseits der Chorachse des Regensburger Doms nachgewiesen. In Prag lassen die Reliefs auf den Chorkonsolen darauf schließen, dass nach der Beisetzung von Ludwigs Nachfolger Kaiser Karl IV. dort, also ebenfalls in Sichtbezug zum Kaisergrab, ein Bildpaar Mariens mit dem Kind und des Auferstandenen aufgestellt wurde.

Um 1330/40, noch zur Regierungszeit Kaiser Ludwigs, wurde am Westportal der alten Frauenkirche als außenwirksamer Hinweis auf den Kaiseraltar und die ihn begleitenden Bildwerke ein weiteres Bildpaar Mariens mit dem Kind und des Auferstandenen angebracht, das sich in analoger Anordnung noch heute am Westportal des Nachfolgebaus befindet. Es knüpft stilistisch an die etwa zur selben Zeit entstandene Chorplastik des Wiener Stephansdoms und das Tympanonrelief über dem rechten Portal der Wiener Minoritenkirche an und spiegelt damit auch die damals wieder engen persönlichen Kontakte Ludwigs zu seinem Wiener Vetter Friedrich dem Schönen wider, den er 1325 vor seinem Zug nach Rom als Mitregenten anerkannt hatte.

Sowohl das Bildwerk im Inneren als auch die beiden Portalfiguren zählen zu den bedeutenden Zeugnissen der Hofkunst Ludwigs IV. *H. R.*

Lit.: Benker, Ludwig der Bayer; Fuchs, Ideal; Homolka, Praha, Veitsdom; Hubel, Dom zu Regensburg; Pfister/Ramisch, Frauenkirche; Ramisch, Grabmal; Ramisch, Monachium Sacrum; Ramisch, Redemptoris mater; Ramisch/Steiner, Münchner Frauenkirche

5.26 E

Das Grabmonument für Kaiser Ludwig in der Münchner Frauenkirche hat eine bewegte Geschichte – vier Mal wurde das ursprünglich an zentraler Stelle im Chor befindliche Grabmal versetzt.

5.27

A Deckplatte des spätmittelalterlichen Kaisergrabs

Original: Hans Haldner (gest. 1482/86), um 1470;
Fotografie, 1932 (R)
Bayerisches Landesamt für Denkmalpflege, München

B Blick auf Bennobogen und Kaisergrab vom Chor der Frauenkirche aus

Philippe Benoist (1813 – um 1905) nach einer Zeichnung von Nicolas-Marie-Joseph Chapuy (1790–1858), um 1845; Lithografie/Papier, koloriert (R)
Archiv des Erzbistums München und Freising, München (GST)

C Blick auf den Bennobogen vom Kirchenschiff der Frauenkirche aus

Heinrich Theodor Hudemann (1817–1877);
Fotografie, 1858 (R)
Archiv des Erzbistums München und Freising, München (Dokumentation Topographie)

D Grundriss der barockisierten Frauenkirche mit dem Kaisergrab unter dem Bennobogen

Michael Wening (1645–1718) nach einer Planzeichnung des Geometers Matthias Paur, 1701; Kupferstich/Papier (R)
Archiv des Erzbistums München und Freising, München (GST)

E Das Kaisergrab vor den Chorstufen der regotisierten Frauenkirche

Wilhelm Gail (1804–1890), 1863; Öl/Leinwand (R)
Diözesanmuseum Freising (L 8330)

F Das Kaisergrab unter der Empore der Frauenkirche

Fotografie, 1931 (R)
Bayerisches Landesamt für Denkmalpflege, München

G Das Kaisergrab am heutigen Standort

Fotografie, 1995/96 (R)
Archiv des Erzbistums München und Freising, München

Im Zuge des spätmittelalterlichen Neubaus der Münchner Frauenkirche (1468–1488) erfuhr auch das Grab Kaiser Ludwigs eine neue Gestaltung. Die sterblichen Überreste der im Chor der alten Kirche bestatteten Wittelsbacher erhielten ihre neue Ruhestätte in der Krypta. In der Kirche jedoch, vor den Stufen des Hochaltars und umgeben vom Chorgestühl der Geistlichkeit, ließ Herzog Albrecht IV. von Bayern (reg. 1465–1508) für seinen großen Vorfahren ein Hochgrab aus Adneter Rotmarmor errichten, das zugleich ein Monument des Hauses Wittelsbach ist.

An den Seiten des Grabmals waren Ludwigs Waffentaten gegen Friedrich von Österreich zu sehen. Die Darstellung auf der circa 3,10 x 1,55 Meter messenden Deckplatte ist zweigeteilt. Oben thront der Kaiser, angetan mit den Gewändern und Insignien seines Amtes. Hinter dem Thron spannen Engel einen Brokatstoff aus. Am Sockel sind die bayerischen Löwen- und Rautenschilde sowie das Reichswappen zu sehen. Darunter ist eine für die Einigkeit und den Fortbestand des Hauses Wittelsbach wichtige Szene aus jüngerer Zeit dargestellt: Herzog Albrecht III. (reg. 1438–1460), rechts stehend in Rüstung und mit Schwert, versöhnt sich mit seinem Vater Herzog Ernst von Bayern-München (reg. 1397–1438), der Albrechts nicht standesgemäße Gemahlin Agnes Bernauer 1435 durch einen Justizmord hatte beseitigen lassen. Albrecht verzichtete auf Rache und heiratete 1437 Anna von Braunschweig. Durch ihre Kinder erhielt die Wittelsbacher Linie Bayern-München eine legitime Fortführung; ihr Sohn Albrecht IV. konnte schließlich die Herrschaft über die lange getrennten bayerischen Teilherzogtümer auf sich und seine Nachkommen vereinigen.

Die auf der Plattenschräge angebrachte Inschrift erinnert an den Tod des Kaisers 1347 und an weitere gleich ihm in der Frauenkirche bestattete Fürsten aus der Linie Bayern-München: Johann II. (reg. 1375–1397), Ernst (reg. 1397–1438) und Wilhelm III. (reg. 1397–1435), Adolf (reg. 1435–1441) und Albrecht IV. selbst. Eine weitere Inschrift auf dem umlaufenden gerollten Schriftband, die von der Stiftung des Grabmals handelt, ist nur unvollständig erhalten, die Datierung fehlt. Ergänzt könnte der Text in heutigem Deutsch etwa gelautet haben: „Im Jahr des Herrn 14[..] ist gestiftet worden dieser Begräbnisstein und aufgerichtet durch den durchlauchtigen hochgeborenen Fürsten Herrn Albrecht den Jungen Pfalzgrafen bei Rhein Herzog in Ober- und Niederbayern ..., ge-

5.27 B

5.27 C

boren von Frau Anna von Braunschweig, der auch hier begraben liegt und starb im Jahr des Herrn [1508]". Das Sterbejahr des Stifters war wohl nachträglich ergänzt.

Aus stilistischen Gründen wird das Grabmal von der neueren Forschung eher an den Beginn der Neubaumaßnahme datiert und dem Bildhauer Hans Haldner zugeschrieben, der zusammen mit seinem Bruder Matthäus und seinem Sohn Marx in München eine viel beschäftigte Werkstatt betrieb und zahlreiche prominente Aufträge von Adel und Kirche erhielt. Die Aufstellung erfolgte vielleicht erst später im Zuge der sukzessiven Fertigstellung des Kirchenbaus und seiner Ausstattung. 1492 ist erstmals eine Entlohnung aus der herzoglichen Kasse für einen Schlosser belegt, der sich um das Grab kümmert und den Deckstein vierteljährlich „auswischt". Ergänzt wurde das Gedenken an die in der Frauenkirche bestatteten Fürsten durch Gottesdienststiftungen und einen im Chorraum aufgehängten Leuchter mit Kaiserkrone und -wappen.

Um 1600 begann die barocke Neuausstattung der Frauenkirche. Im Auftrag Herzog Maximilians I. (reg. 1597–1651) wurde ab 1604 unter Leitung des Hofbildhauers und Architekten Hans Krumper mit dem „Bennobogen" ein spektakuläres Monument sowohl der Frömmigkeit als auch des Ruhms des bayerischen Herrscherhauses errichtet (B und C). So stand nun inmitten der spätgotischen Hallenkirche eine nach allen vier Seiten geöffnete, mit Stuck verzierte Holzarchitektur nach Art eines antiken Triumphbogens. Sie überwölbte den Kreuzaltar, auf dem an Festtagen die Reliquien des Münchner Stadt- und bayerischen Landespatrons Benno von Meißen zur Verehrung ausgestellt wurden, und zugleich das Kaisergrab, das 1622 neu gestaltet wurde. Nach Osten hin schloss sich der vom gotischen Chorgestühl gesäumte Chorraum an. Blickpunkt war der ebenfalls vom Herzog gestiftete barocke Hochaltar mit dem monumentalen Gemälde der Himmelfahrt und Krönung Mariens von Peter Candid (C).

Auch zur Neugestaltung des Kaisergrabs im erhöhten Chor lieferte Krumper den Entwurf. Der Aufbau aus schwarzem italienischem Marmor umschließt die mittelalterliche Grabplatte wie ein Reliquiar und ermöglicht durch Öffnungen an allen vier Seiten den Blick auf sie. Er ist reich mit Bronzefiguren und -ornamenten geschmückt. Zuoberst wird auf einem Kissen die Kaiserkrone präsentiert, Engel und Putten

5.27 E

halten Insignien und Wappen. An den Längsseiten stehen die überlebensgroßen Bronzestatuen der Herzöge Albrecht V. (reg. 1550–1579) und Wilhelm IV. (reg. 1508–1550), Groß- und Urgroßvater Maximilians I. An den vier Ecken knien Standartenhalterfiguren, die schon 1597 für das – nie vollendete – Grabmal von Maximilians Vater Wilhelm V. (reg. 1579–1597) in der Jesuitenkirche St. Michael geschaffen worden waren. Die reich bestickten Fahnentücher zeigen die Wappen von vier Kaisern (und ihren Gemahlinnen) – neben Ludwig dem Bayern sind dies Karl der Große (reg. 800–814), Ludwig der Fromme (reg. 816–840) und Karl der Dicke (reg. 876/884–887). Die Wahl der drei frühmittelalterlichen Herrscher sollte die (historisch nicht beweisbare) Abstammung der Wittelsbacher von Karl dem Großen demonstrieren. Dass Maximilian I. sich in der Stiftungsinschrift von 1622 bereits als „des Heiligen Römischen Reichs Kurfürst" bezeichnete, hatte ebenso demonstrativen Charakter, denn offiziell verliehen wurde ihm der Titel erst im Jahr darauf. Das neue Kaisermonument fügt sich ein in seine vielfältigen Bemühungen, den Ruhm seines Hauses zu propagieren und den großen kaiserlichen Ahn zu rehabilitieren.

Seit 1821 ist die Frauenkirche Kathedrale des neu errichteten Erzbistums München und Freising. Es wuchs nun der Wunsch, dass alle Besucher den vom Erzbischof am Hochaltar zelebrierten Gottesdienst verfolgen konnten. So wurde im Verlauf des 19. Jahrhunderts das monumentale Kaisergrab im Chor nicht nur als Sehenswürdigkeit, sondern immer mehr auch als Hindernis empfunden. Zudem strebte das Zeitalter des Historismus nach „Stilreinheit" in der Kirchenausstattung. So übte der Kunsthistoriker und nachmalige Domkapitular Joachim Sighart 1853 scharfe Kritik am barocken Monument: „Es ist ein schwerfälliger, plumper, im römischen Renaissancestyl aufgeführter Bau, der die gothische Kirche in hohem Maße verunstaltet, ohne alle originelle Idee, ja selbst ohne alle Spur eines christlichen Gepräges. Denn die halbnackten allegorischen Figuren und die herumsitzenden Engel oder Genien zeigen nichts solches." Er plädierte zwar für

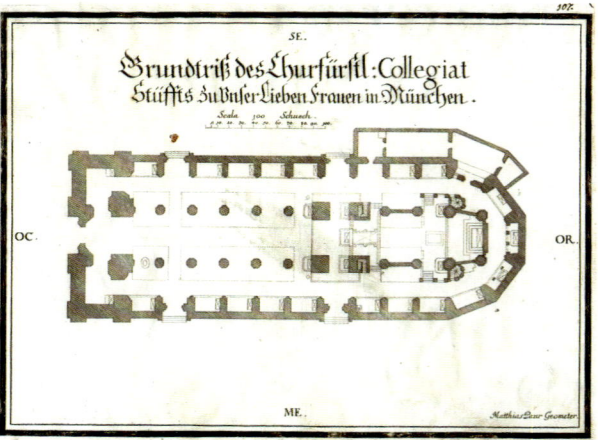

5.27 D

5.27 F

die Beibehaltung der mittelalterlichen Grabplatte, den barocken Überbau aber wollte er als Geschichts- und Kunstdenkmal „an einem Platz vor der Kirche oder in einem Museum" aufgestellt sehen.

1858 begann auf Beschluss von Erzbischof und Metropolitankapitel eine radikale (und schon kurz darauf vielfach kritisierte) „Purifizierung" und Regotisierung des Doms. Dabei wurde der Bennobogen, der rund 250 Jahre lang den Kirchenraum geprägt hatte, abgebrochen. Das Kaisergrab war durch den Respekt vor dem bayerischen Königshaus geschützt. König Maximilian II. genehmigte mit Kabinettschreiben vom 27. Mai 1860 nur die Versetzung des gesamten Monuments „um eine Säulenweite, aber nicht weiter". So stand das Kaisergrab von 1860 an im Mittelschiff unterhalb der Stufen des Chorraums (E).

Das Problem der Sicht auf den Hochaltar war damit aber nur teilweise gelöst. Zudem drohte durch das Gedränge des Volks an Festtagen eine Beschädigung des Grabmals. Deshalb wurde es 1891 mit Zustimmung des Prinzregenten Luitpold erneut ein Stück weiter von seinem ursprünglichen Standort weg versetzt, nunmehr an das Ende des Mittelschiffs unter die Orgelempore (F). Bei der Domrenovierung von 1932 erfolgte eine weitere Verlegung in die südliche Turmkapelle. Gegenüber in der Presse geäußerter Kritik betonte Erzbischof Michael Kardinal von Faulhaber, „dass in einer Kirche nicht die historischen und künstlerischen, sondern die liturgischen und kirchlichen Gesetze den Primat beanspruchen dürfen. In liturgischer Hinsicht aber war das Grabdenkmal ein Fremdkörper, weil es für Hunderte ... den Ausblick nach dem Hochaltar und nach der Kanzel versperrte und weil es bei Prozessionen ... die Zuordnung in einer künstlerisch unschönen Weise störte". Dass man am beengten neuen Standort das Grabmal kaum mehr von allen Seiten betrachten konnte, wurde von Kunst- und Geschichtsfreunden bedauert; doch überstand es gerade an dieser geschützten Stelle die schweren Zerstörungen des Doms im Zweiten Weltkrieg nahezu schadlos.

1964 wurde das Kaisergrab zum vierten und bisher letzten Mal versetzt – ein Stück nach Osten an das Ende des südlichen Seitenschiffs (G). Die von 1990 bis 1994 durchgeführte große Innenrenovierung des Doms hatte unter anderem zum Ziel, möglichst viele erhaltene Ausstattungsstücke an ihre historischen Standorte zurückzuführen, doch konnte man sich beim Kaisergrab nicht zu einer Änderung des „nicht idealen Standort[s]" entschließen. 1992 bis 1994 umfassend restauriert und nun durch eine Bronzeabschrankung und eine Alarmanlage gesichert, ist es heute eine Sehenswürdigkeit für die Dombesucher aus der ganzen Welt.

R. G.

Lit.: Czerny, Tod, S. 667–708; Liedke, Kaisergrab; Ramisch, Grabmal; Ramisch, Monachium Sacrum

5.27 G

Der plötzliche Tod, die Marienfrömmigkeit, volkstümliche Verehrung bestimmten das Totengedächtnis an den Kaiser.

5.28

A **Monument Kaiser Ludwigs des Bayern**

Um 1808; Kreidelithografie, 37,8 x 46,3 cm (R)
Museum Fürstenfeldbruck (00271 und 08965)

Das eigentliche Totengedächtnis, das sich in religiöser Fürbitte des verstorbenen Wittelsbacher Kaisers annahm, fand über Jahrhunderte im kirchlich-klösterlichen Kontext statt. Erst im 19. Jahrhundert verweltlichte ein Strang in der Erinnerung an den Tod Ludwigs des Bayern – nicht ohne politische Absicht. So entstand im Namen des Königreichs Bayern 1809 ein Monument für Ludwig den Bayern bei der westlich von München gelegenen Ansiedlung Puch – einem Dorf unweit des ehemaligen Zisterzienserklosters Fürstenfeld, in dessen Nähe Kaiser Ludwig 1347 auf der Jagd den Tod gefunden haben soll (A). Bei dem Denkmal handelt es sich um einen etwa 13 Meter hohen, aus weißem Ettaler Marmor gefertigten Obelisken, für den der Münchner Hofbildhauer Roman Anton Boos ein Porträt und das Wappen Ludwigs des Bayern schuf. Der Hofgartenarchitekt Friedrich Ludwig v. Sckell entwarf zur effektvolleren Inszenierung des Monuments eine kleine umliegende Parkanlage. Das Denkmal selbst markierte nicht den vermeintlichen Sterbeort selbst, es wurde vielmehr absichtlich an die Hauptverbindungsstraße zwischen München und Augsburg gelegt, um ein möglichst breites Publikum zu erreichen. Politisch diente das Monument der Legitimitätsstiftung des neuen Königreichs, begleitet von durchaus antikurialen beziehungsweise antikirchlichen Untertönen. Die Denkmalinschrift, die davon spricht, dass der Kaiser bei Puch in den Händen eines Bauern verstorben sei, suggeriert darüber hinaus eine für Bayern neuartige politisch-gesellschaftliche Ordnungsvorstellung, in der das noch junge Königreich nicht nur seine Volksnähe zu vermitteln suchte, sondern letztlich beim Volk auch um Sympathie für die Monarchie warb, die sich, staatsrechtlich gesehen, am Beginn des 19. Jahrhunderts nicht mehr „absolut" begründen ließ. Das Kaiser-Ludwig-Monument stellt folglich kein barockes Fürstendenkmal mehr dar, es eröffnet vielmehr den politischen Raum des Vaterlandes.

B **Tod Ludwigs des Bayerns**

18. Jahrhundert; Öl/Leinwand, 95 x 81 cm (R)
Museum Fürstenfeldbruck (05919)

C „Kaiser Ludwig der Bayer stirbt auf einer Bärenjagd bei Fürstenfeld in den Armen eines Landmannes, i. J. 1347"

1853; Druckgrafik, in: Thomas Driendl: Geschichte von Bayern und der zum Königreiche Bayern gehörigen Provinzen Rheinpfalz, Franken u. Schwaben, München 1854, 14 x 18 cm (Bildgröße) (R)
Bayerische Staatsbibliothek München
(BA/4 Bavar. 574)

D Tod Ludwigs des Bayern

Druckgrafik, in: Ludwig Lang: Ludwig der Bayer, Augsburg 1856 (Lebensbilder aus der Geschichte Bayerns und seiner Fürsten 6), 7,5 x 13 cm (Bildgröße) (R)
Bayerische Staatsbibliothek München
(BA/Bavar. 1617 I–5/6)

Ein Aspekt der Überlieferung der Sterbeszene ist besonderer Erwähnung wert: Der Tradition zufolge sei Ludwig „unter Anrufung der heiligsten Namen" verschieden. „Süzze Künigin, unser fraue, bis pei meiner schidung", so hätten seine letzten Worte gelautet. Ein anderer Traditionsstrang weiß von einem reuigen Fürbittruf des sterbenden Kaisers: „Allmächtiger Gott …, verzeihe mir armen Sünder; oft habe ich gefehlt, nie aber, Du weißt es, Dich im Herzen und Glauben geläugnet." Welches gottergebene Diktum man Ludwig dem Bayern angesichts seines Todes auch in den Mund legen mochte, mit dem unentwegten Hinweis auf den ausdrücklichen Gebetsruf des sterbenden Fürsten verwandelte sich der Kaiseranger von der bloßen Unfallstelle zu einem Ort ostentativer Frömmigkeit oder auch demonstrativer Rechtgläubigkeit des mit dem Kirchenbann belegten Kaisers.

Volksnahe Darstellungen suchten in der Regierungszeit König Maximilians II., dem insbesondere an der Popularisierung der vaterländischen Geschichte gelegen war, den Tod Ludwigs des Bayern in eingängigen Bildern zu verbreiten (C und D). So zeichnete Thomas Driendl in seiner staatlich geförderten, 1853 erschienenen „Geschichte von Bayern und der zum Königreiche Bayern gehörigen Provinzen Rheinpfalz, Franken u. Schwaben" das eindringliche Bild von dem in den Händen eines Bauern sterbenden Kaiser, das die Vorstellung einer geradezu intimen Harmonie zwischen Fürst und Volk vermittelt.

Auch die populäre Biografie Ludwigs des Bayern, die der Studienlehrer Ludwig Lang 1856 veröffentlichte, war der „vaterländischen Jugend und dem Volke" gewidmet. Die darin enthaltenen einfachen Grafiken illustrieren Momente aus dem Leben des Kaisers wie zum Beispiel den Augenblick seines Sterbens. Insgesamt erhoffte sich Lang, mit seinem Lebensbild „die Erinnerung an den großen Ludwig recht lieb und werth [zu] machen".

K. B. M.

Die farbenprächtigen Glasfenster der Regensburger Minoritenkirche setzten Themen aus dem Alten Testament, der Passionsgeschichte und der Franziskusvita ins Bild.

5.29
Glasfenster vom Chor der Minoritenkirche in Regensburg

Originale: Regensburg, um 1350 und um 1370
Rekonstruktion vgl. Umschlaginnenseiten, Bayerisches Nationalmuseum, München (R)

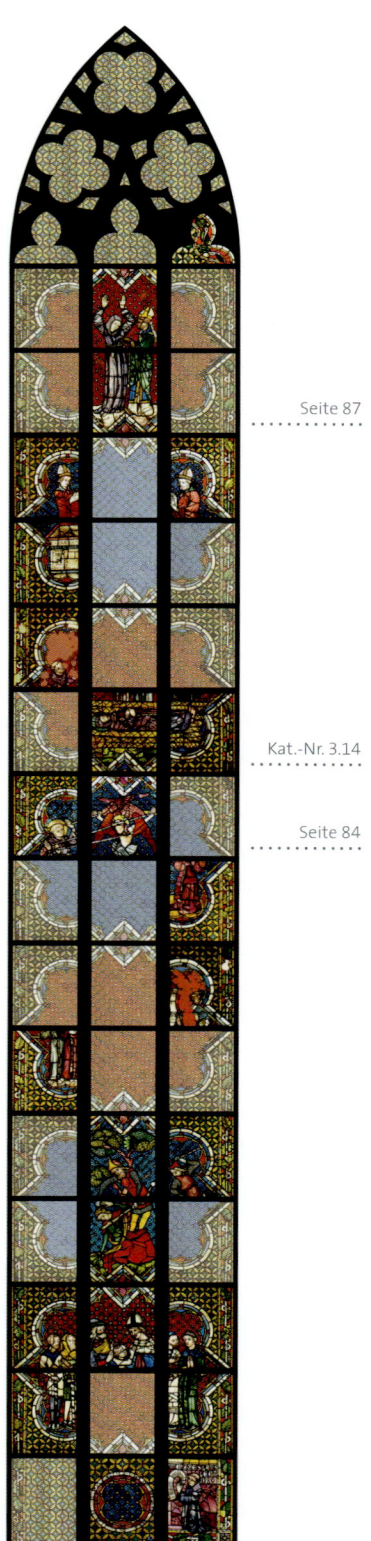

Seite 86

Seite 87

Seite 82

Kat.-Nr. 3.14

Seite 83

Seite 84

270 MINORITENKIRCHE

Mit der Übergabe Regensburgs an Bayern im Jahr 1810 gelangten sechs Kisten mit Figuren- und Ornamentscheiben aus der Minoritenkirche an die Zentral-Gemäldegalerie nach München und von dort später an das Bayerische Nationalmuseum. Die Glasmalereien stammen überwiegend aus dem bis zur Mitte des 14. Jahrhunderts errichteten Chor. Mit seiner lichten Bauweise – die Wände werden von 13 mächtig dimensionierten Fenstern weitgehend aufgelöst – steht der Chor im denkbar größten Kontrast zum älteren, asketisch anmutenden Langhaus. Die Wirkung der farbig leuchtenden Bilderwände muss atemberaubend gewesen sein.

Über das Bildprogramm dieser Verglasung und die Anordnung der insgesamt 88 erhaltenen Felder wurden unterschiedliche Vermutungen angestellt – angesichts der ursprünglich über 600 Scheiben umfassenden Verglasung kein leichtes Unterfangen. Mit der gründlichen Untersuchung Jolanda Drexlers dürfen diese Fragen nun als geklärt gelten. Demnach waren in Regensburg die weniger gut einsehbaren Fenster an den Seitenwänden mit Mustern dicht aufwachsender Blattranken gefüllt, während die figürlichen Darstellungen auf die fünf, durch ihre Nähe zum Hauptaltar ausgezeichneten Fenster des Chorpolygons verteilt waren.

Die Bildszenen waren als Großmedaillons gestaltet. Dadurch konnten die drei zentralen Fenster trotz des einst vorhandenen Lettners auch von den Gläubigen im Langhaus mühelos „gelesen" werden. Die Franziskaner haben dieses Konzept mit Bedacht auf die Gläubigen abgestimmt, diese waren die eigentlichen Adressaten des Bildprogramms, so wie auch die Predigt an das Volk ein Hauptbestandteil des franziskanischen Gottesdienstes war.

Stilistische Unterschiede in den erhaltenen Feldern lassen darauf schließen, dass gegen 1350/60 zunächst nur das Achsenfenster figürlich verglast wurde, das einen siebenteiligen Passionszyklus mit der zentralen Kreuzigung Christi erhielt. Die eindringlichen Bilder des Leidens Christi, hier nach der Erzählung des bei den Franziskanern beliebten Evangelisten Johannes, kulminieren in der triumphalen Auferstehung; auf sie durfte auch der Gläubige, der durch die Betrachtung des Leidens Christi zu Tugendhaftigkeit gelangte, hoffen. Erst zwei bis drei Jahrzehnte später erweiterte man die Christusvita um übergreifende heilsgeschichtliche Bezüge und stattete nun das linke Flankenfenster mit alttestamentlichen Entsprechungen aus. Die Leidensstationen Christi sind in den Ereignissen des Alten Testaments gleichsam präfiguriert, der Verheißung des Messias im Alten Bund folgt die Erfüllung im Neuen Bund. Daher war in der Chorverglasung etwa der Kreuzigung die Opferung Isaaks gegenübergestellt, während sich die heute verlorene Kreuzabnahme Christi durch das alttestamentliche Bild der Kreuzabnahme des biblischen Königs von Hay erschließen lässt. Diese eingängigen Bildanalogien setzten sich im rechten Flankenfenster mit Szenen aus dem Leben des Ordensheiligen Franziskus fort. Hier stand die Idee Pate, Franziskus als Nachfolger Christi zu etablieren, mehr noch, seine göttliche Auserwähltheit zu betonen, wie sie sich in der Stigmatisation, die der Kreuzigung gegenübergestellt war, jedem Betrachter unmittelbar erschloss.

Um die heilsgeschichtliche Rolle des „Poverello" und seine Christusähnlichkeit bildhaft zu untermauern, gelangten im Franziskusfenster bevorzugt solche Ereignisse zur Darstellung, die sich zu den Leidensstationen Christi in inhaltlichen Bezug setzen lassen. Dies erklärt auch die Aufnahme von Bildern, die in der Vita des Ordensgründers von nachrangiger Bedeutung sind, etwa der räuberische Überfall auf den Heiligen, der sich aber gut mit der Geißelung Christi verbindet. Mitunter genügte für eine Gegenüberstellung schon die bloße Ähnlichkeit der Bildkomposition, wie im Fall der Vorführung Christi vor Pilatus mit der Bestätigung der Ordensregel durch Papst Innozenz III.

Die Einbindung des verehrten Heiligen in die Heilsgeschichte begegnet bei den Mendikanten in Ansätzen bereits um 1250 in der Erstverglasung der Erfurter Franziskanerkirche, mit Bestimmtheit dann um 1300 im Achsenfenster der Dominikanerkirche zu Wimpfen. Gerade die Reformorden machten sich die argumentative Kraft solcher bildlichen Analogien bei der Vermittlung von Glaubenswahrheiten zunutze und beförderten ihren Gebrauch.

Wenn die Regensburger Franziskaner im letzten Viertel des 14. Jahrhunderts auf solch ältere Modelle zurückgriffen, so lagen sie damit gleichwohl im Trend. Denn nachdem der Orden im Armutsstreit unter Papst Johannes XXII. im Jahr 1323 eine schwere Niederlage erlitten hatte, erhielt diese Form der Ordenspropaganda, die stets Gefahr lief, die Grenzen der päpstlich sanktionierten Rechtgläubigkeit zu überschreiten, starken Auftrieb, auch weil die Diskussion damals an politischer Brisanz verloren hatte und der Bildgedanke nun kompromisslos vorgetragen werden konnte. Ihren literarischen Niederschlag fand diese Entwicklung im Werk des Franziskanergelehrten Bartholomäus von Pisa (1338–1401), „Über die Gleichförmigkeit des Lebens des seligen Franziskus mit dem Leben des Herrn Jesus", das in zahlreichen Ereignisparallelen im Leben von Christus und Franziskus die herausragende Stellung des Ordensgründers beschwor.

D. P.

Lit.: Blume, Orden; Drexler, Chorfenster; Schinnerer, Katalog, S. 4f., 13–23; vgl. auch den Beitrag von Wolfgang Neiser in diesem Band

Viele seiner Feinde wollten Ludwig den Bayern in der Hölle brennen sehen.

5.30
Apokalypse des Johannes

Thüringen, um 1350–1370; Handschrift/Pergament, Initialschmuck, 14 Federzeichnungen, koloriert, 34,9 × 25,2 cm
The British Library, London (Ms. Add, 15243)

Die Handschrift illustriert den Text der Apokalypse des Johannes mit 14 kolorierten Federzeichnungen, die als ganzseitige Miniaturen gestaltet sind. Charakteristisch ist die frei schwebende Gestaltung der Figuren, meist ohne Einbindung in eine Landschaft oder Architektur. Die ursprünglich 16 Szenen der Handschrift (fol. 27f. und fol. 28f. wurden herausgeschnitten) stehen in der Tradition einer Bildfolge zur Offenbarung des Johannes, die im französisch-flämischen Gebiet im 12. Jahrhundert entwickelt und seither mit Variationen weitertradiert wurde. Neben aller Bewahrung der ikonografischen Vorbilder sind dabei aber vor allem die motivischen Abweichungen ebenso auffällig wie aussagekräftig.

Fol. 34^r der Londoner Handschrift zeigt das System der Neugestaltung eindrücklich: Die Fesselung Satans für die kommenden 1000 Jahre (Apk 20,1) wird hier nicht durch einen Engel vorgenommen, sondern durch den Apostel Petrus, der mit dem Schlüssel die Kette zum Abgrund verschließt. Im Höllenschlund sitzt neben dem angeketteten Satan ein gekrönter Herrscher, dessen typisierte Züge man mit den Bildnissen Ludwigs des Bayern verglichen hat, wie sie auch auf den Prunkurkunden der kaiserlichen Kanzlei verbreitet wurden (Kat.-Nr. 4.1 A–C). Ähnlich sind die markante Nasenpartie, die tropfenförmig ausläuft, und die herabgezogenen Mundwinkel. Ferner wurden die Begleitpersonen des Herrschers, die traditionelle Kopfbedeckungen italienischer Gelehrten tragen, mit Ludwigs franziskanischen Beratern aus Italien identifiziert.

Gemeinsam mit anderen Armenbibeln und Apokalypse-Handschriften (Weimar, Herzogin Anna Amalia-Bibliothek, Fol. max. 4, und Nürnberg, Germanisches Nationalmuseum, Hz 1279–1283, Hz 6412) ist der Londoner Codex in Erfurt entstanden. Vorgeschlagen wurden das dortige Benediktinerkloster St. Peter, wofür die Betonung des hl. Petrus sprechen könnte, oder das Augustiner-Eremitenkloster, das eine bedeutende Bibliothek besaß und in dem zeitgleich mit der Handschrift stilistisch verwandte Tafelbilder entstanden, die böhmische Einflüsse zeigen.

Als Predigthandbuch gebraucht, diente die Handschrift nicht nur als Hilfsmittel zur Auslegung der Apokalypse, sondern bot zugleich Möglichkeiten für tagesaktuelle Stellungnahmen. Die historisierenden Bezüge im Bildprogramm machen sie zu einem der wenigen erhaltenen Zeugnisse der auch im Bild geäußerten Kritik an Ludwig dem Bayern, der schon zu Lebzeiten als gebannter Herrscher in Misskredit geriet. Auch nach seinem Tod wurde die Rechtmäßigkeit seiner Herrschaft, insbesondere von seinem Thronkonkurrenten und Nachfolger Karl IV. angezweifelt. Solch kritische Stimmen sind durchaus auch in Erfurt vorstellbar, wo Karl IV. bereits Anfang 1348 als neuer König anerkannt wurde. In der Folge wurde die Stadt von dem luxemburgischen Herrscher reich privilegiert, etwa 1352 durch die Belehnung mit dem Reichslehen Kapellendorf, und wie eine Reichsstadt behandelt.

E. H.-Sch.

Lit.: Kammel, Kunst, S. 297–299; Rehm, Bildfolge; Suckale, Hofkunst, S. 161

Die prächtige Petrusfigur aus dem Regensburger Dom bezieht sich auf ein berühmtes Vorbild aus dem Petersdom in Rom.

5.31
Thronender Petrus

So genannter Erminoldmeister beziehungsweise Meister Ludwig, um 1290; Lechbrucker Sandstein, 140 x 65 x 72 cm
Historisches Museum Regensburg (HVG 150)

Dieses hochbedeutende Bildwerk stammt vom so genannten Erminoldmeister, bezeichnet nach dem 1283 von ihm gefertigten Grabmal des sel. Abtes Erminold in der ehemaligen Klosterkirche Prüfening. Inzwischen darf man von ihm als „Meister Ludwig" sprechen, denn ziemlich sicher waren dieser Bildhauer und jener Ludwig, der ab etwa 1285 Dombaumeister in Regensburg war und ein gänzlich neues künstlerisches Konzept für die Architektur umzusetzen begann, ein und dieselbe Person. Die Kathedralen von Paris und Reims und das Münster in Basel waren wichtige Stationen auf seinem Weg nach Regensburg.

Dargestellt ist der hl. Petrus als Papst auf der Kathedra, die Linke hält ein Buch, die (barock ergänzte) Rechte ist lehrend erhoben. Beispielhaft zeigt sich in dieser Figur ein klares Bekenntnis zu Rom, denn im Typus folgt sie aufs Engste dem Bronzebildwerk des thronenden hl. Petrus von Arnolfo di Cambio (um 1280) im Petersdom. Der Regensburger Petrus stand im Hochchor des Doms, wo genau, ist nicht mehr zu erschließen, sicher aber relativ frei, denn auch die Seitenansichten dieses raumgreifend ausgearbeiteten Bildwerks sind reich gestaltet. Am wahrscheinlichsten ist ein Platz vor dem Hochaltar und damit über der dort unterirdisch eingebauten Confessio-Anlage, die ja gleichfalls eine enge Rombeziehung bekundet. Das heute steingrau erscheinende Bildwerk hat im Lauf seiner wechselvollen Geschichte viel von seiner ursprünglichen Ausstrahlung verloren. Ehemals war es aufs Prächtigste farbig gefasst und vergoldet. In seiner Farbenvielfalt und Schmuckhaftigkeit der liturgischen Gewänder sowie der gänzlich von Tüchern umhüllten Kathedra muss dieser thronende Petrus im Regensburger Dom ein überaus lebendig wirkendes, eindrucksvolles Bild des Hausherrn dargeboten haben.

F. F.

Lit.: Fuchs, Dom St. Peter, S. 127–129; Hubel, Grabmal

Der mit dem Kirchenbann belegte Kaiser – manchmal sogar als Antichrist bezeichnet – wurde auf italienischen Wandmalereien als Verdammter in der Hölle gezeigt.

5.32
Jüngstes Gericht

Wandmalereien in der Abteikirche S. Pietro in Viboldone, S. Giuliano Milanese, nach 1349 (A), und in Pisa, Camposanto, wohl vor 1340 (B), Details (R)

Kaiser Ludwig der Bayer wurde mehrfach vom Papst exkommuniziert. Daraus resultierten kuriale Verfluchungen und Anfeindungen aus kirchlichen Kreisen und von papsttreuen Klerikern gegenüber Ludwig. Insbesondere nach seinem plötzlichen Tod exponierten sich Kommunen und Ordensgemeinschaften durch das tätliche Tilgen von Stiftungen und Erinnerungen an den Kaiser. Neben den vielfältigen Hinweisen auf Zerstörungen von Inschriften und Kunstwerken sind Belege für eine infamierende Darstellung erhalten. Abbildungen von Ludwig als Antichrist dürfte es insbesondere im italienischen Raum in großer Zahl gegeben haben.

In einem prominenten Fresko aus dem Camposanto in Pisa, der für die sterblichen Überreste der Kreuzzugskämpfer errichtet wurde, sind in einer Bonamico Buffalmacco (gest. um 1340) zugeschriebenen Darstellung des Jüngsten Gerichts Ludwig der Bayer und Mohamed als Erzfeinde der Christenheit charakterisiert (B, vgl. Abb. bei Kat.-Nr. 5.50). Ludwig ist eindeutig durch die Mitrenkrone zu identifizieren und wird mit dem Schriftzug „Antichrist" bezeichnet. In einem weiteren zentralen Fresko in der Abtei S. Pietro in Viboldone (S. Giuliano Milanese) unweit Mailand erscheint Ludwig in den Fußklauen Satans (A). Wieder ist der Kaiser durch die kegelförmige Mitrenkrone eindeutig zu erkennen. In der rechten Hand hält der Satan den mit dem Phrygium, der vor Gebrauch der Tiara üblichen kegelförmigen Mütze, gekennzeichneten Papst, mit dem offensichtlich auf Nikolaus V. angespielt wird. Als Kritik am Ämterkauf und an der unkanonischen Beteiligung von Mönchen oder Minderbrüdern an der Bischofseinsetzung ist die Darstellung des italienischen Signore mit Geldsack zu werten, der einem vor ihm knienden Mönch eine Bischofsmitra aufsetzt. Derartige Schandbilder zeugen von der Diffamierung des Andenkens an den Kaiser, wie sie bereits zu Lebzeiten eingesetzt hatte und sich später intensivierte, ohne jedoch auf lange Sicht der historischen Bewertung Ludwigs IV. als Gegenpol eines übersteigerten Papalismus Abbruch zu tun.

G. Sch.

Lit.: Menzel, Memoria; Schwedler, Erinnerungsvernichtung; Suckale, Hofkunst, S. 46f.

5.32 A

Ludwig IV. gründete das Kloster Ettal, das mit Benediktinermönchen besiedelt wurde.
Zum Kloster gehörte auch eine Gemeinschaft von Ritterfamilien,
die hier ein an der Benediktinerregel orientiertes Leben führen sollten.

5.33
Ansicht von Kloster Ettal

1513; Aquarell/Mischtechnik/
Papier, 32,5 x 42,4 cm (R)
Bayerisches Hauptstaatsarchiv,
München (Plansammlung 20 141)

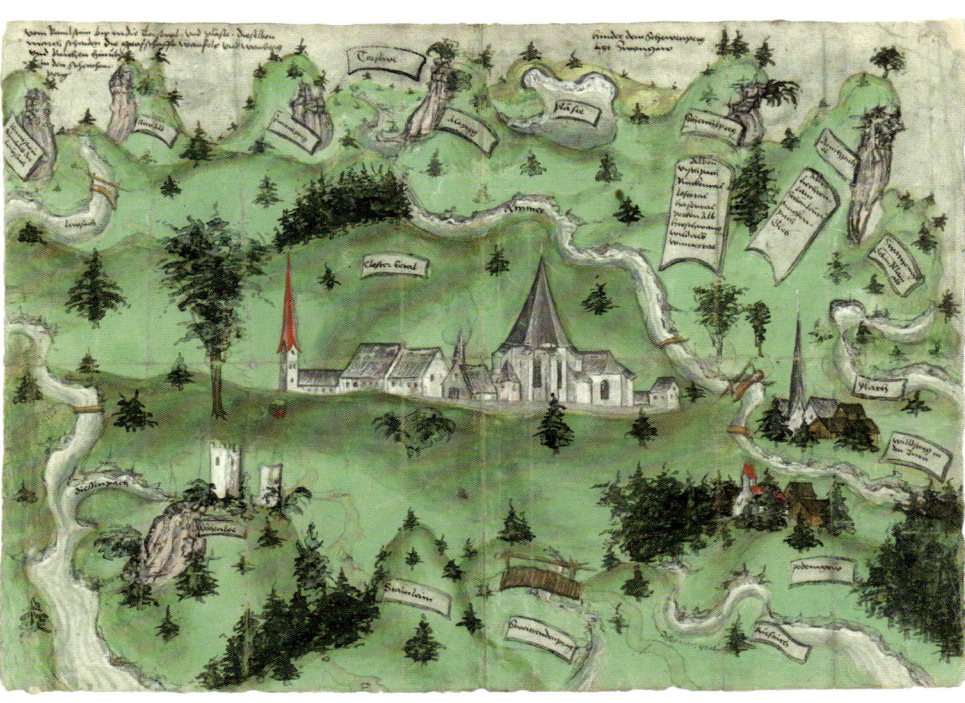

1330 gründete Kaiser Ludwig nach seiner Rückkehr aus Italien bei Oberammergau an einem strategisch wichtigen Alpenübergang das Kloster Ettal (Kat.-Nr. 5.34). Im Zentrum der Klosteranlage stand ein zwölfeckiger Zentralbau. In der Forschung wurden Vergleiche mit dem Pantheon in Rom angestellt, ebenso Assoziationen zu einem Gralstempel thematisiert. In der wohl frühesten Ansicht des Klosters auf einer Zeichnung aus dem Jahr 1513, also fast 200 Jahre nach der Gründung des Klosters, sind rings um den Zentralbau die Berge eingezeichnet, die das Kloster umgeben. Anlass für die Zeichnung war ein Streit um Almen und Jagdrecht zwischen dem bayerischen Herzog und dem Hochstift Augsburg. Es handelt sich also nicht um eine Architekturansicht, die auf eine genaue Wiedergabe der Gebäude angelegt wäre, sondern um eine Skizze, die dem Herzog im Rechtsstreit behilflich sein sollte. Heute ist im barocken Neubau von den Gebäudeteilen der Zeit Ludwigs IV. nur mehr wenig sichtbar, unter anderem ein Portal aus der Entstehungszeit.

Eine Besonderheit war neben der Architektur auch die Regel, die Ludwig dem Kloster gab. Sie ist überliefert in einer Urkunde vom 17. August 1332, die wohl erst 1340 entstand und rückdatiert wurde (Bayerisches Hauptstaatsarchiv, München, Urk. Kloster Ettal 3). Neben 20 Benediktinermönchen sollten in Ettal 14 Ritter mit ihren Ehefrauen ein tugendhaftes Leben führen. Einer der Ritter, als „Meister" bezeichnet, war der Klosterpfleger. Er war gegenüber den Rittern weisungsbefugt und bestimmte ihre Ämter sowie ihren Aufenthaltsort. Die Frauen waren einer Meisterin unterstellt. Die Frühmesse, regelmäßiges Gebet und gemeinsame Mahlzeiten von Mönchen und Laien bestimmten den Tagesablauf. Tanzen, Trunkenheit, Spiele um Geld waren den Rittern verboten, Armbrustschießen und Jagen dagegen erlaubt. Den Rittern war Kleidung in Blau und Grau vorgeschrieben, sie durften dazu schlichte Hüte, goldene Gürtel und Sporen, Ringe und Messer tragen, die Frauen waren in Blau gekleidet. Den Rittern wurden Reitpferde und Knechte gestellt, jedem Paar wurde ein Knecht und ein Diener zugeteilt. Die Ritter konnten auch in den geistlichen Stand treten. Das Ritterstift wurde wohl schon bald nach Ludwigs Tod aufgelöst, nachdem sein Sohn der Stiftung einige Einkunftsquellen entzogen hatte, und erst im 18. Jahrhundert wieder begründet. Die Benediktinermönche waren dagegen bis zur Säkularisation 1803 in Ettal, seit 1900 sind sie wieder dort ansässig.

B. S.

Lit.: Koch, Ettal 1513; Koch, Kloster Ettal; Kreytenberg, Marmorbildwerk; Suckale, Hofkunst, S. 229–232 (dort auch weiterführende Literatur zum Gebäude); www.hdbg.eu/kloster (19.2.1014)

Kaiser Ludwig brachte von seinem Italienzug eine Marienfigur aus Pisa mit, die er seiner Klostergründung Ettal stiftete.

5.34
Kopie des Ettaler Gnadenbildes

Andreas Faistenberger (?), wohl München, 1704; weißer, grau geäderter Marmor, Reste einer Goldfassung an den Gewandsäumen, goldene Ornamentbemalung am Halsausschnitt, 34 x 18 x 20 cm
Diözesanmuseum Freising (P 592)

Die überaus qualitätvoll ausgeführte Skulptur gilt als die besterhaltene Marmorkopie des Ettaler Gnadenbildes. Sie ist in Originalgröße gefertigt und entstand vermutlich 1704 während des Spanischen Erbfolgekriegs, als ihr Urbild aus Sicherheitsgründen nach München gebracht und einige Monate in Freising verwahrt wurde. Fürstbischof Johann Franz Eckher (1696–1727), der das Gnadenbild „in eignen Händen" in einer großen Prozession durch die kurfürstliche Residenzstadt trug, hatte sich für den vorübergehenden Verbleib des Ettaler Originals in Freising eingesetzt. Seine enge Verbundenheit mit Ettal, wo er 1674 die Primiz gefeiert hatte, zeigt sich auch in der Errichtung der Liebfrauenkapelle (heute Maximilianskapelle), eines wie Ettal konzipierten Zentralbaus am östlichen Ende der Freisinger Domkrypta. Dort feierte er eine Messe vor der Gnadenbildkopie anlässlich seines 50-jährigen Priesterjubiläums. Die Kopie wird aufgrund ihrer Qualität dem Hofbildhauer Andreas Faistenberger, einem der Hauptmeister der Münchner Barockskulptur zwischen 1680 und 1720 zugeschrieben, zu dessen Schülern auch Egid Quirin Asam gehörte.

Das Ettaler Gnadenbild gilt als „Domina Fundatrix Ettalensis", als „Frau Stifterin von Ettal", und steht mit der Gründung des Benediktinerklosters mit angeschlossenem Ritterkonvent durch Ludwig den Bayern in Verbindung. Die Madonna sitzt auf einem verzierten Sedile und hält mit ihrer Linken den auf ihrem Schoß stehenden, nur mit einem Umhang bekleideten Jesusknaben. Mutter und Kind sind einander zärtlich zugewandt, was durch die liebkosende Geste des Kindes noch unterstrichen wird. Diese Zuwendung, eine in der ersten Hälfte des 14. Jahrhunderts häufig anzutreffende und unter dem Einfluss der Minne stehende Gebärde, ist auf älteren Andachtsbildchen zu sehen und war auch Vorbild für die Freisinger Kopie. Die Entscheidung, „ze unser frawen etal" am 28. April 1330 ein Kloster zu stiften, hatte Ludwig IV. auf dem Italienzug 1328/29 gefasst, von wo er die kleine Skulptur aus Carraramarmor mitbrachte und dem neu gegründeten Kloster schenkte. Vermutlich entstammt sie einer Werkstatt eines Nachfolgers Giovanni Pisanos und geht in ihrer Komposition auf die Madonna aus dem Bogenfeld der Porta di S. Ranieri des Pisaner Doms zurück. Reste alter Fassung lassen sich an den Gewandsäumen (golden) und Mantelinnenseiten Mariens (blau) und des Kindes (rot) nachweisen.

1347 taucht erstmals der legendenhafte Gründungsbericht auf, wonach Ludwig auf seiner mühevollen Italienreise ein geheimnisvoller grauer Mönch erschienen sei, der ihm finanzielle Hilfe versprach, wenn er gelobe, zur Ehre Gottes und der Muttergottes auf dem „Ampherang" ein Kloster zu errichten. Als der Kaiser einwilligte, habe ihm der Mönch eine Marienstatue überreicht. Da Ludwig den Ort nicht kannte, ließ er sich von einem Jäger aus Partenkirchen in die Ammergauer Gegend führen. Als sein Pferd dreimal in die Knie ging, sah Ludwig darin ein göttliches Zeichen, an dieser Stelle ein Kloster bauen zu lassen. Die fromme Legende verbrämt die mit der Gründung einhergehenden politischen Absichten Ludwigs und der territorial- und handelspolitischen Bedeutung, die dem Kloster aufgrund seiner Lage an der Ettaler Bergstraße, einer der wichtigsten Verkehrslinien nach Italien, zufiel.

Die Verehrung des Ettaler Gnadenbilds lässt sich seit dem ausgehenden 15. Jahrhundert nachweisen. Sie erreichte in der Barockzeit ihren Höhepunkt, wie Mirakelbücher und Andachtsbildchen, Wallfahrtsandenken, aber auch Gnadenbildkopien belegen. Zu nennen sind hier etwa die früheste Kopie auf Burg Mariastein bei Kufstein aus dem Ende des 14. Jahrhunderts oder die Kopie für Kurfürstin Henriette Adelaide von B. Ableithner (Bayerisches Nationalmuseum, München). Seit dem frühen 17. Jahrhundert ist das Gnadenbild mit Kronen und Mäntelchen bekleidet, einem Schulterumhang für Maria und einem ärmellosen Mäntelchen für das Jesuskind. Der Überlieferung nach wurde eine kostbare Bekleidung von der Kurfürstin Maria Anna, der Gemahlin Maximilians I., gestiftet.

Die ursprüngliche, 1370 als zwölfeckiger Zentralbau mit Umgängen geweihte Klosterkirche ist ungewöhnlich. Das Ettaler Gnadenbild stand zunächst auf dem Hochaltar am Mittelpfeiler und symbolisierte dort als „Kaisermadonna" das Bild der Ecclesia, mit der Ludwig der Bayer seine gottunmittelbare Herrschaft und Unabhängigkeit vom Papst zum Ausdruck bringt. Die Klosterkirche wurde ab 1710 im Zuge der Wiederbegründung der Ritterakademie durch Enrico Zuccalli im Kern verändert und durch einen Anbau erweitert. Heute steht das Ettaler Gnadenbild im Tabernakel des Hochaltars.

C. R.

Lit.: Götz, Kunst in Freising, S. 42, 112; Steiner, Madonna, S. 201, VI.5 (Sylvia Hahn); Suckale, Hofkunst, S. 40, 232, Nr. 28; Woeckel, Pietas Bavarica, S. 230–265

Ludwig der Bayer verfügte zahlreiche Stiftungen für sein Seelenheil. Möglichst viele Menschen sollten für ihn beten.

5.35
Stiftungen Kaiser Ludwigs des Bayern

Übersicht; Entwurf: Barbara Six
Haus der Bayerischen Geschichte, Augsburg

Nur wenige erhaltene Reliquien wie der Arm des hl. Antonius für das Münchner Franziskanerkloster, der Zahn des hl. Petrus für die Pfarrei St. Peter in München (Kat.-Nr. 3.39) oder die Reliquien des hl. Deocarus für St. Lorenz in Nürnberg und die Lorenzkapelle im Alten Hof in München (Kat.-Nr. 5.40) sind der Überlieferung nach mit Ludwig dem Bayern in Zusammenhang zu bringen. Auch die mit ihm verbundenen Kirchengebäude wie die Chorerweiterungen der Alten Marienkirche (Kat.-Nr. 5.37) und der Lorenzkapelle in München oder die Klostergründung Ettal (Kat.-Nr. 5.33f.) sind in ihrer Bausubstanz nur noch in geringen Überresten überliefert.

Über Ludwigs umfangreiche Stiftungstätigkeit geben jedoch zahlreiche Urkunden Auskunft. Wie viele mittelalterliche Herrscher versuchte er damit, für das Leben nach dem Tod vorzusorgen und sein Seelenheil zu sichern. Die Stiftung von Messen, Reliquien oder Gütern und die Erteilung von Privilegien für Kirchen und Klöster dienten der Fürbitte für seine Seele zu Lebzeiten und besonders nach dem Tod. Er schloss dabei das Seelenheil seiner Vorfahren und Nachkommen ein.

Es sind zwei Arten von Stiftungen zu unterscheiden. Zum einen handelt es sich um die traditionelle Stiftung von Messen in Klöstern oder Stiftskirchen, die jeden Freitag, dem Tag der Heiligen Lanze, täglich oder an einem Jahrtag abzuhalten waren. Tägliche Messen sollten beispielsweise in den Klöstern Niederschönenfeld, Frauenchiemsee, Ranshofen und Seligenporten gelesen werden. Zum anderen band Ludwig das Gedenken an seine Person und seine Familie an Festtage wie Lichtmess (2. Februar) oder den Markustag (25. April). An diesen Tagen strömten Weltgeistliche und Gläubige zu Prozessionen und feierlicher Liturgie zusammen. Indem Ludwig das Gedenken an seine Person jeweils für den darauffolgenden Tag bestimmte, profitierte er von den Zusammenkünften der zahlreichen Beter. Er etablierte damit eine neue Form des Gedenkens, die auch seine Nachfahren übernahmen.

Ungewöhnlich ist die Wahl der Grablege für seine erste Frau in der Marienkirche in München, in der auch er selbst bestattet wurde (Kat.-Nr. 5.26f.). Ludwig wählte eine Pfarrkirche anstelle eines der wittelsbachischen Hausklöster wie Scheyern oder Fürstenfeld. Er konzentrierte sich, anders als seine Vorgänger auf dem Königsthron, auf Bayern, wohl nicht zuletzt, weil er hier trotz der Belegung mit dem Kirchenbann am meisten Rückhalt besaß. Michael Menzel zählt 26 Klosternekrologe, in denen ein Gedenken an Ludwig nachweisbar ist, eine als „einmalig" zu bezeichnende Memorialkultur, die belegt, dass es dem exkommunizierten Kaiser gelungen war, sowohl Kleriker wie Bevölkerung „auf seine Legitimität und Rechtgläubigkeit einzuschwören".

B. S.

Lit.: Menzel, Memoria

Die Madonnenfigur entstand wohl für das von Ludwig geförderte Münchner Franziskanerinnenkloster.

5.36
Abguss der Madonna aus dem Münchner Anger-Kloster

Original: München (?), um 1340; Molassesandstein, vollrund, Rückseite des Throns nur
grob geglättet, 88 x 45 x 34 cm, heute ungefasst, beide Arme und linkes Bein des Kindes sowie
rechter Unterarm der Madonna fehlen; erworben 1855
Abguss, 1985; Kunststoff
Bayerisches Nationalmuseum, München (Original: MA 962; Abguss: MA 962a)

Das Bildwerk stammt aus dem Kloster der Franziskanerinnen bei St. Jakob im Anger in München. Der Maler Carl August Lebschée berichtet, man habe es „bey Abbruch des alten Refektoriums versteckt unter den Bodendielen" gefunden. Schon im Katalog des Nationalmuseums von 1896 heißt es, die Madonna sei von Kaiser Ludwig dem Bayern in das Kloster gestiftet worden (Nr. 329), und bereits der Museumsführer von 1868 hatte betont, dort hätten wiederholt Mitglieder des bayerischen Herrscherhauses als Klosterfrauen gelebt. In der jüngeren Literatur wird hierfür regelmäßig auf eine Kaisertochter Agnes verwiesen, für deren Klostereintritt allerdings unterschiedliche Daten überliefert sind (1338, 1349).

Das außerordentlich qualitätvolle Werk zeigt eine Formensprache, die ihre frühesten Quellen schon am Ende des 13. Jahrhunderts am Oberrhein hat. Es hängt künstlerisch mit einer Stilgruppe zusammen, die zuvor am Augsburger Dom greifbar ist und Verbindungen zu Bildwerken am Kapellenturm in Rottweil sowie, etwas weniger eng, in Hessen und am Mittelrhein aufweist. Nach dem Eheschluss zwischen Margarete von Tirol-Görz und dem Kaisersohn Ludwig im Jahr 1342 waren Bildhauer dieser Stilrichtung auch in Tirol tätig. In Stift Wilten schufen sie eine weitgehend wörtliche und sogar größengleiche Wiederholung der Madonna aus dem Anger-Kloster. Allerdings ist Christus dort gemäß den seinerzeit gängigen Konventionen bekleidet wiedergegeben. Eine Parallele für ein nacktes Kind liefern jedoch das Stifterrelief vom Alten Hof sowie die Madonna in Kloster Fürstenfeld, für deren Stiftung ein Zusammenhang mit dem Kaiser ebenfalls naheliegt. In seiner programmatischen Schrift zur Hofkunst Ludwigs des Bayern ging Robert Suckale davon aus, dass der Kaiser einen ursprünglich vom Mittelrhein (aus der Rheinpfalz?) stammenden Trupp von Steinmetzen in seine Dienste genommen habe. Gesichert ist ein kaiserlicher Auftrag bei keinem der mit dieser Stiltendenz verbundenen Werke, doch mutet er zumindest bei der Anger-Madonna sehr wahrscheinlich an. In München lässt sich diese Stilrichtung kein zweites Mal nachweisen. Alte Fotografien und schon eine Zeichnung Lebschées von 1848 dokumentieren umfangreiche Ergänzungen, die vor 1952 wieder entfernt wurden. Restaurierungen 1848 durch Petz und im März 1855 durch Caspar Zumbusch sind archivalisch belegt.

Lit.: von der Bank, Studien, S. 227–229; Suckale, Hofkunst;
Weniger, Skulpturen, S. 205 und S. 214f., Anm. 71

M. W.

Das Steinfragment stammt aus dem unter Ludwig IV. erweiterten Chor der Münchner Frauenkirche.

5.37
Christophorus

München, um 1320;
gelblicher Sandstein mit Resten
farbiger Fassung, 38 x 38 x 34 cm
Diözesanmuseum Freising (M 507)/
Leihgabe der Metropolitankirchenstiftung Zu Unserer Lieben Frau in
München

Bei dem Fragment handelt es sich um eine Steinkonsole, die aus dem von Ludwig IV. um 1322 umgebauten Chor des Vorgängerbaus der Münchner Frauenkirche stammt. Nach dem Tod seiner ersten Frau Beatrix von Schlesien-Schweidnitz am 24. August 1322 hatte Ludwig dort ein Hochgrab gestiftet (Kat.-Nr. 5.26), in dem auch er 1347 beigesetzt wurde (sein Herz liegt in der Krypta der Klosterkirche Fürstenfeld). Das Steinfragment wurde wie auch die Reste des Hochgrabs im 15. Jahrhundert als Füllmaterial für den Neubau des Liebfrauendoms verwendet und kam erst 1946 bei Grabungen beziehungsweise Aufräumarbeiten wieder zum Vorschein. Der Verbleib von mehreren 100 Jahren im feuchten Boden erklärt die beriebene Oberfläche der ehemals feineren Gestaltung des Steins. Der ursprüngliche Anbringungsort der Skulptur ist ebenso wenig geklärt wie die Frage nach ihrem vollständigen Aussehen. Der derzeitige Zustand zeigt einen überaus qualitätvollen Kopf des hl. Christophorus, dem das Wasser sprichwörtlich bis zum Halse reicht. Die Bruchkante rechts neben ihm (vom Betrachter aus) zeigt die Stelle, wo der Jesusknabe auf seinen Schultern stand. Noch gut zu erkennen sind seine Hände beziehungsweise Ärmchen, mit denen er in den Haarschopf seines Trägers greift und gleichzeitig einen Hecht festhält. Der aus den Münchner Hofwerkstätten Ludwigs stammende Kopf „gehört zu den frühesten und bedeutendsten Werken der Hofskulptur des Kaisers" (Suckale). Stilistisch verwandt sind die frühen Skulpturen, die für die Lorenzkapelle des Alten Hofs entstanden sind. Motivisch zeigt der Kopf der Johannesschüssel im Bayerischen Nationalmuseum ebenso große Ähnlichkeit (Kat.-Nr. 7.12). Von Meisterschaft zeugt die lebendige Modellierung des Gesichts des Heiligen, die im Kontrast zur ornamental aufgefassten, kompakten Haar- und Barttracht steht. Gewitzt und vor allem ungewöhnlich ist die Idee der Wasserwelle, in deren Tiefen Reste der blauen Fassung besonders gut erhalten sind.

Christophorus gehört seit dem 13. Jahrhundert im Westen zu den am meisten verehrten Heiligen und zählt zu den Vierzehn Nothelfern. Sein schon seit frühen Zeiten verehrtes Bild, das durch die „Legenda aurea" des Jakobus de Voragine (gest. 1298) seine literarische Verbreitung erfuhr, schützte bei morgendlicher Betrachtung den ganzen Tag vor einem unvorhergesehenen und damit unbußfertigen Tod. Einen „schlimmen Tod", das heißt ohne sakramentale Hilfe der Kirche sterben zu müssen und somit den Weg zur Erlösung nicht beschreiten zu können, kam der Verdammnis in ein „übles Jenseits" gleich. Der ikonografische Bezug der Christophoruskonsole zum Hochgrab der Beatrix und dem damit angezeigten „guten Tod" der ersten Frau Ludwigs liegt auf der Hand. *C. R.*

Lit.: Steiner, Gotik, S. 122, Kat.-Nr. 2 (Peter Steiner); Suckale, Hofkunst, S. 72, Abb. 54, S. 234, Kat.-Nr. 30

Die hl. Margarete ist die Namenspatronin der zweiten Ehefrau Ludwigs IV.

5.38
Heilige Margarete

Unbekannte Werkstatt (München?), um 1320, Lorenzkapelle oder Alte Marienkirche München;
Glasgemälde, 69,5 × 37,5 cm
Diözesanmuseum Freising (M 684) / Leihgabe der Metropolitankirchenstiftung Zu Unserer Lieben Frau in München

Die Einzelscheibe stammt entweder aus dem um 1320 gotisch erneuerten Chor der ersten Marienkirche in München oder aus der ab 1321 umgestalteten, ursprünglich der hl. Margarete geweihten Kapelle im Alten Hof. Dargestellt ist die Heilige mit Märtyrerpalme und ihrem Attribut, einem kleinen Drachen, der ihr der Legende nach im Kerker erschienen ist. Der die Figur hinterfangende, auf den Kapitellen zweier schmaler Säulen ruhende Spitzbogen bildet im Gegensatz zur jüngeren Glasmalerei kein architektonisches Gehäuse, sondern noch eine traditionelle flächengebundene Rahmung. Bemerkenswert ist das Hintergrundornament, besonders fein ausradierte Kreise mit eingeschriebenen Vierpässen.

Eine Stiftung des Glasgemäldes durch Kaiser Ludwig ist besonders naheliegend: Zum einen war er Bauherr der beiden eingangs genannten Kirchenerneuerungen, zum anderen bezieht sich die Darstellung der hl. Margarete wohl auf seine zweite Gemahlin Margarete von Holland-Hennegau.

Die ausgesprochen bescheidene Quellenlage zur Münchner Kunst des frühen 14. Jahrhunderts und fehlende Vergleichsbeispiele an Glasgemälden der ersten Jahrhunderthälfte lassen derzeit keine Zuschreibung an eine Werkstatt zu. Die deutlichsten Parallelen finden sich im Chorhauptfenster der Klosterkirche Heiligkreuztal (Weihe 1319). Die Gesamtkomposition des Glasgemäldes und auch der Typus der Heiligen zeigen auffällig viele Gemeinsamkeiten; eine gleichzeitige Datierung liegt nahe. Eine gemeinsame Werkstatt scheidet aber durch die im Münchner Beispiel eigenständige Gewandbehandlung – reichere Stoffbahnen, die Falten mit breiten Schwarzlotstrichen angegeben – und das deutlich andersartige, fein radierte Hintergrundornament aus. Es ist durchaus möglich, dass es bereits zu diesem frühen Zeitpunkt eine ortsansässige Werkstatt in München gegeben hat. Die Zeit Kaiser Ludwigs ist durch eine reiche Bau- und Ausstattungstätigkeit geprägt und hätte ausreichend Aufträge über einen längeren Zeitraum geboten.   S. F.

Lit.: Fischer, Fenster; von Witzleben, Frauenkirche, S. 19

Von der Münchner Glasmalerei der Zeit Ludwigs IV. ist wenig erhalten.
Die Relikte könnten aus dem Chor der Frauenkirche oder aus der Lorenzkapelle im Alten Hof stammen.

5.39
Lamm Gottes

Unbekannte Werkstatt (München?), um 1320, Lorenzkapelle oder Alte Marienkirche München;
Glasgemälde, Ø 25 cm
Diözesanmuseum Freising (M 685) / Leihgabe der Metropolitankirchenstiftung Zu Unserer Lieben Frau in München

Die kleine Rundscheibe mit dem Bild des Lamm Gottes wurde früher im Dompfarramt der Münchner Frauenkirche aufbewahrt. Wie für das etwa zeitgleiche Glasgemälde mit der Darstellung der hl. Margarete (Kat.-Nr. 5.38) sind der um 1320 gotisch erneuerte Chor der ersten Marienkirche oder die ab 1321 umgestaltete Burgkapelle im Alten Hof mögliche Standorte. Beide Baumaßnahmen wurden von Ludwig IV. veranlasst, sodass eine Stiftung durch ihn vorstellbar, wenngleich nicht zwingend ist. Als ursprünglicher Zusammenhang kommt aufgrund der Form am ehesten das Zentrum einer Maßwerkverglasung infrage. Denkbar ist sowohl eine darunter befindliche Kreuzigungsdarstellung, wie sie in zahlreichen Buch- und Glasmalereien der Zeit zu finden ist, als auch eine Ergänzung beispielsweise durch die Symbole der vier Evangelisten zum Mittelteil einer Rosette. Eine Innenansicht der Lorenzkirche vor dem Abbruch 1816 zeigt mögliche Maßwerkkonfigurationen dieser Art (Wilhelm Rehlen, aquarellierte Zeichnung, 1816, Münchner Stadtmuseum, Inv.-Nr. MS I/1778).

Die Darstellung folgt einem im Mittelalter weit verbreiteten Typus: Das Lamm Gottes mit Kreuzstab und Fahne symbolisiert Leiden und Auferstehung und steht für den siegreichen Christus. Die Fahne mit ihrem leuchtenden Rot ergänzt den kräftig blauen Grund zum typischen Farbklang französischer Glasmalereien des hohen Mittelalters, Lamm und rahmendes Kreisornament sind dagegen in feiner Schwarzlotzeichnung auf weißem Glas ausgeführt.

Wie im Beitrag zum etwa gleichzeitigen Glasgemälde mit dem Bild der hl. Margarete erwähnt, fehlen in der ersten Hälfte des 14. Jahrhunderts aussagekräftige Vergleichsbeispiele oder Quellen in München. Aufgrund der Auftragslage infolge der reichen Bautätigkeit Kaiser Ludwigs ist es sehr wohl möglich, dass schon zu diesem frühen Zeitpunkt eine Werkstatt in der Stadt existiert hat – möglicherweise ein Vorläufer für die in der zweiten Jahrhunderthälfte angenommene Werkstatt des nach seinem Fenster für den Dom benannten Astalermeisters.

S. F.

Lit.: Fischer, Fenster; von Witzleben, Frauenkirche, S. 19

Ludwig IV. ließ die Lorenzkapelle im Alten Hof in München erweitern.
Das Stifterrelief zeigt ihn und seine Ehefrau Margarete mit dem Modell der Kapelle.

5.40

A Gipsabformung des Stifterreliefs aus der Lorenzkapelle im Alten Hof

Original: München, 1324; Molassesandstein, 86 × 157 × ca. 20 cm,
Reste alter Fassung, linker Arm und Hände des Kaisers verloren; erworben 1854
Bayerisches Nationalmuseum, München (MA 957); Abguss: Gips (MA 957a)

Das Stifterrelief stammt aus der 1816 abgebrochenen Lorenzkapelle im Alten Hof. Nach den Zeichnungen und Beschreibungen des Benefiziats und Hofkaplans Johann Paul Stimmelmayr (1747–1826), der die Kapelle noch vor dem Abbruch dokumentiert hat, im Archiv des Erzbistums München und Freising, Archiv des Priesterhauses St. Johann Nepomuk, war das Stifterrelief an der Südwand der Kapelle im mittleren der drei Langhausjoche eingemauert, und zwar erstaunlich hoch, noch oberhalb der Gewölbekämpfer. Da an der Westseite des Langhauses drei Emporen übereinandergestaffelt waren, muss die Kirche eine lichte Höhe von mindestens zehn Metern aufgewiesen haben, sodass die Details der Darstellung von unten kaum zu erkennen gewesen sein dürften. Am besten sah man es wohl noch von der Empore der herzoglichen Familie im westlichen der drei Langhausjoche an der Nordwand. Über dem Relief, laut Aretin auf einem separaten steinernen Täfelchen, war die Jahreszahl 1324 vermerkt. 1816 übertrug man das Stifterrelief an die Frauenkirche. Für das Ausheben des Reliefs, den Transport aus dem Dompfarrhof und die Wiederherstellung der Wand wurde der Bildhauer Caspar Zumbusch am 8. November 1854 bezahlt.

Das Relief zeigt Ludwig den Bayern und Margarete von Holland-Hennegau, die einander am 26. Februar 1324 vermählt worden waren, zuseiten der thronenden Muttergottes. Die Kaiserin reicht ein vereinfachtes Modell der Kirche an, das Christuskind stützt „die rechte Hand auf den neuerbauten Chor" (Stimmelmayr). Das Relief bietet die einzige Ansicht des Kaisers, die als Auftrag von Ludwig selbst aus dem Gebiet der Skulptur überliefert ist (Detailabb. bei Kat.-Nr. 1.3). Wie Robert Suckale sicher zu Recht herausgearbeitet hat, ist dennoch nur sehr bedingt von einer Porträtähnlichkeit im modernen Sinn auszugehen. Vielmehr ist die Darstellung den seinerzeit gängigen Konventionen für das Herrscherbild verpflichtet. Ludwig trägt eine priesterähnliche Gewandung, wie es seiner Auffassung vom Kaiseramt entsprach. Die Ausführung deutet auf eine örtliche Werkstatt, die bislang mit keinem zweiten Werk der Zeit zweifelsfrei verknüpft werden kann.

Angesichts seiner zentralen Bedeutung für das Haus Wittelsbach und die bayerische Geschichte wurde das Relief mehrfach abgeformt. Darunter hat die alte Bemalung des Originals gelitten, die sich aber in Resten bis heute bewahrt hat. Die Wiedergabe bei Aretin 1857 versucht eine Rekonstruktion des ursprünglichen Eindrucks. Allerdings zeigt sie den Wappenschild mit den bayerischen Rauten gefüllt, während sich, nach den umfangreichen Resten schwarzer und goldener Farbe zu schließen, dort einst eher das Wappen des Reichs befunden haben dürfte.

M. W.

Lit.: von Aretin, St. Lorenz-Kirche; Suckale, Hofkunst, S. 25–27, 251f. u. ö.; Weniger, Skulpturen, S. 200, 240, 244

B „St. Lorenzkirche im Alten Hof zu München"

Carl August Lebschée (1800–1877);
Farblithografie, 52 x 36 cm (R), aus: Aretin, Carl Maria von (Hg.): Alterthümer und Kunst-Denkmale des Bayerischen Herrscher-Hauses, Lieferung 3, München 1857, ohne Seitenzahl
Bayerisches Landesamt für Denkmalpflege, München

Vermutlich aus Ludwigs Umkreis haben sich mehrere Madonnenfiguren erhalten. Die Marienfrömmigkeit des Kaisers steht in der Tradition des Hauses Wittelsbach.

5.41
Maria mit Kind

Eichstätt (?), um 1330/40; Sandstein, vollrund, H. 144 cm; Katholische Pfarrkirchenstiftung Schernfeld

Die Madonna wurde schon 1928 im Inventarband von Felix Mader als Werk des frühen 14. Jahrhunderts beschrieben, doch hat erst Robert Suckale den Zusammenhang mit der Werkgruppe erkannt, für die auch die Anger-Madonna (Kat.-Nr. 5.36) und die Madonna aus Weiler (Kat.-Nr. 5.42) stehen. Matthias von der Bank schloss sich diesem Vorschlag 2013 mit Nachdruck an. Wenn die Umsetzung der Formideen dabei weniger subtil als etwa bei der Madonna aus dem Anger-Kloster erfolgt, ist dies zumindest teilweise durch das grobkörnigere Steinmaterial bedingt. Dennoch wartet das Werk mit einem bemerkenswerten Detailreichtum und großer Nuancierung auf – bis hin zur Wiedergabe der Grübchen am Rücken der rechten Hand der Maria.

Maria hat ihren Mantel vor dem Körper hochgerafft und unter dem rechten Arm festgeklemmt, wobei dem Betrachter in großen Partien die umgeschlagene Mantelinnenseite dargeboten wird. Ähnliche Formideen findet man bei anderen Arbeiten derselben Stilgruppe, namentlich am Lettner in Oberwesel und am Kapellenturm in Rottweil. Eine Stilparallele in der Region bietet die Madonna in St. Moritz in Ingolstadt, die allerdings sicher nicht von derselben Hand stammt.

Wie bereits von Suckale hervorgehoben, fällt die Schernfelder Madonna durch ihren bis in die Details hervorragenden Erhaltungszustand auf. Das Christuskind hält in der Linken einen Apfel, Zeichen der durch den Kreuzestod getilgten Erbsünde. Maria reicht ihm ein Rosenzweiglein an, gleichzeitig ein wichtiges Mariensymbol und ein weiterer Hinweis auf die Passion.

Mader erwähnt die Figur 1928 noch in der Wegkapelle in Schernfeld, der so genannten Thiermaierkapelle. Er vermutet, sie sei wohl aus dem nahen Eichstätt nach Schernfeld gekommen, „etwa beim Abbruch der Kollegiata", der 1818 niedergerissenen Kirche des 1318 durch den Domherrn Markward von Hagel gegründeten Kollegiatstifts Unserer Lieben Frau. Und Ferdinand von Werden erwähnt in seinen Tagebüchern zur Restaurierung des Eichstätter Doms unter dem 12. Dezember 1941 die „edle gotische (hochgotische) Steinmadonna, die sicher aus der Kollegiata oder aus der Stiftskirche von Rebdorf stammt und seit etwa 1810 in einer Feldkapelle stand, bis sie vor ca. 10 Jahren in das Wohnhaus des Expositus [Georg Alfons in Schernfeld] überstellt wurde". Dass sich nach freundlichem Hinweis von Barbara Six ein sicher aus dem Kollegiatstift stammendes Werk von Loy Hering heute im benachbarten Rupertsbuch befindet, könnte dieser Überlegung Nachdruck verleihen. Unabhängig von der genauen Herkunft der Figur verweist Suckale auf die Kaisernähe von Teilen des Eichstätter Klerus, die ihm eine Bestätigung scheint, dass die Wahl des hier verwendeten Stils als bewusstes Votum für Ludwig den Bayern zu werten sei.

M. W.

Lit.: von der Bank, Studien, S. 227; Mader, Kunstdenkmäler von Mittelfranken 2: Bezirksamt Eichstätt, S. 325; Suckale, Hofkunst, S. 62–64, 112, 268; von Werden, Tagebücher, S. 143f.

Das Christuskind trägt eine Gugel, also eine Kapuze, wie sie zur Zeit Ludwigs IV. modern war.

5.42
Madonna aus Weiler

Neckarschwaben, um 1340; Sandstein, vollrund, Christuskind separat gearbeitet, umfangreiche Reste jüngerer Farbfassungen, 125 x 42 x 32 cm; verloren das von Maria gehaltene Zepter sowie Hand und linker Unterarm des Kindes; aus einem Privathaus in Weiler bei Rottenburg, 1912 in Straßburg erworben, Geschenk des Vereins zur Förderung des Museums Vaterländischer Altertümer
Landesmuseum Württemberg, Stuttgart (WLM 13678)

Die sehr feine Modellierung der Gesichter von Mutter und Kind mit der Betonung der Wangenknochen und der Fettpölsterchen unter den Augen und um den Mund verbindet die Madonna mit jener Stilgruppe, zu der unter anderem die Anger-Madonna im Bayerischen Nationalmuseum (Kat.-Nr. 5.36) zählt. Mit ihr hat die Stuttgarter Figur auch die Anlage der Gewänder von der Taille aufwärts gemein. In beiden Fällen wird der Mantel von einer großen Brosche zusammengehalten, läuft der Saum noch über das umgeschlagene Futter hinweg, ist der Schleier nur über den Hinterkopf Mariens gelegt. Hermann Beenken hat die Stuttgarter Madonna 1927 einem Bildhauer zugeschrieben, den er über Figuren am Kapellenturm des zwei Tagesreisen stromaufwärts am Neckar gelegenen Rottweil als Prophetenmeister bezeichnet. In der Tat beobachtet man bei der Madonna dort rückwärtig eine sehr ähnliche Form der Gewandung, während sich die Drapierung der Vorderseite der Marienfigur mit einigen Propheten in Rottweil vergleichen lässt. Gleichwohl hat Robert Suckale angesichts des weiter gespannten Beziehungsgeflechts wohl zu Recht davor gewarnt, die Madonna aus Weiler zu unmittelbar an die Rottweiler Werke zu knüpfen. Anders als bei der Anger-Madonna und einigen anderen mit Ludwig dem Bayern verbundenen Skulpturen ist das Christuskind bekleidet. Eine der auffälligsten Besonderheiten der Stuttgarter Figur bildet dabei die Kapuze oder Gugel am Mäntelchen Jesu. Suckale hat hierzu an die für Ludwig IV. geschaffene neue Adlerdalmatika erinnert, in deren Gefolge ähnliche Kapuzen auch bei den Gewändern der Deutschherren eingeführt wurden. Er schloss hieraus, dass die Stuttgarter Madonna von dem Kaiser nahestehenden Kreisen in Auftrag gegeben worden sei. Nimmt die Gugel offenbar auf den Kaiserornat Bezug, so ist auch das Spiel des Kindes mit dem Gürtel Mariens mehr als ein Genremotiv: Es verweist auf die Jungfräulichkeit der Muttergottes.

Die rückwärtige Ausarbeitung der Figur und das Fehlen von Befestigungsspuren deuten darauf hin, dass die Madonna ursprünglich frei oder jedenfalls frei vor einer Wand stand – ähnlich den ebenfalls rückwärtig ausgearbeiteten und noch etwas größeren Rottweiler Figuren. Beenken wies in diesem Zusammenhang auf den um 1700 abgebrochenen Lettner der Kirche St. Martin in Rottenburg hin. Reste der ursprünglichen Fassung deuten auf einen außen blauen, innen roten Mantel sowie ein grünes Untergewand bei Maria und einen dunkelroten Rock bei Christus.　　　　　　*M. W.*

Lit.: Beenken, Bildhauer, S. 129–132; Meurer, Stein- und Holzskulpturen, S. 116–119, Kat.-Nr. 63; Suckale, Hofkunst, S. 53–55, 269 u. ö.

Die prachtvoll ausgestattete Handschrift könnte aus dem Münchner Augustiner-Eremitenkloster stammen, dessen Vorsteher als Beichtvater des Kaisers fungierte.

5.43
Antifonar der Kaiserin Margarete

München (?), um 1330/40; Handschrift/Pergament, Miniaturmalerei, 478 Seiten, 47,5 × 35 cm
Bayerische Staatsbibliothek München (Clm 17003)

Das vermutlich in München entstandene und über Kloster Schäftlarn in die Bayerische Staatsbibliothek gelangte Antifonar zeigt in der Eröffnungsinitiale (fol. 1ʳ) unterhalb der Verkündigung an Maria Kaiser Ludwig den Bayern und seine zweite Frau Margarete von Holland-Hennegau, gemeinsam auf einer Thronbank. Beide sind durch Inschriften bezeichnet: „Margareta Imperatrix", „Ludovicus Imperator". Von oben segnet die Halbfigur Gottvaters, rechts weist ein Prophet mit Spruchband auf die Verkündigung. Unten knien links ein Bischof mit geöffnetem Buch, rechts Mönche, alle in dunklen Gewändern. Die besondere Betonung des hl. Augustinus sowie die schwarzen Gewänder der Mönche könnten nach Béatrice Hernad auf eine Entstehung in einem Augustiner-Eremitenkloster hinweisen, die zusätzliche Betonung Johannes des Täufers auf das Münchner Kloster; möglicherweise wäre dann die unten kniende Gestalt mit dem Prior des Münchner Augustiner-Eremitenklosters, Konrad Tattendorfer, zu identifizieren, dem Beichtvater und obersten Kaplan Kaiser Ludwigs, der 1328 vom Gegenpapst Nikolaus V. zum Bischof von Osimo ernannt wurde.

Der insgesamt schlechte Zustand des gesamten Blattes sowie der Miniaturen auf Vorder- und Rückseite lassen auch hier eine immer wieder vorgeschlagene absichtliche Tilgung des Kaiserbildnisses, eine „damnatio memoriae" des exkommunizierten Kaisers (Kat.-Nr. 4.4), zweifelhaft erscheinen. Die hervorragenden Miniaturen stammen von einem italienisch geschulten Meister, der sich bisher in keiner weiteren Handschrift nachweisen lässt. Die Darstellung Jesajas und der Tochter „Sion" auf fol. 2 sowie die Spruchbänder beider Seiten sind nach Robert Suckale die einzigen bisher bekannt gewordenen Bildzeugen für die Einwirkung der an Ludwigs Hof vor kirchlicher Verfolgung geflüchteten Gelehrten wie Wilhelm von Ockham. Inschriften und Bügelkrone weisen auf eine Entstehung der Handschrift nach der Kaiserkrönung im Jahr 1328.   *K.-G. Pf.*

Lit.: Hernad, Handschriften, S. 60ff., Kat.-Nr. 100; Puhle/Hasse, Heiliges Römisches Reich Deutscher Nation, S. 375, Kat.-Nr. V.6 (Robert Suckale); Suckale, Hofkunst, S. 41ff. u.ö.

Das Kloster Fürstenfeld war Kaiser Ludwig eng verbunden.
Sein Vater Ludwig der Strenge hatte dort die Grablege der Wittelsbacher begründet.

5.44
Zisterzienser-Graduale

Fürstenfeld, vor 1344 (um 1340); Handschrift/Pergament,
Miniaturen, 330 Blätter, 38,5–39 x 26–27 cm
Bayerische Staatsbibliothek München (Clm 23056)

Das reich ausgestattete Graduale, ein Buch für die liturgischen Messgesänge der Mönche, stammt aus dem Zisterzienserkloster Fürstenfeld. Die in den Initialen der Gesänge zum Pfingstfest und zum ersten Sonntag nach Pfingsten gezeigten Personen Dietmut und H. Amman, die durch Namenseinträge benannt sind, dürften die Stifter der Handschrift sein. Den Beginn der an den höchsten Kirchenfesten zu singenden Kyrie-Melodien eröffnet die Miniatur des Abts Wernher, „wernherus abbas", der dem Kloster von 1324 bis 1344 vorstand. Er war der erste Abt des Klosters, der sich mit dem von Kaiser Ludwig beim Gegenpapst Nikolaus V. 1328 erwirkten Ehrentitel „princeps ecclesiasticus" schmücken durfte, eine Auszeichnung anderen Klöstern gegenüber. Auch sonst förderte Ludwig das von seinem Vater gegründete Wittelsbacher Hauskloster Fürstenfeld maßgeblich. Insgesamt stellte er für dieses 49 Privilegien aus – vor, während und nach der Amtszeit von Abt Wernher. Als der Kaiser in der Nähe von Fürstenfeld unterhalb des Dorfes Puch auf der Bärenjagd am 11. Oktober 1347 starb, wurde er zunächst im Kloster aufgebahrt. Sein Herz soll in der Klosterkirche begraben worden sein.

Die Abtfigur bildet zusammen mit dem Abtstab und einer offenen Schriftrolle, in der auch der Name des Abts überliefert ist, äußerst originell das „K" der Kyrie-Initiale (fol. 285ᵛ). Mit Tonsur und schmalem Bart charakterisiert, gleicht er der Darstellung des Ordensgründers Bernhard von Clairvaux, dessen Bildnis wenige Blätter davor zu sehen ist. Der Stil des Fleuronnée und der Miniaturen zeigt keine Verwandtschaft zu den ansonsten in Fürstenfeld entstandenen Handschriften. Robert Suckale datiert den Codex aufgrund der von den dargestellten Figuren getragenen Mode und des Figurenstils auf die Zeit um 1340. Das Graduale wurde noch lange benutzt und den jeweiligen liturgischen Neuerungen angepasst. Auch die aufgeschlagenen Seiten (fol. 285ᵛ/286ʳ) zeigen ausradierte und ersetzte Notation sowie spätere Ergänzungen.   *K.-G. Pf.*

Lit.: Ehrmann, In Tal und Einsamkeit, Bd. 1, S. 267–269, L.I.1.; Hernad, Handschriften, S. 55f., Kat.-Nr. 86; Suckale, Hofkunst, S. 247f.

Die im Gottesdienst gebräuchlichen Gesänge sind in zahlreichen Handschriften überliefert.

5.45
Geistliche Musik in Handschriften aus der Zeit Ludwigs IV.

A Antifon „Ecce nomen Domini venit de longinquo";
9. Jahrhundert
Aufnahme vom 3. Januar in St. Cäcilia, Regensburg
Choralschola der Pfarrkirche St. Cäcilia, Regensburg 2014
(Tontechnik: Fabian Weber)

B Kyrie aus dem Fürstenfelder Graduale; 10. Jahrhundert
Aufnahme 1998 (Hungaroton HCD 31816, Gregorian Chants from Medieval Hungary 7, Instanbul Antiphonary)
Schola Hungarica
BR Hörfunkarchive, München

Aus der Zeit Ludwigs IV. sind zahlreiche Handschriften erhalten, die die Pflege des einstimmigen Gesangs im Gottesdienst, des gregorianischen Chorals, bezeugen. Inhaltlich sind sie keineswegs einheitlich, denn die Überlieferung des Chorals erfolgte jahrhundertelang mündlich und spiegelte sowohl in der Auswahl als auch in der musikalischen Ausführung lokale Gewohnheiten und Präferenzen wider. Dies ist besonders in Quellen der bayerischen Domkirchen und Benediktinerklöster der Fall, während die jüngeren Orden – Kartäuser und Zisterzienser, Augustiner-Eremiten, Dominikaner und Franziskaner – um Einheitlichkeit bemüht waren. Die normierte Fassung, die im 13. Jahrhundert von der römischen Kurie zusammen mit den Franziskanern erarbeitet wurde, diente auch den Augustiner-Eremiten als Modell und wurde im Spätmittelalter von einigen Zweigen des Benediktinerordens, wie Olivetaner, Subiaco und Melker Reformklöstern, adaptiert. Charakteristisch ist die Verwendung der Quadratnotation, die einen starken Kontrast zu den üblichen Formen der deutschen gotischen Notation bildet.

Das Antifonar Clm 17003 (Kat.-Nr. 5.43), vermutlich aus dem Münchner Kloster der Augustiner-Eremiten, enthält die Gesänge für die Gebetsstunden durch das Kirchenjahr – es sind mehrere Tausend. Am Beginn stehen jene für den ersten Adventssonntag, beginnend mit dem Vespergottesdienst am Samstagabend. Der erste notierte Gesang ist die Antifon „Ecce nomen Domini venit de longinquo", „Siehe! der Name des Herrn kommt aus der Ferne". Die Antifon wird vor dem Magnifikat, dem Lied der hl. Jungfrau, gesungen und danach wiederholt. Es folgen das Invitatorium am Anfang des Nachtgottesdienstes und die Antifonen für die ersten Psalmen der Matutin.

Unter den liturgischen Handschriften, die aus dem Zisterzienserkloster Fürstenfeld erhalten sind, findet sich auch das großformatige Graduale Clm 23056 (Kat.-Nr. 5.44). Seit ihren Anfängen im 12. Jahrhundert bemühten sich die Zisterzienser, die Gesänge der Messe und des Stundengebets in allen Klöstern einheitlich zu pflegen. So führt eine direkte Überlieferungslinie des Chorals von Fürstenfeld über Aldersbach, woher die ersten Fürstenfelder Mönche gekommen waren, nach Ebrach und Morimond bis zurück nach Cîteaux.

Ein Graduale enthält die Gesänge für die Messe durch das Kirchenjahr: im Regelfall für jede Messe einen Introitus, ein Graduale (im anderen Sinn des Wortes), ein Offertorium und eine Communio, mit dem Traktus für die Fastenzeit und Alleluja-Gesängen für das restliche Jahr. Zum Schluss sind die Gesänge zur Totenmesse eingetragen, gefolgt von zusätzlichen Stücken unterschiedlicher Art, viele davon von späteren Schreibern nachgetragen. Ab fol. 285^v stehen Stücke für das so genannte Ordinarium Missae, das Kyrie, Gloria, Credo, Sanctus und Agnus Dei, deren Texte durch das Kirchenjahr hindurch gleich bleiben, aber mit dem liturgischen Anlass angepassten Melodien gesungen werden. Den Anfang bildet das Kyrie für Sonntagsmessen und für jene Messen, die mit Predigt („festorum sermonis") gefeiert werden, ausgenommen die Marienfeste („quae non sunt de Beata"). Nach dem Kyrie kommt ein Gloria. Die Gesänge sind bis in unsere Zeit in Gebrauch: Kyrie XI „Orbis factor" und Gloria XI, auch wenn einige kleine Melodiewendungen heute anders gesungen werden. Links neben der Abbildung des Abts Wernher ist die Kirchentonart bezeichnet: „[de] .i. Tono", weiter unten die Tonart des Gloria: „de 2do Tono", in der das Gloria an den großen Festtagen („In maioribus sollemnitatibus") gesungen wird.

D. H.

Die um 1350/60 wohl im Kloster Fürstenfeld entstandene Handschrift widmet sich naturkundlichen Themen.

5.46
Thomas von Cantimpré: De natura rerum – Physiologus

Fürstenfeld (?), um 1350/60; Handschrift/Pergament, 30 Federzeichnungen, 86 Blätter, 34–34,5 x 24–25,5 cm
Bayerische Staatsbibliothek München (Clm 6908)

Die Handschrift aus Fürstenfeld (Besitzeintrag aus dem Jahr 1454) enthält zwei Texte: den „Physiologus", eine frühchristliche, im 2. Jahrhundert n. Chr. in Alexandria entstandene Naturlehre, in der Pflanzen, Tiere und Steine beschrieben und allegorisch auf das christliche Heilsgeschehen gedeutet werden, und das 1241 abgeschlossene „Liber de natura rerum" („Buch über die Natur") des Thomas von Cantimpré, eine naturkundliche Enzyklopädie, die unter anderem in einem tierkundlichen Teil bestimmten Tieren zugeschriebene Eigenschaften in einem theologischen Kontext deutet. Insbesondere der „Physiologus" beeinflusste die mittelalterliche Tiersymbolik und lässt sich in zahlreichen Handschriften nachweisen. Der Fürstenfelder Codex enthält nur in diesem Teil 30 höchst lebendig gestaltete lavierte Federzeichnungen von Tieren und Mischwesen. Die aufgeschlagenen Blätter (fol. 79^v/80^r) zeigen die illustrierten Geschichten zu den Sirenen – hier zieht eine gekrönte junge Sirene ein Segelboot samt Besatzung mittels eines Enterhakens in die Fluten –, zum Kentaur, den Hyänen, dem wilden Esel und zu den Elefanten. Letztere fressen laut „Physiologus", um Nachwuchs zu bekommen, die in der Nähe des Paradieses wachsende Pflanze Mandragora, die menschengestaltige Wurzeln hat (in der oberen Zeichnung dargestellt, allerdings sind hier die unteren grünen Pflanzenteile menschenartig). Die untere Szene zeigt die Geburt des Elefantenkalbs in einem See und den Drachen, vor dem der Bulle das Neugeborene nach der Geburt laut „Physiologus" zu beschützen hat. Die etwas unglücklichen Darstellungen der Rüsseltiere muteten offenbar noch im 16. Jahrhundert in Süddeutschland exotisch an. Sie wurden deshalb zu dieser Zeit auf Deutsch als „Helffandt" und „Helefandin" beschriftet. Sowohl der Buchschmuck als auch die Schrift sprechen laut Béatrice Hernad für eine Entstehung der Handschrift um 1350/60. Die Fleuronnée-Initialen verarbeiten Formen älterer Fürstenfelder Codices. So ist eine Entstehung der Handschrift um 1350/60 im Kloster Fürstenfeld anzunehmen.

K.-G. Pf.

Lit.: Ehrmann, In Tal und Einsamkeit, Bd. 1, S. 285ff., Kat.-Nr. L.II.3; Hernad, Handschriften; Suckale, Hofkunst, S. 135, 194, 245, Kat.-Nr. 49

Nur wenig Malerei auf Holz ist aus der Zeit Ludwigs IV. nördlich der Alpen erhalten.
Einzigartig ist die Gruppe dreier Klapptafeln, die heute in Europa verstreut aufbewahrt werden.

5.47
Maria mit Kind und zwei Engeln / Kreuzigung mit Maria und Johannes

Bayern oder Österreich, um 1325/30; Mischtechnik/Holz (alte Angaben Fichte und Eiche nicht gesichert), in den originalen Rahmen (die seitlichen Leisten aus demselben Brett gearbeitet, die Leisten oben und unten angesetzt), 34,4 × 24,5 cm bzw. 34,5 × 24,4 cm, ursprünglich als Diptychon montiert; die Ansatzstellen der zwei Verbindungen zugekittet, schon im Inventar von 1869 separat aufgeführt (dort Nr. 1066/67, als „alt-italienisch"), Rückseiten grundiert und grün bemalt, aber keine figürliche Malerei mehr nachzuweisen; erworben 1858 von dem Kunsthändler A. S. Drey, München
Bayerisches Nationalmuseum, München (MA 2293–2294)

Seit 1921 werden die beiden Gemälde mit dem Diptychon in Berlin und Zürich in Verbindung gebracht (Kat.-Nr. 5.49). Stephan Kemperdick hat die Werkgruppe um ein weiteres Diptychon erweitert (Kat.-Nr. 5.48); sie ist hier erstmals geschlossen ausgestellt. Trotz der vielen Gemeinsamkeiten sind auch Unterschiede nicht zu übersehen. So fällt in München in Anbetracht der auf wenige nahezu bildfüllende Figuren reduzierten Darstellungen der eigentümliche Gegensatz zwischen den lang gestreckten, aber massigen Körpern und den sehr kleinen Köpfen noch stärker auf. Angesichts der beeindruckenden Monumentalität der Darstellung ist daran zu erinnern, dass das Berlin-Zürcher Diptychon eine Kenntnis Giottos belegt; in München verweist auf derartige Vorbilder ferner die – gegenüber Zürich weniger stark gekrümmte – Silhouette des Gekreuzigten. Auch in der malerischen Behandlung beobachtet man in München subtile Unterschiede, etwa gegenüber dem Diptychon Kat.-Nr. 5.48, beispielsweise in der Ausführung der Engelsschwingen oder der Bäumchen. Vor allem aber ist das punzierte Rankenmuster auf den Münchner Tafeln konsequenter eingesetzt. Die eng punzierten Flächen scheiden Ranken mit großen, sorgfältig gezeichneten stilisierten Akanthusblättern und ihren Früchten aus, zusätzlich sind die Adern punziert. Ähnlich den Ranken ist der Zweig in der Rechten Mariens gebildet.

Die punzierten Flächen füllen gleichmäßig den gesamten Hintergrund, belassen nur einen schmalen Saum um alle Bildmotive. Entlang dieser Motive hat sich die Goldauflage erhalten, die ansonsten weggeputzt wurde. Auch in den Gewändern und Gesichtern wird die hohe Qualität der Malerei durch zu starke Säuberungen, Verluste – etwa beim Gesicht des Gekreuzigten –, Schmutz oder ungleichmäßige Überzüge verunklärt. Die jüngst vorgenommene Restaurierung mildert die unglückliche Wirkung etwas ab. Auch die vielen liebenswerten Details der Münchner Tafeln lassen sich nun deutlicher ablesen: der auf die Passion verweisende Stieglitz in der Linken des Christusknaben oder die mit einem Plektron beziehungsweise einem kleinen Griffel bedienten Saiteninstrumente und nicht zuletzt der kleine Drache auf der Leier. Der Kreuzesstamm zeigt eine sorgfältige Maserung.

Was den Künstler oder eher die Werkstatt betrifft, hat man auf die Nähe zu Wiener und böhmischer Kunst sowie auf die Nachwirkung in Franken und Salzburg verwiesen. Für eine konkrete Verbindung zum Kaiserhof scheint die Überlieferungslage jedoch zu schlecht. Auch in diesem Fall lässt sich die Herkunft der Tafeln nicht über den Kunsthandel zurückverfolgen.

M. W.

Lit.: Kemperdick, Altartafeln; Kemperdick, Gemälde, S. 58–67; Suckale, Hofkunst, S. 124–131, 254f., Kat.-Nr. 63

Die beiden Täfelchen mit filigranen Details sind seltene Zeugnisse der Tafelmalerei aus der Zeit Ludwigs IV.

5.48
Verkündigung

Bayerischer oder österreichischer Meister, um 1340; Laubholz, je 37,5 x 19,8 cm
Österreichische Privatsammlung

Mittig in ihrem jeweiligen Bildfeld platziert, erscheinen die beiden Protagonisten der Verkündigung beinahe wie isolierte Heiligenfiguren. Von rechts tritt auf baumbestandenem Gelände der Erzengel Gabriel heran und entbietet Maria den Gruß. Die Taube des Hl. Geistes fliegt dynamisch aus der rot leuchtenden Wolke, die den Engel umgibt, in das Bildfeld Mariens hinein und macht so das Motiv der Unbefleckten Empfängnis anschaulich. Die Jungfrau steht vor einem architektonisch aufgefassten Thronsitz, dem Zeichen ihrer ewigen Würde als Himmelskönigin. Ursprünglich waren beide Täfelchen, von deren originalen, integrierten Rahmen nur noch der innere Wulst erhalten blieb, durch ein Scharnier verbunden und konnten zusammengeklappt werden; ihre Außenseiten waren anscheinend nur neutral rot bemalt. Künstlerisch steht die Malerei den beiden Diptychen Kat.-Nr. 5.47 und 5.49 sehr nahe, was ein Vergleich der Köpfe von Maria und den Frauen des Zürcher Kalvarienbergs, der Farbgebung und der differenzierten, abwechselnd mit Punzierungen und Applikationen arbeitenden Verzierung der Goldgründe deutlich macht. In Farbe und Formen der Thronarchitektur wie auch in der Schwere und Breite der Gestalten zeigt sich, wie bei jenen, die Rezeption italienischer Malerei der Giotto-Zeit.

Das erst kürzlich bekannt gewordene Diptychon erweitert somit die kleine Werkgruppe auf drei Objekte, eine in Anbetracht der Seltenheit von Tafeln der Zeit einmalig hohe Anzahl. Die fragliche Werkstatt war möglicherweise auf die Produktion derartiger kleiner, doch äußerst anspruchsvoller Täfelchen spezialisiert, die einer gesellschaftlich gehobenen Klientel als Andachtsbilder, kostbare Geschenke und Ähnliches gedient haben dürften. Die sehr professionelle Ausführung zeugt von der auch nördlich der Alpen bereits hoch entwickelten Malkultur vor der Mitte des 14. Jahrhunderts. *St. K.*

Lit.: Kemperdick, Gemälde, S. 63, 67

Das aus zwei Täfelchen zusammengesetzte Diptychon könnte als transportabler Klappaltar gedient haben.

5.49
Kalvarienberg und Geburt Christi

Bayerischer oder österreichischer Meister, um 1340; Buchenholz, jeweils ca. 33 x 24 cm
Kalvarienberg: Stiftung Sammlung E. G. Bührle, Zürich (148)
Geburt Christi (R): Staatliche Museen zu Berlin – Preußischer Kulturbesitz (Kat.-Nr. 1855)

Die beiden Täfelchen waren einst zu einem Diptychon verbunden, wie die Scharnierspuren an ihren Außenkanten verraten; der Kalvarienberg befand sich dabei auf der vom Betrachter linken Seite, die Geburt Christi auf der rechten. Die Außenseiten beider Tafeln zeigen halbfigurige Christusikonen, darunter der so genannte gregorianische Schmerzensmann auf der Rückseite des Geburtsbildes. Die feine, nuancierte Malerei und die variantenreiche Verzierung der Goldgründe deuten auf hochgestellte Auftraggeber mit raffiniertem Geschmack hin. In den eleganten Faltenschwüngen, der geheimnisvoll dunklen, von Tierchen bevölkerten Landschaft der rechten Tafel sowie den emotional aufgeladenen Gesten und den zarten Gesichtern stehen die Bilder in der Tradition der nordeuropäischen gotischen Malerei. Die Komposition des Kalvarienbergs und etliche

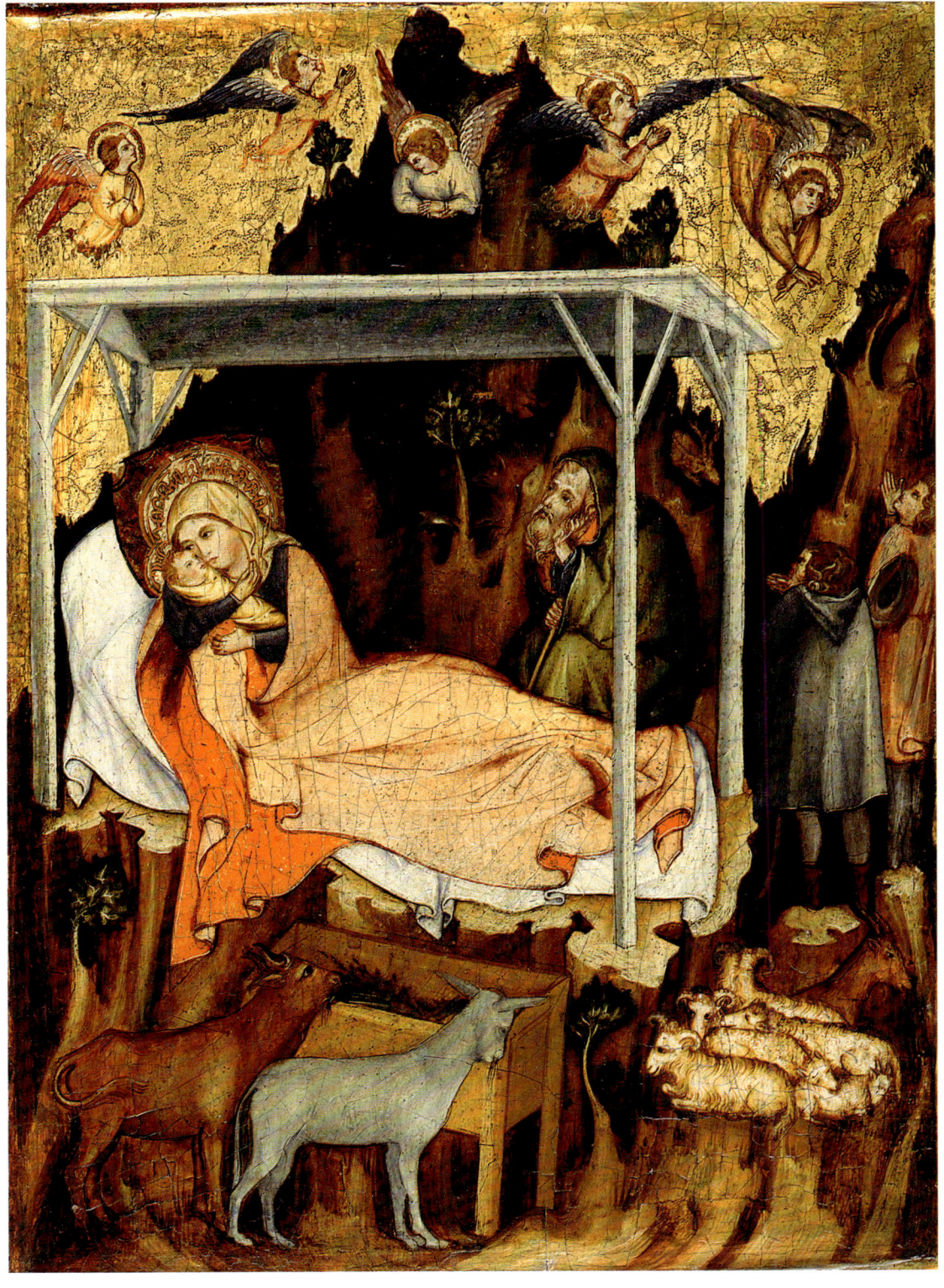

Neuer Thronstreit und plötzliches Ende 295

seiner Figuren, der perspektivisch überzeugend wiedergegebene Stall und die schwebenden Engel in Halbfigur sind dagegen unmittelbar aus der italienischen Malerei abgeleitet; die Geburtsszene folgt weitgehend dem entsprechenden Wandbild, das Giotto um 1305 für die Arenakapelle in Padua geschaffen hat. So zahlreiche und ausgeprägte Übernahmen italienischer Vorbilder waren nördlich der Alpen ungewöhnlich; wahrscheinlich hatte einer der Werkstattmitarbeiter Italien besucht und dabei, den Gepflogenheiten der Zeit gemäß, interessante Motive in seinem Musterbuch gesammelt.

Stilistisch folgen die Täfelchen den Flügeln des 1331 in Wien vollendeten Klosterneuburger Altars; Motive des Zürcher Kalvarienbergs wurden ihrerseits gegen 1350 in einer Kreuzigung in Kloster Heilsbronn bei Nürnberg und noch Anfang des 15. Jahrhunderts in einem Salzburger Gemälde kopiert. Demnach dürften die Täfelchen vor der Mitte des 14. Jahrhunderts entstanden sein, wobei Wien ebenso wie Salzburg oder München als Werkstattsitz infrage kommen. Lässt sich auch ein direkter Bezug zu Kaiser Ludwig nicht nachweisen, repräsentieren sie doch das Niveau der Malkunst in seinen Stammlanden. *St. K.*

Lit.: Fritzsche, Entwicklung, S. 97–113; Kemperdick, Gemälde, S. 58–67, Nr. 7; Suckale, Hofkunst, S. 124–130, Nr. 11

Ohne Anrechnung der für ihn erbrachten Fürbitten und Gebete und ohne Hinzurechnung seiner zahlreichen Stiftungen müsste der exkommunizierte Kaiser noch 36 Jahre im Fegefeuer verbringen, um den über ihn verhängten Kirchenbann abzubüßen – zumindest nach der Rechnungsmethode Dantes.

5.50
Ludwig der Bayer im Fegefeuer

Berechnung: Martin Kaufhold

Ludwig IV. wurde am 23. März 1324 von Papst Johannes XXII. exkommuniziert. Die Exkommunikation schloss den König aus der Kirche aus, aber sie sollte ihn nicht verderben. Die Maßnahme stellte eine therapeutische Strafe dar, eine „poena medicinalis", die Ludwig zur Umkehr bewegen sollte. Als Papst Clemens VI. nach dem langen Kampf Ludwigs mit den Päpsten die Exkommunikation am Gründonnerstag 1346 noch einmal in aller Form wiederholte, hatte er die Hoffnung auf eine Besserung des widerspenstigen Bayern eigentlich aufgegeben. Doch seine Nachfolger wählten einen diplomatischeren Weg. Ludwigs Leichnam wurde in der Münchner Frauenkirche begraben und blieb dort. Die Exkommunikation wurde allerdings niemals aufgehoben. Es ist nicht ganz klar, welches Schicksal die päpstliche Kurie dem Kaiser nach seinem Tod im Stand der Exkommunikation zuschrieb. Mittelalterliche Theologen und Kirchenrechtler haben sich mit einer solchen Frage kaum befasst. Einen Hinweis auf die mittelalterliche Erwartung könnte der Dichter Dante geben. Im „Fegefeuer" seiner „Göttlichen Komödie" lässt er den Staufer Manfred klagen: „Wahr ist gewiss: Wer ausserhalb der Heiligen Kirche / Stirbt, der muss, selbst wenn er vor seinem Ende noch bereut / hat, auch ausserhalb dieser Felswände verharren, / und zwar dreissigmal so lange, wie er in seiner Verstockt- / heit verblieben ist, es sei denn. Die Strafzeit würde ihm durch / Fürbitten verkürzt." (Dante, Läuterungsberg, III, V. 136–141, übersetzt von Hartmut Köhler, Stuttgart 2011)

Manfred hatte als Sohn Friedrichs II. ebenfalls gegen die Päpste gekämpft und Dante hatte diese Rechnung in den Jahren vor Ludwigs Exkommunikation angestellt (ohne dass wir wüssten, woher die Zahl 30 stammt). Bis zu seinem Tod am 11. Oktober 1347 hatte Ludwig der Bayer über 23 Jahre im Stand der Exkommunikation gelebt. Nach der Berechnung Dantes musste er daher mit 705 Jahren im Purgatorium rechnen. Das bedeutet eine Buße bis zum Jahr 2052. Allerdings gingen die Menschen des Mittelalters davon aus, dass die eifrigen Fürbitten in bayerischen Klöstern diese Zeit für den Kaiser verkürzen können. *M. K.*

5.32 B

Der päpstliche Bann gegen Ludwig den Bayern wurde bis heute nicht aufgehoben.

5.51
Brief von Kardinal Friedrich Wetter an Robert Weinzierl

11. April 1997; Typoskript / Papier, DIN A4
Historischer Verein für die Stadt und den Landkreis Fürstenfeldbruck e.V.

Im Jahr 1997 wurde in Fürstenfeldbruck anlässlich des 650. Todestags eine Ausstellung über den Kaiser gezeigt. Robert Weinzierl, Vorsitzender des örtlichen Historischen Vereins, wandte sich an Friedrich Kardinal Wetter, den damaligen Erzbischof von München und Freising, und bat ihn, sich für die Lösung des über den Kaiser verhängten Kirchenbanns einzusetzen. Während seine Söhne schon ab den 1350er-Jahren wieder in die Kirche aufgenommen worden waren, wurde der Bann gegen Ludwig IV. nie aufgehoben. Aus heutiger Sicht sei jedoch eine Aufhebung nicht nötig, wie das Antwortschreiben Kardinal Wetters erläutert.   B. S.

Lit.: Czerny, Tod, S. 78–84; Zeitler, Antrag

DER ERZBISCHOF
VON MÜNCHEN UND FREISING

München, 11. April 1997

An den 1. Vorsitzenden
Herrn Robert Weinzierl
Historischer Verein
Sinzingerstraße 17

82256 Fürstenfeldbruck

Sehr geehrter Herr Weinzierl,

Sie haben sich mit Ihrem Schreiben vom 24.03.97 an mich mit der Bitte gewandt, ich solle dafür sorgen, daß die Exkommunikation, mit der einstens Kaiser Ludwig der Bayer belegt worden ist und mit der er gestorben ist, aufgehoben werde.

Dazu möchte ich Ihnen folgendes sagen: Sie wissen, daß vor einigen Jahren Stimmen laut wurden, in dem Sinn, Martin Luther sollte vom Kirchenbann gelöst werden. Zur Person Luthers sagte der Heilige Vater Papst Johannes Paul II. am 6. Juni 1989 im Dom zu Roskilde vor den Würdenträgern der Lutherischen Kirche Dänemarks folgendes: "Die Ereignisse um seinen (= Luthers) Bann haben Wunden geschlagen, die nach mehr als 450 Jahren noch nicht geheilt sind und die sich auch heute nicht durch einen juristischen Akt heilen lassen. Nach dem Verständnis der römisch-katholischen Kirche hört jede Exkommunikation mit dem Tode eines Menschen auf, da diese als eine Maßnahme gegenüber einer Person zu ihren Lebzeiten anzusehen ist." (Acta Apostolicae Sedis 81, 1989, Seite 1354).

Die entscheidende Aussage des Papstes, daß mit dem Tode eines Menschen jede Exkommunikation aufhört, gilt auch hinsichtlich des Kaisers Ludwig des Bayern. Es hätte mithin nach dem Verständnis unserer Kirche keinen Sinn, wenn man jetzt einen Rechtsakt setzen wollte, wie Sie dies vorschlagen.

– 2 –

Postanschrift: Postfach 10 05 51, 80079 München, Hausanschrift: Kardinal-Faulhaber-Straße 7, 80333 München

– 2 –

Die Exkommunikation des Kaisers Ludwig des Bayern ist bereits mit seinem Ableben gelöst.

Der Bann des Kaisers ist ein geschichtliches Faktum, das wie alle geschichtlichen Fakten nicht ungeschehen gemacht werden kann. Mit einer Erklärung nach 650 Jahren ist das Faktum des Bannes ohnehin nicht aus der Welt zu schaffen.

Mit den besten Wünschen für das Wirken Ihres Geschichtsvereins

grüßt freundlich

+ Friedrich Card. Wetter

Erzbischof von München und Freising

Kaiser, Stadt und Dom

Ausstellung in der ehemaligen Dompfarrkirche St. Ulrich

Auch wenn zeitgenössische schriftliche Quellen zur Entstehung der Kirche fehlen, gibt der Bau von St. Ulrich neben dem Regensburger Dom beredtes Zeugnis von der eng verbundenen Geschichte des bayerischen Herzogtums mit derjenigen der Stadt Regensburg. Die Kirche St. Ulrich gilt als einer der wichtigsten Bauten der Frühgotik in Süddeutschland, sie liegt in unmittelbarer Nachbarschaft zur einstigen bayerischen Herzogspfalz. Ihr Bauherr war vermutlich Herzog Ludwig I. der Kelheimer. Wie archäologische Funde zeigen, war wohl eine zweigeschossige Anlage mit einem Sakralraum im ersten Stockwerk und einer weltlichen Gerichtsstätte im Eingangsbereich geplant. Während der Bauzeit, zwischen 1225 und 1240/50, wurde der Plan offenbar geändert. Der Grund liegt auf der Hand. 1245 endete die bischöfliche und herzogliche Herrschaft über Regensburg, das zur Freistadt wurde. Nun benötigte man keine Hofkirche mehr mit ihrer strikten Trennung zwischen oben und unten. Man wandelte das obere Geschoss zur Empore um und nutzte das Bauwerk fortan als Dompfarrkirche. Im Zentrum befindet sich ein Saalraum, umgeben von Emporen, unter denen kreuzgewölbte Seitenschiffe verlaufen. Neben einigen Überresten von Fresken des 13. Jahrhunderts wird der Raum heute von der Ausmalung der Renaissance aus dem 16. Jahrhundert bestimmt. Die Ausstattung von St. Ulrich gehört zum Museumsbestand des Diözesanmuseums Regensburg.

Bei allen Nutzungsänderungen im Lauf ihrer Geschichte galt stets: St. Ulrich stand mitten im Leben einer pulsierenden Großstadt – als (projektierte) herzogliche Gerichtsstätte, als Kirche der Dompfarrei, als Treffpunkt in der Nähe des Alten Kornmarkts und des Dommarkts. Daher ist sie genau der richtige Ort, um

Ansicht der Stadt Regensburg aus der Schedel'schen Weltchronik, 1492 die Zeit des frühen 14. Jahrhunderts in den Blick zu nehmen, als Ludwig IV. herrschte und über 40 Mal Gast in Regensburg war. Der Blickwinkel ist ein anderer als in der Minoritenkirche. Geht es dort um die „große Politik", so soll hier die Zeit Ludwigs aus der Perspektive der Bischofs- und Bürgerstadt Regensburg beleuchtet werden. Die wichtigsten gesellschaftlichen Gruppen werden ebenso vorgestellt wie die größte Baustelle der Stadt: der Dom St. Peter. Dies geschieht in klassischer Form mit Ausstellungsexponaten, aber auch in einem Film, der die Kirche zeitweise zum Lichtspielhaus werden lässt.

Im hohen Mittelraum von St. Ulrich erhebt sich eine Tribüne, die als Zuschauerraum dient. Von hier aus ist ein filmisch inszeniertes Panorama zu erleben. Es kombiniert Realbilder in Spielszenen und virtuelle Modelle, die das Entstehen des Regensburger Doms in der Regierungszeit Ludwigs des Bayern zeigen. Der Einsatz der aufwändigen Technik ist kein Selbstzweck. Es geht vielmehr darum, durch eine bisher ungesehene Lebendigkeit der Präsentation der faszinierenden Entstehungsgeschichte der Kathedrale und der Stadtgeschichte Regensburgs in der Zeit Ludwig des Bayern gerecht zu werden.

Peter Wolf

Regensburg zur Zeit Kaiser Ludwigs des Bayern

In der Herrschaftszeit Kaiser Ludwigs des Bayern erlebte Regensburg wohl den Höhepunkt seiner mittelalterlichen Geschichte. Damals gehörte die Stadt mit etwa 15 000 Einwohnern zu den größten Kommunen des Reichs. Ihre Bedeutung verdankte sie zunächst ihrer Lage an der Donau und den Flussmündungen von Regen und Naab. Schon seit dem frühen Mittelalter galt die Stadt als wichtiges Handelszentrum, im 14. Jahrhundert spielten ihre Kaufleute eine wesentliche Rolle im europäischen Handelssystem. Auch strategisch lag die Stadt an einer Schlüsselstelle, zwar weit entfernt von den großen Städtelandschaften des Reichs, aber im unmittelbaren Einflussgebiet der drei mächtigsten Dynastien der Zeit: der Wittelsbacher, der Habsburger (in Österreich) und der Luxemburger (in Böhmen). Das Umland beherrschten die Herzöge von Ober- und Niederbayern, die auch die Handelsrouten entlang der Donau kontrollierten. König und Kaiser Ludwig IV. „der Bayer" war der oberste Herr der reichsunmittelbaren Freistadt, deren Finanzkraft und Verbindungen er oft nutzte und wo er sich häufig aufhielt. Trotzdem war das Verhältnis zwischen dem Herrscher und der Stadt häufig angespannt, über Jahre hinweg sogar feindselig, was mit innenpolitischen Verwerfungen in der Stadt zusammenhing.

Das neben der berühmten Steinernen Brücke markanteste Gebäude Regensburgs lag nicht in der Botmäßigkeit der Freistadt, sondern auf bischöflichen Territorium: der Dom St. Peter. Nach dem Brand des romanischen Doms im Jahr 1273 entschloss man sich zum Neubau, zunächst in einem eher traditionellen Baustil. Zu Beginn des 14. Jahrhunderts änderten sich die Pläne, was man vor allem an der Bauentwicklung des Südchors ablesen kann. Immer stärker wurden die

Einflüsse der französischen Hochgotik, in deren Stil der neue Dom nun weitergebaut wurde. Dabei gingen die Bauleute an die Grenzen des technisch Machbaren, etwa beim 32 Meter hohen Hauptchor. Unter Bischof Nikolaus von Ybbs wurden um 1320 die Chöre überdacht und provisorische Abschlusswände eingezogen. So war es möglich, dass Bischof und Domkapitel in die neu geweihte Kathedrale umzogen. Seither werden hier Gottesdienste gefeiert. Die Glasfenster des Regensburger Domchors wurden nach Vollendung der Gewölbe 1315/20 eingesetzt, wohl auf Drängen von Bischof Nikolaus. Wie Edelsteine sollten die farbigen Fenstergläser aus dem eleganten Weiß des Kalksteinmauerwerks leuchten.

Nikolaus von Ybbs wurde im Jahr 1313 zum Regensburger Oberhirten gewählt. In dieser Funktion unterstützte er zunächst König Ludwig sowohl im Kampf gegen Friedrich von Österreich als auch gegen die Ansprüche des Papstes in Avignon. Als Bischof hätte Nikolaus den päpstlichen Bann gegen Ludwig verkünden müssen. Doch verweigerte er die Annahme des päpstlichen Schreibens. Erst später rückte Nikolaus von Ludwig ab und betonte seine Papsttreue. Mit den Regensburger Bürgern lag der Bischof oft im Streit, vor allem, als der Rat die Steuerhoheit auch über den Klerus durchsetzen wollte. Daher dürfte sich Bischof Nikolaus oft in den sicheren Burgen Donaustauf und Wörth aufgehalten haben (vgl. den Beitrag von Martin Kaufhold in diesem Band). 1340 starb er im Kloster Oberaltaich, wo er auch begraben liegt. An ihn erinnert heute neben den Glasfenstern des Regensburger Doms das kostbare Reliquienkreuz des Přemysliden Ottokar von Böhmen (Kat.-Nr. 6.14). Es war als Pfand von Prag aus an die Regensburger Judengemeinde gelangt. Bischof Nikolaus, der als Jurist dem Haus Luxemburg gedient und die Kanzlei König Johanns von Böhmen geleitet hatte, löste das Kreuz aus und verleibte es dem Regensburger Domschatz ein.

In jener Zeit gehörte die Regensburger jüdische Gemeinde mit etwa 500 Mitgliedern zu den größten im Reich. Im ummauerten Ghetto an der Stelle des heutigen Neupfarrplatzes befanden sich die große Synagoge und eine weithin berühmte Talmudschule. Im 14. Jahrhundert lebten viele Juden wie die christlichen Stadtbürger vom Fernhandel. Als nach den Pestwellen 1348/49 die meisten jüdischen Gemeinden vernichtet wurden, schützte der Regensburger Rat die Juden seiner Stadt. Sie spielten eine wichtige Rolle für die wirtschaftliche Prosperität. 1519 fiel dann auch die Regensburger jüdische Gemeinde einem Pogrom zum Opfer.

Wohlstand und Reichtum manifestierten sich gerade im 14. Jahrhundert auch im Stadtbild. Burgartige Paläste und Türme nach oberitalienischem Muster prägten das Viertel der Kaufleute. Diese waren im Donauhandel in Richtung Wien und im Tuchhandel mit Flandern aktiv, brachten „Orientwaren" aus Italien nach Prag sowie böhmisches und ungarisches Gold und Silber nach Venedig. Dank ihrer Kapitalkraft und auch ihres feinnervigen Nachrichtensystems, das viele Handelsstädte Europas vernetzte, konnten die Kaufleute in das Bankgeschäft einsteigen. Zu ihren Kunden gehörten nicht zuletzt die Fürsten, deren Ausgaben für Kriege und Repräsentation im 14. Jahrhundert sprunghaft anstiegen. So zählten die Regensburger Familien der Gumprecht und Reich zu den wichtigsten Geldgebern des Königs und des Kaisers.

Innenpolitisch war Regensburg gespalten. Auch nachdem die Stadt im Jahr 1245 ihre Freiheit vom Stauferkaiser Friedrich II. garantiert bekommen hatte, blieben viele bischöfliche und herzogliche Rechte bestehen. Diese Rechte und Einnahmequellen wie Eisenzoll, Salzzoll, Judengeld oder Friedgericht waren zumeist als Pfand ausgegeben. Die Pfandnehmer kamen aus einem exklusiven Kreis von Familien, die oft dem Ministerialadel entstammten. Zu diesen Familien gehörten die Zant, die Auer und die Gumprecht, Letztere als „Münzer" sehr kapitalkräftig. Auf der anderen Seite standen die Kaufleute der Stadt, die nicht an den Pfandrechten partizipierten, sondern ausschließlich vom freien Handel lebten und in der Hanse zusammengeschlossen waren. Als der von den Kaufleuten dominierte Rat der Stadt zum Bau der Stadtmauer eine Steuer erheben wollte, die auch den städtischen Adel und den Klerus betroffen hätte, kam es zum Konflikt. Er sollte fast die ganze erste Hälfte des 14. Jahrhunderts in Regensburg bestimmen und wird unter dem Namen „Aueraufstand" zusammengefasst. Verschwörungen und Putschversuche prägten die innerstädtische Politik. Kaiser Ludwig stand zunächst aufseiten der Auer, die 1334 Regensburg verlassen mussten. Erst 1344 schloss der Kaiser einen Friedens- und Bündnisvertrag mit dem Rat der Stadt.

Peter Wolf

Das bei Ausgrabungen gefundene Fragment eines Taufsteins stammt aus der ersten Bauphase der ursprünglich als Herzogskirche geplanten Pfarrkirche St. Ulrich.

6.1
Fragment eines Taufsteins von St. Ulrich

Regensburg, um 1230;
Kalkstein, 31,5 x 57 x 11 cm
Historisches Museum Regensburg (K 1965/63)

Der Taufstein wurde um das Jahr 1230 während der ersten Bauphase der zwischen 1225 und 1240/50 errichteten Dompfarrkirche St. Ulrich angefertigt. Das Fragment wurde bei Ausgrabungen Mitte der 1960er-Jahre in der Bodenaufschüttung des Kirchenraums gefunden. Der Aufstellungsort des zur liturgischen Grundausstattung gehörenden Taufsteins ist nicht bekannt. Um 1230 war bereits die Kinder- beziehungsweise Säuglingstaufe der Regelfall und Taufsteine lösten die in den Boden eingelassenen Taufbecken oder Taufbrunnen ab.

Das romanische Taufbecken besaß vermutlich eine annähernd zylindrische Grundform. Der rekonstruierte Umfang des Beckens beläuft sich auf etwa 298 Zentimeter. Nimmt man eine dem Radius des Innenkreises (36,4 Zentimeter) entsprechende Tiefe des Beckens und eine annähernd halbkugelförmige Wanne an, so ergibt sich ein Fassungsvermögen von etwa 203 Liter. Dieses Maß entspräche der mittelalterlichen Maßeinheit eines Oxhofts, das je nach Region zwischen 148 und 288 Liter umfasste.

Den oberen Beckenrand ziert eine in frühgotischen Majuskeln ausgeführte lateinische Inschrift: (M)BRASINISTRE + AC. Diese findet in der Außenwand in einer breiten, von einer Wulst begrenzten Absetzung ihre Fortführung. Die Beckenwand war mit einer umlaufenden Arkade aus Rundbogen geschmückt. Die erhaltenen Blendbogen ruhen auf stumpfen pyramidalen Kämpfern. Das Verhältnis der im Fragment erhaltenen Bogen zum Umfang des Taufbeckens lässt einen Rückschluss auf die Symbolzahl Zwölf des Apostelkollegiums zu. Damit wird die Bedeutung der Taufe als Sakrament der Aufnahme des Neugeborenen in die Kirche unterstrichen.

W. N.

Lit.: unveröffentlicht

In der ersten Hälfte des 14. Jahrhunderts wurde der mittelalterliche Mauerring der Freistadt Regensburg komplettiert. Innerhalb lagen vorwiegend kirchliche Bereiche neben dem Bezirk der Kaufleute, dem jüdischen Ghetto und den Vorstädten der einfachen Handwerker.

6.2
Regensburg im 14. Jahrhundert

Karte; Grundlage: Grundriss der Fürstlich-Primatischen Residenz-Stadt Regensburg 1808; Entwurf: Andreas Th. Jell
Haus der Bayerischen Geschichte, Augsburg

Seit dem frühen Mittelalter war Regensburg immer wieder Gegenstand literarischer Beschreibungen, die zwar dem antiken Stadtlob folgten, zugleich aber Charakteristika der Donaustadt hervorhoben. So bezeichnete Arbeo von Freising in seiner Emmeramsvita (um 770) die sich aus einer römischen Großkaserne entwickelnde agilolfingische Pfalzstadt als „urbs quadrata". Damit betonte er nicht nur den regelmäßigen Stadtgrundriss des einstigen römischen Legionslagers „Castra Regina", sondern vor allem auch den Festungscharakter der durch mächtige Quadermauern geschützten Stadt. Dieses Legionslager bildet den Kern der Stadtentwicklung, hier befand sich die Hauptpfalz der frühen Bayernherzöge im Bereich des Alten Kornmarkts. Die Regensburger Bischöfe – Regensburg wurde 739 zum Bistum erhoben – residierten im Kloster St. Emmeram. Noch im 8. Jahrhundert wurde ihnen der Dombezirk unmittelbar neben der Herzogspfalz übereignet. Unter Herzog Arnulf (um 920) gliederte man den Klosterkomplex von St. Emmeram und die vor allem von Kaufleuten besiedelte westliche Vorstadt durch eine Mauererweiterung ein – der früheste nachantike Mauerbau nördlich der Alpen. Eine Stadtbeschreibung aus der Zeit um 1080 (eingefügt in der „Translatio D. Dionysii Areopagitae II") spricht von drei Bezirken in der Stadt: dem „pagus regius", dem „pagus clericorum" und dem „pagus mercatorum". Auch wenn dies mit Vorsicht gesehen werden muss, da sich der Autor hier an eine Beschreibung Athens anlehnt, so trifft diese Einteilung doch die Regensburger Situation. Während sich im Osten der Kernaltstadt die Kirchengebäude, Pfalz- und Klosterkomplexe drängen, bildet das ehemalige „Kaufleuteviertel" im Westen einen deutlich abgehobenen Komplex mit profaner Bebauung.

Bis zur ersten Hälfte des 14. Jahrhunderts hatte sich die städtische Struktur Regensburgs weiter ausdifferenziert. Die allmähliche Entwicklung der Stadt mit ihren verschiedenen Herrschaftsträgern – Herzog, Bischof, König, Reichsstifte, später auch die Bürgerschaft – ist an einem ungeplanten Stadtgrundriss mit einer Vielzahl von Plätzen und engen Gassen abzulesen, wobei die Hauptverkehrsachse parallel zur Donau über Haidplatz, Rathausplatz und Ostengasse verlief. Vom 13. Jahrhundert an und bis in das 20. Jahrhundert war die Stadt in so genannte Wachten, geführt von „Wachtmeistern", gegliedert, eine im Reichsgebiet ungewöhnliche Einteilung, die ihre Parallele in den sechs venezianischen „Sestieri" haben mag. Auf dem Areal des alten Römerlagers befanden sich drei (Wahlenwacht, Witwangerwacht, Pauluserwacht), auf dem der arnulfinischen Stadterweiterung ebenfalls drei Wachten (Donauwacht, Schererwacht, Wildwercherwacht), die ab dem 14. Jahrhundert durch die Vorstädte der Ostner- und Westnerwacht erweitert wurden. Als während des Thronkampfs zwischen Friedrich von Österreich und Herzog Ludwig 1319 die Umgebung Regensburgs verwüstet wurde, arbeitete man bereits an einer Ummauerung der Vorstädte im Westen und Osten, erbaute in der Folgezeit die Ufermauern an der Donau und sicherte die bestehenden Abschnitte und Stadttore. Die Vorstädte boten vor allem den Handwerkern der Stadt Lebens- und Arbeitsraum, während die Groß- und Fernhandelskaufleute ihre Paläste eher im westlichen Teil des Stadtkerns errichteten, eben im „pagus mercatorum".

Der im 14. Jahrhundert komplettierte Mauerring bot der Stadt bis zum Beginn des 19. Jahrhunderts genügend Raum. Noch heute kann man diese Struktur des 14. Jahrhunderts mühelos in der Topografie der Stadt nachvollziehen.

Bereits zu Zeiten Ludwigs des Bayern barg Regensburg eine Vielzahl von Herrschaftsrechten, Immunitäten und reichsunmittelbaren Ständen, die die Stadt zu einem verkleinerten Abbild des Heiligen Römischen Reichs machten und noch Jahrhunderte später zum idealen Tagungsort des Immerwährenden Reichstags. Im Zentrum des einstigen Römerlagers lagen die hochstiftische Domimmunität des Bischofs sowie der exterritoriale Hof des bayerischen Herzogs. Die reichsunmittelbaren, bis in die Karolingerzeit zurückgehenden Reichsstifte Ober- und Niedermünster, das ebenfalls um Reichsunmittelbarkeit bemühte Benediktinerkloster St. Emmeram (mit einer königlichen Pfalzanlage) sowie das Kollegiatstift Unserer Lieben Frau zur Alten Kapelle nahmen große Bereiche der Stadt ein. Im Westen und Osten wurden im 13. und 14. Jahrhundert die großen Bettelordenskirchen der Dominikaner und Franziskaner errichtet. An der Schnittstelle von altem Römerkastell zur zweiten Stadterweiterung lag das administrative Zentrum der Freistadt mit dem Rathauskomplex. Das jüdische Ghetto im Bereich des heutigen Neupfarrplatzes umfasste ein Quadrat von etwa 150 Meter Seitenlänge und war durch eine Mauer von der übrigen Stadt getrennt. Das Kaufleuteviertel westlich der Wahlenstraße scheint in politische Einflussbereiche aufgeteilt gewesen zu sein. So kontrollierten die Auer und Gumprecht große Teile der Donauwacht, an deren nordwestlichem Rand das neue Spital St. Oswald eingerichtet wurde. Auf der nördlichen Flussseite, direkt am Brückenfuß der Steinernen Brücke, lag das vom Bischof und der Stadt unterhaltene St. Katharinenspital, das ebenfalls zum Gebiet der Stadt Regensburg gehörte. Die anderen Teile Stadtamhofs standen bereits unter der Herrschaft der bayerischen Herzöge.

P. W.

Lit.: Freitag, Stadtgeschichte; Kraus, Civitias Regia; Prinz, Entwicklung; Schmid, Regensburg; Schmuck, Ludwig der Bayer; Wolf, Bilder
Karte: www.hdbg.eu/karten (30.4.2014)

Der Regensburger Dom als Zeitzeuge der Epoche Ludwigs des Bayern:
Eine holografische Präsentation verbindet Realfilm und 3-D-Rekonstruktionen
mit der Architektur der Ulrichskirche.

6.3
Regensburg und seine Kathedrale. Der Film

Regensburg, Salzburg 2014
Drehbuch & Schauspiel: Christoph Süß
Idee: Richard Loibl, Peter Wolf, Friedrich Pürstinger mit Elisabeth Handle-Schubert, Barbara Six, Andreas Th. Jell
Wissenschaftliche Beratung: Friedrich Fuchs, Achim Hubel, Manfred Schuller
Koordination: Elisabeth Handle-Schubert
3-D-Rekonstruktionen: Archimedix GbR, Ober-Ramstadt
Musik: Heinz Grobmeier
Kostüme: Stadtmaus Regensburg
Präsentation: rent4event Schwetzingen
Produktion: mediacreation GmbH Salzburg
Regie: Stefan Aglassinger, Salzburg

Als Kaiser Ludwig herrschte, war Regensburg eine europäische Metropole auf dem Höhepunkt ihrer Wirtschaftskraft und ihres politischen Einflusses. Während Handels- und Geldströme an der Donau zusammenliefen, tobten zeitgleich innenpolitische Kämpfe. Insbesondere die Auseinandersetzungen zwischen den Kaufleuten im Rat und den dem Ministerialenadel entstammenden Familien um die Auer und Gumprecht erinnern an die Fehden in oberitalienischen Stadtrepubliken. Diesen Vergleich legen auch die für Regensburg so typischen Geschlechtertürme und Kaufmannspaläste nahe, die hier im 14. Jahrhundert nach oberitalienischen Vorbildern entstanden.

Im Zentrum und auf dem sozusagen „exterritorialen" Gelände des Hochstifts befand sich die größte Baustelle der Stadt. Hier wurde nach dem Dombrand von 1273 die neue Kathedrale St. Peter errichtet. Unter Bischof Nikolaus von Ybbs erhielt der Hauptchor seine farbigen Glasfenster, das Langhaus wuchs nach Westen und endlich konnte der östliche Teil der Kathedrale als bischöfliches Gotteshaus genutzt werden. Dank innovativer Baumeister erhielt Regensburg damit ein in Südostdeutschland einmaliges Zeugnis französischer Kathedralarchitektur, das zugleich den Wohlstand der Stadt aller Welt vor Augen führte. Denn nicht nur der Bischof, auch viele Patrizierfamilien hatten erhebliche Mittel für den Prachtbau aufgewendet, um so auch ihrem eigenen Seelenheil zu dienen.

Der Dom St. Peter gehört zu den wichtigsten „Zeitzeugen" aus der Epoche Ludwigs des Bayern. Chor und große Teile des Langhauses haben sich, äußerlich kaum verändert, bis heute erhalten. Und so steht der Dombau im Zentrum eines filmisch belebten Panoramas. In einer Kombination aus Realbildern mit Spielszenen und computergenerierten Welten entfaltet sich eine filmische Erzählung, deren Handlungsgerüst durch die Entwicklungsschritte (Bauphasen) des Doms bestimmt wird.

Kaum eine deutsche Kathedrale ist so eingehend erforscht und dokumentiert wie der Regensburger Dom. Dankenswerterweise konnten wir auf die aktuellen Veröffentlichungen und die Expertisen von Achim Hubel, Manfred Schuller und Friedrich Fuchs zurückgreifen, die das Filmprojekt beratend begleitet haben. Reinhard Munzel und die Firma Archimedix setzten diese Erkenntnisse in faszinierende virtuelle Rekonstruktionen um. Diese ermöglichen Einblicke in den Baufortschritt um 1275, 1300, 1315, 1320, 1335 und 1340 und lassen zugleich ahnen, welch markantes Symbol die Errichtung des geplanten Vierungsturms bedeutet hätte. Kombiniert werden diese virtuellen Bilder mit realen Außen- und Innenansichten des Doms, die mit hochmodernen Drohnenkameras eingefangen wurden. In der Regie von Stefan Aglassinger verschmelzen diese Bestandteile zu neuartigen Synthesen. Diese „Interaktion" mit dem Kirchenraum von St. Ulrich ist durch den Einsatz der Projektionstechnik Musion Eyeliner™ möglich. Die so entstehenden holografischen Bildwelten inmitten hochgotischer Kirchenarchitektur werden durch die eigens komponierte Musik Heinz Grobmeiers zum akustisch-optischen Gesamtkunstwerk.

Ideengeber, Drehbuchautor und Akteur ist der Musiker und Kabarettist Christoph Süß, dessen Erzählerfigur durch den virtuellen Dom führt, aber auch in Dialog tritt mit Handlungsträgern der Zeit, wobei alle Rollen von Christoph Süß selbst gespielt werden. In der Reihenfolge ihres Auftretens sind es Dante Alighieri, ein Regensburger Kaufherr, ein Franziskaner, Bischof Nikolaus von Ybbs, ein Ritter von der Partei Ludwigs des Bayern und ein päpstlicher Bote aus Avignon, mit dem es eine besondere Bewandtnis hat. Tatsächlich hatte der papsttreue Salzburger Erzbischof einen Boten nach Regensburg geschickt, der die schriftliche Ankündigung von der Exkommunikation Ludwigs und die Mitteilung des Interdikts an Bischof Nikolaus von

Ybbs übergeben sollte. Um sich nicht zu sehr zu exponieren, verweigerte der Bischof die Annahme des Schreibens. Dies wurde dem Boten von bischöflichen Knechten unmissverständlich klargemacht, woraufhin er seine Botschaft kurzerhand in die Donau warf (vgl. den Beitrag von Martin Kaufhold in diesem Band). In künstlerischer Freiheit hat Christoph Süß seinem „päpstlichen Boten" die Rolle des Narren zugewiesen, der über sein Unglück schimpfend die Wahrheit sagt, dass nämlich bald der wirtschaftliche und politische Niedergang Regensburgs einsetzen würde. Doch dieser Niedergang wirkte auch konservierend: Wie kaum eine andere Stadt in Deutschland konnte Regensburg sein Gesicht aus der Zeit Kaiser Ludwigs des Bayern bewahren.

P. W.

Lit.: Fuchs, Dom St. Peter; Hubel/Schuller, Dom; Schmuck, Ludwig der Bayer

---

In der ersten Hälfte des 14. Jahrhunderts wurden der Chor und das östliche Langhaus des Doms provisorisch fertig gestellt.

6.4
Bauphasen des Regensburger Doms im 13. und 14. Jahrhundert

Vgl. Kat.-Nr. 6.3; wissenschaftliche Beratung: Friedrich Fuchs, Achim Hubel, Manfred Schuller

Ein verheerender Brand des alten Doms 1273 gab den Ausschlag für eine folgenschwere Entscheidung: Reichtum und politischer Friede ermöglichten es, an ein ehrgeiziges Neubauprojekt in aufwändigster Bautechnik zu denken. Allerdings wurde der gotische Dom nicht über den Fundamenten des Vorgängerbaus errichtet. Man verschob den Bauplatz nach Westen, rückte damit dem Stadtzentrum näher und erreichte gleichzeitig, dass der alte Dom – wenn auch verkürzt, provisorisch repariert und durch eine Trennwand im Westen abgeschlossen – noch etwa 50 Jahre in Verwendung bleiben konnte. Beim Neubau entschloss sich das Domkapitel, offenbar aus städtebaulichen Gründen, den Dom auf einen hohen Sockel stellen zu lassen. Dafür musste man gewaltige Fundamentmauern hochziehen und die Binnenflächen mit Bauschutt füllen, bis man die Höhe des gotischen Fußbodens erreicht hatte. Da mit den Ostteilen begonnen wurde, legte man so die Fundamente des gesamten Chorbereichs fest. Gewählt wurde ein altertümlicher Bautypus mit gestaffelten, jeweils polygonal schließenden Chören. Den Hauptchor begleiten kürzere Nebenchöre, an die sich östlich jeweils mehrgeschossige, massive Anbauten mit separaten Sakristei- und Kapellenräumen anschließen. Über die Sockelzone wuchsen als Erstes die südlichen Wände hoch, die eine Schauwand zur belebten Straße hin bildeten.

Damals baute man nach einem Plan, der ein völlig anderes Gesamtbild des Doms vorsah: In der flächigen, mauerhaften Konzeption wäre er in der Tradition älterer deutscher Bischofskirchen verblieben, deutlich niedriger und ohne die wandauflösende Gliederung eines Triforiums. Einen Eindruck von der für die Zeit um 1270/80 ausgesprochen retrospektiven Architekturvorstellung vermittelt der südliche Nebenchor, der nach der Erstplanung hochgeführt wurde. Dabei verbinden sich durchaus „moderne" Detailformen, wie die Profile der von Figurenkonsolen getragenen Blendarkaden, mit einer Architektursprache, die erheblich älter wirkt und auf eine zunächst wohl eher konservative Einstellung des Domkapitels deutet. Hingewiesen sei etwa auf die kräftigen Dienstbündel, die glatten Kelchkapitelle und die Anordnung der Kapitelle in „springendem" Rhythmus. Die Schwierigkeiten, derartige aus verschiedenen Architekturvorstellungen übernommene Ordnungen systematisch zusammenzufassen, kennzeichnen bis heute den heterogen wirkenden Südchor.

Unter diesen Voraussetzungen setzte um etwa 1290 ein spannender Prozess ein, dessen Ziel darin bestand, die altertümliche Formensprache systematisch in die architektonische Gliederung der französischen Hochgotik überzuführen. Wir wissen nicht, von wem die Impulse hierfür ausgegangen sind, ob sich das Domkapitel zu einer zeitgemäßeren Gestaltung durchgerungen hat oder ob – was am wahrscheinlichsten ist – ein neuer Dombaumeister zum Zug kam. Jedenfalls wurde nun auf der Grundlage der bereits begonnenen Bauteile eine völlig neue und zeitgemäße Neuplanung erarbeitet. Der neue Architekt, den wir wahrscheinlich mit dem so genannten Erminoldmeister identifizieren können (Kat.-Nr. 5.31), begann mit vorsichtigen Änderungen, entwickelte diese jedoch so konsequent weiter, dass er – ohne einen direkten Bruch am Bau selbst erkennen zu lassen – den ursprünglichen Bauplan vollständig umänderte. Sein Entwurf verwandelte den Dom in eine gotische Kathedrale höchster künstlerischer Qualität und erwies sich auch für die kommenden Generationen als so überzeugend, dass er bis zur Einstellung der Bauarbeiten um 1500 grundsätzlich berücksichtigt blieb.

Der südöstliche Vierungspfeiler, den man für die Fertigstellung des Südchors brauchte, zeigt als hochgotischer Bündelpfeiler bereits die neuen Formen, ebenso das bis etwa 1300 vollendete Gewölbe des Südchors. Durch provisorische Trennwände wurde dieser Chor geschlossen und konnte bereits als Sakralraum genutzt werden. Seine Farbigkeit war weiß – wie der Kalkstein des Baumaterials; nur die Rippen und Gurtbogen des Südchors erhielten eine kräftige Bemalung in Rot mit weißen Fugenstrichen und schwarzen Begleitstrichen. Gleichzeitig wurden hier die ersten farbigen Glasfenster eingesetzt. Im weiteren Bauverlauf bis etwa 1310 wurden der Nordchor und seine Kapellenanbauten fertig gestellt; außerdem wuchsen die Wände des Hauptchorpolygons einschließlich aller Fenstermaßwerke bis zum Dachansatz hoch. Spätestens zu diesem Zeitpunkt war der alte Südturm des Vorgängerbaus vollständig abgebrochen, sodass das Fundament für den südwestlichen Vierungspfeiler gelegt werden konnte. Dann konzentrierte man sich auf das Südquerhaus und das erste Joch des südlichen Seitenschiffs. Der südwestliche Vierungspfeiler und der erste südliche Langhauspfeiler wuchsen gleichzeitig hoch und waren durch große Arkadenbogen untereinander und mit der südlichen Außenwand verbunden. Auch die Wände waren einschließlich des Triforiums hochgeführt worden. Bis um 1315 konnten alle Wände des Hauptchors und des südlichen Querhauses bis zum Dachansatz hochgezogen werden. Dann standen nur noch die Obergadenwände des Nordquerhauses an, bis der Dachstuhl aufgesetzt und die Gewölbe eingezogen werden konnten. Gleichzeitig musste auch das erste Joch der beiden Seitenschiffe eingewölbt werden, weil der Schub der Querhausgewölbe aufzufangen war. Nur den geplanten Vierungsturm hatte man damals noch ausgespart – er wurde im Mittelalter auch nicht mehr fertig gestellt.

Nun schlug die große Stunde für das Domkapitel und den Regensburger Bischof Nikolaus von Ybbs, der seit 1313 im Amt war und von Anfang an auf eine rasche Weiterführung der Bauarbeiten gedrängt hatte. Der Dom war im Bau so weit fertig, dass dem Umzug in den Neubau nichts mehr im Weg stand. Nachdem man das erste Joch des Mittelschiffs mit einem Notdach in Triforiumshöhe versehen und den Bau nach Westen zu mit behelfsmäßigen Trennwänden abgeschlossen hatte, waren die Ostteile einschließlich des Querhauses gänzlich nutzbar: In einer feierlichen Zeremonie, deren Einzelheiten nicht überliefert sind, bezogen Bischof und Domkapitel um 1320 den neuen Dom, konsekrierten ihn und die bereits fertigen Altäre und nahmen die liturgische Nutzung auf. Der nicht mehr benötigte alte Dom wurde abgebrochen, bis auf Teile des nördlichen Seitenschiffs, die später zum Domkapitelhaus umgebaut wurden.

Der Innenraum des Doms sollte nun seine Farbigkeit noch einmal ändern: Man verzichtete auf ein Tünchen der Wände und der Architekturglieder und beließ sie im Weiß des Kalksteins, nur Grünsandsteinquader, die vereinzelt aus dem Steinbruch geliefert wurden, überstrich man weiß, damit sie nicht auffielen. So präsentierte sich der Raum in einer dem eleganten 14. Jahrhundert angemessenen Gestaltung: In der komplett weißen Raumschale wirkten die farbigen Glasmalereien, die wie Edelsteine leuchteten, umso intensiver, was bald zu bewundern war, weil die Fenster im Polygonschluss des Hauptchors, im Querhaus und im ersten Joch der Seitenschiffe bis um 1330 weitgehend verglast waren. Für den neuen Dom und seine Nutzung entstanden aber nicht nur die farbigen Glasfenster. Er brauchte auch sonst eine Fülle von Ausstattungsstücken, die in raschem Tempo geschaffen wurden: der Hochaltar (ein großer steinerner Baldachinaltar), das Chorgestühl, der Lettner als prächtige Schranke am Eingang zum Hauptchor, Altäre für die Nebenchöre und das Querhaus, zahlreiche Heiligenfiguren, die zur Verehrung aufgestellt wurden. Man muss sich diese Objekte alle bunt bemalt und vergoldet vorstellen, sodass in der weißen Raumschale überall dort Farbe und Gold schimmerte, wo es etwas zu bewundern und zu verehren gab. So sehr gefiel allen die neue Farbigkeit, dass der Südchor, der ja längst fertig war, umgestaltet wurde: Man baute noch einmal Gerüste auf und überstrich die roten Gewölberippen in Weiß, damit sie sich der Gesamterscheinung anglichen. Keine Epoche hat die Innenausstattung des Doms so nachhaltig geprägt wie die Regierungszeit des Bischofs Nikolaus von Ybbs.

In den Jahren nach 1320 errichtete man das jeweils zweite Joch der beiden Seitenschiffe, wölbte sie ein und versah das Mittelschiff dazwischen wieder mit einem Notdach, sodass relativ rasch – gegen 1330 – die provisorischen Trennwände versetzt und ein weiteres Joch des Langhauses genutzt werden konnte. Erst in der nächsten Bauphase wurden dann die noch fehlenden Obergadenwände des Mittelschiffs hochgezogen und die beiden Mittelschiffjoche gleichzeitig gewölbt; um 1335 konnten die Notdächer entfernt und die beiden Langhausjoche in ihrer gesamten – auch vertikalen – Raumwirkung erlebt werden.

Einem Weiterbau des Doms nach Westen standen nun die Stiftskirche St. Johann und die südlich anschließende Nikolauskapelle im Weg. Die Kanoniker von St. Johann widersetzten sich lange dem Abbruch dieser Bauten, wohl um eine möglichst hohe Entschädigung zu erzwingen. Deshalb konnte zunächst nur die Außenwand des südlichen Seitenschiffs – außer-

halb der Nikolauskapelle – bis zur geplanten Westfassade weitergebaut werden. Dass man aber wenigstens mit einer Wand den Bau des Südturms beginnen konnte, war für Bischof Nikolaus eine solche Freude, dass er im Jahr 1333 eine große Glocke stiftete, die er bei dem Glockengießer Konrad von Marburg in Auftrag gegeben hatte (Kat.-Nr. 6.7). Den weiteren Baufortschritt erlebte Bischof Nikolaus nicht mehr. Erst ein Jahr nach seinem Tod waren die Stiftsherren von St. Johann bereit, gegen eine hohe Entschädigung die Nikolauskapelle abbrechen zu lassen, sodass bis um 1350 das Erdgeschoss des Südturms und die südlichen Mittelschiffpfeiler errichtet werden konnten. Die Kirche St. Johann stand aber immer noch, sodass bis um 1360/70 lediglich das erste Obergeschoss des Südturms hochgeführt werden konnte; außerdem schloss man die südliche Obergadenwand zwischen dem Turm und den fertigen Ostteilen des Mittelschiffs. Da in den 1370er-Jahren immer noch keine Einigung mit dem Stift St. Johann gelang, führte man schließlich das zweite Obergeschoss des Südturms, das Glockengeschoss, hoch und vollendete es bis gegen 1380, einschließlich des als Provisorium gedachten Pyramidendachs. Von der Südseite her sah der Dom damals schon fast vollendet aus; erst wenn man um die Ecke nach Westen ging, wurde deutlich, wie viel noch zu bauen war. Als 1380 die Kirche St. Johann endlich zum Abbruch freigegeben war und die restlichen Teile des Doms weitergebaut werden konnten, dauerte es noch 120 Jahre, bis das Langhaus und jeweils drei Geschosse der Türme errichtet waren. Die Türme selbst konnten erst im 19. Jahrhundert vollendet werden.

A. H.

Die größte und bestens organisierte Baustelle der Stadt.

6.5
A Moderne Steinmetzwerkzeuge
Staatliche Dombauhütte Regensburg

Anfänglich verbaute man im Regensburger Dom hauptsächlich Kalkstein aus dem etwa 15 Kilometer donauaufwärts gelegenen Kapfelberg. Schon die Römer hatten dort die Steine für Castra Regina gebrochen. In geringem Umfang wurde auch Grünsandstein eingebracht. Er lagerte teils über dem Kalkstein oder wurde aus kleinen Brüchen entlang der Donau gewonnen. Die Färbung stammt von einem grünlichen Mineral. Kurz nach 1400 war der Kapfelberger Bruch erschöpft, fortan wurde ausschließlich Abbacher Grünsandstein verwendet. Eine spezielle Arbeitsgruppe im Steinbruch beschaffte das Rohmaterial. In eng gereihte Bohrungen wurden Holzkeile getrieben und befeuchtet, um den Fels zu spalten. Auch Sonderbestellungen, insbesondere für Bildhauerarbeiten, gab es. Um versteckte Mängel aufzuspüren, war es üblich, den Block eine Frostperiode lang im Steinbruch zu lagern. Aus dem Klang eines Hammerschlags konnte der Meister die Qualität des Steins ermessen.

Die Blöcke wurden auf Lastkähne verladen und auf dem Wasserweg transportiert, das letzte Stück von der „Schiffslände" bis zur Dombaustelle mit schweren Wagengespannen. Die Arbeitsorganisation am Dom lag in Händen des Dombaumeisters und seines Parliers (Vorarbeiter). Im Winter wurden Werksteine nach Plan auf Vorrat gefertigt, in der frostfreien Zeit herrschte reger Baubetrieb. Die durch Saisonkräfte aufgestockte Mannschaft hatte nun eine wesentlich längere Tagesarbeitszeit. Neben den Steinmetzen fertigten Zimmerer Gerüste und Schalungen. Mauerer, Mörtelrührer und sonstige Helfer versetzten die fertigen Blöcke vom Winter und die aus der laufenden Produktion. Unerlässlich war zudem eine Schmiede. Werkzeuge mussten geschärft, neue geschmiedet, Eisenklammern, Dübel und Ösen in großen Mengen hergestellt werden.

Der Parlier regelte die Weiterverarbeitung der Rohsteine durch Werkpläne und Konstruktionshilfen, auf Papier oder Holzplatten gezeichnet, teilweise direkt auf die steinernen Werkstücke geritzt. Für die gängigen Winkelmaße sowie für plastische Detailausformungen fertigte man hölzerne Schablonen.

Die mittelalterlichen Steinmetze arbeiteten mit denselben Werkzeugen wie die heutige Dombauhütte. Die Vorarbeit bei der Zurichtung eines Quaders erfolgte mit „Spitzmeißeln" und „Schlageisen" (breite, gerade Schneide), angetrieben mit einem Schlegel (Eisen) oder Knüpfel (Holz). Dann präzisierte man die Randkanten nach Vorgabe einer Winkelschablone mit dem „Beizeisen" (schmales Schlageisen). Die verbleibenden Binnenflächen wurden mit Spitzmeißeln oder einem „Zweispitz" (Beil mit zwei Spitzen) einplaniert. Ein letzter Arbeitsgang diente der Planierung und Glättung der Binnenflächen, meist mit der „Zahnfläche" (Beil mit gezahnter Schneide). Bei Werkstücken mit Profilen wurde durch wiederholtes Anpassen einer Schablone und Abschlagen der Überstände die gewünschte Form herausgearbeitet. Die auf dem Werkplatz eingeschlagenen Steinmetzzeichen waren eine Art Herstellersiegel und dienten der Qualitätsprüfung und Lohnabrechnung.

Zum Anheben der fertigen Stücke wurden „Steinzange" und „Steinwolf" eingesetzt. Die Steinzange umfasste einen Block seitlich mit spitzen Greifarmen, wobei kleine Auskerbungen nötig waren. Am Regensburger Dom finden sich solche Zangenlöcher kaum, was besagt, dass meist der Steinwolf zum Einsatz kam. Die Spuren davon stecken unsichtbar im Mauerwerk als schwalbenschwanzförmige Auskerbungen auf der Oberseite eines Blocks. Dort wurde das „Wolfeisen" eingeführt, das sich bei Zug ausspreizt und damit fest verkeilt. Zum Aufziehen der Steinblöcke dienten Seilzugsysteme (Flaschenzüge), betrieben durch Drehwinden von Hand oder in großen Trettädern durch das Körpergewicht. Am Regensburger Dom ist ein solches „Teufelsrad" erhalten.

Wände und Pfeiler bestehen aus zwei sorgfältig zugerichteten Außenschalen mit einer Gussfüllung aus Steinabfall und reichlich Mörtel. Zur Stabilisierung wurden die Quader an der Oberseite mit Eisen in Bleibettung verklammert. Das heiß eingegossene Blei bewirkte eine optimale Verankerung und bot zugleich Schutz vor Korrosion. Dünngliedrige Bauteile wie Fensterstäbe und Maßwerk wurden durch inliegende Eisendübel in Bleibettung fest und dennoch elastisch verzahnt.

Eine besondere Herausforderung waren die Gewölbe. Für die Rippen baute man hölzerne Unterfanggerüste, für die aus Ziegeln gemauerten Zwischenflächen genügten leichte Schalungen. Benachbarte Joche wurden während des Baus durch lange Eisenstangen statisch versteift, wie bis heute verbliebene Haken bezeugen.
F. F.

Lit.: Fuchs, Dom St. Peter, S. 65–85; Schuller, Bauforschung

B Zirkelspuren von einer Bogenkonstruktion aus dem Regensburger Dom

Streiflichtaufnahme

C Werkbetrieb auf der Dombaustelle um 1289/90

Apostolos Aravidis nach Angaben von Manfred Schuller; Zeichnung (R)

Ein Wasserspeier aus dem Dom: wie frisch aus der Werkstatt der Steinmetzen und doch 700 Jahre alt.

6.6
Wasserspeier

Um 1330/40; Kapfelberger Kalkstein, teils mit Steinersatzmasse ergänzt, 53 x 39 x 134 cm
Staatliches Bauamt Regensburg

Der Wasserspeier fand sich 1985 bei der archäologischen Grabung für die Einrichtung einer Bischofsgrablege im Mittelschiff des Regensburger Doms. Das fertig ausgearbeitete Stück ist vermutlich beim Versetzen am Bau abgestürzt und zerbrochen. Die zumeist großen Bruchstücke wurden zeitnah wiederverwendet und im Fundament eines Altars verbaut. Nach Bergung und Zusammenfügung ergab sich die Gestalt eines Jungstiers, der sich mit dem rechten Fuß hinter dem Ohr kratzt. Nennenswerte Ergänzung ist lediglich das im Anschluss an den Huf frei stehende Teilstück dieses Fußes.

Wasserspeier sind horizontal weit auskragende Mündungsendigungen eines ausgeklügelten Systems der Wasserableitung am Dom. Meistens handelt es sich um halb- oder ganzfigurige Tierdarstellungen. Der Rückenkamm ist als offene Rinne ausgearbeitet, die am Kopf ins Innere abtaucht, auf diese Weise den Fließdruck erhöht und schließlich am offenen Maul ins Freie mündet. Mitunter finden sich an Wasserspeiern auch Befunde, wonach zudem vorgestreckte metallene Zungen eingebaut waren, um dem Wasserstrahl einen besonders weit ausgreifenden Bogenschwung zu verpassen. Von ungleich größerer Tragweite ist jedoch die apotropäische Funktion dieser oft der Dämonenwelt entnommenen Figurationen, die den ganzen Bau umgürten und gleichsam durch ihre eigene abschreckende Wirkung der Unheilabwehr von außen dienen sollten. Als solche boten sie den Bildhauern größten Spielraum für fantastische Bildschöpfungen. Der sich am Ohr kratzende Stierwasserspeier trägt in dieser Hinsicht eher stille, humorige Züge. Bemerkenswert ist er vor allem aber wegen seiner auch nach fast 700 Jahren noch werkstattfrischen Steinoberfläche. Die verbliebenen Werkzeugspuren lassen nahezu Hieb für Hieb die Arbeit des Bildhauers nachvollziehen. Vorherrschend sind unzählige kleine, dellenartige Austiefungen. Sie stammen von Zahnmeißeln oder von der Zahnfläche, die wie ein Beil mit beiden Händen geführt wird. Die scharf gegrateten Haarsträhnen am Schweif und am Nacken sowie die Ausarbeitung der Augen zeigen die kurzen Schlagspuren des Beizeisens, eines circa einen Zentimeter breiten Meißels mit glatter Schneide.

F. F.

Lit.: Codreanu-Windauer/Schnieringer, Ausgrabungen

Im Vertrauen auf seine Nachfolger stiftete Bischof Nikolaus die mächtige Glocke für den noch zu erbauenden Südturm des Regensburger Doms.

6.7
A Torso der Marienglocke des Regensburger Doms

Konrad von Marburg, 1333; Bronze,
überlieferter Ø 1800 mm, Gewicht ca. 5 t
Domkirche St. Peter, Regensburg (DX 2012/8)

B Tonaufnahme der Heinrichsglocke des Bamberger Doms

Schlagton cis¹ + 9/16 Halbton, Ø 1799 mm
Tonaufnahme vom 9. August 1991 von Claus Peter

Im Jahr 1333 wurde für den Regensburger Dom eine große Glocke gegossen, gestiftet von Bischof Nikolaus von Ybbs. Als Meister Chunrad von Marburg die etwa fünf Tonnen schwere Glocke goss – der überlieferte Durchmesser beträgt 1800 mm – stand bereits fest, dass der neue Dom wesentlich größere Türme bekommen sollte als der vormalige Dom. In dessen schmalen Türmen, von denen der Eselsturm bis heute verblieben ist, hätte eine solch kolossale Glocke nicht geläutet werden können. Doch erst 1436, über 100 Jahre später, konnten im neuen Südturm Glocken aufgehängt werden, darunter die Marienglocke. Bis 1961 hing sie dort im Mittelfeld des großen Glockenstuhls, der im Zuge der Neuformierung des Domgeläuts Ende des 17. Jahrhunderts aufgerichtet wurde.

Wo aber hatte sich die Glocke in der Zwischenzeit befunden? Man nimmt an, dass sie in einem Interimsglockenturm im Bereich des nördlich gelegenen Bischofshofs hing, aus dem später der Glockenturm des Johannesstifts hervorging. In diesem Zusammenhang ist bemerkenswert, dass Meister Chunrad 1333 zwei weitere Glocken gegossen hat, die heute im Turm von St. Johann hängen. Da die Neuformierung des Domgeläuts 1694/96 ausdrücklich in der Absicht erfolgte, das Geläute klanglich zu verbessern – „ad meliorem harmoniam reduci" –, liegt die Frage nahe, ob diese jetzt im Turm von St. Johann hängenden Glocken einstige Domglocken waren, die man, weil tonlich unpassend, dem Johannesstift überließ. Die Aussage der Inschrift auf der Marienglocke, sie sei allein entstanden – CONDITA SOLA FVI – steht dem nicht entgegen, denn Glocken dieser Größe konnten damals aus gusstechnischen Gründen immer nur als einzelne gegossen werden.

Die Inschrift der Marienglocke ist in ausnehmend schön geformten gotischen Majuskeln gesetzt. Sie nennt neben dem Gussdatum (Mai 1333) und der Signatur des Gießers einige zeittypische Textteile liturgischen und apotropäischen Inhalts. Dabei bedarf insbesondere die Wendung EN TVBA SVM REGVM („Ich bin eine Posaune [= Glocke] der Könige") noch der Klärung.

Die Marienglocke muss ein Instrument von grandioser Klangentfaltung gewesen sein. Ob sie, wie überliefert, tatsächlich den Schlagton c^1 angab, ist heute nicht mehr nachzuprüfen. Einen guten Eindruck, wie die Glocke geklungen haben mag, vermittelt jedoch die 1311 gegossene Heinrichsglocke des Bamberger Doms. Mit dieser hat die Marienglocke die überproportional starke Wandung im Bereich der Oberflanke gemeinsam.

Bis 1958 läutete die Marienglocke – zwischenzeitlich in „Predigtglocke" umbenannt – vom Südturm des Doms. Dann zersprang sie. Eine Schweißung konnte sie nicht retten, sie wurde 1961 zerlegt und zum größten Teil eingeschmolzen. So dokumentiert der verbliebene Torso einen der schwersten und zudem ohne zwingende Notwendigkeit entstandenen Verluste, den der deutsche Glockenbestand nach 1945 erlitten hat.

C. P.

Lit.: Hubel u. a., Dom; Peter, Glocken; Zahn, Dom, S. 100–102 (mit älterer Literatur)

Noch heute werden Kirchenfenster in traditioneller Handwerkskunst gefertigt.

6.8

A Moderne Glaswerkzeuge und Utensilien des Glasmalers

Glasschneider, Kröselzange, Bleimesser, Bleiaufreiber, Glaserhammer, Bleinägel und Spannhölzer, Lötkolben, Bleiprofile, Lötzinn sowie Glasaufreiber mit Steinunterlage, Spachtel, Pinsel
Glasfachschule Zwiesel

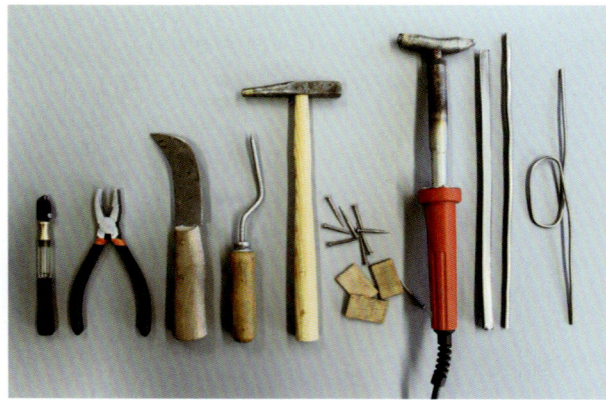

B Glasfenster mit Darstellung des hl. Petrus

Zwiesel, 2014
Glasfachschule Zwiesel/ 2. Lehrjahr Glasmalerei: Bettina Weinberger, Nina-Maria Eggl, Jennifer Sieber, Charlotte Doyé, Myroslava Romanyshyn, Klara Pfeiffer; Lehrkräfte: Sabine Wiedemann und Regine Steib

Die Herstellung traditioneller Buntglasfenster erfolgt heute noch genauso wie im 14. Jahrhundert. Lediglich manche Werkzeuge wurden von modernen Geräten abgelöst, die einzelnen Arbeitsschritte blieben jedoch unverändert. Zuerst entwirft der Glaskünstler das Motiv, im Mittelalter meist Themen aus der Bibel oder aus Heiligenlegenden. Manchmal ließen sich auch die Stifter verewigen. Die dargestellten Szenen dienten nicht nur als „Bilderbuch" für die schriftunkundigen Gläubigen, in ihrer leuchtenden Farbigkeit versinnbildlichten sie auch die Gegenwart Gottes.

In einem zweiten Schritt wurde der Entwurf in Originalgröße auf getünchten Holzbrettern aufgerissen, bevor der Zuschnitt der kostbaren Farbgläser erfolgte. Was heute mittels eines Glasschneiders mit Stahlrädchen geschieht, erledigte man einst mit einem Brecheisen mit glühender Spitze. Ein Kröseleisen übernahm bei schwierigen Stücken die Arbeit der heutigen Kröselzangen. Hierbei frisst sich das Werkzeug förmlich Stück für Stück in das Glas und ermöglicht komplizierte Ausschnitte.

Für die Bemalung der zugeschnittenen Farbgläser stand nur eine Farbe zur Verfügung: das Schwarzlot, bestehend aus Metalloxiden und Flussmitteln. Feinstens zerrieben und mit verschiedenen Mal- und Bindemitteln wie Terpentin, Nelkenöl oder gar Urin angerührt, entstand eine malfähige Farbe. Noch heute bewahrt jeder Glasmaler seine ganz eigene Rezeptur. Eingebrannt bei etwa 600 Grad Celsius, verschmilzt die Farbe mit der Glasoberfläche, sodass die Malereien noch nach 700 Jahren auf den Scheiben haften. Zum Schluss werden die einzelnen Scheiben mit H-Profilen aus Blei zusammengesteckt. Mittelalterliche Bleiruten erkennt man an der abgerundeten Form der Außenseiten, die bei der Profilansicht ein bauchiges „H" zeigen, das jeweils über dem Kern etwas dicker ist. Blei ist wetterbeständig und passt sich dank seiner Weichheit der Glasform an. Im Mittelalter begann man meist mit der Hauptfigur und vervollständigte das Fenster nach außen hin, während man sich heute von einer Ecke aus vorarbeitet. Mithilfe von Holzklötzchen und Nägeln werden die Gläser und Bleiruten auf einem Brett fixiert. Durch das Verlöten der einzelnen Bleiruten entsteht ein engmaschiges Netz, das Winddruck und Niederschlag standhält. Die Glasmalereiklasse der Glasfachschule Zwiesel hat für die Landesausstellung eine Rekonstruktion eines Teils der Petrusscheibe (Kat.-Nr. 3.8) in traditioneller Technik hergestellt.

S. W.

Lit.: Hubel, Glasmalereien; Lee u. a., Glasfenster

Unter Bischof Nikolaus von Ybbs wurde der Dombau in Regensburg vorangetrieben.
Er stiftete selbst eines der kostbaren Glasfenster für den Dom und ließ sich in einer Scheibe verewigen.

6.9
Bischof Nikolaus von Ybbs als Stifter eines Glasfensters

Scheibe 1a aus dem Glasfenster I im Hauptchorschluss des Regensburger Doms, kurz nach 1313,
mit Ergänzungen des 19. Jahrhunderts (vor allem im Hintergrund); Glas, 109 x 91 cm (R)
Staatliches Bauamt Regensburg

Das große Glasfenster I im Hauptchor des Regensburger Doms – direkt über dem Hochaltar – stiftete der Regensburger Bischof Nikolaus von Ybbs unmittelbar nach seinem Amtsantritt im Jahr 1313. Dabei ließ er sich in der untersten Zeile des Fensters darstellen; die entsprechende Scheibe befand sich ursprünglich ganz rechts (was auch die Haltung des Bischofs verständlich macht), sie wurde im Zuge einer unglücklichen Restaurierung 1839 an ihren heutigen Platz ganz links versetzt. Der Bischof erscheint stehend mit gefalteten Händen, als Zeichen seiner Würde trägt er eine gelbe Kasel, die wohl einen goldenen Brokatstoff versinnbildlichen soll, und eine Mitra. Ein Schriftband hinter ihm nennt in weißer Schrift auf rotem Grund seinen Namen: NICOLAVS E(PISCOPVS). Ein zweites Schriftband links enthält auf schwarzem Grund die Bitte: O · PETRE · PETRA · DEI · TU · MISERE(RE) · MEI – (O Petrus, Du Fels Gottes, erbarme Dich meiner). Damit bezieht sich der Bischof auf den hl. Apostel Petrus, der zwei Zeilen weiter oben im Fenster dargestellt ist. Die etwas altertümliche Gestaltungsform verbindet sich mit einer bunt leuchtenden, edelsteinhaften Farbigkeit, die das ganze Fenster auszeichnet. Die ikonografische Auswahl der in den Scheiben gezeigten Themen wurde offensichtlich vom Bischof selbst individuell festgelegt, ohne Rücksicht auf die anderen Glasmalereien im Hauptchor:

Unterste Zeile: Der Stifter Bischof Nikolaus, zwei 1839 falsch erneuerte Scheiben (hier waren ursprünglich das Wappen des Königreichs Böhmen und das Wappen des Hochstifts Regensburg zu sehen) – der Reichsadler. Nikolaus von Ybbs war vor seiner Bischofswahl in der Kanzlei Kaiser Heinrichs VII. tätig gewesen (deshalb der Reichsadler) und anschließend Protonotar von dessen Sohn, dem böhmischen König Johann von Luxemburg (deshalb das böhmische Wappen).
2. Zeile: hl. Walburga, hl. Willibald, hl. Wunibald, hl. Sola (die vier Patrone des Bistums Eichstätt beziehen sich auf Bischof Nikolaus, der früher auch Domherr in Eichstätt gewesen war)
3. Zeile: hl. Martin, hl. Paulus, hl. Petrus, hl. Nikolaus
4. Zeile: Szenen aus der Kindheitsgeschichte Jesu: Verkündigung an Maria, Geburt Christi, Anbetung der Könige, Darbringung im Tempel.
Im Maßwerk: Darstellung der Kreuzigung Christi mit Maria und Johannes Ev., außerdem das Lamm Gottes und die Symbole der vier Evangelisten.

Ursprünglich war für die prominente Position direkt über dem Hochaltar ein anderes Fenster vorgesehen, das die Vierzehn Nothelfer zeigt; es war schon bald nach 1304 von dem Dompropst Konrad von Haimberg und seinem Onkel, dem Domherrn Konrad von Schwarzenburg, gestiftet worden. Da aber der Hauptchor des Doms damals noch im Bau war und die Gewölbe erst um 1315/20 eingezogen werden konnten, war noch keines der Fenster im Hauptchor montiert. So konnte der energische Bischof Nikolaus durchsetzen, dass sein Fenster den besten Platz erhielt, während das Nothelferfenster in den südlichen Obergaden des Hauptchorschlusses (Fenster S II) verschoben wurde.

A. H.

Lit.: Fritzsche, Glasmalereien, S. XLIII, XLVI, 31–44, Fig. 2–4, Abb. 22–48; Hubel, Glasmalereien 1981, S. 18–20, 139, Farbtafel 17–21; Hubel, Glasmalereien 2012, S. 10–14, 25f., Abb. S. 27

Ludwig IV. schenkte dem Regensburger Bischof Nikolaus ein Rationale, obwohl dieses liturgische Gewand eigentlich nur vom Papst verliehen werden durfte.

6.10

A Regensburger Rationale

Regensburg, 1314/25; Gold- und Silberstickerei, farbige Seidenstickerei auf Leinengrund, Seidenatlasfutter, 65,5 x 66 cm (R)
Domschatzmuseum Regensburg (D 1974/89)

B Kopie des Regensburger Rationale

Regensburg, zwischen 1649 und 1661; Gold- und Silberstickerei (Anlege-, Sprengtechnik, Kantillenstickerei), Seidenstickerei (Platt-, Klosterstich) auf Leinengrund, Seidenatlasfutter, Metallanhänger, 67 x 63 cm
Bayerisches Nationalmuseum, München (T 178)

Als Rationale wird ein bischöfliches Schultergewand bezeichnet, das für gewöhnlich vom Papst als Auszeichnung verliehen wurde. Das im Bayerischen Nationalmuseum in München erhaltene Exemplar (B) stammt aus dem Besitz des Bischofs Franz Wilhelm von Wartenberg in Schloss Tüßling und stellt eine genaue Kopie des Regensburger Rationale aus dem ersten Viertel des 14. Jahrhunderts im dortigen Domschatzmuseum dar (A).

Das Original besteht aus einem Vorder- und einem Rückteil mit jeweils abgerundetem Halsausschnitt und ebensolcher Unterkante; die angeschnittenen Seitenstreifen sind länger als die Mittelfelder. Kreisförmige Schulterstücke verbinden die beiden Teile. Die Ränder des Rationale sind mit drei von ursprünglich 68 glöckchenförmigen Metallanhängern besetzt. Von herausragender Qualität ist die äußerst feine Metall- und Seidenstickerei, die den Leinengrund vollständig bedeckt.

Die Form und das komplexe, von zahlreichen Inschriften durchzogene Bildprogramm gehen auf das im Bamberger Diözesanmuseum bewahrte Rationale aus der ersten Hälfte des 11. Jahrhunderts zurück (Inv.-Nr. 2728/3–34). Auf der Vorderseite ist Christus als König Salomon nach dem Hohen Lied des Alten Testaments dargestellt, darunter Ecclesia mit Maria und Martha. Flankiert werden sie von den Märtyrern Stephanus und Dionys sowie dem Evangelisten Johannes.

Zu beiden Seiten stehen die Heiligen Petrus und Paulus. Die Rückseite zeigt Christus als Weltenrichter aus der Offenbarung des Johannes über dem Lamm Gottes, von den Symbolen der vier Evangelisten und Engeln umgeben. Auf den Längsstreifen erscheinen jeweils drei Apostel. Die Schulterscheiben zieren die Verkörperungen der vier Kardinaltugenden Barmherzigkeit, Wahrheit, Gerechtigkeit und Frieden, dazu die Vertreter der zwölf Stämme Israels. Achim Hubel legte überzeugend dar, dass wohl Ludwig IV. das Rationale dem Regensburger Bischof Nikolaus von Ybbs stiftete und es daher in die Zeit zwischen 1314 und 1325 datiert werden kann. Diese ungewöhnliche königliche Schenkung manifestiert Ludwigs Machtanspruch in der Rivalität mit dem Papst, war es doch normalerweise das Kirchenoberhaupt, das einen Bischof mit diesem besonderen Gewandstück auszeichnete.

Die auf dem Original nur noch schwach zu erkennenden vegetabilen Muster der Rahmungen sind auf der Kopie als Wellenranken mit Dreiblättern gestaltet. Ähnliche Motive finden sich häufig auf Stickereien um 1600, daher wurde das Stück wohl in diese Zeit datiert. Lässt jedoch bereits die Gestaltung der Figuren mit runden Gesichtern und ausladenden Gewändern eine barocke Auffassung erkennen, so bieten technische Details zusätzliche Anhaltspunkte für eine spätere Datierung. Die Sprengarbeit mit Metalllahn so-

6.10 A Vorderseite

6.10 B Vorderseite

6.10 A Rückseite

6.10 B Rückseite

wie die gehämmerten Spiraldrähte aus Silber, die die Nimben markieren, legen eher eine Entstehung um die Mitte des 17. Jahrhunderts und somit während der Amtszeit von Franz Wilhelm von Wartenberg als Regensburger Bischof (1649–1661) nahe.

J. Pi.

Lit.: Glaser, Wittelsbach und Bayern, Bd. 1/2, S. 65, Kat.-Nr. 73 (Achim Hubel); Heinemeyer, Stickereien, S. 62–67; Hubel, Domschatz, S. 219–229, Nr. 112

Bischof Nikolaus ließ sich auf seinem Siegel mit dem kostbaren Rationale abbilden, das ihm Ludwig IV. verliehen hatte.

6.11
Spitalordnung für das St. Katharinenspital in Regensburg

11. November 1316, ausgestellt von Nikolaus von Ybbs; Urkunde, Pergament mit angehängtem Siegel, 42 x 29,1 cm
Spitalarchiv Regensburg (Urk. 285)

Das Siegel der Spitalordnung für das Regensburger St. Katharinenspital zeigt Bischof Nikolaus von Ybbs, umrahmt von der Umschrift: + NICOLAVS · DEI · GRACIA · ECCLE[SIE] · RATISPONENSIS · EPISCOPVS. Die rechte Hand erscheint zum Segensgruß erhoben, die Linke umfasst einen Hirtenstab. Auffällig bei der sitzenden Figur sind Mitra und im Besonderen Rationale, jenes textile Würdezeichen, mit dessen Schenkung Ludwig IV. den Regensburger Bischof ausgezeichnet hatte. Diese Form der Selbstdarstellung deutet darauf hin, dass Bischof Nikolaus 1316 noch zu den Parteigängern Ludwigs des Bayern gehörte und diese Haltung repräsentativ nach außen trug, bevor er schließlich in das päpstliche Lager wechselte und fortan zu den Gegnern des Kaisers in Regensburg zählte.

Das 13. und frühe 14. Jahrhundert brachte Neuerungen in der Verwaltungsordnung, die das bürgerliche Selbstverständnis und die urbanen Sozialstrukturen nachhaltig prägten. Die Spitalordnung von 1316 steht somit in einer Reihe normativer Erlasse für das Spital, das 90 Jahre zuvor gemeinsam von Nikolaus' Vorgänger, Bischof Konrad IV., dem Regensburger Bischof, Domkapitel und der Bürgerschaft gegründet worden war. Die Ordnung sollte das komplexe Aufgabengeflecht mit geeigneten Statuten regeln. Die einzelnen Bestimmungen bilden hierarchische Strukturen innerhalb Regensburgs und im Speziellen innerhalb der Spitaladministration ab, anhand derer sich erkennen lässt – wie Gisela Drossbach es formuliert hat –, „was hinter den Kulissen geschieht, … zwischen den Zeilen [zu] lesen oder … [zu] rekonstruieren [ist]".

K. P.

Lit.: Drossbach, Statuta, S. 371

Bischof Nikolaus von Ybbs verfügte in einem Gebetsgedenken, auch für die Kaiser Heinrich VII. und König Ludwig IV. zu beten.

6.12
Kaiserliche Memoria im St. Katharinenspital

29. März 1317; Urkunde, Pergament mit angehängtem Siegel, 25 x 29,5 cm
Spitalarchiv Regensburg (Urk. 271)

Bischof Nikolaus von Ybbs übertrug dem St. Katharinenspital am 29. März 1317 das Gut Höttingen bei Weißenburg in Franken. Mit dieser Schenkung übernahm das Spital von Regensburg zugleich die Verpflichtung, die Memoria für Kaiser Heinrich VII. und seine Gemahlin Margarete von Brabant zu halten – am 29. Mai mit einer Vigil und am Folgetag mit einer Seelmesse. Gleichzeitig erweiterte Nikolaus diese Memorialstiftung um das Gebetsgedenken für König Ludwig und seine eigene Person. Damit verband er sein eigenes Seelgedenken mit demjenigen an die Herrscherhäuser der Luxemburger und der Wittelsbacher. Zur Stiftung gehörte auch die Austeilung von Geldbeträgen, Getränken und Essen. Am Fest der Apostel Philipp und Jakob sollten dem Spitalmeister und der Meisterin jeweils acht Regensburger Pfennig, den einzelnen Brüdern und Schwestern vier Pfennig sowie den Bedürftigen Wein und Fleisch gereicht werden. Voraussetzung für den Genuss dieser Pitanzen war die Teilnahme an den vereinbarten Messen und Gebeten. Das mit den Gülteinnahmen aus der Ortschaft Höttingen verbundene Jahrtagsgedenken blieb jedoch Episode, bereits wenige Jahrzehnte später fehlen jegliche Hinweise auf diese Stiftung. Von Dauer blieb hingegen das Gedenken an Nikolaus von Ybbs im Dom zu Regensburg (Kat.-Nr. 6.9) und in den Klöstern Weltenburg, Windberg, Kremsmünster und Oberalteich, wo er auch seine letzte Ruhe fand.

Vor seiner Weihe zum Bischof von Regensburg wirkte Nikolaus von Ybbs in der Kanzlei der Könige Albrecht I., Heinrich VII. und Johann von Böhmen, zuletzt als Protonotar. Domherrenstellen bekleidete er in Eichstätt und Regensburg. Nach dem über König Ludwig verhängten Kirchenbann distanzierte er sich von diesem und wechselte in das päpstliche Lager. In den Rahmen seines allgemeinen Reformhandelns sind auch die Visitationen, Spendenaufrufe und Verordnungen für das St. Katharinenspital zu stellen, die zur zahlenmäßigen Reduzierung des Schwesternkonvents und zur Anlage eines umfangreichen Urbars führten. Besonderes Augenmerk richtete Bischof Nikolaus auf das religiöse Leben im Spital: „Wir haben auch vernomen, dacz an dem gotsdienst dacz dem spital gebresten ist."

A. D.

Lit.: Hausberger, Nikolaus von Ybbs; Morenz, Magister Nikolaus von Ybbs; Popp, Bischof Nikolaus von Ybbs; Schmid; Nikolaus von Ybbs

---

Der außergewöhnliche Reliquienbehälter wurde erst vor wenigen Jahren in einem Holzkruzifix gefunden, das einst in Donaustauf aufbewahrt wurde. Vielleicht besteht eine Verbindung zu Bischof Nikolaus von Ybbs und seiner hochstiftischen Burg Donaustauf.

6.13
Reliquiar in Form eines Schmetterlings

Paris oder Prag, um 1310/20; Silber, feuervergoldet, Perlen, 4 x 5 cm; Etui: Leder über Hornplatte
Diözesanmuseum Regensburg (L 1994/1)/Leihgabe Priesterseminar St. Wolfgang, Regensburg

Die Metamorphose des Schmetterlings war schon in der Antike Sinnbild für Unsterblichkeit. Seit dem Frühchristentum sah man darin eine Parallele zu Christi Tod, Grabesruhe und Auferstehung. Im Regensburger Schmetterling ist diese Symbolik einzigartig ins Bild gesetzt: Die lebensgroß und naturgetreu nachgebildeten Flügel tragen ein Kreuzigungsbild, rückseitig findet sich ein Gefach mit einer Kreuzreliquie, umgeben von kleinen Reliquienfächern. Der Sensationsfund gelang 1991 bei der Restaurierung eines gotischen Holzkruzifixus. In einer verborgenen Austiefung am Hinterhaupt stieß man auf ein kunstvolles Lederetui, das den Schmetterling enthielt. Die Herkunftsspuren des um 1370/80 entstandenen Kreuzes führen in die Burg Donaustauf, die im Mittelalter dem Regensburger Bischofssitz angehörte. Das Schmetterlingskleinod ist ein Spitzenwerk höfischer Kunst, weltweit ohne Vergleichsstück. Man darf vermuten, dass es ursprünglich einem geistlichen Würdenträger als Pektorale diente.

Die Form ist aus einer Silberplatte geschnitten, die Fühler bestehen aus Silberdraht mit Perlen. Die Rückseite besaß ursprünglich einen Klappdeckel, verblieben ist nur der Verriegelungsstift mit Kordel. Der Emailschmuck vorn wurde in Tiefenschnitttechnik ausgeführt, das heißt, die Grundplatte ist in verschieden stark ausgetiefte Bereiche unterteilt. Am höchsten stehen der Randsteg und die Gesichter der Figuren. In den tiefsten Bereichen der Flügel liegen bis zu sechs farbige Emailschichten. Durch die Transparenz des Materials ergibt sich eine fantastisch-irreale Tiefenwirkung wie bei echten Schmetterlingsflügeln. Davor erscheint schwebend die Kreuzigungsgruppe.

Im Regensburger Schmetterling verdichtet sich ein Kosmos von Sinnbezügen: Er lenkt das Auge auf die Schönheit der Schöpfung, ist Bildträger für den Sieg über den Tod und die Erlösung durch das Kreuz und zugleich Behältnis für einen Partikel vom Kreuz Christi.

F. F.

Lit.: Fuchs, Schmetterlingsreliquiar

Das Reliquienkreuz des böhmischen Königs Přemysl Ottokar II. gelangte durch Verpfändung aus Prag in den Besitz der Regensburger jüdischen Gemeinde. Bischof Nikolaus, der ehemalige Kanzler König Johanns von Böhmen, löste das Pfand aus.

6.14
Kreuz Přemysl Ottokars II.

Prag 1261, Regensburg nach 1313, Ergänzungen 1695; Kreuz: Gold, Edelsteine, Perlen, Holz, Bergkristall, Gravurzeichnung, Niellotechnik; Fuß: vergoldetes Silber, Gravurzeichnung, H. gesamt 84,5 cm, Kreuz: H. 36,7 cm, Arm: B. 30,8 cm, Fuß: B. 28,5 cm
Domschatzmuseum Regensburg (D 1974/69)

Das Kreuz wurde im Auftrag des böhmischen Königs Přemysl Ottokar II. (1253–1278), Sohn König Wenzels I. und dessen Gemahlin Kunigunde von Staufen, anlässlich seiner Krönung am 25. Dezember 1261 angefertigt. Am Tag nach der Krönung ließ Přemysl die königliche Grabstätte im Prager Klarissenkloster Na Františku anlegen, wo das Kreuz offenbar aufbewahrt wurde. Im Jahr 1305 wurde es zum Begräbnis König Wenzels II. ausgestellt, danach ging es in den Besitz der Königstochter Anna und ihres Gemahls Heinrich von Kärnten über. Nach Heinrichs Niederlage gegen Johann von Luxemburg im Dezember 1310 musste Anna Prag verlassen. Sie verpfändete das Kreuz zusammen mit weiteren Kleinodien, vermutlich zur Deckung von Schulden, an den Prager Finanzier Nikolaus von Turri, in dessen Haus sie zu dieser Zeit wohnte. Turri brachte das kostbare Stück noch im selben Jahr nach Regensburg, wo er es an jüdische Kaufleute verpfändete. Die Regensburger jüdische Gemeinde gehörte zu den ältesten in Deutschland und hatte im 13. Jahrhundert große Bedeutung erlangt. Ihre Mitglieder waren zum Kauf und Verkauf von Gold, Silber und Metallen aller Art berechtigt. Die verpfändeten Kleinodien „reservierten" sie für den böhmischen König, der sie jedoch nicht auslöste. Schließlich nahm sich der ehemalige Protonotar des Königs, Bischof Nikolaus von Ybbs, des

Kreuzes an. Auf seinen Wunsch hin gewährte König Johann am 30. Mai 1313 die Auslösung des Kreuzes, das daraufhin vervollständigt und dem Regensburger Domschatz beigefügt wurde.

Die Vorderseite des Kreuzes ist reich mit Edelsteinen und Flussperlen verziert. In der Mitte ist hinter geschliffenem Bergkristall eine große Reliquie vom Kreuz Christi in Form eines Doppelbalkenkreuzes eingearbeitet. Die Enden der Kreuzbalken bilden Vierpässe mit einbeschriebenem Quadrat, die symmetrisch mit Edelsteinen und Perlen besetzt sind.

Die Rückseite ist mit gravierten Niellodarstellungen verziert. In der Mitte ist ein lateinisches Kreuz mit der Kreuzigung Christi zu sehen, darüber die Inschrift: · REX · OTAKARVS · ME · FECIT. Der mittlere Vierpass zeigt Halbfiguren der Jungfrau Maria, des Evangelisten Johannes und zweier Engel. Die Vierpässe an den Balkenenden sind mit kreisförmigen Medaillons der Evangelisten versehen.

Nach 1313 wurde das Kreuz mit einem Fuß aus vergoldetem Silber ergänzt, dessen Grundplatte ebenfalls aus einem Vierpass mit Medaillons der Evangelisten besteht. Der Fuß mündet in einen profilierten, von einem Nodus durchbrochenen Schaft, der von einem schlanken vierseitigen Kapitell mit gekräuseltem Laubwerk abgeschlossen wird.

H. S.

Lit.: Chytil/Friedl, Kříž; Hubel, Domschatz, S. 170–175, Kat.-Nr. 68; Otavský, Relikviářovy kříž; Stehlíková, Korunovační kříž

Am Rand des jüdischen Viertels stand bis zur Zerstörung 1519 eine spätgotische Synagoge. Sie war bauliches Vorbild für die Prager Altneusynagoge.

6.15

A **Innenraum der Regensburger Synagoge**

Regensburg, 1519, Albrecht Altdorfer;
Radierung/Papier, 17 x 12,5 cm (R)
Historisches Museum Regensburg (L 1974/9)

B **Bogenfragment vom Almemor der 1519 zerstörten Synagoge**

Regensburg, 14. Jahrhundert; Kalkstein, 37 x 39 x 10 cm
Historisches Museum Regensburg (ohne Inv.-Nr.)

Nur wenige Überreste der Ausstattung der Synagoge, die am 21. Februar 1519 unmittelbar vor der Vertreibung der jüdischen Bevölkerung Regensburgs abgerissen wurde, sind bei Ausgrabungen am Neupfarrplatz gefunden worden. Dazu zählt das Bruchstück des Zackenfrieses, der das Gesims des Almemor/Bima, der Lese-Estrade, oben umlaufen haben dürfte – man meint den Fries auf der Radierung des Regensburger Malers, Baumeisters und Ratsmitglieds Albrecht Altdorfer (gest. 1538) zu erkennen. Altdorfer hat die auch dank seiner Entscheidung „nach Gottes gerechtem Ratschluss von Grund auf zerstörte" Synagoge tags zuvor noch in zwei Radierungen zutreffend festgehalten, wie die jüngsten Ausgrabungen am Neupfarrplatz bestätigen.

Über trapezförmigen Fundamenten des schlichten romanischen Saalbaus aus dem späten 11. Jahrhundert wurde im frühen 13. Jahrhundert (vor 1217 beziehungsweise vor 1227) eine zweischiffige, nach Osten ausgerichtete hohe gotische Halle errichtet, von drei Freipfeilern getragen: „Diese Mittelstützen erheben sich über einem hohen Postament; sie weisen attische Basen mit Eckzier und niedrige Knospenkapitelle auf. Mit den Rundstützen korrespondieren Dienstbündel an den Längswänden ... Rundbogige Gurte und Schildbögen grenzen acht kreuzgratgewölbte Joche aus." (Cornelia Berger-Dittscheid)

Die sehr hoch eingebrachten Fenster deuten auf Anbauten und dichte Bebauung der Umgebung hin, zugleich betonen sie mit dem Spitzbogenfenster und Oculus (oder sind je zwei anzunehmen?) der Ostwand die Höhe des Baus, wie auch die an der nördlichen Längsseite hinabführenden Stufen des Portals von der Vorhalle aus – in der zweiten Zeichnung Altdorfers überliefert – die Höhe zu betonen suchen. Es sollte doch die Synagoge das höchste Bauwerk einer Gemeinde, ja einer Stadt sein.

Der mittlere Pfeiler war von der Estrade, der Bima für die Lesung von Tora und Propheten, umgeben, die erhöht und reich ausgeschmückt war mit rundbogigen Arkaden auf Säulchen und einem abschließenden Gesims. Das Lesepult ist, asymmetrisch ausgerichtet auf die Fenster der Ostwand, unschwer zu erkennen.

Der Toraschrein war in der ebenfalls aufwändig dekorierten Sockelzone der Ostwand integriert. Hier hatte man auch Elemente des romanischen Vorgängerbaus bewahrt, wie in Altdorfers Radierung schemenhaft dargestellt.

Die Regensburger Synagoge gilt als Vorbild der um 1300 entstandenen Prager „Altneuschul". M. Br.

Lit.: Kraus, Mehr als Steine, S. 261–263 (Cornelia Berger-Dittscheid), mit weiterer Literatur S. 284f.

Die Regensburger jüdische Gemeinde gehörte mit über 500 Mitgliedern zu den größten Gemeinden in Deutschland.

6.16
Abguss des Siegels der jüdischen Gemeinde Regensburg

Vorlage: Urkunde vom 8. Juni 1356 (Bayerisches Hauptstaatsarchiv, München, Reichsstadt Regensburg Urk. 1078);
Abguss: Wachs, Ø 4,5 cm
Historisches Museum Regensburg (ohne Inv.-Nr.)

Verglichen mit der Zahl jüdischer Privatsiegel, die in Regensburg ab 1297 nachzuweisen sind, haben sich Siegel von jüdischen Gemeinden sehr viel seltener erhalten – neben diesem Regensburger Siegel von vergleichsweise beachtlicher Größe ist das der Augsburger Gemeinde von 1298 bekannt, das den Reichsadler und einen kleinen Judenhut sowie außer der hebräischen auch eine lateinische Umschrift aufweist. Dies macht sinnfällig, dass Siegel vor allem, wenn nicht ausschließlich, im Verkehr mit der christlichen Mitwelt Verwendung fanden. Hebräische Urkunden wurden unterschrieben. Das Hebräische bezeichnet Unterschrift und Siegelung mit demselben Wortstamm und nicht alle Gemeinden dürften Siegel verwendet haben – so sind aus den „SchUM"-Gemeinden (Speyer, Worms, Mainz) keine Siegel bekannt. Jüdischerseits war die Verwendung von Siegeln nicht unumstritten, einigen Gelehrten galt sie als Nachahmung nichtjüdischer Praktiken. Die wenigen erhaltenen Siegel belegen die noch bis in die zweite Hälfte des 14. Jahrhunderts anhaltende Bedeutung einzelner Gemeinden und Personen, die für den Rechtsverkehr das (besteuerte) Siegelrecht innehatten. Mit der immer stärkeren Beschränkung ihrer Rechte gingen die Juden auch des Siegelrechts verlustig.

Die umlaufende hebräische Inschrift des Regensburger Korporationssiegels lautet: חותם קהל ריגנשפורק (chotam kehal rignschpurk, Siegel der Gemeinde Regensburg), in der zugehörigen Urkunde mit „Mit unserem der Juden in Regenschpurk gemein Siegel" bezeichnet. Das Siegelbild zeigt die Sichel des aufgehenden Mondes, links davon einen sechszackigen Stern, jeweils mit erhabenen Mittellinien ausgeführt; die Worte der Umschrift sind durch Punkte und einen fünfzackigen Asterisk voneinander getrennt. Halbmond und Stern finden sich auch auf einem privaten Regensburger Siegel von 1297 (Österreichisches Staatsarchiv, Wien), hier mit einem Judenhut kombiniert. Dass ein solcher auf dem Gemeindesiegel fehlt, könnte ein Indiz dafür sein, dass die Symbolik nicht oktroyiert, sondern frei gewählt wurde. Das Fehlen eines – im Übrigen nicht auf Juden beschränkten – Judenhuts mag auch insofern beachtenswert erscheinen, als in Regensburg – wenngleich erst etwas später – dieses Motiv fast ausnahmslos in herabsetzender Weise auftritt, unter anderem am und im Dom sowie in einem Spottrelief über einer Grabmalspolie im nahen Kelheim.

Jedenfalls bedient sich die Bildsprache der von jüdischen Gemeinden oder Privatpersonen gebrauchten Siegel nicht eines spezifisch jüdischen Fundus, so wie dies auch auf jüdische Grabsteine zutrifft, wie man etwa auf dem mittelalterlichen Friedhof von Worms sehen kann, wo auf den Grabsteinen Sterne unterschiedlichster Gestalt, Halbmonde, Sonnen, Lilien, Palmetten, Vögel usw. in beachtlicher Anzahl und Vielfalt zu sehen sind.

M. Br.

Lit.: Lehnertz, Judensiegel;
www.medieval-ashkenaz.org/JS01 (15.3.2014)

Die aufwändig dekorierten Gefäße, die im Regensburger jüdischen Viertel gefunden wurden, dienten wohl als Kochgeschirr.

6.17
Mittelalterliche Keramik aus dem Regensburger jüdischen Viertel

Fundort: Regensburg, Neupfarrplatz 6a, Grabung 1990, 1. Hälfte 14. Jahrhundert; Keramik
Historisches Museum Regensburg (1990/3)

Auf der Abbildung sind Flachdeckel und Topfränder zu sehen, die 1990 bei einer Grabung auf dem Anwesen Neupfarrplatz 6a im Bereich des mittelalterlichen Judenviertels geborgen wurden. Die Keramik befand sich im noch erhaltenen unteren Teil einer Latrine, in die sie seinerzeit zusammen mit Gegenständen wie Kochtöpfen, Becherkacheln, Öllampen und sehr viel Bauschutt geworfen wurde. Die Verfüllung geschah innerhalb kürzester Zeit. Wegen des Fehlens der oberen Latrinenhälfte sind nahezu alle Objekte nur fragmentarisch erhalten.

Hinsichtlich des Materials und der Formgebung entsprechen die Stücke der Keramik, die in der ersten Hälfte des 14. Jahrhunderts in Regensburg-Prebrunn hergestellt wurde. Eine Besonderheit sind jedoch die plastischen Verzierungen, die in einem zusätzlichen Arbeitsschritt auf den Deckeln, Kochtöpfen und Glutschalen angebracht wurden. Es haben sich 13 Töpfe und Topffragmente, fünf Wandscherben, zwei Bruchstücke von Glutschalenrändern und neun Deckel mit aufgelegtem Dekor erhalten. Soweit es der fragmentarische Erhaltungszustand erkennen lässt, handelt es sich um geschwungene Leisten mit gekerbter oder gelochter Oberfläche, ebenso bearbeitete Nuppen und Arme beziehungsweise Hände. Die Leisten beziehungsweise Arme schlingen sich oft um Topfhenkel. Die Auflagen konnten spurlos abplatzen, wie sich an den Bruchkanten der Verzierungen zeigt. Solche Dekore sind aus Regensburg bislang fast unbekannt. Die zwei Deckelknäufe in Tierform beziehungsweise in Gestalt eines stilisierten Menschenkopfs sind Unikate. Bei den Verzierungen handelt es sich nicht um für das Judentum typische Symbole oder Motive. Die Töpfe fanden als Kochgeschirr Verwendung, worauf starke Rußspuren im Bereich des Bodens und der Mündung hindeuten. Auch viele Deckel zeigen Feuerspuren. Einige Töpfe weisen auf der Innenseite eine dicke Kalkschicht auf, wie sie in Wasserkochtöpfen entsteht. Es handelt sich also nicht um besonders gekennzeichnete Sabbatschmortöpfe.

K. D.

Lit.: Codreanu-Windauer/Wanderwitz, Judenviertel; Dallmeier, Applikationen; Endres/Loers, Keramik

---

Regensburg besaß im Mittelalter einen der größten und bedeutendsten jüdischen Friedhöfe Europas mit weitem Einzugsbereich und mit Gräbern prominenter Rabbiner und Gelehrter.

6.18
Grabstein des Knaben Menachem b. Jakob

Regensburg, 1309; Kalkstein, 44 x 38 cm
Historisches Museum Regensburg (HVE 263)

„Dies ist die Grabstele des Knaben
Menachem, Sohn des Herrn Jakob,
des Synagogendieners, der verschied am Tag
sechs, 21 Tage im Ijjar
des Jahres 69 des sechsten Jahrtausends.
Es sei seine Seele
eingebunden in das Bündlein der Lebendigen."

(Freitag, 2. Mai 1309)

So lautet die Inschrift des Grabsteins, die Joh. C. Paricius 1753 in seiner „Allerneuesten und bewährten Nachricht von der des Heiligen Römischen Reiches Freyen Stadt Regensburg" überliefert. Der Grabstein, einst „an des Herrn Leipolds Stadel" verbaut (Paricius, S. 272), 1808 in der Kreuzgasse 6 belegt, ist eines der kleinsten und schlichtesten der über 100 zur Gänze erhaltenen jüdischen Grabmale des Regensburger Mittelalters. Sie datieren in die Zeit zwischen dem frühen 13. Jahrhundert und der Vertreibung im Februar 1519. Der laut den Chronisten 4000 bis 5000 (?) Stelen fassende Regensburger jüdische Friedhof vor dem Peterstor diente zentral ganz Nieder- und Oberbayern und war spätestens ab 1325 „zu Wasser und zu Lande" für alle zu Bestattenden zollfrei erreichbar. Er wurde 1519 völlig vernichtet, die Leichname geschändet. Die Grabsteine wurden sowohl als Siegestrophäen in Stadt und Umland als auch in größtem Umfang als Baumaterial genutzt.

Im Judentum hat grundsätzlich jeder Verstorbene das Recht auf ein dauerhaftes Grabzeichen, das als „liturgisches Objekt" die Erinnerung an den Verstorbenen für immer festhält. Gräber werden nicht, wie etwa im Christentum, mehrfach belegt oder aufgelöst und so verwundert es nicht, dass die ehrwürdige Regensburger Gemeinde seit 1210 einen neuen (zweiten) großen Friedhof besaß. Dürften die 1519 geäußerten Zahlen auch übertrieben sein, so ist doch eine sehr beachtliche Anzahl von Steinen aus über drei Jahrhunderten als gesichert anzunehmen. Die Relikte belegen Größe und Bedeutung der aus dem 10./11. Jahrhundert erwachsenen Regensburger Gemeinde, die mit Mainz und Worms zu den ältesten jüdischen Gemeinden Mitteleuropas gehörte.

Als Trophäen mehrfach lateinisch oder deutsch die Vertreibung kommentierend, sind jüdische Grabsteine oder Teile davon in der Regensburger Altstadt wie auch in Ortschaften nah und fern, so in Kelheim, Straubing, Cham oder im österreichischen Eferding, sichtbar. Paricius beschreibt, „wie dann … viele fürnehme Leute, so etwa selbige Zeit im bauen oder in Reparirung ihrer Häuser begriffen waren, zum Zeugnuß und Andencken, daß die Juden in großer Menge hier gewesen, von ihren allhier hinterlassenen Grab=Steinen einige hie und da in die Mauern ihrer Häuser einmachen, andere aber an öffentliche Oerter stellen und legen lassen" (S. 237). Allein in der Neupfarrkirche im früheren jüdischen Viertel ist, außen wie innen, sichtbar und unsichtbar, eine kaum zu ermittelnde Anzahl von Grabmalen verbaut; bekannt sind mindestens fünf.

So war auch der Stein des Knaben Menachem bar Jakob jahrhundertelang öffentlich sichtbar und zeigt die Spuren der Zweitverwendung. Die Buchstaben wurden geschwärzt, was früh schon das Sterbedatum verunklart hat: 5069 oder 5109, also 1309 oder 1349? Paricius gibt in seiner oben zitierten Übersetzung des abschließenden Segenswunsches das Jahr 1349 an, seine Angabe aber, der Stein sei „jetzo 444 Jahre alt", nimmt 1309 als Todesjahr – und nur für 5069/1309 passen auch Wochentag und Monatsdatum – Freitag, 2. Mai.

Der Überblick über die Regensburger Spolien überrascht insofern, als der Anteil der Steine für Kinder und Jugendliche fast ein Viertel beträgt. Zum einen zeigt sich darin die kaum zu überschätzende Bedeutung der Kinder im Judentum allgemein; es spricht zudem für den kulturellen und materiellen Wohlstand der Gemeinde und betont die Würde des Gedenkens. Zum anderen aber verdankt sich dieses Verhältnis auch der geringen Größe solcher Kindergrabsteine, die sich leichter fortschaffen ließen als fast eineinhalb Meter hohe, stattliche Stelen, wie sie für Erwachsene üblich waren.

Jakob, der Vater des auf dem hier gezeigten Grabstein verewigten Menachem („Tröster"), wird als Bediener der Gemeinde bezeichnet. Der Schammasch (vulgo 'Schammes') war keineswegs unbedeutend, zusammen mit Vorbeter und Raw nahm er verantwortungsvolle Aufgaben in und um die Synagoge wahr. Unter den Regensburger Grabsteinen ist eine feierliche Inschrift des 15. Jahrhunderts überliefert, die die Gelehrsamkeit und Würde eines Schammasch bekräftigt und damit die Wertschätzung zeigt, die man dem Synagogendiener entgegenbrachte.

Menachem bar Jakob hat das 13. Lebensjahr nicht erreicht und damit Ludwig den Bayern als seinen kaiserlichen „Schutzherrn" nicht gekannt. Das Leben des jung Verstorbenen sollte sich fortsetzen „im Bündel der Lebendigen" oder „des Lebens" (nach 1 Samuel 25,29). Dieser Segenswunsch war im Mittelalter nur einer unter zahlreichen, hat sich seither aber als die übliche Segensformel auf jüdischen Grabsteinen durchgesetzt.

M. Br.

Im 14. Jahrhundert erreichte die Handelsdrehscheibe Regensburg den Höhepunkt ihrer Wirtschaftskraft.

6.19
Regensburger Fernhandel im 14. Jahrhundert

Karte; Entwurf: Andreas Th. Jell
Haus der Bayerischen Geschichte, Augsburg

Von jeher profitierte Regensburg von seiner verkehrsgünstigen Lage. Die Stadt liegt an der nördlichsten Stelle der Donau und damit an dem einzigen großen Strom Mitteleuropas, der von Westen nach Osten fließt und die Verbindung nach Schwaben und in Richtung des Schwarzen Meers ermöglicht. Die oberhalb Regensburgs in die Donau mündende Naab öffnete die Wege in die nordwestliche Oberpfalz, wichtig besonders für den Eisenhandel. Über das Flusssystem des Regen gelangte man in den Bayerischen Wald, vor allem aber in den böhmischen Wirtschaftsraum. Altstraßen ergänzten die Wasserwege, so die Verbindung durch die Cham-Further-Senke nach Böhmen oder die noch römerzeitlichen Trassen nach Osten oder Südwesten. Nach dem Bau der Steinernen Brücke in der ersten Hälfte des 12. Jahrhunderts verfügte Regensburg über die einzige feste und jahreszeitunabhängige Donauquerung über den Strom. Damit war der Verkehrsknotenpunkt an der Donau komplettiert.

Bereits in karolingischer Zeit wird von Regensburger Kaufleuten im Osthandel berichtet. Der große Handelsaufschwung setzte im 11. Jahrhundert ein und dauerte etwa bis zur Mitte des 14. Jahrhunderts. Dabei blieb die Donaustadt selbst zumeist Transitort fremder Waren. Ihr wichtigstes Kapital waren kaufmännische Begabung, weit gespannte Informationsnetze und die Fähigkeit, Bedürfnisse und Ressourcen verschiedener europäischer Schauplätze zu verknüpfen.

Wenn Regensburg eine Drehscheibe des Fernhandels war, so lag der Motor vor allem in den Ländern der böhmischen Krone. Von hier stammten die benötigten Edelmetalle, zumeist in Form von Silber- und Goldmünzen. So profitierte Regensburg nicht nur von der allgemein europäischen Entwicklung einer expandierenden Geldwirtschaft im 14. Jahrhundert, sondern auch vom Aufschwung des böhmischen Edelmetallbergbaus ab 1300 (Kat.-Nr. 5.3).

Regensburger Firmen unterhielten enge Kontakte nach Prag und besaßen dort teilweise eigene Filialen. Von hier bezog man neben Gold und Silber auch Kupfer, Zinn, Felle, Wachse und lieferte im Gegenzug Orientwaren (vornehmlich Gewürze und Seidenstoffe), Wein, Tuche und Salz. Aus Flandern brachte man Tuche, von den Messen der Champagne ebenfalls Tuche und Wein. Die Bedeutung dieser Handelsverbindungen nahm allerdings bereits zu Beginn des 14. Jahrhunderts deutlich ab. Kostbare Luxuswaren aus dem Orient wurden jetzt über die Alpenroute aus Oberitalien importiert. Tirol bildete ein wichtiges Interessengebiet des Regensburger Weinhandels und Regensburger Kapitals, das zu Beginn des 14. Jahrhunderts teilweise die Tiroler Alpenzölle kontrollierte. Ein weiterer wichtiger Weg führte über Salzburg und die Tauernroute nach Südosten und nach Venedig. Seit alters hatten die Regensburger den Vorsitz im Fondaco dei Tedeschi inne, also der Niederlassung der deutschen Kaufleute, direkt am Rialto gelegen. Über die Welthandelsmetropole Venedig und über die Donauroute war Regensburg an den Orienthandel angeschlossen. Mit Luxuswaren wie dem in Prag begehrten Safran konnte man die höchsten Gewinnspannen erzielen. Zur Zeit Ludwigs IV. hatten die Regensburger Fernhändler so viel Kapital akkumuliert, dass sie auch im Bankgeschäft tätig werden und große Summen an die stets geldbedürftigen Fürsten ausleihen konnten. Allerdings war das Geschäftsmodell der Stadt recht fragil, denn man war abhängig von sicheren Handelsrouten und unstrittigen Privilegierungen. Das im 14. Jahrhundert als Konkurrent immer wichtiger werdende Nürnberg setzte nicht nur auf den Handel, sondern auch auf gewerbliche Innovationen und konnte auf diese Weise Krisen besser verkraften. Außerdem wurde die dem Reich steuerpflichtige Reichsstadt Nürnberg bereits von Ludwig dem Bayern, besonders aber von Karl IV. gegenüber der unabhängigeren Freistadt Regensburg bevorzugt, die schließlich in der zweiten Hälfte des 14. Jahrhunderts die Führungsrolle im Fernhandel verlor.

P. W.

Lit.: Fischer, Hochfinanz; Freitag, Stadtgeschichte; Schmuck, Ludwig der Bayer; Wagner-Braun, Leben; Wolf, Edelmetallhandel
Karte: www.hdbg.eu/karten (30.4.2014)

Die im 12. Jahrhundert errichtete Steinerne Brücke war der einzige feste Donauübergang zwischen Ulm und Wien. Sie lenkte die Routen des europäischen Nord-Süd-Handels nach Regensburg und verknüpfte sie mit dem Donauhandel.

6.20
Abguss des Siegels der Steinernen Brücke

Urkunde vom 28. Juni 1307; Pergament mit angehängtem Wachssiegel (Bayerisches Hauptstaatsarchiv, München, Reichsstadt Regensburg Urk. Nr. 154), Abguss: Ø 8 cm
Historisches Museum Regensburg (ohne Inv.-Nr.)

Die ungefähr zwischen 1136 und Sommer 1154 erbaute Steinerne Brücke in Regensburg bildete einen eigenen Rechtskörper mit eigenständigem Vermögen, aus dem der Unterhalt des aufwändigen Bauwerks bestritten wurde und an dessen Spitze der Brückenmeister stand. Diese Rechtskonfiguration bestand wohl sehr früh, da der Brückenmeister bereits 1182 im so genannten Brückenprivileg Kaiser Friedrichs I. genannt wird. So ist es selbstverständlich, dass der Brückenmeister ein Siegel führte, das im Urkundentext als der „prukke aigen insigel" angesprochen wird, mit dem er Rechtsgeschäfte im Zusammenhang mit dem von ihm verwalteten Brückenvermögen, was „der prukke zue Regenspurch aigenlich zugehoert", besiegelte.

Das Siegelbild, das innerhalb eines Punktkreises mit 65 Millimetern Durchmesser steht, zeigt eine Brücke mit sechs spitz zulaufenden Bogen, wobei der erste und der sechste Bogen nur angeschnitten sind. Die fünf sichtbaren Pfeiler stehen in einem durch senkrechte Wellenlinien angedeuteten fließenden Gewässer auf dreieckigen Vorlagen. Die Brücke steigt von beiden Seiten zur Mitte an. Auf der höchsten Stelle über dem mittleren Pfeiler erhebt sich ein viergeschossiger Turm, dessen oberstes Geschoss nach beiden Seiten auslädt. Das zweite und dritte Geschoss besitzen je ein Fenster; in der Fensteröffnung des dritten Geschosses ist ein herausschauender Kopf en face zu erkennen. Am rechten und linken Brückenfuß steht je ein viergeschossiger Turm. Die Dächer der drei Türme ragen in den durch zwei Punktkreise gebildeten Umschriftkreis. Die Siegelumschrift beginnt oben rechts neben dem Mittelturm; sie lautet: · S · GLORIOSI · PONTIS · RASTISPONE·. Der Siegelstempel dürfte deutlich älter sein (um 1250) als der hier präsentierte älteste Abdruck.

H. W.

Druck: MB 53, Regensburger Urkundenbuch 1, S. 119, Nr. 233 und Siegeltafel Nr. 5
Lit.: Volkert, Brücke

Der Regensburger Pfennig war eine der wichtigsten Währungen für den regionalen Handel.

6.21
Münzfund von Barbing

Verborgen um 1370; Münzen (Auswahl); spätmittelalterlicher Topf aus Regensburg (nicht zugehörig)
Historisches Museum Regensburg (ohne Inv.-Nr.)

Am 12. Oktober 1926 stieß der Landwirt Martin Binzer bei Erdarbeiten nahe seines Hauses Nr. 15 in der Kirchgasse in Barbing (Lkr. Regensburg) auf ein Tongefäß, das bei dieser Gelegenheit zertrümmert wurde und nicht erhalten ist. Darin befanden sich 2175 Münzen des 14. Jahrhunderts, verteilt auf zwei Münzsorten: Es überwogen mit circa 1770 Exemplaren Regensburger Pfennig aus der herzoglich-bischöflichen Gemeinschaftsmünzstätte Regensburg, die ab 1315 für mehr als ein halbes Jahrhundert geprägt wurden; dabei fanden sich nur sechs ältere Regensburger Stücke. Dazu traten ca. 400 Pfennige ähnlichen Typs aus der für die Oberpfalz prägenden Münzstätte Amberg. Beide Münzsorten gehören zur Währung des so genannten Regensburger Pfennigs, zu dem auch zwei Pfennige aus der böhmischen Münzstätte Lauf bei Nürnberg zu zählen sind. Nur ein Salzburger Pfennig im Fund war ein Fremdkörper. Die Münzen dürften um 1370 verborgen worden sein. 120 Münzen kamen in die Staatliche Münzsammlung in München, die Stadt Regensburg erwarb die Hauptmenge, die sich heute im Historischen Museum befindet.

Der lange geprägte Regensburger Pfennig war zwischen Donau und Main eine eingeführte Währung, sodass zahlreiche Münzstätten dieses Vorbild aufgriffen und ähnliche Pfennige prägten. Als Zeugnis der Geldgeschichte zeigt der Fund von Barbing, dass diese Nachahmungen, hier aus der Münzstätte Amberg, sogar in unmittelbarer Umgebung von Regensburg einen nennenswerten Anteil von fast 20 Prozent am Geldumlauf hatten, obwohl sie weniger Silber enthielten als die echten Regensburger. Nicht nur aus Amberg, sondern auch aus weiteren etwa 40 Münzstätten kommend, überschwemmten sie den Geldumlauf und verdrängten schließlich den Regensburger Pfennig. Wenige Jahrzehnte später, vermutlich 1409, stellte die Regensburger Münzstätte deshalb die Prägung ein.

H. E.

Lit.: Angerer, Regensburg im Mittelalter, Bd. 2, S. 89–93 (Hubert Emmerig); Buchenau, Fund von Barbing; Emmerig, Münz- und Geldgeschichte

Das für den Großhandel wichtige größere Silbergeld kam aus Böhmen nach Bayern. Silberbarren sind dagegen selten.

6.22
Kopie eines mittelalterlicher Silberbarrens aus Regensburg

Verborgen gegen Mitte des 14. Jahrhunderts, Kopie nach dem Original im Münzkabinett Berlin (102/1898);
runder, flacher Gusskuchen, Silber, Ø 14 cm, größte Dicke 2 cm, Gewicht 1925 g
Historisches Museum Regensburg (ohne Inv.-Nr.)

Für die Zeit, als die bayerischen Münzstätten ausschließlich Pfennige prägten, stellt der Regensburger Fund von 1898 einen spektakulären Sonderfall dar, der allerdings nur schlecht dokumentiert ist. Beim Abbruch des Gasthauses zur Roten Lilie am Emmeramsplatz (Roter-Lilien-Winkel 2 = C 153) waren über 3000 Münzen und ein Silberbarren gefunden worden. Die Münzen waren Groschennominale im Wert von etwa vier bis fünf Regensburger Pfennig. Sie kamen überwiegend aus Böhmen (2981 Prager Groschen), dazu traten einige aus Frankreich (14 Turnosen) und Ungarn (9 Groschen). Der Barren und je ein Exemplar der drei Münzsorten wurden an das Berliner Münzkabinett verkauft; der Verbleib der anderen Münzen ist unbekannt. Diese drei Münzsorten gehören in die erste Hälfte beziehungsweise das zweite Viertel des 14. Jahrhunderts; der Fund dürfte also um die Mitte des 14. Jahrhunderts verborgen worden sein.

Dass ein Münzfund mit insgesamt etwa zwölf Kilogramm Silber keine einheimischen Münzsorten enthält, bedarf einer Erklärung: Das einheimische Pfenniggeld war für große und überregionale Zahlungen schlecht geeignet. Der hohe Zählaufwand und die regional beschränkte Gültigkeit der Pfennigsorten sprachen gegen ihre Verwendung im Großhandel. Hier kamen schwerere ausländische Silbermünzen oder gar ungemünztes Silber in Barrenform zum Einsatz; ausländische Goldmünzen gab es in Bayern in dieser Zeit noch kaum. Der Prager Groschen war im 14. Jahrhundert in Bayern eine weit verbreitete Münzsorte – mit den erwähnten Vorteilen des höheren Gewichts und einer weiträumigen Akzeptanz. Mittelalterliche Silberbarren sind in Süddeutschland kaum nachgewiesen; ja, man muss sogar fragen, ob man diesen Regensburger Barren zum Geld rechnen soll. Anders als im niedersächsischen Raum, wo Barren mit städtischen Stempelungen dezidert Geldfunktion hatten, steht er vielleicht heutigen Vorstellungen von Edelmetallbarren näher. Seinem aufgrund des hohen Silbergehalts beträchtlichen Wert tut das freilich keinen Abbruch. *H. E.*

Lit.: Angerer, Regensburg im Mittelalter, Bd. 2, S. 89–93 (Hubert Emmerig); Emmerig, Münz- und Geldgeschichte; Loehr, Probleme

Die Regensburger Patrizierfamilie der Zant diente den wittelsbachischen Herzögen als Geld- beziehungsweise Kreditgeber.

6.23
Werkstein mit dem Wappen der Zant

Stadtamhof, um 1300; Grünsandstein oder Kalkstein, 54,5 x 60 x 25,5 cm
Historisches Museum Regensburg (HVE 65, 2)

Bei der Renovierung der Kirche des St. Katharinenspitals wurden zwei Schlusssteine mit Wappen der Regensburger Patrizierfamilie Zant gefunden. Die Führung von Wappen und Siegeln war bis in das 13. Jahrhundert Kaiser, König und Adel vorbehalten, im Lauf der darauffolgenden Jahrzehnte weitete sich dieses Recht auf die Bürgerschicht aus.

Als Stammwappen der Familie Zant ist ein nach links gewandter silberner Löwe auf rotem Grund zu erkennen, der einen menschlichen Kopf mit seinen großen unteren Reißzähnen im Maul hält. Die etymologische Herkunft des Familiennamens Zant lässt sich aus den alt- und mittelhochdeutschen Wörtern „Zan", „Zand", „Zant" oder „Tzant" herleiten und bedeutet Zahn, was die ausgeprägten Löwenzähne auf dem Wappen begründen würde. Des Weiteren wird diese Vermutung durch eine Inschriftentafel neben dem Wappen untermauert, auf der zu lesen ist: „... heinrici / dentis +", abzuleiten vom lateinischen „dens" für Zahn.

Bei dem größeren Fragment ist der Wappenschild mit floralen Ornamenten umgeben, bei dem hier gezeigten kleineren ist links ein Engel dargestellt. Letzteres lässt vermuten, dass es sich bei diesem Wappenstein um ein Dekorationselement für eine Grabstelle handelt. Schlusssteine dokumentieren den Stifterwillen der jeweiligen Familie und bekunden die Stiftung von Messen, Kirchen oder Kapellen öffentlich. Durch diverse Inschriftentafeln und die Anbringung des Zant'schen Wappens an mehreren Regensburger Sakralbauten lässt sich vermuten, dass die Familie über mehrere Generationen hinweg als Stifter auftrat. Die auch politisch aktive Patrizierfamilie finanzierte dies durch Einkünfte aus Ämtern als Schultheiß und durch die Gewinne aus Geld- und Warenhandel. *A. R.*

Lit.: Angerer, Regensburg im Mittelalter; Dirmeier, Die Zant; Hoernes, Hauskapellen; Urbanek, Wappen; www.spital.de/_daten/archiv/webedition/web_zant.pdf (21.1.2014)

Die weit verzweigte Adelsfamilie der Auer nahm nicht nur Einfluss auf die Stadtpolitik, sondern stellte auch Domherren, die reiche Stiftungen tätigten.

6.24
Stifterpaar aus der Regensburger Familie der Auer

Scheibe 1 d aus dem Glasfenster s XI im südlichen Seitenschiff des Regensburger Doms, um 1325, mit kleineren Ergänzungen des 19. Jahrhunderts (u. a. das Gesicht der Stifterin); Glas, 112 x 84 cm (R)
Staatliches Bauamt Regensburg

Im 13. und 14. Jahrhundert war der Bau des Regensburger Doms ein gemeinsames Anliegen des Domkapitels, der regierenden Bischöfe und zugleich der ganzen Stadt. So stifteten nicht nur die Bischöfe und Kanoniker große Summen, sondern auch die Bürger der Stadt, wie die vielen testamentarischen Verfügungen zeigen. Man konnte auch konkret bestimmte Bauteile finanzieren, wie die Wappen der Zant und der Tundorfer am Hauptchorschluss außen, die Wappen der Gamerit von Sarching am Hauptportal und das Wappen der Nothaft am Nordturm bezeugen. Da farbige Glasfenster im Mittelalter außerordentlich teuer waren und aus den Mitteln des Domkapitels – neben dem Dombau selbst – nicht auch noch finanziert werden konnten, wurden praktisch alle Glasfenster von Bischöfen, Kanonikern und Bürgern bezahlt, wovon die vielen Wappen und Stifterdarstellungen bis heute künden.

Von den einflussreichen Regensburger Familien, die Glasmalereien gestiftet haben, können anhand der Wappen noch die Auer, Dollinger (?), Häderer, Lech, Löbel, Luch, Karg, Melder, Sitauer, Wakkamer, Waiter, Woller, Wildenstein und Wilhelmsdorfer identifiziert werden. Zu den großzügigsten Sponsoren gehörte die weit verzweigte und sehr reiche Familie der Auer. Der Domdekan Ulrich von Au stiftete 1322 nicht nur die Katharinenkapelle im Dom, sondern auch das Glasfenster darüber im 1. Joch des nördlichen Seitenschiffs, ein weiterer Kanoniker (Dietrich oder Heinrich von Au) um 1330 das Obergadenfenster im Südquerhaus S VII, das größte und prächtigste Fenster des Doms überhaupt. Gleichzeitig bezahlte ein anderer Herr von Au – zusammen mit einem Mitglied der Familie Karg – das südliche Fenster im Triforium des Hauptchorschlusses (Trif. S II).

Die hier gezeigte Scheibe stammt aus dem Glasfenster s XI im ersten Joch des südlichen Seitenschiffs. Sie entstand um 1325 und befindet sich ganz rechts in der untersten Zeile. Dargestellt ist ein Ehepaar, das durch das Wappen in der links anschließenden Bahn eindeutig als Mitglied der Familie von Au zu erkennen ist. Über Mann und Frau sieht man noch die Füße des hl. Apostels Paulus, dessen Figur in der nächsten Bahn darüber erscheint. In der linken Bahn steht über dem Wappen der Auer die Figur des hl. Wenzel; diese beiden Heiligen wurden wohl von den Stiftern besonders verehrt. Darüber füllen prächtige Ornamentmuster die restlichen Bahnen dieses Fensters. Die östlich anschließenden zwei Bahnen des Fensters wurden von einem anderen Zweig der Familie Auer gestiftet, wie man an der unterschiedlichen Gestaltung der Helmzier sieht. Um 1370/75 finanzierten die Auer noch einmal drei Fenster, und zwar die monumentalen Fenster oben an den Langseiten des Hauptchors mit den Darstellungen der Geburt Christi, der Anbetung der Könige und des Marientodes (S III, N IV, S IV). Die prachtvollen Glasmalereien stifteten Wernt Auer und seine Gemahlin Anna von Wildenstein. A. H.

Lit.: Fritzsche, Glasmalereien, S. LVI, LVIII, 238–245, Fig. 99–103, Abb. 384–397; Gruber, Urkunden, Bd. 7.1, Nr. 14f., 19, 23, 25, 34, 37, 39f., 46–49, 51f., 54–63, 65–81, 83f., 90, 94, 104, 106 (Nachweise testamentarischer Stiftungen); Hubel, Glasmalereien 1981, S. 20, 149, Farbtafel 27; Hubel, Glasmalereien 2012, S. 38f.

Das Münzrecht umfasste den Gold- und Silberhandel sowie Wechsel- und Geldgeschäfte. In Regensburg hatten die zwölf Münzerhausgenossen dieses einträgliche, erbliche Privileg inne.

6.25
Abguss des Siegels der Regensburger Münzerhausgenossenschaft

Urkunde vom 2. Februar 1316; Pergament mit anhängendem Wachssiegel (Bayerisches Hauptstaatsarchiv, München, Reichsstadt Regensburg, Urkunden Nr. 221), Abguss: Ø 7,2 cm
Historisches Museum Regensburg (ohne Inv.-Nr.)

In Regensburg existierte seit dem 9. Jahrhundert eine königliche Münzstätte, über deren Organisation allerdings nichts bekannt ist. Im 10. Jahrhundert ging die Münze auf die bayerischen Herzöge über und spätestens seit dem 11. Jahrhundert hatten auch die Regensburger Bischöfe Anteil an dieser Prägestätte. Wohl im Lauf des 13. Jahrhunderts entstand ein Konsortium kapitalstarker Regensburger Bürger, dem von den beiden Münzherren, dem Regensburger Bischof und dem (niederbayerischen) Herzog, Anteile an der Münze als Lehen übertragen wurden. Diese so genannte Münzerhausgenossenschaft betrieb die Regensburger Münzstätte bis in die 80er-Jahre des 14. Jahrhunderts.

Für die erste Hälfte des 14. Jahrhunderts ist ein Siegel der Münzerhausgenossenschaft überliefert, das sich hauptsächlich an solchen Urkunden findet, die sich mit den inneren Verhältnissen der Gesellschaft beschäftigen. Das Siegelbild zeigt Herzog und Bischof nebeneinandersitzend auf einer Bank, einander leicht zugewandt, zwischen ihnen im Feld ein sechsstrahliger Stern, über ihnen eine Architekturdarstellung mit zwei großen Spitzbogen. Die Umschrift lautet: S(igillum) · MONETARIOR(um) · IN · RATISPON(a).

Diese Siegeldarstellung verweist nachdrücklich auf die Doppelherrschaft von Bischof und Herzog über die Regensburger Münze und findet ihr Pendant auf den seit ungefähr 1315 geprägten Münzen, die auf ihrer Rückseite ebenfalls die Köpfe von Bischof und Herzog nebeneinander unter Spitzbogenarchitektur zeigen.

H. W.

Druck: MB 53, Regensburger Urkundenbuch 1, S. 176f., Nr. 320 und Siegeltafel Nr. 4
Lit.: Emmerig, Münzerhausgenossenschaft

Die Auer hielten von 1330 bis 1334 die Stadtherrschaft in ihren Händen. Nach ihrer Vertreibung aus der Stadt führten sie von ihren nahe gelegenen Burgen aus einen Kleinkrieg gegen die Regensburger Handelszüge.

6.26

A Schwert

Bodenfund, Süddeutschland, 14. Jahrhundert;
Stahl, L. gesamt 131 cm, Klinge: L. 106 cm,
Parierstange: L. 17,5 cm; Klinge: gerade, zweischneidig
¾-lange Hohlkehle (von der Klingenwurzel aus gesehen),
später zusammengeschmiedet;
Gefäß: gerade Parierstange mit achteckigem Querschnitt,
die Sicht zur Klingenwurzel verjüngt, Angel
(Griffschalen fehlen), runder Knauf
Historisches Museum Regensburg
(AB 235)

B Schwert

Bodenfund, Süddeutschland, 14. Jahrhundert;
Stahl, L. gesamt 102 cm, Klinge: L. 86 cm,
Parierstange: L. 24,9 cm; Klinge: gerade, zweischneidig,
Hohlkehle, Mittelspitze abgebrochen;
Gefäß: vierkantige Parierstange, Angel
(Griffschalen fehlen), Paranuss- oder Pilzknauf
Historisches Museum Regensburg
(K 1931/185)

Unter Schwert versteht man ein- oder beidhändige Griffwaffen für Hieb und Stich mit ein- oder zweischneidigen geraden, auch gekrümmten Klingen von etwa 50 bis 130 Zentimeter Blattlänge und etwa drei bis neun Zentimeter Breite. Das Schwert war unter den Waffen des Ritters die wichtigste und symbolträchtigste, Sinnbild für Krieg, Kampf und Gewalt, aber auch für legitime Herrschaft, Rechtsprechung und individuelle Ehre. Der Ritter versprach sich in der aufblühenden Stadt Vermögen und wirtschaftlichen Gewinn, der vermögende Bürger wiederum erhoffte sich vom Rittertum größeres Ansehen und höheren gesellschaftlichen Rang.

So versuchten beide, sich in der städtischen Führungsschicht im Patriziat zu etablieren, das sich somit aus bürgerlichen und adelig-ritterlichen Kräften rekrutierte. In der Verbindung von „civis" (Bürger) und „miles" (Ritter) kommt zum Ausdruck, dass diejenigen, die dies für sich in Anspruch nahmen, eine neue Führungsschicht darstellten, die wohl mit Recht als „Stadtadel" bezeichnet werden darf.

G. R. v. K.

Ritterliche Lebensformen gehörten im 14. Jahrhundert zu den Idealen des Adels wie des Bürgertums.

6.27
Ritterfigur

Fundort: Regensburg, Emmeramsplatz 10 (Evangelisches Krankenhaus), 14./frühes 15. Jahrhundert;
Ton, 7 x 3,7 x 11,4 cm
Historisches Museum Regensburg (1991/9.183)

Die aus relativ feinem, hell brennendem Ton gefertigte Figur eines Ritters zu Pferd stammt aus der untersten Schicht einer Abortgrube (Latrine 2), die bei der Ausgrabung im Jahr 1991 hauptsächlich Keramik des 15. Jahrhunderts erbrachte. Als frei modellierte einteilige Darstellung eines mit Helm und Schild sowie der zu ergänzenden Lanze bewaffneten Reiters gehört das Stück einer Spielzeuggattung an, die in Süddeutschland mit über einem Dutzend mehr oder weniger bruchstückhaften Exemplaren vertreten ist und im Wesentlichen dem 14. Jahrhundert zugerechnet wird, da die Form des Helms, die spitz zulaufende Beckenhaube ohne Visier, in der Zeit Ludwigs IV. aufgekommen ist.

Nur das Gesicht des Ritters mit der Helmvorderseite wurde durch das Einpressen eines Models in den weichen Ton geformt. Zu starkes Drücken bedingte bei der Regensburger Figur, ebenso wie bei einem wohl werkstattgleichen Reiter aus Bayreuth, eine kapuzenartige Darstellung der Beckenhaube mit der daran angesetzten Halsbrünne aus Kettengeflecht. Auf den hohl geformten und zum Einstecken eines dünnen Stabs auf der Unterseite mit einem Loch versehenen Rumpf des Pferdes mit stark abfallender schweifloser Kruppe wurden die vormodellierten kegelförmigen Beine und die Halspartie sowie der Reiter selbst angesetzt und verstrichen. Das rechte Vorderbein ist abgebrochen. Der Reiter hält auf der linken Seite einen Rundschild vor den Körper. Der rechte Arm ist im Bogen zur Körpermitte geführt, sodass die Lanze in Form eines Stäbchens aus Holz oder Metall steil durch die Armbeuge gesteckt oder, hier angesetzt, nach vorn zielend über den flügelförmig auslaufenden Pferdehals angelegt werden konnte.

Ein Herstellungszentrum dieser zumeist in städtischen Kontexten aufgefundenen Ritterfiguren ist in Nürnberg zu vermuten. Abnehmer dürften Bürger gewesen sein, die ihren Sprösslingen wenigstens im Spiel den Zugang zur Welt des Rittertums eröffnen wollten. In Regensburg mag zumindest der ritterbürtige Teil des Patriziats in den Figuren die kindgemäße Hinführung auf den Reiterkampf oder sogar das Turnierstechen gesehen haben.

A. B.

Lit.: Grönke/Weinlich, Mode, S. 23, 101f., Taf. 22f.; Lötters, Ritterfiguren; Mayer, Latrinen, S. 21, 34, Taf. 28; Weinlich, Ritterfigürchen

Kein Ritter ohne Minne – Szenen höfischer Liebe.

6.28
Minnekästchen

2. Hälfte 14. Jahrhundert; Holz, auf Silbergrund mit Lasurfarben bemalt, Messingbeschläge, 12,5 x 35 x 23 cm
Diözesanmuseum Regensburg (L 1982/9)/Leihgabe Katholische Kirchenstiftung St. Emmeram, Regensburg

Das ursprünglich wohl für profane Zwecke geschaffene Kästchen hat sich als Reliquienbehältnis in St. Emmeram in Regensburg erhalten. Der Boden des Kästchens ist rot-golden bemalt, im Inneren ist es holzsichtig schlicht. Holzkästchen dieser Art, die für die Aufbewahrung von Schmuck oder Briefschaften gedient haben mögen, sind häufig mit Motiven geschmückt, die sich auf Themen höfischer Liebe beziehen. Sie werden daher auch als „Minnekästchen" bezeichnet und waren vermutlich höfische Verlobungs- oder Brautgeschenke.

Auf dem St. Emmeramer Kästchen sind die Darstellungen von zehn Paaren angeordnet, die über die sie rahmende Architektur hinweg miteinander paarweise kommunizieren. Jede Person steht inmitten von rahmenden Blattranken, die man als stilisierte Bäume mit verschiedenen Blättern von Eiche, Buche und anderen Pflanzen ansprechen kann. Die Männer tragen rote Gewänder mit grünem Innenfutter und zum Teil einer modischen Gugel (Kapuze), die Damen sind in grüne oder blaue Kleider gewandet.

Blicke, Gesten und Körperhaltung sind variationsreich wiedergegeben in unterschiedlichen Szenen der Anziehung und Abweisung: Ein Mann überreicht einer Frau einen Kranz, ein anderer Mann schenkt seinem Gegenüber sein Herz, ein dritter eine Rose, ein vierter ist mit einem Vogel dargestellt. Die Frauen sind mit Liebespfeil, Kranz oder Tasche ausgestattet. Die Personen wenden sich einander zu und voneinander ab, deuten mit langen Fingern auf sich, die anderen oder die Gegenstände. Jürgen Wurst sieht eine stilistische Verbindung zu den in dem Erziehungsroman „Der Welsche Gast" (Kat.-Nr. 1.4) dargestellten Figuren; ein Exemplar des Romans wurde um 1340 wohl in Regensburg angefertigt.

Ob das Kästchen in Regensburg entstanden ist, ist unbekannt. Dass es als Stiftung aus wohlhabenden Kreisen an die Kirche gelangte, ist gut vorstellbar. *B. S.*

Lit.: Jahn/Brockhoff, Bayern und Österreich 2012, S. 83, Kat.-Nr. 46 (Andreas Kühne); Wurst, Reliquiare, Nr. 4.6.2, S. 280–285, S. 171–203; online: http://edoc.ub.uni-muenchen.de/4623/ (21.2.2014)

Dem Jenseits ganz nah

Ausstellung im Domkreuzgang

Im Domkreuzgang befindet man sich in einem kaum veränderten authentischen Ort des hohen und späten Mittelalters. Von Anfang an ist hier die bemerkenswerte Gestalt eines Doppelkreuzgangs belegt. Zu Beginn des 12. Jahrhunderts wurde das als Mittelhalle gestaltete Mortuarium erweitert, an das die 1160 errichtete freskierte Allerheiligenkapelle (erbaut als Grabkapelle mit Darstellung des Jüngsten Gerichts) anschließt (zur Baugeschichte vgl. Kat.-Nr. 7.2, 7.6). Die einstige bischöfliche Hauskapelle St. Stephanus, auch „Alter Dom" genannt, liegt zwischen Domkreuzgang und der römischen Stadtmauer im Norden und dürfte in der zweiten Hälfte des 11. Jahrhunderts entstanden sein (Kat.-Nr. 7.9). Der ungewöhnliche Kastenaltar in der Apsis von St. Stephanus besteht aus einem in der unteren Hälfte ausgehöhlten Kalksteinblock und stammt wohl aus dem 10. oder 11. Jahrhundert, könnte aber auch älteren Ursprungs sein. Vielleicht handelt es sich um den Hochaltar des einstigen karolingisch-ottonischen Doms.

Der Kreuzgang ist bisher nur im Rahmen von Domführungen zugänglich. Die Aufgabe der Ausstellung besteht insbesondere darin, die Authentizität des Ortes zu respektieren und Kontemplation für die Besucher zu ermöglichen, ohne die spezielle Aura des Orts zu stören und ihm damit seine Essenz auszutreiben. Die Ausstattung des Kreuzgangs mit Grabsteinen, Epitaphien, Wandbildern, Totenleuchten bildet einen weitgehend originalen Zustand ab. Wir befinden uns gewissermaßen „im Inneren der Vitrine". Der Rundgang in den Kreuzgangflügeln ist so angelegt, dass durch zurückhaltende, selbstleuchtende Informationsstelen einzelne Teile des Bauwerks erklärt werden. In der Stephanuskapelle werden behutsam einige Beispiele der religiösen Kunst aus der Zeit Ludwigs des Bayern präsentiert.

Peter Wolf

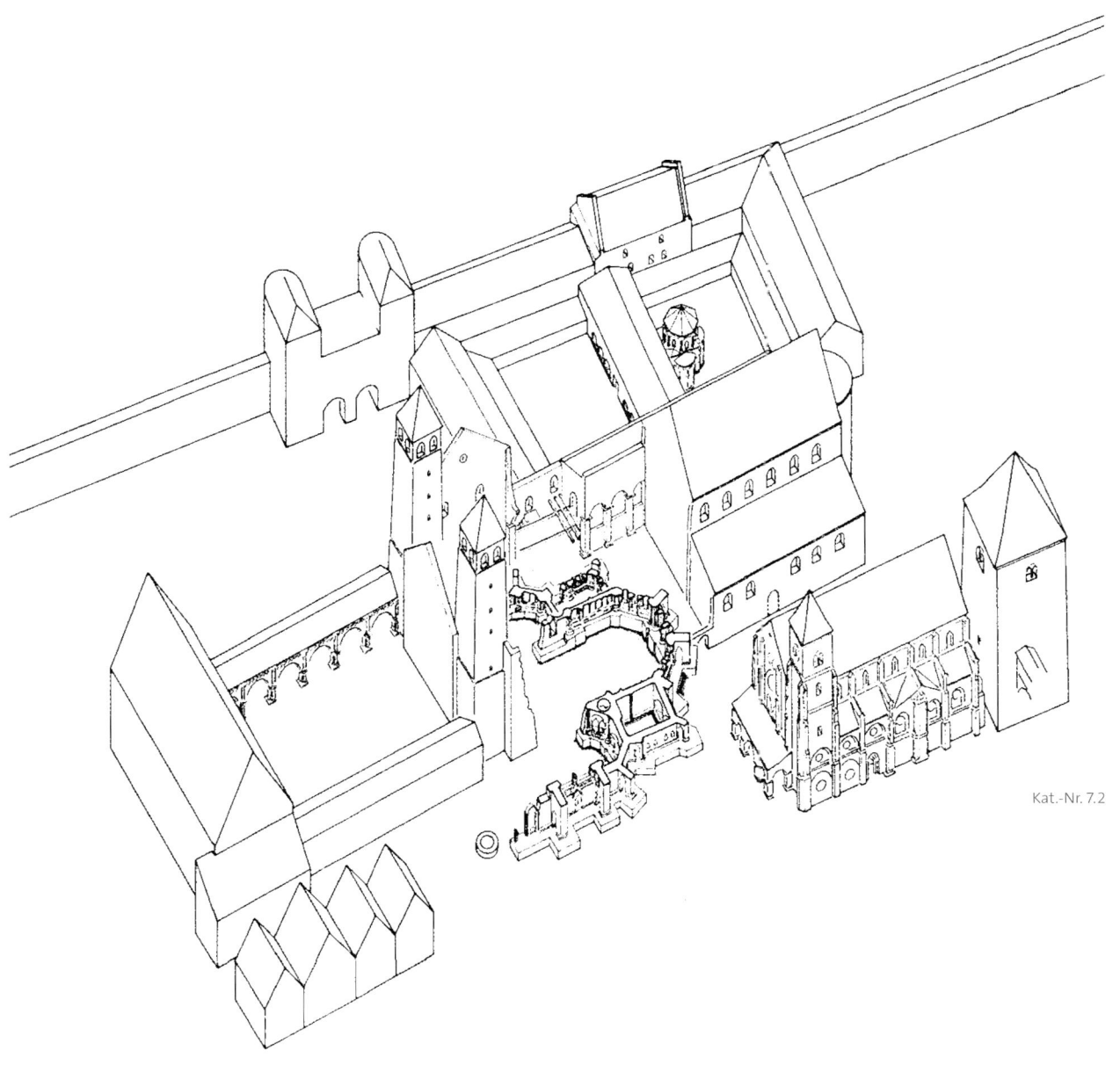

Kat.-Nr. 7.2

Religiöses Leben und Totengedächtnis

Das päpstliche Interdikt gegen Ludwig den Bayern und seine Unterstützer griff in die Selbstverständlichkeit des religiösen Lebens aller Menschen ein. Interdikt bedeutet Verbot: Den Priestern war ein Großteil der sakramentalen Handlungen untersagt. Öffentliche Gottesdienste waren verboten, aber auch kirchliche Hochzeiten und Begräbnisse. Vor allem Letzteres musste bei den Gläubigen Angst und seelische Not hervorrufen. Damit sollte der Herrscher zur Umkehr bewegt werden, da er ja immerhin auch für das Seelenheil seiner Untertanen verantwortlich war. So weit die Theorie. Tatsächlich gelang es Kaiser Ludwig, an vielen Orten die Durchführung des Interdikts zu verhindern, so auch in Regensburg. Gegen päpstlichen Befehl wurde im Dom die Messe in Gegenwart des Kaisers gefeiert und Begräbnisse, die gerade in den Jahren des Interdikts bezeugt sind, machen deutlich: Das religiöse Leben ging weiter. Durch das Exempel des Totengedächtnisses, wie es in den Grabdenkmälern des Domkreuzgangs begegnet, wird die religiöse Situation jener Jahre schlaglichtartig beleuchtet. In einer Zeit großer existenzieller Verunsicherung der Menschen entwickelten sich neue Formen privater religiöser Andacht: die Verehrung der Vierzehn Nothelfer, berührende Darstellungen der Gottesmutter als Pietà, mit dem toten Jesus im Schoß, oder intime Andachtsbilder von Maria mit Kind.

Peter Wolf

Heute erinnern nur noch einzelne Bauwerke an die ehemalige Nutzung des Domgartens als städtischer Friedhof, der mitten in der belebten Stadt eine ewige Ruhestätte bot.

7.1
Domgarten

Textmodul

Haus der Bayerischen Geschichte, Augsburg

Das heute als „Domgarten" bezeichnete Areal wurde zur Zeit Ludwigs IV. als einer von vier Friedhöfen genutzt, auf denen die Regensburger Bürger zur ewigen Ruhe gebettet wurden. Als Friedhof der Dompfarrei St. Ulrich entstand er nach dem Abriss des romanischen Vorgängerbaus des heutigen Doms. Die räumliche Enge innerhalb der Stadtmauern machte eine Mehrfachbelegung der Gräber und eine Neubelegung nach relativ kurzer Zeit notwendig. Bereits nach wenigen Jahren verbrachte man deshalb die Gebeine der Verstorbenen in das Beinhaus (Ossarium) im Keller des Domkapitelhauses. Darüber liegt die Friedhofskapelle St. Michael. Dieses Patrozinium ist für Friedhofskapellen typisch, glaubte man doch, der hl. Michael geleite die Seelen nach dem Tod ins Paradies, schütze sie auf ihrem Weg vor Dämonen und stehe ihnen vor dem Jüngsten Gericht bei. Als ursprüngliche Friedhofskapelle hatte nach ihrer Fertigstellung um 1280 die Annenkapelle an der Nordseite des Domhauptchors gedient.

Auch die 1341 gestiftete Ewiglichtsäule erinnert an die Nutzung des Domgartens als Friedhof. Die ständig brennende Kerze in der Säule steht bildhaft für den Glauben, dass die Toten im Licht Gottes das ewige Leben erlangen werden. Derartige Stiftungen gaben Halt in einer Zeit, in der Tod und Begräbnis nicht nur durch die innerstädtische Lage des Friedhofs, sondern auch durch immer wiederkehrende Seuchen und Naturkatastrophen allgegenwärtig waren. Kälteeinbrüche und sommerliche Hochwasserkatastrophen zu Beginn des 14. Jahrhunderts ebenso wie die für Regensburg nachgewiesenen Heuschrecken- und Rattenplagen führten zu Missernten und Hungersnöten, denen Seuchenzüge folgen.

Im Angesicht eines jederzeit möglichen Todes trieb die Menschen die Frage nach der Rettung ihrer Seele und der Erlangung ewigen Seelenheils um. Dabei kam der Wahl des Begräbnisplatzes große Bedeutung zu. Seit frühchristlicher Zeit waren Grabstätten „ad sanctos", also in der Nähe eines Heiligengrabes, begehrt, denn hier galt die Fürsprache der Heiligen als besonders wirkmächtig. Diese Nähe war auch auf dem Domfriedhof gegeben. Die kleinen, teilweise durchfensterten Erker in der Wand des Domhauptchors gehören zu innen liegenden Wandnischen, die wohl der Aufbewahrung von Reliquien und der Aufstellung von Totenlichtern dienten.

Der Domfriedhof, auf dem sich vor allem Regensburger Patrizier und Bürger bestatten ließen, wurde 1811 unter Fürstprimas Carl von Dalberg aufgelöst. Er veranlasste die Bepflanzung des Geländes mit Bäumen und Sträuchern, was die heutige Bezeichnung als „Domgarten" erklärt. Im Zuge dieser Veränderungen gingen auch zahlreiche Grabdenkmäler verloren. Andere, wie die Wappengrabplatte der Familie Sitauer (Kat.-Nr. 7.5) oder das Grabmal des Domkanonikers Wolfhard Ebner (Kat.-Nr. 7.3), transferierte man in den Domkreuzgang.

Dieser hatte bis zum 13. Jahrhundert den Mitgliedern des Domkapitels, die hier ein gemeinschaftliches Leben wie in einem Kloster führten, als Ort der Begegnung und des Gebets gedient. Seit der Auflösung des Gemeinschaftslebens wird der Domkreuzgang und hier insbesondere die als „Mortuarium" bezeichnete Mittelhalle als Grablege der Geistlichkeit genutzt. Aber auch Adelige und vermögende Bürger erwarben sich durch Stiftungen ein Begräbnisrecht im Dombereich. Bis auf den heutigen Tag haben sich die zahlreichen Grabdenkmäler im Domkreuzgang als eindrucksvolle Zeugnisse der Memorialkultur erhalten.   *U. Z.*

Lit.: Fuchs, Dom St. Peter; Hubel u. a., Dom; Knorr, Präsenz; Ohler, Sterben

Die Lage des Kreuzgangs ohne direkte Verbindung zum Dom stellt ein besonderes Merkmal des Regensburger Dombezirks dar. Sie erklärt sich aus der Baugeschichte.

7.2
Dombezirk – Zustand um 1280

Isometrische Zeichnung:
Katharina Papajanni nach
Angaben von Manfred Schuller

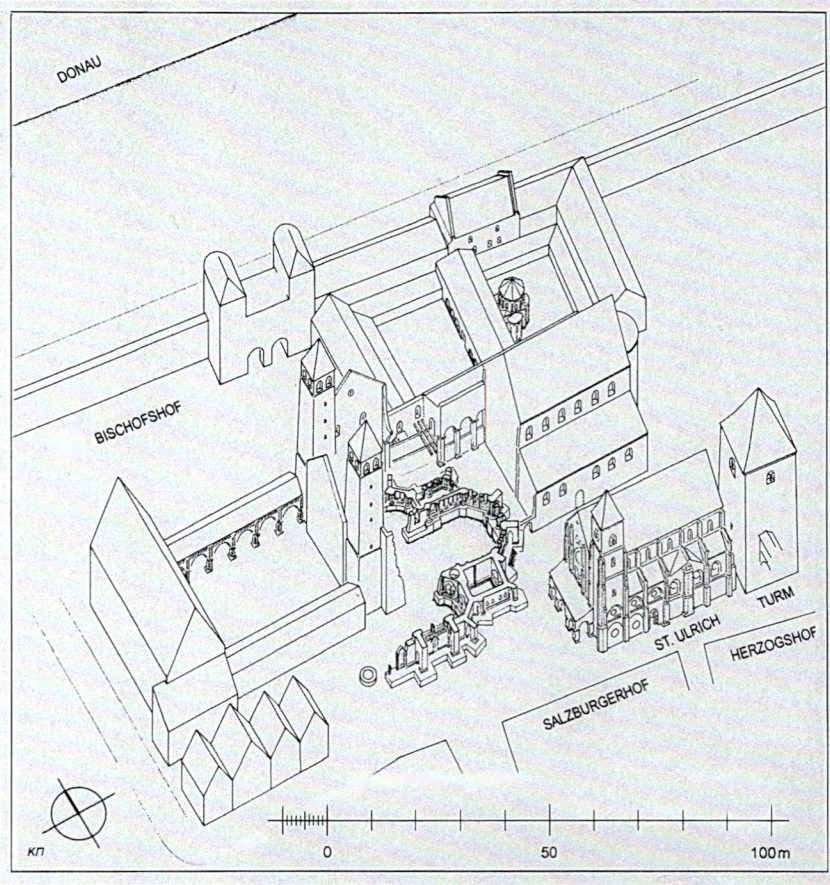

Der Domkreuzgang steht heute isoliert und ohne bauliche Verbindung zum gotischen Dom. Das war nicht immer so: Der durch Ausgrabungen bekannte karolingisch-ottonische Vorgängerbau stand nordöstlich des heutigen Doms im Bereich des Domgartens. Das Domkapitelhaus entspricht in seiner Breite dem nördlichen Seitenschiff dieses Vorgängerbaus, an das sich der Kreuzgang anschloss. Bereits in dieser Zeit gab es einen Verbindungsgang zwischen der Domkirche und dem Vorgänger der bischöflichen Hauskapelle St. Stephan. Die heutige Stephanuskapelle entstand bald nach 1050. Gut 100 Jahre später erweiterte man den Kreuzgang zu einer Anlage mit zwei Höfen, die durch den hallenartigen Mittelgang, das Mortuarium, bis heute miteinander verbunden sind. Zeitgleich wurde an der Ostseite des Mittelgangs die Allerheiligenkapelle als erste Grablege eines Regensburger Bischofs im Dombezirk errichtet (Kat.-Nr. 7.4). Die ehemals mit einer flachen Holzdecke oder einem offenen Dachstuhl nach oben hin geschlossenen Kreuzgangflügel erhielten unter Bischof Albert III. von Stauff (1409–1421) ihre Kreuzrippengewölbe.

Über den Baufortgang geben die Gewölbeschlusssteine Aufschluss. Hier finden sich Wappen und Namensinschriften jener Stifter, die sich um den Ausbau des Kreuzgangs verdient gemacht haben. Neben Klerikern erscheinen Vertreter des wohlhabenden Regensburger Bürgertums ebenso wie Mitglieder regionaler Adelsfamilien. Mit derartigen Stiftungen erwarben sie sich das Recht auf eine Grablege im Domkreuzgang.

In einer letzten großen Baumaßnahme im frühen 16. Jahrhundert erhielt der Kreuzgang seine bis heute bestehende bauliche Gestalt. Aus dieser Zeit stammen insbesondere die prächtigen Laibungen der Mortuariumsfenster, die der letzte mittelalterliche Regensburger Dombaumeister, Erhard Heydenreich, schuf. Zur gleichen Zeit entstand die Reihe von drei Kapellen im Erdgeschoss des Domkapitelhauses. Im Zuge der Auflösung des Domfriedhofs (1811) und der Purifizierung des Doms im weiteren Verlauf des 19. Jahrhunderts wurden zahlreiche Grabplatten in den Domkreuzgang transferiert. Viele der ehemals in den Boden eingelassenen Grabplatten stehen seit dieser Zeit an den Wänden und prägen das heutige Erscheinungsbild des Kreuzgangs.

U. Z.

Lit.: Hubel u. a., Dom, Bd. 1; Morsbach, Bau- und Ausstattungsgeschichte

Die Entwicklung in der mittelalterlichen Grabmalskulptur lässt sich an Beispielen
der Grabmäler der Regensburger Geistlichen nachzeichnen.

7.3

A Ulrich von Au, gest. 4. Juni 1326

Kreuzgang, Nordflügel, Ostseite, Südwand, 1. Joch;
Kalkstein mit Spuren von Bemalung, 205 x 80 cm
Inschrift: + VLRICUS · DE · A/WE · DECAN(VS) ·
ECCLESIE · RATISPONENSIS · O(BIIT) · / ANNO ·
D(OMI)NI · M° / CCC° · XXVI · SECVNDO · NONAS · IVNII
(Ulrich von Aue, Dekan der Regensburger Kirche,
starb im Jahr des Herrn 1326
am zweiten Tage vor den Nonen des Juni.)

B Wolfhard Ebner, gest. 1. Dezember 1440

Kreuzgang, Nordflügel, Nordwand, Westseite, 4. Joch;
roter Marmor, 257 x 131 cm
Inschrift: Anno · domini · Millesimo · Quadrigintesimo ·
xl // Wolfhardus · ebner prespiter / canonicus ecclesie ·
Ratisponensis · et huius · loci · plebanus · obyt /
In manus · tuas · domine · comnendo / spiritum · meum
(Im Jahr des Herrn 1440 starb Wolfhard Ebner, Priester und
Domherr der Regensburger Kirche und Pfarrer dieses Ortes.
In deine Hände, Herr, befehle ich meinen Geist.)

Dem Jenseits ganz nah   343

c Johannes Fager, gest. 27. April 1478

Kreuzgang, Südflügel, Südwand, 2. Joch; roter Marmor, 246 x 124 cm
Inschrift: Anno · d(omi)ni · M° · CCC° · lxxviii · xxvij · / Mens(is) · april(is) · Obyt ·
venerabilis · vis · mag(iste)r · Johannes · frager · / licenciat(us) · / / decretoru(m) · /
Canonic(us) · Ratisponen(sis) · et · Rector · p(a)rochali(s) · i(n) · valkenperg · /
eccl(es)ia(rum) · c(uius) · a(n)i(m)a · // Req(ui)escat i(n) · pa(ce)
(Im Jahr des Herrn 1478 am 27. Tag des Monats April starb der ehrwürdige Mann Magister Johannes Fager, Lizentiat der geistlichen Rechte, Domherr der Regensburger Kirche und Rektor der Pfarrei Falkenberg. Seine Seele möge ruhen in Frieden.)

Die Grabdenkmäler von vier Mitgliedern des Regensburger Domkapitels, die annähernd einen Zeitraum von 200 Jahren abdecken, repräsentieren einen wichtigen Typus des mittelalterlichen Grabmals: die figurativ gestaltete Grabplatte mit einer liegenden Standfigur. Seit dem späten 11. Jahrhundert sind figürliche Grabplatten bekannt, auf denen der Verstorbene, umgeben von einer umlaufenden Inschrift, dargestellt ist. Das erste Beispiel am Regensburger Dom datiert in die Zeit Ludwigs IV. Der am 4. Juni 1326 verstorbene Domdekan Ulrich von Au ist auf der von ihm noch zu Lebzeiten in Auftrag gegebenen Grabplatte recht jugendlich und wohl idealisiert dargestellt (A). Wenige Details und eine schlichte Gewandordnung charakterisieren die in eher flachem Relief ausgeführte Grabfigur, die dennoch würdevoll und monumental wirkt, wie dies zu Ulrichs Herkunft aus der bedeutenden Adelsfamilie der Auer passt. Mit ihm übernahm ein Mitglied der seit 1160 in Regensburg nachweisbaren Familie erstmals auch Ämter in der bischöflichen Verwaltung.

Bis 1839 verschloss die Platte seine Sepultur vor dem von ihm gestifteten Katharinenaltar im nördlichen Seitenschiff des Doms. Sowohl liegend auf dem Boden wie auch aufgestellt an der Wand fällt das Widersprüchliche in der Darstellung ins Auge. Der Fall der Gewänder – ein langer Chorrock, darüber eine Kasel, der Manipel über dem linken Arm – und das feste Stehen auf dem Rand der Platte zeigen Ulrich eindeutig als stehende Figur. Seine Augen sind wie bei einem Lebenden geöffnet. Sein Kopf hingegen ruht schwer, tief eingesunken auf einem quastenbesetzten Kissen. Dieser scheinbare Widerspruch erklärt sich aus der bis in das ausgehende Mittelalter herrschenden Vorstellung, dass die Verstorbenen, weder tot noch lebendig, die Auferstehung am Jüngsten Tag erwarten. Das Buch in Ulrichs Händen hingegen ist ein eindeutiger Hinweis auf sein irdisches Leben, in dem er ein Mann des Wissens und der Bildung war.

In der weiteren Entwicklung der Grabplastik wird das zunehmende Repräsentationsbewusstsein des Domklerus auch in der Wahl des für die Grabplatte verwendeten Materials sichtbar. Hatte sich Ulrich von Au noch für den lokalen Kalkstein entschieden, bevorzugte man bald den importierten edlen Salzburger Rotmarmor. Die Darstellungen wurden individueller, mehr auf die eigene Person und ihre postmortale Präsenz gerichtet.

Die Grabplatte des Kanonikers und Dompfarrers Wolfhard Ebner (gest. 1440) ist aus Rotmarmor gefertigt (B). Auch sie befindet sich heute nicht mehr an ihrem ursprünglichen Aufstellungsort im Domfriedhof nahe seiner ehemaligen Wirkungsstätte, der Dompfarrkirche St. Ulrich. Die Lage vor der dortigen Kirchentür erklärt den Abrieb der fein gearbeiteten Details. Dennoch lassen die Gewänder die einstige Pracht noch erkennen, insbesondere das aufwändig bestickte Kaselkreuz. Eingebettet in ein Rankenornament sind auf dem Querbalken die hl. Katharina und der hl. Petrus zu sehen. Unterhalb des Kelchs mit Hostie, der den Verstorbenen ebenso wie das Messgewand als Priester kennzeichnet, tritt Christus als Schmerzensmann auf. Das Motiv der stehenden und zugleich liegenden Darstellung findet sich auch bei dieser Grabplatte. Der feste Stand der Füße, der vor dem Körper gehaltene Kelch, der schwere Fall der Gewänder zeigen Ebner als Standfigur, als Lebenden. Sein Kopf hingegen ruht einem Toten gemäß schwer auf einem Kissen. Die differenziert ausgeführten Gesichtszüge eines gealterten Mannes, der friedlich zu schlafen scheint, sind ein bemerkenswertes Beispiel für die zeittypische Hinwendung zu porträthaften Darstellungen. Auch die Grabinschriften entwickelten sich zu ausführlicheren Lebensbeschreibungen des Verstorbenen und unterstreichen den Wunsch nach repräsentativer und zugleich individueller Erinnerung. Als Fingerzeig im wahrsten Sinne des Wortes verweist auf Ebners Grabinschrift eine Hand mit ausgestrecktem Zeigefinger auf seinen Namen. Das in die Inschrift eingefügte nackte, betende Kind symbolisiert wohl die Seele des Verstorbenen.

Eine besondere Gruppe bilden die Gelehrtengrabmäler, zu denen das Grabmonument des Regensburger Domherrn und Rechtsgelehrten Johannes Fager (gest. 1478) gehört (C). Das lange Chorgewand, das mit Pelztroddeln besetzte Schultermäntelchen und das hohe Birett weisen auf seine Zugehörigkeit zum Domkapitel. Seine Bildung und Gelehrsamkeit als Jurist ist dreifach unterstrichen: mit dem Buch in seinen Händen, mit der Nennung aller wissenschaftlichen Titel in der Inschrift und mit einem weiteren Buch, auf dem

D Johannes Geginger, gest. 22. Juni 1500

Kreuzgang, Südflügel, Ostseite, Südwand, 3. Joch; roter Marmor, 118 x 244 cm
Inschrift: Anno · d(omi)ni · M° · ccccc · In · die · Sancti · Achacij · obyt · ven(erabi)lis · d(omi)n(u)s /
Johannes · Geginger · Canonic(us) · Ratispon(ensis) · Requiescat · i(n) · pace
(Im Jahr des Herrn 1500 am Tag des hl. Achatius starb der ehrwürdige Herr Johannes Geginger, Domherr in Regensburg. Er möge ruhen in Frieden.)

der Kopf ruht. Auch dieses Grabmal folgt noch dem Typus der liegenden Standfigur, doch ist bei den Gelehrtengrabmälern das Kissen durch ein Buch ersetzt, sodass das Motiv des Liegens verunklärt wird. Zu Beginn des 16. Jahrhunderts findet sich dieser Darstellungstypus dann nur noch vereinzelt, bis das Kissen schließlich gänzlich entfällt. Der Aspekt des Stehens wird hingegen ab 1460/70 stärker betont, indem die Figuren von einem architektonischen Rahmen überfangen werden.

Als herausragendes Beispiel dieser späten Gestaltungsweise kann die Grabplatte des Domkanonikers Johannes Geginger (gest. 1500) gelten (D). Ihr Anblick verwirrt auf den ersten Blick. Ohne dass die Gründe dafür bekannt wären, ist sie heute noch in ihrer originalen Anbringung horizontal – also liegend – in die Wand eingelassen. Geginger selbst ist auf dieser Platte aber stehend unter einem perspektivisch aufgefassten Gewölbe wiedergegeben. Monumental, geradezu überlebensgroß erscheint die Figur, da sie mit Schultern und Kopf das Gewölbe berührt. Das Ruhekissen fehlt – es wäre auch schwerlich Platz dafür. Insgesamt ist bei Gegingers Grabplatte schon der Geist einer neuen Zeit spürbar. So weist das Spiel mit der Perspektive durch feine Staffelung mehrerer flacher Reliefebenen über die Gotik hinaus. Mit dem dazugehörigen Weihwasserbecken und der Totenleuchte für das Ewiglicht ist hier ein Grabensemble erhalten, das Begräbniskult und Jenseitsvorstellungen des späten Mittelalters zusammenfasst: Gleich nach Eintreten des Todes, erneut in der Kirche und schließlich im Grab liegend besprengte man die Toten mit Weihwasser, um sie auf ihrem Weg in das Jenseits vor Dämonen zu schützen. Zugleich wurden die Lebenden an ihre Verpflichtung erinnert, durch Gebet und das Besprengen der Grabstätte mit Weihwasser die Seele des Verstorbenen der Erlösung näher zu bringen. Die Totenleuchte verweist auf das ewige Leben der Erlösten im Licht Gottes. Mit einer eigenen Stiftung gewährleistete Geginger die fortgesetzte Betreuung seiner Grabstätte und immer währendes Gedenken.

U. Z.

Lit.: Hubel, Plastik; Körner, Grabmonumente; Knorr/Mayer, Inschriften

Das Martyrium des hl. Laurentius, Schutzpatron der Armen Seelen, gemahnt an die Qualen des Fegefeuers.

7.4
Martyrium des hl. Laurentius

Kreuzgang, Westhälfte, Westflügel, Westwand, 6. oder 7. Joch von Süden, Regensburg, um 1400;
Kalkstein (Wappenkonsole nachträglich, Sandstein), zwei Farbfassungen, 98 x 85 cm

Bereits als Domherr stiftete der spätere Regensburger Bischof Albert III. von Stauff (1409–1421), dem die Wölbung des Domkreuzgangs zu verdanken ist, zusammen mit seinen Brüdern 1398 eine Kapelle als Grablege. Dieser dem hl. Laurentius und dem hl. Florinus geweihte Bau befindet sich bis heute außen am nördlichen Seitenschiff des Doms, eingespannt zwischen zwei Strebepfeiler. Der queroblonge Raum bildet seitlich halbrunde Nischen aus, in denen wohl jeweils eine Figur beziehungsweise Figurengruppe an die beiden Namensgeber der Kapelle erinnerte. Stilistisch wie thematisch passt die hier vorgestellte Skulpturengruppe der Laurentiusmarter in den Kontext dieser Kapellenstiftung. Der Legende nach hat Laurentius sein Martyrium auf einem glühenden Rost erlitten. Die Darstellung mit zwei Folterknechten, die den Heiligen mit einer Stange auf dem Rost niederdrücken und mit einem Blasebalg das Feuer anfachen, muss durch die – nicht mehr vollständig erhaltene – Bemalung noch drastischer gewirkt haben, als dies heute erscheint. Der mittelalterliche Sünder wurde hier mit dem Gedanken an die Qualen des Fegefeuers konfrontiert, wie sie Dante Alighieri in seiner „Göttlichen Komödie" mit riesigen Flammenwänden bildgewaltig in Szene gesetzt hat. In den Jenseitsvorstellungen hatte sich das Fegefeuer neben Hölle und Paradies erst um 1200 etabliert. Im Gegensatz zu den rettungslos verlorenen Seelen, die nach dem Tod direkt in die Hölle gelangen, stellt das Fegefeuer eine Art Aufenthaltsraum derjenigen Seelen dar, die vor dem Tod ernstlich Reue zeigten und nur mit lässlichen Sünden behaftet waren. Die Fürsprache des hl. Laurentius als Patron der Armen Seelen sollte die Verweildauer im Purgatorium verkürzen. Auf diese Fürsprache vertraute wohl auch Bischof Albert III., als er seine Grabkapelle dem hl. Laurentius weihen ließ.

U. Z.

Lit.: Fuchs, Martyrium; Le Goff, Geburt

Trotz des vom Papst verhängten Interdikts fanden in Regensburg die eigentlich verbotenen Begräbnisse statt. Dies belegt das Grabmal der Familie Sitauer.

7.5
Familiengrablege der Sitauer

Kreuzgang, Mittelhalle, Westwand, 6. Joch; Sandstein, 85 x 147 cm
Konrad Sitauer (I), gest. 24. Juli 1318
Elisabeth, Schwester des Konrad Sitauer (II), gest. 14. Juni 1317
Elisabeth, Tochter des Marquart in dem Swol und Ehefrau des Konrad Sitauer (III), gest. 28. Mai 1337
Petrus Sitauer, Enkel des Konrad Sitauer (IV), gest. April 1376
Inschriften:
I: ANNO · DOMINI · M ·CCC° · XV[III IN VIGILIA S(ANCTI) IACOBI
MINORIS OBYT CHUNRADUS SITAUERIUS]
(Im Jahr des Herrn 1318 am Vorabend des Festes des hl. Jakobus d. J. starb Konrad Sitauer.)
II: · ANNO · D(OMI)NI ·M° · CCC° · XVII · IN VIGILIA · / SANCTI · VITI · /
O(BIIT) · ELYZABET · SOROR · CHVUNRADI / SITAWAERII
(Im Jahr des Herrn 1317 am Vorabend des Festes des hl. Vitus starb Elisabeth, die Schwester des Konrad Sitauer.)
III: · ANNO · D(OMI)NI · M° · CCC° · / XXXVII · V° · KAL(ENDAS) · JV/NII ·
O(BIIT) · ELYSAB/ET · FILIA · M/ARQUARDI · / IN ·DEM SWOL
(Im Jahr des Herrn 1337 am 5. Tag vor den Kalenden des Juni starb Elisabeth, die Tochter des Marquard in dem Swol.)
IV: anno · DOM(I)NI · MI(LLESIM)O · CCC ·LXXVI · obiit ·Pet(r)us · sitauer · /
feria · sab(a)to · festum · / inuencione · san(c)te · crucis
(Im Jahr des Herrn 1376 am Samstag vor dem Fest der Auffindung des Hl. Kreuzes starb Peter Sitauer.)

Stifter der Familiengrablege dürfte Konrad Sitauer gewesen sein, das erste bedeutende Mitglied dieser Regensburger Kaufmannsfamilie. In der Regierungszeit Ludwigs IV. sind die Sitauer erstmals in den Ratslisten nachweisbar. Sie stellten bis 1400 regelmäßig Mitglieder des Inneren Rats. Ihren Aufstieg in das Handelspatriziat der Stadt verdankten sie dem Import von Waren aus Venedig und dem Export von Tuchen nach Italien sowie dem Weinhandel zwischen Tirol und Böhmen. Wein war im 14. Jahrhundert ein Hauptprodukt des Regensburger Fernhandels und verhalf den Sitauer wie auch den Gumprecht zu ansehnlichem Vermögen.

Wie diese betrieben die Sitauer einen Weinausschank mit importierten Weinen und Erzeugnissen aus den eigenen Weinbergen. Die Gründung einer Handelsgesellschaft mit Hans Ingolstetter und Leopold Gumprecht – Vertretern alteingesessener Kaufmanns- und Ratsfamilien – belegt den Aufstieg der Sitauer in die Führungsschicht der Stadt Regensburg. Ihr Vermögen ebnete der Familie Sitauer den Weg zur Ratsfähigkeit und damit zum Führen eines Siegels – wie dies im Lauf des 13. Jahrhunderts auch dem niederen Adel und Bürgern zugestanden wurde. Demonstrativ prangt ein schräg gelegter Wappenspitzschild mit den zwei gekreuzten Krückstöcken der Sitauer im Zentrum der Grabplatte aus Sandstein. Konrad (gest. 1318) und seiner Schwester Elisabeth (gest. 1317) folgte Konrads Ehefrau Elisabeth (gest. 1337) ins Grab. Sie entstammte der Familie In dem Swol, die zu jener Zeit als Tuchhändler nachgewiesen sind und Anfang des 14. Jahrhunderts in den Rat der Stadt aufstieg. Die letzte Beisetzung erfolgte mit Petrus Sitauer (gest. 1376), vermutlich ein Enkel Konrads.

U. Z.

Lit.: Bastian, Runtingerbuch; Fischer, Hochfinanz; Knorr/Mayer, Inschriften; Morré, Ratsverfassung; Urbanek, Wappen

---

Ein Mausoleum für Ruhm und Seelenheil: Anlage und Ausstattung der Grabkapelle Bischof Hartwigs II. sind herausragende Zeugnisse romanischer Baukunst.

7.6
Allerheiligenkapelle

Als Bischof Hartwig II. (1155–1164) die Allerheiligenkapelle als seine Grablege errichten ließ, brach er mit einer jahrhundertealten Tradition, denn die Regensburger Bischöfe waren bis dahin alle in St. Emmeram bestattet worden. Die Allerheiligenkapelle gilt als romanisches Kleinod. Bau und Ausstattung sind in seltener Geschlossenheit erhalten, wenngleich sich die Fresken in schlechtem Zustand befinden.

Eine doppelte Motivation mag Bischof Hartwig zu diesem Bau veranlasst haben: in repräsentativer Weise für seine Memoria und zugleich für sein Seelenheil zu sorgen. Hartwig verpflichtete Bauleute aus Como, deren Fähigkeiten er nicht nur durch Aufenthalte in Oberitalien gekannt haben dürfte; sie standen ihm auch im heimatlichen Regensburg vor Augen. In den 1140/50er-Jahren waren sie für den Bau des Augustiner-Chorherrenstifts St. Mang verantwortlich, ebenso für Arbeiten am Niedermünster, im Herzogshof und an der Kapelle St. Georg und Afra.

Das Allerheiligenpatrozinium ist ein Hinweis auf das Fest der göttlichen Gnade und dürfte somit für den Wunsch Bischof Hartwigs nach Aufnahme in die Gemeinschaft der himmlischen Kirche stehen. Auch die Bestattung vor dem Altar, also in unmittelbarer Nähe zu den Heiligen, deren Gebeine im Sepulcrum des Altars geborgen sind, sollte deren Fürbitte für den Verstorbenen bei Gott befördern. So bedeutet die repräsentative Grablege immer während Präsenz und ewiges Gedenken und zugleich Mahnung und Verpflichtung zum Gebet für den Verstorbenen.

U. Z.

Lit.: Auffarth, Wege; Traeger, Architekturfiktion

Das Epitaph der Barbara Gumprecht stellt eine neue Form der Memoria dar, die nicht mehr direkt an den Ort der Bestattung gebunden war.

7.7
Epitaph der Barbara Gumprecht, gest. 18. Juni 1410

Kreuzgang, Mittelhalle, Ostwand, 3. Joch; Grünsandstein mit Resten farbiger Fassung, 140 x 150 cm
Inschrift: + anno · d(omi)ni ·m° · cccc° · x° · obiit ·barbara · / vxor · lewpoldi ·gu(m)perti ·
feria · qwarta · p/ost · festv(m) · s(an)c(t)i ·viti · req(ui)escat ·in pace (Im Jahr des Herrn 1410 starb Barbara, die Gattin des Leupold Gumpert, am Mittwoch nach dem Fest des hl. Vitus, sie möge ruhen in Frieden.)

Während die Grablege der Barbara Gumprecht, geb. Lausser, im Domkreuzgang nicht mehr zu lokalisieren ist, erfüllt das von ihr gestiftete Epitaph bis heute seine Funktion als Gedächtnismal. Epitaphien entstanden im 14. Jahrhundert als neues Medium zur Sicherung der dauerhaften und sichtbaren Präsenz eines Verstorbenen. Verbunden damit waren Stiftungen an die betreffende Kirche, so genanntes Seelgerät, die eine ständige Fürbitte im Gebet und die alljährliche Seelenmesse am Sterbetag festlegten. Noch zu Lebzeiten ließ sich mit der Wahl eines möglichst in der Nähe eines Heiligengrabs gelegenen Bestattungsplatzes und einer Seelgerätstiftung für das Seelenheil vorsorgen. Nach dem Tod mahnten Epitaphien, dem Verstorbenen mit Gebeten, Fürbitten und der Gabe von Almosen zur Befreiung aus dem Fegefeuer und zur ewigen Erlösung zu verhelfen.

Zu dem aufwändigen Memorium der Barbara Gumprecht gehören das Relief mit der Darstellung Christi am Ölberg, die Bemalung der dahinterliegenden Wand und der darüberliegenden Gewölbekappe ebenso wie die große Totenlampe. Das Relief zeigt Christus am Vorabend seiner Kreuzigung beim Gebet im Garten Gethsemane. Bewegte, stark stilisierte Bäume beschirmen ihn und die schlafenden Jünger. Über den Baumkronen schweben das Haupt und die segnende Hand Gottvaters. Dass für die Ausführung dieses Epitaphs jene Bildhauer gewonnen werden konnten, die am Hauptportal des Doms die Apostel des Freipfeilers schufen, verweist auf die Zugehörigkeit der Familie Gumprecht zur politischen und wirtschaftlichen Elite Regensburgs. Barbara Gumprecht entstammte der sächsischen Kaufmannsfamilie Lausser, die um 1390 erstmals im Rat der Stadt vertreten war. Hans Lausser, vermutlich Barbaras Bruder, war im Handel mit Wein und Hering zwischen Prag und Venedig tätig. Ihm gelang der Einstieg in die renommierte Handelsgesellschaft der Ingolstetter und Gumprecht. Mit diesem Engagement festigte er die wirtschaftliche Verbindung zu zwei führenden Familien des Regensburger Patriziats. Barbaras Konnubium sorgte für die gesellschaftliche Verankerung der Familie Lausser in dieser städtischen Führungsschicht.

U. Z.

Lit.: Bastian, Runtingerbuch; Fischer, Hochfinanz; Knorr, Präsenz; Le Goff, Wucherzins; Morré, Ratsverfassung

Die Bestattung des Regensburger Domdekans erinnert an frühchristliche Märtyrergräber.
In dem auferstandenen Christus auf der Grabplatte drückt sich eine große Heilsgewissheit aus.

7.8
Nikolaus von Kindsberg, gest. 26. August 1473

Kreuzgang, Südflügel, Ostseite, Südwand, 1./2. Joch; roter Marmor, 125 x 226 cm
Inschriften:
I: Anno · d(omi)ni · M · CCCC · lxxiii / vigesima sexta · Augusti · Obyt ·
venerabilis · Pater · d(omi)n(u)s · / Nicolaus · de · kindsperg · / Decanus · huius ·
Eccl(es)ie · cuius · A(n)i(m)a · requiescat ·In pace · ame(n)
(Im Jahr des Herrn 1473 am 26. August starb der ehrwürdige Vater Nikolaus von Kindsberg,
Dekan dieser Kirche. Dessen Seele möge ruhen in Frieden. Amen.)
II: A · L · M · A / o · victor · salua ·Me (ALMA (?)
(O Siegreicher rette mich.)

Die Grabplatte des Domdekans Nikolaus von Kindsberg befindet sich noch am ursprünglichen Standort in einer bogenförmigen Wandnische. Das Grab selbst dürfte sich im Boden vor der Wandnische befunden haben. Diese Art der Bestattung erinnert an so genannte Arkosolgräber, wie sie seit frühchristlicher Zeit bekannt sind. Dort erfolgte das Begräbnis allerdings in der Nische selbst, was für Nikolaus von Kindsberg allem Anschein nach wohl ausgeschlossen werden darf. Körner hat darauf hingewiesen, dass mit der Wahl dieses Grabtypus möglicherweise der Würde des Bestatteten, aber auch seiner Heilsgewissheit besonderer Ausdruck verliehen werden sollte. Auf der Grabplatte ist der auferstehende Christus dargestellt, der segnend und mit Kreuzfahne aus einem Sarkophag heraustritt. Daneben sieht man den zur Seite geschobenen Sarkophagdeckel. Zur Rechten Christi kniet Nikolaus von Kindsberg in Anbetung des Auferstandenen. Auf der ihm gegenüberliegenden Seite identifiziert das Wappen den aus einer fränkischen Adelsfamilie stammenden Domdekan.

Die dreiteilige Reliefdarstellung ist durch maßwerkgeschmückte und fialenbesetzte Blendarkaden nicht nur gegliedert, sie nobilitiert gleichsam den in aufwändige klerikale Gewänder gekleideten Domdekan und unterstreicht die Würde seines Amts. Folgt man der künstlerischen Zuschreibung dieser Grabplatte an Wolfgang Roritzer, so hat Nikolaus von Kindsberg keinen Geringeren als den Dombaumeister mit seiner Grabgestaltung beauftragt. Die Anordnung des Verstorbenen zur Rechten Christi – auf der Seite der Seligen – scheint seiner Heilsgewissheit Ausdruck zu verleihen. In der Zusammenschau entspricht diese Grabplatte der Tendenz klerikaler Würdenträger des 15. Jahrhunderts, die ihre Grablegen zunehmend repräsentativ ausstatten ließen.

U. Z.

Lit.: Hubel, Plastik; Knorr, Präsenz; Körner, Grabmonumente

St. Stephanus, auch „Alter Dom" genannt, liegt zwischen Domkreuzgang und Stadtmauer. Die einstige bischöfliche Hauskapelle entstand in der zweiten Hälfte des 11. Jahrhunderts.

7.9 Stephanuskapelle

Die Stephanuskapelle liegt eingespannt zwischen dem Nordflügel des Domkreuzgangs und der Mauer des römischen Legionslagers Castra Regina. Es wird allgemein angenommen, dass es sich bei diesem Sakralbau um die ehemalige bischöfliche Hofkapelle handelt. Die Nähe zur römischen Porta Prätoria, die häufig als Nukleus des Bischofshofs angesehen wird, sowie die im Westen des Baus gelegene Herrscherempore sprechen dafür. Der archivalisch und archäologisch nachweisbare Vorgängerbau wirft hingegen bis heute bezüglich seiner Datierung und Nutzung Fragen auf. Der heutige Bau datiert in die Zeit um 1070/80. Den entscheidenden Hinweis zu dieser zeitlichen Verortung liefert die markante Wandgliederung. Die zwei Meter dicken Mauern sind nach innen mit einer Folge raumhoher, halbkreisförmiger Nischen ausgehöhlt. Diese spezifische Wandgestaltung tritt erstmals in der um 1030/40 gebauten Krypta des Speyrer Doms auf, die als Grablege des salischen Kaiserhauses entstand. Für die Speyrer Krypta ist für jede der dort vorhandenen sieben Apsidiolen ein Altar überliefert, was auf eine reiche liturgische Nutzung der Krypta hindeutet. Dass diese markante und um 1070/80 hochaktuelle architektonische Gestaltung in Regensburg gleich zweimal auftritt, neben dem Dombezirk auch in der 1052 geweihten Wolfgangskrypta in St. Emmeram, dürfte sich aus der politischen Situation erklären: Seit 1024 gab es keinen eigenständigen bayerischen Herzog mehr; die Salierkaiser unterstellten das Herzogtum Bayern ihrer direkten Verwaltung und hielten sich in der Folge häufig in Regensburg auf. Die Bereitstellung kaiserlicher Architektur und der damit verbundenen liturgischen Möglichkeiten müssen als Loyalitätsgeste gegenüber dem salischen Kaiserhaus gesehen werden.

Völlig ungeklärt sind hingegen Herkunft und Datierung des Kastenaltars in der Stephanuskapelle. Der aus einem Kalksteinblock gefertigte Altar ist von unten bis zur Hälfte ausgehöhlt. Halbkreisförmige Fensterchen an Seiten und Front erlauben Einblick in das Innere. Vorgeschlagen wurde die Nutzung als Confessio-Altar über einem im Boden eingetieften Heiligengrab oder als Reliquienschrein, in dem kleinere Reliquienbehältnisse im Hohlraum des Altars selbst aufbewahrt wurden. Ebenso wenig lässt sich die Frage beantworten, ob der Altar schon im Vorgängerbau der Stephanuskapelle stand oder erst für den Neubau angefertigt wurde. Eine Verlegung aus dem romanischen Dom bei dessen Abriss wird ausgeschlossen, da der Kastenaltar aufgrund seiner Größe nicht durch das Portal der Stephanuskapelle transportiert werden konnte. *U. Z.*

Lit.: Dinzinger, Vorgängerbau; Dresken-Weiland, Altar; Kubach, Dom zu Speyer; Morsbach, Metropole

Dem Jenseits ganz nah

Berührende Darstellungen des Leidens Mariens in der ersten Hälfte des 14. Jahrhunderts zeigen neue Formen persönlicher religiöser Andacht.

7.10
Vesperbild

Regensburg, um 1350; aus der Rastkapelle im Regensburger Domkreuzgang; Kalkstein, 99 × 74 × 37 cm
Diözesanmuseum Regensburg (L 1986/1)/Leihgabe des Staatlichen Bauamtes Regensburg

Das Vesperbild ist ein ikonografisches Thema, das in der Skulptur als Pendant zur literarischen Marienklage zu Beginn des 14. Jahrhunderts aufgekommen ist. Die im Passionstraktat des Bernhard von Clairvaux (um 1090–1153) ausführlich ausgearbeitete und von der Mystik aufgegriffene Vorstellung vom Mitleiden Mariens bei der Passion ihres Sohnes, die so genannte Pietà, ließ im Zusammenhang mit der Verehrung der schmerzhaften Muttergottes neue Themen in der Kunst entstehen. Dabei bezogen sich die Exegeten auf eine Stelle im Lukasevangelium (Lk 2,34–35), in der Maria vom Propheten Simeon von ihrem zukünftigen Leiden erfährt.

Die Muttergottes sitzt auf einem breiten, mit einem Sitzkissen versehenen Thron und ist ihrem toten Sohn, der auf ihrem Schoß ruht, zugewandt. Sie hält ihn unter den Schultern und umfasst liebevoll sein Kinn. Über das lange Kleid trägt Maria einen hochgeschürzten Mantel, der sich in weichen Falten über ihren Körper und die Thronbank legt. Der Leichnam Christi nimmt eine sichelförmige Lage ein. Seine starr wirkende Körperhaltung wird durch die angezogenen Beine, deren Knie höher als die Hüfte gelagert sind, zum Ausdruck gebracht. Er trägt ein Lendentuch, das bis unter die Knie reicht, und auf dem Kopf eine aus zwei Ästen geflochtene Dornenkrone. Sowohl die zärtliche, der mittelalterlichen Minne entnommene Gebärde Mariens als auch das Thronkissen sind von Madonnendarstellungen herrührende Motive, die bei Vesperbildern nur selten vorkommen. An Maria mit Kind erinnert auch die verhältnismäßig geringe Größe des Leichnams, die auf die am Anfang des Erlösungswerks stehende Menschwerdung Gottes verweist.

Die in der Regensburger Dombauhütte entstandene Figurengruppe stellt das erste bekannte Beispiel eines Vesperbilds im Werkstoff Stein dar. Während es sich anhand seiner stilistischen Merkmale überzeugend in die Zeit um 1350 einordnen lässt, sind die gabelförmigen Falten auf der Stirn Christi und der über den Kopf Mariens gelegte Mantel als Reminiszenzen des älteren treppenförmigen Diagonaltypus zu verstehen, der in der Regierungszeit Kaiser Ludwigs entstanden ist.

L. K.

Lit.: Fuchs, Vesperbild, S. 58f.; Kvapilová, Steinskulptur, S. 311; Mader, Kunstdenkmäler der Oberpfalz. XXII: Stadt Regensburg I, S. 204

Der Rosenzweig in der Hand Mariens und der Distelfink vor ihrer Brust künden als Symbole der Passion Christi die Leiden der Gottesmutter an.

7.11
Relief mit thronender Madonna

Regensburg, 1330/35; Kalkstein, 79 x 55 cm
Diözesanmuseum Regensburg (1979/68)/Leihgabe Heinz Haber

Die Füße auf eine vorspringende Platte gestellt, sitzt Maria auf einem mit Maßwerk gezierten breiten Thron. Die junge, mädchenhaft schöne Muttergottes neigt den Kopf zu ihrem Sohn, den sie mit ihrem rechten Arm umschlingt. Sie ist in ein langes rotes, mit einem Gürtel geschnürtes Kleid und einen blauen Mantel gekleidet, der auf der Brust mit einer Schließe zusammengehalten wird. Auf dem Kopf trägt sie ein mit Edelsteinen besetztes Diadem und einen Schleier. Der in ein langes Gewand gekleidete Jesusknabe sitzt auf der rechten Hand Mariens und erwidert ihren Blick. An ihren Körper angelehnt, stützt er sich mit dem Fuß auf ihrem Oberschenkel ab.

In der linken Hand hält die Gottesmutter einen Rosenzweig, ein Symbol, das seit Sedulius (5. Jahrhundert) mit Maria in Verbindung steht. In der christlichen Symbolik wurde die Rose, als Königin und Schönste unter den Blumen, mit Maria verglichen. Die rote Farbe und ihre Dornen weisen hingegen auf das Leid hin, das sie angesichts der Passion ihres Sohnes erfährt. Der Vergleich Mariens mit der Rose zwischen den Dornen oder mit der Rose der Märtyrer geht auf Übersetzungen des Verses 2,2 im Hohen Lied zurück. Die Passionssymbolik wird weiter entfaltet in dem Kind, das einen Vogel am Flügel hält – wohl den Distelfink, der für das Leiden Christi steht. Der Legende nach soll ein Fink bei der Kreuzigung die in den Kopf Christi stechenden Dornen entfernt haben. Die rote Stelle auf dem Köpfchen wird hingegen als Blutstropfen Christi gedeutet.

Parallel zum Madonnentypus, der in den rheinischen Werkstätten verbreitet war und in Verbindung mit Kaiser Ludwig zu bringen ist (Kat.-Nr. 5.41f.), haben die Bildhauer der Regensburger Dombauhütte hier einen eigenständigen Typus der thronenden Madonna herausgebildet. In Komposition, Faltengebung und Motivik am nächsten kommt dem Regensburger Relief, das sich in einer Nische des ursprünglich zum Damenstift gehörigen Hauses in der Obermünsterstraße 8 befunden hatte, eine thronende Madonna am Schlussstein im Chor der Wallfahrtskirche in Sossau bei Straubing, deren unter den Knien schürzenartig hochgeraffter Mantel und die kleinen Schüsselfalten am Kleid oberhalb des Gürtels von der Regensburger Madonna abzuleiten sind. Diese Beziehungen zwischen Regensburg und Straubing bestätigen den regen Austausch der Steinmetzen und Bildhauer in den Bauhütten, der sich bis zum Beginn des 15. Jahrhunderts nachweisen lässt.
L. K.

Lit.: Fuchs, Hausmadonna, S. 54f.; Suckale, Hofkunst, S. 262, Kat.-Nr. 75

Neue Formen der Andacht zeigt auch diese möglicherweise im Umfeld Ludwigs des Bayern geschaffene Darstellung des abgeschlagenen Haupts Johannes des Täufers.

7.12
Johannesschüssel

München (?), um 1330; Sandstein, umfangreiche Reste alter Fassung, vier Locken ausgebrochen, H. 32 cm, Ø 46 cm; erworben 1869
Bayerisches Nationalmuseum, München (MA 976)

Herodias hatte ihre Tochter Salome dazu angestiftet, auf die Enthauptung Johannes des Täufers zu drängen und ihr seinen Kopf zu überbringen. Johannes sollte sie nicht länger wegen der ehebrecherischen Beziehung anklagen können, in der sie mit König Herodes lebte. Als nach der Plünderung Konstantinopels während des Vierten Kreuzzugs im Jahr 1204 das für authentisch erachtete Haupt des Heiligen nach Amiens gelangte, verbreiteten sich überall in Europa Darstellungen des auf einer Schale liegenden Kopfes des Märtyrers, die so genannten Johannesschüsseln. Man kennt sie als Reliquiare, Gemälde oder Bauschmuck ebenso wie als Einzelbildwerke in Holz oder Stein. Die hier gezeigte Skulptur ist eine der früheren und sicherlich eine der bedeutendsten Arbeiten dieser Art. Wie bei einigen anderen einschlägigen Bildwerken wird der durchschnittene Hals selbst nicht gezeigt, vielmehr scheint der Kopf aus der Schale wie auf einer Töpferscheibe emporzuwachsen. Ein besonderer Kunstgriff sind die freiplastisch gearbeiteten Locken, die vom Haupt strahlenförmig zum Rand der Schüssel hinüberwachsen. Auf beiden Seiten sind jeweils die beiden vorderen Locken abgebrochen. Vor diesen Beschädigungen muss der Eindruck noch abstrakter und artifizieller gewesen sein. Über die ursprüngliche Bestimmung des Werks ist nichts bekannt, doch ist aufgrund der Struktur und Höhe anzunehmen, dass es einst auf einem Altar aufgestellt war.

Künstlerisch hängt die Schüssel eng mit einer Gruppe von Werken zusammen, die Robert Suckale mit Aufträgen Ludwigs des Bayern und seiner Entourage in Verbindung gebracht und „Münchener Hofwerkstätten" des Kaisers zugeordnet hat. In München selbst wurde eine stilnahe Christophoruskonsole 1946 im Trümmerschutt der Frauenkirche gefunden (Kat.-Nr. 5.37). Drei Bildwerke aus der Lorenzkapelle im Alten Hof sind entfernter mit der Johannesschüssel verwandt, daneben sei auf die Apostel und die Anbetungsgruppe in St. Jakob in Nürnberg verwiesen. Die ursprüngliche Herkunft der Johannesschüssel ist nicht bekannt, doch wurde sie dem Bayerischen Nationalmuseum 1869 von dem Münchner Steinmetzmeister Georg Westermaier geschenkt. Dies mag auf eine Bestimmung für München deuten, zu der auch das verwendete Sandsteinmaterial passen würde, das früher fälschlich als Kalkstein identifiziert wurde. *M. W.*

Lit.: Arndt/Kroos, Ikonographie, S. 287–289; Little, Set in Stone, S. 191–193, Kat.-Nr. 79 (Charles T. Little); Suckale, Hofkunst, S. 62–64, 112, 268

Der Riese Christophorus, der Christus trägt, wurde als Nothelfer in Todesgefahr angerufen. Die Andacht vor seinem Bildnis sollte den Gläubigen vor einem plötzlichen Tod bewahren.

7.13
Hl. Christophorus

Nürnberg, um 1330/35; Sandstein, ursprünglich farbig gefasst, verwittert,
Haupt und Schultern sowie Füße des Christusknaben verloren, 87 x 32 x 22 cm
Germanisches Nationalmuseum, Nürnberg (Pl.O. 2281) / Leihgabe Vereinigtes Protestantisches Kirchenvermögen, Nürnberg

Der Heilige steht, den Jesusknaben auf der linken Schulter, breitbeinig im Wasser, das von stilisierten Wellen angedeutet ist. Mit der Rechten einen Stecken umfassend, schmiegt er seinen unter der Last des Kindes zur Seite geneigten Oberkörper samt Haupt an dieses Hilfsmittel seines legendären Fährdienstes. Am oberen Ende treibt der Stock eine grünende Krone aus und setzt damit das in der Vita des „Christusträgers" berichtete Zeichen ins Bild, das seine Taufe bekräftigte. Insbesondere fallen die elegante Strukturierung des Gewands in ausladende Mulden und vertikale Tütenfalten sowie ein seltenes Motiv auf: Im Gegensatz zum verbreiteten Segensgestus wird Christophorus von Christus am Kinn gekrault. Das Sujet, eigentlich ein Zeichen zärtlicher Zuneigung, ist der Marienikonografie entlehnt und hier als Ausdruck liebevoller Gewogenheit eingesetzt.

Der Schöpfer der Statue gehörte einer aus der Rheinpfalz zugewanderten Werkstatt an, deren Formenrepertoire den Stil der von Ludwig dem Bayern favorisierten Hofkunst widerspiegelt. Die Skulptur stammt von der Fassade der alten Nürnberger Moritzkapelle, die sich auf dem einstigen Friedhof nördlich der dortigen Sebalduskirche erhob. Vermutlich fand sie auch an dem 1354 geweihten Neubau dieser Kapelle, die im Zweiten Weltkrieg unterging, einen Platz, wurde zu unbestimmter Zeit später jedoch an das nördliche Seitenschiff von St. Sebald versetzt. Die an der Plinthe sichtbare Abarbeitung deutet auf ein ursprünglich an der Sockelzone befindliches Wappen hin. Es wies die Figur nicht nur als Stiftung, sondern auch als bildhafte Markierung einer heute nicht mehr benennbaren Familiengrablege aus. Das Bildwerk sicherte dieser Grabstätte besondere Aufmerksamkeit, denn mit Christophorus verband die Volksfrömmigkeit die Bewahrung vor dem jähen, also dem ohne die Möglichkeit der Inanspruchnahme sakramentalen Beistands eintretenden Tod. Im Mittelalter und in katholisch geprägten Landstrichen noch lange darüber hinaus schrieb man dem Bild des insbesondere in Todesgefahr angerufenen und als Seelenbegleiter ins Paradies verehrten Nothelfers eine wundersame Wirkung zu: Seine andächtige Betrachtung am Morgen konnte für den jeweiligen Tag den Tod bannen. *F. M. K.*

Lit.: Martin, Steinplastik, S. 32, 150, Kat.-Nr. 176; Stafski, Bildwerke, S. 72, Nr. 49; Suckale, Hofkunst, S. 112, 256f.

Eine Gemeinschaft von 14 Heiligen leistet Beistand in den Nöten des Alltags. In Regensburg haben sich in den Bettelordenskirchen die frühesten Beispiele für so genannte Nothelfer-Zyklen erhalten.

7.14

A Vierzehn Nothelfer

Um 1331, Wandmalerei in der Minoritenkirche St. Salvator, Regensburg (R, Ausschnitt)

B Vierzehn Nothelfer

1. Drittel 14. Jahrhundert, Wandmalerei in der Dominikanerkirche St. Blasius, Regensburg (R)

Seit der ersten Hälfte des 13. Jahrhunderts lassen sich in Regensburg Niederlassungen der Bettelorden (Mendikanten) nachweisen, die das religiöse Leben der Stadt maßgeblich bestimmen sollten. Am Rand der Stadt entstanden die mächtigen Klosteranlagen der Minoriten (seit 1226) und der Dominikaner (seit 1229), die zur Zeit Ludwigs des Bayern nochmals erweitert wurden. Die beiden Klosterkirchen zählen zu den größten Bettelordenskirchen Süddeutschlands.

In beiden Kirchen finden sich frühe Beispiele für die Darstellung eines Nothelfer-Zyklus aus der Zeit um 1330. Im 1. Joch des südlichen Seitenschiffs der Dominikanerkirche ist das Fragment eines Freskos erhalten, das zehn Heilige unter einer Bogenarchitektur zeigt. Im südlichen Seitenschiff der Minoritenkirche sind 14 Heilige unter ähnlich gestalteten Arkaden dargestellt.

Die Kombination von mehreren Heiligen zu einer Gruppe von Nothelfern, „auxiliatores", ist – wie die Regensburger Beispiele belegen – im Umfeld der mendikantischen Frömmigkeit entstanden. Mit kleineren Abweichungen, die lokalen Kulten verpflichtet sind, setzen sich die Nothelfer zusammen aus drei Bischöfen (Dionysius, Erasmus, Blasius), drei Jungfrauen (Barbara, Margaretha, Katharina), drei Ritterheiligen (Georg, Achatius, Eustachius), einem Arzt (Pantaleon), einem Mönch (Ägidius), einem Diakon (Cyriakus; bis 1520 in Bayern: Leonhard), einem Knaben (Vitus) und einem Riesen (Christophorus). Die Darstellungsweise erfolgt dabei als Reihe oder ordnet die Gruppe um eine zentrale Figur, wie beispielsweise um Maria mit Kind, ein Vesperbild oder einen Schmerzensmann, wie ihn ein um 1400 entstandenes Fresko in der Pfarrkirche Berghofen in Niederbayern zeigt.

7.14 A

Die Entstehung des Kults wird in der Forschung mit dem Schutzbedürfnis der mittelalterlichen Menschen vor Seuchen, Missernten und Krieg erklärt, wobei die Heiligen als Mitleidende zunächst in allgemeinen Nöten angerufen wurden. Erst ab dem 15. Jahrhundert erfolgte die Zuordnung der einzelnen Nothelfer an bestimmte Anliegen. Mit der Möglichkeit der persönlichen Zuwendung des Hilfe suchenden Gläubigen an die Nothelfer erfüllen diese Darstellungen auch eine Funktion als Andachtsbild.

Der vor allem in den Städten geförderte Kult der Vierzehn Nothelfer knüpfte meist an lokale Patrozinien oder Reliquienschätze an. Die Vision eines Schäfers in Kloster Langheim (Oberfranken) bewirkte seit der Mitte des 15. Jahrhunderts die weite Verbreitung des Kults rund um das neue Zentrum der Wallfahrtskirche in Vierzehnheiligen. *E. H.-Sch.*

Lit.: Borgmeyer u. a., Stadt Regensburg, S. 26, 138; Lexikon der christlichen Ikonographie, Bd. 8, Sp. 546–550 (J. Dünninger); Lexikon des Mittelalters, Bd. 6, Sp. 1283–1285 (E. Wimmer); Mader, Kunstdenkmäler der Oberpfalz. XXII: Stadt Regensburg II, S. 80

7.14 B

Abgekürzt zitierte Literatur

Acht, Peter: Die Prunkurkunden Kaiser Ludwigs des Bayern, in: Glaser, Hubert (Hg): Wittelsbach und Bayern. Beiträge zur bayerischen Geschichte und Kunst 1/1, München u. a. 1980, S. 398–407

Acht, Peter (Hg.): Regesten Kaiser Ludwigs des Bayern (1314–1347), nach Archiven und Bibliotheken geordnet, Köln u. a. 1991ff.

Albrecht, Stephan: Mittelalterliche Rathäuser in Deutschland. Architektur und Funktion, Darmstadt 2004

Alexander, Jonathan/Binsky, Paul (Hg.): Age of Chivalry. Art in Plantagenet England 1200–1400, London 1987

Alram, Michael: Der Münzfund von Treubach, Linz 1994 (Studien zur Kulturgeschichte von Oberösterreich 3)

Ambronn, Karl Otto/Sagstetter, Maria Rita: Das Fürstentum der Oberen Pfalz. Ein wittelsbachisches Territorium im Alten Reich, München 2004 (Ausstellungskataloge der Staatlichen Archive Bayerns 46)

Andre, Elsbeth: 1338 – Der englische König in Koblenz. Eduard III. und das Reich zu Beginn des Hundertjährigen Krieges, in: www.rheinische-geschichte.lvr.de/themen/Das Rheinland im Spätmittelalter/Seiten/index.aspx (30.3.2014)

Andre, Elsbeth: Ein Königshof auf Reisen. Der Kontinentaufenthalt Eduards III. von England 1338–1340, Köln 1996

Angerer, Martin (Hg.): Regensburg im Mittelalter. Katalog der Abteilung Mittelalter im Museum der Stadt Regensburg, Bd. 2, Regensburg 1995

Angermeier, Heinz: Königtum und Landfriede im deutschen Spätmittelalter, München 1966

Angermeier, Heinz: Kaiser Ludwig der Bayer und das deutsche 14. Jahrhundert, in: Glaser, Hubert (Hg.): Wittelsbach und Bayern, Bd. 1/2, München/Zürich 1980, S. 369–378

Angermeier, Heinz: Bayern in der Regierungszeit Ludwigs IV. (1314–1347), in: Spindler, Max (Begr.): Handbuch der bayerischen Geschichte, Bd. 2, 2. Aufl., München 1988, S. 149–195

D'Arcais, Francesca: „L'Illustratore" tra Bologna e Padova, in: Arte Veneta 31 (1977), S. 27–41

Aretin, Karl Maria von: Die St. Lorenz-Kirche im Alten Hof zu München, München 1857 (Alterthümer und Kunst-Denkmale des bayerischen Herrscher-Hauses, Teil von Lieferung 3)

Arndt, Hella/Kroos, Renate: Zur Ikonographie der Johannesschüssel, in: Aachener Kunstblätter 38 (1969)

Auffarth, Christoph: Irdische Wege und himmlischer Lohn. Kreuzzug, Jerusalem und Fegefeuer in religionswissenschaftlicher Perspektive, Göttingen 2002 (Veröffentlichungen des Max-Planck-Instituts für Geschichte 144)

Bansa, Helmut: Zum Problem des Zusammenhangs zwischen Formular und Registereintrag. Beobachtungen aus der Kanzlei Ludwigs des Bayern, in: Fuhrmann, Horst/Schaller, Hans Martin (Hg.): Deutsches Archiv für Erforschung des Mittelalters 29 (1973), S. 529–550

Bansa, Helmut (Bearb.): Die Register der Kanzlei Ludwigs des Bayern. Darstellung und Edition, 2 Bde., München 1971, 1974 (Quellen und Erörterungen zur bayerischen Geschichte NF 24/1,2)

Bartlová, Milena (Hg.): Královský sňatek. Eliška Přemyslovna a Jan Lucemburský 1310, Praha 2010

Bartlová, Milena: Die mittelalterliche Jüdische Kultur in Erfurt, Bd. 1, Weimar 2010

Bastek, Alexander: Die Kaisergalerie im Frankfurter Römer, Frankfurt a. M. 2007

Bastian, Franz: Das Runtingerbuch 1383–1407 und verwandtes Material zum Regensburger südostdeutschen Handel und Münzwesen, Bd. 3, Regensburg 1943

Bastian, Fritz: Regensburger Urkundenbuch I: Die Urkunden der Stadt bis zum Jahr 1350, München 1912 (MB 53)

Baudenbacher, Karl Josef: Die Marienverehrung in Bayerns Königshause, Altötting 1918

Bauer, Richard (Hg.): Geschichte der Stadt München, München 1992

Bauer-Eberhardt, Ulrike: Die illuminierten Handschriften italienischer Herkunft in der Bayerischen Staatsbibliothek, Bd. 1: Vom 10. bis zur Mitte des 14. Jahrhunderts. Text- und Tafelband, Wiesbaden 2011

Baum, Wilhelm: Margarete Maultasch. Ein Frauenschicksal im späten Mittelalter, Klagenfurt u. a. 2004

Baumann, Maria (Hg.): Tu es Petrus. Bilder aus zwei Jahrtausenden, Regensburg 2006 (Museumsschriften des Bistums Regensburg 2)

Baumeister, Martin: Nachbildung der sog. Loshult-Büchse, in: Großmann, G. Ulrich (Hg.): Mythos Burg, Dresden 2010, S. 267

Baumeister, Martin: Zwei Geschosse für eine frühe Feuerwaffe, sog. Büchsenpfeile, in: Großmann, G. Ulrich (Hg.): Mythos Burg, Dresden 2010, S. 267

Baumgartner, Mathias: München – Maria Ramersdorf, Katholische Pfarr- und Wallfahrtskirche. Ein Kurzführer, Lindenberg 2011

Bäumler, Suzanne u. a. (Hg.): Von Kaisers Gnaden. 500 Jahre Pfalz-Neuburg, Augsburg 2005 (Veröffentlichungen zur Bayerischen Geschichte und Kultur 50)

Becker, Hans-Jürgen: Das Kaisertum Ludwigs des Bayern, in: Nehlsen, Hermann/Hermann, Hans-Georg (Hg.): Kaiser Ludwig der Bayer. Konflikte, Weichenstellungen und Wahrnehmung seiner Herrschaft, Paderborn u. a. 2002 (Quellen und Forschungen aus dem Gebiet der Geschichte NF 22), S. 119–138

Becker, Hans-Jürgen: Das Mandat „Fidem catholicam" Ludwigs des Bayern von 1338, in: Deutsches Archiv für Erforschung des Mittelalters 26 (1970), S. 454–512

Becker, Hans-Jürgen: Kurverein, in: Handwörterbuch zur deutschen Rechtsgeschichte, 2. Aufl., 3. Lfg. 18, Berlin 2013, S. 361–365

Beenken, Hermann: Bildhauer des 14. Jahrhunderts am Rhein und in Schwaben, Leipzig 1927

Behrer, Christian: Das unterirdische München. Stadtarchäologie in der Bayerischen Landeshauptstadt, München 2001

Beierlein, Johann Peter: Die bayerischen Münzen des Hauses Wittelsbach, von dem Ende des zwölften bis zur Mitte des sechzehnten Jahrhunderts (1180–1550), München 1868

Benker, Gertrud: Ludwig der Bayer. Ein Wittelsbacher auf dem Kaiserthron 1282–1347, München 1997, 2. Aufl. 1980

Berg, Martin: Das Itinerar Ludwigs des Bayern von seiner Königswahl bis zum Ende des Italienfeldzuges (1314–1330), Diss. masch., München 1983

Berg, Martin: Der Italienzug Ludwigs des Bayern. Das Itinerar der Jahre 1327–1330, in: Quellen und Forschungen aus italienischen Archiven und Bibliotheken 67, Tübingen 1987, S. 142–197

Binder, Joachim: Heinrich VII. von Luxemburg zwischen Frankreich und dem Reich. Doppelvasall – Realpolitiker – Kaiser, in: Widder, Ellen (Hg.): Vom luxemburgischen Grafen zum europäischen Herrscher. Neue Forschung zu Heinrich VII., Luxemburg 2008 (Publications du Centre Luxembourgeois de Documentation et d'Études médiévales 23), S. 15–43

Bischoff, Bernhard: Studien zur Geschichte des Klosters St. Emmeram im Spätmittelalter (1324–1525), in: Studien und Mitteilungen zur Geschichte des Benediktinerordens und seiner Zweige 65 (1953/54), S. 152–198

Blume, Dieter: Der Orden und die Bilder, in: Stiegemann, Christoph u. a. (Hg.): Franziskus. Licht aus Assisi, München 2011, S. 114–123

Bobková, Lenka: Územní politika prvních Lucemburků na českém trůně, Ústí nad Labem 1993 (Acta Universitatis Purkynianae 1)

Bobková, Lenka: Velké dějiny Koruny české, Bd. 4a: 1310–1402, Praha 2003

Bobková, Lenka: Bayern und die Oberpfalz in der Politik Karls IV., in: Luft, Robert/Eiber, Ludwig (Hg.): Bayern und Böhmen. Kontakt, Konflikt, Kultur, München 2007 (Veröffentlichungen des Collegium Carolinum 111), S. 35–57

Bock, Friedrich: Der älteste kaiserliche Wappenbrief, in: Archivalische Zeitschrift 41 (1932), S. 48–55

Bock, Friedrich: Bemerkungen zur Beurteilung Kaiser Ludwigs IV. in der neueren Literatur, in: Zeitschrift für bayerische Landesgeschichte 23 (1960), S. 115–127

Bodemer, Heidemarie: Das Fechtbuch: Untersuchungen zur Entwicklungsgeschichte der bildkünstlerischen Darstellung der Fechtkunst in den Fechtbüchern des mediterranen und westeuropäischen Raumes vom Mittelalter bis Ende des 18. Jahrhunderts, Diss., Stuttgart 2008

Boeckler, Albert/Wegener, Hans: Schöne Handschriften aus dem Besitz der Preußischen Staatsbibliothek, Berlin 1931

Boeheim, Wendelin: Handbuch der Waffenkunde. Das Waffenwesen in seiner historischen Entwickelung vom Beginn des Mittelalters bis zum Ende des 18. Jahrhunderts, Leipzig 1890, Neudruck Graz 1966

Böhmer, Johann Friedrich: Die Urkunden Kaiser Ludwigs des Baiern, König Friedrichs des Schönen und König Johanns von Böhmen, Frankfurt a. M. 1839, Ergänzungen 1841–1865 (Regesten Kaiser Ludwigs des Baiern und seiner Zeit)

Böhmer, Johann Friedrich: Die Regesten des Kaiserreichs unter Rudolf, Adolf, Albrecht, Heinrich VII. 1273–1313, Wien u. a. 2006 (Regesta Imperii VI, 4)

Bœspflug, François: Der Gott der Maler und Bildhauer. Die Inkarnation des Unsichtbaren, Freiburg i. Br. u. a. 2013

Bojcov, Michail A.: Warum pflegten deutsche Könige auf Altären zu sitzen?, in: Oexle, Otto Gerhard/Bojcov, Michail A. (Hg.): Bilder der Macht in Mittelalter und Neuzeit. Byzanz – Okzident – Rußland, Göttingen 2007 (Veröffentlichungen des Max-Planck-Instituts für Geschichte 226), S. 243–314

Bonaventura, Johannes Fidanza: Breviloquium, übers. von F. Imle, Werl 1931

Bonaventura, Johannes Fidanza: Das Leben des heiligen Franz von Assisi, Freiburg 1956

Borgmeyer, Anke u. a.: Stadt Regensburg. Ensembles – Baudenkmäler – Archäologische Denkmäler, 2. Aufl., Regensburg 1997 (Denkmäler in Bayern. III.37)

Boschi Rotiroti, Marisa: Codicologia trecentesca della Commedia. Entro e oltre l'antica vulgata, Rom 2004 (Scritture e libri del medioevo 2)

Bosl, Karl: Die „Geistliche Hofakademie" Kaiser Ludwigs des Bayern im alten Franziskanerkloster zu München, in: Schattenhofer, Michael: Der Mönch im Wappen. Aus Geschichte und Gegenwart des katholischen München, München 1960, S. 97–129

Bosl, Karl: Armut Christi. Ideal der Mönche und Ketzer, Ideologie der aufsteigenden Gesellschaftsschichten vom 11. bis zum 13. Jahrhundert, München 1981 (Bayerische Akademie der Wissenschaften, Philosophisch-historische Klasse, Sitzungsberichte, Jahrgang 1981/1)

Bott, Gerhard u. a. (Hg.): Nürnberg 1300–1550. Kunst der Gotik und Renaissance, München 1986

Brandis, Tilo (Hg.): Zimelien. Abendländische Handschriften des Mittelalters aus den Sammlungen der Stiftung Preußischer Kulturbesitz Berlin, Wiesbaden 1975

Brandis, Tilo: Ein mittelhochdeutscher Papst-Kaiser-Rotulus des 15. Jahrhunderts, in: Elvers, Rudolf (Hg.): Festschrift Albi Rosenthal, Tutzing 1984, S. 67–80

Bratchel, Michael Edwin: Chronicles of fifteenth-century Lucca: contributions to an understanding of the restored republic, in: Bibliothèque d'Humanismus et Renaissance 60 (1998), S. 7–23

Braun, Christian (Hg.): Kanzleisprachen auf dem Weg zum Neuhochdeutschen, Wien 2011 (Beiträge zur Kanzleisprachenforschung 7)

Bräutigam, Günter: Gmünd – Prag – Nürnberg. Die Nürnberger Frauenkirche und der Prager Parlerstil vor 1360, in: Jahrbuch der Berliner Museen NF 3

Breiding, Dirk: Harnisch und Waffen des Hoch- und Spätmittelalters, in: Leenen, Brunhilde: Aufruhr 1225! Ritter, Burgen und Intrigen. Das Mittelalter an Rhein und Ruhr, Mainz 2010, S. 129–146

Browe, Peter: Die Verehrung der Eucharistie im Mittelalter, München 1933 (Sinzinger theologische Texte und Studien 7)

Bruckmüller, Ernst/Urbanitsch, Peter (Hg.): Ostarrîchi – Österreich, 996–1996. Menschen, Mythen, Meilensteine, Horn 1996

Bruderer Eichberg, Barbara: Die theologisch-politische Bedeutung des Allerheiligenbildes im panegyrischen Lobgedicht an Robert von Neapel. Ein Beitrag zur spätmittelalterlichen Herrscherikonographie, in: Concilium medii aevi 2 (1999), S. 29–57

Brunner, Horst: „Ahi, wie werdicliche stat der hof in Peierlande!" Deutsche Literatur des 13. und 14. Jahrhunderts im Umkreis der Wittelsbacher, in: Glaser, Hubert (Hg.): Wittelsbach und Bayern, Bd. 1/2, München/Zürich 1980, S. 496–511

Buchenau, Heinrich: Der Fund von Barbing bei Regensburg, in: Mitteilungen der Bayerischen Numismatischen Gesellschaft 45 (1927), S. 12–21

Buchmann, Nicole: Die Malereifragmente aus dem Hansasaal, in: Geis, Walter/Krings, Ulrich (Hg.): Köln. Das gotische Rathaus und seine historische Umgebung, Köln 2000, S. 415–438

Burckhardt, Jacob: Die Kultur der Renaissance in Italien, hg. von Konrad Hoffmann, 11. Aufl., Stuttgart 1988

Burkhart, Peter: Katalog der illuminierten Handschriften der Württembergischen Landesbibliothek Stuttgart, Bd. 3: Die gotischen Handschriften der Württembergischen Landesbibliothek Stuttgart, Teil 2: Vom späten 13. bis zum frühen 15. Jahrhundert, Wiesbaden 2005

Burmeister, Enno: Die baugeschichtliche Entwicklung des Alten Hofes in München, München 1999

Buttinger, Sabine/Keupp, Jan: Die Ritter, Darmstadt 2013

Büttner, Andreas: Der Weg zur Krone. Rituale der Herrschererhebung im spätmittelalterlichen Reich, 2 Teilbde., Ostfildern 2012 (Mittelalter-Forschungen 35,2)

Die Chronik des Jakob Twinger von Königshofen, in: Die Chroniken der oberrheinischen Städte vom 14. bis zum 16. Jahrhundert, Straßburg 1–2, hg. von der Historischen Kommission bei der Königlichen Akademie der Wissenschaften, 2. Aufl., Stuttgart 1961, S. 737

Die Fürstenfelder Chronik von den Taten der Fürsten (1273–1326), in: Lohmer, Christian (Hg.): Geschichte Ludwigs des Bayern, Bd. 1, nach der Übersetzung von Walter Friedensburg, Essen/Stuttgart 1987, S. 29–152

Chytil, Karel/Friedl, Antonín: Kříž Přemysla Otakara II. v pokladu dómu v Řezně, Praha 1931 (Monografie Archeologické pri České Akad. ved a umění 2)

Codreanu-Windauer, Silvia/Schnieringer, Karl: Die Ausgrabungen im Regensburger Dom, in: Der Dom zu Regensburg. Ausgrabung, Restaurierung, Forschung, 3. Aufl., Regensburg 1990 (Kunstsammlungen des Bistums Regensburg, Kataloge und Schriften 8)

Codreanu-Windauer, Silvia/Wanderwitz, Heinrich: Das Regensburger Judenviertel. Geschichte und Archäologie, in: Schmid, Peter (Hg.): Geschichte der Stadt Regensburg, Bd. 1, Regensburg 2000, S. 607–633

Cohn-Goerke, Werner: Scultori senesi del Trecento (Forts.), in: Rivista d'arte 20 (1938), S. 237–250

Colberg, Katharina (Hg.): Lacrima ecclesie. Konrad von Megenberg, Hannover 2010 (MGH QQ zur Geistesgeschichte 26)

Conrad, Susanne: Franziskanische Armut als Heilsgarantie. Das Zusammenspiel von vita evangelica und Apokalyptik im Armutsverständnis von Petrus Johannis Olivi, in: Melville, Gert/Kehnel, Annette (Hg.): propositio paupertatis. Studien zum Armutsverständnis bei den mittelalterlichen Bettelorden, Münster 2001 (Vita regularis 13)

Conti, Alessandro: La miniatura Bolognese. Scuole e botteghe 1270–1340, Bologna 1981

Cormeau, Christoph: Thomasin von Zerklaere, in: Wachinger, Burghart/Ruh, Kurt u.a. (Hg.): Die deutsche Literatur des Mittelalters. Verfasserlexikon, Bd. 9, 2. völlig neu bearb. Aufl., Berlin/New York 1995, Sp. 896–902

Czerny, Helga: Der Tod der bayerischen Herzöge im Spätmittelalter und in der frühen Neuzeit 1347–1579. Vorbereitungen – Sterben – Trauerfeierlichkeiten – Grablegen – Memoria, München 2005 (Schriftenreihe zur bayerischen Landesgeschichte 146)

Dallmeier, Katja: Plastische Applikationen auf spätmittelalterlicher Keramik aus dem Regensburger Judenviertel, in: Aspekte der Archäologie des Mittelalters und der Neuzeit. Festschrift für Walter Sage, Bonn 2003, S. 95–102

De Santis, Andrea: Offenbarung und Bild. Theoretische Wahlverwandtschaften, in: Dohmen, Christoph/Wagner, Christoph (Hg.): Religion als Bild – Bild als Religion, Regensburg 2012 (Regensburger Studien zur Kunstgeschichte 15), S. 220–244

Deeg, Dietrich: Die Herrschaft der Herren von Heideck. Eine Studie zu hochadliger Familien- und Besitzgeschichte, Neustadt a. d. Aisch 1968 (Freie Schriftenfolge der Gesellschaft für Familienforschung in Franken 18)

Dempf, Friedrich (Hg): Einstmals am Inn. Ein Wasserburger Heimatbuch, Wasserburg, um 1937

Dick, Stefanie: Margarete von Hennegau, in: Fößel, Amalie (Hg.): Die Kaiserinnen des Mittelalters, Regensburg 2011, S. 249–270

Die Oberpfalz – Ein europäisches Eisenzentrum. 600 Jahre große Hammereinung, Theuern 1987 (Schriftenreihe des Bergbau- und Industriemuseums Ostbayern 12)

Diepolder, Gertrud: Bayerischer Geschichtsatlas, München 1969

Dinzinger, Gertraud: Der Vorgängerbau der Stefanskapelle im Domkreuzgang zu Regensburg, in: Schwaiger, Georg/Mai, Paul (Hg.): Studien zur Kirchen- und Kunstgeschichte Regensburgs, Regensburg 1983 (Beiträge zur Geschichte des Bistums Regensburg 17), S. 7–49

Dirmeier, Artur: Die Zant. Geschichte und architektonisches Erbe einer Patrizierfamilie, in: Die Spitalkirche zu Regensburg, Regensburg 2000, S. 147–159

Dirmeier, Artur: Siegel aus Blei und Wachs, in: Baumann, Maria (Hg.): Tu es Petrus. Bilder aus zwei Jahrtausenden, Regensburg 2006 (Museumsschriften des Bistums Regensburg 2), S. 95–106

Dizionario Biografico degli Italiani Bd. 23, Rom 1979

Dohmen, Christoph/Neiser, Wolfgang: Kunst in der Bibel und Bibel in der Kunst, in: Wagner, Christoph/Unger, Klemens (Hg.): Berthold Furtmeyr. Meisterwerke der Buchmalerei und die Regensburger Kunst in Spätgotik und Renaissance, Regensburg 2010, S. 133–134

Dresken-Weiland, Jutta: Der Altar in St. Stephan im Domkreuzgang zu Regensburg, in: Das Münster 57 (2004), S. 82–86

Drexler-Herold, Jolanda: Die Chorfenster der Regensburger Minoritenkirche, Regensburg 1988 (Studien und Quellen zur Kunstgeschichte Regensburgs 2)

Droandi, Enzo: Guido Tarlati di Pietramala: ultimo principe di Arezzo, Cortona 1993

Drossbach, Gisela: Haec sunt statute, in: Drossbach, Gisela: (Hg.): Von der Ordnung zur Norm. Statuten in Mittelalter und Früher Neuzeit, Paderborn/München 2010, S. 369–385

Ehlers, Joachim: Die Kapetinger, Stuttgart u.a. 2000 (Urban-Taschenbücher 471)

Ehlers, Joachim: Der Hundertjährige Krieg, München 2009

Ehrle, Franz: Die Spiritualen, ihr Verhältnis zum Franziskanerorden und zu den Fraticellen, in: Archiv für Literatur- und Kirchengeschichte 3 (1887), S. 553–623 und 4 (1888), S. 1–190

Ehrmann, Angelika (Hg): In Tal und Einsamkeit. 725 Jahre Kloster Fürstenfeld, die Zisterzienser im alten Bayern, Fürstenfeldbruck 1988

Emler, Josef (Hg.): Fontes rerum Bohemicarum, Bd. 3 und 4, Praha 1883 und 1884

Emler, Josef: Chronicon Benessii de Weitmil, in: Emler, Josef (Hg.): Fontes rerum Bohemicarum, Bd. 4, Praha 1884, S. 513

Emler, Josef (Hg.): Regesta regni Bohemiae, Bd. 3 und 4, Praha 1890

Emmerig, Hubert: Die Regensburger Münzerhausgenossenschaft im 13. und 14. Jahrhundert, in: Verhandlungen des historischen Vereins für Oberpfalz und Regensburg 130 (1990), S. 7–170

Emmerig, Hubert: Die Münz- und Geldgeschichte der Stadt Regensburg im Mittelalter. Versuch eines Überblicks, in: Angerer, Martin (Hg.): Regensburg im Mittelalter, Bd. 1, Regensburg 1995, S. 159–176

Emmerling, Sonja: Hadamar von Laber und seine Liebesdichtung „Die Jagd", Regensburg 2005 (Forum Mittelalter 2)

Endres, Werner/Loers, Veit: Spätmittelalterliche Keramik aus Regensburg, Regensburg 1981

Engels, Odilo: Tiara, in: Lexikon des Mittelalters, Bd. 8, München/Zürich 1997, S. 759

Erben, Wilhelm: Die Berichte der erzählenden Quellen über die Schlacht bei Mühldorf, in: Archiv für österreichische Geschichte 105 (1917), S. 229–514

Erben, Wilhelm: Die Schlacht bei Mühldorf, 28. September 1322, historisch-geographisch und rechtsgeschichtlich untersucht, Graz u.a. 1923 (Veröffentlichungen des Historischen Seminars der Universität Graz 1)

Erichsen, Johannes/Brockhoff, Evamaria (Hg.): Bayern & Preußen & Bayerns Preußen. Schlaglichter auf eine Beziehung, Regensburg 1999 (Veröffentlichungen zur Bayerischen Geschichte und Kultur 41/99)

Erkens, Franz-Reiner: Sol iusticie und regis regum vicarius. Ludwig der Bayer als „Priester der Gerechtigkeit", in: Zeitschrift für bayerische Landesgeschichte 66 (2003), S. 795–818

Ettelt, Beatrix: König Otto von Ungarn. Ein Wittelsbacher auf magyarischem Thron, in: Die Archivbötin 1. Zeitschrift zur Orts- und zur Bayerischen Geschichte (1989), S. 83–95

Fajt, Jiří (Hg.): Karel IV. Císař z Boží milosti. Kultura a umění za vlády Lucemburků 1310–1437, New York/Prag, 2005

Fajt, Jiří (Hg.): Karl IV. Kaiser von Gottes Gnaden. Kunst und Repräsentation des Hauses Luxemburg 1310–1437, München/Berlin 2006

Feine, Hans Erich: Die Approbation der Luxemburgischen Kaiser in ihren Rechtsformen an der Kurie, in: Feine, Hans Erich/Merzbacher, Friedrich: Reich und Kirche. Ausgewählte Abhandlungen zur deutschen und kirchlichen Rechtsgeschichte, Aalen 1966, S. 77–99

Felten, Franz J. (Hg.): Mittelalterliche Kaufhäuser im europäischen Vergleich, erscheint 2015 (Mainzer Vorträge 18)

Feuchtwanger, Lion: Die häßliche Herzogin, 7. Aufl., Berlin 2008 (Aufbau-Taschenbücher 5627)

Fillitz, Hermann: Die Silberschale der Herzogin Margarete Maultasch in Schloss Ambras, in: Pantheon 29 (1971), S. 320–322

Fischer, Christa: Studien zu den Arengen in den Urkunden Kaiser Ludwigs des Bayern (1314–1347). Beiträge zu Sprache und Stil, Kallmünz 1987 (Münchener historische Studien. Abt. Geschichtliche Hilfswissenschaften 22)

Fischer, Klaus: Regensburger Hochfinanz. Die Krise einer europäischen Metropole an der Wende zur Neuzeit, Regensburg 2003 (Regensburger Studien und Quellen zur Kulturgeschichte 14)

Fischer, Susanne: Die Fenster der Münchner Frauenkirche, in: Ramisch, Hans (Hg.): Monachium sacrum. Festschrift zur 500-Jahr-Feier der Metropolitankirche zu Unserer Lieben Frau in München, München 1994, Bd. 2, S. 397f.

Fleischer, Bruno: Das Verhältnis der geistlichen Stifte Oberbayerns zur entstehenden Landeshoheit, Diss. phil., Berlin 1933

Flint, Valerie I. J.: Honorius Augustodunensis of Regensburg, in: Geary, Patrick J. (Hg.): Authors of the Middle Ages. Historical and Religious Writers of the Latin West, Bd. 2, Aldershot/Brookfield 1995, S. 91–183

Flood, David (Hg.): Die Regelerklärung des David von Augsburg, Expositio Regulae, in: Franziskanische Studien 75 (1993), S. 201–242

Flüeler, Christoph: Acht Fragen über die Herrschaft des Papstes, Lupold von Bebenburg und Wilhelm von Ockham im Kontext, in: Kaufhold, Martin (Hg.): Politische Reflexion in der Welt des späten Mittelalters, Leiden/Boston 2004, S. 225–246

Forgeng, Jeffrey (Hg.): The Medieval Art of Swordsmanship: A Facsimile & Translation of Europe's Oldest Personal Combat Treatise, Royal Armouries MS I.33, Union City 2003

Literatur 359

Franzen, August: Kleine Kirchengeschichte, hg. von Remigius Bäumer, Neuausgabe, Freiburg i. Br. 1988

Freitag, Matthias: Kleine Regensburger Stadtgeschichte, 4. Aufl., Regensburg 2011

Freuler, Bernhard: Die Chronik Johann's von Winterthur, hg. vom Convente der Bürgerbibliothek von Winterthur, Winterthur 1866

Fried, Pankraz: Die Städtepolitik Kaiser Ludwigs des Bayern, in: Zeitschrift für bayerische Landesgeschichte 60 (1997), S. 105–114

Friedensburg, Wilhelm (Hg.): Quellen zur Geschichte Kaiser Ludwigs des Baiern, in: Geschichtsschreiber der deutschen Vorzeit 81 (1883), 2. Aufl. 1898, S. 103–119

Fritz, Johann Michael: Goldschmiedekunst der Gotik in Mitteleuropa, München 1982

Fritz, Wolfgang D.: Die Goldene Bulle. Das Reichsgesetz Kaiser Karls IV. vom Jahre 1356, Weimar 1978

Fritzsche, Gabriela: Die mittelalterlichen Glasmalereien im Regensburger Dom, Berlin 1987 (Corpus Vitrearum Medii Aevi, Deutschland XIII, 1)

Fritzsche, Gabriele: Die Entwicklung des „Neuen Realismus" in der Wiener Malerei 1331 bis Mitte des 14. Jahrhunderts, Wien u. a. 1983

Fuchs, Franz: Das Reichsstift in St. Emmeram, in: Schmid, Peter (Hg.): Geschichte der Stadt Regensburg, Bd. 2, Regensburg 2000, S. 730–744

Fuchs, Franz: Neue Quellen zur Biographie Konrads von Megenberg, in: Märtl, Claudia u. a. (Hg.): Konrad von Megenberg (1309–1374) und sein Werk. Das Wissen der Zeit, München 2006, S. 43–72

Fuchs, Franz/Krieger, Karl-Friedrich: Ludwig der Bayer und das Loch in der Stadtmauer. Ein städtischer Gedenktag im spätmittelalterlichen Regensburg, in: Schraut, Sylvia/Stier, Bernhard (Hg.): Stadt und Land. Bilder, Inszenierungen und Visionen in Geschichte und Gegenwart. Wolfgang Hippel zum 65. Geburtstag, Stuttgart 2001 (Veröffentlichungen der Kommission für Geschichtliche Landeskunde in Baden-Württemberg B 147)

Fuchs, Friedrich: Martyrium des hl. Laurentius, Westflügel des Kreuzgangs, in: Morsbach, Peter: Der Dom zu Regensburg. Ausgrabung, Restaurierung, Forschung, 3. verb. Aufl., München u. a. 1990 (Kunstsammlungen des Bistums Regensburg, Kataloge und Schriften 8), S. 273–277

Fuchs, Friedrich: Das Schmetterlingsreliquiar, in: Christus. Das Bild des unsichtbaren Gottes, Regensburg 2004 (Kunstsammlungen des Bistums Regensburg, Kataloge und Schriften 27), S. 49–51

Fuchs, Friedrich: Gotische Hausmadonna, in: Christus. Das Bild des unsichtbaren Gottes, Regensburg 2004 (Kunstsammlungen des Bistums Regensburg, Kataloge und Schriften 27), S. 54 f.

Fuchs, Friedrich: Vesperbild, in: Christus. Das Bild des unsichtbaren Gottes, Regensburg 2004 (Kunstsammlungen des Bistums Regensburg, Kataloge und Schriften 27), S. 58 f.

Fuchs, Friedrich: Zwischen Ideal und Beliebigkeit. Zur Translozierungsgeschichte der Skulpturen im Regensburger Dom, in: Dallmeier, Martin u. a. (Hg.): Wider die Vergänglichkeit. Theorie und Praxis von Restaurierung in Regensburg und Oberpfalz, Regensburg 2005, S. 55–64

Fuchs, Friedrich: Lapides viventes – lebendige Steine. Bilder des heiligen Petrus im Regensburger Dom, in: Baumann, Maria (Hg.): Tu es Petrus. Bilder aus zwei Jahrtausenden, Regensburg 2006 (Museumsschriften des Bistums Regensburg 2), S. 46 f.

Fuchs, Friedrich: Der Dom St. Peter in Regensburg, Regensburg 2010

Fuhrmann, Barbara: Entscheidung „im Payerlande an der Ysen": Hintergründe und operativer Verlauf der Schlacht bei Mühldorf 1322, Magisterarbeit, München 2012

Gallé, Volker (Hg.): Dichtung und Musik der Stauferzeit. Wissenschaftliches Symposium 12.–14. November 2010, Worms 2011

Gemeiner, Carl Theodor: Reichsstadt Regensburgische Chronik. Die wichtigsten und merkwürdigsten Begebenheiten, die sich in Regensburg und in der Nachbarschaft der Stadt seit Entstehung derselben bis auf unsere Zeit zugetragen haben, aus der Urquelle geschöpft und beschrieben, 4 Bde., Regensburg 1800–1824, als Nachdruck hg. und eingeleitet von Heinz Angermeier, München 1971

Germann-Bauer, Peter/Steiner, Peter (Hg.): Schatzstücke der Münchner Peterskirche, München u. a. 1985 (Kataloge und Schriften des Diözesanmuseums für christliche Kunst des Erzbistums München und Freising 3)

Glaser, Hubert (Hg.): Wittelsbach und Bayern, Bd. I/2, München/Zürich 1980

Glier, Ingeborg: Kloster der Minne, in: Ruh, Kurt u. a. (Hg.): Die deutsche Literatur des Mittelalters. Verfasserlexikon, Bd. 4, 2. völlig neu bearb. Aufl., Berlin/New York 1983, Sp. 1235–1238

Godthardt, Frank: Marsilius von Padua und der Romzug Ludwigs des Bayern. Politische Theorie und politisches Handeln, Göttingen 2011 (Nova Mediaevalia. Quellen und Studien zum europäischen Mittelalter 6)

Goer, Michael u. a. (Hg.): Rathäuser und andere kommunale Bauten, Marburg 2010 (Jahrbuch für Hausforschung 60)

Götschmann, Dirk: Amberg und das oberpfälzische Montangebiet, in: Ambronn, Karl: Amberg 1034–1984. Aus tausend Jahren Stadtgeschichte, Amberg 1984 (Ausstellungskataloge der Staatlichen Archive Bayerns 18), S. 221–236

Götschmann, Dirk: Oberpfälzer Eisen. Bergbau und Eisengewerbe im 16. und 17. Jahrhundert, Theuern 1985 (Schriftenreihe des Bergbau- und Industriemuseums Ostbayern 5)

Gottschalk, Joseph: Schlesische Piastinnen in Süddeutschland während des Mittelalters, in: Zeitschrift für Ostforschung 27 (1978), H. 2, S. 275–293

Götz, Ulrike: Kunst in Freising unter Fürstbischof Johann Franz Eckher: 1696–1727. Ausdrucksformen geistlicher Herrschaft, München/Zürich 1992 (Sammelblatt des Historischen Vereins Freising 33)

Grass, Nikolaus: Die Reichskleinodien: Studien aus rechtshistorischer Sicht, Graz u. a. 1965 (Sitzungsberichte der Akademie der Wissenschaften in Wien, Philosophisch-Historische Klasse 248,4)

Grathoff, Stefan/Rettinger, Elmar (Hg.): ... daz sall man nyrgent anderst wiegen dan in dem kauffhuß. Die Mainzer Kaufhausordnung aus dem 15. Jahrhundert, Mainz 2013

Grau, Engelbert (Hg.): Thomas von Celano: Leben und Wunder des heiligen Franziskus von Assisi, Werl 1988 (Franziskanische Quellenschriften 5)

Graus, František: Pest – Geißler – Judenmorde. Das 14. Jahrhundert als Krisenzeit, 3. Aufl., Göttingen 1994 (Veröffentlichungen des Max-Planck-Instituts für Geschichte 86)

Grönke, Eveline/Weinlich, Edgar: Mode aus Modeln. Kruseler- und andere Tonfiguren des 14. bis 16. Jahrhunderts aus dem Germanischen Nationalmuseum und anderen Sammlungen, Nürnberg 1998 (Wissenschaftliche Beibände zum Anzeiger des Germanischen Nationalmuseums 14)

Großmann, G. Ulrich (Hg.): Mythos Burg, Dresden 2010

Gruber, Johann: Urkunden und andere Quellen zum Dombau (in Auswahl), in: Hubel, Achim/Schuller, Manfred (Hg.): Der Dom zu Regensburg, Regensburg 2013 (Die Kunstdenkmäler von Bayern NF 7)

Guillemain, Bernard: La cour pontificale d'Avignon (1309–376). Étude d'une société, Paris 1966

Habel, Heinrich u. a.: Landeshauptstadt München, Mitte. Die Bezirke Altstadt und Lehel, Maxvorstadt sowie der Englische Garten. Ensembles, Baudenkmäler, Archäologische Denkmäler, 3 Bde., München 2009 (Denkmäler in Bayern 1.2/1)

Häck, Bernhard: Die Suche nach der Vergangenheit – Stadtarchäologie in Landshut, in: Niehoff, Franz (Hg.): Stadtarchäologie in Landshut. Archäologische Zeugnisse aus sieben Jahrhunderten, Landshut 1999 (Schriften aus den Museen der Stadt Landshut), S. 38 sowie 29–39

Hartmann, Gerhard/Schnith, Karl (Hg.): Die Kaiser. 1200 Jahre europäische Geschichte, Wiesbaden 2006

Hartmann, Martina: Humanismus und Kirchenkritik. Matthias Flacius Illyricus als Erforscher des Mittelalters, Stuttgart 2001

Hausberger, Karl: Geschichte des Bistums Regensburg 1. Mittelalter und frühe Neuzeit, Regensburg 1989

Hausberger, Karl: Das Bistum Regensburg. Seine Geschichte, Regensburg 2004

Hausberger, Karl: Nikolaus von Ybbs († 1340). 1313–1340 Bischof von Regensburg, in: Gatz, Erwin (Hg.): Die Bischöfe des Heiligen Römischen Reiches 1198 bis 1448. Ein biographisches Lexikon, Berlin 2011, S. 629–631

Heckmann, Marie-Luise: Stellvertreter, Mit- und Ersatzherrscher. Regenten, Generalstatthalter, Kurfürsten und Reichsvikare in Regnum und Imperium vom 13. bis zum frühen 15. Jahrhundert, 2 Teile, Warendorf 2002 (Studien zu den Luxemburgern und ihrer Zeit 9)

Heimann, Heinz-Dieter: Hausordnung und Staatsbildung. Innerdynastische Konflikte als Wirkungsfaktoren der Herrschaftsverfestigung bei den wittelsbachischen Rheinpfalzgrafen und den Herzögen von Bayern. Ein Beitrag zum Normenwandel in der Krise des Spätmittelalters, Paderborn u. a. 1993 (Quellen und Forschungen aus dem Gebiet der Geschichte NF 16)

Hein, Max (Hg.): Preußisches Urkundenbuch III, Königsberg 1944, Neudruck 1961

Heinemeyer, Elfriede: Süddeutsche Stickereien des 13. und 14. Jahrhunderts, Diss., München 1958

Heinrich, Rudolf: Der Hausvertrag von Pavia vom 4. August 1329 und seine Vorgeschichte seit der Landesteilung vom 1. Oktober 1310, in: Rall, Hans (Hg.): Wittelsbacher Hausverträge des späten Mittelalters. Die haus- und staatsrechtlichen Urkunden der Wittelsbacher von 1310, 1329, 1392/93, 1410 und 1472, München 1987 (Schriftenreihe zur bayerischen Landesgeschichte 71), S. 64–174

Heinrich, Stefan: 1322. Die letzte große Ritterschlacht bei Mühldorf am Inn und die Verpfändung des Egerlandes, Silberbach 2006

Heinzle, Joachim (Hg.): Literatur im Umkreis des Prager Hofs der Luxemburger, Berlin 1994 (Wolfram-Studien 13)

Hernad, Béatrice: Die gotischen Handschriften deutscher Herkunft in der Bayerischen Staatsbibliothek. Teil 1: Vom späten 13. bis zur Mitte des 14. Jahrhunderts, Wiesbaden 2000

Herzogenberg, Johanna von: Karl IV. 1316–1378. Führer durch die Ausstellung des Bayerischen Nationalmuseums München auf der Kaiserburg Nürnberg 1978

Hester, James: A Few Leaves Short of a Quire: Is the „Tower Fechtbuch" Incomplete?, in: Arms & Armour 9, 1 (2012), S. 20–24

Heydeck, Kurt: Die Handschriften der Signaturenreihe Hdschr. der Staatsbibliothek zu Berlin Preußischer Kulturbesitz. Teil 1: Hdschr. 1–150, Wiesbaden 2013 (Kataloge der Handschriftenabteilung Staatsbibliothek zu Berlin Preußischer Kulturbesitz, Reihe 1. Handschriften 9, 1)

Hilz, Anneliese: Die Minderbrüder von St. Salvator in Regensburg 1226–1810, Regensburg 1991 (Beiträge zur Geschichte des Bistums Regensburg 25)

Hoernes, Martin: Die Hauskapellen des Regensburger Patriziats. Studien zu Bestand, Überlieferung und Funktion, Regensburg 2000 (Regensburger Studien und Quellen zur Kulturgeschichte 8)

Holländer, Hans und Barbara: Schachfiguren – Transfer und Traditionsbildung bis zum Ende des 15. Jahrhunderts, in: Hornbostel, Wilhelm (Hg.): Schachpartie durch Zeiten und Welten, Heidelberg 2005, S. 54–63

Holst, Jens Christian: Ein Überblick zur mittelalterlichen Baugeschichte des Lübecker Rathauses, in: Jahrbuch für Hausforschung 60 (2010), S. 175–190

Holtzmann, Robert: Der Weltherrschaftsgedanke des mittelalterlichen Kaisertums und die Souveränität der europäischen Staaten, in: Historische Zeitschrift 159 (1939), S. 251–264 (Sonderausgabe Darmstadt 1953)

Holzfurtner, Ludwig: Das Klostergericht Tegernsee, München 1985 (Historischer Atlas von Bayern, Altbayern 54), S. 20–24

Holzfurtner, Ludwig: Die Grenzen der oberbayerischen Klosterhofmarken. Eine Studie zur Verfassungsgeschichte des Mittelalters, München 1987 (Zeitschrift für bayerische Landesgeschichte 50), S. 411–439

Holzfurtner, Ludwig: Die Wittelsbacher. Staat und Dynastie in acht Jahrhunderten, Stuttgart 2005

Hölzl, Sebastian: Die Freiheitsbriefe der Wittelsbacher für Tirol, in: Tiroler Heimat 46/47 (1983), S. 8 f.

Hölzl, Sebastian: Der Freiheitsbrief von 1342, in: Klischees im Tiroler Geschichtsbewusstsein. Symposium anläßlich des zehnjährigen Bestehens des Tiroler Geschichtsvereines, Innsbruck 1996, S. 17–37

Homann, Hans-Dieter: Kurkolleg und Königtum im Thronstreit von 1314–1330, München 1974 (Miscellanea Bavarica Monacensia 56)

Homolka, Jaromír: Praha, Veitsdom. Konsole mit Adam und Eva, um 1385?, in: Legner, Anton (Hg.): Die Parler und der Schöne Stil 1350–1400, Bd. 2, Köln 1978, S. 673–675

Hörmann-Thurn und Taxis, Julia (Hg.): Margarete – Gräfin von Tirol, Innsbruck 2007

Hörmann-Thurn und Taxis, Julia (Hg.): Margarete „Maultasch". Zur Lebenswelt einer Landesfürstin und anderer Tiroler Frauen des Mittelalters, Innsbruck 2007 (Schlern-Schriften 339)

Hörmann-Thurn und Taxis, Julia: Margarete Gräfin von Tirol/Margareta Contessa del Tirolo, Innsbruck 2007

Hörmann-Weingartner, Magdalena: Bild und Missbild. Die Porträts der Margarete „Maultasch", in: Hörmann-Thurn und Taxis, Julia (Hg.): Margarete „Maultasch". Zur Lebenswelt einer Landesfürstin und anderer Tiroler Frauen des Mittelalters, Innsbruck 2007 (Schlern-Schriften 339), S. 81–97

Horpeniak, Vladimír: Der Goldbergbau und die Region Bergreichenstein im historischen Überblick, in: Gold, Zinn, Fluorit. Beiträge zur bayerisch-böhmischen Montangeschichte, Theuern 2000 (Schriftenreihe des Bergbau- und Industriemuseums Ostbayern 36), S. 135–147

Hösch, Karin: Pfarr- und Wallfahrtskirche Maria Ramersdorf, München, Passau 1996 (Peda-Kunstführer 377)

Hrdina, Jan: Spuren böhmischer und mährischer Pilger in Bayern und Franken im Spätmittelalter, in: Luft, Robert/Eiber, Ludwig (Hg.): Bayern und Böhmen. Kontakt, Konflikt, Kultur, München 2007 (Veröffentlichungen des Collegium Carolinum 111), S. 59–83

Hubel, Achim: Der Regensburger Domschatz, München/Zürich 1976

Hubel, Achim: Die Glasmalereien des Regensburger Domes, München u. a. 1981

Hubel, Achim: Mittelalterliche Plastik in Kreuzgang und Kapitelhaus des Regensburger Domes, in: Morsbach, Peter: Der Dom zu Regensburg. Ausgrabung, Restaurierung, Forschung, 3. verb. Aufl., München u. a. 1990 (Kunstsammlungen des Bistums Regensburg, Kataloge und Schriften 8), S. 53–72

Hubel, Achim: Der Dom zu Regensburg, Regensburg 1995

Hubel, Achim: Studien zum Reichssaalbau des Alten Rathauses in Regensburg, in: Böhning-Weis, Susanne u. a. (Hg.): Monumental. Festschrift für Michael Petzet zum 65. Geburtstag am 12. April 1998, München 1998 (Arbeitshefte des Bayerischen Landesamtes für Denkmalpflege 100), S. 530–547

Hubel, Achim: Das Grabmal des sel. Abtes Erminold und sein Bildhauer, in: Baumann, Maria Elisabeth: Mönche, Künstler und Fürsten – 900 Jahre Gründung Kloster Prüfening, Regensburg 2009 (Kunstsammlungen des Bistums Regensburg, Kataloge und Schriften 38), S. 43–46

Hubel, Achim: Die Glasmalereien des Regensburger Domes, 4. überarb. Aufl., Regensburg 2012 (Schnell Kunstführer 1299)

Hubel, Achim/Schuller, Manfred: Der Regensburger Dom, 2. völlig neu bearb. Aufl., Regensburg 2008 (Große Kunstführer 165)

Hubel, Achim/Schuller, Manfred: Der Dom zu Regensburg, Regensburg 2013 (Die Kunstdenkmäler von Bayern NF 7,4)

Hubensteiner, Benno: Bayerische Geschichte. Staat und Volk, Kunst und Kultur, Sonderausgabe, München 1980

Huber, Alfons/Prammer, Johannes (Hg.): 650 Jahre Herzogtum Niederbayern-Straubing-Holland. Vortragsreihe, Straubing 2005

Hughes, Andrew: Medieval Manuscripts for Mass and Office. A Guide to their Organization and Terminology, Toronto 1982

Hülsen-Esch, Andrea: Gelehrte im Bild: Repräsentation, Darstellung und Wahrnehmung einer sozialen Gruppe im Mittelalter, Göttingen 2006 (Veröffentlichungen des Max-Planck-Instituts für Geschichte 201)

Hundt, Barbara: Ludwig der Bayer. Der Kaiser aus dem Hause Wittelsbach 1282–1347, Biographie, Esslingen/München 1989

Iking, Thomas: Vom Sakrament der Schrift. Typologisches Denken am Beispiel der Biblia pauperum, in: Dohmen, Christoph/Sternberg, Thomas: … kein Bildnis machen. Kunst und Theologie im Gespräch, 2. Aufl., Würzburg 1987, S. 91

Introduzione al Museo Civico Medievale. Palazzo Ghisilardi-Fava, Bologna 1987 (Neudruck 2011)

Jäger, Albert: Die Genesis der Landstände Tirols. Vom Ende des 13. Jahrhunderts bis zum Tode des Herzogs Friedrich mit der leeren Tasche 1439, Innsbruck 1882 (Geschichte der Landständischen Verfassung Tirols 2/1)

Jahn, Hartmut/Rettinger, Elmar (Hg.): Shoppen im Mittelalter in einem Mainzer Kaufhaus, Mainz 2013

Jahn, Wolfgang/Brockhoff, Evamaria (Hg.): Verbündet – verfeindet – verschwägert. Bayern und Österreich, Augsburg 2012 (Veröffentlichungen zur Bayerischen Geschichte und Kultur 61)

Jakob, Hans: Älteste archäologische Zeugnisse für das Schachspiel in Franken, in: Zeitschrift für Archäologie des Mittelalters 16/17 (1988/89), S. 169–176

Jaroschka, Walter/Ziegler, Walter: Ludwig der Bayer als bayerischer Landesherr. Probleme und Stand der Forschung, München 1997 (Bayerische Zeitschrift für Landesgeschichte 60, 1)

Jasiński, Kazimierz: Piastowie świdniccy a Wittelsbachowie w pierwszej połowie XIV wieku, in: Zapiski Historyczne 33 (1968), S. 437–451

Jasiński, Kazimierz: Beatrycza, pierwsza żona Ludwika Bawarskiego ze studiów nad genealogią Piastów śląskich, in: Bardach, Julius u. a. (Hg.): Europa – Słowiańszczyzna – Polska. Studia ku uczczeniu profesora Kazimierza Tymienieckiego; z księgozbioru profesora Tomasza Jasińskiego, Poznań 1970 (Uniwersytet im. Adama Mickiewicza w Poznaniu. Prace wydziału filozoficzno-historycznego. Seria historia 36), S. 103–114

Jasiński, Kazimierz: Rodowód Piastów śląskich, Neudruck Kraków 2007

Jeudy, Colette (Hg.): Marsile de Padoue, Œuvres mineurs, Paris 1979

Jeudy, Colette: Marsilius von Padua, De translatione, in: Marsile de Padoue, Œuvres mineurs, Paris 1979, S. 369–433

Jeudy, Colette: Signes de fin de ligne et tradition textuelle. Un nouveau manuscrit du De translatione imperii de Marsile de Padoue, in: Nebbiai-Dalla Guarda, Donatelle/Genest, Jean-François (Hg.): Du copiste au collectionneur. Mélanges d'histoire de textes et de bibliothèques en l'honneur d'André Vernet, Turnhout 1998, S. 175–183

Johnson, L. Peter: Die höfische Literatur der Blütezeit (1160/70–1220/30), Tübingen 1999 (Geschichte der deutschen Literatur von den Anfängen bis zum Beginn der Neuzeit 2, 2/1)

Jungmann, Josef Andreas: Missarum sollemnia. Eine genetische Erklärung der römischen Messe, 2 Bde., Wien 1962

Junkelmann, Marcus: Bewaffnung und Ausrüstung, in: Glaser, Hubert (Hg.): Wittelsbach und Bayern, Bd. 1/2, München/Zürich 1980, S. 167–172

Kahsnitz, Rainer: Goldbulle Kaiser Ludwigs IV. des Bayern, in: Glaser, Hubert (Hg.): Wittelsbach und Bayern, Bd. 1/2, München/Zürich 1980, S. 216f.

Kahsnitz, Rainer: Siegel Herzog Ludwigs IV. von Oberbayern, in: Glaser, Hubert (Hg.): Wittelsbach und Bayern, Bd. 1/2, München/Zürich 1980, S. 217f.

Kammel, Frank Matthias: Kunst in Erfurt 1300 bis 1360. Studien zu Skulptur und Tafelmalerei, Berlin 2000

Kata, Birgit: Neue Funde zur Sachkultur des Spätmittelalters und der Frühen Neuzeit aus dem Mühlberg-Ensemble in Kempten (Allgäu), in: La culture matérielle – sources et problèmes/Die Sachkultur – Quellen und Probleme, Zürich 2002 (Histoire des Alpes 7), S. 151–170

Kata, Birgit: Die Funde aus dem „Mühlberg-Ensemble" und ihr historischer Kontext – Pergament und Papier als archäologisches Fundgut, in: Ericsson, Ingolf/Atzbach, Rainer (Hg.): Depotfunde aus Gebäuden in Zentraleuropa, Berlin 2005 (Bamberger Kolloquien zur Archäologie des Mittelalters und der Neuzeit 1), S. 58–67

Kaufhold, Martin: Gladius spiritualis. Das päpstliche Interdikt über Deutschland in der Regierungszeit Ludwigs des Bayern (1324–1347), Heidelberg 1994 (Heidelberger Abhandlungen zur Mittleren und Neueren Geschichte 6)

Keller, Karl Heinz: Die mittelalterlichen Handschriften der Universitätsbibliothek Eichstätt, Bd. 3, Wiesbaden 2004

Kemperdick, Stephan: Zwei gotische Altartafeln, in: Gloor, Lukas/Goldin, Marco (Hg.): Stiftung Sammlung E. G. Bührle Zürich, Conegliano/Zürich 2005, S. 78–83

Kemperdick, Stephan: Deutsche und böhmische Gemälde, 1230–1430. Gemäldegalerie Staatliche Museen zu Berlin. Kritischer Bestandskatalog, Petersberg 2010

Kerscher, Gottfried: Architektur als Repräsentation. Spätmittelalterliche Palastbaukunst zwischen Pracht und zeremoniellen Voraussetzungen. Avignon – Mallorca – Kirchenstaat, Tübingen u. a. 2000

Kluge, Bernd: Numismatik des Mittelalters. Handbuch und Thesaurus Nummorum Medii Aevi, Bd. 1, Berlin/Wien 2007 (Veröffentlichungen der Numismatischen Kommission 45)

Knapp, Fritz Peter: Literatur vom frühen bis zum späten Mittelalter (750–1350), in: Weber, Albrecht (Hg.): Handbuch der Literatur in Bayern. Vom Frühmittelalter bis zur Gegenwart. Geschichte und Interpretationen, Regensburg 1987, S. 27–45

Knorr, Walburga: Postmortale Präsenz und Repräsentation im spätmittelalterlichen und frühneuzeitlichen Regensburg, in: Oberste, Jörg (Hg.): Repräsentationen der mittelalterlichen Stadt, Regensburg 2008 (Forum Mittelalter 4), S. 229–254

Knorr, Walburga/Mayer, Werner: Die Inschriften der Stadt Regensburg. Der Dom St. Peter (1. Teil bis 1500), Wiesbaden 2008 (Die Deutschen Inschriften 74)

Kobler, Friedrich: Eine Bemerkung zur Fürstenfigur aus dem Oblatpacherhaus in Landshut, in: Niehoff, Franz (Hg.): Skulpturenstadt Landshut. Die Stadt als Bühne der Bilder, Landshut 2012 (Schriften aus den Museen der Stadt Landshut 31)

Koch, Laurentius: Ettal 1513. Zur Neuauffindung der ältesten erhaltenen Ansicht, in: Festschrift zum Ettaler Doppeljubiläum 1980. Benedikt 480–1980, Ettal 1330–1980, Ettal 1981, S. 71–74

Koch, Laurentius: Kloster Ettal in alten Ansichten und Veduten. Voraussetzungen für Darstellungen und Darstellungsweisen, in: Oberbayerisches Archiv 120 (1996), S. 265–287

Koenigsmarková, Helena: Ein Prager Pilgerzeichen – der einzige Zeuge, in: Dolezal, Daniel/Kühne, Hartmut (Hg.): Wallfahrten in der europäischen Kultur, Frankfurt a. M. 2006, S. 270–276

Kogman-Appel, Katrin: Hebräische Buchkunst und jüdisches Leben im Mittelalter. „Arye Maimon-Vortrag" an der Universität Trier 23. November 2005, Trier 2006 (Kleine Schriften des Arye Maimon-Instituts für Geschichte der Juden 8)

Köhler, Johann David: Eine goldne Bulle Kayser Ludwigs IV. aus dem Hause Bayern, von A 1329, in: Historische Münz-Belustigung 46 (1750), S. 361–368

Kohlhaussen, Heinrich: Neuerwerbungen der Kunstsammlungen 1950–1955, in: Jahrbuch der Coburger Landesstiftung 1 (1956), S. 187

Koller, Heinrich: Die Residenz im Mittelalter, in: Jahrbuch für Geschichte der oberdeutschen Reichsstädte 12/13 (1966/67) S. 9–39

Koller, Heinrich: Die Familie der Luxemburger, in: Seibt, Ferdinand (Hg.): Kaiser Karl IV. Staatsmann und Mäzen, 2. Aufl., München 1978, S. 317–323

König, Werner: dtv-Atlas Deutsche Sprache, 16. durchges. und korr. Aufl., München 2007

Körner, Hans: Grabmonumente des Mittelalters, Darmstadt 1997

Krabath, Stephan/Lambacher, Lothar: Der Pritzwalker Silberfund. Schmuck des späten Mittelalters, Berlin 2006

Kraus, Andreas: Civitas Regia. Das Bild Regensburgs in der deutschen Geschichtsschreibung des Mittelalters, Kallmünz 1972

Kraus, Andreas: Das Bild Ludwigs des Bayern in der bayerischen Geschichtsschreibung der Frühen Neuzeit, in: Zeitschrift für bayerische Landesgeschichte 60 (1997), S. 5–69

Kraus, Andreas: Geschichte Bayerns. Von den Anfängen bis zur Gegenwart, 3. Aufl. München 2004, 4. Aufl., München 2013

Kraus, Andreas/Pfeiffer, Wolfgang (Hg.): Regensburg. Geschichte in Bilddokumenten, München 1979

Kraus, Wolfgang (Hg.): Mehr als Steine. Synagogen-Gedenkband Bayern, Lindenberg i.Allgäu 2007

Krenn, Dorit-Maria/Wild, Joachim: „fürste in der ferne": Das Herzogtum Niederbayern-Straubing-Holland 1353–1425, Augsburg 2003 (Hefte zur Bayerischen Geschichte und Kultur 28)

Kreytenberg, Gert: Das Marmorbildwerk der Fundatrix Ettalensis, in: Ettaler Mandl 70 (1991), H. 1/2, S. 44–51

Krieger, Karl-Friedrich: Die Lehnshoheit der deutschen Könige im Spätmittelalter (ca. 1200–1437), Aalen 1979 (Untersuchungen zur deutschen Staats- und Rechts-Geschichte NF 23)

Kriegk, Georg Ludwig: Geschichte von Frankfurt am Main in ausgewählten Darstellungen. Nach Urkunden und Acten, Frankfurt a. M. 1871

Krüger, Klaus: Der frühe Bildkult des Franziskus in Italien. Gestalt- und Funktionswandel des Tafelbildes im 13. und 14. Jahrhundert, Berlin 1992

Kubach, Hans Erich: Der Dom zu Speyer, 4. erg. Aufl., Darmstadt 1998

Kubínová, Kateřina: Imitatio Romae. Karel IV. a Řím, Praha 2006

Kühne, Hartmut: ostensio reliquiarium. Untersuchungen über Entstehung, Ausbreitung, Gestalt und Funktion der Heiltumsweisungen im römisch-deutschen Regnum, Berlin u.a. 2000 (Arbeiten zur Kirchengeschichte 75)

Kvapilová, Ludmila: Die Steinskulptur um 1400 in der Oberpfalz, in: Verhandlungen des Historischen Vereins für Oberpfalz und Regensburg 150 (2010), S. 301–347

Laipple-Fritzsche, Gabriela: Hainreich der Menger. Bürger zu Regensburg. Beobachtungen zu Organisation und Arbeitsweise einer Glasmalereiwerkstatt im letzten Drittel des 14. Jahrhunderts, in: Flügge, Marina (Hg.): Bau- und Bildkunst im Spiegel internationaler Forschung. Festschrift für Prof. Dr. Edgar Lehmann, Berlin 1989, S. 130–140

Landwehr, Götz: Die Verpfändung der Deutschen Reichstädte im Mittelalter, Köln/Graz 1967 (Forschungen zur deutschen Rechtsgeschichte 5)

Landwehr, Götz: Die Bedeutung der Reichs- und Territorialpfandschaften für den Aufbau des kurpfälzischen Territoriums, in: Mitteilungen des historischen Vereins der Pfalz 66 (1968), S. 155–196

Lang, Carl Heinrich v. (Hg.): Regesta sive Rerum Boicarum Autographa, Bd. IX, München 1841

Laschinger, Johannes (Bearb.): Denkmäler des Amberger Stadtrechts 1034–1450, in: Laschinger, Johannes: Bayerische Rechtsquellen, Bd. 3,1, München 1994

Le Goff, Jacques: Die Geburt des Fegefeuers. Vom Wandel des Weltbildes im Mittelalter, 2. Aufl., München 1991

Le Goff, Jacques: Wucherzins und Höllenqualen. Ökonomie und Religion im Mittelalter, 2. überarb. Aufl., Stuttgart 2008

Lee, Lawrence u.a.: Die Welt der Glasfenster. Zwölf Jahrhunderte abendländischer Glasmalerei in über 500 Farbbildern, München 1992

Legner, Anton: Reliquien in Kunst und Kult zwischen Antike und Aufklärung, Darmstadt 1995

Lehner, Sandra: Das Patriziat im Wandel. Identitätsbildung, Abgrenzung und Netzwerke im frühen 14. Jahrhundert am Beispiel der Regensburger Familien Auer und Gumprecht, Regensburg 2009 (Regensburger Beiträge zur Regionalgeschichte 7)

Lehnertz, Andreas: Judensiegel in Aschkenas (1275–1347). Zur Einführung, in: Haverkamp, Alfred/Müller, Jörg R. (Hg): Corpus der Quellen zur Geschichte der Juden im spätmittelalterlichen Reich, Mainz 2014

Leinsle, Ulrich Gottfried: Einführung in die scholastische Theologie, Paderborn u.a. 1995

Leppin, Volker: Wilhelm von Ockham. Gelehrter, Streiter, Bettelmönch, Darmstadt 2003

Lieberich, Heinz: Ludwig der Bayer als Gesetzgeber, in: Zeitschrift für Rechtsgeschichte 76 (1959), S. 173–245

Lieberich, Heinz: Eine zeitgenössische bildliche Darstellung Kaiser Ludwigs des Bayern, in: Zeitschrift für bayerische Landesgeschichte 23 (1960), S. 128–136

Liebgott, Niels-Knud: Elfenben – fra Danmarks Middelalder, Nationalmuseet, København 1985

Liedke, Volker: Die Haldner und das Kaisergrab in der Frauenkirche zu München, München 1974 (Ars Bavarica 2)

Liess, Albrecht: Aus 1200 Jahren. Das Bayerische Hauptstaatsarchiv zeigt seine Schätze, Neustadt a. d. Aisch 1979, 3. erg. Aufl. 1986 (Ausstellungskataloge der Staatlichen Archive Bayerns 11)

Little, Charles T. (Hg.): Set in Stone. The Face in Medieval Sculpture, New Haven/London 2006

Loehr, August: Probleme der Silberbarren, in: Numismatische Zeitschrift 64, NF 24 (1931), S. 101–109

Lohmer, Christian (Hg.): Geschichte Ludwigs des Bayern, 2 Bde., Essen/Stuttgart 1987 (Historiker des deutschen Altertums)

Lötters, Nicole: Ritterfiguren, in: Angerer, Martin (Hg.): Regensburg im Mittelalter. Katalog der Abteilung Mittelalter im Museum der Stadt Regensburg, Regensburg 1995, S. 119

Lübbers, Bernhard: Die ältesten Rechnungen des Klosters Aldersbach 1291–1373/1409. Analyse und Edition, München 2009 (Quellen und Erörterungen zur bayerischen Geschichte 46,3)

Lübbers, Bernhard: Briga enim principum, que ex nulla causa sumpsit exordium … Die Schlacht bei Gammelsdorf am 9. November 1313, in: Seibert, Hubertus (Hg.): Ludwig der Bayer (1314–1347). Reich und Herrschaft im Wandel, Regensburg 2014 (im Druck)

Mader, Felix: Die Kunstdenkmäler von Mittelfranken 2: Bezirksamt Eichstätt, München 1928 (Die Kunstdenkmäler von Bayern 5)

Mader, Felix: Die Kunstdenkmäler von Oberpfalz und Regensburg 22,1: Stadt Regensburg. Dom und St. Emmeram, München 1933 (Die Kunstdenkmäler von Bayern 2)

Mader, Felix (Bearb.): Die Kunstdenkmäler von Oberpfalz und Regensburg 22,2: Stadt Regensburg. Die Kirchen der Stadt (mit Ausnahme von Dom und St. Emmeram), München 1933, Nachdruck München/Wien 1981 (Die Kunstdenkmäler von Bayern 2)

Majer, Jiří: Po kovových stezkách dějin Československa, Příbram 1991

Majer, Jiří: Konjunkturen und Krisen im böhmischen Silberbergbau des Spätmittelalters und der Frühen Neuzeit. Zu ihren Ursachen und Folgen, in: Bartels, Christoph/Denzel, Markus A. (Hg.): Konjunkturen im europäischen Bergbau in vorindustrieller Zeit. Festschrift für Ekkehard Westermann zum 60. Geburtstag, Stuttgart 2000 (Vierteljahrschrift für Sozial- und Wirtschaftsgeschichte, Beihefte 155), S. 73–84

Mäkeler, Hendrik: Reichsmünzwesen im späten Mittelalter. Das 14. Jahrhundert, Stuttgart 2010 (Vierteljahresschrift für Sozial- und Wirtschaftsgeschichte, Beihefte 209)

Margue, Michel u.a. (Hg.): Der Weg zur Kaiserkrone. Der Romzug Heinrichs VII. in der Darstellung Erzbischof Balduins von Trier, Trier 2009 (Publications du Centre Luxembourgeois de Documentation et d'Études médiévales CLUDEM 24)

Martin, Frank/Parello, Daniel: Zwischen Innovation und Tradition. Glasmalerei der Franziskaner, in: Stiegemann, Christoph u.a. (Hg.): Franziskus. Licht aus Assisi, München 2011, S. 333–338

Martin, Kurt: Die Nürnberger Steinplastik im 14. Jahrhundert, Berlin 1927

Martin, Thomas Michael: Auf dem Weg zum Reichstag. Studien zum Wandel der deutschen Zentralgewalt 1314–1410, Göttingen 1993 (Schriftenreihe der Historischen Kommission bei der Bayerischen Akademie der Wissenschaften 44)

Maßmann, Hans Ferdinand: Geschichte des mittelalterlichen, vorzugsweise des deutschen Schachspieles, Quedlinburg u.a. 1839

Mayer, Ulrike: Zwei mittelalterliche Latrinen aus Regensburg. Objekt 2 und 9 der Grabung Evang. Krankenhaus 1991, ungedr. Magisterarbeit, Universität Bamberg 1994

McKendrick, Scot u.a. (Hg.): Royal Illuminated Manuscripts: The Genius of Illumination, London 2011

Megenberg, Konrad: Die Deutsche Sphaera, hg. von Francis B. Brévart, Tübingen 1980 (Altdeutsche Textbibliothek 90)

Meißen, Heinrich von: Frauenlob. Ausgewählte Gedichte, Heidelberg 1950

Mende, Matthias: Das alte Nürnberger Rathaus. Baugeschichte und Ausstattung des großen Saales und der Ratsstube, Nürnberg 1979 (Ausstellungskataloge der Stadtgeschichtlichen Museen Nürnberg 15)

Menzel, Michael: Quellen zu Ludwig dem Bayern, in: Zeitschrift für bayerische Landesgeschichte 60 (1997), S. 71–88

Menzel, Michael: Die Memoria Kaiser Ludwigs des Bayern, in: Koch, Walter u.a. (Hg.): Auxilia Historica. Festschrift für Peter Acht zum 90. Geburtstag, München 2001 (Schriftenreihe zur bayerischen Landesgeschichte 132), S. 247–283

Menzel, Michael: Ludwig der Bayer und der Alte Hof, in: Schmid, Alois/Weigand, Elisabeth (Hg.): Schauplätze der Geschichte in Bayern, München 2003, S. 134–148

Menzel, Michael: Die Wittelsbacher Hausmachterweiterungen in Brandenburg, Tirol und Holland, in: Deutsches Archiv für Erforschung des Mittelalters 61 (2005), S. 103–159

Menzel, Michael: Feindliche Übernahme. Die ludovicianischen Züge der Goldenen Bulle, in: Hohensee, Ulrike u.a. (Hg.): Die Goldene Bulle. Politik – Wahrnehmung – Rezeption, Bd. 1, Berlin 2009 (Berichte und Abhandlungen, Sonderbd. 12), S. 39–63

Menzel, Michael: Weltstadt mit Geist? Marsilius von Padua, Michael von Cesena, Bonagratia von Bergamo und Wilhelm von Ockham in München, in: Körner, Hans-Michael/Schuller, Florian (Hg.): Bayern und Italien. Kontinuität und Wandel ihrer traditionellen Bindungen, Lindenberg 2010, S. 88–102

Menzel, Michael: Die Zeit der Entwürfe 1273–1347, Stuttgart 2012 (Gebhardt, Handbuch der deutschen Geschichte, 10. völlig neu bearb. Aufl., 7a)

Meurer, Heribert: Stein- und Holzskulpturen 800–1400, Stuttgart 1989 (Württembergisches Landesmuseum Stuttgart. Die mittelalterlichen Skulpturen 1)

Meyer, Hermann: Lupold von Bebenburg. Studien zu seinen Schriften, Freiburg i. Br. 1909 (Studien und Darstellungen aus dem Gebiete der Geschichte 7/1–2)

Mierau, Heike Johanna: Kaiser und Papst im Mittelalter, Köln u.a. 2010

Miethke, Jürgen: Kaiser und Papst im Spätmittelalter. Zu den Ausgleichsbemühungen zwischen Ludwig dem Bayern und der Kurie in Avignon, in: Zeitschrift für historische Forschung 10 (1983), S. 421–446

Miethke, Jürgen: Politische Theorien im Mittelalter, in: Lieber, Hans-Joachim (Hg.): Politische Theorien von der Antike bis zur Gegenwart, München 1991, S. 47–156

Miethke, Jürgen: Approbation der deutschen Königswahl, in: Lexikon für Theologie und Kirche, Bd. 1, Freiburg i. Br. 1993, Sp. 888–891

Miethke, Jürgen: Die Octo Quaestiones Wilhelms von Ockham in zwei unbeachteten Handschriften in Lissabon und Tübingen, in: Franciscan Studies 56 (1998), S. 291–305

Miethke, Jürgen: Der erste vollständige Druck der sogenannten „Chronik des Nicolaus Minorita" (1330/38). Bemerkungen zur Präsentation eines Farbbuches des 14. Jahrhunderts, in: Deutsches Archiv für Erforschung des Mittelalters 54 (1998), S. 623–642

Miethke, Jürgen: Der Kampf Ludwigs des Bayern mit Papst und avignonesischer Kurie in seiner Bedeutung für die deutsche Geschichte, in: Nehlsen, Hermann/Hermann, Hans-Georg (Hg.): Kaiser Ludwig der Bayer. Konflikte, Weichenstellungen und Wahrnehmung seiner Herrschaft, Paderborn u.a. 2002 (Quellen und Forschungen aus dem Gebiet der Geschichte NF 22), S. 39–74

Miethke, Jürgen: Einleitung, in: Miethke, Jürgen/Flüeler, Christoph (Hg.): Politische Schriften des Lupold von Bebenburg, Hannover 2004, S. 1–148 (MGH Staatsschriften 4)

Miethke, Jürgen (Hg.): Lupold von Bebenburg: De iuribus regni et imperii/Über die Rechte von Kaiser und Reich, München 2005

Miethke, Jürgen/Flüeler, Christoph (Hg.): Politische Schriften des Lupold von Bebenburg, Hannover 2004 (MGH Staatsschriften 4)

Miethke, Jürgen: Die Eheaffäre der Magarete „Maultasch" Gräfin von Tirol 1341/1342. Ein Beispiel hochadliger Familienpolitik im Spätmittelalter, in: Mayer, Andreas (Hg.): Päpste, Pilger, Pönitentiarie. Festschrift für Ludwig Schmugge, Tübingen 2004, S. 353–391

Miethke, Jürgen: Konrads von Megenberg Kampf mit dem Drachen. Der Tractatus contra Occam im Kontext, in: Märtl, Claudia u.a. (Hg.): Konrad von Megenberg (1309–1374) und sein Werk, München 2006, S. 73–97

Miethke, Jürgen: Politiktheorie im Mittelalter. Von Thomas von Aquin bis Wilhelm von Ockham, Tübingen 2008

Mitchell, Paul: Die Hofburg als Festung (13.–16. Jahrhundert), in: Österreichische Zeitschrift für Kunst- und Denkmalpflege 1/2 (2010), S. 35–44

Mittelstraß, Tilman: Der Münzschatz von Schongau (gefunden 1979). Bemerkungen zum Schatzgefäß und seiner Vergrabungszeit, Schongau 2000/1 (Der Welf. Jahrbuch des Historischen Vereins Schongau – Stadt und Land 6)

Mollat, Guillaume: Les papes d'Avignon (1305–1378), 10. Aufl., Paris 1964

Monumenta Diessensia, in: Oefele, Andreas Felix von (Hg.): Rerum Boicarum scriptores, Bd. 2, München 1763, S. 645–703

Morenz, Ludwig: Magister Nikolaus von Ybbs. Sein Werdegang als Notar der Reichskanzlei und als Protonotar der böhmischen Kanzlei bis zu seiner Wahl zum Bischof von Regensburg, in: Verhandlungen des Historischen Vereins für Oberpfalz und Regensburg 98 (1957), S. 221–308

Moraw, Peter: Von offener Verfassung zu gestalteter Verdichtung. Das Reich im späten Mittelalter 1250 bis 1490, Berlin 1985 (Propyläen Geschichte Deutschlands 3)

Morré, Fritz: Ratsverfassung und Patriziat in Regensburg bis 1400, in: Verhandlungen des Historischen Vereins von Oberpfalz und Regensburg 85 (1935), S. 1–148

Morsbach, Peter: Zur Bau- und Ausstattungsgeschichte des Regensburger Domkreuzgangs, in: Morsbach, Peter: Der Dom zu Regensburg. Ausgrabung, Restaurierung, Forschung, 3. verb. Aufl., München u.a. 1990 (Kunstsammlungen des Bistums Regensburg, Kataloge und Schriften 8), S. 25–40

Morsbach, Peter: St. Emmeram zu Regensburg, ehem. Benediktiner-Abteikirche, Regensburg 1993 (Große Kunstführer 187)

Morsbach, Peter: Beatus Petrus princeps apostolorum. Zu den bildlichen Darstellungen des Apostelfürsten im Bistum Regensburg, in: Baumann, Maria (Hg.): Tu es Petrus. Bilder aus zwei Jahrtausenden, Regensburg 2006 (Museumsschriften des Bistums Regensburg 2), S. 28f.

Morsbach, Peter (Hg.): Regensburg – Metropole im Mittelalter, Regensburg 2007

Mühling, C.: Die Geschichte der Doppelwahl des Jahres 1314, München 1882

Müller, Carl: Der Kampf Ludwigs des Baiern mit der römischen Curie, 2 Bde., Tübingen 1879/80

Müller, Harald/Hotz, Brigitte (Hg.): Gegenpäpste – ein unerwünschtes mittelalterliches Phänomen, Weimar 2012

Mundorff, Angelika/Wedl-Bruognolo, Renate: Kaiser Ludwig der Bayer 1282–1347, Fürstenfeldbruck 1997

Murr, Karl Borromäus: Das Mittelalter in der Moderne. Die öffentliche Erinnerung an Kaiser Ludwig den Bayern im Königreich Bayern, München 2008 (Schriftenreihe zur bayerischen Landesgeschichte 156)

Murray, Harold James Ruthven: A History of Chess, Oxford 1969, Nachdruck der Ausgabe von 1913

Narkiss, Bezalel: A tripartite illuminated Mahzor from a South German School of Hebrew illuminated Manuscripts around 1300, in: Papers of the Fourth World Congress of Jewish Studies Papers, 2 Bde., Jerusalem 1967/68, Bd. 2, S. 129–133

Narkiss, Bezalel/Sed-Rajna, Gabrielle (Hg.): Index of Jewish Art. Iconographical Index of Hebrew illuminated Manuscripts, Bd. 4, Budapest u.a. 1988

Nehlsen, Hermann: Rolle Ludwigs des Bayern und seiner Berater Marsilius von Padua und Wilhelm von Ockham im Tiroler Ehekonflikt, in: Nehlsen, Hermann/Hermann, Hans-Georg (Hg.): Kaiser Ludwig der Bayer. Konflikte, Weichenstellungen und Wahrnehmung seiner Herrschaft, Paderborn u.a. 2002 (Quellen und Forschungen aus dem Gebiet der Geschichte NF 22), S. 285–328

Nehlsen, Hermann/Hermann, Hans-Georg (Hg.): Kaiser Ludwig der Bayer. Konflikte, Weichenstellungen und Wahrnehmung seiner Herrschaft, Paderborn u.a. 2002 (Quellen und Forschungen aus dem Gebiet der Geschichte NF 22)

Neumann, Bernd: Geistliches Schauspiel im Zeugnis der Zeit. Zur Aufführung mittelalterlicher religiöser Dramen im deutschen Sprachgebiet, 2 Bde., München/Zürich 1987 (Münchener Texte und Untersuchungen zur deutschen Literatur des Mittelalters 84 und 85)

Nickel, Helmut: Ullstein Waffenbuch. Eine kulturhistorische Waffenkunde mit Markenverzeichnis, Frankfurt a. M. u.a. 1974

Niederstätter, Alois: Die Herrschaft Österreich. Fürst und Land im Spätmittelalter, Wien 2004 (Österreichische Geschichte 1278–1411)

Offler, Hilary Seton: Empire and Papacy: The Last Struggle, in: Transactions of the Royal Historical Society, Fifth Series 6 (1956), S. 21–47

Offler, Hilary Seton: The Origin of Ockham's Octo Quaestiones, in: The English Historical Review 82 (1967), S. 323–332

Offler, Hilary Seton (Hg.): Guillemus de Ockham, Opera politica, Bd. 1–8, Manchester u.a. 1940ff., 2. gänzlich überarb. und erneuerte Aufl. Manchester 1974

Offler, Hilary Seton: Octo quaestiones in: Offler, Hilary Seton (Hg.): Guillelmus de Ockham, Opera politica, Manchester 1974, S. 14–273

Ohler, Norbert: Sterben und Tod im Mittelalter, Düsseldorf 1990

Otavský, Karel: Relikviářový kříž Přemysla Otakara II., in: Svatá Anežka Česká, princezna a řeholnice, Praha 2011, S. 238f.

Otto, Heinz (Bearb.): Regesten der Erzbischöfe von Mainz von Mainz, Bd. 1,2 (1328–1353), Aalen 1976

Palacký, František (Hg.): Vita Caroli. Fontes rerum Bohemicarum III, Praha 1882

Patze, Hans: „Salomon sedebit super solium meum". Die Konsistorialrede des Papstes Clemens VI. anlässlich der Wahl Karls IV., in: Patze, Hans (Hg.): Kaiser Karl IV. 1316–1378. Forschungen über Kaiser und Reich, Neustadt a.d. Aisch 1978, S. 1–37

Pauler, Roland: Die deutschen Könige und Italien im 14. Jahrhundert. Von Heinrich VII. bis Karl IV., Darmstadt 1997

Pauler, Roland: Giovanni und Matteo Villani. Cronica, in: Reinhardt, Volker (Hg.): Hauptwerke der Geschichtsschreibung, Stuttgart 1997, S. 685–688

Pauly, Ferdinand: Balduin von Luxemburg als Erzbischof von Trier, in: Mötsch, Johannes/Heyen, Franz-Josef (Hg.): Balduin von Luxemburg 1285–1354. Erzbischof von Trier – Kurfürst des Reiches. Festschrift aus Anlass des 700. Geburtstages, Mainz 1985 (Quellen und Abhandlungen zur Mittelalterlichen Kirchengeschichte 53), S. 175–188

Pauly, Michel: Der Traum von der Kaiserkrone. Die vergeblichen Bemühungen König Johanns von Böhmen um die Kaiserwürde, in: Zeitschrift für historische Forschung 35 (2008), Nr. 4, S. 549–578

Peltzer, Jörg: Der Rang der Pfalzgrafen bei Rhein. Die Gestaltung der politisch-sozialen Ordnung des Reichs im 13. und 14. Jahrhundert, Ostfildern 2013 (RANK. Politisch-soziale Ordnungen im mittelalterlichen Europa 2)

Peter, Claus: Glocken, Geläute und Turmuhren in Bamberg. Bestand, Geschichte, Quellen, Bamberg 2008

Pfannenschmid, Heino: Die Schlacht bei Mühldorf, mit einem Anhang über den angeblichen Sifried der Schwepfermann, in: Forschungen zur deutschen Geschichte 3 (1863), S. 41–104

Pfeiffer, Franz/Strobl, Joseph (Hg.): Berthold von Regensburg. Vollständige Ausgabe seiner Predigten mit Einleitungen und Anmerkungen, 2 Bde., Wien 1862/80, Neudruck Berlin 1965

Pfeiffer, Gerhard (Hg.): Nürnberg. Geschichte einer europäischen Stadt, München 1971

Pfister, Peter/Ramisch, Hans: Die Frauenkirche in München. Geschichte, Baugeschichte und Ausstattung, München 1983

Pflugk-Harttung, Julius v.: Die Bezeichnung Ludwigs des Bayern in der Kanzlei des Papstes Johann XXII., in: Historisches Jahrbuch 22 (1901), S. 329–337

Platner, Ernst u.a.: Beschreibung der Stadt Rom, Bd. 2: Das vaticanische Gebiet und die vaticanischen Sammlungen, Stuttgart u.a. 1832

Plessow, Oliver u.a.: Mittelalterliche Schachzabelbücher zwischen Spielsymbolik und Wertevermittlung. Der Schachtraktat des Jacobus de Cessolis im Kontext seiner spätmittelalterlichen Rezeption, Münster 2007

Popp, Marianne: Die Dominikaner in Regensburg, in: Schwaiger, Georg/Mai, Paul (Hg.): Klöster und Orden im Bistum Regensburg. Beiträge zu ihrer Geschichte, Regensburg 1978 (Beiträge zur Geschichte des Bistums Regensburg 12), S. 227–257

Popp, Marianne: Bischof Nikolaus von Ybbs (1313–1340), in: Beiträge zur Geschichte des Bistums Regensburg 23/24 (1989/90), S. 197–205

Pörnbacher, Hans: Mittelalter und Humanismus, München 1978 (Bayerische Bibliothek. Texte aus zwölf Jahrhunderten 1)

Porta, Giuseppe (Hg.): Giovanni Villani: Nuova Cronica, 3 Bde., Parma 1991

Prietzel, Malte: Krieg im Mittelalter, Darmstadt 2006

Primbs, Karl: Das Jahr- und Todtenbuch des Minoriten-Klosters in Regensburg, in: Verhandlungen des Historischen Vereins für Oberpfalz und Regensburg 25 (1868), S. 193–360

Prinz, Friedrich: Die innere Entwicklung. Staat, Gesellschaft, Kirche, Wirtschaft, in: Spindler, Max (Begr.): Handbuch der Bayerischen Geschichte, Bd. 1, 2. überarb. Aufl., München 1981, S. 350–518

Puhle, Matthias/Hasse, Claus-Peter (Hg.): Heiliges Römisches Reich Deutscher Nation. 962 bis 1806. Von Otto dem Großen bis zum Ausgang des Mittelalters, Dresden 2006

Rader, Olaf B.: Friedrich II. Der Sizilianer auf dem Kaiserthron, München 2013

Rahner, Karl/Vorgrimler, Herbert: Kleines theologisches Wörterbuch (Lehramt), 13. völlig neu bearb. Aufl., Freiburg i. Br. u.a. 1981

Rall, Hans: Ludwig der Bayer und die europäischen Dynastien, in: Zeitschrift für bayerische Landesgeschichte 44 (1981), S. 81–91

Rall, Hans (Hg.): Wittelsbacher Hausverträge des späten Mittelalters. Die haus- und staatsrechtlichen Urkunden der Wittelsbacher von 1310, 1329, 1392/93, 1410 und 1472, bearb. von Rudolf Heinrich u.a., München 1987 (Schriftenreihe zur bayerischen Landesgeschichte 71)

Ramisch, Hans: Redemptoris mater. Eine Studie zum Bildprogramm an den Portalen der Münchner Frauenkirche und seiner Genesis im frühen 14. Jahrhundert, in: Jahrbuch des Vereins für Christliche Kunst in München XVII (1988), S. 245–284

Ramisch, Hans (Hg.): Monachium Sacrum. Festschrift zur 500-Jahr-Feier der Metropolitankirche Zu Unserer Lieben Frau in München, Bd. 2, München 1994

Ramisch, Hans (Hg.): Das Grabmal Kaiser Ludwigs des Bayern in der Münchner Frauenkirche, Regensburg 1997

Ramisch, Hans/Steiner, Peter B. (Hg.): Die Münchner Frauenkirche. Restaurierung und Rückkehr ihrer Bildwerke zum 500. Jahrestag der Weihe am 14. April 1994, München 1994

Regensburger Buchmalerei. Von frühkarolingischer Zeit bis zum Ausgang des Mittelalters, München 1987 (Ausstellungskataloge der Bayerischen Staatsbibliothek 39)

Rehm, Ulrich: Eine Bildfolge des 14. Jahrhunderts zur Apokalypse des Johannes. Das Bild als Medium des kulturellen Gedächtnisses, in: Anzeiger des Germanischen Nationalmuseums (1996), S. 7–34

Reichert, Benedikt Maria (Hg.): Acta capitulotum generali Ordinis Praedicatorum 2, Rom 1899 (Monumenta Fratrum Paedicatorum Historica 4)

Reidel, Hermann/Soukupová, Helena: 17 Pilgerzeichen mit den Gestalten Petri und Kaisers Karl IV., in: Baumann, Maria (Hg.): Tu es Petrus. Bilder aus zwei Jahrhunderten, Regensburg 2006 (Museumsschriften des Bistums Regensburg 2), S. 110f.

Reindel, Kurt: Bayern im Mittelalter, München 1970

Reitzenstein, Alexander Freiherr von: Rittertum und Ritterschaft. Bilder aus deutscher Vergangenheit, München 1972

Ress, Franz Michael: Der Eisenhandel der Oberpfalz in alter Zeit, München/Düsseldorf 1951 (Deutsches Museum. Abhandlungen und Berichte 19, 1)

Riedmann, Josef u. a. (Hg.): Eines Fürsten Traum: Meinhard II. – das Werden Tirols, Dorf Tirol 1995

Riepertinger, Rainhard u. a. (Hg.): Bayern – Böhmen. 1500 Jahre Nachbarschaft, Augsburg 2007 (Veröffentlichungen zur Bayerischen Geschichte und Kultur 54/2007)

Riezler, Sigmund: Geschichte Baierns, Bd. 2: Bis 1347, Gotha 1880 (Geschichte der europäischen Staaten 20/2)

Riezler, Sigmund (Hg.): Johannes Turmair's genannt Aventinus Annales ducum Boiariae, München 1883 (Johannes Turmair's genannt Aventinus sämmtliche Werke III/2)

Robinson, James: The Lewis Chessmen, British Museum Object in Focus, London 2004

Röckelein, Hedwig u. a.: Handschriftenkataloge der Universitätsbibliothek Tübingen, Bd. 1/1: Die lateinischen Handschriften, Wiesbaden 1991

Roddewig, Marcella: Dante Alighieri. Die göttliche Komödie. Vergleichende Bestandsaufnahme der Commedia-Handschriften, Stuttgart 1984 (Hiersemanns bibliographische Handbücher 4)

Rödel, Volker: Die Reichspfandschaften der Pfalzgrafschaft, in: Rödel, Volker (Hg.): Mittelalter: Der Griff nach der Krone. Die Pfalzgrafschaft bei Rhein im Mittelalter, Regensburg 2000 (Schätze aus unseren Schlössern 4), S. 85–104

Röhrig, Florindus/Stangeler, Gottfried (Red.): Die Zeit der frühen Habsburger. Dome und Klöster 1279–1379), Wien 1979 (Katalog des Niederösterreichischen Landesmuseums NF 85)

Roland, Martin/Zajic, Andreas: Les chartes médiévales enluminées dans les pays d'Europe central, in: Bibliotheque de l'Ecole des chartes 169 (2011), S. 151–253

Roland, Martin/Zajic, Andreas: Illuminierte Urkunden des Mittelalters in Mitteleuropa, in: Archiv für Diplomatik, Schriftgeschichte, Siegel- und Wappenkunde 59 (2013), S. 241–432

Rönsch, Ernst: Beiträge zur Geschichte der Schlacht bei Mühldorf. I. Zur Frage des Schlachtortes mit einer Karte, Graz u. a. 1933 (Veröffentlichungen des Historischen Seminars der Universität Graz 13)

Rose, Valentin: Die Handschriften der kurfürstlichen Bibliothek und der kurfürstlichen Lande, 3 Bde., Berlin 1901–1905 (Verzeichniss der lateinischen Handschriften der Königlichen Bibliothek zu Berlin 2)

Runde, Ingo: Der Rhein als Wirtschafts- und Verkehrsachse, in: Peltzer, Jörg u. a. (Hg.): Die Wittelsbacher und die Kurpfalz im Mittelalter. Eine Erfolgsgeschichte?, Regensburg 2013, S. 51–66

Rupprich, Hans: Der Hof Ludwigs IV. von Bayern und seine Bedeutung für das Geistesleben des ausgehenden Mittelalters, in: Maske und Kothurn 10 (1964), S. 225–243

Saenger, Ernst: Das Lobgedicht auf König Robert von Anjou (Diss. Wien 1936), publ. in: Jahrbuch der Kunsthistorischen Sammlungen in Wien 84 (1988), S. 7–91

Sagstetter, Maria Rita: Hoch- und Niedergerichtsbarkeit im spätmittelalterlichen Herzogtum Bayern, München 2000 (Schriftenreihe zur bayerischen Landesgeschichte 120)

Sandgruber, Roman: Ökonomie und Politik. Österreichische Wirtschaftsgeschichte vom Mittelalter bis zur Gegenwart, Wien 2005 (Österreichische Geschichte 3)

Schaab, Meinrad: Die Festigung der pfälzischen Territorialmacht im 14. Jahrhundert, in: Patze, Hans (Hg.): Der deutsche Territorialstaat im 14. Jahrhundert, Bd. 2, Sigmaringen 1971 (Vorträge und Forschungen. Konstanzer Arbeitskreis für Mittelalterliche Geschichte 14), S. 171–197

Schaab, Meinrad: Geschichte der Kurpfalz 1: Mittelalter, 2. Aufl., Stuttgart 1999

Schädler, Ulrich/Calvo, Ricardo (Hg.): Das Buch der Spiele. Alfons X. „der Weise", Münster u. a. 2009 (Ludographie. Spiel und Spiele 1)

Schädler, Ulrich: „... Une grande poignée d'argent soit acquise ou perdue": Schach-, Backgammon- und Mühle-Probleme als Wettaufgaben im Mittelalter, in: Eberlein, Johann Konrad (Hg.): Spiel – Kunst – Glück: die Wette als Leitlinie der Entscheidung. Beispiele aus Vergangenheit und Gegenwart in Kunst, Wissenschaft, Wirtschaft, Wien u. a. 2011, S. 65–121

Schädler, Ulrich: Brett- und Würfelspiele in Erziehung und Bildung des mittelalterlichen Religiosentums, in: Sonntag, Jörg (Hg.): Religiosus Ludens. Das Spiel als kulturelles Phänomen in mittelalterlichen Klöstern und Orden, Berlin 2013 (Arbeiten zur Kirchengeschichte 122), S. 187–209

Schaus, Emil: Ein Koblenzer Ratsbuch aus dem 14. Jahrhundert, in: Rheinische Heimatblätter 5 (1928), S. 500–502

Scherff, Bruno: Mühldorf 1322 und die Archäologie, in: Steinbichler, Josef (Red.): Die Schlacht bei Mühldorf 28. September 1322. Ursachen – Ablauf – Folgen, Mühldorf 1993, S. 69–82

Schimmelpfennig, Bernhard: Benedikt XII., in: Lexikon des Mittelalters, Bd. 1, München/Zürich 1980, Sp. 1861f.

Schimmelpfennig, Bernhard: Der Palast als Stadtersatz. Funktionale und zeremonielle Bedeutung der Papstpaläste in Avignon und im Vatikan, in: Schimmelpfennig, Bernhard/Kreuzer, Georg (Hg.): Papsttum und Heilige. Kirchenrecht und Zeremoniell, Neuried 2005, S. 321–340

Schindler, Herbert: Große Bayerische Kunstgeschichte, Bd. 1: Frühzeit und Mittelalter, München 1976

Schinnerer, Johannes: Katalog der Glasgemälde des bayerischen Nationalmuseums, München 1908

Schlögl, Waldemar (Bearb.): Die Traditionen und Urkunden des Stiftes Dießen 1114–1362, München 1967 (Quellen und Erörterungen zur bayerischen Geschichte NF 22/1)

Schlögl, Waldemar: Beiträge zur Jugendgeschichte Ludwigs des Bayern, in: Deutsches Archiv für Erforschung des Mittelalters 33 (1977) S. 182–199

Schlosser, Julius von: Giusto's Fresken in Padua und die Vorläufer der „Stanza della Segnatura", in: Jahrbuch der Kunsthistorischen Sammlungen des Allerhöchsten Kaiserhauses 17 (1896), S. 13–100

Schlosser, Julius von: Poesia e arte figurativa nel Trecento, in: La Critica d'Arte 3 (1938), S. 81–90

Schlunk, Andreas/Giersch, Robert: Die Ritter. Geschichte – Kultur – Alltagsleben, Speyer 2003

Schlütter-Schindler, Gabriele: Regis filia – comitissa Palatina Rheni et Ducissa Bavariae. Mechthild von Habsburg und Mechthild von Nassau, in: Zeitschrift für bayerische Landesgeschichte 60 (1997), S. 183–251

Schlütter-Schindler, Gabriele: Die Frauen der Herzöge. Schenkungen und Stiftungen der bayerischen Herzoginnen an Klöster und Stifte des Herzogtums und der Pfalzgrafschaft von 1077 bis 1355, München 1999 (Zeitschrift für bayerische Landesgeschichte Beihefte, Reihe B 16)

Schmid, Alois: Das Stifterbild in der Kirche des ehemaligen Dominikanerinnenklosters Pettendorf bei Regensburg, in: Ars Bavarica 43/44 (1986), S. 21–34

Schmid, Alois: Regensburg. Reichsstadt – Fürstbischof – Reichsstifte – Herzogshof, München 1995 (Historischer Atlas von Bayern, Teil Altbayern 60)

Schmid, Alois: Die Bistumspolitik Ludwigs des Bayern, in: Römische Quartalschrift für christliche Altertumskunde und Kirchengeschichte 94 (1999), S. 55–81

Schmid, Alois: Nikolaus von Ybbs, in: Neue Deutsche Biographie 19 (1999), S. 268f.

Schmid, Alois: Vom Höhepunkt zur Krise. Die politische Entwicklung 1245–1500, in: Schmid, Peter (Hg.): Geschichte der Stadt Regensburg 1, Regensburg 2000, S. 191–212

Schmid, Alois: Die Hoftage Kaiser Ludwigs des Bayern, in: Moraw, Peter (Hg.): Deutscher Königshof, Hoftag und Reichstag im späteren Mittelalter, Stuttgart 2002 (Vorträge und Forschungen 48), S. 417–449

Schmid, Alois: Das Motiv des Adlers bei Ludwig dem Bayern, in: Schmid, Alois/Holzfurtner, Ludwig (Hg.): Studien zur bayerischen Landesgeschichtsschreibung in Mittelalter und Neuzeit, München 2012 (Zeitschrift für bayerische Landesgeschichte Beiheft 41), S. 151–183

Schmid, Alois: Ludwig der Bayer und der Osten, in: Schmid, Alois: Bayern und Russland in vormoderner Zeit: Annäherungen bis in die Zeit Peters des Großen, München 2012 (Zeitschrift für bayerische Landesgeschichte Beiheft 42), S. 39–73

Schmidtchen, Volker: Kriegswesen im späten Mittelalter. Technik, Taktik, Theorie, Weinheim 1990

Schmuck, Johann: Der Aueraufstand, in: Angerer, Martin (Hg.): Regensburg im Mittelalter. Beiträge zur Stadtgeschichte vom frühen Mittelalter bis zum Beginn der Neuzeit, Regensburg 1995, S. 131–136

Schmuck, Johann: König Ludwig der Bayer und die Reichsstadt Regensburg. Der Kampf um die Stadtherrschaft im späten Mittelalter, Diss., Regensburg 1991, Regensburg 1997 (Regensburger Studien und Quellen zur Kulturgeschichte 4)

Schneider, Karin: Gotische Schriften in deutscher Sprache 2: Die oberdeutschen Schriften von 1300 bis 1350. Textband, Wiesbaden 2009

Schneidmüller, Bernd: Die Kaiser des Mittelalters. Von Karl dem Großen bis Maximilian I., 3. Aufl., München 2012

Schneidmüller, Bernd: Konsensuale Herrschaft. Ein Essay über Formen und Konzepte politischer Ordnung im Mittelalter, in: Heinig, Paul-Joachim u. a. (Hg.): Reich, Regionen und Europa in Mittelalter und Neuzeit. Festschrift für Peter Moraw, Berlin 2000 (Historische Forschungen 67), S. 53–87

Schneidmüller, Bernd: Die Wittelsbacher und die Kurpfalz im mittelalterlichen Europa, in: Wieczorek, Alfried u. a. (Hg.): Die Wittelsbacher am Rhein. Die Kurpfalz und Europa, Bd. 1, Regensburg 2013 (Publikationen der Reiss-Engelhorn-Museen Mannheim 60), S. 22–33

Schneidmüller, Bernd: Kaiser Ludwig IV. Imperiale Herrschaft und reichsfürstlicher Konsens, in: Zeitschrift für historische Forschung 40 (2013), S. 369–392

Schnorr von Carolsfeld, Franz: Katalog der Handschriften der Königl. öffentlichen Bibliothek zu Dresden, Bd. 1, Leipzig 1882, Neudruck 1979

Scholz, Richard: Unbekannte kirchenpolitische Streitschriften aus der Zeit Ludwigs des Bayern (1327–1354), Bd. 1 und 2, Rom 1911 und 1914

Scholz, Richard: Marsilius von Padua, Defensor pacis, Hannover 1931/32

Scholz, Richard: Wilhelm von Ockham als politischer Denker und sein Breviloquium de principatu tyrannico, Leipzig 1944, Neudruck Stuttgart 1952 (MGH 8)

Schremmer, Eckart: Die Wirtschaft Bayerns. Vom hohen Mittelalter bis zum Beginn der Industrialisierung. Bergbau – Gewerbe – Handel, München 1970

Schremmer, Eckart: Das Oberpfälzer Montangebiet, in: Spindler, Max (Begr.): Handbuch der Bayerischen Geschichte, Bd. 3/3, 3. Aufl., München 1995, S. 163–177

Schubert, Alexander: Löwe und Rauten – Erfolgsgeschichte in Goldgelb, Weiß und Blau, in: Wieczorek, Alfried u. a. (Hg.): Die Wittelsbacher am Rhein. Die Kurpfalz und Europa, Regensburg 2013 (Publikationen der Reiss-Engelhorn-Museen Mannheim 60), S. 46–54

Schubert, Alexander: Zwischen Zunftkampf und Thronstreit. Nürnberg im Aufstand 1348/49, Bamberg 2008 (Bamberger Historische Studien 3)

Schubert, Ernst: Kurfürsten und Wahlkönigtum. Die Wahlen von 1308, 1314, 1346 und Kurverein von Rhens, in: Mötsch, Johannes/Heyen, Franz-Josef (Hg.): Balduin von Luxemburg 1285–1354. Erzbischof von Trier – Kurfürst des Reiches. Festschrift aus Anlass des 700. Geburtstages, Mainz 1985 (Quellen und Abhandlungen zur Mittelalterlichen Kirchengeschichte 53), S. 103–117

Schubert, Ernst: Ludwig der Bayer im Widerstreit der öffentlichen Meinung seiner Zeit, in: Nehlsen, Hermann/Hermann, Hans-Georg (Hg.): Kaiser Ludwig der Bayer. Konflikte, Weichenstellungen und Wahrnehmung seiner Herrschaft, Paderborn u. a. 2002 (Quellen und Forschungen aus dem Gebiet der Geschichte NF 22), S. 163–197

Schuller, Manfred: Bauforschung am Dom, in: Morsbach, Peter: Der Dom zu Regensburg. Ausgrabung, Restaurierung, Forschung, 3. verb. Aufl., Regensburg 1990 (Kunstsammlungen des Bistums Regensburg, Kataloge und Schriften 8), S. 168–223

Schultz, Uwe (Hg.): Die Hauptstädte der Deutschen. Von der Kaiserpfalz in Aachen zum Regierungssitz Berlin, München 1993

Schultze, Johannes: Die Mark unter Herrschaft der Wittelsbacher und Luxemburger (1319–1415), Berlin 1961 (Die Mark Brandenburg 2)

Schütz, Alois: Der Kampf Ludwigs des Bayern gegen Papst Johannes XXII. und die Rolle der Gelehrten am Münchner Hof, in: Glaser, Hubert (Hg.): Wittelsbach und Bayern, Bd. 1/1, München/Zürich 1980, S. 388–397

Schütz, Alois: „Ein mächtiger Adler". Zur 725. Wiederkehr der Geburt Ludwigs des Bayern, Fürstenfelds großem Förderer, Fürstenfeldbruck 2007 (Veröffentlichungen der Kester-Haeusler-Stiftung 36)

Schwarz, Jörg: Das Kaisertum Ludwigs des Bayern und der römische Adel, in: Seibert, Hubertus (Hg.): Ludwig der Bayer (1314–1347). Reich und Herrschaft im Wandel, Regensburg 2014 (im Druck)

Schwarz, Mario (Hg.): Die Wiener Hofburg im Mittelalter. Von der Kastellburg bis zu den Anfängen der Kaiserresidenz, Wien 2014, in Vorbereitung (Veröffentlichungen zur Bau- und Funktionsgeschichte der Wiener Hofburg 1, Veröffentlichungen zur Kunstgeschichte 12)

Schwedler, Gerald: Herrschertreffen des Spätmittelalters: Formen – Rituale – Wirkungen, Sigmaringen 2008 (Mittelalter-Forschungen 21)

Schwedler, Gerald: „dampnate memorie Ludovici de Bavaria" – Erinnerungsvernichtung als metaphorische Waffe im Konflikt zwischen der Kurie und Kaiser Ludwig dem Bayern, in: Garnier, Claudia/Schnocks, Johannes: Sterben über den Tod hinaus: Politische, soziale und religiöse Ausgrenzung in vormodernen Gesellschaften, Würzburg 2012, S. 165–201

Schweikle, Günther: Kaiser Heinrich, in: Ruh, Kurt u.a. (Hg.): Die deutsche Literatur des Mittelalters. Verfasserlexikon, Bd. 3, 2. völlig neu bearb. Aufl., Berlin/New York 1981, Sp. 678–682

Schwöbel, Hermann Otto: Der diplomatische Kampf zwischen Ludwig dem Bayern und der römischen Kurie im Rahmen des kanonischen Absolutionsprozesses 1330–1346, Weimar 1968 (Quellen und Studien zur Verfassungsgeschichte des Deutschen Reiches in Mittelalter und Neuzeit 10)

Sciacca, Christine (Hg.): Florence at the Dawn of the Renaissance. Painting and Illumination 1300–1350, Los Angeles 2012

Seelig, Lorenz: Die Ahnengalerie der Münchner Residenz. Untersuchungen zur malerischen Ausstattung, in: Glaser, Hubert (Hg.): Quellen und Studien zur Kunstpolitik der Wittelsbacher vom 16. bis zum 18. Jahrhundert, München 1980, S. 253–327

Seelig, Lorenz: Waffen, in: Eikelmann, Renate/Bauer, Ingolf (Hg.): Das Bayerische Nationalmuseum 1855–2005. 150 Jahre Sammeln, Forschen, Ausstellen, München 2006, S. 417–432

Seibert, Hubertus (Hg.): Ludwig der Bayer (1314–1347). Reich und Herrschaft im Wandel, Regensburg 2014 (im Druck)

Seibt, Ferdinand: Karl IV. Ein Kaiser in Europa 1346–1378, 3. Aufl., München 1994

Serck, Marusja: Berthold von Neuffen im Dienste Ludwigs des Bayern, Berlin 1936

Shahar, Shulamith: Kindheit im Mittelalter, 4. Aufl., Düsseldorf 2004

Simonsfeld, Henry: Beiträge zur Bayerischen und Münchener Geschichte, in: Sitzungsberichte der Bayerischen Akademie der Wissenschaften, Phil.-hist. Klasse (1896), S. 257–326

Solleder, Fridolin: München im Mittelalter, München/Berlin 1938

Spěváček, Jiří: Jan Lucemburský a jeho doba 1296–1346, Praha 1994

Spindler, Max (Begr.): Handbuch der bayerischen Geschichte, München 1967ff.

Spindler, Max/Kraus, Andreas: Grundzüge des inneren Wandels, in: Spindler, Max (Begr.): Handbuch der bayerischen Geschichte, Bd. 2, 2. Aufl., München 1988, S. 53–76

Sprinkart, Alfons: Kanzlei, Rat und Urkundenwesen der Pfalzgrafen bei Rhein und Herzöge von Bayern 1294 bis 1314 (1317). Forschungen zum Regierungssystem Rudolfs I. und Ludwigs IV., Köln/Wien 1986 (Forschungen zur Kaiser- und Papstgeschichte des Mittelalters 4)

Staber, Josef: Kirchengeschichte des Bistums Regensburg, Regensburg 1966

Stackmann, Karl/Bertau, Karl (Hg.): Frauenlob. Leich, Lieder, Sangsprüche, Göttingen 1981 (Abhandlungen der Akademie der Wissenschaften in Göttingen. Philologisch-historische Klasse 3/119)

Stafski, Heinz: Die mittelalterlichen Bilderwerke. Germanisches Nationalmuseum, Bd. 1: Die Bildwerke in Stein, Holz, Ton und Elfenbein bis um 1450, Nürnberg 1965

Stahl, Irene: Katalog der mittelalterlichen Handschriften der Staats- und Universitätsbibliothek Bremen, Wiesbaden 2004 (Die Handschriften der Staats- und Universitätsbibliothek Bremen)

Stahleder, Helmuth: Das Weltbild Bertholds von Regensburg, in: Zeitschrift für bayerische Landesgeschichte 37 (1974), S. 728–798

Steeger, Wolfgang: Ein Topfhelm des frühen 14. Jahrhunderts von der Ruine der Oberen Burg Treuchtlingen, in: Ericsson, Ingolf/Losert, Hans (Hg.): Aspekte der Archäologie des Mittelalters und der Neuzeit. Festschrift für Walter Sage, Bonn 2003, S. 400–408

Steer, Georg: Konrad von Megenberg, in: Ruh, Kurt u.a. (Hg.): Die deutsche Literatur des Mittelalters. Verfasserlexikon, Bd. 5, 2. völlig neu bearb. Aufl., Berlin/New York 1985, Sp. 221–236

Stehlíková, Dana: Tzv. Korunovační kříž Přemysla Otakara II., in: Královský sňatek, Eliška Přemyslovna a Jan Lucemburský – 1310, Praha 2010, S. 282f.

Steinbichler, Josef (Red.): Die Schlacht bei Mühldorf 28. September 1322. Ursachen – Ablauf – Folgen, Mühldorf 1993

Steiner, Peter B. u.a. (Hg.): Münchner Gotik in Freising, Regensburg 1999 (Diözesanmuseum für christliche Kunst des Erzbistums Münchens und Freising, Kataloge und Schriften 21)

Steiner, Peter B. (Hg.): Madonna. Das Bild der Muttergottes, Lindenberg i. Allgäu 2003 (Diözesanmuseum für Christliche Kunst des Erzbistums München und Freising, Kataloge und Schriften 32)

Stengel, Edmund Ernst: Avignon und Rhens. Forschungen zur Geschichte des Kampfes um das Recht am Reich in der ersten Hälfte des 14. Jahrhunderts, Weimar 1930

Stengel, Edmund Ernst/Schäfer, Klaus (Hg.): Nova Alamanniae. Urkunden, Briefe und andere Quellen besonders zur deutschen Geschichte des 14. Jahrhunderts, Bd. 2.2, Hannover 1976

Stillfried-Alcantara, Rudolf Maria Bernhard von: Kloster Heilsbronn. Ein Beitrag zu den Hohenzollerischen Forschungen, Berlin 1877

Stoellger, Philipp: Das heilige Bild als Artefakt. Die Latenz in der Produktion von Präsenz, in: Dohmen, Christoph/Wagner, Christoph (Hg.): Religion als Bild – Bild als Religion, Regensburg 2012 (Regensburger Studien zur Kunstgeschichte 15), S. 181–183

Stolz, Otto: Die alte Tiroler Landesverfassung – ein Erbstück bodenständiger Demokratie, in: Tiroler Heimat 2 (1922), S. 39–53

Stolz, Otto: Die Magna Charta des Landes Tirol, in: Tirol. Natur, Kunst, Volk, Leben 2,1 (1929), S. 8–17

Stolz, Otto: Die älteste Verfassungsurkunde der Tiroler Landschaft, in: Tiroler Heimatblätter 15 (1937), S. 98–102

Stromer von Reichenbach, Wolfgang: Oberdeutsche Hochfinanz 1350–1450, Teil 1, Wiesbaden 1970 (Vierteljahrschrift für Sozial- und Wirtschaftsgeschichte, Beihefte)

Studd, Robin: Die eduardische Epoche (1272–1377), in: Fryde, Natalie/Vollrath, Hanna (Hg.): Die englischen Könige im Mittelalter. Von Wilhelm dem Eroberer bis Richard III., München 2004, S. 130–149

Studt, Birgit: Papst-Kaiser-Rotulus, in: Puhle, Matthias/Hasse, Claus-Peter (Hg.): Heiliges Römisches Reich Deutscher Nation 962 bis 1806. Von Otto dem Großen bis zum Ausgang des Mittelalters, Dresden 2006, S. 467

Sturm, Heribert: Die alte Reichspfandschaft Eger und ihre Stellung in der Geschichte der böhmischen Länder, in: Bosl, Karl (Hg.): Handbuch der Geschichte der böhmischen Länder. Bd. 2, Stuttgart 1974, S. 1–95

Suckale, Robert: Die Hofkunst Kaiser Ludwigs des Bayern (1314–1347), München 1993

Thiel, Matthias: Die Urkunden des Kollegiatstifts St. Johann in Regensburg bis zum Jahre 1400, München 1975 (Quellen und Erörterungen zur Bayerischen Geschichte NF 28/1)

Thomas, Heinz: Kaiserin Margarete, in: Schnith, Karl R. (Hg.): Frauen des Mittelalters in Lebensbildern, Wien 1997, S. 269–298, 476

Thomas, Heinz: Ludwig der Bayer (1282–1347). Kaiser und Ketzer, Regensburg u.a. 1993

Thordeman, Bengt: Armour from the Battle of Wisby 1361, 2 Bde., Stockholm 1939/40

Tittmann, Wilfried: Die Eltzer Büchsenpfeile von 1331/3. Korrigierte Fassung mit einem Nachtrag (Stand 2011), in: Waffen- und Kostümkunde 36 (1994), S. 117–128

Traeger, Jörg: Mittelalterliche Architekturfiktion. Die Allerheiligenkapelle am Regensburger Domkreuzgang, München u.a. 1980

Traeger, Jörg: Tiara, in: Lexikon der christlichen Ikonographie, Bd. 4, Freiburg i.Br. u.a. 1994, Sp. 313–315 1972

Trapp, Eugen: Kommunale Repräsentation und nationale Erinnerung. Zum Umgang mit dem Regensburger Reichssaal, in: Denkmalpflege in Regensburg, Bd. 11, Regensburg 2009, S. 83–118

Twellenkamp, Markus: Die Burggrafen von Nürnberg und das deutsche Königtum (1273–1417), Nürnberg 1994 (Nürnberger Werkstücke zur Stadt- und Landesgeschichte 54)

Urbanek, Peter: Wappen und Siegel. Regensburger Bürger und Bürgerinnen im Mittelalter (bis 1486), Regensburg 2003 (Regensburger Studien 7)

Veesenmeyer, Carl Gustav (Hg.): Ulmisches Urkundenbuch, Bd. 2/1: Die Reichsstadt von 1315–1356, Stuttgart 1898

Verzeichnis der Münz- und Medaillen-Sammlung Leopold Welzl von Wellenheim, Bd. 2, 2, Wien 1845

Vetter, Ferdinand (Hg.): Das Schachzabelbuch Kunrats von Ammenhausen, Mönchs und Leutpriesters zu Stein am Rhein. Nebst den Schachbüchern des Jakob von Cessole und des Jakob Mennel, Frauenfeld 1892 (Bibliothek älterer Schriftwerke der deutschen Schweiz, Ergänzungsband 7)

Villani, Giovanni: Nuova Cronica, 3 Bde., hg. von Giuseppe Porta, 2. Aufl., Parma 2007

Vitoduranus, Johannes: Die Chronik des Minderbruders Johannes von Winterthur, Winterthur 1860 (Neujahrs-Blatt von der Bürgerbibliothek in Winterthur 21)

Volkert, Wilhelm: Amberg und Ludwig der Bayer, in: Zeitschrift für bayerische Landesgeschichte 43 (1980), S. 29–44

Volkert, Wilhelm: Die Brücke von Regensburg, ihr Siegel und ihr Wappen, in: Architectura 24 (1994), S. 259–270

Volkert, Wilhelm: Ludwig der Bayer. Dynastie und Landesherrschaft, in: Zeitschrift für bayerische Landesgeschichte 60 (1997), S. 87–104

Volkert, Wilhelm (Hg.): Das Rechtsbuch Kaiser Ludwigs des Bayern von 1346, München 2010 (Bayerische Rechtsquellen 4)

Von der Bank, Matthias: Studien zur süddeutschen Skulptur der ersten Hälfte des 14. Jahrhunderts im Umkreis des Augsburger Domes, Köln 2013

Wagner, Andreas: Der Parallelismus membrorum zwischen poetischer Figur und Denkfigur, in: Wagner, Andreas (Hg.): Parallelismus membrorum, Göttingen 2007 (Orbis Biblicus et Orientalis 224), S. 1–26

Wagner-Braun, Margarete: Wirtschaftliches Leben im Früh- und Hochmittelalter, in: Schmid, Peter (Hg.): Geschichte der Stadt Regensburg, Bd. 1, Regensburg 2000, S. 465–475

Wanderwitz, Heinrich: Studien zum mittelalterlichen Salzwesen in Bayern, München 1984 (Schriftenreihe zur bayerischen Landesgeschichte 73)

Wanderwitz, Heinrich: Der Salzhandel in Bayern bis zur Errichtung des herzoglichen Handelsmonopols, in: Treml, Manfred u.a. (Hg.): Salz Macht Geschichte. Aufsätze, Augsburg 1995 (Veröffentlichungen zur bayerischen Geschichte und Kultur 29/1995), S. 212–222

Wartburg, Ida und Walther von (Übers.): Dante Alighieri: Die Göttliche Komödie, 3. Aufl., Zürich 1990

Wattenbach, Wilhelm: Schlesische Ritter in der Schlacht bei Mühldorf, in: Zeitschrift des Vereins für Geschichte und Alterthum Schlesiens 3 (1860), S. 199–202

Weber, Christoph Friedrich: Zeichen der Ordnung und des Aufruhrs. Heraldische Symbolik in italienischen Stadtkommunen des Mittelalters, Köln u.a. 2011 (Symbolische Kommunikation in der Vormoderne)

Weber, Wilhelm: Regensburg, Minoritenkirche St. Salvator, ehem. Klosterkirche, Regensburg 2012 (Kleine Kunstführer 2819)

Wegner, Ulrike: Die Eheangelegenheit der Margarethe von Tirol. Überlegungen zur politischen und kulturhistorischen Bedeutung des Tiroler Eheskandals, Berlin 1996

Weinfurter, Stefan: Ludwig der Bayer und sein Koblenzer Programm von 1338, in: Nassauische Annalen 123 (2012), S. 55–80

Weinlich, Edgar: Tönerne Ritterfigürchen zu Pferde – eine mittelalterliche Spielzeuggattung, in: Verhandlungen des Historischen Vereins für Oberpfalz und Regensburg 133 (1993), S. 65–76

Weinrich, Lorenz (Hg.): Quellen zur Verfassungsgeschichte des Römisch-Deutschen Reiches im Spätmittelalter (1250–1500), Darmstadt 1983 (Ausgewählte Quellen zur deutschen Geschichte des Mittelalters 33)

Weiß, Dieter: Des Reiches Krone – Nürnberg im Spätmittelalter, in: Neuhaus, Helmut (Hg.): Nürnberg. Eine europäische Stadt in Mittelalter und Neuzeit, Nürnberg 2000 (Nürnberger Forschungen 29), S. 23f.

Weiß, Stefan: Die Versorgung des päpstlichen Hofes in Avignon mit Lebensmitteln (1316–1378). Studien zur Sozial- und Wirtschaftsgeschichte eines mittelalterlichen Hofes, Berlin 2002

Weniger, Matthias: Gipsabgüsse, in: Eikelmann, Renate/Bauer, Ingolf (Hg.): Das Bayerische Nationalmuseum 1855–2005. 150 Jahre Sammeln, Forschen, Ausstellen, München 2006, S. 237–250

Weniger, Matthias: Glasgemälde vor 1800, in: Eikelmann, Renate/Bauer, Ingolf (Hg.): Das Bayerische Nationalmuseum 1855–2005. 150 Jahre Sammeln, Forschen, Ausstellen, München 2006, S. 266–276

Weniger, Matthias: Skulpturen vor 1550, in: Eikelmann, Renate/Bauer, Ingolf (Hg.): Das Bayerische Nationalmuseum 1855–2005. 150 Jahre Sammeln, Forschen, Ausstellen, München 2006, S. 200–216

Werden, Ferdinand von: Tagebücher zur Restaurierung des Domes zu Eichstätt 1938–1945, Wiesbaden 1999 (Aus den Beständen der Universitätsbibliothek Eichstätt I, 2)

Widemann, Joseph Georg: König Otto von Ungarn aus dem Hause Wittelsbach (1305–1307), in: Forschungen zur Geschichte Bayerns 13 (1905), S. 21–40 und 15 (1907), S. 72–78

Widemann, Joseph Georg: Regensburger Urkundenbuch I: Urkunden der Stadt bis zum Jahr 1350, München 1912 (MB 53)

Widemann, Joseph Georg: Regensburger Urkundenbuch II: Urkunden der Stadt 1351–1378, München 1956 (MB 54)

Wieczorek, Alfried u. a. (Hg.): Die Wittelsbacher am Rhein. Die Kurpfalz und Europa, Regensburg 2013 (Publikationen der Reiss-Engelhorn-Museen 60)

Wiesehoff, Josef: Die Stellung der Bettelorden in den deutschen freien Reichsstädten im Mittelalter, Leipzig 1905

Wieser, Hans: Der Brautbecher der Margarethe Maultasch, Innsbruck 1965 (Schlern-Schriften 234)

Wießner, Wolfgang: Die Beziehungen Kaiser Ludwigs des Bayern zu Süd-, West- und Norddeutschland. Beiträge zur königlichen Innenpolitik, Erlangen 1932 (Erlanger Abhandlungen zur mittleren und neueren Geschichte 12)

Wilhelmy, Winfried: Ein unbekanntes Mainzer Krönungsrelief der Mainzer Erzbischöfe. Bonifatius und die Bildpropaganda der sedes Moguntiae im Zeitalter der Goldenen Bulle, in: Mainzer Zeitschrift 99 (2004), S. 17–30

Winkelmann, Jan: Die Mark Brandenburg des 14. Jahrhunderts. Markgräfliche Herrschaft zwischen räumlicher „Ferne" und politischer „Krise", Berlin 2011 (Studien zur brandenburgischen und vergleichenden Landesgeschichte 5)

Wittmann, Franz Michael (Hg.): Monumenta Wittelsbacensia. Urkundenbuch zur Geschichte des Hauses Wittelsbach, Bd. 1 und 2, München 1857 und 1861 (Quellen und Erörterungen zur bayerischen und deutschen Geschichte 5 und 6)

Wittneben, Eva Luise: Lupold von Bebenburg und Wilhelm von Ockham im Dialog über die Rechte am Römischen Reich des Spätmittelalters, in: Deutsches Archiv 53 (1997), S. 567–586

Wittneben, Eva Luise: Bonagratia von Bergamo, Franziskanerjurist und Wortführer seines Ordens im Streit mit Papst Johannes XXII., Leiden u. a. 2003

Witzleben, Elisabeth von: Die Frauenkirche in München. Glasmalereien einer bedeutenden Kirche, Augsburg 1969

Woeckel, Gerhard P.: Pietas Bavarica. Wallfahrt, Prozession und Ex-Voto-Gabe im Hause Wittelsbach in Ettal, Wessobrunn, Altötting und in der Landeshauptstadt München von der Gegenreformation bis zur Säkularisation und der „Renovatio Ecclesiae", Weißenhorn 1992

Wolf, Helmut: Eisenerzbergbau und Eisenverhüttung in der Oberpfalz von den Anfängen bis zur Gegenwart, Augsburg 1986 (Hefte zur Bayerischen Geschichte und Kultur 3)

Wolf, Klaus: Kommentar zur Frankfurter Dirigierrolle und zum Frankfurter Passionsspiel, Tübingen 2002 (Die Hessische Passionsspielgruppe. Edition im Paralleldruck, Ergänzungsband 1)

Wolf, Klaus: Hof – Universität – Laien. Literatur- und sprachgeschichtliche Untersuchungen zum deutschen Schrifttum der Wiener Schule des Spätmittelalters, Wiesbaden 2006 (Wissensliteratur im Mittelalter 45)

Wolf, Klaus: Astronomie für Laien? Neue Überlegungen zu den Primärrezipienten der Deutschen Sphaera Konrads von Megenberg, in: Feistner, Edith (Hg.): Konrad von Megenberg (1309–1374): ein spätmittelalterlicher „Enzyklopädist" im europäischen Kontext, Wiesbaden 2011 (Jahrbuch der Oswald von Wolkenstein-Gesellschaft 18), S. 313–325

Wolf, Klaus: Gab es im Mittelalter ein „Wormser Passionsspiel"? Oder: Ist das „Sankt Galler Passionsspiel" in Worms zu lokalisieren?, in: Der Wormsgau. Wissenschaftliche Zeitschrift der Stadt Worms und des Altertumsvereins Worms 29 (2012), S. 65–79

Wolf, Peter: Der Edelmetallhandel zwischen Prag, Regensburg und Venedig im späten Mittelalter, in: Wolf, Peter: Gold im Herzen Europas. Gewinnung, Bearbeitung, Verwendung, Theuern 1996 (Schriftenreihe des Bergbau- und Industriemuseums Ostbayern 34), S. 189–198

Wolf, Peter: Bilder und Vorstellungen vom Mittelalter. Regensburger Stadtchroniken der frühen Neuzeit, Tübingen 1999 (Frühe Neuzeit 49)

Wrede, Christa: Leonhard von München, der Meister der Prunkurkunden Kaiser Ludwigs des Bayern, Kallmünz 1980 (Münchener Historische Studien, Abt. Geschichtliche Hilfswissenschaften 17)

Wuermeling, Heinrich L.: Die Geschichte Bayerns. Das Buch zur Fernsehserie, München 2003

Wurst, Jürgen: Reliquiare der Liebe. Das Münchner Minnekästchen und andere mittelalterliche Minnekästchen aus dem deutschsprachigen Raum, Diss., München 2005

Wyttenbach, Johannes Hugo: Gesta Treverorum integra lectionis varietate et animadversionibus illustrata ac indice duplici instructa, Bd. 2, Trier 1838

Zachová, Jana (Hg.): Chronicon Francisci Pragensis, Praha 1997 (Fontes rerum Bohemicarum NF 1)

Zahn, Karl: Der Dom zu Regensburg, Augsburg 1929 (Deutsche Kunstführer 39)

Zanke, Sebastian: Johannes XXII., Avignon und Europa. Das politische Papsttum im Spiegel der kurialen Register 1316–1334, Leiden u. a. 2013 (Studies in Medieval and Reformation Traditions 175)

Zaoral, Roman: Wirtschaftsbeziehungen zwischen Bayern und Böhmen. Die Handelskontakte Prags mit Eger, Regensburg, Nürnberg und Venedig im 13. Jahrhundert, in: Luft, Robert/Eiber, Ludwig (Hg.): Bayern und Böhmen. Kontakt, Konflikt, Kultur, München 2007 (Veröffentlichungen des Collegium Carolinum 111), S. 13–34

Zeitler, Fritz: Antrag des Historischen Vereins zur Lösung des Bannes Ludwigs des Bayern und Antwort des Münchner Erzbischofs, in: Brucker Blätter 8 (1997), S. 92–94

Zeumer, Karl: Ludwigs des Bayern Königswahlgesetz „Licet iuris" vom 6. August 1338, in: Neues Archiv 30 (1905), S. 85–112, 485–487

Zittau, Peter von: Kronika Zbraslavská, in: Emler, Josef (Hg.): Fontes rerum Bohemicarum, Bd. 4, Praha 1884, Neudruck 2004, S. 306

Abkürzungen

fol.	folio
MB	Monumenta Boica
MGH	Monumenta Germaniae Historica
R	Reproduktion

Bildnachweis

Amberg
Katholische Kirchenstiftung St. Georg 2.10 B
Staatsarchiv Amberg 1.12 A o., 4.1 F und Detail
S. 203 o. Mitte

Augsburg
Haus der Bayerischen Geschichte 1.14, 5.51; 3.31 li.
(Foto Georg Gerleigner); 2.17 C (Foto Andreas Th.
Jell); 2.12 B–D, 2.12 F, 3.39 li. und re., 5.26 C, 5.41 re.,
6.14 li. und re., 6.28 (Fotos Philipp Mansmann);
2.17 B, 6.6 (Fotos Uwe Moosburger); 2.7, 2.8 A, 2.8 B
(Fotos Michael Sommer); 2.9 C (Foto Wolfgang
Steinbacher)

Bamberg
Achim Hubel S. 39 (Abb. 1), S. 41–43 (Abb. 4–7),
S. 45 (Abb. 9,10), S. 47–49 (Abb. 12–18), 7.3 A, 7.3 B,
7.3 D, 7.4, 7.7, 7.8
Computersimulation von Kerstin Weiß nach
Angaben von Friedrich Fuchs auf der Basis eines
Fotos von Achim Hubel S. 40 (Abb. 2, 3)

Berlin
Geheimes Staatsarchiv Preußischer Kulturbesitz 4.8 A, 4.1 B und S. 202 Detail o. Mitte
Staatliche Museen zu Berlin (Foto Jörg P. Anders)
5.49 re.
Staatsbibliothek Berlin – Stiftung Preußischer
Kulturbesitz 3.1, 3.3, 3.26, 3.27 A, 3.27 B

Bologna
© Biblioteca dell'Archiginnasio, Bologna. Tutti i
diritti riservati 3.30 A
Museo Civico Medievale, Bologna, Italien 3.17

Bozen
Südtiroler Sparkasse AG, Bozen 5.4 o. li.

Bremen
Staats- und Universitätsbibliothek Bremen 5.8

Budapest
Bibliothek und Informationszentrum der
Ungarischen Akademie der Wissenschaften 2.13

Cambridge
by permission of the Master and Fellows of
Gonville and Caius College, Cambridge 3.19

Coburg
Kunstsammlungen der Veste Coburg 5.24

Dorf Tirol
Landesmuseum Schloss Tirol 5.4 o. re.

Dortmund
Stadtarchiv Dortmund 4.1 C, S. 202 o. re.

Dresden
SLUB Dresden, Mscr. Dresd. A.70 3.24

Duisburg
Landesarchiv NRW – Abteilung Rheinland 4.1 G
und Detail S. 206 o. li.

Eichstätt
Universitätsbibliothek Eichstätt-Ingolstadt 4.17
li. und re.

Burg Eltz
Dr. Karl Graf zu Eltz 2.14 A (Foto Germanisches
Nationalmuseum, Nürnberg), 2.14 B (Foto Dieter
Ritzenhofen)

Florenz
© 2014. Photo Scala, Florence 3.13, 3.31, 5.32 A,
5.32 B (s. S. 296)

Frankfurt a. M.
Kunst- und Auktionshaus Döbritz 1.2 A

Freiburg i. Br.
Corpus Vitrearum Deutschland, Fotograf: Rafael
Toussaint 3.8, 3.14, 5.29

Freising
Diözesanmuseum Freising 5.34, 5.37 (Fotos Carola
Wicenti); 5.38 (Foto Mayer'sche Hofkunstanstalt);
5.27 E, 5.39 (Fotos Wolf-Christian von der Mülbe)

Fürstenfeldbruck
Museum Fürstenfeldbruck (Foto Wolfgang Pulfer,
München) 5.28 A, 5.28 B

Greifswald
Landesarchiv Greifswald 4.1 D und Detail S. 203
o. li.

Ingolstadt
Bayerisches Armeemuseum Ingolstadt 1.15 B,
1.15 C (Foto Christian Stoye)

Innsbruck
Tiroler Landesarchiv 5.5 li., 5.9

Kassel
Universitätsbibliothek Kassel, Landesbibliothek
und Murhardsche Bibliothek der Stadt Kassel,
S. 61 (Abb. 1, 2)

Kempten
Roger Mayrock/Birgit Kata 2.16

Koblenz
Landeshauptarchiv Koblenz 2.3, 4.1 A und Detail
o. re., 4.11 A

Köln
Ludmila Kvapilová 7.10
Rheinisches Bildarchiv Köln, rba_c004433
(Wallraf-Richartz-Museum und Fondation
Corboud, Dep. 0268) 5.18

Landsberg am Lech
Stadt Landsberg am Lech 4.18 C

Landshut
Museen der Stadt Landshut (Foto Harry Zdera) 4.9
Stadtarchiv Landshut (Foto Harry Zdera) 1.17 B,
1.17 C, 1.17 D

Leeds
© Royal Armouries 1.8

Lindenberg i. Allgäu
Kunstverlag Josef Fink, Lindenberg i. Allgäu (Foto
Siegfried Wameser, München) 5.25 li. und re.

London
© The British Library Board, ADD. 15243 f34r 5.30,
Royal 6 E IX f10v–11r 3.28

Lübeck
St. Annen-Museum – Fotoarchiv der Hansestadt
Lübeck 5.16

Lucca
Archivio di Stato di Lucca. Su concessione del
Ministero dei beni e delle attività culturali e del
turismo 4.1 K und Detail S. 207 o. re.
Biblioteca Statale, Ms.2629, c.183v. Su concessione
del Ministero dei beni e delle attività culturali e
del turismo 3.38

Mainz
GDKE_Ursula Rudischer (Landesmuseum
Mainz) 4.12 A und B
Bischöfliches Dom- und Diözesanmuseum 2.1
(Foto Winfried Wilhelmy); 2.2 (Foto Bernd
Schermuly)

Marburg
Bildarchiv Foto Marburg 3.40 B, 5.15

Mühldorf
Stadtverwaltung Mühldorf (Foto Konrad Bauer,
Mößling) 2.23
Kreismuseum Mühldorf (Foto Andreas Sklorz)
2.24 B
Stadtarchiv Mühldorf 2.24 C

München
Archäologische Staatssammlung (Foto
S. Friedrich) 2.12 E
Archiv des Erzbistums München und Freising
5.27 B, 5.27 C, 5.27 D
Bayerisches Hauptstaatsarchiv S. 13 li. und re.,
1.12 B, 3.9, 3.10, 3.25 A, 3.34 A, 3.34 B, 4.1 I und Detail
S. 206 o. re., 4.2, 4.11 B, 5.11 A, 5.11 B, 5.33, 6.16, 6.20,
6.25
Bayerisches Hauptstaatsarchiv, Geheimes
Hausarchiv 1.17 A, 2.6 A und B, 3.30 A, 4.7 A und B
Bayerisches Landesamt für Denkmalpflege S. 46
(Abb. 11), 5.26 A, 5.26 B, 5.27 F, 5.40 B; 5.27 A (Foto
Karl Gröber); S. 80–87 (Abb. 5–11), 4.18 B, 5.29
(Fotos Dieter Komma)
Bayerisches Nationalmuseum 1.3, 5.29, 5.36,
4.10, 5.40 A, 7.12; 5.20, 5.47 li. und re., 3.13 (Fotos
Bastian Krack); 1.11, 4.6 (Fotos Karl-Michael
Vetters); 4.5 A und B, 5.41 o. li. und u. (Fotos
Matthias Weniger); 4.18 A (Foto Walter Haberland)
Bayerische Staatsbibliothek München 1.18 D, 3.2,
5.43, 4.4 A und B, 5.28 C und D, 5.44, 5.46
Bayerische Staatsgemäldesammlungen –
Staatsgalerie Burghausen 2.24 A
Bayerische Verwaltung der staatlichen Schlösser,
Gärten und Seen 1.18 B und C
Erzbischöfliches Ordinariat München,
Hauptabteilung Kunst (Foto Wolf-Christian von
der Mülbe) 5.26 E, 5.27 G
Gustav van Treeck, Bayerische Hofglasmalerei
Werkstätten für Mosaik und Glasmalerei 6.9
Ketterer Kunst 3.20
Landesstelle für die nichtstaatlichen Museen in
Bayern (Foto P. Medien) 1.6
Staatliche Münzsammlung 3.12, 3.36, 4.16 A,
4.16 B, 5.12, 5.14
Stiftung Maximilianeum/Bildarchiv Bayerischer
Landtag (Foto Rolf Poss) 3.40 A

Nürnberg
Germanisches Nationalmuseum 1.16 C; 1.15 A, 1.15
D, 1.15 E, 5.19, 7.13 (Fotos Monika Runge)
Staatsarchiv Nürnberg, 2.21, 3.32 A, 3.33 B, 3.35 (u.),
4.1 E mit Detail S. 203 o. re., 4.1 H mit Detail S. 206
o. Mitte

Oberammergau
Oberammergau Museum 1.18 A

Paris
bpk/Agence Photographique de la Réunion
des musées nationaux et du Grand Palais des
Champs-Elysées. Musée de Cluny – Musée
national du Moyen Âge, Cl.20367c 4.14
Bibliothèque Nationale de France 3.22

Passau
Stadtarchiv Passau 4.1 J und Detail S. 207 o. li.

Petersberg
Michael Imhof 1.2 B

Prag
Muzeum hlavního města Prahy 2.20
The Museum of Decorative Arts in Prague 5.1

Regensburg
www.altrofoto.de 2.17 A, 3.15, 7.6, 7.9, 7.14 B
Staatliche Dombauhütte Regensburg (Foto
Matthias Baumüller) 6.24
Diözesanmuseum Regensburg 3.6, 7.11; 6.13 o. re.
und u. (Fotos Achim Bunz); 6.13 li. (Foto Uwe
Moosburger, Regensburg); 6.7 re (Foto Rudolf-
Georg Nicklau)
Domkapitel Regensburg (Foto Florian Monheim)
5.31, 6.4, 6.5 A
Domschatzmuseum Regensburg 2.19; 6.10 A
(Foto Philipp Mansmann, München)
Forschungsprojekt Regensburger Dom (Foto
Friedrich Fuchs) 6.5 B
Museen der Stadt Regensburg S. 44 (Abb. 8) und
S. 300, S. 79 (Abb. 1–4), 7.14 (Fotos Peter Ferstl);
2.10 A o. und u., 3.16, 6.1, 6.15 A, 6.15 B, 6.17, 6.18,
6.21, 6.22, 6.23, 6.26 A, 6.26 B, 6.27 (Fotos Michael
Preischl)
Spitalarchiv Regensburg 3.11, 6.11
Michael Vogl 7.5
Dr. Helmut Wolf 2.9 A

Rom
Fabbrica di San Pietro in Vaticano 3.7

Salzburg
graficdesign pürstinger S. 96, 3.4 B, 3.35

Stuttgart
Ulrich Arzberger 5.5 re.
Württembergische Landesbibliothek 1.4
Landesmuseum Württemberg (Foto H. Zwietasch)
5.42

Treuchtlingen
Burgausstellung des Volkskundemuseums, Stadt
Treuchtlingen (Foto R. Nowak, München) 1.16 B

Trier
Stadtbibliothek/Stadtarchiv Trier (Foto Anja
Runkel) 3.23

Tübingen
Universitätsbibliothek der Eberhard-Karls-
Universität Tübingen 3.18

Ulm
Florian Aicher (Foto HfG Archiv Ulm) 3.40 C
Stadtbibliothek Ulm 3.21

Wien
Österreichische Akademie der Wissenschaften,
Institut für kunst- und musikhistorische
Forschungen 1.7
Kunsthistorisches Museum 5.6, 5.7 re.
ÖNB Wien (PORT_00064066_01) 5.7 li.
Österreichisches Staatsarchiv, Haus-, Hof- und
Staatsarchiv 2.5

Zürich
Stiftung Sammlung E.G. Bührle 5.49 li.

Zwiesel
Glasfachschule Zwiesel (Foto Sabine Wiedemann)
6.8 A und B

2011 David Hall & Achim Kiel 5.23
Claus Peter 6.7 A Detail
Manfred Schuller 6.5 C, 7.2, S. 339
privat 5.48

Die Abbildungen aus dem Inneren des Regensburger Doms erfolgten mit Genehmigung des
Staatlichen Bauamtes Regensburg.

www.hdbg.de